2024

TERCEIRA EDIÇÃO

REVISTA E ATUALIZADA

JURACI MOURÃO **LOPES FILHO**

COMPETÊNCIAS FEDERATIVAS

NA CONSTITUIÇÃO E NOS **PRECEDENTES** DO STF

Dados Internacionais de Catalogação na Publicação (CIP) de acordo com ISBD

L864c   Lopes Filho, Juraci Mourão

Competências federativas: na Constituição e nos Precedentes do STF / Juraci Mourão Lopes Filho. - 3. ed. - Indaiatuba, SP : Editora Foco, 2024.

368 p. : 17cm x 24cm.

Inclui índice e bibliografia.

ISBN: 978-65-5515-987-5

1. Direito. 2. Direito constitucional. 3. Competências federativas. I. Título.

2023-3668   CDD 342   CDU 342

Elaborado por Odilio Hilario Moreira Junior - CRB-8/9949

Índices para Catálogo Sistemático:

1. Direito constitucional 342

2. Direito constitucional 342

20 24

TERCEIRA EDIÇÃO

REVISTA E ATUALIZADA

JURACI MOURÃO **LOPES FILHO**

COMPETÊNCIAS FEDERATIVAS

NA CONSTITUIÇÃO E NOS **PRECEDENTES** **DO STF**

2023 © Editora Foco

Autor: Juraci Mourão Lopes Filho
Coordenador da coleção: Brunello Souza Stancioli
Diretor Acadêmico: Leonardo Pereira
Editor: Roberta Densa
Assistente Editorial: Paula Morishita
Revisora Sênior: Georgia Renata Dias
Capa Criação: Leonardo Hermano
Diagramação: Ladislau Lima
Impressão miolo e capa: DOCUPRINT

DIREITOS AUTORAIS: É proibida a reprodução parcial ou total desta publicação, por qualquer forma ou meio, sem a prévia autorização da Editora FOCO, com exceção do teor das questões de concursos públicos que, por serem atos oficiais, não são protegidas como Direitos Autorais, na forma do Artigo 8º, IV, da Lei 9.610/1998. Referida vedação se estende às características gráficas da obra e sua editoração. A punição para a violação dos Direitos Autorais é crime previsto no Artigo 184 do Código Penal e as sanções civis às violações dos Direitos Autorais estão previstas nos Artigos 101 a 110 da Lei 9.610/1998. Os comentários das questões são de responsabilidade dos autores.

NOTAS DA EDITORA:

Atualizações e erratas: A presente obra é vendida como está, atualizada até a data do seu fechamento, informação que consta na página II do livro. Havendo a publicação de legislação de suma relevância, a editora, de forma discricionária, se empenhará em disponibilizar atualização futura.

Erratas: A Editora se compromete a disponibilizar no site www.editorafoco.com.br, na seção Atualizações, eventuais erratas por razões de erros técnicos ou de conteúdo. Solicitamos, outrossim, que o leitor faça a gentileza de colaborar com a perfeição da obra, comunicando eventual erro encontrado por meio de mensagem para contato@editorafoco.com.br. O acesso será disponibilizado durante a vigência da edição da obra.

Impresso no Brasil (1.2024) – Data de Fechamento (12.2023)

2024
Todos os direitos reservados à
Editora Foco Jurídico Ltda.
Rua Antonio Brunetti, 593 – Jd. Morada do Sol
CEP 13348-533 – Indaiatuba – SP

E-mail: contato@editorafoco.com.br
www.editorafoco.com.br

Aos meus pais, pelo exemplo de vida,
e a Diana, Paula e Alice
fontes inesgotáveis de força.

APRESENTAÇÃO DA TERCEIRA EDIÇÃO

Esta nova edição vem a público pela Editora Foco com aperfeiçoamentos e atualizações necessárias. Mantém-se a ideia central de enfrentar o tema das competências federativas considerando principalmente os precedentes do Supremo Tribunal Federal, que tem sido o principal ator na delineação da federação brasileira.

São trazidos tópicos novos. Um deles é sobre os desafios federativos enfrentados no combate à pandemia de COVID-19 e a solução dos inúmeros conflitos que surgiram nessa emergência mundial, que, no Brasil, teve como nota característica uma confrontação do então Presidente da República com Governadores, Prefeitos e autoridades sanitárias locais. Será possível observar que o Supremo Tribunal Federal teve que agir como firme árbitro federativo, mas mantendo sua linha de entendimento já consolidada sobre vários dos dispositivos constitucionais.

Outro tópico trata da muito ansiada reforma tributária, não para explorar os aspectos próprios e específicos da tributação, mas, sim, verificar seus reflexos sobre a autonomia financeira e política dos entes federativos e como ela trata as fricções que se observam há década entre União, Estados-membros, Distrito Federal e Município. Outros tópicos são subdivisões de anteriores para tornar mais didática a exposição e apreensão pelos leitores.

Naturalmente, foram trazidos novos precedentes emergidos desde 2019, data da última edição, aumentando o rol de três centenas de julgados analisados criticamente. A linha jurisprudencial se manteve, em termos gerais, estável, íntegra e coerente. Não se verificaram maiores quebras ou guinadas jurisprudenciais. Mudanças foram pontuais ou mesmo sinalizações de possível alteração futura, evidenciando ser o federalismo tema já de certa forma pacificado no Supremo Tribunal Federal.

Boa leitura a todos.

Fortaleza, outubro de 2023.

Juraci Mourão Lopes Filho

SUMÁRIO

APRESENTAÇÃO DA TERCEIRA EDIÇÃO VII

INTRODUÇÃO 1

CAPÍTULO 1 – ORIGEM, EVOLUÇÃO E CRISE DO ESTADO FEDERAL 5

1.1 Origens do Estado Federal 5

1.2 Distinção entre federação e confederação 13

1.3 Desenvolvimento, crise e o novo federalismo 15

1.4 Classificações e qualificações do Estado Federal 23

CAPÍTULO 2 – CARACTERÍSTICAS DO ESTADO FEDERAL BRASILEIRO 27

2.1 Elementos característicos de uma federação e a necessidade de sua definição concreta 27

2.2 Constituição como base jurídica do Estado 28

2.3 Autonomia federativa e o princípio da simetria 31

    2.3.1 Auto-organização 34

    2.3.2 Autolegislação 37

    2.3.3 Autogoverno 41

    2.3.4 Autoadministração 44

2.4 Ausência do direito de secessão 46

2.5 Competências tributárias próprias e distribuição constitucional de rendas 48

    2.5.1 Benefícios fiscais e os reflexos sobre os repasses constitucionais de renda 56

    2.5.2 Reforma Tributária e Federalismo Fiscal 69

2.6 Formação da vontade nacional por parte dos entes federados 70

2.7 Existência de um tribunal competente em matéria constitucional de última ou única instância 79

2.8 Repartição constitucional de competências 83

    2.8.1 As tensões federativas durante a pandemia de COVID-19 e o Supremo Tribunal Federal 90

CAPÍTULO 3 – COMPETÊNCIAS MATERIAIS DOS ENTES FEDERATIVOS 99

3.1 Competências materiais da União e a formação do regime constitucional básico da matéria aplicável a todos os entes federativos 99

3.1.1 Legislação periférica diante de competência material exclusiva da União 104

3.1.2 Competências materiais e separação de poderes 109

3.2 O Regime Jurídico aplicável ao exercício das competências materiais 110

3.2.1 Delineamento de algumas atividades materiais exclusivas da União pelo STF: serviço postal e anistia 114

3.3 Conflito entre competências materiais exclusivas da união e competências concorrentes dos estados-membros 117

3.4 Competências materiais exclusivas dos Municípios 124

3.5 Competências materiais exclusivas dos Estados-membros 133

3.5.1 Competência material residual 133

3.5.2 Competências materiais expressas 138

3.6 Aglomerações urbanas e saneamento básico. 141

3.7 Inconstitucionalidade da transferência ao estado-membro do poder concedente de funções e serviços públicos de interesse comum. 142

3.8 Competências materiais reservadas ao Distrito Federal 146

3.9 Competência comum da União, dos Estados-membros, do Distrito Federal e dos Municípios 147

3.10 Competências materiais comuns e as competências legislativas respectivas 154

3.11 O exercício conjunto de competências federativas exclusivas e comuns 160

CAPÍTULO 4 – COMPETÊNCIA CONSTITUINTE DOS ESTADOS-MEMBROS 167

4.1 O poder constituinte derivado decorrente dos Estados-membros e sua subdivisão em inaugural e de revisão 167

4.2 Limites ao poder constituinte dos Estados-membros: a noção de princípios da Constituição Federal 174

4.3 Normas de reprodução obrigatória, segundo jurisprudência do STF 179

4.3.1 Normas sobre processo legislativo 179

4.3.2 Competências e formas do Legislativo 191

4.3.3 Competências do Executivo 200

4.3.4 Composição e competências dos tribunais de contas 206

4.3.5 Estrutura e funcionamento do Poder Judiciário e das funções essenciais à Justiça 209

4.4 Normas constitucionais de reprodução proibida pelo poder constituinte derivado decorrente 216

CAPÍTULO 5 – COMPETÊNCIAS LEGISLATIVAS PRIVATIVAS DA UNIÃO...................... 225

5.1 Noções gerais.. 225

5.2 Competências sobre os ramos do Direito... 228

    5.2.1 Direito civil, comercial e empresarial.. 228

    5.2.2 Direito do Trabalho 239

    5.2.3 Direito Processual 245

5.3 Competências sobre matérias jurídicas integrantes de parte de um ramo do Direito 248

5.4 Competência sobre atividades materiais.. 258

5.5 Planos, políticas e sistemas nacionais 261

5.6 Delegação de competências privativas da União para os Estados-membros............. 263

CAPÍTULO 6 – COMPETÊNCIAS CONCORRENTES DA UNIÃO, DOS ESTADOS-MEMBROS E DO DISTRITO FEDERAL.. 269

6.1 Noções gerais.. 269

6.2 O âmbito de atuação da União: o difícil conceito de normas gerais 276

6.3 Competência concorrente suplementar e supletiva dos Estados-membros e do Distrito Federal 281

6.4 Delineamento jurisdicional da competência concorrente suplementar e supletiva... 284

    6.4.1 Distinção entre Direito Econômico e Monetário 284

    6.4.2 Meio ambiente e sua complexidade... 287

    6.4.3 Delineamentos diversos pelo Supremo Tribunal Federal......................... 290

6.5 Os julgamentos das ADIs 2656 e 3937-MC (Caso do Amianto no Estado de São Paulo) e um novo parâmetro de aferição da competência concorrente estadual diante de norma geral nacional 300

CAPÍTULO 7 – COMPETÊNCIA LEGISLATIVA RESIDUAL DOS ESTADOS-MEMBROS.. 305

7.1 Noções gerais.. 305

7.2 O princípio da subsidiariedade.. 308

CAPÍTULO 8 – COMPETÊNCIA LEGISLATIVA DOS MUNICÍPIOS 311

8.1 Os Municípios no quadro federativo.. 311

8.2 Competência legislativa para edição de Lei Orgânica.. 318

    8.2.1 A natureza constituinte da Lei Orgânica e sua relação com a Constituição Estadual 318

    8.2.2 Os limites constitucionais expressos e implícitos da Lei Orgânica 327

8.3 Competências exclusiva e suplementar simples.. 335

CAPÍTULO 9 – COMPETÊNCIAS LEGISLATIVAS DO DISTRITO FEDERAL ... 341

9.1 O Distrito Federal no quadro Federativo ... 341

9.2 Competência para edição de Lei Orgânica ... 344

9.3 Os limites da Lei Orgânica ... 345

9.4 Competências reservadas ... 350

REFERÊNCIAS ... 351

INTRODUÇÃO

A estrutura federativa brasileira, com características próprias e sua repartição de competências, não recebeu de parte da doutrina constitucionalista pós-1988 a mesma atenção emprestada à parte material da Constituição Federal. O chamado neoconstitucionalismo ou, precisamente, o constitucionalismo brasileiro contemporâneo, assenta suas bases em uma revisão profunda da teoria dos direitos fundamentais, da jurisdição e da hermenêutica constitucionais, o que resultou em uma grande quantidade de valiosas obras, dissertações e teses sobre esses temas, todas propondo modificação de conceitos, princípios e perspectivas. Ressalvados, contudo, alguns esforços pontuais, essa revolução de ideias não alcançou com igual intensidade o estudo da Federação.

Isso é curioso, pois o atual Texto Constitucional, nesse tocante, foi até mais explícito em exprimir firmes distinções dos pretéritos, estando imbuído de valores plenamente diversos daqueles vigentes no regime constitucional imediatamente anterior. Não se pode negar que o constituinte originário se empenhou, em 1988, no estabelecimento de outra Federação no Brasil.

Algumas inovações foram literais e inéditas no mundo ocidental, como a indicação expressa do Distrito Federal e dos Municípios como partes integrantes do pacto federativo e a garantia de uma autonomia constitucional inédita para eles. Também se buscou firmemente um equilíbrio federativo, mediante o estabelecimento de rol de competências concorrentes, com regime próprio e detalhado, e uma pródiga repartição das competências tributárias e de rendas.

Teria sido natural, portanto, a superveniência de maior quantidade de teorias atentas a essas novidades e que formassem robusto cabedal capaz de orientar os intérpretes/aplicadores da Constituição Federal. O atual constitucionalismo brasileiro – difundido, sobretudo, pelos esforços doutrinários – poderia ter tomado como um de seus marcos uma nova teoria federativa, mas não o fez.

Não é um défice verificado apenas no Brasil. Conforme bem destaca o jurista estadunidense Kyle Scott, dada a frequência de sua prática, é surpreendente quão anêmica é a teoria federalista. Compreende-se como os sistemas federativos funcionam e são operados caso a caso, mas falta um estudo completo e coerente de como o federalismo opera como conceito e quais são todos os institutos e mecanismos essenciais e como eles devem funcionar de uma maneira ideal. Para o autor, isso ocorre porque não existe, ainda, uma teoria geral do federalismo[1]. Quando muito, são indicados seus pontos característicos fortes.

---

1. No original: "Given the frequency of its practice it is shocking how anemic our theory of federalism is. We understand how federal systems operate casa-by-case basis, but we lack a coherent understanding of what

Em razão dessa timidez doutrinária (a qual não se considera uma completa omissão, pois, como se verá, há valiosas obras que se preocuparam com uma visão inédita sobre o tema), no Brasil, coube ao Supremo Tribunal Federal, por suas várias decisões, erigir jurisprudência que moldou as concepções, as interpretações e princípios da Federação brasileira. Muitos desses julgados, realmente, se inspiraram na adequada referência hermenêutica, assegurando um federalismo atualizado. Outros, entretanto, reverberaram perspectivas ultrapassadas ou mesmo contrárias ao vetor principiológico da atual Constituição.

Esta obra tem por objetivo analisar os preceitos constitucionais federativos, em especial, os concernentes à repartição de competências, à luz desses inúmeros precedentes do Supremo Tribunal Federal. Demonstra-se o modo como eles moldaram a feição do federalismo brasileiro, não só em razão da timidez doutrinária, mas, sobretudo, porque a jurisdição possui o relevante papel de enriquecer o sistema jurídico com ganhos hermenêuticos obtidos por via da mediação entre realidade e Direito, nas várias situações concretas apreciadas, tarefa impossível de ser eficazmente exercida por cogitações ou interpretações meramente abstratas.

Com efeito, somente ante conflitos reais e problemas tangíveis é que se torna possível obter resultados hermenêuticos inovadores e mais aptos a disciplinar a realidade a que se propõe. Grande quantidade de situações até então inexploradas e um conjunto inédito de normas surgiram depois de 1988, tendo cabido ao Supremo Tribunal Federal julgá-los mediante o estabelecimento de referencial teórico próprio.

Esta não é, porém, obra apenas descritiva e acrítica. Conquanto não se busque erigir uma teoria a fim de submeter os precedentes do Supremo Tribunal Federal a ela, procura-se traçar os elementos e concepções essenciais da Constituição Federal sobre o tema e cotejá-los com os julgados proferidos. Também é atentado para a coerência e integridade da linha jurisprudencial, cuja ruptura é sempre denunciada.

Tem-se atenção, igualmente, ao modo de se tratarem os precedentes. Foi evitada, ao máximo, a fácil tarefa de simplesmente citar ementas, pelo singelo fato de ementa não ser precedente, nem este poder ser utilizado, na aplicação, segundo um silogismo na condição de premissa maior. Examina-se o inteiro teor dos acórdãos e decisões, emprestando-se atenção aos debates e às específicas situações enfrentadas, tudo com vistas a impedir uma hiperintegração do sistema, consistente na extensão infundada do precedente, transpondo aquilo que ele realmente decidiu.

Certamente, não é possível afastar completamente a citação de ementas e mesmo de textos de súmulas e teses fixadas em precedentes qualificados, o que, contudo, somente

---

institutions and mechanisms are necessary to make it operates as it should. And while reform are constantly made in federal system, we lack an understanding of what reforms are necessary to maintain a federal system so that it is capable of providing what federal systems are intend to provide. These shortcomings exist because there is no theory of federalism". SCOTT, Kyle. **Federalism**: a normative theory and its practical relevance. New York: The Continuum International Publishing Group. 2011. p. 1.

ocorre para concluir uma análise mais detida sobre o assunto ou quando o inteiro teor dos votos subjacentes não traz elementos adicionais. Advirta-se que são os precedentes traduzidos em súmulas e teses aqueles com os quais se deve ter mais cuidado, pois é no uso deles em que as fronteiras entre a atividade jurisdicional e legislativa são mais tênues e desrespeitadas, pelo que sua mera reprodução em série, sem considerar as reais circunstâncias de onde surgiram, representa ameaça à separação dos poderes.

Como o título da obra revela, a maior preocupação é com a repartição de competências, tanto as materiais quanto as normativas. Entende-se necessária, entretanto, uma contextualização prévia mais abrangente, daí a razão dos dois primeiros capítulos.

Opta-se por se reportar a todas as competências materiais em capítulo único, dada a intensa interligação da atuação dos entes federativos nesse tocante.

É dedicado um capítulo para cada espécie de competência normativa, segundo sua relevância e interrelação, o que não implica, necessariamente, uma divisao homogênea, daí por que são mencionadas as competências normativas da União, dos Municípios e do Distrito Federal em capítulos específicos, enquanto cada uma das competências estaduais recebe capítulo próprio e apartado. Entre estes, destaca-se o da competência constituinte decorrente dos Estados-membros, na qual o Supremo Tribunal Federal erigiu o relevante princípio da simetria, mais poderoso instrumento de restrição da autonomia periférica no Brasil, o qual foi estendido para compreensão da realidade constituinte municipal.

O recurso a esquemas e tabelas ocorre sempre que se verifica uma quantidade grande de informações que demandem imediata sistematização para mais fácil visualização e entendimento. Ainda como recurso didático, são postas em negrito palavras e expressões referências para compreensão de uma ideia ou julgado.

Como resultado, procura-se apresentar uma obra, fruto de uma pesquisa cuidadosa, que tenha utilidade para os vários operadores do Direito e que sirva de auxílio para um estudo contextualizado de como a Federação brasileira é posta em prática. Também se busca formatar material que sirva para os estudantes nas mais variadas fases de seus estudos.

Capítulo 1
ORIGEM, EVOLUÇÃO E CRISE
DO ESTADO FEDERAL

Sumário: 1.1 Origens do Estado Federal – 1.2 Distinção entre federação e confederação – 1.3 Desenvolvimento, crise e o novo federalismo – 1.4 Classificações e qualificações do Estado Federal.

1.1 ORIGENS DO ESTADO FEDERAL

Diferentemente de outros temas recorrentes na Ciência Política e na Teoria do Estado, como democracia e separação de poderes, o federalismo foi desconhecido na Idade Antiga. As uniões verificadas nas cidades-estados gregas, como são exemplos a Liga do Peloponeso e a Liga de Delos, tinham por base embrionários tratados pelos quais as partes não renunciaram aos seus respectivos poderes políticos e jurídicos. Também não havia a criação de um ente novo resultante dessa união, cabendo a um dos participantes liderança e ascendência. Foi o que aconteceu com Esparta, na Liga do Peloponeso, e com Atenas, na Liga de Delos. Eram agrupamentos, portanto, que mais se aproximavam do que hoje se conhece como confederação.

É comum mencionar-se, ainda, como antecedente histórico do federalismo, na Idade Média, a Confederação Helvética, pactuada em 1291 por quatro cantões suíços para a defesa externa. Já na Idade Moderna, apontam-se as Províncias Unidas dos Países Baixos em 1579 e que deram origem à atual Holanda. Ainda nessas, no entanto, se verificavam características próprias de uma confederação e não de uma federação.

Coube aos estadunidenses reunidos em convenção na Filadélfia, no ano de 1787, idealizar o Estado Federal em uma versão autônoma que atualmente se denomina de clássica. Na ocasião, James Madison apresenta o chamado **Plano da Virginia** justamente com a nova forma de organização política. Foi uma resposta a dificuldades enfrentadas no período pelas ex-colônias inglesas na América, após a independência conquistada por grande esforço bélico. O modelo confederativo até então vigente, em que cada ex-colônia assegurava soberania própria, resultou em um ente central débil, com recursos escassos em um território vasto que demandava mais.

Do ponto de vista interno, a união confederada não podia legislar diretamente para os cidadãos, mas apenas para os estados e, ainda assim, sem qualquer sanção prevista para o descumprimento das normas. A soberania dos estados impedia muitas ações coletivas entre eles, dependendo, para tanto, de uma cooperação eminentemente voluntária. Conforme lecionam Christopher Banks e John Blakeman[1], não havia meios para obrigar os Estados a adotarem medidas de interesse conjunto, como o rateio das despesas da assembleia confederativa, o pagamento dos custos de guerra, o gerenciamento de conflitos com tribos indígenas e a distribuição de terras no oeste americano. Não bastasse isso, as economias estaduais eram disfuncionais, pois emitiam papel-moeda intencionalmente desvalorizado. Exigia-se um consenso majoritário para tomada de decisões pela assembleia confederativa, limitando muito sua atuação, o que era somado a um Executivo fraco e um Judiciário exclusivamente dos Estados independentes.

Esse período é denominado pelos historiadores como o da **Grande Discussão Nacional**, justamente por se debater sobre os problemas do modelo confederado e se buscaram meios de solucioná-los. Os modelos conhecidos e praticados no ocidente até àquele momento não eram eficientes em superar esses problemas e ainda aliar democracia, republicanismo, grande extensão territorial e autonomia regional. Nesse sentido, escreve Fernanda Dias Menezes de Almeida:

> Pelos padrões do século XVIII, a democracia só era considerada em pequenas comunidades, onde fossem comuns os valores e interesses dos cidadãos. Quanto aos países dotados de grandes territórios, a História parecia demonstrar que só podiam ser governados como Impérios e Confederações, sendo ambas as fórmulas insatisfatórias para os elaboradores do federalismo americano, a primeira por inaceitável, a segunda por ter se mostrado inadequada[2].

James Madison, em escrito de 1788, que compõe os famosos *Federalist Papers,* (conjunto de textos escritos sob o pseudônimo de *Publius* juntamente com Alexander Hamilton e John Jay para a imprensa novaiorquina em prol da ratificação da Constituição dos Estados Unidos resultante da convenção), bem indica a nova estrutura estatal.

---

1. BANKS, Christopher P.; BLAKEMAN, John C. **The US Supreme Court and the New Federalism** – from the Renquist to Roberts Court. New York: Rowman & Littlefield Publishers. 2012. p. 20. No original: "Before the Constitutional Convention, leading political statesmen realized the existing charter of government, the Act of Confederation, was increasingly flawed because its decentralization prevented it from becoming a cornerstone of a unified nation. With the Articles, each state enjoyed sovereign rights in a loose confederation of voluntary cooperation, and state legislatures controlled what became a system of weak central government. There was no power to coerce the states into compliance on issues affecting the national interest, including congressional apportionment, the payment of Revolutionary War debts, managing conflicts with indigenous tribe, and the distribution of western lands. Local economies were dysfunctional, in part because states issued devalued paper money as legal tender to pay outstanding obligations. The national assembly could not act without a majority consensus from the states, and, similarly, there was a weak executive and no national court system. The confederal structure meant that any attempt to act collectively was undercut by state independence. With a unicameral assembly and a diluted executive and nonexistent judiciary, the Articles symbolized an ineffectual league of friendship among the states that prevented states from joining together to repel domestic or foreign threats".

2. ALMEIDA, Fernanda Dias Menezes de. **Competências da Constituição de 1988**. 5ª Edição. São Paulo: Atlas, 2010, p. 3.

Segundo ele, a Constituição deveria ser considerada sob dois pontos de vista gerais. "O primeiro relativo à soma ou quantidade de poderes atribuídos ao governo, incluindo as restrições impostas aos estados. O segundo, à particular estrutura de governo e a distribuição de suas atribuições entre os vários poderes". Especificamente em relação ao primeiro ponto, detalha que ele se subdivide em outros dois, um referente ao cuidado de não se realizar outorga desnecessária ou imprópria de competências para o governo central, outro concernente à averiguação de se o que foi transferido representa ameaça aos Estados.

O federalismo nasceu, pois, como uma solução a dificuldades próprias daquele país e em período de preponderância da ideologia do Estado Liberal absenteísta, a qual influenciou, inegavelmente, essa sua feição clássica originária. Foi uma resposta desenvolvida pelos vitoriosos da primeira revolução inspirada nos ideais liberais do Iluminismo para permitir e garantir o funcionamento de uma nova nação calcada nos emergentes valores individuais que repudiavam a concentração de poder. Esses laços de origem entre Estado Federal e Estado Liberal absenteísta renderam, mais tarde, uma crise do federalismo, conforme se verá adiante.

É por esse motivo que o federalismo é comumente visto como um **modo vertical de separação do poder estatal** ao lado da **separação horizontal** realizada entre Executivo, Legislativo e Judiciário, levando Alexis de Tocqueville, em sua conhecida obra sobre a democracia na América, a afirmar que o sistema federativo é "[...] das mais poderosas combinações a favor da prosperidade e da liberdade do home"[3]. No mesmo sentido, destaca Augusto Zimmermann:

> Os patriarcas da Federação norte-americana, visivelmente influenciados por Montesquieu, bem souberam estabelecer uma magnífica organização duplo-limitativa de Poder, tanto em nível horizontal (dividindo-o em Executivo, Legislativo e Judiciário) como em nível vertical (dividindo-o em níveis regionais-estaduais e central-federal). Este sistema binário, acreditava a sabedoria moderadora, legaria a operacionalização do novo modelo, alcançando-se o êxito da descentralização política onde seria necessário que houvesse dispositivos delimitadores do poder político em nome da liberdade individual.[4]

Conquanto se fale em **repartição vertical**, isso não significa uma hierarquia entre os entes federativos, sobretudo no modelo norte-americano inicial. Eis um ponto de destaque. Todas as partes da federação possuem os precisos limites e poderes traçados pela Constituição, não havendo ascendência jurídica de uma sobre a outra, nem da entidade central sobre as periféricas. Tem-se, muitas vezes, uma inegável maior amplitude de atuação da União, mas não uma superioridade hierárquica. É nesse sentido que se deve entender a divisão vertical.

Percebe-se, ainda, que o federalismo norte-americano, em sua origem, pode ser concebido como um **federalismo por agregação**, já que as partes antes desfrutavam de

---

3. TOCQUEVILLE, Alexis de. **Democracy in America**. Vol. I. trad. Henry Reeve. Public Domain book.
4. ZIMMERMANN, Augusto. **Teoria do Federalismo Democrático**. 2ª Edição. Rio de Janeiro: Lumen Juris, 2005, p. 39.

ampla independência política e jurídica (representada pela soberania estatal própria), e a abandonaram em prol de uma união constitucionalmente fundamentada. Essa união (com letra minúscula) adquiriu personalidade jurídica própria, passando a se denominar União Federal (com capitulares) e a ser a responsável, por meio de seus órgãos e entidades, pelo exercício da soberania titularizada pelo povo organizado sob o Estado Federal como um todo. Houve, portanto, a incidência de uma **força centrípeta** hábil a aproximar as partes antes ligadas pelo frágil laço confederativo.

Ainda assim, os Estados-membros, mesmo desprovidos de poder soberano, mantiveram grande parcela de **autonomia**, entendida como a aptidão de exercer poderes políticos e jurídicos em seus territórios dentro dos limites traçados no texto constitucional federal. Restou para eles a maioria das competências constitucionais a serem exercidas sem maiores interferências.

Foi garantido o princípio da **competência residual**, segundo o qual aquilo que não é expressamente atribuído à União é de competência dos entes federados, inclusive para editar suas próprias constituições, as quais são bastantes distintas entre si, dada a grande experimentação viabilizada pelo espaço de atuação mais livre.

A Constituição dos EUA é um mínimo de regulação jurídica que deve ser respeitado pelos Estado Federados, que podem ir além nos vários aspectos, resultando, inclusive, em róis de direitos fundamentais diferentes (maior ou menor), a depender de onde se esteja.

André Ramos Tavares, citando Bernard Schwartz, explica que essa divisão em prestígio aos entes periféricos decorreu do fato de que os delegados na Convenção da Filadélfia de 1787, que resultou na criação do modelo federativo em substituição ao modelo confederado, eram delegados dos estados então independentes, pelo que foi objeto de preocupação garantir a eles um papel de destaque no novo modelo em formação. Havia o cuidado no sentido de que "[…] o governo nacional que estavam criando não fosse tão poderoso que, na prática, tragasse os estados"[5]. Como consequência, a maior parte das competências coube aos Estados-membros, restando ao Ente central somente o que lhe foi expressamente atribuído pelas **competências enumeradas** na seção do Texto Constitucional.

Alexis de Tocqueville bem resume o modelo federativo, evidenciando certa perplexidade a seu respeito, ao escrever que "[…] a primeira dificuldade que se apresenta emerge da complexa natureza da constituição dos Estados Unidos, que consiste em duas estruturas sociais distintas, conectadas e, por assim dizer, envolta uma na outra; dois governos completamente separados e quase independentes, um encarregado dos deveres ordinários e respondendo pelas demandas diárias e indefinidas, outro circunscrito a certos limites, exercendo apenas autoridade excepcional sobre interesses gerais do país"[6].

---

5. TAVARES, André Ramos. **Curso de Direito Constitucional**. 6ª Edição. São Paulo: Saraiva, 2008, p. 978.
6. TOCQUEVILLE, Alexis de. **Democracy in America**. Vol. I. trad. Henry Reeve. Public Domain book.

Nem todos os aspectos da Federação, contudo, foram inteiramente definidos na Convenção da Filadélfia, restando muito à paulatina decantação teórica, sobretudo em função dos precedentes judiciais. Um desses aspectos inacabados era justamente a criação de um Judiciário Federal nos Estados Unidos. Debateu-se nos primeiros instantes da nova nação se os traços da Federação deveriam ser desenhados apenas pelos executivos e legislativos estaduais ou dever-se-ia reconhecer função determinante à União, inclusive por meio de Judiciário próprio, encabeçado por uma Suprema Corte. A indefinição se alongou até o *Judiciary Act,* de 1789, que criou o Judiciário Federal estadunidense em cujo topo está sua Suprema Corte.

Advirta-se que não se deve fazer um perfeito paralelo com a Justiça Federal brasileira, porquanto a competência desta é preponderantemente determinada em função do interesse da União na questão deduzida em juízo, revelando uma dimensão prioritariamente subjetiva. Nos EUA, a competência das cortes federais se dá em função da legislação federal incidente sobre a questão. No Brasil, não só os juízes federais, mas também os estaduais, aplicam o direito nacional diuturnamente.

Criadas a Justiça Federal e a Suprema Corte, suas decisões foram determinantes para moldar o federalismo estadunidense. Por isso, estudar este assunto, sua paulatina formação, características e aspectos, envolve, necessariamente, conhecer os precedentes judiciais, sobretudo os oriundos da mais alta corte. O famoso caso ***Marbury vs. Madison***, em que se assentou o *judicial review* de atos do Congresso americano pelo Judiciário, é exemplo disso. Há, no entanto, inúmeros julgados relevantes. Como resultado, resumem Christopher Banks e John Blakeman, esses precedentes concluíram por dotar a Suprema Corte de poderes para superintender e inevitavelmente decidir sobre os embates federativos entre as instituições nacionais e regionais[7].

Para exemplificar esse papel da Suprema Corte, a competência residual dos Estados e os poderes enumerados da União foram reconfigurados por julgamento de 1819, no caso ***McCulloch vs. Maryland***. Nele, restou decidido que as competências do Ente central não eram apenas as expressas, mas também as que estão razoavelmente implícitas.

No referido caso, pôs-se em debate a criação do Segundo Banco dos Estados Unidos pelo Congresso Nacional e a possibilidade de o Estado de Maryland cobrar tributos sobre essa instituição financeira. MacCulloch era o caixa da instituição na agência de Baltimore, cidade daquele Estado. No julgamento, admitiu-se o poder federal para criar o banco e a limitação do Estado-membro em taxá-lo.

Firmou-se, assim, a **Teoria dos Poderes Implícitos,** a qual ensina que, ao ser prescrito pela Constituição um fim, tem-se, implicitamente, conferidos ao mesmo ente

---

7. No original: "In sum, the convention debates over the negative over state laws, the supremacy clause and its operation, and the likely scope and application of judicial review suggests the U.S. Supreme Court was in a likelihood intended to superintend, and inevitably decide, who ultimate victor would be in federalism struggles between national institutions and sub-governments". BANKS, Christopher P.; BLAKEMAN, John C. **The US Supreme Court and the New Federalism** – from the Renquist to Roberts Court. New York: Rowman & Littlefield Publishers. 2012. p. 25.

federado os meios necessários para sua consecução. Nesse sentido, o *Justice* Marshall assentou que, "[...] se um fim é legítimo, se está dentro do âmbito da Constituição, todos os meios apropriados, simplesmente adaptados àquele fim, não proibidos, mas harmônicos com a letra e o espírito da Constituição, são constitucionais".[8] Com essa teoria, a União Federal americana deixou de ter atribuições tão reduzidas e firmou-se a forte influência da Suprema Corte sobre a determinação do âmbito dos poderes dos entes federativos. A **Teoria dos Poderes Implícitos** passou a ser adotada como princípio do próprio federalismo, inclusive em outros países.

Nesse período inicial, que se pode situar do início do século XIX até os anos 1930, têm-se, precisamente, **duas fases do federalismo americano**. **A primeira** vai até a eclosão da Guerra Civil em 1861, em que vários Estados do sul dos Estados Unidos declararam secessão da União. Discute-se, nessa época, por exemplo, a natureza da autonomia dos Estados-membros, se eles manteriam ou não a própria soberania. Também se indagava sobre o papel do Judiciário e da Suprema Corte no jogo federativo. Nesse instante foram traçadas as linhas-base do conceito de federação, que se expandiu posteriormente.

A segunda fase inicia-se no período pós-guerra civil e se estende até o *New Deal* dos anos 1930, em que, com suporte nas bases assentadas pela primeira, opta-se pelo modelo de **federalismo dual**, com clara distinção e apartação das atribuições dos Estados Federados e da União. Ele termina justamente quando, por necessidade de política nacional, emerge o **federalismo cooperativo**, em que há mútuo entrelaçamento da atuação e competências que autorizam uma atuação conjugada dos entes federativos.

Em ambas as fases, a Suprema Corte sempre exerceu papel de destaque.

No caso ***Chisholm vs. Georgia,*** de 1793, por exemplo, admitiu-se a possibilidade de um cidadão processar um estado da Federação perante o Judiciário Federal, buscando pagamento de uma dívida, mesmo sendo residente em outra região. O Estado da Georgia alegou ser soberano e, por isso, não se submeteria à jurisdição federal, nem mesmo da Suprema Corte. Restou decidido, entretanto, que a soberania era titularizada pelos cidadãos americanos e não pelo Estado da Georgia, por ser uma pessoa jurídica, uma abstração, que se submetia, sim, à revisão de seus atos pelo Judiciário. Esse julgado selou a concepção de que os Estados-membros de uma federação não possuem soberania, mas autonomia dentro dos limites constitucionais.

Esse entendimento foi ainda corroborado pelo caso ***Martin vs. Hunter's Lessee,*** de 1816. O tribunal julgou processo em torno de propriedades herdadas por Martin, sobrinho de um nobre inglês que residia e possuía terras americanas. O Estado da Virginia, entendendo que o falecido nobre havia apoiado a Inglaterra na Guerra da Independência, não reconheceu mais seu título de propriedade e, por via de consequência, a herança recebida por Martin. As terras foram consideradas bens do Estado da

---

8. *Apud* TAVARES, André Ramos. **Curso de Direito Constitucional**. 6ª Edição. São Paulo: Saraiva, 2008, p. 979.

Virginia, que as transferiu para Hunter. Mesmo a Suprema Corte tendo decidido em favor de Martin, os tribunais estaduais se negavam a reconhecer sua autoridade judicial, também sob o argumento de soberania do Estado. Em novo julgamento, encabeçado pelo *justice* Joseph Story, restou assentado que as cortes federais, entre elas a Suprema Corte, podem revisar atos dos executivos e dos legislativos estaduais que estivessem em desacordo com a constituição, invalidando-os. O mesmo se aplicava para as decisões das cortes estaduais revistas por via recursal. Impôs, então, a decisão em favor de Martin.

Esse precedente foi determinante em barrar a tese antinacionalista de muitos Estados-membros no sentido de que eles não teriam perdido suas soberanias, restando firmemente assentado a ideia de que somente o povo detinha soberania, tendo plasmado na Constituição os preceitos do novo ente, inegavelmente indicado pelo preâmbulo do texto que se inicia com a asserção: "Nós, o Povo dos Estados Unidos, a fim de formar uma União mais perfeita [...]".

Conquanto nesses instantes de definição do modelo federativo tenha havido clara adesão a ideais do liberalismo político, isso não significou a inteira incorporação de princípios humanistas, porquanto ainda consagrada a escravidão. Foi justamente em julgamento sobre conflito federativo em que restou assegurada a maior autonomia dos Estados para manter essa odiosa prática, sendo fator influente – ainda que não inteiramente determinante – para a eclosão da Guerra Civil no país. Esse é o famigerado caso **Dred Scott vs. Sanford**.

Dred Scott era um escravo negro que residiu com seu senhor em um "estado livre", Illinois, em que a escravidão havia sido abolida por lei local. Após retornar a seu estado escravocrata de origem, ele buscou judicialmente o reconhecimento de sua liberdade perante os herdeiros de seu antigo senhor, o que foi negado pela mais alta corte estadual do Missouri. Ele, então, processou seu novo mestre em um circuito federal, buscando reparação de danos por maus tratos.

A *Supreme Court* decidiu o caso em 1857, com manifestação do *Justice* Roger Taney, expondo que os tribunais federais, incluindo seu tribunal de ápice, tinham jurisdição restrita a pleitos de cidadãos americanos, o que **não incluía negros** descendentes de africanos levados à América como escravos. Eles não faziam parte da comunidade política que criou a Constituição, razão pela qual não poderiam buscar abrigo em suas disposições. Foi ainda assentado que os escravos sempre foram tidos como seres de ordem inferior e plenamente incapazes de se integrar com a raça branca em relações sociais ou políticas, desprovidos, portanto, de direitos que tivessem que ser respeitados pelos brancos, ainda que considerados livres. Os negros seriam mantidos servis para seu próprio bem.

Tais argumentos estão hoje na infâmia, mas foram ao encontro do entendimento sulista em favor da escravidão, fortalecendo as tensões políticas que, mais tarde, fizeram eclodir a Guerra Civil, entre 1861 a 1865, com a declaração de secessão de estados do sul, que voltaram a se organizar sob a forma confederada. No entanto, a vitória foi das forças da União, restando, como consequência, a prevalência da ideia – hoje princípio definidor do federalismo – de que inexiste direito de secessão em uma federação.

No período pós-guerra, o **segundo dessa fase inicial** de formação da Federação norte-americana, houve o fortalecimento do **federalismo dual**, em que União e Estados-membros eram concebidos de maneira estanque e apartada, cada um exercendo de modo independente e desimpedido sua parcela de atribuições estabelecida na Constituição por uma clara linha divisória. Presumia-se que cada ente tinha aptidão suficiente para realizar seus desígnios, bastando não haver qualquer interferência por parte dos outros integrantes do pacto federativo. Também se dizia dual porque a distribuição vertical do poder era constitucionalmente prevista para apenas dois níveis: federal e estadual. Revela-se, dessa maneira, a afinação com a ideologia liberal de individualidade e independência. A todo o momento, mais uma vez, as decisões da Suprema Corte foram determinantes para solucionar a disputa entre os entes federativos nessa fase, sendo suas decisões elementos definidores desse modelo.

Em *Texas vs. White*, de 1869, foi acolhido o entendimento do Presidente Abraham Lincoln no sentido de que a secessão dos Estados rebelados em 1861 foi nula porque, em verdade, nunca deixaram a União, que é e sempre foi desde seu início perpétua e indissolúvel. Reafirmou-se que os Estados em uma confederação mantinham sua soberania, independência e jurisdição, o que não acontecia na União federativa, realizada sob uma constituição.

É dessa fase o simbólico caso *Lochner vs. New York*, de 1905. O Estado de Nova Iorque havia editado, como medida de saúde pública, lei impondo limite diário máximo de dez horas de trabalhos para empregados de padarias, a fim de protegê-los da aspiração de farinha. A lei, contudo, foi declarada inconstitucional pela Suprema Corte pela maioria mínima de 5 a 4, sob o entendimento de que interferia na livre negociação entre as partes. A questão federativa foi, então, ligada ao liberalismo econômico e jurídico do *laissez-faire*.

A mesma linha de entendimento foi verificada em 1890, no caso **Chicago, Milwaukee & St. Paul Railway Company vs Minnesota**, em que se assegurou a liberdade de companhia de trem fixar livremente seus preços, sendo declarada inconstitucional lei estadual que os regulava.

É possível observar pela própria evolução do federalismo americano que ele foi moldado, no curso dos anos, pelos precedentes da Suprema Corte. Não é de se estranhar, portanto, o mesmo papel ser exercido pelo Supremo Tribunal Federal, no Brasil, sobretudo após a Constituição Federal do 1988, que reformulou o modelo federativo nacional.

Assim, como marcos desse federalismo clássico destaca-se, em conclusão, as seguintes características: **a)** separação vertical de poderes; **b)** federalismo por agregação; **c)** autonomia dos Estados-membros; **d)** federalismo dual vinculado ao liberalismo;

CAPÍTULO 1 • ORIGEM, EVOLUÇÃO E CRISE DO ESTADO FEDERAL

13

e) teoria dos Poderes Implícitos; **f) órgão judicial de cúpula resolvendo os conflitos federativos; g) afirmação da ausência do direito de secessão pelas partes federadas.**

1.2 DISTINÇÃO ENTRE FEDERAÇÃO E CONFEDERAÇÃO

Confederação e federação constituem espécies do gênero **Estado composto** (em que há descentralização do poder político) que se contrapõe ao **Estado unitário** (que concentra em um só ente todo o poder estatal). Encerram aí, entretanto, as semelhanças entre os dois modelos. A primeira e mais marcante distinção, conforme leciona Paulo Bonavides[9], consiste em ser a confederação uma união de Direito Internacional, enquanto a federação é uma união de Direito Constitucional.

A confederação é realmente baseada em um tratado firmado por estados independentes e soberanos, e, por esse motivo, em um plano jurídico internacional, distinto do direito interno de cada um. As disposições desse tratado só são incorporadas nas respectivas ordens jurídicas internas nos limites e na forma estabelecidos por cada uma delas, sendo que sua eventual rejeição causa efeitos apenas no plano supranacional nos termos do acordo confederado. Há, inclusive, o direito de **nulificação,** consistente no poder de o Estado participante se opor às disposições do parlamento confederado eventualmente criado.

Na federação, por outro lado, as partes não celebram, no exercício da soberania própria, um tratado com outros entes igualmente soberanos; ao contrário, os envolvidos não possuem soberania (capacidade suprema de autodeterminação política e jurídica), seja porque abriram mão dela (no caso de uma federação por agregação) ou porque antigas províncias de estados unitários receberam apenas autonomia subordinada (hipótese de federação por desagregação). Os entes periféricos se submetem a uma mesma ordem jurídica nacional em cujo ápice se encontra uma constituição que cria um novo ente resultante dessa união, o qual, no plano interno, será responsável pelos interesses nacionais, e, na contextura internacional, será o único a representar o Estado Federal.

A soberania é titularizada pela federação como um todo, mas seu exercício em nome do povo fica a cargo das autoridades, órgãos e entidades da União. No caso brasileiro, o art. 18 da Constituição Federal bem destaca que "a organização político-administrativa da República Federativa do Brasil compreende a União, os Estados, o Distrito Federal e os Municípios, todos autônomos, nos termos desta Constituição.

Bernardo Gonçalves Fernandes[10], diante desse dispositivo, bem alerta que a República Federativa do Brasil não se confunde com a União, que é apenas um ente integrante do pacto federativo, é apenas mais um dos entes federados. Assim, a soberania é a República Federativa do Brasil como um todo, sendo, no entanto, exercida por meio de órgãos e autoridades da União.

---

9. BONAVIDES, Paulo. **Ciência Política**. 10 Edição. São Paulo: Malheiros, 1995, p. 179.
10. FERNANDES, Bernardo Gonçalves. **Curso de Direito Constitucional**. 10. Ed. Salvador: JusPodivm, 2018, p. 932.

Caberá aos entes federados, em sua totalidade ou parte deles, o direito de participarem nesse novo ente e colaborarem na tomada de suas decisões, na elaboração das leis nacionais e federais, bem como na reforma do Texto Constitucional. Comumente, isso é viabilizado por um Legislativo bicameral, em que uma das casas é formada de representantes das partes federadas. Esse é o papel reservado, por exemplo, ao Senado Federal brasileiro, formado pelos representantes dos Estados-membros, a despeito de o Brasil ser uma federação de três níveis (União, Estados-membros e Municípios, além do Distrito Federal, que cumula, porém, atribuições próprias dos níveis estadual e municipal).

Via de regra, uma confederação é criada com objetivos principalmente externos, seja para a realização de negócios, seja para a mútua proteção dos integrantes contra ameaças de outros países. Já a federação se justifica por motivos externos e internos.

Em linhas gerais, é possível afirmar que é da persistência ou da perda da soberania que derivam os traços marcantes da confederação e da federação. Tanto assim que os cidadãos confederados terão nacionalidades diversas, cada um adquirindo a nacionalidade da respectiva parte confederada. Diversamente, na federação, todos possuirão a mesma nacionalidade do novo Estado soberano.

Precisamente por ainda serem soberanos, os Estados confederados têm o direito de secessão, ou seja, de deixar a união confederada, mediante rompimento do tratado internacional firmado. Pelo motivo contrário (inexistência de soberania), as partes integrantes de uma federação não têm tal direito, que é considerado ato violador da Constituição e, portanto, ilícito.

Dentro dessa ordem jurídica, a atuação dos entes subnacionais é fundamentada em uma **autonomia** definida juridicamente na Constituição. É o exercício de um poder jurídico condicionado, algo bem distinto da soberania, concebida como o irrestrito direito de autodeterminação.

Na federação, portanto, há um misto de **participação** e **autonomia**. Na mesma medida em que a autonomia é restringida pelos interesses nacionais definidos no âmbito do ente federal (União), as partes periféricas têm o direito de participar da condução dos interesses nacionais e definir a linha de atuação do todo.

Há, ainda, outras distinções pertinentes, como muito bem destaca Augusto Zimmermann. Escreve o autor que "[...] na confederação, o único órgão é o Congresso Confederal, verdadeira *dieta* onde as decisões são tomadas como nas reuniões diplomáticas, através da unanimidade dos delegados representantes dos estados-membros; na Federação o poder central divide-se em Legislativo, Executivo e Judiciário, estando o procedimento de elaboração legislativa não mais subordinado à regra diplomática da unanimidade, mas pela decisão parlamentar majoritária"[11].

---

11. ZIMMERMANN, Augusto. **Teoria do Federalismo Democrático**. 2ª Edição. Rio de Janeiro: Lumen Juris, 2005, p. 39.

As distinções entre federação e confederação podem ser sumariadas da seguinte maneira:

CONFEDERAÇÃO	FEDERAÇÃO
União de Direito Internacional.	União de Direito Constitucional.
Manutenção da soberania dos confederados.	Perda da soberania e existência de autonomia constitucionalmente limitada.
Personalidade jurídica internacional para cada ente confederado como decorrência da persistência da soberania.	Representação internacional de todos os entes federados apenas pelo ente central.
Direito de secessão.	Inexistência do direito de secessão por ser considerado ilícito constitucional.
Possibilidade de o ente central legislar apenas para os estados confederados e não diretamente para os cidadãos.	Possibilidade de legislação nacional para cidadãos e entes federados, além de uma legislação tipicamente federal para a própria União federal, ente novo surgido com a federação.
Os cidadãos são nacionais dos respectivos estados confederados.	Todos possuem a mesma nacionalidade do Estado federal.
O ente central da confederação é composto apenas por um congresso que delibera segundo a regra da unanimidade diplomática.	A União federal possui Legislativo, Executivo e Judiciário, sendo que o primeiro labora segundo as normas de maioria parlamentar.

1.3 DESENVOLVIMENTO, CRISE E O NOVO FEDERALISMO

A origem do Estado Federal está intimamente ligada, como visto, à ideologia liberal de Estado, que tinha grande desconfiança da concentração de qualquer espécie de poder político. Paulo Bonavides ensina que "o federalismo, quando emerge nos Estados Unidos, faz parte do plano da sociedade burguesa para manietar o Estado. Confunde ela o Estado com o despotismo monárquico, embora o utilizasse na consolidação da economia capitalista"[12].

Assim, a busca de técnicas da divisão e fragmentação do poder, tanto por uma separação orgânica em três poderes quanto por uma autonomia de entes políticos, foi ao encontro desse ideário, e, na prática, atendia à concepção absenteísta, acreditando que a sociedade seria capaz de regular a si mesma. Para tal missão, deixou-se de demandar maior coordenação de tarefas e esforços estatais, acreditando-se poder ser atendida por um poder público débil.

O Estado Liberal representou uma ruptura com o absolutismo ocorrida sob os auspícios da ideologia iluminista. Seus dados essenciais estruturadores são bem resumidos por Antonio Carlos Wolkmer[13]: **a)** o núcleo político-jurídico se dá com Estado de Direito, a supremacia constitucional, os direitos civis e políticos; **b)** núcleo econômico centrado na propriedade privada, livre iniciativa empresarial, economia de mercado; **c)** núcleo ético-filosófico com referência no individualismo, liberdade pessoal, tolerância e otimismo.

---

12. BONAVIDES, Paulo. **Teoria do Estado**. 4ª edição. São Paulo: Malheiros, 2003, p. 133.
13. WOLKMER, Antônio Carlos. **Pluralismo Jurídico**. São Paulo: Alfa-ômega, 1994, p. 34.

Sua feição reativa caracteriza-se pelo fato de ao ente público serem acometidas tão só funções necessárias para a manutenção das condições sociais que o mercado exige para operar regularmente. Liberdade, segurança e propriedade são os alicerces a serem preservados contra abalos que afetariam o mercado que sobre eles se ergue.

Nesse tocante, o federalismo dual estadunidense mostrou-se, consoante exposto, estreitamente ligado à ideologia econômica do *laissez-faire*, representando uma barreira à regulação nacional de muitas matérias, a respeito das quais os Estados-membros, mais atentos às questões locais, não se ocupavam em tratar. Essa postura era corroborada pela falta de uma economia nacional bem estabelecida, sendo, ainda, muito localizada, pelo que se fazia mesmo desnecessária a coordenação mais ampla de esforços econômicos.

Esse alinhamento entre o federalismo dual e o *laissez-faire* não era, entretanto, isento de críticas. É o que revela a posição divergente do *Justice* Oliver Holmes, no já mencionado caso *Lochner,* ao consignar que uma constituição não deveria necessariamente incorporar uma particular teoria econômica, sendo tal atitude fruto de criativa inserção no alcance constitucional. Essa era, no entanto, posição reiteradamente vencida. Como revelam Cristopher Banks e John Blakeman, "the inculcation of *laissez-faire*, built on dual federalism principles, creative interpretations of federal law, and celebrating individualism as a moral and economic ideal, had become a product of the courts"[14].

É perceptível, então, a influência de um pensamento **mecanicista**, pois a pessoa é tomada como a unidade embrionária da sociedade, seu centro irredutível de toda a assimilação coletiva, não havendo nenhuma realidade maior ou superior. O sujeito individualmente considerado é ponto primário e básico de onde derivam todos os demais[15]. Esse é o motivo para a Constituição ter a principal função de repartir o poder, sendo o modelo federativo um dos meios utilizados para tanto.

As decisões da Suprema Corte dos Estados Unidos até o primeiro quartel do século XX, quando o federalismo dual e o Estado Liberal tiveram seus ápices, apreciavam aspectos sobre divisão de competências federativas mediante interpretação que enfraquecia os poderes da União em prestígio dos Estados-membros, facilitando, assim, menor intervenção estatal.

É possível exemplificar isso com a interpretação dada à cláusula de comércio interestadual, matéria atribuída expressamente à União Federal, que, com base nela, editou o *Keating-Owen Child Labor Law Act*, lei que proibia o comércio entre os estados de produtos fabricados com trabalho infantil. No mesmo sentido, no caso **Hammer vs. Dagenhart** – ajuizado por um pai que queria garantir ao seu filho de 14 anos o direito de trabalhar na indústria têxtil – a Suprema Corte julgou, em 1918, que a União não teria essa competência, porque, em verdade, não tratava sobre o comércio interestadual, mas acerca de regime de horas de trabalho, o que não estava entre suas competências expressas. Deu-se, portanto, interpretação restrita ao dispositivo.

---

14. BANKS, Cristopher; BLAKEMAN, John. Op. cit., p. 44.
15. BONAVIDES, Paulo. **Ciência Política**. 10ª Edição. 2ª Tiragem. São Paulo: Malheiros, 1995, p. 55.

A crença de que um estado mínimo seria eficiente para atender às demandas sociais, no entanto, foi abalada no século XX, quando a evolução capitalista as tornou mais complexas, exigindo maior intervenção estatal e reivindicando uma centralização de poder nesse ente nacional para que operasse ações coordenadas em toda a extensão territorial nacional. Não por acaso, as novas técnicas de repartição de competências federativas surgiram com a Constituição de Weimar, de 1919, exemplo mais famoso de texto a consagrar um Estado social intervencionista naquele período.

No segundo quartel do século XX, os problemas sociais – inexistentes antes da Revolução Industrial e, por conseguinte, fora de cogitação no pensamento iluminista que ideologicamente guiou o federalismo clássico – já alcançavam um ponto de tensão extremo na Europa, sobretudo na Alemanha arrasada e culpada pela Primeira Grande Guerra.

O marco definitivo para a mudança do perfil que até então os Estados capitalistas vinham apresentando ocorreu, porém, no campo econômico, especialmente a partir de 24 de outubro de 1929, data da "terça-feira negra", quando a bolsa de Nova Iorque quebrou.

Até essa data, não se questionava mais seriamente o modelo liberal, o *laissez-faire* ou o federalismo dual, sobretudo porque, do outro lado do Atlântico, a Constituição de Weimar, com extenso rol de direitos sociais e um federalismo cooperativo, enfrentava sérios problemas de efetividade. Os Estados Unidos, por sua vez, eram a demonstração viva do progresso econômico-social possibilitado pela autorregulação do mercado e interferência mínima do Estado, garantida por rígida divisão de poderes e atuação pontual de seus Estados-membros.

Os indicadores econômicos americanos do período de 1900 a 1929 eram esplendorosos. Segundo Hunt e Sherman[16], até o final do século XIX, a riqueza americana era estimada no patamar de 86 milhões de dólares, passando para 361 bilhões em 1929 e somente 3,2% da força de trabalho estavam sem emprego. Em mensagem datada de 4 de dezembro de 1928 encaminhada ao Congresso, o Presidente Calvin Coolidge dava flagrante demonstração da euforia da época[17].

Essa situação de conforto foi solapada, no entanto, pelo *crack* ocasionado, dentre outros motivos, porque o então Presidente Hoover – mesmo diante de uma série de indícios da catástrofe econômica que estava por vir – preferiu deixar ao mercado a solução

---

16. HUNT e SHERMAN. **História do Pensamento Econômico**. 20ª Edição. Petrópolis: Editora Vozes, 2001, p. 163 e ss.

17. "Nenhum Congresso dos Estados Unidos já reunido, ao examinar o estado da União, encontrou uma perspectiva mais agradável do que a de hoje [...] A grande riqueza criada por nossa empresa e indústria, e poupada por nossa economia, teve a mais ampla distribuição entre nosso povo, e corre como um rio a servir à caridade e aos negócios do mundo. As demandas da existência passaram do padrão da necessidade para a região do luxo. A produção que aumenta é consumida por uma crescente demanda interna e um comércio exterior em expansão. O país pode encarar o presente com satisfação e prever o futuro com otimismo". *Apud* HOBSBAWM, Eric. **A era dos Extremos**: o breve século XX: 1914-1991. Trad. Marcos Santarrita. São Paulo: Companhia das Letras, 2003, p. 90.

do problema. O caos econômico ocorreu, mas não por falta de tentativa de remediação pelos particulares – como é exemplo a atitude de J.P. Morgan de comprar o maior número de ações possível, na intenção de fazer seus preços pararem de despencar –, mas pelas próprias dificuldades do modelo e da postura do Estado perante a sociedade.

Como consequência da "terça-feira negra", o valor conjunto das ações na bolsa de Nova Iorque caiu de 87 bilhões de dólares para 19 bilhões. A renda agrícola caiu 50%. A despeito de os efeitos da "Grande Depressão" terem sido sentidos mais fortemente por algumas minorias[18], ela atingiu toda a sociedade estadunidense, estendendo-se para as demais nações do mesmo regime[19].

Enquanto isso, a economia soviética atingia o pleno emprego e apresentava taxas de crescimento assombrosas, realçando o trauma da grande depressão. O modelo liberal de Estado estava abalado em suas bases.

Coube a John Maynard Keynes explicar o ocorrido. Mostrou que o capitalismo liberal ainda poderia ser um modelo viável. Simplificadamente, a explicação partia da ideia do fluxo circular: "[...] o dinheiro flui das empresas para o público sob a forma de salários, remuneração, rendas, juros e lucros; em seguida, esse dinheiro retorna para as empresas quando o público adquire os bens e serviços oferecidos por elas. O processo perdura, enquanto as empresas puderem vender tudo o que produzirem e obter lucros satisfatórios"[20]. O processo, contudo, não funciona corretamente por sua conta, pois esse fluxo possui "vazamentos", cujo mais relevante seria a poupança que é intensificada nos períodos de prosperidade, impedindo reinserção de recursos no fluxo econômico.

A função relevante a ser desenvolvida pelo Estado consistiria em retirar valores da poupança, ou impedir sua exagerada formação, mediante tributação, e aplicá-los em atividades cujo fruto não ampliasse a capacidade produtiva (que reiniciaria o ciclo vicioso pela poupança), mas que, conjuntamente, não reduzisse as oportunidades de investimento para o futuro. Demonstrava como exemplo desse tipo de atividade, no passado, as pirâmides do Egito e as catedrais da Idade Média. Para ele, a novas pirâmides e catedrais deveriam ser investimentos de utilidade pública, como a realização

---

18. Estima-se que a quantidade de negros desempregados superava em até em 400% aquela de empregados, o que não possuía paralelo entre os caucasianos.

19. Sobre tais efeitos, escreve Eric Hobsbaw: "Para aqueles que, por definição, não tinham o controle ou acesso aos meios de produção (a menos que pudesse voltar para uma família camponesa do interior), ou seja, os homens e mulheres contratados por salários, a consequência básica da Depressão foi o desemprego em escala inimaginável e sem precedentes, e por mais tempo do que qualquer um experimentara. No pior período da Depressão (1932-33), 22% da força de trabalho britânica e belga, 24% da sueca, 27% da americana, 29% da austríaca, 31% da norueguesa 32% da dinamarquesa e nada menos que 44% da alemã não tinham emprego, o que é igualmente relevante mesmo após a recuperação após 1933 não reduziu o desemprego médio da década de 1930 abaixo de 16% a 17% na Grã-Bretanha e Suécia ou 20% na Escandinávia. O único Estado ocidental que conseguiu eliminar o desemprego foi a Alemanha nazista entre 1933 e 1938. Não houve nada semelhante a essa catástrofe econômica na vida dos trabalhadores até onde qualquer um pudesse lembrar". (HOBSBAWN, op. cit., 97).

20. HUNT E SHERMAN. Op. cit., p. 167.

de grandes obras públicas, estradas, escolas, hospitais, parques e outras atividades em prol da sociedade.

Para os Estados liberais capitalistas, nesse momento, ficou claro que a ideia de que a sociedade seria autossuficiente para alcançar seus objetivos – bastando para isso que o Estado não interviesse no mercado, que se autorregularia pela *invisible hand* – não mais condizia com a realidade.

Em razão da absoluta incongruência relativamente às doutrinas socialistas e nazifascistas, a teoria liberal-capitalista, considerando o pensamento keynesiano, foi arrefecida em favor do reconhecimento de que, para se conduzir, a sociedade necessitaria de uma atuação positiva do Estado, que se pautaria na solidariedade. Surgia, então, o **Estado Social (*Welfare State*)**, síntese do Estado liberal e do Estado socialista. Daquele, herdou especialmente o regime capitalista e, deste, a intervenção estatal em prol de valores e fins coletivos.

Nos Estados Unidos, o Presidente Roosevelt lançou o ***New Deal***, política intervencionista de molde keynesiano. Para tratar o problema nacional da Grande Depressão, foi preciso que a União tomasse a frente de uma série de medidas de âmbito nacional. Nesse momento, o federalismo dual representou séria barreira, tendo em vista que muitas das decisões tomadas não estavam explicitamente dentro das competências enumeradas pela Seção 8 do Texto Constitucional, nem poderiam ser facilmente obtidas pela Teoria dos Poderes Implícitos.

Inicialmente, a Suprema Corte, reproduzindo seu entendimento já firmado, julgou inválidas, por maioria apertada, medidas do *New Deal*. Houve, então, intervenção do Presidente Roosevelt, que anunciou a intenção de aumentar o número de ministros da corte de nove para dezesseis, e, com isso, obter a maioria necessária. Após esse embate, houve mudança de entendimento jurisprudencial, passando-se a emprestar interpretações mais extensivas aos poderes da União. O episódio ficou conhecido como *the switch in time that saved nine*. Sobre o assunto, Marcelo Labanca escreve:

> Dois casos podem muito bem ilustrar a mudança anunciada nos desenhos das fronteiras jurídicas da federação americana. O primeiro, de 1941, é referente à lei federal que proíbia o comércio interestadual de produtos elaborados por empresas com o descumprimento da jornada máxima de trabalho diária. A Suprema Corte, não aplicando o precedente do trabalho infantil, julgou a lei federal constitucional, por entender que o desrespeito de jornadas diárias e salário-mínimo interferiria nos custos dos produtos, trazendo consequentemente um reflexo na concorrência de produtos entre os Estados-membros, legitimando, pois, à União legislar sobre tal matéria com base na cláusula de comércio interestadual. O outro que pode ser trazido à baila, de 1942, é referente à legislação federal regulando a produção de trigo para autoconsumo. Nesse caso, a legislação federal aparentemente nada teria a ver com o comércio interestadual. Todavia, a matéria é inserida dentro dos poderes da União, pois entendeu a Suprema Corte que o trigo que sequer seria comercializado poderia interferir no preço do comércio local e, consequentemente, no comércio interestadual.[21]

---

21. ARAÚJO, Marcelo Labanca Corrêa de. **Jurisdição Constitucional e Federação**: o princípio da simetria na jurisprudência do STF. Rio de Janeiro, Elsevier, 2009, p. 53.

Um dos exemplos mencionados por Labanca é o caso ***United States vs. Darby***, no qual se questionava o *Fair Labor Standard Act*, que regulava vários aspectos das relações de trabalho, como salário-mínimo, jornada semanal e trabalho infantil. Ao ser punido por descumprir tais disposições, um madeireiro chamado Darby foi a juízo questionar a constitucionalidade da referida lei, utilizando, naturalmente, o precedente sobre o trabalho infantil firmado em ***Hummer vs. Dagenhart,*** apresentado linhas atrás. A Suprema Corte, contudo, admitindo tal competência da União sob a cláusula de comércio interestadual, superou seu precedente e julgou constitucional a lei do *New Deal*.

No entanto, o mais importante precedente da terceira fase do federalismo americano se deu vários anos depois. É o caso ***Brown vs. Board Education***, que julgou, em 1954, inconstitucional a política de segregação racial nas escolas, a despeito de ser assunto intimamente ligado às competências dos Estados-membros. A decisão não foi inteiramente eficaz em pôr fim a essa odiosa política, pois despertou grande inconformismo, sobretudo na região sul dos EUA, em que a questão racial ainda estava muito arraigada e ainda existia um rancor desde a derrota na Guerra Civil. Houve muita tensão política no período, que exigiu a ameaça de uso das forças armadas. Especificamente em relação ao caso, ela era uma das muitas ações do período em que se buscava obter o direito de crianças negras estudarem em escolas brancas, sabidamente de maior qualidade.

Os Estados-membros, apoiados na doutrina do *separate but equal* assentado em ***Plessy vs. Ferguson*** de 1896, estabeleceram forte separação entre negros e brancos, criando escolas diferentes para cada uma das etnias. Oliver Brown era pai de uma criança que teve a matrícula negada em uma boa escola branca do Estado do Kansas, tendo ele recorrido à Suprema Corte, arguindo a inconstitucionalidade por violar o princípio de *equal protection*, sendo este entendimento acolhido à unanimidade pela Corte.

Foi determinante a atuação de seu presidente, o ***Justice* Warren**, que deu nome a essa fase de decisões, marcadas por um ativismo judicial em proteção de minorias e enfraquecimento da autonomia dos Estados-membros.

Em função dessa nova perspectiva, tem-se uma crise do federalismo clássico, sob a forma dual, e surge, como explica Alfredo Buzaid, o **federalismo cooperativo** "[...] como manifestação das novas tendências do Estado moderno, cuja intervenção em diferentes setores se tornou um imperativo da política contemporânea assim no plano interno como no plano internacional"[22]. Diferentemente da República de Weimer, que trouxe esse modelo por meio de disposições constitucionais expressas, sua implementação nos Estados Unidos se deu pelos julgados da Suprema Corte.

O federalismo cooperativo se caracteriza por uma atuação conjunta dos entes federados que passam a ter zonas comuns de atuação, não só no plano **legislativo**, mas também **material**, de implementação de políticas públicas. Abandona-se o entendimento de atuação de esferas paralelas e autônomas de autoridades para se impor uma

---

22. BUZAID, Alfredo. **O Estado Federal Brasileiro**. Brasília: Ministério da Justiça. 1971, p. 21.

atuação conjugada em vários setores, permitindo e fomentando, inclusive, pactos, convênios e acordos em áreas que não sejam expressamente compartilhadas já no plano constitucional.

Assim, não só uma possibilidade de competências normativas e materiais com zona de intersecção e comunhão, mas também alianças pactuadas e específicas para soma de esforços, passaram a ser comuns na vida das federações; tudo sob a coordenação geral do ente central, que passou a ter mais ascendência no jogo federativo, sendo uma característica marcante desse modelo, uma necessidade inarredável, conquanto não traduzida em termos jurídicos, mas certamente políticos.

A centralização do poder em uma federação que opte pelo Estado Social é inevitável e mesmo necessária. Essa necessidade de soma de esforços, sob a coordenação geral do ser estatal de centro, é plenamente compreensível ante as grandes responsabilidades de um Estado Social para com a população em geral. Somente essa soma pode viabilizar seus atendimentos.

Por essa razão, o federalismo cooperativo vigeu inquestionável, enquanto o Estado Social se expressou como modelo hegemônico para os países ocidentais, o que só veio a ser questionado após a queda da União Soviética, mediante a retomada de preceitos liberais, sob novas vestes.

O Estado social se justificava, a despeito de seu alto custo, por ser alternativa de políticas sociais sem optar pelo socialismo. Desaparecido o grande modelo opositor do liberal absenteísta, este voltou revigorado, tanto que decisões da Suprema Corte, do início dos anos 1990 voltaram a restringir competências da União. Daí a crise de identidade do federalismo e a proposta de se criar um **novo federalismo**.

Nos EUA, a tentativa de abandonar o federalismo cooperativo iniciou-se no governo Nixon, cujo assessor, William Safire, divulgou, sob o pseudônimo *Publius* (o mesmo utilizado nos *Federalist Papers* do Século XVIII), o *New Federalism Paper nº 1*. Nele, criticava a centralização federal decorrente do *New Deal*, que teria ocasionado governos desumanizados, por separar os cidadãos do centro de decisões que afetavam suas vidas. Por essa razão, pregava um nacional localismo mediante a retomada da autonomia dos Estados-membros.

Naturalmente, a busca pelo novo federalismo pós-cooperativo não se restringiu a esse campo político. Conscientes da importância da Suprema Corte nesse âmbito, presidentes republicanos que buscam reforçar os poderes locais em detrimento do central passaram a nomear *justices* conservadores, tendo alguns deles presidido o tribunal, como são exemplos **Renquist** e **Roberts**.

A centralização típica do federalismo cooperativo, contudo, ainda persiste nos EUA, mesmo que por motivos tão dispares, como a necessidade de coordenação nacional por George W. Bush, em razões da segurança nacional e guerras externas após o 11 de setembro de 2001, bem como a reforma do sistema de saúde realizada por Barack

Obama em 2010, ainda que parcialmente desfeito por Donald Trump em 2017. Assim, não se tem, ainda, um novo federalismo bem definido.

No Brasil, conforme bem destaca Alfredo Buzaid, desde Proclamação da República, o federalismo "tornou-se uma ideia dominante na consciência jurídica nacional, a ponto de as constituições prescreverem que não poderá ser admitido, como matéria de deliberação do Congresso, projeto tendente a aboli-lo"[23]. Com efeito, as constituições republicanas, com exceção da de 1937, estatuíram o modelo federativo como cláusula pétrea, impassível de emenda.

A Constituição de 1891 optou pelo federalismo dual, de inspiração estadunidense. A herança centralizadora da monarquia, no entanto, não deixou que os ares da autonomia dos entes periféricos fossem realizados em maior medida. Nesse tocante, a força dos fatos sociológicos arraigados na prática da sociedade suplantou a capacidade de realização das disposições constitucionais. Experimentou-se um federalismo por desagregação, em que províncias desprovidas de maior liberdade se viram agraciadas, de uma hora para outra, por uma autonomia constitucional. Naturalmente, não havia nesses entes periféricos a mesma tradição de autodeterminação, se comparados com os Estados Unidos da América. Para se fazer realidade, demandava-se mais do que mudança de textos jurídicos.

Celso de Mello, na ADI 2.995, relata a evolução do federalismo nacional desde a latência das ideias ainda sob a Monarquia:

> Impende ressaltar, neste ponto, que a Constituição da República, mantendo-se fiel a uma tradição inaugurada pelo Decreto nº 1, de 15/11/1889, consagrou, uma vez mais, no texto constitucional ora em vigor, o princípio federativo, que, não obstante descaracterizado, em maior ou menor grau, sob as ordens autoritárias e centralizadoras das Cartas Constitucionais de 1937 e 1969, teve lugar de destaque, em pleno regime monárquico (MIRIAM DOLHNIKOFF, 'O pacto imperial: Origens do Federalismo no Brasil', Globo 2005) especialmente nas preocupações dos políticos liberais que buscaram muitas vezes pela via da insurreição revolucionária, opor-se à subordinação das Províncias ao Poder Central[24].

A posição periférica do Brasil no mundo impediu que as questões sociais e os efeitos da Grande Depressão, tão importantes para a sociedade e o Estado dos países centrais, surtissem efeitos no mesmo grau, embora tenha desencadeado as importantes modificações que ocasionaram a Constituição de 1934, em que, formalmente, se optou pelo modelo cooperativo. Foi, no entanto, mais uma adaptação do Texto Constitucional à política centralizadora.

No correr da história constitucional brasileira, foi verificada intensiva centralização, recrudescida em períodos mais autoritários como o do Estado Novo e o do regime militar, fazendo que a Federação não se afastasse muito de um Estado Unitário descentralizado. Nem representantes dos Estados-membros no Congresso Nacional

---

23. BUZAID, Alfredo. **O Estado Federal Brasileiro**. Brasília: Ministério da Justiça. 1971, p. 15.
24. ADI 2995, Relator(a): Min. CELSO DE MELLO, Tribunal Pleno, julgado em 13/12/2006, DJe-112 DIVULG 27-09-2007 PUBLIC 28-09-2007 DJ 28-09-2007 PP-00026 EMENT VOL-02291-02 PP-00187.

tampouco os legislativos locais ou políticos regionais externaram qualquer resistência a isso, confirmando o costume histórico de alinhamento das políticas periféricas aos desígnios nacionais dominados por alguns setores do país. O **presidencialismo de coalisão** praticado nas últimas décadas, com a necessidade de realização de pactos locais para viabilizar o governo federal, em vez de indicar uma força dos entes locais, indica muito mais uma mútua dependência, mas pendendo para o centro.

A Constituição Federal de 1988 representa marco nesse âmbito, porque tentou romper com esse passado, destacando várias medidas voltadas a garantir maior autonomia dos entes periféricos, desde a enunciação inédita dos Municípios e do Distrito Federal como componentes do pacto federativo até uma repartição de rendas tributárias mais efetiva. Recorreu a várias técnicas já experimentadas em outros países para possibilitar uma cooperação federativa. Ainda é arraigada na prática político-constitucional, entretanto, uma grande centralização, sendo certa a opção por um federalismo cooperativo, conforme revela não só a previsão de competências concorrentes e comuns (arts. 23 e 24), como também a colaboração mediante pactos de cooperação e consórcios (art. 241).

1.4 CLASSIFICAÇÕES E QUALIFICAÇÕES DO ESTADO FEDERAL

Considerando a evolução histórica já exposta, é fácil perceber que não existe um único modelo federativo. São vários os elementos que o compõem e que podem fazer variar o quadro geral; daí haver várias classificações possíveis.

Toda atividade classificatória tem por ponto fundamental o critério utilizado. As classificações mais conhecidas valem-se da formação histórica, da divisão de competências, do equilíbrio entre as unidades e grau de concentração de poder, resultando no seguinte:

Critério	Espécies de federalismo
Formação histórica	**Por agregação**: resultado da união de estados originariamente soberanos, sendo os exemplos mais conhecidos os dos Estados Unidos, da Alemanha e da Suíça, razão pela qual muito da teoria clássica do federalismo toma como premissa essa formação histórica. Normalmente, ocasiona maior autonomia aos entes periféricos, tanto que indicado muitas vezes como sinônimo de federalismo centrípeto.
	Por desagregação: fruto de uma descentralização político-constitucional de um estado unitário. É o caso brasileiro instaurado com a República em contraposição ao modelo centralizador da Monarquia. Via de regra, a centralização anterior repercute na maior preponderância do ente central em detrimento dos periféricos, o que justifica muitos autores o associarem ao federalismo centrífugo.
Divisão de competências	**Dual**: comum no século XIX, a divisão de competência se dá mediante uma separação rígida dos âmbitos de atuação, sem qualquer superposição ou interseção das partes.
	Cooperativo: surgido no século XX, dividem-se as competências de modo a permitir atuação conjunta e de mútua cooperação, normalmente mediante a coordenação do ente central.
	Novo federalismo: fórmula ainda não inteiramente definida, surgida após o fim da Guerra Fria, que busca uma ideia de "nacionalismo regional", com incremento das funções dos entes periféricos em face da União, sem, contudo, ser estanque e completamente apartada.

Equilíbrio entre as unidades	**Simétrico:** dá o mesmo tratamento orgânico e material a todos os entes periféricos.
	Assimétrico: estabelece tratamento diferenciado às unidades federativas, com prerrogativas distintas e mesmo estruturação orgânica diferenciada.
Grau de concentração de poder	**Centrípeto:** em que a maior parte das competências toca ao ente central.
	Centrífugo: em que os entes periféricos desfrutam de mais poder.
	De equilíbrio: que foge dos extremos dos dois anteriores, estabelecendo um balanceamento entre as partes.

É importante destacar o fato de que há simetria ou assimetria dentro do mesmo nível federativo ou entre os níveis federativos distintos, ou seja, é possível se falar em diferenciação ou equiparação de Estados-membros entre si (um mais populoso possuir prerrogativas distintas ou iguais a um menos populoso, por exemplo) ou de Municípios entre si (capitais poderem ter direitos e obrigações distintas ou iguais aos demais); como também é possível se aludir a um tratamento diferenciado ou equânime entre níveis distintos (os Estados-membros possuírem ou não as mesmas competências e órgãos de outros entes como a União ou Municípios).

No primeiro caso (de simetria ou assimetria **dentro do mesmo nível**), o Brasil optou por uma federação **simétrica**. Com efeito, qualquer Estado-membro ou Município possui em linhas gerais o mesmo regime constitucional de um congênere, independentemente das distinções materiais, culturais, históricas ou econômicas. Por exemplo, o Estado de São Paulo possui o mesmo regime constitucional do Estado de Sergipe, embora possuam realidades completamente distintas, daí alguns autores apontarem um **erro de simetria** na atual Constituição Federal.

Por outro lado, o disciplinamento constitucional foi distinto ao se comparar Estados-membros e Municípios. Estes não possuem os mesmos órgãos nem iguais prerrogativas constitucionais daqueles. Os Municípios não possuem Judiciário, nem representação no Senado Federal, por exemplo. Nesse aspecto, portanto, o federalismo brasileiro é **assimétrico**.

Quanto às demais classificações, a República Federativa do Brasil é por desagregação, cooperativa e de equilíbrio. Quanto a esta última taxionomia, conquanto no texto constitucional aponte no sentido de um federalismo de equilíbrio, a jurisprudência do Supremo Tribunal Federal, sobretudo mediante o uso do **princípio da simetria**, vem estabelecendo, na prática jurídica, uma federação centrípeta.

Também é comum se encontrar na doutrina a menção a outros tipos de federalismo que não decorrem de uma atividade **classificatória** (que utiliza um critério para contrapor espécies), mas de uma simples **qualificação** (destaque de uma específica qualidade ou característica). É nesse sentido que se deve entender a referência a federalismo **orgânico** (em que todas a unidades são consideradas integrantes de um mesmo organismo coeso) ou de **integração** (em que se propõe uma integração nacional a ser levada a efeito sob o comando do ente central). Ambos os modelos pregam, como se percebe, ideias de ascendência da entidade central de tal forma que, em verdade, põem em xeque a própria efetividade da federação. Sobre o federalismo orgânico adverte Augusto Zimmermann:

> Encontramos, de tal maneira, algumas Constituições que obrigam Estados-membros a se espelharem na vontade exclusiva da União, até naqueles detalhes de ordem mais nitidamente secundária. As leis estaduais acabam então sem relevância alguma, subordinadas que estão ao princípio sufocante da hierarquização das normas jurídicas. Assim transforma-se autonomia estadual nesta espécie de princípio desmoralizado, assistindo-se, ademais, à marcha centralizadora que põe termos finais às vantagens democráticas da descentralização política[25].

Embora a atual Constituição brasileira aponte no sentido inverso do indicado pelo autor às constituições de uma federação orgânica, repita-se que a interpretação que o Supremo Tribunal Federal confere a alguns dispositivos se incumbe desse papel. Assim, embora o labor constituinte tenha tido a preocupação de efetivar uma federação real e efetiva, com clara descentralização de poder, uma linha jurisprudencial prega uma irrestrita simetria que a contraria. Será algo perceptível nesta obra, quando forem expostos alguns julgamentos da Corte Maior.

---

25. ZIMMERMAN. Op. cit., 65.

CAPÍTULO 2
CARACTERÍSTICAS
DO ESTADO FEDERAL BRASILEIRO

Sumário: 2.1 Elementos característicos de uma federação e a necessidade de sua definição concreta – 2.2 Constituição como base jurídica do Estado – 2.3 Autonomia federativa e o princípio da simetria – 2.3.1 Auto-organização – 2.3.2 Autolegislação – 2.3.3 Autogoverno 2.3.4 Autoadministração – 2.4 Ausência do direito de secessão – 2.5 Competências tributárias próprias e distribuição constitucional de rendas – 2.5.1 Benefícios fiscais e os reflexos sobre os repasses constitucionais de renda – 2.5.2 Reforma Tributária e Federalismo Fiscal – 2.6 Formação da vontade nacional por parte dos entes federados – 2.7 Existência de um tribunal competente em matéria constitucional de última ou única instância – 2.8 Repartição constitucional de competências – 2.8.1 As tensões federativas durante a pandemia de Covid-19 e o Supremo Tribunal Federal.

2.1 ELEMENTOS CARACTERÍSTICOS DE UMA FEDERAÇÃO E A NECESSIDADE DE SUA DEFINIÇÃO CONCRETA

Deve-se entender por características os dados indispensáveis para a definição de algo. No caso, são os elementos que não podem deixar de existir em um Estado que pretenda receber a qualificação de Federal.

Como elemento fundamental e imprescindível, tem-se a já aludida divisão do poder político, justamente para contrapô-lo ao Estado Unitário, em que um só ente centraliza todas as atribuições políticas.

É indiferente o número de níveis em que se dá essa divisão, se em dois planos (União e Estados-membros), três (União, Estados-membros e Municípios) ou em quatro (União, Regiões, Estados-membros e Municípios). A simetria ou assimetria entre esses níveis (se a divisão orgânica de poderes se dá rigorosamente da mesma forma) também não é essencial, apenas influencia a espécie de federação que se tem (simétrica ou assimétrica).

Há juristas e cientistas políticos que se apegam à ideia de que uma verdadeira federação seria apenas a que divide o poder político nos níveis federal e estadual, o que é um erro. Conquanto a inaugural e paradigmática federação norte-americana tenha esse modelo, não é possível impô-lo aprioristicamente como o único válido ou legítimo. É a Constituição de cada país que estabelece a federação real. Se ela estabelecer as exigências mínimas para efetivamente caracterizar uma divisão de poderes entre vários entes dotados de autonomia, não há por que negar a essência federativa ou mesmo o *status* federativo das regiões ou Municípios que venham a ser incluídos de maneira assimétrica como partes do pacto federativo.

No Brasil, essa discussão toca à posição dos Municípios. A despeito da literal disposição constitucional em vários enunciados, assegurando-lhes o *status* de unidade da Federação, como indicam, sobretudo, os arts. 1º e 18 da Constituição Federal, alguns autores, cada vez mais isolados, defendem não integrarem o pacto federativo. É exemplo disso José Nilo de Castro[1] que, entre outras razões, indica como motivo para negar tal condição aos Municípios a ausência de Poder Judiciário municipal e a falta de representação no Senado Federal. Tais omissões, contudo, apenas comprovam, como exposto, a assimetria da federação brasileira, não prejudicando os dados essenciais para caracterizar como tal.

É por essa e outras dificuldades que uma definição abstrata dos dados característicos de uma federação é difícil, sendo mais importante apontar os componentes efetivos de cada experiência apurada com suporte no Texto Constitucional de cada país. Ainda assim, embora os autores apresentem divergências entre si, é possível apresentar os seguintes elementos como os constantes na maior parte das obras:

a) Constituição como a base jurídica do Estado;

b) autonomia dos entes periféricos;

c) ausência do direito de secessão;

d) repartição constitucional de competências;

e) rendas próprias de cada ente federativo;

f) participação dos entes federados, ou de parte deles, na vontade nacional;

g) existência de um tribunal competente em matéria constitucional de última instância.

Passa-se a analisar detidamente cada um desses pontos, já destacando suas feições na ordem constitucional brasileira.

2.2 CONSTITUIÇÃO COMO BASE JURÍDICA DO ESTADO

Essa característica é consequência direta da definição do Estado Federal como uma união de Direito Constitucional, justamente porque é a Constituição que institui a federação, é nela que se encontram seus fundamentos. Por esse motivo, nenhuma definição, instituição ou característica de uma federação real pode preceder ou ter existência independente e desprendida de sua respectiva Lei Maior. Como escreve

---

1. CASTRO, José Nilo de. **Direito Municipal Positivo**. 4ª edição, Belo Horizonte: Del Rey, 1999.

André Luiz Borges Netto, "o Estado federal origina-se da própria Constituição, que lhe dá vida e existência soberana"[2].

É erro comum encontrar definições, noções e abordagem que ignoram essa característica e se dão em uma base teórica genérica, abstrata e desprendida do que dispõe a específica Constituição de um país que adota o modelo federativo, ocasionando, muitas vezes, propostas incompatíveis em relação às disposições constitucionais próprias aplicáveis.

Embora possam ser traçadas as linhas teóricas fundamentais do Estado Federal abstratamente considerado, será a Constituição de cada país que definirá as feições reais, estabelecendo um Estado mais centralizado ou mais regionalizado, onde os entes atuem em cooperação ou isoladamente, e com qual intensidade e ênfase é feita a opção. Na expressão de Raul Machado Horta, "há uma relação de causalidade entre Constituição Federal e Estado Federal"[3].

Não é, todavia, a qualquer Constituição que a teoria federalista está ligada, mas somente a uma formal, rígida e escrita, que exponha em um documento único e conhecido por todos os princípios federativos; que estabeleça a repartição horizontal e vertical do poder e que garanta a estabilidade necessária para disciplinar o complexo mecanismo federal. Não por acaso esse modelo de estado nasceu juntamente com a mais conhecida Constituição que possuía essas características.

Embora as treze ex-colônias norte-americanas independentes possuíssem constituições próprias, as conhecidas na Europa no período eram costumeiras, não escritas ou parcialmente formadas por algum documento histórico, como a *Carta Magna* inglesa. Somente a Constituição Americana de 1787 reuniu todos os elementos característicos dos ideais da época e necessários para garantir a federação que instituía.

O papel da Constituição não se exaure na instituição do Estado Federal. Ela é o documento jurídico que disciplina os pontos mais relevantes que permeiam todo seu funcionamento, sobretudo a repartição das competências normativas e materiais; a indicação do tribunal competente para solução dos inevitáveis litígios em torno das atribuições de cada ente; as rendas de cada parte integrante do pacto; o modo de os Estados-membros participarem da vida nacional e os lindes da autonomia de todos os entes periféricos.

Além dessa função estruturante e funcional, é a Constituição que fornece a base axiológica, especialmente no capítulo dos direitos fundamentais, que servirá de limite para a atuação material e legislativa, bem como de orientação no tão importante labor hermenêutico sobre as disposições federativas. Como se verá, muitas vezes, a falta de atenção aos valores constitucionais causa interpretações que prejudicam a efetivação de uma federação mais próxima das aspirações sociais e dos valores vigentes. Isso será importante para se perceber que, em alguns julgamentos relevantes para a feição do Estado brasileiro pós-88, por exemplo, o Supremo Tribunal Federal tomou como

---

2. BORGES NETTO, André Luiz. **Competências Legislativas dos Estados-Membros**. São Paulo: Editora Revista dos Tribunais, 1999, p. 45.
3. HORTA, Raul Machado. **Direito Constitucional**. 2ª Edição. Belo Horizonte: Del Rey, 1999, p. 303.

referencial interpretativo paradigmas do passado com os quais a Constituição Federal claramente buscou romper, causando julgamentos reacionários.

As ordens jurídicas parciais autônomas dos entes periféricos, expressas pela edição de normas próprias, encontram na Constituição o ponto de convergência. De fato, "a Constituição Federal atua como fundamento de validade das ordens jurídicas centrais e parciais. Ela confere unidade à ordem jurídica do Estado Federal, com o propósito de traçar um compromisso entre as aspirações de cada região e os interesses comuns às esferas locais em conjunto. A federação gira em torno da Constituição Federal, que é o seu fundamento jurídico e instrumento regulador"[4]. Mediante o exercício da autonomia, os entes federativos criam ordens jurídicas parciais e autônomas, mas que têm na Lei Maior uma chave de fechamento.

Sobre o assunto na realidade brasileira, primoroso voto do Ministro Celso de Melo na ADI 2995:

> Todos sabemos que a Constituição da República proclama, na complexa estrutura política que dá configuração ao modelo federal de Estado, a coexistência de comunidades jurídicas responsáveis pela pluralização de ordens normativas próprias que se distribuem segundo critérios de discriminação material de competências fixadas pelo texto constitucional.
>
> O relacionamento normativo entre essas instâncias de poder – União, Estados-membros, Distrito Federal e Municípios – encontra fundamento na Constituição da República, que representa, no contexto político-institucional do Estado brasileiro, a expressão formal do pacto federal, consoante ressaltam em autorizado magistério, eminentes doutrinadores [...].
>
> O estatuto constitucional, em que reside a matriz do pacto federal, estabelece, entre a União e as pessoas políticas locais, uma delicada relação de equilíbrio, consolidada num sistema de discriminação de competências estatais, de que resultam – considerada a complexidade estrutural do modelo federativo – ordens jurídicas parciais e coordenadas entre si, subordinadas à comunidade total, que é o próprio Estado Federal (cf. Hans Kelsen, comentado por O. A. Bandeira de Mello, 'Natureza jurídica do Estado Federal' apud Geraldo Ataliba, 'Estudos e pareceres de Direito Tributário', vol. 3/24-25, 1908 RT)'.
>
> Na realidade, há uma relação de coalescência, na Federação, entre uma ordem jurídica total (que emana do próprio Estado Federal, enquanto comunidade jurídica total, e que se expressa, formalmente, nas leis nacionais) e uma pluralidade de ordens jurídicas parciais, que resultam da União Federal, dos Estados-membros, do Distrito Federal e dos Municípios.
>
> Nesse contexto, as comunidades jurídicas parciais são responsáveis pela instauração de ordens normativas igualmente parciais, sendo algumas de natureza central, imputáveis, nessa hipótese, à União (enquanto pessoa jurídica de caráter central) e outras de natureza regional (Estados-membros/DF) ou de caráter local (Municípios), enquanto comunidades periféricas revertidas de autonomia institucional[5].

É na Constituição que há o equilíbrio da repartição de competências entre os entes federados, com maior ou menor concentração na União. Suas normas dão essa medida, definindo se tratar de uma federação dual ou de uma federação cooperativa.

---

4. MENDES, Gilmar Ferreira; COELHO, Inocêncio Mártires; BRANCO, Paulo Gustavo Gonet. **Curso de Direito Constitucional**. São Paulo: Saraiva, 2008, p. 798-799.
5. ADI 2995, Relator(a): Min. CELSO DE MELLO, Tribunal Pleno, julgado em 13/12/2006, DJe-112 DIVULG 27-09-2007 PUBLIC 28-09-2007 DJ 28-09-2007 PP-00026 EMENT VOL-02291-02 PP-00187.

Também é na Constituição onde se verifica a atuação do que Paulo Bonavides chama de **Lei de Autonomia** e **Lei de Participação**. A primeira permite que os entes periféricos criem uma ordem jurídica própria, organizem seus poderes e determinem suas atuações. A segunda estabelece o modo como as partes terão voz ativa no conjunto, como integram a vontade política do todo. Como escreve o autor, "a participação e a autonomia são processos que se inserem na ampla moldura da federação, envolvidos pelas garantias e pela certeza do ordenamento constitucional superior – a Constituição Federal, cimento de todo o sistema federativo".[6] As normas desse nível hierárquico definem, portanto, a via de encaixe dessas duas prescrições distintas, mas "harmonicamente superpostas e conexas".

Enfim, a constituição é a pedra angular da federação.

2.3 AUTONOMIA FEDERATIVA E O PRINCÍPIO DA SIMETRIA

Como demonstrado quando da diferenciação entre federação e confederação, a soberania é do Estado Federal como um todo, no caso brasileiro, é da República Federativa do Brasil, formada pela União, Estados-membros, Distrito Federal e Municípios, não podendo uma parte federada alegar ser soberana perante outra. O exercício dessa soberania no plano internacional é titularizado por autoridades e órgãos federais, enquanto, no plano interno, se dá nos termos da constituição e delimitada por ela na forma de **autonomia federativa**, que pressupõe os poderes de **auto-organização, autolegislação, autogoverno e autoadministração**.

Tanto União, quanto Estados-membros, Municípios e o Distrito Federal possuem autonomia nesses termos para agir no exercício de suas competências, sendo, no entanto, a autonomia dos entes periféricos as que demandam maior atenção, não só por razões históricas, mas por ser princípio fundamental para evitar um sufocamento especialmente vindo do ente central, que – especialmente no Brasil – possui maior amplitude e mais recursos.

Sobre a autonomia dos entes periféricos, em especial dos Estados-membros, o Ministro Celso de Melo no julgamento da ADI 486-7, escreve: "Vê-se, pois, com a redefinição do perfil institucional da Federação promovida pela Lei Fundamental da República promulgada em 1988, que a autonomia dos estados-membros constitui um dos núcleos essenciais na configuração conceitual da organização federativa"[7].

O Ministro Luiz Fux destaca que, "[…] embora existam diferentes modelos de federalismo, há alguns elementos mínimos sem os quais uma federação se descaracterizaria.

---

6. BONAVIDES, Paulo. **Ciência Política**. 10ª Edição. São Paulo: Malheiros, 1995, p. 181.
7. ADI 486, Relator(a): Min. CELSO DE MELLO, Tribunal Pleno, julgado em 03/04/1997, DJ 10-11-2006 PP-00048 EMENT VOL-02250-1 PP-00001 RTJ VOL-00201-01 PP-00012 RT v. 96, n. 857, 2007, p. 151-162 LEXSTF v. 29, n. 337, 2007, p. 28-50.

Dentre estes elementos, destaca-se a efetiva autonomia política dos entes federativos, que se traduz nas prerrogativas do autogoverno, auto-organização e autoadministração"[8].

O exercício da autonomia dos entes federados se dá principalmente mediante a edição das constituições estaduais e das leis orgânicas municipais e distrital. Por essa razão, os assuntos aqui adiantados serão detidamente analisados e aprofundados, sobretudo considerando a jurisprudência do Supremo Tribunal Federal, nos respectivos capítulos. Serão expressos, nesta oportunidade, apenas os aspectos teóricos mais importantes, sem prejuízo de análise de alguns julgamentos que se mostrem particularmente elucidativos.

É importante destacar que a autonomia federativa possui uma **dimensão positiva** – no sentido de assegurar o livre exercício das competências constitucionais –, como também **negativa**, consistente na proibição de interferência de outros entes na esfera que seja própria a cada um deles.

Na dimensão negativa, a Constituição Federal é expressa em trazer as hipóteses de excepcionalizá-la, é o caso da **intervenção federal,** em que a União pode intervir nos Estados Federados (art. 34[9]), e de **intervenção estadual**, quando os Estados Federados podem intervir nos Municípios de seu território (art. 35[10]). Também é possível a intervenção federal nos municípios de seus territórios, mas como não mais existem territórios federais atualmente, tal hipótese é, neste momento, apenas uma possibilidade em abstrato. Os preceitos constitucionais que, uma vez violados, autorizam as intervenções são chamados de **princípios sensíveis**.

Tais intervenções são medidas drásticas, justamente porque afetam ponto nevrálgico de uma federação, razão pela qual devem obedecer a um rito preestabelecido no art. 36 da Constituição Federal[11] em que se exige a solicitação formal e deliberação

---

8. ADI 2663, Relator(a): Min. LUIZ FUX, Tribunal Pleno, julgado em 08/03/2017, PROCESSO ELETRÔNICO DJe-112 DIVULG 26-05-2017 PUBLIC 29-05-2017.

9. "Art. 34. A União não intervirá nos Estados nem no Distrito Federal, exceto para: I - manter a integridade nacional; II - repelir invasão estrangeira ou de uma unidade da Federação em outra; III - pôr termo a grave comprometimento da ordem pública; IV - garantir o livre exercício de qualquer dos Poderes nas unidades da Federação; V - reorganizar as finanças da unidade da Federação que: a) suspender o pagamento da dívida fundada por mais de dois anos consecutivos, salvo motivo de força maior; b) deixar de entregar aos Municípios receitas tributárias fixadas nesta Constituição, dentro dos prazos estabelecidos em lei; VI - prover a execução de lei federal, ordem ou decisão judicial; VII - assegurar a observância dos seguintes princípios constitucionais: a) forma republicana, sistema representativo e regime democrático; b) direitos da pessoa humana; c) autonomia municipal; d) prestação de contas da administração pública, direta e indireta; e) aplicação do mínimo exigido da receita resultante de impostos estaduais, compreendida a proveniente de transferências, na manutenção e desenvolvimento do ensino e nas ações e serviços públicos de saúde".

10. "Art. 35. O Estado não intervirá em seus Municípios, nem a União nos Municípios localizados em Território Federal, exceto quando: I - deixar de ser paga, sem motivo de força maior, por dois anos consecutivos, a dívida fundada; II - não forem prestadas contas devidas, na forma da lei; III - não tiver sido aplicado o mínimo exigido da receita municipal na manutenção e desenvolvimento do ensino e nas ações e serviços públicos de saúde".

11. "Art. 36. A decretação da intervenção dependerá: I - no caso do art. 34, IV, de solicitação do Poder Legislativo ou do Poder Executivo coacto ou impedido, ou de requisição do Supremo Tribunal Federal, se a coação for exercida contra o Poder Judiciário; II - no caso de desobediência a ordem ou decisão judiciária, de requisição do Supremo Tribunal Federal, do Superior Tribunal de Justiça ou do Tribunal Superior Eleitoral; III - de provimento, pelo Supremo Tribunal Federal, de representação do Procurador-Geral da República, na hipótese do art. 34,

por Poderes distintos, a fim de evitar qualquer espécie de abuso. Tanto é momento de excepcionalidade que é proibida emenda à constituição em sua constância.

Atento à importância da autonomia federativa e na intenção de evitar qualquer sorte de intervenção material transversa, o Supremo Tribunal Federal na ACO 3427 referendou medida cautelar monocraticamente expedida pelo Ministro Edson Facchin para ordenar, em 2020, a retirada pela União Federal da Força Nacional de Segurança dos municípios baianos de Prado e Mucuri, que fora para lá mobilizada mediante Portaria expedida unilateralmente pelo Ministro de Estado da Justiça e Segurança Pública em apoio ao Ministério da Agricultura, Pecuária e Abastecimento, sem que tenha havido solicitação expressa e formal do governador do respectivo Estado-membro.

Nesse julgamento, foi considerado relevante e provável o argumento pela inconstitucionalidade do art. 4º do Decreto nº 5.289/2004, com redação dada pelo Decreto nº 7.957/2013, que ampliou o rol de legitimados para requerer o emprego da Força Nacional de Segurança, possibilitando seu uso em unidades federativas **sem requerimento** ou mesmo **participação das autoridades locais**, o que traduz perigosa restrição da autonomia federativa, já que a própria existência dessa força se dá para **apoio** e **colaboração** com os entes periféricos, nunca como uma imposição unilateral.

Conforme destacado no voto condutor, o art. 241 da Constituição Federal traz a previsão de celebração de convênios de cooperação ou consórcios públicos entre os entes federados para assegurar a continuidade de serviços públicos. É nesse âmbito cooperativo que surge a Força Nacional de Segurança para **colaborar** com Estados-membros e Distrito Federal no exercício de sua competência de segurança pública, não podendo jamais ser instrumento de acedência federal sobre os entes federados, pois "com exceção das bem reguladas hipóteses do art. 34 da Constituição da República — hipóteses que, segundo a jurisprudência dominante do Tribunal, não devem ser interpretadas extensivamente (cf., por todos, IF 5214, Rel. Min. Cármen Lúcia, DJE 17/11/2016) –, não se identificam dispositivos hábeis a contornar a autonomia dos Estados, em sua **integridade administrativa** e **territorial**, sem que se obedeça à exigência de exteriorização de vontade apta a ser elemento de suporte de fato jurídico".

Dessa forma, foi decidido que a Força Nacional de Segurança é instrumento exclusivo de cooperação federativa, não podendo seu uso prescindir da anuência das autoridades locais para atuação em seu respectivo território. A ementa do julgado foi a seguinte:

VII, e no caso de recusa à execução de lei federal. § 1º O decreto de intervenção, que especificará a amplitude, o prazo e as condições de execução e que, se couber, nomeará o interventor, será submetido à apreciação do Congresso Nacional ou da Assembleia Legislativa do Estado, no prazo de vinte e quatro horas. § 2º Se não estiver funcionando o Congresso Nacional ou a Assembleia Legislativa, far-se-á convocação extraordinária, no mesmo prazo de vinte e quatro horas. § 3º Nos casos do art. 34, VI e VII, ou do art. 35, IV, dispensada a apreciação pelo Congresso Nacional ou pela Assembleia Legislativa, o decreto limitar-se-á a suspender a execução do ato impugnado, se essa medida bastar ao restabelecimento da normalidade. § 4º Cessados os motivos da intervenção, as autoridades afastadas de seus cargos a estes voltarão, salvo impedimento legal".

REFERENDO DE MEDIDA CAUTELAR. AÇÃO CÍVEL ORIGINÁRIA. DIREITO CONSTITUCIONAL E ADMINISTRATIVO. GARANTIAS CONSTITUCIONAIS. INTERVENÇÃO EM ESTADO. EMPREGO DA FORÇA NACIONAL DE SEGURANÇA PÚBLICA. DECRETO Nº 5.289/2004. NECESSÁRIA ANUÊNCIA DO ENTE FEDERADO. MEDIDA CAUTELAR REFERENDADA PELO PLENÁRIO.

1. A Força Nacional de Segurança Pública representa programa de cooperação federativa, ao qual podem aderir, por atos formais específicos, os entes Federados.

2. Em juízo de delibação, a norma inscrita no art. 4º do Decreto nº 5.289/2004, ao autorizar o emprego da Força Nacional de Segurança, em território de Estado-membro, sem a anuência de seu Governador, por mero ato de Ministro de Estado, viola a natureza cooperativa do programa e seu suporte constitucional, conflitando com os art. 34 e 241 da Constituição Federal. Encontra-se preenchido o requisito do fumus boni iuris.

3. Em razão da intensa gravidade da quebra do pacto federativo, da possibilidade do uso ilegítimo da força, e do contexto geral de pandemia do vírus Corona, há indícios bastantes de risco da demora da decisão final.

4. Medida cautelar referendada pelo Plenário para que a União retire dos Municípios de Prado-BA e Mucuri-BA o contingente da Força Nacional de Segurança Pública mobilizado pela Portaria nº 493, de 1º de setembro de 2020[12].

Conquanto se refira à Força Nacional de Segurança, é possível extrair a *ratio* do julgamento no sentido de que atuação federal em âmbito próprio dos Estados-membros, do Distrito Federal e do Município não pode ser imposta, ainda que bem-intencionada, pois só será lícita apenas quando ocorrer em colaboração acordada entre os entes federativos envolvidos.

Como se observa, a autonomia federativa é ponto fundamental da própria ideia de federação, razão pela qual se deve explorar seu desdobramento na auto-organização, autoadministração, autogoverno e autolegislação.

2.3.1 Auto-organização

A **auto-organização** consiste na capacidade de os Estados-membros, do Distrito Federal e dos Municípios definirem, na Constituição Estadual e na Lei Orgânica, suas instituições básicas, seu funcionamento e o modo de se relacionarem entre si. É importante considerar que no Brasil esse poder é objeto de enorme mitigação. Além de haver uma série de normas sensíveis (de obediência obrigatória sob pena de intervenção), estabelecidas (que traçam os preceitos de moralidade política) e de preordenação (pelas quais a Constituição Federal já estrutura diretamente alguns órgãos estaduais, distritais e municipais), a jurisprudência do Supremo Tribunal Federal, constituída ainda sob a égide da Constituição anterior, vem impondo a **simetria orgânica** como um princípio de compulsória observância pelos entes federativos.

Como fundamento dessa ideia, o Supremo Tribunal Federal atrela o dever de simetria ao princípio da separação horizontal dos poderes e, com base nisso, entende que as prerrogativas, sujeições, poderes, estruturação, competências e modo de agir dos

---

12. ACO 3427 MC-Ref, Relator(a): EDSON FACHIN, Tribunal Pleno, julgado em 24/09/2020, PROCESSO ELETRÔNICO DJe-291 DIVULG 11-12-2020 PUBLIC 14-12-2020.

poderes estaduais e municipais devem seguir o paradigma traçado pela Constituição Federal para a União, julgando como inconstitucionais normas que tracem perfil diverso. Em outras palavras: foi erigido jurisprudencialmente o entendimento de que a maneira como a Constituição Federal disciplina os três poderes da União e determina seus freios e contrapesos deve ser reproduzida, em linhas gerais, no âmbito dos Estados-membros, Distrito Federal e Municípios, quando forem organizar os próprios poderes mediante a edição das respectivas constituições estaduais e leis orgânicas.

Como exposto, é uma incomensurável limitação ao poder de auto-organização dos entes periféricos, pois a própria ideia de federação pressupõe, em alguma medida, uma heterogeneidade entre as partes federadas no modo de se estruturarem. Com maior razão, na ordem jurídica brasileira, que estabeleceu entes federais assimétricos, como os Municípios. Esse problema é agravado pelo fato de a simetria ser uma formulação jurisprudencial, a qual é, por definição, paulatinamente erigida e nem sempre de maneira coerente e íntegra, pois, conquanto o Supremo Tribunal Federal estenda por simetria a maior parte das disposições constitucionais sobre os poderes federais para os demais entes federados, há precedentes que excluem uma ou outra específica disposição.

É exemplo disso o regramento da linha sucessória da chefia do Executivo. Embora diga respeito ao funcionamento de um dos poderes, matéria que via de regra é entendida como de extensão necessária, há o entendimento firmado de que, para disciplinar a sucessão de prefeitos e governadores, não há a obrigatoriedade de guardar simetria com a linha sucessória do Presidente da República.

Em verdade, o uso do **princípio da simetria** deveria se dar com cautela, sob pena de pôr em risco um dos pontos fundamentais da Federação brasileira, especialmente porque em muitos julgados, como dito, se verifica um comportamento errático, no sentido de que para certos aspectos o dever de simetria é dispensado. O Ministro Cézar Peluzo já advertiu a respeito desses riscos, ao se referir à situação dos Estados-membros, mas perfeitamente aplicável também aos Municípios e ao Distrito Federal, dos quais se exige igual obediência simétrica:

> No desate de causas afins, recorre a Corte, com frequência, ao chamado princípio ou regra da simetria, que é construção pretoriana tendente a garantir, quanto aos aspectos reputados substanciais, **homogeneidade** na disciplina normativa da **separação, independência e harmonia dos poderes**, nos três planos federativos. Seu fundamento mais direto está no art. 25 da CF e no art. 11 de seu ADCT, que determinam aos Estados-membros a observância dos princípios da Constituição da República. Se a garantia de simetria no traçado normativo das linhas essenciais dos entes da federação, mediante revelação dos princípios sensíveis que moldam a tripartição de poderes e o pacto federativo, deveras protege o esquema jurídico-constitucional concebido pelo poder constituinte, é preciso guardar, em sua formulação conceitual e aplicação prática, particular cuidado com os riscos de descaracterização da própria estrutura federativa que lhe é inerente. [...] Noutras palavras, não é lícito, senão contrário à concepção federativa, jungir os Estados-membros, sob o título vinculante da regra da simetria, a normas ou princípios da Constituição da República cuja inaplicabilidade ou inobservância local não implique contradições teóricas incompatíveis com a coerência sistemática do ordenamento jurídico, com severos inconvenientes políticos ou graves dificuldades práticas de qualquer ordem, nem com outra causa capaz de perturbar o equilíbrio dos poderes

ou a unidade nacional. A invocação da regra da simetria não pode, em síntese, ser produto de uma decisão arbitrária ou imotivada do intérprete[13].

A despeito desse alerta lançado por membro da Corte, o Supremo Tribunal Federal vem sendo pródigo no uso do princípio da simetria para obrigar os entes periféricos a seguir os mesmos parâmetros federais. Isso tem resultado em uma federação homogênea, em que não se verifica algo que é valorizado em outras federações: a **experimentação institucional**.

Com efeito, nos EUA é muito comum se apontar como uma das vantagens do modelo federativo a possibilidade – que é efetivamente exercida pelos Estado-membros –, de se fazerem inovações que, se bem-sucedidas, podem ser imitadas por outros integrantes do pacto federativo. Por exemplo, um Estado-membro pode criar o *recall* (espécie de plebiscito revogatório) do mandato do respectivo governador como instrumento para encurtar governo inviável ou que se encontre em grave crise, mas que não tenha praticado ilícito que autorize o *impeachment*. Em se mostrando útil em Estado Federado, pode ser imitado por outros ou até mesmo inserido, via emenda, na Constituição dos Estado Unidos por uma reprodução voluntário, não compulsória.

Esse tipo de experimentação, contudo, não é permitida no Brasil, nem a imitação é voluntária, pois somente poderia ser criada por emenda à Constituição Federal para a União Federal, que, por simetria, deverá ser obrigatoriamente estendido para os Estado-membros, Distrito Federal e Município, salvo, claro, se a própria emenda não fizer ressalvar expressa.

Desde uma **perspectiva teórica**, a simetria pode ser entre entes federativos da mesma espécie (entre Estados-membros ou entre Municípios), conhecido como **federalismo horizontal**, e entre as espécies federativas União, Estados, Distrito Federal e Municípios, chamado de **federalismo vertical**. O princípio da simetria na sua modalidade mais conhecida é no nível das espécies federativas de um modo geral (federalismo vertical), versando sobre o que deve ser necessariamente seguido pelas partes periféricas em reprodução daquilo que foi definido constitucionalmente para o ente central. É nesse âmbito a jurisprudência do Supremo Tribunal Federal.

A questão da simetria horizontal pode aparecer, porém, com maior ênfase no questionamento da competência delegada, no sentido de investigar se é possível transferir competências diferenciadas para os entes, ou seja, se um determinado Estado-membro poderia desfrutar de poderes e prerrogativas exclusivas, não outorgadas a outros Estados-membros. Este último ponto não possui tratamento jurisprudencial explicitamente assentado, embora a tendência seja pela impossibilidade, por ser clara a ameaça ao pacto federativo, cláusula pétrea da ordem constitucional brasileira. Deve haver isonomia de tratamento entre os integrantes da federação.

---

13. **ADI 4.298-MC**, voto do Rel. Min. CEZAR PELUSO, julgamento em 7-10-2009, Plenário, *DJE* de 27-11-2009.

É possível também de mencionar assimetria de fato (como dimensões, população, geografia) e de direito (faculdades e poderes instituídos no plano constitucional), sendo relevante para o estudo apenas esta última, único objeto de apreciação pelos precedentes do Supremo Tribunal Federal.

No Brasil, portanto, a autonomia dos Estados-membros, do Distrito Federal e dos Municípios não pode ser seriamente estudada sem considerar a criação pretoriana do princípio da simetria, que prega uma homogeneidade vertical e jurídica entre os entes federativos no tocante à estruturação e ao funcionamento básico de seus poderes.

2.3.2 Autolegislação

A **autolegislação** consiste na prerrogativa dos entes federativos de editar normas jurídicas próprias, no âmbito de suas respectivas competências, criando ordens jurídicas parciais que convergem na Constituição Federal. Daí nasce a ideia de Constituição total na condição de conjunto de prescrições jurídicas que disciplinam todas as partes do pacto federativo. Em um Estado Federal, tem-se uma ordem jurídica complexa formada por uma **legislação infraconstitucional unitária ou comum** (também denominada de **nacional**) que se aplica indistintamente a todos os Estados-membros, Distrito Federal, Municípios e cidadãos. Há, ainda, a **legislação federal** (que se aplica apenas aos órgãos e entidades federais nas relações internas e com os cidadãos), as **legislações regionais** (estaduais) e **locais** (dos Municípios e do Distrito Federal). É a Constituição Federal que traça, segundo modelo escolhido pelo constituinte originário, a **repartição das competências legislativas**.

No Brasil, há uma confusão formal entre legislação nacional e federal, pois ambas são editadas pelo Congresso Nacional na mesma sequência de numeração das leis, o que dificulta, muitas vezes, a identificação de uma e de outra, causando dúvidas e incertezas.

É importante destacar, ainda, o fato de que os processos legislativos das unidades federadas devem seguir o padrão federal. Já assentou o Supremo Tribunal Federal que as normas constantes na Constituição sobre o assunto são **princípios extensíveis** de compulsória observância. Mais uma vez, o **princípio da simetria** foi o fundamento utilizado para impor mais essa restrição à autonomia de Estados-membros, Distrito Federal e Municípios no Brasil.

Assim, as iniciativas, as disposições sobre emendas, espécies normativas, sanção e veto compõem o que se denominou **disposições substanciais do processo legislativo**, que obrigatoriamente deverão ser repetidas nos planos regionais e locais, restando liberdade apenas no concernente aos assuntos procedimentais, sobretudo devido ao fato de as assembleias legislativas, as câmaras municipais e a legislativa distrital serem unicamerais, enquanto o Congresso Nacional é bicameral.

Prática bem comum, mas pouco recomendável, por poder causar dificuldades hermenêuticas e mesmo práticas, é a **remissão** feita por **lei periférica** a uma **lei federal ou nacional**, o que implica a incorporação de seus preceitos à ordem estadual, municipal ou distrital. Isso é válido e não caracteriza ofensa à autonomia do respectivo ente, porque os preceitos da norma aludida passam a integrar a ordem jurídica parcial e, a partir daí, a serem regidos autonomamente pelo poder legiferante do respectivo ente federado. Não é a melhor técnica, mas a autonomia legislativa também autoriza a não se realizarem as melhores escolhas.

Nesse sentido, o Supremo Tribunal Federal, no Agravo Regimental no Recurso Extraordinário 372.462[14], julgou inexistir violação à autonomia do Distrito Federal, ao fazer alusão a dispositivos da Lei nº 8.112/90, que versa sobre os servidores da União. Com essa medida, os preceitos a que se faz remissão (no exemplo citado, a lei federal) passam a incorporar o ordenamento jurídico remetente (no caso, do Distrito Federal), submetendo-se, desde então, à dinâmica própria dessa específica ordem jurídica distrital. Eventual revogação da lei federal pelo Congresso Nacional terá efeitos apenas no plano normativo federal e não prejudicará a persistência dos preceitos no âmbito distrital, por-quanto atraídos e incorporados autonomamente a essa ordem parcial. Será necessária norma estadual revogadora para que as prescrições cessem os efeitos nos seus limites. A dificuldade prática será porque o texto não está consignado na lei distrital, devendo o aplicador se valer do texto de uma lei federal que, eventualmente, pode vir a ser revogada.

Naturalmente, para o ente federado poder fazer essa remissão, é necessário que ele também possua competência para tratar do assunto, seja por estar a exercer uma competência comum ou concorrente, segundo os critérios constitucionais próprios. Esse ponto foi destacado pelo Supremo Tribunal Federal no julgamento do ADI 3.193, em que se questionava lei do Estado de São Paulo que autorizava o uso de armas de fogo apreendidas por suas Polícias Civil e Militar.

O art. 1º da Lei Estadual nº 11.060/02 facultava "[...] o uso de armas de fogo, pro-dutos de crime, apreendidas e à disposição da Justiça, por Policiais Civis e Militares". Já o art. 2º da mesma lei estatuía que "a transferência das armas de fogo para a Secretaria da Segurança Pública far-se-á nos termos da legislação federal em vigor".

O Procurador-Geral da República, autor da ação direta de inconstitucionalidade, alegou que "a norma estadual cuida de regras concernentes ao uso e à distribuição de **material bélico**, matéria cuja competência é privativa da União". Recorreu a precedente do Supremo Tribunal Federal, firmado na ADI 2035, no sentido de que a expressão "material bélico" – utilizada pela Constituição Federal no art. 21, VI, para definir a competência da União para o assunto – envolve todo e qualquer armamento e não

---

14. "AGRAVO REGIMENTAL EM RECURSO EXTRAORDINÁRIO. CONTRIBUIÇÃO PREVIDENCIÁRIA. MP 560/94 E REEDIÇÕES SUCESSIVAS. PRAZO NONAGESIMAL. TERMO INICIAL. 1. O termo a quo do prazo de anterioridade previsto no artigo 195, § 6º, da Constituição Federal flui a partir da publicação da medida provisória, que não perde a eficácia se acaso não convertida em lei, desde que no prazo de trinta dias da sua vigência seja editado outro provimento da mesma espécie. Precedente. 2. Legislação federal. Aplicação no âmbito do Distrito Federal ex vi da Lei Distrital 119/90 dispondo sobre o regime jurídico dos servidores distritais, por remissão às disposições do Regime Jurídico dos Servidores Públicos Federais, até que lei distrital específica venha disciplinar a matéria. Agravo regimental não provido". (RE 372462 AgR, Relator(a): Min. EROS GRAU, Primeira Turma, julgado em 21/09/2004, DJ 15-10-2004 PP-00013 EMENT VOL-02168-02 PP-00277).

apenas aqueles próprios de utilização em guerras externas. Por essa razão, teria havido invasão de competência federativa da União pelo Estado-membro.

O Governador do Estado de São Paulo, ao manifestar-se no feito, concordou com a inconstitucionalidade nesses termos. A Assembleia Legislativa, por sua vez, defendeu a validade da lei, sob o argumento de que havia mera autorização do uso das armas nos termos da lei nacional sobre o assunto, sem implicar atuação própria e autônoma do ente federado. Como preliminar, defendeu o argumento de não caber controle concentrado porque a análise da constitucionalidade da lei estadual demandava o cotejo com a lei nacional. O Advogado-Geral da União, a despeito de sua obrigação constitucional de defender a norma impugnada, entendeu igualmente haver inconstitucionalidade da lei por invadir a competência federal para legislar sobre direito processual penal, porquanto "[...] as armas e munições apreendidas pela Polícia são elementos indispensáveis à instrução probatória e a outros aspectos relevantes do processo".

O voto do relator, Ministro Marco Aurélio Melo, destacou que o Supremo Tribunal Federal já havia, por mais de uma vez, declarado a inconstitucionalidade desse tipo de lei estadual sobre o uso de armas apreendidas pelas forças de segurança local. O Ministro ressalta, contudo, que nessa específica lei paulista houve uma distinção, precisamente por fazer alusão ao uso *nos termos da norma nacional*, o que poderia suscitar dúvidas sobre se essa remissão importaria em invasão de competências. Ressalta que, no âmbito da competência legislativa comum, isso não é um problema jurídico que comprometa a validade da norma periférica ou ofenda a autonomia federativa, apenas traduz uma má técnica legislativa. Escreve:

> A tecnicidade da lei estadual, vale salientar, não é aconselhável, porque ou torna a norma estadual completamente inócua em virtude da remissão geral à legislação federal, ou pode instaurar confusão quanto às regras aplicáveis à situação concreta. Nada obstante, a inutilidade da norma estadual ou eventuais falhas de técnica legislativa não levam à inconstitucionalidade, competindo examinar se a referência feita na espécie mostra-se razão suficiente para conferir à norma impugnada interpretação conforme à Constituição.

A má técnica legislativa é constitucionalmente válida, portanto, em matéria de competência comum dos vários entes federativos, mas não o é quando tratar de matéria de competência privativa ou exclusiva de outro ente, como é o caso do regramento de material bélico, que cabe à União Federal e, por isso, não pode ser tratado por um Estado-membro, ainda que mediante remessa por lei estadual à lei nacional. O motivo para tanto é, como expresso, que essa alusão ocasiona, em verdade, a incorporação das disposições, que passam a integrar e se submeter à ordem estadual.

O Ministro Marco Aurélio se alinha ao entendimento de que a técnica de remissão à lei federal por lei estadual importa, precisamente, a incorporação no âmbito do ordenamento local da prescrição federal, que passa a fazer parte do conjunto normativo estadual. No caso da competência privativa ou exclusiva, isso é uma inconstitucionalidade porque passa a ordem estadual a ter disposições autônomas sobre o assunto.

É curioso destacar nesse julgamento que, acompanhando o voto do relator, o Ministro Ricardo Lewandowski faz uma digressão sobre a história das tensões federativas brasileiras e mesmo os conflitos bélicos entre São Paulo e a União Federal:

> Eu queria assentar que a questão abrange não apenas a competência privativa da União para legislar em matéria de material bélico, mas diz respeito ao próprio cerne do federalismo brasileiro. E, nesse sentido, Senhor Presidente, eu queria fazer remissão a um livro muito interessante, do professor Dalmo de Abreu Dallari, cujo título é "O pequeno exército paulista", que mostra, nesse livro, que a Força Pública, a atual Polícia Militar de São Paulo, antes da Revolução de 1932, era um verdadeiro exército com artilharia, com aviação.

Com essa passagem, o Ministro recobrou o temor de armar as forças públicas de São Paulo. Após comentários do Ministro Dias Toffoli a respeito do bombardeio à Capital paulista em 1924 pelo Presidente Arthur Bernardes, o Ministro Ricardo Lewandowski ainda acrescenta:

> Pois é, mas, então, eu me lembro, e os historiadores ressaltam isso, que, em 1932, a chamada Revolução Constitucionalista opôs o Estado de São Paulo contra as Forças da União, integrado por vários Estados, e só foi possível porque São Paulo tinha um verdadeiro exército. E levando o raciocínio ao extremo, se nós, enfim, emprestássemos a constitucionalidade a esse dispositivo, nada impediria que a Força Policial de São Paulo, seja civil, seja militar, se apropriasse de material bélico, de armas pesadas, e isto poderia, realmente, constituir um próprio desequilíbrio federativo e levar a consequências funestas, num certo sentido, até atentando contra a **proibição de secessão** que se encontra implícita no artigo 1º da nossa Carta Magna. Mas apenas um registro quase que de natureza histórica.

Fechando esses comentários *obiter dictum*, mas interessantes do ponto de vista histórico, o Ministro Dias Toffoli consigna:

> Depois da Revolução de 1932 São Paulo deixou de ter um verdadeiro exército, mas obteve do Governo Getúlio Vargas a industrialização, todo o financiamento para a industrialização e a federalização da dívida do café decorrente da política de comprar o produto a preços superiores ao praticado no mercado internacional, através da contratação de empréstimos internacionais. Isso tem origem no Convênio de Taubaté (1906) e no caso de São Paulo perdurou por mais de década. A partir de então, o estado de São Paulo passou a deter maior influência na política econômica nacional.

Perceba-se, pois, a preocupação de fundo, de ordem político-federativa, dos ministros em evitar o armamento das partes federadas, em especial de São Paulo, dado seu histórico de conflito de ordem bélica, ao ponto de temerem ameaça de secessão.

No que toca à *ratio decidendi*, tem-se que julgamento restou assim ementado:

> COMPETÊNCIA NORMATIVA – ESTADO-MEMBRO – REMISSÃO A LEI FEDERAL. A técnica da remissão a lei federal, tomando-se de empréstimo preceitos nela contidos, pressupõe a possibilidade de o estado legislar, de modo originário, sobre a matéria. COMPETÊNCIA NORMATIVA – ARMAS DE FOGO – APREENSÃO E DESTINAÇÃO. Cumpre à União disciplinar, de forma exclusiva, a destinação de armas de fogo apreendidas. Considerações e precedentes[15].

---

15. ADI 3193, Relator(a): Min. MARCO AURÉLIO, Tribunal Pleno, julgado em 09/05/2013, ACÓRDÃO ELETRÔNICO DJe-151 DIVULG 05-08-2013 PUBLIC 06-08-2013.

Em conclusão: existe nessa técnica de remissão à legislação federal ou nacional algo como uma replicação textual implícita, fazendo que as prescrições da norma a que se remete passe a integrar a ordem periférica, submetendo-se, a partir daí, a sua autonomia. Se o ente periférico possui competência comum para o assunto, como foi o caso da remissão a normas sobre servidores públicos, não há inconstitucionalidade, apenas uma técnica legislativa ruim. Se há, contudo, uma remissão a assunto privativo ou exclusivo de outro ente, a remissão, que implica incorporação, traduz-se em uma inconstitucionalidade por invasão de competência.

A autolegislação, portanto, mesmo na técnica de remissão a norma de outro ente federativo, é expressão de autonomia, porque, além de decorrer de uma livre decisão do respectivo legislador, insere o preceito na dinâmica do próprio ordenamento, desgarrando-o materialmente de sua fonte original.

2.3.3 Autogoverno

O **autogoverno** compreende o poder que os entes federativos possuem de determinar, por todos os seus órgãos fundamentais, mas em especial pelo Executivo e pelo Legislativo, os próprios rumos e projetos, as políticas a serem implementadas e priorizadas, enfim, definir a maneira para atingir os objetivos estabelecidos pelo art. 3º da Constituição Federal para toda a República Federativa do Brasil.

É comum também se apontar como decorrência do autogoverno a possibilidade de escolha democrática pelos cidadãos dos entes federativos dos membros do Executivo e do Legislativo, e, por concurso próprio selecionar seus magistrados, nos casos federal e estaduais.

Entre essas atividades de governo está a gestão superior do quadro de servidores do ente federativo, inclusive a definição de sua específica **política remuneratória**. Por várias décadas, no entanto, governadores e prefeitos foram pródigos em lidar com o assunto, concedendo vários benefícios e aumentos ao funcionalismo público, ocasionando, muitas vezes, a falência de Estados-membros e Municípios, que passavam a pedir socorro financeiro à União Federal. Para evitar essa prática deletéria às boas práticas financeiras, a Constituição Federal trouxe uma série de normas disciplinando e limitando, desde já, a liberdade federativa em reger a remuneração de servidores públicos. Há firme entendimento de que o autogoverno possui inexorável limite nesse tocante.

A Constituição Federal estabelece regras de tetos e subtetos de compulsória observância pelos entes federativos, além de limites globais para os gastos com a máquina pública. No tocante a essas normas de preordenação (ou seja, normas que, de antemão, disciplinam assuntos do âmbito interno dos entes federados, limitando o poder constituinte decorrente), o Supremo Tribunal Federal detalhou aspectos referentes ao modo de se conferirem reajustes aos servidores públicos em obediência às disposições constitucionais.

O art. 37, X, da Constituição Federal, por exemplo, assegura a revisão geral anual da remuneração dos servidores públicos a ser fixada por lei específica, observada iniciativa privativa em cada caso, sem distinção de índices e sempre na mesma data. Para efetivar esse reajuste anual, passaram a ser comuns leis estaduais e municipais prescrevendo vinculação a índices federais de inflação, importando aumentos automáticos por esse critério, sem a necessidade de lei de iniciativa privativa do Chefe do Executivo regional ou local.

O Supremo Tribunal Federal passou a julgar inconstitucionais essas leis por "[...] manifesta ofensa ao princípio constitucional da iniciativa privativa do Chefe do Poder Executivo para leis que têm por objeto remuneração de servidores"[16], prescrita pelo art. 61, §1º, II, "a", da Constituição Federal[17]. Também julgou haver ofensa à autonomia do ente federado, justamente porque retirava dos agentes políticos locais e regionais (governadores, prefeitos, deputados e vereadores) o poder de definir por lei própria de iniciativa privativa do Chefe do Executivo a política remuneratória de seu quadro de servidores, ocasionando, ainda, ofensa ao art. 37, XIII, da Constituição Federal, que proíbe a "[...] vinculação ou equiparação de quaisquer espécies remuneratórias para o efeito de remuneração de pessoal do serviço público".

Desde os anos de 1990, foram inúmeros os julgamentos no sentido dessa proibição, o que resultou na edição, em outubro de 2003, da **súmula 682**, consignando que "é inconstitucional a **vinculação do reajuste** de vencimentos de servidores estaduais ou municipais a **índices federais** de correção monetária". Ainda assim, persistiram leis periféricas estabelecendo a vinculação vedada, levando o Supremo Tribunal Federal, em março de 2015, a converter referido enunciado na **súmula vinculante 42** com igual redação[18], dotando, então, as procuradorias dos entes federados de meios processuais mais efetivos para impedir a edição e aplicação de normas que ocasionassem essa violação da autonomia federativa.

Não é apenas a vinculação a índices de inflação que pode ocasionar ofensa à autonomia federativa, na dimensão do autogoverno. Também já se declarou inconstitucional, na ADI 668, norma da Constituição do Estado de Alagoas que estabelecia "**piso salarial profissional** para as categorias com habilitação profissional específica". Esse piso, normalmente, é fixado pelas entidades de classe, o que também ocasiona a perda do poder da entidade federada para definir a política remuneratória de seu quadro funcional, ainda que parcialmente, subordinando-se automaticamente ao que for definido por uma entidade externa.

---

16. ADI 1064, Relator(a): Min. ILMAR GALVÃO, Tribunal Pleno, julgado em 07/08/1997, DJ 26-09-1997 PP-47474 EMENT VOL-01884-01 PP-00039.
17. "Art. 61[...], § 1º, § 1º São de iniciativa privativa do Presidente da República as leis que:[...] II - disponham sobre: a) criação de cargos, funções ou empregos públicos na administração direta e autárquica ou aumento de sua remuneração".
18. Súmula vinculante 42: É inconstitucional a vinculação do reajuste de vencimentos de servidores estaduais ou municipais a índices federais de correção monetária.

A medida liminar nessa ação direta de inconstitucionalidade foi deferida pelo então Presidente do Supremo Tribunal Federal, Ministro Octávio Galotti, sendo referendada pelo plenário sob os mesmos argumentos de ofensa não só à iniciativa privativa do Chefe do Executivo em dar início de projeto de lei sobre a remuneração do funcionalismo, como também à autonomia federativa, por estabelecer aumentos automáticos, segundo critérios externos. No julgamento de mérito, a relatoria coube ao Ministro Dias Toffoli, que no voto vencedor escreveu:

> Logo, revela-se inconstitucional o dispositivo local que estabelece vinculação da remuneração dos respectivos servidores públicos, consoante o art. 37, inciso XIII da Carta da República, mormente quando subordinada a piso salarial profissional, o qual, em regra, é regulado por legislação federal ou convenção/ acordo coletivo de trabalho, sendo, somente na ausência desses, regulado por lei estadual, conforme delegação contida na Lei Complementar Federal nº 103/2000.
>
> A jurisprudência da Corte é pacífica no que tange ao não cabimento de qualquer espécie de vinculação entre remunerações de servidores públicos, repelindo a vinculação de remuneração de servidores do Estado a fatores alheios à sua vontade e ao seu controle; seja às variações de índices de correção editados pela União; seja às variações dos pisos salariais profissionais.[19]

O mais clamoroso caso de ofensa ao autogoverno dos entes federados pode ser encontrado na Lei nº 227/89, do Estado de Rondônia, que simplesmente estabeleceu em seu art. 5º que "a política remuneratória dos funcionários públicos do Estado de Rondônia acompanhará em acordo a política salarial dos funcionários públicos proposta pela União". Nesse caso, a inconstitucionalidade salta aos olhos, porque se tinha uma renúncia à competência federativa do Estado-membro em fixar a própria política remuneratória para seu quadro de servidores. Isso é inválido porque a repartição constitucional de competências não é uma mera distribuição de faculdades, a serem exercidos ou não segundo queiram ou não os entes federativos. São responsabilidades irrenunciáveis, são deveres a serem cumpridos, sob pena de sancionamento dos agentes políticos que estejam à frente dos governos municipais ou estaduais.

Por óbvio, tão esdrúxula lei estadual foi declarada inconstitucional pelo Supremo Tribunal Federal na ADI 64, ajuizada pelo Governador do Estado, já que a redação do

---

19. "Ação direta de inconstitucionalidade. Inciso XII do art. 55 da Constituição do Estado de Alagoas. Vinculação de vencimentos de servidores estaduais a piso salarial profissional. Artigo 37, XIII, CF/88. Autonomia dos estados. Liminar deferida pelo pleno desta Corte. Procedência. 1. Enquanto a Lei Maior, no inciso XIII do art. 37, veda a vinculação de "quaisquer espécie remuneratórias para efeitos de remuneração de pessoal do serviço público", a Constituição do Estado de Alagoas, diversamente, assegura aos servidores públicos estaduais "piso salarial profissional para as categorias com habilitação profissional específica", o que resulta em vinculação dos vencimentos de determinadas categorias de servidores públicos às variações do piso salarial profissional, importando em sistemática de aumento automático daqueles vencimentos, sem qualquer interferência do chefe do Poder Executivo do Estado, ferindo-se, ainda, o próprio princípio federativo e a autonomia dos estados para fixar os vencimentos de seus servidores (arts. 2º e 25 da Constituição Federal). 2. A jurisprudência da Corte é pacífica no que tange ao não cabimento de qualquer espécie de vinculação da remuneração de servidores públicos, repelindo, assim, a vinculação da remuneração de servidores do Estado a fatores alheios à sua vontade e ao seu controle; seja às variações de índices de correção editados pela União; seja aos pisos salariais profissionais. Precedentes. 3. Ação direta de inconstitucionalidade julgada procedente". (ADI 668, Relator(a): Min. DIAS TOFFOLI, Tribunal Pleno, julgado em 19/02/2014, ACÓRDÃO ELETRÔNICO DJe-062 DIVULG 27-03-2014 PUBLIC 28-03-2014).

art. 5º em questão fora fixado por emenda parlamentar na Assembleia Legislativa). A relatora, Ministra Cármen Lúcia, consignou em rebuscada linguagem:

> Tem razão o autor da ação ao *perorar* sobre a inconstitucionalidade formal pela circunstância de haver inegável agravo à competência privativa do Estado para legislar sobre a política remuneratória de seus servidores. E, nesse caso, dever irrenunciável, sob pena de ver esvaziado o princípio da autonomia federativa, o que não é, obviamente, admissível.
>
> A norma o art. 5º da lei rondoniense, aqui apreciada, importa em *defecção insubsistente*, por *deprimir* princípio que constitui esteio da própria federação brasileira. A afronta ao art. 25 da constituição brasileira emerge nítida dos termos da norma estadual questionada.

O julgamento restou assim ementado:

> AÇÃO DIRETA DE INCONSTITUCIONALIDADE. INCONSTITUCIONALIDADES FORMAL E MATERIAL DOS ARTS. 4º E 5º DA LEI N. 227/1989, DO ESTADO DE RONDÔNIA. AFRONTA AOS ARTS. 25, 37, INC. X E XIII, 61, § 1º, INC. I, ALÍNEA A, E 63 DA CONSTITUIÇÃO DA REPÚBLICA. 1. Inconstitucionalidade formal dos arts. 4º e 5º da Lei n. 227/1989, que desencadeiam aumento de despesa pública em matéria de iniciativa privativa do Chefe do Poder Executivo. Afronta aos arts. 25; 61, § 1º, inc. I, alínea a; e 63 da Constituição da República. 2. Inconstitucionalidade material dos arts. 4º e 5º da Lei n. 227/1989, ao impor vinculação dos valores remuneratórios dos servidores rondonienses com aqueles fixados pela União para os seus servidores (art. 37, inc. XIII, da Constituição da República). 3. Afronta ao art. art. 37, inc. X, da Constituição da República, que exige a edição de lei específica para a fixação de remuneração de servidores públicos, o que não se mostrou compatível com o disposto na Lei estadual n. 227/89. 4. Competência privativa do Estado para legislar sobre política remuneratória de seus servidores. Autonomia dos Estados-membros. Precedentes. 5. Ação direta de inconstitucionalidade julgada procedente[20].

Portanto, o autogoverno se traduz não como uma faculdade a ser exercida ou não segundo a conveniência dos governantes locais ou regionais, mas um **dever constitucional** que implica responsabilidades, razão pela qual não se pode abrir mão dessa autodeterminação mediante a transferência de qualquer decisão política para qualquer outro ente federativo ou por entidade privada, como é exemplo a concernente à política remuneratória do quadro de servidores.

2.3.4 Autoadministração

Por fim, a **autoadministração** consiste no poder de os entes federativos determinarem os rumos das atividades administrativas no exercício de suas competências materiais. Enquanto o autogoverno versa sobre os poderes do Executivo, do Legislativo e do Judiciário, seus agentes políticos e atribuições segundo critérios eminentemente constitucionais, a autoadministração versa sobre as atividades administrativas subsidiárias de nível legal dos órgãos e entidades da Administração Pública direta, indireta, bem como de concessionários, permissionários e terceiros em colaboração com o Estado.

---

20. ADI 64, Relator(a): Min. CÁRMEN LÚCIA, Tribunal Pleno, julgado em 21/11/2007, DJe-031 DIVULG 21-02-2008 PUBLIC 22-02-2008 EMENT VOL-02308-01 PP-00001 RTJ VOL-00204-03 PP-00941 LEXSTF v. 30, n. 352, 2008, p. 33-43.

A autoadministração envolve as prerrogativas inerentes ao princípio da hierarquia, da autotutela (consistente no exercício do autocontrole dentro do mesmo ente público exercido principalmente pelo superior hierárquico e corregedorias) e da tutela (exercida pela Administração direta sobre a Administração indireta, concessionários e permissionários), as quais serão realizadas sem interferência de qualquer outro ente federativo.

Interessante caso foi julgado pelo Supremo Tribunal Federal no Mandado de Segurança 25.295-5, que tratou sobre a autonomia federativa do Município do Rio de Janeiro nessa modalidade de autoadministração. O Decreto Federal nº 5.392, de 11 de março de 2005, declarou em seu art. 1º o "estado de calamidade pública no setor hospitalar do Sistema Único de Saúde no Município do Rio de Janeiro". No art. 2º foram requisitados, durante o período de subsistência da situação excepcional, hospitais que inicialmente eram federais e foram transferidos para o Município e outros dois que eram originariamente municipais. O § 2º do mesmo dispositivo dispunha que "o Ministro de Estado da Saúde poderá requisitar, ainda, todos os recursos financeiros afetos à gestão de serviços e ações que se fizerem necessárias aos hospitais a que se refere este artigo".

O Município do Rio de Janeiro não se insurgiu contra a requisição dos hospitais originariamente federais. Alegou apenas que a requisição dos dois hospitais originariamente municipais representava ofensa a sua autonomia, estabelecendo uma intervenção federal no Município fora dos padrões constitucionalmente determinados. Com essa medida, foi aberto talho na estrutura administrativa municipal, alijando seus agentes da coordenação, controle e gestão financeira dessas entidades. O julgamento favorável à municipalidade foi assim ementado:

> CONSTITUCIONAL. ADMINISTRATIVO. MANDADO DE SEGURANÇA. MUNICÍPIO DO RIO DE JANEIRO. UNIÃO FEDERAL. DECRETAÇÃO DE ESTADO DE CALAMIDADE PÚBLICA NO SISTEMA ÚNICO DE SAÚDE NO MUNICÍPIO DO RIO DE JANEIRO. REQUISIÇÃO DE BENS E SERVIÇOS MUNICIPAIS. DECRETO 5.392/2005 DO PRESIDENTE DA REPÚBLICA. MANDADO DE SEGURANÇA DEFERIDO. Mandado de segurança, impetrado pelo município, em que se impugna o art. 2º, V e VI (requisição dos hospitais municipais Souza Aguiar e Miguel Couto) e § 1º e § 2º (delegação ao ministro de Estado da Saúde da competência para requisição de outros serviços de saúde e recursos financeiros afetos à gestão de serviços e ações relacionados aos hospitais requisitados) do Decreto 5.392/2005, do presidente da República. Ordem deferida, **por unanimidade**. Fundamentos predominantes: **(i)** a requisição de bens e serviços do município do Rio de Janeiro, já afetados à prestação de serviços de saúde, não tem amparo no inciso XIII do art. 15 da Lei 8.080/1990, a despeito da invocação desse dispositivo no ato atacado; **(ii)** nesse sentido, as determinações impugnadas do decreto presidencial configuram-se efetiva intervenção da União no município, vedada pela Constituição; **(iii)** inadmissibilidade da requisição de bens municipais pela União em situação de normalidade institucional, sem a decretação de Estado de Defesa ou Estado de Sítio. Suscitada também a ofensa à autonomia municipal e ao pacto federativo.

Esse posicionamento do Tribunal, apesar de parecer claramente decorrente do regime constitucional sobre o tema, não foi unânime quanto à possibilidade em tese de medidas similares, as quais, no caso, foram mal exercidas, tendo o Relator e o Presidente destacado a divergência nos seguintes termos:

Ressalva do ministro presidente e do relator quanto à admissibilidade, em tese, da requisição, pela União, de bens e serviços municipais para o atendimento a situações de comprovada calamidade e perigo públicos. Ressalvas do relator quanto ao fundamento do deferimento da ordem: (i) ato sem expressa motivação e fixação de prazo para as medidas adotadas pelo governo federal; (ii) *reajuste*, nesse último ponto, do voto do relator, que inicialmente indicava a possibilidade de saneamento excepcional do vício, em consideração à gravidade dos fatos demonstrados relativos ao estado da prestação de serviços de saúde no município do Rio de Janeiro e das controvérsias entre União e município sobre o cumprimento de convênios de municipalização de hospitais federais; (iii) nulidade do § 1º do art. 2º do decreto atacado, por inconstitucionalidade da delegação, pelo presidente da República ao ministro da Saúde, das atribuições ali fixadas; (iv) nulidade do § 2º do art. 2º do decreto impugnado, por ofensa à autonomia municipal e em virtude da impossibilidade de delegação.[21]

Embora na situação específica se tenha acolhido a pretensão municipal, considera-se temerária a ressalva destacada, pois, embora se fundamente apenas em aspectos específicos, como a inexistência de prazo para a intervenção, entre outros, não rechaça de maneira genérica comportamento tão invasivo da União em um Município.

2.4 AUSÊNCIA DO DIREITO DE SECESSÃO

Precisamente porque os entes periféricos são desprovidos de soberania que possa impor ao governo central, e por ser a Constituição o documento jurídico vinculante superior que fundamenta a Federação, não há o direito de secessão. É uma decorrência lógica dessas duas características federativas.

A indissolubilidade do pacto federativo é normalmente cláusula expressa nos textos constitucionais. É o que ocorre com a CF/88, cujo art. 1º destaca ser a República Federativa do Brasil uma **união indissolúvel** entre Estados, Municípios e Distrito Federal.

Como sanção aos entes federativos que invistam contra essa indissolubilidade, há a previsão de **intervenção federal** no art. 34, I, da CF/88. Trata-se de supressão temporária e excepcional da autonomia do Estado-membro que, na hipótese em questão, se dá por iniciativa do Presidente da República, após prévia consulta aos Conselhos da República (art. 90, I, da CF/88) e de Defesa Nacional (art. 91, § 1º, II). O ato de intervenção se consubstanciará na edição discricionária de decreto interventivo (art. 84, X), o qual indicará a amplitude, o prazo, as condições de execução e as medidas que se fizerem necessárias. Para manter o equilíbrio federativo, o Congresso Nacional, por meio da Câmara dos Deputados (composta de representantes do povo) e do Senado Federal (representante dos Estados-membros), exercerá o controle político, manifestando-se em vinte e quatro horas sobre a intervenção. Em não se aprovando, os efeitos do decreto serão interrompidos imediatamente, cessando toda e qualquer medida, sob pena de caracterização do crime de responsabilidade (art. 85, II). Caso haja anuência do Congresso, a intervenção será aprovada mediante a edição de decreto legislativo nos termos do art. 49, IV, CF/88.

---

21. MS 25295, Relator(a): Min. JOAQUIM BARBOSA, Tribunal Pleno, julgado em 20/04/2005, DJe-117 DIVULG 04-10-2007 PUBLIC 05-10-2007 DJ 05-10-2007 PP-00022 EMENT VOL-02292-01 PP-00172.

Não apenas os entes federados estão sujeitos à punição caso atentem contra a proibição de secessão. Os particulares que pregassem ou buscassem a separação de partes federativas eram sujeitos a enquadramento na Lei nº 7.170/83, que estabelecia os **crimes contra a segurança nacional, a ordem política e social**. O art.11 dessa lei prescrevia:

> Art. 11 – Tentar desmembrar parte do território nacional para constituir país independente.
>
> Pena: reclusão, de 4 a 12 anos.

O assunto foi apreciado pelo Superior Tribunal de Justiça no *Habeas Corpus* preventivo nº 1.893-9 ajuizado pelo então vice-presidente do Partido da República Farroupilha-PRF, entidade de direito privado cujo objetivo era de se transformar em partido político e defender, entre outras causas, a luta "[...] pelo direito dos povos dos Estados-federados brasileiros de se constituírem em Estados-soberanos". O impetrante alegava o justo receio de ser tolhido em sua liberdade diante de declarações do Ministro da Justiça à época no sentido de investigar e repreender os movimentos separatistas, justamente porque consistiriam em prática criminosa. Sustentava ainda que estaria no lídimo exercício do direito fundamental de manifestação de pensamento, razão pela qual não poderia sofrer qualquer sancionamento.

A Terceira Secção do Superior Tribunal de Justiça, à unanimidade, denegou a ordem, sob vigoroso destaque da proibição de qualquer movimento em prol de secessão. O julgamento foi ementado da veemente forma a seguir:

> "REPÚBLICA FEDERATIVA DO BRASIL. INDISSOLUBILIDADE. PRINCÍPIO FUNDAMENTAL. *CAPUT*, DO ART. 1., DA CONSTITUIÇÃO. PROVIDÊNCIAS DO MINISTRO DA JUSTIÇA TENDENTES A APURAR OS DENOMINADOS MOVIMENTOS SEPARATISTAS. PARTIDO DA REPÚBLICA FARROUPILHA. HABEAS CORPUS PREVENTIVO. CONDUTA PREVISTA COMO DELITUOSA. ART. 11, DA LEI N.7.170/83. CRIME EM TESE. DENEGAÇÃO.
>
> I – O Ministro da Justiça dentro de sua competência, cumprindo o seu dever de velar pela incolumidade da Constituição, determinou medidas para apurar os denominados movimentos separatistas que, além de afrontarem o art. 1º da Constituição, constituem, em tese, o crime previsto no art. 11, da Lei n. 7170, de 14 de dezembro de 1993 que trata dos crimes contra a segurança nacional, a ordem política e social.
>
> II – Esta conduta carece legalidade ou abuso de poder, a contrario *sensu*, é legítimo e louvável, por se tratar de providência respaldada na constituição, que defende o princípio da unidade nacional, que por nós haverá de ser defendida a qualquer preço, até mesmo com a própria vida e contra a minoria de estrangeiros que, bem recebidos no solo pátrio, mal agradecem e, impregnados de preconceitos de raça, pregam o absurdo do separatismo.
>
> III – O grande Rui Barbosa, em uma de suas pregações cívicas, disse que 'a pátria não é ninguém: são o todos" e "os que a servem são...os que não conspiram, os que não sublevam, os que não desalentam, os que não emudecem, os que não se acovardam, mas resistem, mas ensinam, mas esforçam, mas pacificam, mas discutem, mas praticam a justiça, a admiração, o entusiasmo'.
>
> IV – Ordem denegada".[22]

O Relator, Ministro Pedro Acioli, acolheu na íntegra o parecer do Ministério Público ao destacar que "a atitude do paciente não traduz (como pretende fazer ele crer na

---

22. HC 1893/RS, Rel. Ministro PEDRO ACIOLI, TERCEIRA SECAO, julgado em 03/06/1993, DJ 29/11/1993 p. 25841.

impetração) em mera liberdade de expressão e opinião, nem transmissão e informação de ideias que, de qualquer modo, encontrariam guarida nos direitos e garantias individuais assegurados na Carta Magna, e na própria Lei de Segurança Nacional (parágrafo 3º, do art. 22), mas em flagrante desrespeito ao princípio da constitucionalidade".

A Lei nº 7.170/83 foi revogada pela Lei nº 14.197/21, que acrescentou o art. 359-J à parte especial do Código Penal, como seguinte teor:

> Art. 359-J. Praticar violência ou grave ameaça com a finalidade de desmembrar parte do território nacional para constituir país independente:
> Pena - reclusão, de 2 (dois) a 6 (seis) anos, além da pena correspondente à violência.

A pena diminuiu e se passou a exigir violência ou grave ameaça na intenção de constituir país independente para configurar o ilícito. No entanto, o fato de a repreensão penal ter sido abrandada não diminui o ilícito constitucional, de modo a autorizar o combate à prática por outros meios jurídicos, diferente da condenação e reclusão dos indivíduos envolvidos, não afastando a conclusão do citado precedente do Supremo Tribunal Federal no sentido de inexistir o direito de expressar essa vontade nem mesmo criar associação legítima para esse fim.

Como se vê, é firme a repreensão à tentativa de secessão, tanto contra o ente federativo que tente se desmembrar, quanto contra o particular, mediante a tipificação de crime.

2.5 COMPETÊNCIAS TRIBUTÁRIAS PRÓPRIAS E DISTRIBUIÇÃO CONSTITUCIONAL DE RENDAS

A efetividade da autonomia dos entes periféricos, sejam em quantos níveis forem, demanda uma **independência financeira** que permita a livre deliberação sobre os respectivos e inevitáveis gastos.

A despesa pública e a correlata demanda por fontes de custeio são inerentes à própria existência do Estado por qualquer de suas formas conhecidas, inclusive a federativa. Como expõe Hugo de Brito Machado Segundo, "seja para fazer valer a ordem jurídica, seja para manter os privilégios de um grupo de burocratas, seja para combater agressões externas, seja para atender aos interesses da coletividade, seja para realizar rituais religiosos e sustentar o clero a tanto incumbido, seja para atingir qualquer outro fim, ou todos esses juntos, recursos financeiros são inegavelmente necessários"[23].

Dada essa inerente necessidade de recursos, é grande o risco de ser meramente nominal uma federação cujas partes necessitem se subordinar a repasses voluntários de verbas centrais para poderem implementar suas decisões administrativas e de governo. Não há autonomia real se, além da divisão do poder político, não houver a previsão de

---

23. MACHADO SEGUNDO, Hugo de Brito. **Contribuições e federalismo.** São Paulo: Dialética, 2005, p. 49.

recursos próprios e que independam da concorrência de vontade de agente, órgão ou entidade administrativa de outro membro da Federação para acontecer.

É nesse âmbito que a Constituição Federal de 1988 foi feliz em efetivar o federalismo no Brasil, pois de maneira firme reforçou a autonomia financeira dos entes periféricos, arrefecendo o tradicional viés centralizador. Nesse sentido, o Ministro Ricardo Lewandowski já assentou em julgamento do Supremo Tribunal Federal sobre o assunto:

> De fato, a Constituição de 1988, como é sabido, estendeu, em muito, a autonomia dos entes federados, quando comparada com o texto constitucional anterior, particularmente no plano fiscal, ampliando a competência arrecadatória dos Estados, do Distrito e dos Municípios, além de assegurar-lhes o repasse de recursos compartilhados com os entes maiores.[24]

Existem duas técnicas para assegurar renda para os entes federativos: a) **repartição das competências tributárias**, permitindo a todos criarem os tributos que a Constituição Federal reservar a cada um; b) **divisão de receitas tributárias**, pela qual obrigatoriamente se distribuem o produto de certas arrecadações tributárias da maneira definida na Constituição. Cada uma dessas técnicas possui, naturalmente, suas vantagens e desvantagens, sendo a combinação de ambas a alternativa de maior eficácia. Embora textos constitucionais anteriores dispusessem de maneira análoga, o atual foi mais amplo em realmente assegurar maior autonomia financeira.

Atribuir competência tributária a Estados-membros, Distrito Federal e Municípios representa, em um plano abstrato, maior autonomia periférica, pois todo o ciclo da tributação – desde a criação legislativa, passando pelo lançamento, fiscalização e cobrança – fica inteiramente a cargo da entidade federada, que poderá exercê-lo livremente dentro dos limites constitucionais, segundo as próprias decisões de política fiscal.

Tanto há maior liberdade apriorística nessa outorga de competência tributária que o constituinte procurou evitar – ou ao menos mitigar – uma guerra fiscal entre os entes periféricos, que poderiam conceder irrestritamente isenções e benefícios fiscais para atrair empresas e indústrias ao seu território, obrigando outros a fazerem o mesmo, em prejuízo do equilíbrio fiscal de todos. Os arts. 155, §2º, XII, "g" e 156, §3º, III, prescrevem que, em relação ao ICMS e ao ISS, lei complementar deverá regular a forma e as condições como isenções, incentivos e benefícios fiscais serão concedidos e revogados. No caso do ICMS, tais isenções reguladas em lei complementar deverão ainda se dar mediante deliberação dos Estados-membros e do Distrito Federal.

A existência dessa competência tributária, no entanto, nem sempre ocasiona, na prática, maior autonomia ao ente federativo. Por isso se diz que a maior liberdade que garante é apriorística, pois dependerá da situação econômica do respectivo território. Em locais e regiões de economia fraca ou menos aquecida, em que a respectiva população não possua capacidade contributiva expressiva ao ponto de ensejar arrecadações

---

24. RE 572762, Relator(a): Min. RICARDO LEWANDOWSKI, Tribunal Pleno, julgado em 18/06/2008, REPERCUSSÃO GERAL – MÉRITO DJe-167 DIVULG 04-09-2008 PUBLIC 05-09-2008 EMENT VOL-02331-04 PP-00737.

suficientes para atender as demandas públicas, essa técnica não implica efetiva autonomia financeira na realidade; ao contrário, enseja montantes insuficientes para os cofres públicos. Esse quadro é facilmente perceptível em Estados-membros mais pobres e em Municípios do interior do País nos quais as demandas são desproporcionais em relação ao que sua específica economia pode gerar em arrecadação tributária.

Em contrapartida, é técnica por demais útil para Estados-membros e Municípios (sobretudo capitais) em que há economia portentosa, hábil a gerar volume suficiente de recursos. Nesses casos, há especialmente a possibilidade de concessão de benefícios e isenções, dentro de padrões válidos, prestigiando a extrafiscalidade ou mesmo a alternativa contrária de manter a tributação em sua carga máxima se beneficiando do numerário gerado – tudo a depender de uma decisão de política fiscal juridicamente autônoma.

No Brasil, as constituições, ao longo do tempo, sempre previram tributos, especialmente impostos, a serem exigidos por parte de cada ente federativo. A Constituição Federal de 1988 não foi diferente. Traz detalhada repartição das competências para criação das diversas espécies tributárias. A doutrina, contudo, não é pacífica no modo de definir essas competências tributárias e apresenta as mais variadas classificações, a par da competência para legislar sobre Direito Tributário de uma maneira geral que é concorrente, segundo o art. 24, I, da CF/88.

Roque Antônio Carraza leciona que, "no direito brasileiro, a União, os Estados, os Municípios e o Distrito Federal, no tocante à instituição de tributos, gozam de privatividade ou, se preferirmos, de exclusividade. A bem dizer, todos eles têm faixas tributárias privativas"[25].

O autor assim entende por que a Constituição da República estabelece o que cada ente pode tributar com exclusão dos demais. Ao prescrever a competência de um, exclui a dos demais, sendo proibida a tributação por imposto de um mesmo fato gerador por sujeitos políticos distintos. Conquanto todos possam cobrar impostos, taxas e contribuições de melhoria, o fazem sobre fatos geradores distintos e determinados com privatividade pelo Texto Constitucional. As outras espécies tributárias, empréstimos compulsórios e contribuições sociais, cabem apenas à União, independentemente do fato gerador, com exceção das contribuições previdenciárias sobre a remuneração dos servidores públicos de cada entidade, que podem ser alvo de tributação própria.

Sacha Calmon Navarro Coêlho pensa de maneira diversa. Para ele, diferentemente dos impostos, as taxas e as contribuições de melhoria possuem apenas a previsão genérica dos fatos jurígenos que autorizam a cobrança: prestação de serviço público específico e divisível ou exercício do poder de polícia para as taxas, e a realização de obra pública que implique valorização imobiliária para os particulares no caso das contribuições de melhoria, segundo prescrição do art. 145, CF/88. Daí escreve:

---

25. CARRAZA, Roque Antonio. **Curso de Direito Constitucional Tributário**. 25ª edição. São Paulo: Malheiros, 2009, p. 520-521.

Por isso, nesses casos das taxas e das contribuições de melhoria, a competência outorgada pela Constituição às pessoas políticas é comum. Basta que qualquer pessoa política vá realizar um regular ato do poder de polícia que lhe é próprio ou vá prestar um serviço público ao contribuinte, se específico e divisível, para que o seu legislador, incorporando tais fatos na lei tributária, institua uma taxa. Basta que qualquer pessoa política vá realizar uma obra pública que beneficie o contribuinte, dentro do âmbito de sua respectiva competência político-administrativa, para que o seu legislador, incorporando dito fato ao esquema da lei, institua uma contribuição de melhoria. No concernente aos impostos, não é suficiente às pessoas políticas a previsão do art. 145. Com esforço nele, não lhes seria possível instituir os seus respectivos impostos. O art. 145 não declina os fatos jurígenos genéricos que vão estar na base fática dos impostos que, precisamente, cada pessoa política recebe da Constituição. É que, no caso dos impostos, a competência para instituí-los é dada de forma privativa.[26]

Essa opinião parece a mais acertada, reconhecendo competências comuns e outras privativas para instituir tributos, mesmo porque várias competências administrativas que autorizam a exigência de taxas e contribuições de melhoria são arroladas pelo art. 23 da Constituição como competências materiais comuns, cabendo indistintamente a todos os entes federativos. Assim, a competência para criar impostos seria privativa, e para taxas e contribuições de melhoria seria comum.

Vale atentar para o uso do termo **privativo** aqui. É comum se referir como privativas as competências que podem ser **delegadas** a outros entes federativos. O vocábulo será aplicado nesse sentido nos próximos capítulos ao se referir à competência da União Federal. Assim, como não há possibilidade de delegação no âmbito tributário, o natural seria que fossem denominadas de competências **exclusivas** (que não comportam delegação) e não privativas. A classificação das competências tributárias segue, no entanto, uma lógica diferente, pois a competência legislativa para o Direito Tributário é, como dito, **concorrente**, nos termos do art. 24 da Constituição Federal, cabendo à União a edição de normas gerais e aos entes periféricos as normas específicas. Dentro dessa competência concorrente, e especificamente no tocante à **criação de tributos**, é que se fala da classificação aqui tratada e na qual o termo privativo é utilizado mesmo diante da impossibilidade de delegação. É possível dizer, pois, que a presente classificação das competências tributárias é uma taxionomia mais específica, que permite utilizar o termo "privativo" em sentido diverso da classificação mais ampla, que trata sobre a competência legislativa de um modo geral.

Posto esse esclarecimento sobre o termo, é possível acrescentar como competência privativa, atribuída à União Federal, a de instituir empréstimos compulsórios e contribuições sociais (com a ressalva das previdenciárias próprias dos servidores estaduais, distritais e municipais), porque somente a ela compete a criação de ambos, independentemente do fato gerador.

Entende-se haver ainda competência residual da União para a criação de impostos (154, I) e contribuições para custeio da seguridade social (195, §4º), porque em tais hipóteses a Constituição Federal não traz qualquer descrição dos fatos geradores, seja

---

26. COÊLHO, Sacha Calmon Navarro. **Curso de Direito Tributário brasileiro.** 3ª edição. Rio de Janeiro: Forense, 1999, p. 68.

de maneira genérica (como o faz para taxas e contribuições de melhoria), seja específica (como nos impostos).

Também se acredita haver competências extraordinárias (definidas não em função da espécie tributária ou do fato gerador, mas pela excepcionalidade da situação) e cumulativas (do Distrito Federal e da União nos territórios, porque cumulam tributos cabíveis, a princípio, aos Estados-membros e aos Municípios).

As competências tributárias, então, são detalhadamente classificadas da seguinte maneira:

a) **Privativa** – referentes aos impostos federais (art. 153), estaduais e distritais (art. 155 e 147, final) e municipais (art. 156). Da mesma forma, a competência da União para as contribuições sociais (art. 149) e empréstimos compulsórios (art. 148); dos Municípios para contribuição de iluminação pública (art. 149-A); e dos Estados-membros, Distrito Federal e Municípios para as contribuições sociais de custeio do Sistema de Previdência e Assistência Social de seus próprios servidores;

b) **Comum** – inerentes aos tributos vinculados (taxas e contribuições de melhoria), também chamados de contraprestacionais. Essa competência tributária cabe a todos os entes federativos, mas só podendo ser exercida pelo ente responsável pelo serviço, obra pública ou polícia administrativa que integra os fatos geradores desses tributos. De fato, deve, obviamente, ser observada a distribuição de competências materiais pertinentes a cada um deles. No campo de suas atividades materiais, definidas segundo o âmbito de interesse federativo, a criação da específica taxa ou contribuição é exclusiva – não pode, por exemplo, um município cobrar taxa por serviço prestado por outro. É por essa razão que muitos indicam serem competências exclusivas e não comuns nessa hipótese. Trata-se, contudo, de uma questão de critério de referência, pois, como dito, ao se falar em competência comum, tem-se como referência a espécie tributária considerada abstratamente em função de um fato gerador também disciplinado de maneira genérica pela Constituição Federal (serviço público ou obra pública, de um modo geral). Não há descrição taxativa dessa competência, pois decorre da análise sistemática do art. 145, II e III e das competências materiais previstas nos arts. 21, 23, 25, §1º e 30, todos da CF/88. Somente em um outro plano mais concreto, das atividades materiais especificamente consideradas, é que se fala de uma exclusividade;

c) **Cumulativa ou múltipla** – é a competência da União para tributar nos territórios federais e do Distrito Federal no próprio território. Ambas são previstas no art. 147 da CF/88, ao consignar que "competem à União, em Território Federal, os impostos estaduais e, se o Território não for dividido em Municípios, cumulativamente, os impostos municipais; ao Distrito Federal cabem os impostos municipais". Vale destacar que, grosso modo, a competência do

Distrito Federal é um misto de competências que, a princípio, cabem aos Estados-membros e Municípios, enquanto os tributos municipais só caberiam à União se o Território Federal não for dividido em Municípios;

d) **Residual ou remanescente** – para instituição de impostos não previstos expressamente no Texto Constitucional (art. 154, I) e contribuições para custeio da previdência social, além das expressamente previstas no art. 195, I a IV, conforme dispõe o art. 195, §4º, CF/88. Essa competência tributária residual cabe à União Federal, não podendo ser confundida com a competência residual legislativa dos Estados-membros prevista no art. 25, §1º também da Constituição;

e) **Extraordinária** – da União para criação de imposto extraordinário de guerra, segundo previsão do art. 154, II, da CF/88.

Mostra-se o seguinte quadro resumo sobre a repartição de competências para criação de tributos atualmente no Brasil:

COMPETÊNCIA	TRIBUTOS	ENTE FEDERATIVO
Privativa	Impostos (via de regra), contribuições sociais, contribuição para custeio de previdência própria, empréstimos compulsórios e contribuição de iluminação pública	União, Estados-membros e Municípios, segundo as repartições constitucionais
Comum	Taxas e contribuições de melhoria	União, Estados-membros e Municípios, no seu âmbito próprio de atuação.
Cumulativa	Tributos que caberiam a princípio aos Estados-membros e aos Municípios	União (nos Territórios Federais, que se não forem divididos em Municípios, serão cobrados além dos federais e estaduais, também os municipais) e Distrito Federal (cobrará os tributos que cabem aos Estados-membros e aos Municípios)
Residual	Impostos e contribuições para a seguridade social	União
Extraordinária	Imposto Extraordinário de Guerra	União

Por sua vez, a **repartição de receita**, inaugurada no Brasil pela Constituição de 1934, tem a deficiência de excluir os entes federativos beneficiários das etapas de criação, quantificação e cobrança do tributo, ficando dependentes para tanto de outro ente fazê-los. Sujeitam-se, assim, à vontade política e à eficiência arrecadatória de outros para gerar montantes expressivos o bastante para serem satisfatoriamente repassados.

A despeito dessa menor autonomia abstrata, para aquelas localidades sem economia forte, ou mesmo capitais com grande concentração demográfica, esses repasses são indispensáveis para o equilíbrio das contas públicas. Representam importantes receitas para os entes periféricos, sem as quais certamente haveria défice público e prejuízo para exercício dos poderes inerentes à autonomia federativa.

Nesse âmbito, a Constituição Federal de 1988 foi firme em garantir expressivos repasses, revelando, como adiantado, efetiva intenção de assegurar a autonomia dos entes federados. Determinou a partilha com os entes periféricos de relevantes impostos da União e com os Municípios dos dois principais impostos do Estados-membros (ICMS e IPVA), e o fez de **forma direta** (com a entrega das quantias diretamente ao ente beneficiado) ou **indireta** (mediante o custeio de fundos, cujos numerários são, posteriormente, divididos entre os entes beneficiados).

Instituiu fundos de participação dos Estados-membros e dos Municípios e garantiu, ainda, repasses para regiões, mesmo não sendo elas entes federativos, todos custeados por 48% dos principais impostos da União (IR e IPI).

Aos Estados-membros e ao Distrito Federal foram assegurados os seguintes repasses:

a) **IRRF dos respectivos servidores**: "[...] pertencem aos Estados e ao Distrito Federal o produto da arrecadação do imposto da União sobre renda e proventos de qualquer natureza, incidente na fonte, sobre rendimentos pagos, a qualquer título, por eles, suas autarquias e pelas fundações que instituírem e mantiverem" (art. 157, I);

b) **20% do Imposto Residual da União**: "[...] pertencem aos Estados e ao Distrito Federal vinte por cento do produto da arrecadação do imposto residual que a União instituir no exercício da competência que lhe é atribuída pelo art. 154, I" (art. 157, II);

c) **10% do IPI para Estados-membros exportadores:** a União entregará "[...] do produto da arrecadação do imposto sobre produtos industrializados, dez por cento aos Estados e ao Distrito Federal, proporcionalmente ao valor das respectivas exportações de produtos industrializados" (art. 159,II,), devendo ser respeitado o limite do §2º do mesmo artigo que prescreve que "a nenhuma unidade federada poderá ser destinada parcela superior a vinte por cento do montante a que se refere o inciso II, devendo o eventual excedente ser distribuído entre os demais participantes, mantido, em relação a esses, o critério de partilha nele estabelecido";

d) **29% da CIDE-combustíveis**: a União entregará "[...] do produto da arrecadação da contribuição de intervenção no domínio econômico prevista no art. 177, § 4º, 29% (vinte e nove por cento) para os Estados e o Distrito Federal, distribuídos na forma da lei, observada a destinação a que se refere o inciso II, *c*, do referido parágrafo". (Art. 159, III).

Em relação aos Municípios, é possível perceber que há maior quantidade em relação aos Estados-membros, bem como recebem parcela daquilo que a estes são repassados. Eles recebem as transferências obrigatórias indicadas na sequência:

a) **IRRF dos respectivos servidores:** "Pertencem aos Município o produto da arrecadação do imposto da União sobre renda e proventos de qualquer natureza, incidente na fonte, sobre rendimentos pagos, a qualquer título, por eles, suas autarquias e pelas fundações que instituírem e mantiverem". (Art. 158, I).

b) **50% ou a totalidade do ITR em seu território:** "Pertencem aos Município cinquenta por cento do produto da arrecadação do imposto da União sobre a propriedade territorial rural, relativamente aos imóveis neles situados, cabendo a totalidade na hipótese da opção a que se refere o art. 153, § 4º, III" (art. 158, II), **podendo chegar a 100%** se eles mesmos cobrarem esse tributo.

c) **50% do IPVA em seu território:** "[...] cinquenta por cento do produto da arrecadação do imposto do Estado sobre a propriedade de veículos automotores licenciados em seu território". (Art. 158, III)

d) **25 % do ICMS:** "[...] vinte e cinco por cento do produto da arrecadação do imposto do Estado sobre operações relativas à circulação de mercadorias e sobre prestações de serviços de transporte interestadual e intermunicipal e de comunicação". (Art. 158, IV)

e) **25% do IPI repassado ao Estado-membro:** os Estados entregarão aos respectivos Municípios vinte e cinco por cento dos recursos de repasse de IPI do art. 159, II, observados os critérios estabelecidos no art. 158, parágrafo único, I e II. (art. 159, § 3º)

f) **25% da CIDE-combustíveis repassada aos Estados-membros:** "Do montante de recursos de que trata o art. 159, III que cabe a cada Estado, vinte e cinco por cento serão destinados aos seus Municípios, na forma da lei a que se refere o mencionado inciso". (Art. 159, § 4º)

Ao **Fundo de Participação dos Estados-membros e do Distrito Federal** caberá 21,5% do produto da arrecadação dos impostos sobre renda e proventos de qualquer natureza e sobre produtos industrializados, conforme prescreve o art. 159, I, "a", da CF/88. Ao **Fundo de Participação dos Municípios** caberão 25,5% dos produtos dos mesmos impostos, sendo que 1% será entregue no primeiro decêndio de dezembro; outro 1% sendo pago no primeiro decêndio do mesmo de julho de cada ano; e, por fim, 1% sendo pago no primeiro decêndio do mesmo de setembro de cada ano. É o que dispõe o art. 159, I, "c", "d", "e" e "f", da CF/88, tendo sido esta última alínea acrescida pela Emenda Constitucional nº 112/2021.

Por fim, 3% desses impostos (IR e IPI) serão "[...] para aplicação em programas de financiamento ao setor produtivo das **Regiões Norte, Nordeste e Centro-Oeste**, através de suas instituições financeiras de caráter regional, de acordo com os planos regionais de desenvolvimento, ficando assegurada ao semiárido do Nordeste a metade dos recursos destinados à Região, na forma que a lei estabelecer", segundo determinação do art. 159, I, "c", CF/88.

É possível montar o seguinte quadro-resumo dessa distribuição de receitas:

DESTINATÁRIO	RECEITA REPARTIDA
Estados-membros e Distrito Federal	• IRRF dos respectivos servidores (art. 157, I) • 20% do Imposto Residual da União (art. 157, II) • 10% do IPI para estados exportadores (art. 159, II) • 29% da CIDE-combustíveis (art. 159, III)
Municípios	• IRRF dos respectivos servidores: (art. 158, I). • 50% ou totalidade do ITR em seu território – (art. 158, II), podendo chegar a 100% se eles mesmos cobrarem esse tributo. • 50% do IPVA em seu território – (art. 158, III) • 25% do ICMS – (art. 158, IV) • 25% do IPI repassado ao Estado-membro (art. 159, §3º) • 25% da CIDE-combustíveis repassados aos Estados-membros – (art. 159, §4º)
Fundo de participação dos Estados e do Distrito Federal	• 21,5% do IR e IPI (art. 159, I, "a")
Fundos de Participação dos Municípios	• 22,5% do IR e do IPI + 1% em dezembro + 1% em julho +1% em setembro (art. 159, I, "b", "d", "e" e "f")
Setor produtivo das Regiões Norte, Nordeste e Centro-Oeste	• 3% do IR e do IPI (art. 159, I, "c")

Como se vê, a Constituição Federal de 1988 montou robusta, ainda que complexa, estrutura para garantir um federalismo real, equilibrado, com entes equalizados mediante efetiva autonomia financeira, tanto por competências tributárias próprias, quanto por distribuição de receitas dos principais impostos dos entes mais amplos para os menos amplos.

Especificamente no concernente à repartição de renda, sua premissa consiste em fazer que o aumento dos mais importantes impostos da União (IR e IPI) também seja desfrutado pelos entes periféricos, o mesmo se dando com o ICMS e com o IPVA dos Estados-membros em relação aos Municípios. Dessa maneira, é garantido um equilíbrio federativo, por evitar que somente um ente se sobressaia economicamente em detrimento dos demais.

2.5.1 Benefícios fiscais e os reflexos sobre os repasses constitucionais de renda

No âmbito desse federalismo fiscal erigido pela Constituição Federal de 1988, há sensível questão concernente à constitucionalidade ou não da diminuição dos valores repassados aos entes periféricos em virtude de políticas federais de benefícios sobre impostos partilhados como IPI e IR. No mesmo sentido, surgiram questionamentos sobre a validade ou não da redução dos repasses dos Estados-membros para os Municípios de seu território também em razão de exonerações de impostos estaduais partilhados (ICMS e IPVA).

O tema ganhou relevo nos últimos anos porque, em momentos de agudas crises econômicas, o governo federal buscou combatê-las estimulando o consumo interno mediante redução do Imposto sobre Produtos Industrializados-IPI. Como consequência,

CAPÍTULO 2 • CARACTERÍSTICAS DO ESTADO FEDERAL BRASILEIRO

houve grande queda do valor dos repasses diretos ou indiretos para os entes periféricos, que se viram, de um momento para o outro, desprovidos de grandes quantias em razão de política econômica que não implementaram nem a respeito da qual foram consultados. Na prática, o custo financeiro dessa política federal de enfrentamento das crises foi suportado em grande medida por Estados-Membros, Distrito Federal e Municípios, pois a União vinha, nas últimas décadas, incrementando sua arrecadação pelo aumento de tributos não partilhados, em especial das contribuições sociais, em detrimento do aumento desses impostos, cujo produto da arrecadação beneficia a todos.

Essas exonerações devem ser compreendidas, então, no contexto de uma prática há anos levada a efeito pela União, que sempre buscou incrementar sua receita não por meio do aumento de impostos como IPI e IR, mas das contribuições sociais, espécie tributária distinta, que é objeto, geralmente, de divisão do que for arrecadado. Dessa maneira, se apresentou muito confortável para o ente central conferir benefícios e exonerações em relação a esses impostos, na medida em que outros ingressos federais importantes e exclusivos restavam intocados ou mesmo aumentados.

Como exposto no segmento anterior, a partilha da arrecadação é, em grande medida, daquela proveniente de impostos. Isto porque, historicamente, eram as receitas dessas espécies tributárias que geravam as maiores quantias para o Estado brasileiro como um todo. No quadro dos tributos, as contribuições de melhoria e as taxas possuem claros limites em razão do sinalagma que deve existir entre o valor da obra/valorização imobiliária, o custo do serviço ou poder de polícia e o montante do tributo a ser pago. Os empréstimos compulsórios, a rigor, representam apenas ingresso provisório de dinheiro nos cofres públicos, dada a obrigatoriedade de posterior devolução aos contribuintes. Por outro lado, as contribuições sociais, a princípio, destinar-se-iam a financiar apenas finalidades específicas de custeio da seguridade social, de categorias profissionais ou intervenção no domínio econômico, com orçamentos próprios e apartados do pertencente à União. Esse era o quadro teórico considerado pelo constituinte de 1987/1988 quando concebeu o sistema tributário nacional e o federalismo fiscal, com sua distribuição de receitas.

Esse panorama imaginado, no entanto, foi alterado na prática já nos anos de 1990. Expressiva parte do produto da arrecadação das mais relevantes contribuições sociais, que deveria ser para exclusivo custeio da seguridade social (a qual envolve previdência, saúde e assistência social), passou a ser utilizado para os gastos gerais da União, inclusive com mecanismo próprio, a chamada DRU (Desvinculação das Receitas da União), surgida em 1994 com a denominação de Fundo Social de Emergência, formalizando a possibilidade de a União utilizar livremente 20% de todo e qualquer tributo federal vinculado a fundo ou despesa. Oficializou-se, com essa medida, a retirada de numerário da seguridade para colocar no caixa único federal.

Paulatinamente, desde então, a União aumentou sua carga tributária por meio das contribuições sociais, as quais, como dito, não entram em sua maioria no jogo de partilha (com exceção da CIDE-Combustível) e podem ser desvinculadas da finalidade que justificaram sua criação e cobrança. Concomitantemente a esse aumento das contribuições, foram diminuídas as cargas de IR e IPI e com maior intensidade para combater as crises econômicas mais recentes, dos anos 2008 e 2011, mediante benefícios e reduções para estimular o consumo.

O Supremo Tribunal Federal teve papel decisivo nisso, pois inicialmente admitiu que as contribuições sociais deixassem de ser arrecadas pelo INSS (autarquia previdenciária) e o fossem pela União, por meio da Receita Federal, autorizando, ainda, passando a incorporar o orçamento federal geral e não o específico da previdência. Isso facilitou a implementação das desvinculações das verbas que são cobradas do particular com uma finalidade específica, mas diluída nas receitas gerais da União. E mais: diante de eventual retenção ou desvio desses valores para outro fim, que não aquela finalidade social que justifica sua existência, o Tribunal entendeu não haver vício de inconstitucionalidade do tributo cobrado, mas apenas irregularidade a ser tratada no âmbito do Direito Financeiro, que exclui a possibilidade de os particulares discutirem diretamente a cobrança do tributo desviado. Em outras palavras: mesmo o contribuinte verificando o desvio de finalidade daquilo que paga, nada pode fazer. Essa linha de raciocínio teve origem no julgamento do Recurso Extraordinário 138.284, ainda referência na matéria, conforme se lê em recente julgado:

> CONTRIBUIÇÃO SOCIAL SOBRE O LUCRO DAS PESSOAS JURÍDICAS – INTEGRAÇÃO AO ORÇAMENTO FISCAL DA UNIÃO – PRECEDENTE. Conforme assentou o Plenário do Supremo no julgamento do Recurso Extraordinário 138.284-8/CE, é irrelevante o fato de a contribuição social sobre o lucro das pessoas jurídicas integrar o orçamento da União. Resolve-se a problemática referente à destinação diversa do financiamento da Seguridade Social em campo estranho à inconstitucionalidade[27].

A União, com o consentimento do Supremo Tribunal Federal, incorporou, portanto, aos seus cofres as quantias originariamente voltadas para a seguridade social, sendo uma das causas do défice desta e superávit daquela. Atualmente, toda a arrecadação, inclusive das contribuições previdenciárias sobre folha de salário, é realizada pela Receita Federal do Brasil, restando ao INSS apenas a concessão dos benefícios.

Também por seus julgados, o Supremo Tribunal Federal assentou que "contribuição não é imposto. Por isso, não se exige que a **lei complementar** defina a sua hipótese de incidência, a base imponível e contribuintes: CF, art. 146, III, a. Precedentes: RE 138.284/CE, Ministro Carlos Velloso, RTJ 143/313; RE 146.733/SP, Ministro Moreira Alves, RTJ 143/684"[28]. Em outras palavras, conquanto várias contribuições tenham fatos geradores de impostos, elas não se submetem às mesmas limitações daqueles, o que se apresentou como mais um fator de estímulo para que a elevação da carga tributária federal nas últimas décadas se desse por meio do aumento de tributos não partilhados veiculado por instrumento legislativo (lei ordinária) com quórum de aprovação menor.

---

27. RE 435245 AgR, Relator(a): Min. MARCO AURÉLIO, Primeira Turma, julgado em 02/10/2007, DJe-031 DIVULG 21-02-2008 PUBLIC 22-02-2008 EMENT VOL-02308-05 PP-00988.

28. AI 518082 ED, Relator(a): Min. CARLOS VELLOSO, Segunda Turma, julgado em 17/05/2005, DJ 17-06-2005 PP-00073 EMENT VOL-02196-14 PP-02825.

CAPÍTULO 2 • CARACTERÍSTICAS DO ESTADO FEDERAL BRASILEIRO

Admitiu-se, ainda, a possibilidade de criação de contribuições sociais gerais, ou seja, vinculadas a finalidades estabelecidas por lei e não somente àquelas expressamente previstas pela Constituição Federal, o que implicou, na prática, a possibilidade de irrestrita criação dessa espécie tributária desde que ligada a qualquer objetivo dito social. Nesse sentido foi o seguinte julgamento:

> Ação direta de inconstitucionalidade. Impugnação de artigos e de expressões contidas na Lei Complementar federal nº 110, de 29 de junho de 2001. Pedido de liminar. – A natureza jurídica das duas exações criadas pela lei em causa, neste exame sumário, é a de que são elas tributárias, caracterizando-se como contribuições sociais que se enquadram na sub-espécie 'contribuições sociais gerais' que se submetem à regência do artigo 149 da Constituição, e não à do artigo 195 da Carta Magna. – Não-ocorrência de plausibilidade jurídica quanto às alegadas ofensas aos artigos 145, § 1º, 154, I, 157, II, e 167, IV, da Constituição [...].[29]

Diante de todo esse contexto, repita-se: quando a União precisou aumentar sua arrecadação nas décadas seguintes à promulgação da Constituição Federal, optou, na maior parte das vezes, pela criação ou aumento de uma contribuição social, pois, além de possuir menores limitações ao seu poder de tributar (se consideradas as aplicáveis aos impostos), pode ser criada para fins sociais que não apenas aqueles previstos na Constituição Federal e não necessita dividir o produto da arrecadação com nenhum outro nível federativo, além de ter sido flexibilizado o dever de vinculação do dinheiro arrecadado ao fim previsto no plano legal e constitucional e que justificou sua criação. Por outro lado, quando buscou realizar incentivos fiscais, mediante a redução da carga tributária, a União o fez com a diminuição dos impostos partilhados com Estados--membros, Distrito Federal e Municípios, que, em última análise, arcaram com o custo dessas exonerações.

Essa estratégia vem se mostrando tão eficaz que a União não precisou, desde a edição da Constituição Federal de 1988, exercitar, com exceção do malogrado IPMF, sua competência residual para criar novos impostos (art. 154, I, CF/88), bem como não criou o privativo imposto sobre grandes fortunas, simplesmente porque não precisou, já que encontrou meio diverso mais cômodo e rentável.

Sobre esse assunto, obra de Hugo de Brito Machado Segundo[30] é referência. Nela, o autor destaca que a situação chegou ao ponto de exigir uma atuação política dos entes periféricos que conseguiram aprovar emenda constitucional (EC 33/01), garantindo a partilha da renda proveniente da CIDE-combustíveis. Destaque-se: somente após movimentação política dos entes federados é que se alterou a Constituição Federal para que ao menos uma contribuição social de intervenção no domínio econômico fosse partilhada.

Ressalta-se, com isso, que somente atuação política perante o Congresso Nacional poderá combater a distorção atualmente existente e recuperar o equilíbrio federativo

---

29. ADI 2556 MC, Relator(a): Min. MOREIRA ALVES, Tribunal Pleno, julgado em 09/10/2002, DJ 08-08-2003 PP-00087 EMENT VOL-02118-02 PP-00266.

30. MACHADO SEGUNDO, Hugo de Brito. **Contribuições e Federalismo**. São Paulo: Dialética, 2005.

originariamente previsto pela Constituição Federal, pois o estado de coisas presente foi erigido com participação determinante do Supremo Tribunal Federal.

A movimentação que levou ao compartilhamento da CIDE-Combustível foi, no entanto, circunstancial e restrita. A prática federal e os julgamentos do Supremo Tribunal Federal modificaram em definitivo a estrutura do federalismo fiscal concebido pelo constituinte de 1987/1988 e inserido na Constituição Federal. A lógica subjacente às disposições constitucionais ainda vigentes é haver a divisão do produto da arrecadação de dois importantes impostos federais, além de eventual imposto novo concebido mediante o exercício da competência tributária residual da União (art. 154, I CF/88) com os demais entes federados, para que a União não se agigante isoladamente no aspecto financeiro.

É possível afirmar que o constituinte supôs que o lógico seria a União, quando buscasse incrementar sua receita, o fizesse aumentando o Imposto de Renda e o Imposto sobre Produtos Industrializados, porquanto as contribuições sociais (que possuem fato gerador da mesma natureza) teriam uma finalidade própria e vinculada, a qual limitaria o uso do dinheiro arrecado a esse fim diverso. Assim, sempre que houvesse o aumento da carga tributária federal, todos os integrantes do pacto federativo se beneficiariam; contudo, a prática se mostrou justamente o inverso.

No tocante ao impacto dos benefícios e exonerações, embora esse problema para o federalismo fiscal seja mais grave em relação ao compartilhamento ou não de tributos federais, ela também se verifica no âmbito estadual em relação aos tributos que os Estados-membros partilham com seus Municípios. Não se identifica uma prática tão constante e reiterada quanto a federal, mas alguns Estados-membros concederam benefícios fiscais em prejuízo dos repasses municipais. O primeiro precedente relevante do Supremo Tribunal Federal sobre o assunto se deu em 2008.

Tratou-se do julgamento do Recurso Extraordinário 572.762, processado sob o regime de repercussão geral, interposto por município catarinense contra o Estado de Santa Catarina, que estabeleceu incentivo fiscal consistente do diferimento do pagamento de 75% do ICMS devido por empresa que se instalasse em seu território. Conforme relatado no julgado, era utilizada "[…] cota relativa ao repasse do ICMS pertencente ao Município, com o intuito de financiar empreendimentos comerciais e industriais". As empresas recebiam financiamento no montante de 75% do incremento do referido imposto por elas gerado, sendo esse valor devolvido em um prazo de 48 ou 60 meses. Escrituravam-se como receita tributária apenas 25% do imposto devido pelo contribuinte, e os Municípios catarinenses, que têm assegurada constitucionalmente a participação em 25% do total do ICMS arrecadado, recebiam apenas 6,25% do produto da arrecadação, perdendo, então, 3/4 do que lhe seria originalmente devido.

Em decorrência desse quadro, assentando o direito do Município sobre a parcela do ICMS, o Ministro Ricardo Lewandowski escreveu:

Destarte, para que a autonomia política concedida pelo constituinte aos entes federados seja real, efetiva, e não apenas virtual, cumpre que se preserve com rigor a sua autonomia financeira, não se permitindo no tocante à repartição de receitas tributárias, qualquer condicionamento arbitrário por parte do ente responsável pelos repasses a que eles fazem jus.

Quanto à questão da titularidade dos impostos compartilhados, trago à baila oportuna lição de Kiyoshi Harada:

'No imposto de receita partilhada, há, necessariamente, mais de um titular, pelo que cabe à entidade contemplada com o poder impositivo restituir e não repassar a parcela pertencente à outra entidade política. O imposto já nasce, por expressa determinação do Texto Magno, com dois titulares no que tange ao produto da arrecadação.

O fato de o Estado-membro deter a competência tributária em relação ao ICMS não lhe confere superioridade hierárquica em relação ao município no que tange à participação de cada entidade no produto de arrecadação desse imposto. A Carta Política já partilhou o produto da arrecadação desse imposto na proporção de 75% para o Estados-membros, titular da competência impositiva, e 25% para os Municípios, prescrevendo no parágrafo único do art. 158 os critérios para creditar parcelas cabentes às comunas'

Ricardo Lobo Torres, por sua vez, no mesmo diapasão, lembra que a repartição constitucional de receitas tributárias configura "instrumento financeiro, e não tributário, que cria para os entes políticos menores o direito a uma parcela da arrecadação do ente maior".

Após debate com o Ministro Ayres Brito, o pleno do Supremo Tribunal Federal chegou à conclusão explícita de que a discricionariedade dos Estados-membros se restringe à parcela de receita que não é repartida com os Municípios, somente sobre ela pode conceder diferimentos, sob pena de **"fazer cortesia com o chapéu dos outros"**, expressão do Ministro Ricardo Lewandowski que restou famosa ao se referir a este tema. O julgamento foi assim ementado:

CONSTITUCIONAL. ICMS. REPARTIÇÃO DE RENDAS TRIBUTÁRIAS. PRODEC. PROGRAMA DE INCENTIVO FISCAL DE SANTA CATARINA. RETENÇÃO, PELO ESTADO, DE PARTE DA PARCELA PERTENCENTE AOS MUNICÍPIOS. INCONSTITUCIONALIDADE. RE DESPROVIDO. I – A parcela do imposto estadual sobre operações relativas à circulação de mercadorias e sobre prestações de serviços de transporte interestadual e intermunicipal e de comunicação, a que se refere o art. 158, IV, da Carta Magna pertence de pleno direito aos Municípios. II – O repasse da quota constitucionalmente devida aos Municípios não pode sujeitar-se à condição prevista em programa de benefício fiscal de âmbito estadual. III – Limitação que configura indevida interferência do Estado no sistema constitucional de repartição de receitas tributárias. IV – Recurso extraordinário desprovido.[31]

As retenções dos repasses constitucionais são exaustivamente tratados na Constituição Federal, não podendo os entes arrecadadores dar outro destino ou realizar qualquer outra retenção além do que estritamente autorizado no art. 160 da Constituição Federal, que prescreve, com redação dada pela EC 29/2000, a possibilidade de deter para pagamento de seus créditos e de suas autarquias, bem como para garantir a aplicação anual mínima em serviços de saúde determinados pelo art. 198, §2º, do Texto Constitucional.

---

31. RE 572762, Relator(a): Min. RICARDO LEWANDOWSKI, Tribunal Pleno, julgado em 18/06/2008, REPERCUSSÃO GERAL – MÉRITO DJe-167 DIVULG 04-09-2008 PUBLIC 05-09-2008 EMENT VOL-02331-04 PP-00737.

Por esse julgamento, generalizou-se o entendimento de que o ente federado destinatário da receita não fica inteiramente submetido à vontade daquele que institui e arrecada o tributo. A parcela a ser repassada é considerada **receita do destinatário**, integrando seu patrimônio por **direito próprio**, e não daquele que o arrecada. Não é uma liberalidade, uma concessão, mas um dever constitucional de que não pode dispor. As receitas não ficam sujeitas a uma discricionariedade fiscal mediante diferimentos, restituições ou fomentos. Roque Antônio Carraza é incisivo ao escrever que "[...] nenhuma razão de ordem pública, nenhum subjetivismo da pessoa política arrecadante, nenhum pacto entre o fisco e o contribuinte, podem sobrepor-se à vontade constitucional"[32].

O Supremo Tribunal Federal, no entanto, restringiu esse entendimento mais amplo inferido do precedente formado pelo RE 572.762, justamente quando foi julgar a constitucionalidade da redução dos repasses federais aos Municípios, por meio do respectivo fundo de participação, decorrentes da concessão de reduções ou benefícios fiscais. Tratou-se do Recurso Extraordinário 705.423[33], também processado sob o regime de repercussão geral, interposto pelo Município de Itabi, localizado no interior do Estado de Sergipe, em que houve profunda discussão do assunto, mediante analíticos votos opostos dos Ministros Edson Fachin e Luiz Fux.

O Município de Itabi havia ingressado na Justiça Federal pleiteando que a base do cálculo da quota parte do Fundo de Participação dos Municípios a que teria direito fosse o "[...] percentual do produto da arrecadação do Imposto de Renda e do Imposto sobre Produtos Industrializados, sem a dedução dos valores dos incentivos, benefícios e isenções fiscais, concedidos pela parte recorrida [União Federal]". Em seu pleito, o Município invocou justamente o precedente firmado no RE 572.762. O relator, Ministro Edson Fachin, bem resumiu a questão constitucional então em julgamento:

> Logo, cumpre-se perquirir o seguinte: é constitucional a redução do produto da arrecadação que lastreia o FPM e respectivas quotas devidas à Municipalidades, em razão da concessão regular de incentivos, benefícios e isenções fiscais relativos aos Impostos de Renda e Sobre Produtos Industrializados por parte da União?

Em extenso e analítico voto, o Relator responde que, sim, é constitucional essa redução, e traça a distinção para o precedente formado no RE 572.762, em que, a seu ver, tinha sido julgada inconstitucional não a concessão de incentivos, benefícios e exonerações, mas a retenção de repasses aos entes beneficiados **após a arrecadação do tributo partilhado.**

Eis, efetivamente, um ponto relevante: saber quando nasce o direito dos entes beneficiados ao montante do repasse, se apenas quando há a efetiva arrecadação ou, abstratamente, antes mesmo de se criar ou alterar o tributo, presumindo que o repasse a que têm direito os entes periféricos se daria em função de base presumida de cobrança integral dos impostos em patamar máximo, sem qualquer benefício, incentivo ou exo-

---

32. CARAZZA, op. cit., p. 689.
33. RE 705423, Relator(a): Min. EDSON FACHIN, Tribunal Pleno, julgado em 23/11/2016, PROCESSO ELETRÔNICO REPERCUSSÃO GERAL - MÉRITO DJe-020 DIVULG 02-02-2018 PUBLIC 05-02-2018.

neração. Uma situação é **arrecadar e não repassar**, outra é **sequer arrecadar** em razão de uma desoneração fiscal e não ter o que repassar. Para o relator, o precedente firmado se debruçou apenas sobre a inconstitucionalidade da primeira hipótese.

Feita a distinção, o Ministro Edson Fachin estrutura sua compreensão pela constitucionalidade no que ele denominou de três eixos: "(i) pré-compreensões e premissas a respeito dos municípios no federalismo fiscal brasileiro; (ii) o arquétipo constitucional das competências e autonomias financeiras dos entes federativos; e (iii) os reflexos jurídicos desse paradigma fiscal no conteúdo e no cálculo do Fundo de Participação dos Municípios".

Ao tratar do primeiro eixo, o Ministro tenta demonstrar, em suma, que, com a edição da Constituição Federal de 1988, os Municípios só ganharam relevância na Federação brasileira, inclusive com o reconhecimento de seu *status* federativo e constante municipalização das receitas públicas. Isso levou, nos anos de 1990, a uma distorcida proliferação de Municípios, na ordem de 40%, sobretudo porque se deixou de exigir a aferição de viabilidade econômica mínima e populacional em prol de uma ampla liberdade de disciplinamento mediante leis estaduais, que foram pródigas na permissão, o que só foi corrigido por emenda constitucional em 1996, ao transferir do âmbito estadual para o federal a competência de editar a lei regulamentadora dessa criação, além de exigir estudos de viabilidade. Daí ele conclui, nesse ponto, que "a viabilidade financeira dos novos municípios é um problema desafiador e aberto do federalismo fiscal brasileiro, o qual deve ser considerado em controvérsias nas quais se discute a participação indireta dos governos locais no produto da arrecadação de receitas públicas do governo central".

É possível se concluir a respeito desse ponto do arrazoado do Relator que ele considera que os Municípios já ganharam muito com a edição da Constituição Federal de 1988 no concernente à participação nas receitas federais, o que levou a uma desenfreada proliferação de Municípios sem qualquer viabilidade econômica, unicamente para receber os repasses, ao ponto de necessitar de um "basta", mediante emenda constitucional. Assim, por considerar que há Municípios criados em demasiada e sem viabilidade econômica, o Ministro considera que não se deve mais prestigiar do ponto de vista hermenêutica os repasses constitucionais.

Para extrair conclusões nesses aspectos, no entanto, o Ministro estabelece suas premissas em uma comparação do quadro federativo antes e depois de 1988, o que não deixa de ser apenas uma constatação de que a nova ordem constitucional quis, efetivamente, ocasionar uma descentralização política, financiada por uma distribuição equânime de receitas. Não se pode mensurar isso, de modo a adjetivar o incremento da participação municipal no bolo da arrecadação como grande ou pequena, maior ou menor, utilizando o modelo constitucional anterior, justamente porque foi parâmetro que se quis romper e superar. Se em sua redação original houve uma permissividade de criação de Municípios que se mostrou deletéria na prática, ela foi corrigida da maneira adequada, ou seja, mediante emenda constitucional e não por interpretação judicial.

Portanto, em vez de se encarar o novo quadro municipalista com uma decorrência natural da nova ordem constitucional, com os excessos já corrigidos pelo poder constituinte derivado, o Ministro Fachin a contrasta com o modelo revogado para extrair conclusões que desembocarão no refreamento da nova descentralização federativa prescrita pela nova ordem constitucional para aproximá-la do velho e revogado modelo de concentração das rendas no ente federal próprio do período autoritário anterior.

No tocante ao eixo do arquétipo constitucional das competências e autonomias financeiras dos entes federativos, que parece mais relevante e apropriado do que o desafortunado eixo anterior de argumentação, o Ministro Edson Fachin firma entendimento de que "não se haure da autonomia financeira dos Municípios direito subjetivo de índole constitucional com aptidão para infirmar o exercício da competência tributária da União, inclusive em relação aos incentivos e renúncias fiscais, desde que observados os parâmetros de controle constitucionais, legislativos e jurisprudenciais atinentes à desoneração". Esse parece um ponto mais relevante justamente porque obtido em função da análise da Constituição Federal de 1988, e não em virtude de um contraste com a ordem jurídica revogada.

Nesse tocante, entende que os entes periféricos beneficiados pelos repasses não têm direito ao compartilhamento de uma receita calculada segundo uma estimativa de arrecadação potencial máxima, mas apenas da arrecadação efetivamente realizada, inclusive considerando isenções e exonerações exercidas dentro dos limites constitucionais. Não se pode, de fato, extrair do Texto Constitucional uma proibição expressa de isenções ou exonerações sobre tributos partilhados.

Por fim, no último eixo de compreensão, o relator se detém sobre o conceito de "produto da arrecadação", que é o objeto de compartilhamento federativo. O Ministro recorre a manuais de contabilidade para destacar os estágios da receita pública (previsão, arrecadação e recolhimento), de modo a destacar que a arrecadação consiste na entrega de numerário realizada pelos contribuintes aos agentes arrecadadores. Não havendo, então, entrega de dinheiro em função de alguma desoneração legal, não há que se falar de compartilhamento justamente do que licitamente não foi arrecadado. Também é um argumento mais apropriado, porque obtido com arrimo na ordem constitucional vigente.

Como conclusão, o Ministro Edson Fachin entende não assistir direito ao Município autor de obter um repasse do respectivo Fundo de Participação calculado de modo a excluir as exonerações concedidas pela União Federal. Em suas palavras, "[...] firma-se convicção no sentido de que é constitucional a concessão regular de incentivos, benefícios e isenções fiscais relativos ao Imposto de Renda e Imposto sobre Produtos Industrializados por parte da União em relação ao Fundo de Participação de Municípios e respectivas quotas devidas às Municipalidades".

O Ministro Luiz Roberto Barroso vota acompanhando o Relator, mas acrescenta ao entendimento a responsabilidade dos Estados-membros e Municípios na crise econômica, que teria como uma de suas causas o descontrole das finanças dos entes periféricos:

É certo que esta crise fiscal decorre, em parte, da crise econômica, que, evidentemente, reduz a arrecadação. Penso que ela decorre também, e em grande parte, de uma irresponsabilidade fiscal grande que marcou um pouco a atuação de Estados e Municípios ao longo dos últimos anos de aparente bonança, inclusive com inobservância da Lei de Responsabilidade Fiscal. E nós vivemos um momento em que, para enfrentar a crise fiscal, terá de haver uma inexorável diminuição do tamanho do Estado, tanto no plano federal quanto no plano estadual, quanto no plano municipal. A sociedade não é mais capaz de sustentar o Estado brasileiro nas suas três dimensões à vista da proporção que ele assumiu, em que mais de 4% do PIB são gastos apenas com o pagamento da folha, fazendo com que não sobre dinheiro suficiente para os investimentos essenciais que a população, sobretudo a população mais pobre, precisa.

É nessas bases que, "[...] sem absolver a União pela política concentradora", entende que "[...] a interpretação adequada é essa que propõe o eminente Relator, Ministro Luiz Edson Fachin". É possível destacar, contudo, uma falha no raciocínio do Ministro Barroso: se o problema é o descontrole dos gastos dos entes periféricos, a solução não é deixar de realizar os repasses constitucionais por uma interpretação judicial que enfraquece o federalismo fiscal criado pela Constituição Federal, mas sim estabelecer controles mais rígidos desses gastos mediante emenda constitucional votada pelo poder constituinte derivado. Na prática, o Ministro absolve a União por décadas de desvirtuamento do equilíbrio fiscal constitucionalmente estabelecido ante a falta de um controle maior sobre alegado descontrole dos gastos periféricos.

O Ministro Luiz Fux, como dito, abre a divergência, sendo seu ponto principal justamente a contextualização da questão no quadro do federalismo fiscal pós-1988, em que a União se valeu de meios para aumentar a própria arrecadação mediante tributos não partilhados, cuja finalidade foi desvirtuada, enquanto concedeu incentivos sobre impostos partilhados. Fossem as exonerações pontuais, em um histórico de aumento da arrecadação federal pelos impostos partilhados, de modo a assegurar recursos para financiar a autonomia federativa, não haveria inconstitucionalidade. Na medida em que a União, todavia, subverte o equilíbrio federativo, preservando sua arrecadação e realizando políticas econômicas às custas dos repasses constitucionais, assegurando para si a proeminência financeira diante dos demais integrantes da Federação, não é possível ignorar esse quadro para se extrair conclusões exclusivamente abstratas desde o Texto Constitucional sem cotejá-lo com a realidade praticada.

Destaca, assim, ao longo do voto divergente, que, embora a questão posta pelo RE 572.762 fosse distinta, a resposta dada pelo Tribunal partiu de um entendimento abrangente que seria aplicável ao novo caso. Com efeito, embora se tenha declarado inconstitucional a retenção de valores já arrecadados, o Supremo Tribunal Federal concluiu assim com esteio em um direito mais amplo que teriam os entes federados, de modo a também impedir a diminuição de repasses em razão de exonerações concedidas. São destacadas várias passagens do precedente para demonstrar a linha principiológica adotada, a fim de concluir que "o *distinguishing* entre o precedente firmado no RE 572.762 e o presente caso, conforme defendem alguns, revela verdadeira tentativa de alteração da jurisprudência desta Suprema Corte, aniquilando a tese que, por diversas vezes, foi e vem sendo aplicada pela jurisprudência deste Tribunal".

Para demonstrar que o precedente foi confirmado posteriormente em julgamentos do próprio Supremo Tribunal Federal em bases mais amplas, que não a de mera retenção de quantias já arrecadas, mas também em função de exonerações concedidas, alude ao "[...] RE 726.333 AgR (Segunda Turma, Rel. Min. Cármen Lúcia, julgado em 10/12/13, DJ de 03/02/14), que confirmou a decisão monocrática em que se assentou expressamente a 'irrelevância da ausência de efetivo ingresso no erário estadual do imposto', para fins de refutar a tese do Estado de inaplicabilidade do *leading* case à espécie". Cita também outros dois casos:

> O mesmo ocorreu na STA 451 AgR (Pleno, Rel. Min. Cezar Peluso, julgado em 18/05/11, DJ de 02/06/11), em que o próprio Plenário do STF refutou a pretensão estatal de afastar a aplicação do *leading case* com base na diferença entre os programas de incentivo do Estado de Pernambuco e do Estado de Santa Catarina, afirmando-se que "em ambos, há uma burla à sistemática constitucional de repasse dos 25% pertencentes aos municípios, pouco importando o mecanismo técnico utilizado para tanto", apesar da particularidade de que, no caso catarinense, os valores devidos a título de ICMS eram efetivamente recolhidos, enquanto no caso pernambucano, a Fazenda evitaria que os recursos chegassem aos cofres públicos por meio de concessão de crédito presumido. No mesmo sentido, o RE 695.421 AgR, Segunda Turma, Rel. Min. Cármen Lúcia, julgado em 24/04/13, DJ de 15/05/13.

Portanto, haveria não só um julgamento isolado processado sob o regime de repercussão geral, mas também jurisprudência em franca formação.

No mérito da causa, o Ministro Luiz Fux se opõe à análise da questão constitucional apenas na perspectiva do exercício da competência tributária da unidade arrecadante, no caso, a União Federal. Isso, em sua análise, "[...] é reduzir a discussão e estancar a análise na estrutura da norma de competência, sem se preocupar com a sua perspectiva funcional dentro do sistema em que está inserida". Ele lança seu voto em duas bases: **a)** o federalismo fiscal brasileiro e a importância das participações no produto da arrecadação, para fins de garantia da autonomia financeira dos municípios; **b)** a política desonerativa da União em relação ao IR e ao IPI e seus influxos nas finanças dos municípios.

Quanto à primeira base, ele destaca o histórico movimento pendular da Federação brasileira entre centralização e descentralização, desde sua criação, e faz apresentação de suas características desde a República Velha, passando pela Era Vargas, pelo período de redemocratização no pós-guerra, pelo regime militar, culminando com o modelo pós-1988, no qual "[...] a ideia que prevaleceu na Constituinte de 1988 era a de que somente a descentralização política e fiscal conseguiria consolidar a democracia". No aspecto financeiro, destaca, no entanto, o fato de que, na década de 1990, a partir da estabilização da economia nacional, "[...] iniciou-se um processo de consolidação de uma nova relação entre os entes federados, marcada pela recomposição de receitas pela União, aliada a uma forte dependência municipal das receitas federais e ao enfraquecimento gradual do papel político do Estado dentro da Federação".

É nesse ponto que o Ministro Luiz Fux delineia o quadro anteriormente apresentado de incremento das receitas federais pelo aumento de contribuições sociais, com suas finalidades desvinculadas, em detrimento dos impostos partilhados. Afirma que "[...]

atualmente o que se tem observado é um desvirtuamento desses mecanismos através de um decréscimo ao longo dos anos na arrecadação dos impostos federais cuja receita é partilhada, de modo que a percentagem da receita tributária federal destinada aos Municípios desde a promulgação da Constituição tem diminuído consideravelmente".

Perceba-se que, aqui, é apresentado quadro diametralmente oposto ao delineado pelo Relator. Para Fux, houve perdas de receitas para os Municípios, enquanto para Fachin só teria havido ganhos após 1988. Há, porém, uma fundamental distinção de premissas entre ambos: o Ministro Fux demonstra as perdas municipais considerando o quadro federativo estabelecido pela Constituição Federal vigente; o Ministro Fachin, por sua vez, recorre a um cotejo com o federalismo sabidamente mais centralizador da ordem constitucional revogada.

O Ministro Luiz Fux acrescenta, ainda, que, para compensar a perda dos repasses constitucionais obrigatórios, recorre-se a transferências voluntárias, viabilizadas por convênios, os quais deveriam servir de meio para realização de programas específicos, contingentes, e não para custear a autonomia dos entes periféricos de um modo geral. Essa metodologia deixa à discricionariedade política e partidária firmar ou não referidos convênios, determinar o montante dos repasses e quais programas e finalidades se deseja financiar. A isso se soma o fato de que considerável parte dos programas custeados dessa maneira demanda contrapartida local, pelo que restam vinculadas receitas municipais próprias a políticas ditadas pelo governo federal. Daí concluir o Ministro que "esse cenário permite ao Executivo Federal exercer um controle substancial das políticas dos entes subnacionais, importando em uma perda significativa da autonomia concedida aos Municípios pelo constituinte de 1988".

No concernente à segunda base de seu voto (sobre os impactos das desonerações), o Ministro evidencia com estudos do Tribunal de Contas da União a redução dos repasses federais aos fundos constitucionais em razão das desonerações praticas com maior vigor desde a crise mundial de 2008, e afirma:

> Nesse ponto, a Corte de Contas logrou comprovar, através de dados empíricos e estudos técnicos realizados pelos auditores do Órgão, o caráter significativo das perdas sofridas pelos Estados e Municípios, cujo destaque fica por conta da sugestão expressa para adoção de medidas neutralizadoras desses impactos, por parte do Governo Federal, a fim de restaurar o equilíbrio federativo.

Diante disso, entende que afirmar que a União detém a competência para criar e alterar o IPI e o IR não significa que não se deva preservar os repasses constitucionais, já que o próprio constituinte originário foi quem criou esse liame, razão pela qual a União poderia conceder isenções, benefícios e exonerações, mas desde que respeitasse os repasses constitucionais, e sem subverter o equilíbrio federativo. Esse entendimento foi acompanhado pelo Ministro Dias Toffoli.

Era de se esperar que o Ministro Ricardo Lewandowski, relator do RE572.762, lançasse luzes sobre as premissas que utilizou nesse precedente, já que seu voto foi o condutor do julgamento. Laçou apenas, no entanto, surpreendente manifestação oral em que declara simplesmente não haver mais federação efetiva no Brasil, mas um Estado unitário descentralizado "[...] até em menor escala do que aqueles Estados unitários tradicionais europeus, como a Itália e a Espanha". Apesar de reconhecer que o desvirtuamento dos repasses atenta contra a forma federativa de Estado, cláusula pétrea da Constituição Federal, acompanha, no entanto, o relator, ainda que "seu coração se incline" a acompanhar a divergência. Em suas palavras:

> O que acontece hoje em nosso federalismo - que, aliás, de federalismo não tem nada, insisto em dizer - é que há uma imposição unilateral por parte da União, que tem a "parte do leão", em termos arrecadatórios, e que impõe uma redução drástica de receitas aos Estados e aos Municípios. E é interessante verificar que até os Municípios, após a Constituição de 1988, tornaram-se entes federativos, membros da federação brasileira, conforme o artigo 1º da nossa Carta Magna. O Professor José Afonso da Silva não tem dúvida nenhuma com relação a esse fato, pelo menos do ponto de vista formal; do ponto de vista substantivo, do ponto de vista material, eu tenho sérias dúvidas a respeito disso. O que ocorre? Ocorre que, com a Constituição-cidadã, a Constituição vigente, o Município ficou praticamente com todos os encargos que dizem respeito ao cidadão comum: educação, saúde, segurança pública, os serviços públicos essenciais, como transporte, lixo, água, esgoto, mas não tem as rendas correspondente. E o Professor Dalmo de Abreu Dallari, no estudo clássico sobre federalismo, diz: conferir competências sem atribuir as respectivas rendas é uma falácia absoluta. É isso é que nós estamos vivendo essa situação.

> O Município está depauperado, está falido por atitudes reiteradamente unilaterais da União e dos Estados, que nós, aqui ou acolá, combatemos, mas, neste caso específico, embora veiculando esse meu inconformismo, fazendo coro aos votos do Ministro Fux e do Ministro Toffoli, eu verifico que nós temos limitações objetivas na nossa Constituição, e algumas limitações já foram levantadas, quer pelo Relator, quer agora pelo Ministro Marco Aurélio, exatamente o artigo 159 da Carta Magna. Ou seja, esse artigo diz que a repartição das receitas decorrentes do Imposto de Renda e do Imposto sobre Produtos Industrializados refere-se ao resultado efetivamente arrecadado. Então, não há como distribuir aquilo que não foi arrecadado; essa é uma limitação objetiva relativamente à qual não há qualquer possibilidade de superação.

A maioria dos ministros acompanhou o entendimento do Ministro Edson Fachin, restando o julgamento assim ementado:

> RECURSO EXTRAORDINÁRIO. REPERCUSSÃO GERAL. CONSTITUCIONAL, TRIBUTÁRIO E FINANCEIRO. FEDERALISMO FISCAL. FUNDO DE PARTICIPAÇÃO DOS MUNICÍPIOS – FPM. TRANSFERÊNCIAS INTERGOVERNAMENTAIS. REPARTIÇÃO DE RECEITAS TRIBUTÁRIAS. COMPETÊNCIA PELA FONTE OU PRODUTO. COMPETÊNCIA TRIBUTÁRIA. AUTONOMIA FINANCEIRA. PRODUTO DA ARRECADAÇÃO. CÁLCULO. DEDUÇÃO OU EXCLUSÃO DAS RENÚNCIAS, INCENTIVOS E ISENÇÕES FISCAIS. IMPOSTO DE RENDA - IR. IMPOSTO SOBRE PRODUTOS INDUSTRIALIZADOS – IPI. ART. 150, I, DA CONSTITUIÇÃO DA REPÚBLICA. 1. Não se haure da autonomia financeira dos Municípios direito subjetivo de índole constitucional com aptidão para infirmar o livre exercício da competência tributária da União, inclusive em relação aos incentivos e renúncias fiscais, desde que observados os parâmetros de controle constitucionais, legislativos e jurisprudenciais atinentes à desoneração. 2. A expressão "produto da arrecadação" prevista no art. 158, I, da Constituição da República, não permite interpretação constitucional de modo a incluir na base de cálculo do FPM os benefícios e incentivos fiscais devidamente realizados pela União em relação a tributos federais, à luz do conceito técnico de arrecadação e dos estágios da receita pública. 3. A demanda distingue-se do Tema 42 da sistemática da repercussão geral, cujo recurso-paradigma é RE-RG 572.762, de relatoria do Ministro Ricardo Lewandowski, Tribunal Pleno, julgado em 18.06.2008, DJe 05.09.2008. Isto porque no julgamento pretérito centrou-se na natureza compulsória ou voluntária das transferências intergovernamentais, ao passo que o cerne do debate neste Tema reside na diferenciação entre participação direta e indireta na arrecadação tributária do Estado Fiscal por parte de ente federativo. Precedentes. Doutrina. 4. Fixação de tese jurídica ao Tema 653 da sistemática da repercussão geral: "É constitucional a concessão regular de

CAPÍTULO 2 • CARACTERÍSTICAS DO ESTADO FEDERAL BRASILEIRO **69**

incentivos, benefícios e isenções fiscais relativos ao Imposto de Renda e Imposto sobre Produtos Industrializados por parte da União em relação ao Fundo de Participação de Municípios e respectivas quotas
devidas às Municipalidades." 5. Recurso extraordinário a que se nega provimento[34].

Como se observa, após a longa discussão, tem-se assentado no Supremo Tribunal
Federal o entendimento de que é proibido à União e aos Estados-membros reterem
por razões diversas às autorizadas expressamente pela Constituição Federal os repasses constitucionais de arrecadação tributária. Não existente, entretanto, direito dos
entes periféricos para impedir a concessão de exonerações, benefícios e incentivos, no
exercício da competência tributária, ainda que importe diminuição da distribuição
constitucional de rendas. Por óbvio, o impacto dessa decisão sobre a própria Federação brasileira é imenso, porquanto a carência de recurso e a dependência de repasses
voluntários da entidade federativa central são inegáveis aspectos de degeneração da
autonomia federativa.

2.5.2 Reforma Tributária e Federalismo Fiscal

Diante do complexo quadro observado em torno das competências tributárias,
dos repasses constitucionais de rendas e da concorrência entre as várias unidades federativas por meio de incentivos fiscais, há muitos anos se busca uma reforma do sistema
tributário nacional, impactando diretamente o jogo federativo em torno dos recursos
públicos e autonomia financeira.

Nesse novo quadro, há uma substituição gradual do IPI (federal), ICMS (estadual),
ISS (municipal) e das contribuições sociais sobre receita ou faturamento das empresas
cobrados pela União Federal por novo imposto sobre bens e serviços- IBS, compartilhado pelos entes periféricos, e por contribuição social sobre bens e serviços a cargo
da União. Cria-se também uma competência exclusiva apenas para a União instituir
imposto federal sobre a produção, comercialização ou importação de bens e serviços
prejudiciais à saúde ou ao meio ambiente, nos termos da lei.

O IBS a cargo dos Estados-membros, Distrito Federal e Municípios é criado por lei
nacional e gerido por um conselho federativo formado por esses entes. Há a substituição
das várias competências tributárias exclusivas sobre ICMS e ISS por uma competência
compartilhada e indireta, não mais exercida diretamente por cada ente federativo,
mas por intermédio desse novo conselho. Por outro lado, a contribuição sobre bens e
serviços continua de competência da União, ainda que com regras constitucionais que
condicionam seu disciplinamento e o atrela ao IBS.

O principal impacto federativo, como se percebe, é sobre a autonomia dos entes
subnacionais para deliberarem sobre sua arrecadação de maneira isolada. É o fim da
chamada "Guerra Fiscal", termo cunhado com tom crítico para denominar o lídimo

---

34. RE 705423, Relator(a): Min. EDSON FACHIN, Tribunal Pleno, julgado em 23/11/2016, PROCESSO ELE-
TRÔNICO REPERCUSSÃO GERAL - MÉRITO DJe-020 DIVULG 02-02-2018 PUBLIC 05-02-2018.

exercício da competência federativa para criar incentivos fiscais ou políticas diferenciadas em torno do ICMS e ISS, de modo a atrair investimento para Estados-membros e Municípios em posição de desvantagem competitiva em relação a outros mais desenvolvidos e industrializados. Na nova perspectiva, tudo fica a cargo desse Conselho Federativo com atribuições constitucionais gerais, mas com disciplinamento específico carente de legislação infraconstitucional, o que pode dar protagonismo a entes já fortalecidos e economicamente pujantes.

Mesmo o Superior Tribunal de Justiça ganha novo papel, pois passa a ter função de mediação de conflitos entre os entes federativos ou destes com o Conselho Federativo em torno do IBS.

A distribuição de renda e os fundos constitucionais também são modificados juntamente com a extinção dos atuais tributos que o integram, na medida em que eles sejam extintos. Passa a integrar os repasses, no lugar do IPI, o novo imposto sobre produtos prejudiciais à saúde e meio ambiente.

Nesse último ponto, é mitigada a cortesia com "chapéu dos outros" examinada no último tópico, já que se substitui a distribuição do IPI pelo novo imposto sobre produtos prejudiciais à saúde e ao meio ambiente, o qual embora continue à livre disposição da União, juntamente com o imposto de renda, não poderá a União compensar sua perda arrecadatória com a elevação da contribuição social sobre bens e serviços, porque autorizará também a elevação das alíquotas do IBS dos entes periféricos.

Apresenta-se, então, quadro novo, mas de gradual alteração, que somente poderá ser plenamente conhecido com sua implementação definitiva e consolidação ao longo do tempo.

2.6 FORMAÇÃO DA VONTADE NACIONAL POR PARTE DOS ENTES FEDERADOS

Conforme adiantado, há na federação a incidência do que se denomina de Lei da Participação, que permite aos entes periféricos contribuírem na formação da vontade nacional das mais diversas maneiras. É um dado marcante e diferenciador para o Estado Unitário, em que, a despeito de poder prever uma autonomia legislativa para suas regiões, não há participação das partes integrantes na formação da vontade central.

Desde o modelo americano original, essa prerrogativa é exercida preponderantemente por meio do Senado em um legislativo bicameral, no qual a outra casa é formada com representantes do povo. Existem, é certo, outros meios mais restritos de as partes federadas participarem da vida nacional, como é exemplo no caso brasileiro, a permissão de mais da metade das assembleias legislativas poderem apresentar emenda à Constituição Federal e a legitimidade dos governadores e das mesas das Assembleias e Câmara Legislativa do Distrito Federal poderem propor Ação Direta de Inconstitucionalidade e

Ação Declaratória de Constitucionalidade em face de normas de seus interesses. Tratar da participação dos entes periféricos na vontade nacional, no entanto, é tratar, em larga medida, da atuação do Senado Federal.

A raiz histórica dessa função do Senado está nos Estados Unidos, precisamente nos debates travados na Conferência da Filadélfia em 1787. Decorreu da intenção dos Estados mais ricos e extensos de fazer do congresso federal uma casa apenas de representantes dos Estados-membros, nos moldes do congresso confederado então existente. Em contrapartida, os Estados menores e mais populosos queriam uma representação popular proporcional.

Após meses de debates, se chegou à conhecida fórmula bicameral, em que a Câmara Baixa seria composta de representantes do povo eleitos nos Estados-membros e a Câmara Alta formada por delegados dos Estados. Segundo escreve Augusto Zimmermman, esse foi "[…] o Grande Compromisso (*Great Compromisse*) resultado prático do acordo entre os delegados para a existência de duas Câmaras com critérios de representação e representatividade distintas"[35].

No Brasil, o modelo foi adotado com a Proclamação da República e vem se mantendo por todas as constituições. A Constituição Federal de 1988 é expressa ao dispor, no art. 45, que "a Câmara dos Deputados compõe-se de representantes do povo" e, no art. 46, que "o Senado Federal compõe-se de representantes dos Estados e do Distrito Federal".

Na condição de Casa formada com representantes do Estados-membros, o Senado confirma a Lei da Participação mediante o exercício de diversas competências. A mais corriqueira ocorre no processo legislativo de elaboração dos diversos enunciados normativos previstos no art. 59 da CF/88 (emendas constitucionais, leis complementares, leis ordinárias, leis delegadas, medidas provisórias, resoluções e decretos legislativos). Assim, a União, por meio de legislação nacional, cria normas para todos os entes políticos e para a população em geral dentro de sua esfera de competência, mas o faz com a participação dos Estados-membros e do Distrito Federal, mediante os representantes eleitos para o Senado Federal. Todas as competências do Congresso Nacional, sejam as realizadas com sanção ou veto do Presidente da República (art. 48), sejam as exclusivas (art. 49), são exercidas necessariamente por suas duas casas, ou seja, passando por deliberação senatorial.

Há, ainda, uma série de atribuições privativas do Senado Federal disciplinadas no art. 52 da CF/88 que versam sobre pontos nevrálgicos do funcionamento da Federação. Essas atribuições são acometidas a essa Casa justamente para que os representantes das partes federadas delas participem, garantindo, por via de consequência, uma atuação compartilhada com os Estados-membros e com o Distrito Federal. Essas competências do Senado podem ser organizadas pelo seguinte quadro:

---

35. ZIMMERMMANN, op. cit., p. 130.

CATEGORIA	COMPETÊNCIAS DO ART. 52 CF/88
1. Julgamento de autoridades por crime de responsabilidade	• "processar e julgar o Presidente e o Vice-Presidente da República nos crimes de responsabilidade, bem como os Ministros de Estado e os Comandantes da Marinha, do Exército e da Aeronáutica nos crimes da mesma natureza conexos com aqueles". (Inc. I) • "processar e julgar os Ministros do Supremo Tribunal Federal, os membros do Conselho Nacional de Justiça e do Conselho Nacional do Ministério Público, o Procurador-Geral da República e o Advogado-Geral da União nos crimes de responsabilidade". (inc. II).
2. Participação na escolha e na exoneração de ocupantes de cargos relevantes	• "**aprovar** previamente, por voto secreto, após arguição pública, a escolha de: **a)** Magistrados, nos casos estabelecidos nesta Constituição; **b)** Ministros do Tribunal de Contas da União indicados pelo Presidente da República; **c)** Governador de Território; **d)** Presidente e diretores do banco central; **e)** Procurador-Geral da República; **f)** titulares de outros cargos que a lei determinar". (Inc. III). • "**aprovar** previamente, por voto secreto, após arguição em sessão secreta, a escolha dos chefes de missão diplomática de caráter permanente". (Inc. IV). • "**aprovar**, por maioria absoluta e por voto secreto, a exoneração, de ofício, do Procurador-Geral da República antes do término de seu mandato". (Inc. XI) • "eleger membros do Conselho da República". (Inc. XIV).
3. Controle sobre atividade financeira e tributária	• "**autorizar** operações externas de natureza financeira, de interesse da União, dos Estados, do Distrito Federal, dos Territórios e dos Municípios". (Inc. V). • "**fixar**, por proposta do Presidente da República, limites globais para o montante da dívida consolidada da União, dos Estados, do Distrito Federal e dos Municípios". (Inc. VI). • "**dispor** sobre limites globais e condições para as operações de crédito externo e interno da União, dos Estados, do Distrito Federal e dos Municípios, de suas autarquias e demais entidades controladas pelo Poder Público federal". (Inc. VII). • "**dispor** sobre limites e condições para a concessão de garantia da União em operações de crédito externo e interno". (Inc. VIII). • "**estabelecer** limites globais e condições para o montante da dívida mobiliária dos Estados, do Distrito Federal e dos Municípios". (Inc. IX). • "**avaliar** periodicamente a funcionalidade do Sistema Tributário Nacional, em sua estrutura e seus componentes, e o desempenho das administrações tributárias da União, dos Estados e do Distrito Federal e dos Municípios". (Inc. XV).
4. Participação do controle de constitucionalidade	• "**suspender** a execução, no todo ou em parte, de lei declarada inconstitucional por decisão definitiva do Supremo Tribunal Federal". (Inc. X).
5. Atribuições internas	• "**elaborar** seu regimento interno". (Inc. XII). • "**dispor** sobre sua organização, funcionamento, polícia, criação, transformação ou extinção dos cargos, empregos e funções de seus serviços, e a iniciativa de lei para fixação da respectiva remuneração, observados os parâmetros estabelecidos na lei de diretrizes orçamentárias". (Inc. XIII).

Dessas competências, tem-se como importante destacar o posicionamento do Supremo Tribunal Federal sobre duas delas.

A primeira diz respeito ao processamento e julgamento de autoridades por crimes de responsabilidade.

No *impeachment* do então Presidente Fernando Collor, o STF assentou alguns parâmetros sobre esse julgamento pelo Senado Federal que não estavam expressos no

CAPÍTULO 2 • CARACTERÍSTICAS DO ESTADO FEDERAL BRASILEIRO **73**

texto constitucional. Inicialmente, destacou no MS 21623 a distinção para o modelo americano, em que se tem um julgamento político, de procedimento constitucional, sem prejuízo da responsabilização penal pela jurisdição ordinária. Diversamente, no Brasil, trata-se de juízo único a que estão submetidos o Presidente, o Vice-Presidente e outras autoridades em crimes conexos, não restando competência ao Judiciário para julgar crimes de responsabilidade.

Decidiu, ainda, que a lei de regência do processo é a Lei nº 1.079/50, parcialmente recebida pela Constituição Federal. Destacou também a mudança na legitimidade para formular a acusação que, sob a égide da atual normatização constitucional, cabe ao próprio Senado (que também é o órgão julgador) e não mais à Câmara, como definido na normatização anterior, a quem cabe tão somente autorizar a instauração do processo. Eis a parte da ementa pertinente a esses assuntos:

> […] I. – O'impeachment', no sistema constitucional norte-americano, tem feição política, com a finalidade de destituir o Presidente, o Vice-Presidente e funcionários civis, inclusive juízes, dos seus cargos, certo que o fato embasador da acusação capaz de desencadeá-lo não necessita estar tipificado na lei. A acusação poderá compreender traição, suborno ou outros crimes e delitos ('treason, bribery, or other high crimes and misdemesnors'). Constituição americana, Seção IV do artigo II. Se o fato que deu causa ao "impeachment" constitui, também, crime definido na lei penal, o acusado respondera criminalmente perante a jurisdição ordinária. Constituição americana, artigo I, Seção III, item 7. (…) III. – O 'impeachment' na Constituição de 1988, no que concerne ao Presidente da República: autorizada pela Câmara dos Deputados, por dois terços de seus membros, a instauração do processo (C.F., art. 51, I), ou admitida a acusação (C.F., art. 86), o Senado Federal processara e julgara o Presidente da República nos crimes de responsabilidade. E dizer: o 'impeachment' do Presidente da República será processado e julgado pelo Senado Federal. O Senado e não mais a Câmara dos Deputados formulará a acusação (juízo de pronúncia) e proferirá o julgamento. C.F./88, artigo 51, I; art. 52; artigo 86, PAR. 1., II, PAR.2., (MS no 21.564-DF). A lei estabelecera as normas de processo e julgamento. C.F., art. 85, par. único. Essas normas estão na Lei n. 1.079, de 1.950, que foi recepcionada, em grande parte, pela CF/88 (MS n. 21.564-DF). IV. – o 'impeachment' e o 'due process of law': a aplicabilidade deste no processo de "impeachment", observadas as disposições especificas inscritas na Constituição e na lei e a natureza do processo, ou o cunho político do Juízo. C.F., art. 85, parag. único. Lei n. 1.079, de 1950, recepcionada, em grande parte, pela CF/88 (MS n. 21.564-DF) […][36].

Na mesma, oportunidade foi fixada a inexistência de impedimento e suspeição dos senadores, não se lhes aplicando esses institutos próprios ao processo penal, por ser referido julgamento de natureza eminentemente política e não estritamente jurisdicional:

> […] VI. – Impedimento e suspeição de Senadores: inocorrência. O Senado, posto investido da função de julgar o Presidente da República, não se transforma, as inteiras, num tribunal judiciário submetido as rígidas regras a que estão sujeitos os órgãos do Poder Judiciário, já que o Senado é um órgão político. Quando a Câmara Legislativa – o Senado Federal – se investe de "função judicialiforme", a fim de processar e julgar a acusação, ela se submete, e certo, a regras jurídicas, regras, entretanto, próprias, que o legislador previamente fixou e que compõem o processo político-penal. Regras de impedimento: artigo 36 da Lei n. 1.079, de 1.950. Impossibilidade de aplicação subsidiaria, no ponto, dos motivos de impedimento e suspeição do Cod. de Processo Penal, art. 252. Interpretação do artigo 36 em consonância com o artigo 63, ambos da Lei 1.079/50. Impossibilidade de emprestar-se interpretação extensiva ou compreensiva ao art. 36, para

---

36. MS 21623, Relator(a): Min. CARLOS VELLOSO, TRIBUNAL PLENO, julgado em 17/12/1992, DJ 28-05-1993 PP-10383 EMENT VOL-01705-02 PP-00202 RTJ VOL-00167-02 PP-00414.

fazer compreendido, nas suas alíneas "a" e "b", o alegado impedimento dos Senadores. VII. – Mandado de Segurança indeferido[37].

Outro julgamento importante sobre o assunto, e o mais polêmico, tratou sobre os efeitos da renúncia feita antes do início da sessão de julgamento. Relembre-se que o advogado do então Presidente Collor leu carta de renúncia deste nos instantes imediatamente anteriores ao início dos trabalhos, quando já instaurada a sessão, surgindo a dúvida se haveria possibilidade de continuar com o julgamento, porquanto, por óbvio, a pena de perda do cargo a que estava sujeito não poderia mais ser aplicada. Houve entendimento de que a outra sanção a que estaria sujeito (suspensão dos direitos políticos), lhe seria acessória e, portanto, inviável de aplicação autônoma, pelo que o processo deveria ser extinto. Após deliberação, decidiu-se seguir com o julgamento, por prevalecer o entendimento pela autonomia das sanções. O ex-Presidente foi condenado, sobrevindo a suspensão de seus direitos políticos.

Essa decisão de seguir com os trabalhos foi impugnada perante o Supremo Tribunal Federal, sob a crítica de vários juristas defensores do argumento de que a matéria era exclusiva do Senado, não podendo o Judiciário analisá-la. A decisão daquele seria soberana, a ser respeitada pelo Judiciário, qualquer que fosse o conteúdo. O Pleno do Tribunal, entretanto, julgou que poderia, sim, analisar a questão e ratificou o entendimento de que a suspensão dos direitos políticos é sanção autônoma, não se furtando dela a autoridade pela renúncia. Conquanto tenha adentrado o mérito da questão, ratificou o entendimento do Senado. A decisão restou assim ementada:

> *Impeachment* do Presidente da República. Hipótese em que, ocorrendo a renúncia do titular, no início da sessão de julgamento do Senado Federal, empossando-se, a seguir, o Vice-Presidente como sucessor, na mesma data, a referida Casa Legislativa prosseguiu no julgamento, vindo a aplicar ao denunciado por crimes de responsabilidade a pena de inabilitação por oito anos, para o exercício de função pública, prevista no parágrafo único do art. 52, da Constituição. (...)10. Em face da renúncia do Presidente da República, ao iniciar-se a sessão de julgamento, não cessou a jurisdição do Senado Federal, para prosseguir no julgamento do processo de impeachment, eis que as penas cominadas ao acusado eram a perda do cargo e a inabilitação para o exercício de funções públicas por oito anos. Se a primeira não mais podia o órgão julgador impor, diante da renúncia, – certo é que, se procedente a denúncia, com a condenação restaria, ainda, aplicar a segunda pena, qual seja, a inabilitação para o exercício de funções públicas por oito anos, a teor do art. 52, parágrafo único, da Constituição. Decisão, nesse sentido, do Supremo Tribunal Federal, no Mandado de Segurança n º 21.689-1. [...].[38]

Por sua vez, a competência do Senado para julgamento dos ministros é apenas na hipótese de crimes de responsabilidade conexos com os do Presidente da República ou do Vice-Presidente. Em seus crimes de responsabilidade autônomos, o foro competente é o Supremo Tribunal Federal, submetendo-se ao regime do Direito Processual Penal quanto à legitimidade para a denúncia, afastando as hipóteses específicas de denúncia

---

37. MS 21623, Relator(a): Min. CARLOS VELLOSO, TRIBUNAL PLENO, julgado em 17/12/1992, DJ 28-05-1993 PP-10383 EMENT VOL-01705-02 PP-00202 RTJ VOL-00167-02 PP-00414.

38. Pet 1365 QO, Relator(a): Min. NÉRI DA SILVEIRA, Tribunal Pleno, julgado em 03/12/1997, DJ 23-03-2001 PP-00086 EMENT VOL-02024-01 PP-00180.

popular previstas quando o processo tramita no Senado. De tal sorte, decidiu o STF em julgamento assim ementado:

> [...] O processo de *impeachment* dos Ministros de Estado, por crimes de responsabilidade autônomos, não conexos com infrações da mesma natureza do Presidente da República, ostenta caráter jurisdicional, devendo ser instruído e julgado pelo Supremo Tribunal Federal. Inaplicabilidade do disposto nos arts. 51, I, e 52, I, da Carta de 1988 e 14 da Lei 1.079/1950, dado que é prescindível autorização política da Câmara dos Deputados para a sua instauração.
>
> Prevalência, na espécie, da natureza criminal desses processos, cuja apuração judicial está sujeita a ação penal pública da competência exclusiva do Ministério Público Federal (CF, artigo, 129, I). Ilegitimidade ativa *ad causam* dos cidadãos em geral, a eles remanescendo a faculdade de notícias os fatos ao *parquet*. [...].[39]

Sobre os crimes de responsabilidade do Presidente da República, o Supremo Tribunal Federal voltou a se manifestar quando das movimentações em torno do *impeachment* da ex-Presidente Dilma Rousseff, sendo o precedente mais relevante o formado pela ADPF 370, cujo julgamento da medida cautelar delineou o procedimento a ser seguido por ambas as casas, além de outras questões, como a impossibilidade de suspeição do Presidente da Câmara dos Deputados na ocasião, deputado Eduardo Cunha, que teria alegadamente utilizado sua prerrogativa de dar seguimento ou não aos pedidos de *impeachment* como instrumento de chantagem política. No concernente ao papel do Senado Federal, foi decidido:

> [...]3. RITO DO IMPEACHMENT NO SENADO (ITENS G E H DO PEDIDO CAUTELAR): 3.1. Por outro lado, há de se estender o rito relativamente abreviado da Lei nº 1.079/1950 para julgamento do impeachment pelo Senado, incorporando-se a ele uma etapa inicial de instauração ou não do processo, bem como uma etapa de pronúncia ou não do denunciado, tal como se fez em 1992. Estas são etapas essenciais ao exercício, pleno e pautado pelo devido processo legal, da competência do Senado de processar e julgar o Presidente da República. 3.2. Diante da ausência de regras específicas acerca dessas etapas iniciais do rito no Senado, deve-se seguir a mesma solução jurídica encontrada pelo STF no caso Collor, qual seja, a aplicação das regras da Lei nº 1.079/1950 relativas a denúncias por crime de responsabilidade contra Ministros do STF ou contra o PGR (também processados e julgados exclusivamente pelo Senado). 3.3. Conclui-se, assim, que a instauração do processo pelo Senado se dá por deliberação da maioria simples de seus membros, a partir de parecer elaborado por Comissão Especial, sendo improcedentes as pretensões do autor da ADPF de (i) possibilitar à própria Mesa do Senado, por decisão irrecorrível, rejeitar sumariamente a denúncia; e (ii) aplicar o quórum de 2/3, exigível para o julgamento final pela Casa Legislativa, a esta etapa inicial do processamento [...].

Como se observa, o Supremo Tribunal Federal especificou que embora a função do Senado Federal seja julgar o mérito do pedido de condenação do Presidente da República por crime de responsabilidade, nos termos do art. 52, I, da Constituição Federal, deve realizar o juízo prévio de admissibilidade ou não desse pedido, mesmo já tendo a Câmara dos Deputados realizado essa apreciação. Essa deliberação deve se dar por votação do plenário – e não por decisão da Mesa – mediante maioria simples de votação de parecer elaborado por comissão instaurada para esse fim.

---

39. Pet 1.656, Rel. Min. Maurício Corrêa, julgamento em 11-9-2002, Plenário, DJ de 1º-8-2003.

O ponto mais polêmico do julgamento da ex-Presidente Dilma Rousseff, no entanto, foi o chamado "fatiamento" da pena, ou seja, embora tenha sido ela condenada e afastada do cargo, o Senado Federal decidiu manter seus direitos políticos. Em certa medida, foi utilizado o entendimento do Supremo Tribunal Federal formado no caso Collor, no sentido de que ambas as penas seriam autônomas e independentes.

A outra competência que se acredita valer análise mais detida é a constante no inciso X, do art. 52 da CF/88, consistente na capacidade de "[...] suspender a execução, no todo ou em parte, de lei declarada inconstitucional por decisão definitiva do Supremo Tribunal Federal". Historicamente, consiste no papel dessa Casa Legislativa em dar eficácia *erga omnes* à decisão do Supremo Tribunal Federal tomada em controle difuso de constitucionalidade, cujos efeitos, a princípio, são apenas entre as partes.

Obedece a uma lógica que bem atende à separação dos poderes e submete a decisão às partes federativas, pois reserva aos representantes dos Estados-membros e do Distrito Federal a prerrogativa de alterar a ordem jurídica de maneira generalizada. Garante uma participação plural e democrática em assunto tão relevante como é a garantia da higidez hierárquica da ordem jurídica. Cumpre lembrar que o princípio da supremacia constitucional é basilar para o Estado Federativo, o que não condiz com a existência de normas inferiores que contrariem a Constituição.

No julgamento da Reclamação 4335-5, todavia, chegou-se a expor entendimento de que o Senado Federal teria perdido essa atribuição por uma mutação constitucional. Esse julgamento se estendeu ao longo de anos, em razão de pedidos de vista. Por seus votos iniciais, os Ministros Gilmar Mendes e Eros Grau julgaram que o Tribunal poderá emprestar a uma decisão expedida em controle difuso a mesma eficácia *erga omnes* do controle concentrado, o que, na prática, aniquilaria o papel do Senado nesse tocante, que passaria a ter uma função inferior de apenas dar publicidade à decisão do Supremo.

Para o Ministro Eros Grau, que seguiu o voto do Ministro Gilmar Mendes, teria havido mutação constitucional do art. 52, X, fenômeno hermenêutico em que se altera, em virtude da evolução do estado de coisas (seja do ponto de vista jurídico, social, político ou axiológico), a interpretação de um enunciado sem modificação de seu texto, implicando, naturalmente, norma jurídica distinta. Escreve o Ministro:

> Passamos em verdade de um texto *"compete privativamente ao Senado Federal suspender a execução, no todo ou em parte, de lei declarada inconstitucional por decisão definitiva do Supremo Tribunal Federal"*, a outro texto: "compete privativamente ao Senado Federal dar publicidade à suspensão da execução, operada pelo Supremo Tribunal Federal, de lei declarada inconstitucional, no todo ou em parte, por decisão definitiva do Supremo"[40].

---

40. Rcl 4335, Relator(a): Min. GILMAR MENDES, Tribunal Pleno, julgado em 20/03/2014, DJe-208 DIVULG 21-10-2014 PUBLIC 22-10-2014 EMENT VOL-02752-01 PP-00001.

Note-se quão enfático foi o Ministro Eros Grau, que menciona alteração mesmo do Texto Constitucional, substrato sobre o qual se realiza a interpretação e suporte do qual se extrai a norma. Isso vai de encontro a lições doutrinárias consagradas por ele mesmo em suas obras, quando escreve:

> Texto e norma não se identificam: o texto da norma é o sinal linguístico; a norma é o que se revela, designa. Daí podermos sustentar, seguindo Zagrebelsky, que o ato normativo, como ponto de expressão final de um poder normativo, concretiza-se em uma disposição (texto ou enunciado). A interpretação é meio de expressão dos conteúdos normativos das disposições. Do que diremos ser, a interpretação, uma atividade que se presta a transformar disposições (textos, enunciado) em normas.[41]

Certíssima a lição doutrinária, o que elide a pretensão do Ministro em querer alterar o próprio Texto Constitucional. Em sendo o texto sinal linguístico do qual se extrai a norma, ele não se altera por interpretação, apenas autoriza outro sentido. Assim, segundo o doutrinador, pode se entender que o voto do Ministro, quando muito, quis dizer que o texto do art. 52, X, passou a ter outro sentido. Parece óbvio, entretanto, que o sentido pretendido pelo Ministro não é comportado pelo próprio texto e pelo contexto hermenêutico a ser considerado. Conquanto haja distinção entre texto e norma (sentido), não se pode atribuir àquele qualquer norma (sentido).

Não é possível aderir a esse entendimento contido nos votos, por várias perspectivas. Do ponto de vista hermenêutico, porque a análise de constitucionalidade das normas exercida no controle difuso (assentada em dados reais e concretos que constringem e balizam o juízo realizado) é essencialmente diversa da operada no controle abstrato (guiada por situações genéricas e *standards*, desprendidas das peculiaridades de uma lide). Pelo aspecto da separação dos poderes, representa o alijamento de relevante função de uma das Casas do Congresso, pois empresta interpretação que, além de violadora da literalidade, torna o Senado mero divulgador de ato jurisdicional, em rompimento com o equilíbrio estabelecido pelo constituinte e já consagrado na tradição jurídica brasileira. Por fim, da perspectiva federativa, anula a Lei da Participação nesse ponto relevante da vontade normativa nacional.

Nesse sentido, Lenio Streck, Marcelo Cattoni e Martonio Mont'Alverne também se mostram veementemente contrários a essa nova hipótese levantada pelo Supremo Tribunal Federal:

> Como se não bastasse reduzir a competência do Senado Federal à de um órgão de imprensa, há também uma consequência grave para o sistema de direitos e garantias fundamentais. Dito de outro modo, atribuir eficácia *ergam omnes* e efeito vinculante às decisões do STF em sede de controle difuso de constitucionalidade é ferir os princípios constitucionais do devido processo legal, da ampla defesa e do contraditório (art. 5º, LIV e LV, da Constituição da República), pois assim se pretende atingir aqueles que não tiveram garantido o seu direito constitucional de participação nos processos de tomada da decisão que os afetará. Não estamos em sede de controle concentrado! Tal decisão aqui terá, na verdade, efeitos avocatórios. Afinal, não é à toa que se construiu ao longo do século que os efeitos de retirada pelo Senado Federal do quadro

---

41. GRAU, Eros Roberto. **Ensaio e discurso sobre a interpretação/aplicação do direito**. São Paulo: Malheiros, 2002, p. 17.

das leis aquela definitivamente declarada inconstitucional pelo Supremo Tribunal Federal são efeitos *ex nunc* e não *ex tunc*. Eis, portanto, um problema central: a lesão a direitos fundamentais[42].

O julgamento da Reclamação 4.335-5 se estendeu, como dito, no decorrer de anos. O mérito da ação versava sobre alegado descumprimento de decisão do Tribunal tomada em sede de controle difuso, no HC 82.959, em que reconheceu a inconstitucionalidade do art. 2º, § 1º, da Lei de Crimes Hediondos (Lei nº 8.072/90) ao prescrever que a pena por crime previsto na lei seria cumprida integralmente em regime fechado. A Defensoria Pública do Estado do Acre ingressou diretamente no Supremo Tribunal, querendo fazer valer esse entendimento, em face do juiz de primeiro grau responsável pela execução penal, que indeferiu a progressão de regime para dez pessoas condenadas, justamente aplicado a prescrição tida por inconstitucional.

À época do ajuizamento, maio de 2006, a reclamação era meio para fazer valer decisão tomada em sede de controle concentrado, justamente para assegurar a eficácia *erga omnes* e o efeito vinculante, não havendo qualquer previsão para uso em decorrência de declaração de inconstitucionalidade *incidenter tantum* em processo subjetivo. Este foi o argumento utilizado pela Procuradoria para se manifestar pelo não conhecimento da reclamação: "[...] em virtude de inexistir decisão proferida pelo Supremo Tribunal Federal cuja autoridade deva ser preservada, e, portanto, ser manifestamente descabida a presente reclamação". Como pano de fundo da questão tinha-se, em verdade, o dever imposto a todos de obediência às decisões do Supremo Tribunal Federal pela inconstitucionalidade de normas, mesmo que não declarada em processo objetivo de controle concentrado. Certamente, a previsão de que seria necessário o Senado Federal suspender a execução de uma lei assim declarada inconstitucional traz a premissa de que não basta a declaração incidental do Supremo Tribunal Federal para que tenha esse alcance. Daí o relator, Ministro Gilmar Mendes, propor a ideia de mutação constitucional para alterar essa função para a de mera divulgação da decisão, que, autonomamente, já teria esse efeito perante todos.

O julgamento se iniciou em fevereiro 2007, sendo interrompido por pedido de vista do Ministro Eros Grau, que o desenvolveu em mesa com voto acompanhando o relator, como exposto. Logo em seguida, o Ministro Ricardo Lewandowski pediu também pediu vista e somente devolveu o processo com voto divergente em maio de 2013. Ainda houve novas vistas ao Ministro Teori Zavaski, tendo o julgamento se encerrado apenas em março de 2014. Durante esse período, houve a edição da Súmula Vinculante nº 26, que conferiu efeito *ultra partes* à inconstitucionalidade do art. 2º, § 1º, da Lei de Crimes Hediondos. Em razão disso, o Ministro Gilmar Mendes entendeu prejudicada a questão do papel da mutação do papel o Senado Federal:

---

42. STRECK, Lenio Luiz; OLIVEIRA, Marcelo Andrade Cattoni de; LIMA, Martonio Mont'Alverne Barreto. A nova perspectiva do Supremo Tribunal Federal sobre o controle difuso: mutação constitucional e limites da legitimidade da jurisdição constitucional. **Revista da Procuradoria Geral do Município de Fortaleza nº 15.**

> Senhor Presidente, gostaria de fazer algumas observações. Em primeiro lugar, tenho a impressão de que, diante da demora no julgamento deste caso que começou em 2007, acabamos por editar uma súmula vinculante a propósito da matéria, de modo que o tema está cabalmente prejudicado.

Diante disso, a despeito de entendimento exarado por alguns ministros, não se pode dizer que o Supremo Tribunal Federal tenha efetivamente proferido uma decisão conclusiva pela alteração da interpretação do art. 52, X, da Constituição Federal.

No entanto, essa questão perdeu quase que por completo sua utilidade, não só em razão da súmula vinculante, mas também ante o novo sistema de precedentes qualificados previstos no Código de Processo Civil, que criou instrumento para fazer valer entendimentos do Supremo Tribunal Federal ainda que proferidos em controle difuso[43].

No entanto, não retira o dever de refletir que se estar a tirar relevância de um dispositivo constitucional que garante a participação do Senado Federal – de representantes dos Estados-membros, portanto – em questão relevante sobre os efeitos das decisões de um poder sobre atos típicos de outro poder, deixando a irradiação mais amplas dos efeitos de suas próprias decisões ao Supremo Tribunal Federal.

2.7 EXISTÊNCIA DE UM TRIBUNAL COMPETENTE EM MATÉRIA CONSTITUCIONAL DE ÚLTIMA OU ÚNICA INSTÂNCIA

Outra característica comum do Estado federal é a existência de um tribunal que dê a última palavra em assuntos constitucionais e decida sobre os conflitos federativos. É destacada, dessa maneira, sua atuação mediadora, como instância em que deságuem os inevitáveis choques de interesses das diversas partes que compõem a federação, possibilitando uma solução pacífica e dentro dos lindes constitucionalmente estabelecidos.

No Brasil, essa função é exercida, como sabido, pelo Supremo Tribunal Federal, que ocupa o topo da estrutura hierárquica e piramidal do Judiciário e realiza a "guarda da Constituição" (art. 102, *caput*). Não é tribunal constitucional nos moldes europeus (os quais ficam fora da esteira recursal e da hierarquia judiciária, com mandatos temporários para seus membros), mas tribunal supremo, nos moldes parecidos, mas não idêntico, ao norte-americano, justamente porque é órgão mais elevado da estrutura judiciária, compondo a via recursal.

O art. 102, Constituição Federal, traz vários dispositivos que revelam a função do Tribunal de compor conflitos federativos, sendo expressa nesse sentido a alínea "f" do inciso I ao indicar como a competência originária dessa Corte processar e julgar "[...] as causas e os conflitos entre a União e os Estados, a União e o Distrito Federal, ou entre uns e outros, inclusive as respectivas entidades da administração indireta". Mediante recurso extraordinário pode tratar também sobre invasões das competências legislativas

---

43. Sobre o tema, conferir, LOPES FILHO, Juraci Mourão. **Os precedentes judiciais no constitucionalismo brasileiro contemporâneo**. 3. Ed. Salvador: JusPodivm, 2020.

federais pela normatização municipal, como contido no art. 102, III, "d", inserido pela Emenda Constituição n° 45/04.

Sobre a tensão federativa a ser mediada pelo Supremo Tribunal Federal, já escreveu o Ministro Joaquim Barbosa que "o pacto federativo brasileiro é marcado por constante tensão, marcada, por um lado, pela necessidade de estabelecer tratamento harmonioso e uniforme em matéria de interesse de toda a Nação e, de outro, o constante risco de se dar ao estado federado feição de verdadeiro estado unitário descentralizado"[44].

Em face disso, o Supremo exerce papel indiscutivelmente relevante no jogo federativo e sobre suas respectivas tensões. Daí receber, nesse sentido, a denominação de Tribunal Federativo. Restou assentado na ACO 2.654 AgR que "a Constituição da República confere ao Supremo Tribunal Federal a posição eminente de Tribunal da Federação (CF, art. 102, I, "f"), atribuindo-lhe, nessa condição institucional, o poder de dirimir controvérsias cuja potencialidade ofensiva revele-se apta a vulnerar os valores que informam o princípio fundamental que rege, em nosso ordenamento jurídico, o pacto da Federação"[45].

Ao lado e concomitante a essa clássica função de resolução de conflitos, o Supremo Tribunal Federal desempenha ofício tão relevante quanto, consistente em ser o intérprete último das disposições constitucionais, sobretudo mediante a realização de labor hermenêutico, considerando situações concretas, disputas e questionamentos impossíveis de alcance em uma análise meramente abstrata ou teórica. Nessa tarefa, o Tribunal dá a feição real da Federação brasileira.

Gustavo Zagrebelsky[46], eminente jurista italiano, que por anos fez parte da Corte Constitucional de seu país, muito bem escreve que a jurisdição deve ser posta a serviço de dois padrões: a lei e a realidade. No caso, o Supremo Tribunal Federal tem a função de integrar Texto Constitucional e realidade brasileira nos seus vários aspectos. Com efeito, somente por meio da mediação da tensão entre ambas será possível se obter uma interpretação adequada aos desígnios constitucionais. Os casos concretos, as lides reais, possuem uma exigência regulatória que pressiona o Direito posto e a jurisdição. Muitas vezes, a pressão do caso impõe uma transformação da norma jurídica (sentido obtido pela interpretação iniciado no Texto Constitucional), forçando sua adaptação a elementos reais, permitindo normatização aperfeiçoada. E isso não se trata de uma opção ideológica, mas de uma constrição da própria fenomenologia jurídica, pois o Direito não tem a capacidade de se afastar do ambiente cultural em que está inserido. A jurisdição é a atividade que permite fazer essa mediação.[47]

---

44. DI 238, Relator(a): Min. JOAQUIM BARBOSA, Tribunal Pleno, julgado em 24/02/2010, DJe-062 DIVULG 08-04-2010 PUBLIC 09-04-2010 EMENT VOL-02396-01 PP-00001 RT v. 99, n. 897, 2010, p. 131-139.
45. ACO 2654 AgR, Relator(a): Min. CELSO DE MELLO, Tribunal Pleno, julgado em 03/03/2016, ACÓRDÃO ELETRÔNICO DJe-053 DIVULG 21-03-2016 PUBLIC 22-03-2016.
46. ZAGREBELSKY, Gustavo. **Il diritto mite**. Torino: Giulio Einaudi Editore, 1992, p. 181.
47. Id.Ibid., p. 190.

O autor italiano é feliz em expor a influência que o ambiente cultural exerce no julgamento. No entanto, não somente esse aspecto mais geral de influências culturais de todo um povo em um período histórico de vários anos exerce efeito sobre o julgamento. No caso específico, as questões próprias suscitadas interferem, também, na interpretação/aplicação do Direito, já que bem se caracteriza como um jogo de perguntas e respostas. Conforme Lenio Streck destaca, "interpretar é compreender. E compreender é aplicar"[48].

Ao julgar, o tribunal se depara com situações reais e concretas, muitas vezes, com características próprias ignoradas numa abordagem padronizada, abstrata e teórica da questão. Ele não julga a sociedade como um todo, levando em conta a cultura geral, pois decide, normalmente, apenas uma determinada fatia dessa realidade social.

A interpretação das disposições constitucionais varia, então, no tempo e segundo a orientação teórica, cultural, econômica e política vigente, além de ser objeto de exigência regulatória do caso concreto, pelo que não é suficiente para conhecer a compleição de uma Federação real a mera leitura do Texto Maior. É necessária a minuciosa análise da jurisprudência constitucional. O texto da Constituição exprime os elementos materiais e valorativos que dão início ao processo hermenêutico que tem a Corte Suprema, se não o único, pelo menos um dos mais relevantes intérpretes e aplicadores. Daí a necessidade de um tribunal com tal competência para definir federação.

Nessa tarefa, o Supremo Tribunal Federal não desempenha o papel passivo de apenas enunciar fórmulas já concebidas e acabadas. Ele é construtor do sentido constitucional, certamente não de maneira arbitrária e livre de qualquer controle, sobretudo hermenêutico, mas certamente agente ativo do delineamento da federação real.

Evita-se, com isso, uma perspectiva **procedimentalista** da jurisdição constitucional, que indica como única função válida para o Judiciário a de garantir o adequado funcionamento das instituições políticas, que, então, seriam responsáveis por definir as feições constitucionais da Federação. Garante-se, em verdade, uma visão **substancialista,** que compreende que a atuação do tribunal tem a aptidão e o dever de definir e delinear a federação a partir do Texto Constitucional, embora não o faça de uma maneira arbitrária. Sobre o assunto, Lenio Streck escreve:

> Em síntese, a corrente substancialista entende que, mais do que equilibrar e harmonizar os demais Poderes, o Judiciário deveria assumir o papel de um intérprete que poe em evidência, inclusive com maiorias eventuais, a vontade geral implícita no direito positivo, especialmente nos textos constitucionais, e nos princípios relacionados como de valor permanente na sua cultura de origem e na do Ocidente. Coloca, pois, em xeque o princípio da maioria em favor da maioria fundante e constituinte da comunidade política[49].

É preciso, no entanto, ter em mente a noção de que embora o Judiciário, em especial no Brasil o Supremo Tribunal Federal, seja o intérprete formal dos enunciados consti-

---

48. STRECK, Lenio Luiz. **O que é isto**: decido conforme minha consciência? Porto Alegre: Livraria do Advogado, 2010, p. 73.
49. STRECK, Lenio Luiz. **Jurisdição Constitucional e Hermenêutica**: uma nova crítica do Direito. 2ª edição. Rio de Janeiro: Forense, 2004, p. 162-163.

tucionais, não é válida a afirmação de que a Constituição é aquilo que o Supremo diz o que ela é, o mesmo valendo para a federação, que não é somente aquilo que o Tribunal diz que ela é. O Texto Constitucional não está à livre e exclusiva disposição do Judiciário ou de qualquer outro ente estatal.

A sociedade, de maneira geral, também possui seu papel na interpretação. Jane Reis Gonçalves Pereira[50], aludindo às ideias de Peter Härbele, escreve que, "[...] desde tal perspectiva, podem ser considerados participantes do processo de interpretação constitucional não só o Judiciário, o Legislativo e o Executivo, mas também as partes – que com suas alegações deflagram o diálogo jurídico –; todos os legitimados a intervir nos processos judiciais; os peritos; as associações; os partidos políticos; os *lobbystas*; a mídia; as organizações religiosas; a teoria constitucional etc.".

É por esse motivo que a Constituição não fica à disposição do Supremo Tribunal Federal para atribuir-lhe a intepretação que bem lhe aprouver. Ele não recebe uma folha em branco a ser preenchida a seu talante. Também não pode ser mero reprodutor de experiências, passadas ou estrangeiras, ignorando as características próprias da sociedade brasileira e da Constituição. Tem ele a difícil função de fazer uma mediação, considerando os valores plasmados na Constituição e vivenciados pela sociedade, suas aspirações, necessidades e demandas quanto ao disciplinamento constitucional. Daí ser possível e sabidamente necessária uma análise crítica dos precedentes dessa Corte.

É preciso evitar-se que as decisões do Supremo Tribunal Federal, conquanto de extrema relevância, sejam vaticínios definitivos e inarredáveis sobre os diversos assuntos de que trata, em especial no concernente à Federação brasileira em que há inúmeros atores e palcos além do Judiciário, e que também são relevantes para sua definição, e dos quais não pode a Corte se apartar e isolar-se, sob pena de incorrer em ilegitimidade e descrédito.

Por isso, repita-se, não é válida a mera reprodução acrítica de precedentes, tampouco não se pode confundi-los com a simples ementa de julgado, temas ou teses. Precedente é algo mais amplo, é uma resposta hermenêutica que envolve toda a fundamentação do voto vencedor e das refutações aos divergentes, tudo levando em conta as questões efetivamente apreciadas e consideradas pelo Tribunal e suscitadas pelas partes e terceiros. No mesmo sentido, súmula não é precedente[51].

É necessário, portanto, considerar o julgamento em sua integralidade e todos os julgamentos que ensejaram uma súmula. Só assim se pode apreender o que foi decidido, como é formado o precedente e de que maneira ele vincula. Também se deve considerar a mutação das questões jurídicas e sociais que influenciaram na forma de julgar. Só assim poderão ser corretamente os precedentes, os preceitos constitucionais e, por fim, a própria Federação brasileira.

---

50. PEREIRA, Jane Reis. **Interpretação Constitucional e Direitos Fundamentais**. Rio de Janeiro: Renovar, 2006, p. 58.

51. Para análise mais detida dos precedentes judiciais na atualidade, cfr. LOPES FILHO, Juraci Mourão. **Os precedentes judiciais no constitucionalismo brasileiro contemporâneo**. 3. Ed. Salvador: JusPodivm, 2020.

2.8 REPARTIÇÃO CONSTITUCIONAL DE COMPETÊNCIAS

Como visto ao se analisar a origem e a evolução histórica do Estado Federal, a repartição de competências não só é característica essencial que identificou o surgimento dessa configuração de Estado, mas também marcou sua alteração no decurso do tempo. É, pois, aspecto responsável pela redefinição do próprio federalismo, desde um formato dual para outro mais cooperativo. O modelo clássico estadunidense de repartição de competências consiste em enumerar as competências da União, deixando as atribuições materiais não expressas para os Estados-membros. Decorria do já mencionado receio dos conferencistas da Filadélfia em criar um ente central que aniquilasse a autonomia das partes. Tem-se lá uma repartição estritamente **horizontal** de competências, com cada ente federativo atuando isoladamente em um campo específico, e todos colhendo o fundamento de validade diretamente na Constituição.

As vicissitudes enfrentadas no desempenho das atividades e a necessidade crescente de uma atuação nacional unificada fizeram surgir a Teoria dos Poderes Implícitos da União e a alteração da leitura da Suprema Corte sobre a cláusula de comércio interestadual, fazendo-a abranger várias matérias. Em verdade, verifica-se nos Estados Unidos uma oscilação da jurisprudência da Suprema Corte entre a maior ou menor centralização, a depender da conjuntura econômica e política de cada período histórico.

Com o surgimento do Estado Social, que impôs o dever de o Poder Público intervir na sociedade para garantir o bem-estar mediante políticas públicas, houve inegavelmente a necessidade de uma distribuição **vertical** de competência em que os diversos entes ficariam igualmente responsáveis por algumas matérias e atividades, mas de modo distinto, com esteio em um escalonamento não hierárquico em razão da abrangência dos interesses, do mais amplo (nacional) para os mais restritos (regionais e locais). Essa mobilização conjunta é possível se dar de maneiras diversas, mas é normal ocorrer de modo comum, concorrente ou por meio de delegação.

O **modelo horizontal** de repartição de competências implica, portanto, uma distribuição de matérias legislativas e administrativas sem qualquer concomitância de atuação dos entes federativos, sendo atribuída a cada um uma esfera isolada de competência. Ao contrário, no **modelo vertical,** há atividade conjunta e complementar dos entes, pela qual se somam esforços para consecução de fins cada vez mais complexos. Parte-se da premissa de que é indispensável essa conjugação de esforços para se poder efetivar os desígnios do Estado Social. Essa divisão vertical não causa, contudo, hierarquia entre os entes federativos envolvidos, pois todos colhem fundamento de validade igualmente na Constituição Federal.

No caso brasileiro, o federalismo cooperativo se opera por competências concorrentes, delegadas e comuns. Quando as partes federativas agem de maneira concorrente no exercício de competência legislativa, haverá uma distribuição de esfera de atuação a ser exercida por parte de cada seguimento de maneira autônoma, ainda que dentro da mesma matéria: à União caberá emitir normas gerais, e os Estados-membros e o

Distrito Federal atuarão de maneira suplementar e supletiva, editando normas específicas, enquanto aos Municípios restará a competência suplementar simples, conforme será exposto no capítulo próprio. No caso da delegação de competências, permitida pela Constituição Federal no art. 22, parágrafo único, os limites da outorga de poderes, certamente, se darão pela lei complementar federal emitida pela União (poder delegante), porém, uma vez recebidas as atribuições, o Estado-membro delegatário as exercerá autonomamente, ainda que dentro dos lindes traçados na lei de delegação. Nas competências materiais comuns, União, Estados-membros, Distrito Federal e Municípios agem segundo a abrangência de interesse: os nacionais cabem à União, os regionais aos Estados-membros e os locais aos Municípios. O Distrito Federal possui competência que é uma mescla de estaduais e municipais. Não existe, em nenhuma dessas hipóteses, subordinação de um ente federativo a outro.

O modelo dual americano, com divisão precipuamente horizontal, foi inicialmente adotado no Brasil pela Constituição de 1891, o qual só foi abandonado pela Carta de 1934, sobretudo em função da influência da constituição de Weimar, de 1919, e da Áustria, do mesmo período, que inovaram na previsão das competências concorrentes e comuns, utilizadas no texto brasileiro, que também trazia competências privativas.

Somente com a Constituição de 1937 é que se previu a possibilidade de competências delegadas e suplementares (consistentes na possibilidade de especificar matérias já tratadas no plano federal). As demais constituições seguiram a mesma lógica, variando apenas na intensidade com que se garantia a autonomia dos entes periféricos, sendo, porém, constante um grau pequeno.

A Constituição Federal de 1988, conquanto tenha reproduzido técnicas de repartição de competência já conhecidas em outros textos, foi a que mais atenção concedeu a mecanismos que garantissem uma autonomia real dos entes periféricos, sem prejuízo de um cuidado da atuação conjunta. Desde os trabalhos da Assembleia Nacional, isso foi objeto de preocupação de seus integrantes. Fernanda Dias Menezes de Almeida relembra:

> Durante os trabalhos constituintes, o tema da repartição de competências constituiu objeto de consideração primeira por três Subcomissões vinculadas à Comissão de Organização do Estado, a saber, Subcomissão da União, Distrito Federal e Territórios, a Subcomissão dos Estados e a Subcomissão de Municípios e Regiões.
>
> Os relatórios que acompanharam os respectivos anteprojetos demonstram claramente a posição dos membros dessas Subcomissões, favorável à modificação da estrutura federativa no sentido de uma descentralização maior que levasse à recuperação das autonomias periféricas[52].

Após exaustivas discussões e debates, o quadro aprovado se apresentou realmente sofisticado e complexo, apto a realizar o intencionado aumento de autonomia periférica e a realização de uma federação cooperativa. Essas competências foram distribuídas pelos diversos entes federativos, segundo o respectivo **âmbito de interesse**, cabendo,

---

52. ALMEIDA, op. cit., p. 49.

como dito, à União matérias de interesse nacional; aos Estados-membros, as de conveniência regional; enquanto aos Municípios os de aspecto local. A atuação do Distrito Federal congloba competências em matérias de interesse local e regional.

Nesse sentido, o Supremo Tribunal Federal já assentou, por meio de voto do Ministro Alexandre de Moraes, que "o princípio geral que norteia a repartição de competência entre os entes componentes do Estado Federal brasileiro, portanto, é o princípio da predominância do interesse, não apenas para as matérias cuja definição foi preestabelecida pelo texto constitucional, mas também em termos de interpretação em hipóteses que envolvem várias e diversas matérias, como na presente ação direta de inconstitucionalidade"[53].

Inicialmente, quanto ao objeto, se dividiram em competências **materiais** (políticas ou administrativas) e **legislativas** (normativas). Quanto ao modo de exercer, há competências **privativas**, **exclusivas**, **concorrentes**, **residuais**, **suplementares** e **comuns** (cumulativas ou paralelas).

A questão terminológica no assunto e sua taxionomia são tormentosas, variando bastante de livro para livro, de autor para autor.

Há divergências quanto ao uso dos termos **exclusivo** e **privativo**. Fernanda Dias Menezes de Almeida[54] faz questão de entendê-los como sinônimos, dado o significado vernacular similar. Por sua vez, José Afonso da Silva[55] entende que **não se pode confundir ambos**. Para ele, há competência **exclusiva** quando atribuída a um ente federativo com exclusão das demais, sem possibilidade de delegação. Por outro lado, quando se menciona competência **privativa**, cuida-se de hipótese em que há a possibilidade de delegação para ouro ente. Tem-se por precisa e acertada a classificação de José Afonso da Silva, a qual será adotada nesta obra.

Por sua vez, a competência estadual, conhecida como **residual** (justamente por ser definida por exclusão do que foi expressamente acometido aos outros entes), também é denominada de **reservada** e **remanescente**. José Afonso da Silva, entretanto, procura dividir competência reservada (remanescente) da competência residual. Para ele, são sinônimas "as expressões reservada ou remanescente com o significado de competência que sobra a uma entidade após a enumeração da competência de outra (art. 25, §1º; cabem aos Estados as competências não vedadas nesta constituição), enquanto competência residual consiste no eventual resíduo que reste após enumerar a competência de todas das entidades"[56].

---

53. ADI 2077, Relator(a): ALEXANDRE DE MORAES, Tribunal Pleno, julgado em 30/08/2019, PROCESSO ELETRÔNICO DJe-200 DIVULG 13-09-2019 PUBLIC 16-09-2019.
54. Id. Ibid., p. 62.
55. SILVA, José Afonso da. **Curso de Direito Constitucional Positivo**. 12ª edição. São Paulo: Malheiros, 1996, p. 456/457.
56. Id. Ibid., p. 456.

Não é possível vislumbrar efeito prático da distinção que procura fazer esse constitucionalista, pois tanto reservada (remanescente) e residual têm sua área de definição obtida por exclusão, como o que resta após a indicação detalhada dos demais entes. Prefere-se, então, utilizar as três expressões como sinônimas.

A divergência terminológica é verificada com maior frequência no estudo das competências legislativas, havendo maior uniformidade nas competências materiais. A doutrina é uníssona em apontá-las como subdivididas em **comuns** (exercidas igualmente pelos entes federativos para atuarem dentro de seu âmbito respectivo – nacional, regional ou local) e **exclusivas** (competindo a um único ente, sem qualquer possibilidade de delegação).

As competências **municipais** ora são classificadas todas sob o único rótulo de competências **indicativas ou exclusivas**, ora como espécies distintas que se dividiriam em suplementares e expressas a até remanescentes.

A maior divergência encontrada diz respeito à determinação da competência municipal, definida em função do **interesse local**. Para autores como Hely Lopes Meirelles, esse critério jamais poderia autorizar uma competência exclusiva, já que a soma dos assuntos locais comporia os regionais e nacionais, e vice-versa, razão pela qual não haveria exclusividade, mas **preponderância**. Escreve:

> Interesse local não é interesse exclusivo do Município; não é interesse privativo da localidade; não é interesse único dos munícipes. Se se exigisse essa exclusividade, essa privatividade, essa unicidade, bem reduzido ficaria o âmbito da Administração local, aniquilando-se a autonomia de que faz praça a Constituição. Mesmo porque não há interesse municipal que não seja reflexamente da União e do Estado-membro, como também, não há interesse regional que não ressoe nos Municípios, como partes integrantes da federação brasileira. O que define e caracteriza o "interesse local" inscrito como dogma constitucional, é a predominância do interesse do Município sobre o do Estado ou da União[57].

Não se pode concordar, no entanto, com o citado autor na afirmação de que o Município não possuiria competências exclusivas. A **preponderância** que ele contrapõe à **exclusividade** é **premissa** dela e não contraposição, é critério para definir o interesse local em que o Município age com exclusividade. Em outras palavras, os serviços de interesse local, definidos pela preponderância, são exercidos de maneira exclusiva pelo Município.

Ele comete um lapso metodológico ao contrapor dados que são, na verdade, complementares, pois o autor está certo em afirmar que o Município só deve agir para suprir as necessidades e demandas surgidas dentro dos limites locais e passíveis de atendimento por medidas também locais. Portanto, o mais preciso é entender que são a preponderância e o caráter imediato que delineiam os serviços de interesse local que, então, serão exercidos pelos Municípios de modo exclusivo.

---

57. MEIRELLES, Hely Lopes. **Direito Municipal Brasileiro**. 15ª edição. São Paulo: Malheiros, 2007, p. 109-110.

A despeito dessa pontual divergência doutrinária no âmbito municipal, é possível se afirmar uma uniformidade no sentido de que as competências materiais se dividem em competências comuns e exclusivas, mesmo porque mais próximo do que consta na literalidade da Constituição. Essa maior uniformidade decorre do Texto Constitucional, que é realmente mais objetivo e explícito se comparado às disposições sobre as competências legislativas. O art. 21 prescreve as competências exclusivas da União. No art. 23, são expressas as competências comuns. Já as dos Estados-membros e dos Municípios estão tratadas nos arts.25, e 30, V a IX. As competências materiais, portanto, podem ser assim figuradas:

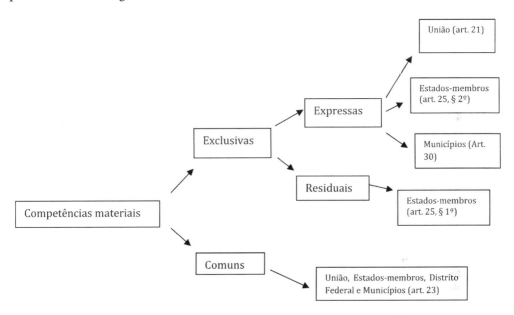

É importante esclarecer que a realização dessas competências materiais pressupõe também a de **legislar previamente** sobre elas, a fim de estabelecer os parâmetros jurídicos a serem observados pelos agentes, órgãos e entidades da Administração Pública, bem como de outros entes envolvidos.

Por força do **princípio da legalidade**, a conduta do Poder Público deve se pautar por parâmetros preestabelecidos juridicamente. Classicamente, essa previsão normativa deveria se dar por lei, em sentido formal e material, sendo vedada qualquer ação que não estivesse contida em lei. Daí advém, repita-se, a conclusão de que os entes federativos aquinhoados de competência material também possuem a competência legislativa correlata. O contrário também é verdade: não havendo competência material, não é possível o ente federativo legislar sobre o assunto.

É exemplo dessa impossibilidade lei de Santa Catarina que exigia dos estabelecimentos bancários localizados em seu território uso de máquinas que atestassem a veracidade das cédulas de dinheiro por equipamento previamente aprovado pelo

Banco Central. O Supremo Tribunal Federal julgou inconstitucional a lei estadual por versar sobre atividade da autarquia federal, pois, no caso, o Banco Central passaria a ter obrigação de aprovar e indicar equipamentos para a finalidade prescrita em função de uma lei estadual[58].

É preciso destacar, no entanto, o fato de que atualmente, com a ideia de força normativa da Constituição, vem se admitindo como válida a **execução de competência material com base diretamente no texto constitucional**, prescindindo da mediação legal, sobretudo na hipótese de tratar sobre questões de interesse público.

O Supremo Tribunal Federal já julgou constitucionais portarias expedidas pelas autoridades alfandegárias, que criavam, sem prévio disciplinamento em lei, proibição de importação de produtos usados, valendo-se diretamente da competência estabelecida no art. 237 da Constituição Federal ao prever que "a fiscalização e o controle sobre o comércio exterior, essenciais à defesa dos interesses fazendários nacionais, serão exercidos pelo Ministério da Fazenda".

No RE 203.954[59], entendeu-se válida portaria porque se mostrou consentânea "[...] com os interesses fazendários nacionais que o art. 237 da CF teve em mira proteger, ao investir as autoridades do Ministério da Fazenda no poder de fiscalizar e controlar o comércio exterior". Esse entendimento foi reproduzido em outros julgados:

> [...] 3. Importação de pneumáticos usados. Manifesto interesse público. Dano Ambiental. Demonstração de grave lesão à ordem pública, considerada em termos de ordem administrativa, tendo em conta a proibição geral de não importação de bens de consumo ou matéria-prima usada. Precedentes. 4. Ponderação entre as exigências para preservação da saúde e do meio ambiente e o livre exercício da atividade econômica (art. 170 da Constituição Federal). 5. Grave lesão à ordem pública, diante do manifesto e inafastável interesse público à saúde e ao meio ambiente ecologicamente equilibrado (art. 225 da Constituição Federal). Precedentes. [...][60].

Há, portanto, como regra, a possibilidade de os entes federativos legislarem previamente sobre as atividades materiais (administrativas e governamentais) que lhes compete executar, mas o Supremo Tribunal Federal possui entendimento de ser possível, excepcionalmente, invocar diretamente norma constitucional para a conduta, sobre-

---

58. "INCONSTITUCIONALIDADE. Ação direta. Lei nº 12.775/2003, do Estado de Santa Catarina. Competência legislativa. Sistema financeiro nacional. Banco. Agência bancária. Adoção de equipamento que, embora indicado pelo Banco Central, ateste autenticidade das cédulas de dinheiro nas transações bancárias. Previsão de obrigatoriedade. Inadmissibilidade. Regras de fiscalização de operações financeiras e de autenticidade do ativo circulante. Competências exclusivas da União. Ofensa aos arts. 21, VIII, e 192, da CF. Ação julgada procedente. Precedente. É inconstitucional a lei estadual que imponha às agências bancárias o uso de equipamento que, ainda quando indicado pelo Banco Central, ateste a autenticidade das cédulas de dinheiro nas transações bancárias". (ADI 3515, Relator(a): Min. CEZAR PELUSO, Tribunal Pleno, julgado em 01/08/2011, DJe-187 DIVULG 28-09-2011 PUBLIC 29-09-2011 EMENT VOL-02597-01 PP-00056 RTJ VOL-00219-01 PP-00176).

59. RE 203954, Relator(a): Min. ILMAR GALVÃO, Tribunal Pleno, julgado em 20/11/1996, DJ 07-02-1997 PP-01365 EMENT VOL-01856-11 PP-02250.

60. STA 118 AgR, Relator(a): Min. ELLEN GRACIE, Tribunal Pleno, julgado em 12/12/2007, DJe-036 DIVULG 28-02-2008 PUBLIC 29-02-2008 EMENT VOL-02309-01 PP-00001 RTJ VOL-00205-02 PP-00519.

tudo porque algumas das competências materiais previstas são exercidas por atividade política, mediante o uso de poderes eminentemente constitucionais.

Há autores que incluem no quadro da divisão as competências para criação de tributos, as quais foram tratadas em tópico específico e diferenciado nesta obra. Para assim proceder, incorporou-se lição de Raul Machado Horta, ao propor que "a repartição de natureza tributária e as regras que condicionam o sistema tributário nacional, embora realizando uma distribuição de competências, estruturam e ordenam matéria diversa, que é a repartição tributária de competências no nível dos tributos federais, estaduais e municipais e a repartição das receitas tributárias"[61].

Merece, ainda, destaque próprio, ressaltado das demais, a competência expressa dos Estados-membros para criação de suas constituições, e dos Municípios e Distrito Federal para a instituição de leis orgânicas, dada a relevância desses diplomas normativos para a realização da autonomia federativa.

Diante de tudo isso, é possível apresentar o seguinte quadro sobre as competências normativas:

Ente federativo	Espécie de competência	Dispositivo constitucional
União	Privativa	Art. 22 – "Compete privativamente à União legislar sobre […]"
	Concorrente	Art. 24 – "Compete à União, aos Estados e ao Distrito Federal legislar concorrentemente sobre"
Estados-membros	Constituinte Expressa	Art. 25 – "Os Estados organizam-se e regem-se pelas Constituições e leis que adotarem, observados os princípios desta Constituição"
	Residual, remanescente ou reservada	Art. 25[…] §1º – "São reservadas aos Estados as competências que não lhes sejam vedadas por esta Constituição"
	Delegada	Art. 22[…] Parágrafo único: "Lei complementar poderá autorizar os Estados a legislar sobre questões específicas das matérias relacionadas neste artigo
	Concorrente Suplementar	Art. 24 – "Compete à União, aos Estados e ao Distrito Federal legislar concorrentemente sobre" […] § 2º – "A competência da União para legislar sobre normas gerais não exclui a competência suplementar dos Estados"
Estados-membros	Concorrente Supletiva	Art.24[…] § 1º – "No âmbito da legislação concorrente, a competência da União limitar-se-á a estabelecer normas gerais" […] § 3º – "Inexistindo lei federal sobre normas gerais, os Estados exercerão a competência legislativa plena, para atender a suas peculiaridades" § 4º – "A superveniência de lei federal sobre normas gerais suspende a eficácia da lei estadual, no que lhe for contrário"

---

61. HORTA, op. cit., p. 358.

Ente federativo	Espécie de competência	Dispositivo constitucional
Municípios	Orgânica Expressa	Art. 29 – "Município reger-se-á por lei orgânica, votada em dois turnos, com o interstício mínimo de dez dias, e aprovada por dois terços dos membros da Câmara Municipal, que a promulgará, atendidos os princípios estabelecidos nesta Constituição, na Constituição do respectivo Estado e os seguintes preceitos"
	Exclusiva	Art. 30. "Compete aos Municípios: I – legislar sobre assuntos de interesse local"
	Suplementar simples	Art. 30. "Compete aos Municípios: [...] II – suplementar a legislação federal e a estadual no que couber"
Distrito Federal	Orgânica expressa	Art. 32. "O Distrito Federal, vedada sua divisão em Municípios, reger-se-á por lei orgânica, votada em dois turnos com interstício mínimo de dez dias, e aprovada por dois terços da Câmara Legislativa, que a promulgará, atendidos os princípios estabelecidos nesta Constituição"
Distrito Federal	Reservada	Art. 32, [...] § 1º – "Ao Distrito Federal são atribuídas as competências legislativas reservadas aos Estados e Municípios"

2.8.1 As tensões federativas durante a pandemia de COVID-19 e o Supremo Tribunal Federal

Em 2020, o mundo foi surpreendido pela pandemia de COVID-19 com graves e profundos impactos sobre a coletividade em geral e a vida individual das pessoas, demandando inéditos esforços de contenção e enfrentamento em escala global. Todos os países tiveram que adotar em seus territórios uma série de medidas, restrições e ações das mais diversas naturezas, desde a obrigatoriedade do uso de máscaras até o isolamento social.

No Brasil, surgiu o adicional desafio federativo de identificar e delimitar o papel de cada ente federado nos esforços de combate à emergência sanitária e mitigação de seus efetivos danosos sobre as pessoas, a economia, as relações de trabalho e os múltiplos outros aspectos. Em nível federal, a Câmara dos Deputados registra em seu *site* 131 leis aprovadas para fazer face à pandemia[62], havendo inúmeras outras nas esferas estaduais, distrital e municipais.

É possível afirmar que, no plano normativo, houve uma coordenação bem alinhavada desde o início. Já em 06 fevereiro de 2020, o Congresso Nacional edita a Lei nº 13.979 com disciplinamento para todo território nacional sobre "medidas que poderão ser adotadas para enfrentamento da emergência de saúde pública de importância internacional decorrente do coronavírus responsável pelo surto de 2019".

O art. 3º dessa lei prescreveu as medidas a serem adotadas pelas autoridades, no **âmbito de suas competências**, para enfrentamento da emergência de saúde pública, tais como isolamento; quarentena; determinação compulsória de exames médicos; testes laboratoriais; coleta de amostras clínicas; vacinação e outras medidas profiláticas;

---

62. https://www.camara.leg.br/internet/agencia/infograficos-html5/procorona/index.html. <Acesso em 15 maio 2023>.

tratamentos médicos específicos; uso obrigatório de máscaras; exumação, necropsia, cremação e manejo de cadáveres; além da possibilidade de restrições temporárias de portos, aeroportos; entrada e saída do país; locomoção interestadual e intermunicipal; bem como a possibilidade de requisição de bens particulares.

Como se observa, a reação da União Federal foi imediata e bastante precisa, pois coordenou mediante lei, em seu âmbito nacional próprio de atuação, as medidas cabíveis a serem adotadas por cada ente federado, dentro de seus respectivos territórios e no exercício de suas competências. As opções de medidas de combate, portanto, foram definidas e delimitadas pelo Congresso Nacional por lei cujo projeto foi de iniciativa do Presidente da República, estabelecendo um rol de opções a serem utilizadas por todos os entes da federação em sua dimensão própria de atuação. Desse modo, sistematizaram-se nacionalmente as medidas permitidas, evitando uma pulverização desordenada a cargo de cada ente subnacional.

Assim foi feito. Governadores, prefeitos, autoridades de saúde federais, distritais, estaduais e municipais, além de seus respectivos legislativos, passaram a atuar, considerando o regramento nacional. Veio, então, o momento duro de implementação de medidas com profundas repercussões além da própria disseminação da doença com hospitais superlotados e números progressivos de mortes e contaminação. A aflição, como não poderia deixar de ser, foi generalizada, com as pessoas isoladas em suas casas, muitas vezes privadas de convivência social e de suas atividades profissionais, quando não possível o teletrabalho com prejuízo para as finanças familiares.

Isso teve, por óbvio, um ônus político, dada a reação natural de se questionar a necessidade, proporcionalidade e adequação de medidas tão bruscas. Esse ônus político fez emergir uma tensão federativa que teve que ser mediada pelo Supremo Tribunal Federal, no seu apropriado papel constitucional.

O então Presidente da República, Jair Bolsonaro, visivelmente buscando afastar de si o ônus político por todas as medidas – e não mencionando ter sido o autor do projeto de lei que ofertou a governadores, prefeitos e demais autoridades as opções de medidas – passou a questionar publicamente várias decisões legislativas e executivas dos entes federados. Praticou mesmo atos jurídicos contrários a elas, indo além da mera retórica política.

Como era de se esperar – inclusive pelo próprio Presidente da República, dentro de um cálculo político que certamente fizera –, tais medidas de contraposição foram impugnadas perante o Supremo Tribunal Federal, que solucionou vários embates federativos.

Umas das mais primeiras e mais emblemáticas decisões se deu sob a relatoria do Ministro Alexandre de Moraes ao deferir medida cautelar na Ação de Descumprimento de Prefeito Fundamental nº 672.

Essa ação foi ajuizada pelo Conselho Federal da Ordem dos Advogados do Brasil contra atos omissivos e comissos do Presidente da República acusado de "ações irresponsáveis e contrárias aos protocolos de saúde aprovados pela comunidade científica e aplicados pelos Chefes de Estado em todo mundo" e também de agir de "forma insuficiente e precária".

Na defesa de mérito, a Advocacia Geral da União alegou inexistir omissão, apontando até aquele momento inicial "a edição de 13 (treze) medidas provisórias, 17 (dezessete) decretos e 2 (duas) leis, além de projetos e ações diversos a cargo de vários Ministérios e entes da Administração Indireta". Negou também inexistir ação contrária por parte de qualquer autoridade federal, que estaria comprometido com as políticas isolamento social, dentre outras recomendadas pela Organização Mundial de Saúde –OMS.

No voto condutor da medida cautelar, o ministro relator defendeu uma interpretação da Lei nº 13.979/2020 sob a óptica do federalismo e da separação dos poderes com o objetivo de evitar conflitos federativos tidos por desnecessários. Daí destaca que "em relação à saúde e assistência pública, inclusive no tocante à organização do abastecimento alimentar, a Constituição Federal consagra, nos termos dos incisos II e IX do artigo 23, a existência de competência administrativa comum entre União, Estados, Distrito Federal e Municípios".

Articula ainda que, no plano normativo das competências normativas concorrentes, o art. 24, XII, da Constituição Federal, prevê a proteção e defesa da saúde, acrescida da competência suplementar simples dos Município nesse âmbito, conforme art. 30, II, da Constituição Federal, desde que haja interesse local. Nesse quadro, traça ainda o dever de observância da descentralização político-administrativa do sistema de saúde, conforme prescrito pelo art. 198, também da Constituição Federal, conforme concretizado pelo art. 7º da Lei nº 8.080/1990.

Como se observa, o Supremo Tribunal Federal mapeou um conjunto normativo constitucional intrincado, mas bem delimitado de atuação dos vários entes federados no trato da saúde pública e de medidas sanitárias, declarando o dever de articulação e cooperação compulsória entre os vários interessados, justamente por ser uma característica do modelo cooperativo de federação vigente no país desde a década de 1930, mesmo por constituições anteriores.

Em face disso, foi decidido que o governo federal – e consequentemente o Presidente da República – deveria respeitar o "exercício da competência concorrente dos estados, distrito federal e municípios, cada qual no exercício de suas atribuições e no âmbito de seus respectivos territórios, para a adoção ou manutenção de medidas restritivas legalmente permitidas durante a pandemia, tais como, a imposição de distanciamento/isolamento social, quarentena, suspensão de atividades de ensino, restrições de comércio, atividades culturais e à circulação de pessoas, entre outras; sem prejuízo da competência geral da União para estabelecer medidas restritivas em todo o território nacional, caso entenda necessário".

Em linhas gerais, foi assegurado o critério geral de delimitação de atuação dos entes federados existente em longo entendimento jurisprudencial, de modo a caber à

União o geral e nacional; aos Estados-membros o regional; e aos Municípios e Distrito Federal o que fosse de interesse local. Não houve, pois, nesse julgamento, qualquer desvirtuamento de entendimento anterior ou inovação casuística de critérios, mas confirmação de sua jurisprudência, sustentada por embasado conhecimento teórico acerca do federalismo cooperativo, segundo experiência constitucional de quase um século no Brasil. Em contrataste, ficou claro que foram os atos do Executivo federal que se contrapunham a essa sólida concepção federativa[63].

Naturalmente, esse julgamento não encerrou todas os desacordos jurídicos em torno da pandemia de COVID-19, outros questionamentos emergiram como, por exemplo, saber se a norma penal em branco constante no art. 268 do Código Penal, que disciplina o crime de infração de medida sanitária preventiva poderia ser complementada por ato normativo estadual ou municipal.

Explica-se: o referido dispositivo penal prevê pena de detenção de um mês a um ano e multa para quem "infringir determinação do poder público, destinada a impedir introdução ou propagação de doença contagiosa". A questão consistia em saber se a norma penal de competência federal poderia ser complementada, no tocante à

---

63. CONSTITUCIONAL. PANDEMIA DO CORONAVÍRUS (COVID-19). RESPEITO AO FEDERALISMO. LEI FEDERAL 13.979/2020. MEDIDAS SANITÁRIAS DE CONTENÇÃO À DISSEMINAÇÃO DO VÍRUS. ISOLAMENTO SOCIAL. PROTEÇÃO À SAÚDE, SEGURANÇA SANITÁRIA E EPIDEMIOLÓGICA. COMPETÊNCIAS COMUNS E CONCORRENTES E RESPEITO AO PRINCÍPIO DA PREDOMINÂNCIA DO INTERESSE (ARTS. 23, II, 24, XII, E 25, § 1º, DA CF). COMPETÊNCIAS DOS ESTADOS PARA IMPLEMENTAÇÃO DAS MEDIDAS PREVISTAS EM LEI FEDERAL. ARGUIÇÃO JULGADA PARCIALMENTE PROCEDENTE. 1. Proposta de conversão de referendo de medida cautelar em julgamento definitivo de mérito, considerando a existência de precedentes da CORTE quanto à matéria de fundo e a instrução dos autos, nos termos do art. 12 da Lei 9.868/1999. 2. A gravidade da emergência causada pela pandemia do coronavírus (COVID-19) exige das autoridades brasileiras, em todos os níveis de governo, a efetivação concreta da proteção à saúde pública, com a adoção de todas as medidas possíveis e tecnicamente sustentáveis para o apoio e manutenção das atividades do Sistema Único de Saúde, sempre com o absoluto respeito aos mecanismos constitucionais de equilíbrio institucional e manutenção da harmonia e independência entre os poderes, que devem ser cada vez mais valorizados, evitando-se o exacerbamento de quaisquer personalismos prejudiciais à condução das políticas públicas essenciais ao combate da pandemia de COVID-19. 3. Em relação à saúde e assistência pública, a Constituição Federal consagra a existência de competência administrativa comum entre União, Estados, Distrito Federal e Municípios (art. 23, II e IX, da CF), bem como prevê competência concorrente entre União e Estados/Distrito Federal para legislar sobre proteção e defesa da saúde (art. 24, XII, da CF), permitindo aos Municípios suplementar a legislação federal e a estadual no que couber, desde que haja interesse local (art. 30, II, da CF); e prescrevendo ainda a descentralização político-administrativa do Sistema de Saúde (art. 198, CF, e art. 7º da Lei 8.080/1990), com a consequente descentralização da execução de serviços, inclusive no que diz respeito às atividades de vigilância sanitária e epidemiológica (art. 6º, I, da Lei 8.080/1990). 4. O Poder Executivo federal exerce o papel de ente central no planejamento e coordenação das ações governamentais em prol da saúde pública, mas nem por isso pode afastar, unilateralmente, as decisões dos governos estaduais, distrital e municipais que, no exercício de suas competências constitucionais, adotem medidas sanitárias previstas na Lei 13.979/2020 no âmbito de seus respectivos territórios, como a imposição de distanciamento ou isolamento social, quarentena, suspensão de atividades de ensino, restrições de comércio, atividades culturais e à circulação de pessoas, entre outros mecanismos reconhecidamente eficazes para a redução do número de infectados e de óbitos, sem prejuízo do exame da validade formal e material de cada ato normativo específico estadual, distrital ou municipal editado nesse contexto pela autoridade jurisdicional competente. 5. Arguição julgada parcialmente procedente. (ADPF 672 MC-Ref, Relator(a): ALEXANDRE DE MORAES, Tribunal Pleno, julgado em 13/10/2020, PROCESSO ELETRÔNICO DJe-260 DIVULG 28-10-2020 PUBLIC 29-10-2020).

"determinação do poder público", por norma regulamentar dos Estados-membros e Municípios, precisamente no exercício de suas competências em estabelecer as medidas de combate à pandemia. Isso, na prática, autorizava a autoridade policial agir contra quem desrespeitasse medidas restritivas editadas pelos Estado-membros, Distrito Federal e Municípios.

A matéria foi apreciada pelo Supremo Tribunal Federal sob o regime de repercussão geral (Tema 1246), em que foi assentada a tese da "constitucionalidade de complementação de norma penal em branco por ato normativo estadual ou municipal, para aplicação do tipo de infração de medida sanitária preventiva (art. 268 do Código Penal)".

Esse é um perfeito exemplo de coordenação federativa e interpretação sistemática da Constituição Federal, pois perpassa a compreensão da competência legislativa privativa da União para legislar sobre Direito Penal (art. 22, I, CF) sem prejuízo de a norma penal ser complementada por medidas regulamentares dos entes periféricos no exercício de suas competências comuns (art. 23, II e IX, CF), concorrentes (art. 30, II, CF) e suplementar simples (art. 30, II, CF).

Em outro precedente (ADI 4579), o Supremo Tribunal Federal reiterou a relevância do princípio federativo. A Confederação Nacional de Saúde – CNS, autora da ação, pedia para que fosse conferida interpretação conforme à Constituição Federal ao art. 3º, *caput*, VII, e § 7º, III, da Lei 13.979/2020, os quais autorizam a "requisição de bens e serviços de pessoas naturais e jurídicas, hipótese em que será garantido o pagamento posterior de indenização justa". O objetivo da entidade autora era que Municípios e Estados-membros só pudessem realizar a requisição diante de expresso consentimento do Ministério da Saúde.

A ação foi julgada improcedente, tendo o Ministro Ricardo Lewandowski, autor do voto condutor, destacado que a forma federativa de Estado também contribui para fortalecer a democracia, pois promove "a desconcentração do poder e facilita a aproximação do povo com os governantes", gravitando em torno dos princípios da autonomia e da participação política, compreendendo que não raras vezes são os entes subnacionais, justamente por estarem mais próximos das vicissitudes sociais, que são os primeiros acionados para agir em nome do Poder Público.

Restou ementado que "o federalismo cooperativo, adotado entre nós, exige que a União e as unidades federadas se apoiem mutuamente no enfrentamento da grave crise sanitária e econômica decorrente da pandemia desencadeada pelo novo coronavírus"[64]. Por esse motivo, não poderiam os entes federados submeterem-se à vontade

---

64. AÇÃO DIRETA DE INCONSTITUCIONALIDADE. LEI 13.979/2020, QUE DISPÕE SOBRE MEDIDAS PARA O ENFRENTAMENTO DA EMERGÊNCIA DE SAÚDE PÚBLICA DECORRENTE DA COVID-19. COMPETÊNCIA COMUM DOS ENTES FEDERADOS PARA CUIDAR DA SAÚDE. ARTS. 23, II, E 196 DA CF. FEDERALISMO COOPERATIVO. REQUISIÇÃO ADMINISTRATIVA VOLTADA PARA O CONFRONTO DA PANDEMIA DO CORONAVÍRUS. DESNECESSIDADE DE AUTORIZAÇÃO PRELIMINAR DO MINISTÉRIO DA SAÚDE. INDISPENSABILIDADE, TODAVIA, DO PRÉVIO SOPESAMENTO DE EVIDÊNCIAS CIENTÍFICAS E ANÁLISES SOBRE INFORMAÇÕES ESTRATÉGICAS. MEDIDA QUE,

CAPÍTULO 2 • CARACTERÍSTICAS DO ESTADO FEDERAL BRASILEIRO **95**

de autoridade federal para exercer sua parcela de competência e responsabilidade, as quais podem ser controlados pelo Judiciário, na hipótese de desproporcionalidade ou outro tipo de ilicitude.

Por sua vez, na ADI 6341-MC, foi reiterado o respeito mútuo que as várias unidades devem ter à competência federativa umas das outras, sem qualquer sorte de hierarquia, destacando a competência concorrente e suplementar sobre saúde pública articulada por meio da lei que criou o SUS que aponta para a periferia federativa a inciativa mais premente no assunto, justamente por maior proximidade da população.

No mesmo sentido, na ADI 634-MC assentou que "o exercício da competência da União em nenhum momento diminuiu a competência própria dos demais entes da federação na realização de serviços da saúde, nem poderia, afinal, a diretriz constitucional é a de municipalizar esses serviços"[65].

ADEMAIS, DEVE OBSERVAR OS CRITÉRIOS DE RAZOABILIDADE E PROPORCIONALIDADE. FIXAÇÃO DE NOVOS REQUISITOS PARA A REQUISIÇÃO PELO JUDICIÁRIO. IMPOSSIBILIDADE EM FACE DO PRINCÍPIO DA SEPARAÇÃO DOS PODERES. AÇÃO DIRETA DE INCONSTITUCIONALIDADE JULGADA IMPROCEDENTE. I - A Constituição Federal prevê, ao lado do direito subjetivo público à saúde, a obrigação de o Estado dar-lhe efetiva concreção, por meio de "políticas sociais e econômicas que visem à redução do risco de doença e de outros agravos e ao acesso universal e igualitário às ações e serviços para a sua promoção, proteção e recuperação" (art. 196). II – Esse dever abrange todos os entes federados, inclusive as comunas, os quais, na seara da saúde, exercem uma competência administrativa comum, nos termos do art. 23, II, do Texto Constitucional. III - O federalismo cooperativo, adotado entre nós, exige que a União e as unidades federadas se apoiem mutuamente no enfrentamento da grave crise sanitária e econômica decorrente da pandemia desencadeada pelo novo coronavírus. IV- O Plenário do STF já assentou que a competência específica da União para legislar sobre vigilância epidemiológica, da qual resultou a Lei 13.979/2020, não inibe a competência dos demais entes da federação no tocante à prestação de serviços da saúde (ADI 6.341-MC-Ref/DF, redator para o acórdão Ministro Edson Fachin). V – Dentre as medidas de combate à pandemia, a Lei 13.979/2020 estabelece que qualquer ente federado poderá lançar mão da "requisição de bens e serviços de pessoas naturais e jurídicas, hipótese em que será garantido o pagamento posterior de indenização justa" (art. 3º, VII). VI – Tais requisições independem do prévio consentimento do Ministério da Saúde, sob pena de invasão, pela União, das competências comuns atribuídas aos Estados, Distrito Federal e Municípios, os quais, todavia, precisam levar em consideração evidências científicas e análises sobre as informações estratégicas antes de efetivá-las (art. 3º, § 1º). VII – Como todas as ações estatais, as requisições administrativas precisam balizar-se pelos critérios da razoabilidade e da proporcionalidade, só podendo ser levadas a cabo após a constatação de que inexistem outras alternativas menos gravosas. VIII- Essa fundamentação haverá de estar devidamente explicitada na exposição de motivos dos atos que venham a impor as requisições, de maneira a permitir o crivo judicial. IX – Ao Judiciário, contudo, é vedado substituir-se ao Executivo ou ao Legislativo na definição de políticas públicas, especialmente aquelas que encontrem previsão em lei, considerado o princípio da separação dos poderes. X – A requisição administrativa configura ato discricionário, que não sofre qualquer condicionamento, tendo em conta o seu caráter unilateral e autoexecutório, bastando que fique configurada a necessidade inadiável da utilização de um bem ou serviço pertencente a particular numa situação de perigo público iminente, sendo por isso inexigível a aquiescência da pessoa natural ou jurídica atingida ou a prévia intervenção do Judiciário. XI - A criação de novos requisitos para as requisições administrativas por meio da técnica de interpretação conforme à Constituição (art. 3º, caput, VII, da CF e § 7º, III, da Lei 13.979/2020), não se aplica à espécie, dada a clareza e univocidade da disposição legal impugnada. XII – Ação direta de inconstitucionalidade julgada improcedente. (ADI 6362, Relator(a): RICARDO LEWANDOWSKI, Tribunal Pleno, julgado em 02/09/2020, PROCESSO ELETRÔNICO DJe-288 DIVULG 07-12-2020 PUBLIC 09-12-2020).

65. REFERENDO EM MEDIDA CAUTELAR EM AÇÃO DIRETA DA INCONSTITUCIONALIDADE. DIREITO CONSTITUCIONAL. DIREITO À SAÚDE. EMERGÊNCIA SANITÁRIA INTERNACIONAL. LEI 13.979 DE 2020. COMPETÊNCIA DOS ENTES FEDERADOS PARA LEGISLAR E ADOTAR MEDIDAS SANITÁRIAS DE COMBATE À EPIDEMIA INTERNACIONAL. HIERARQUIA DO SISTEMA ÚNICO

Tal postura em prol da descentralização não impediu o tribunal de invalidar leis regionais quando exorbitaram de suas atribuições. Foi o que ocorreu com normas estaduais que davam descontos nas mensalidades escolares na rede privada de educação, por interferir "na essência do contrato, de forma a suspender a vigência de cláusulas contratuais que se inserem no âmbito da normalidade dos negócios jurídicos onerosos, matéria ínsita ao Direito Civil, sobre a qual compete à União legislar"[66].

DE SAÚDE. COMPETÊNCIA COMUM. MEDIDA CAUTELAR PARCIALMENTE DEFERIDA. 1. A emergência internacional, reconhecida pela Organização Mundial da Saúde, não implica nem muito menos autoriza a outorga de discricionariedade sem controle ou sem contrapesos típicos do Estado Democrático de Direito. As regras constitucionais não servem apenas para proteger a liberdade individual, mas também o exercício da racionalidade coletiva, isto é, da capacidade de coordenar as ações de forma eficiente. O Estado Democrático de Direito implica o direito de examinar as razões governamentais e o direito de criticá-las. Os agentes públicos agem melhor, mesmo durante emergências, quando são obrigados a justificar suas ações. 2. O exercício da competência constitucional para as ações na área da saúde deve seguir parâmetros materiais específicos, a serem observados, por primeiro, pelas autoridades políticas. Como esses agentes públicos devem sempre justificar suas ações, é à luz delas que o controle a ser exercido pelos demais poderes tem lugar. 3. O pior erro na formulação das políticas públicas é a omissão, sobretudo para as ações essenciais exigidas pelo art. 23 da Constituição Federal. É grave que, sob o manto da competência exclusiva ou privativa, premiem-se as inações do governo federal, impedindo que Estados e Municípios, no âmbito de suas respectivas competências, implementem as políticas públicas essenciais. O Estado garantidor dos direitos fundamentais não é apenas a União, mas também os Estados e os Municípios. 4. A diretriz constitucional da hierarquização, constante do caput do art. 198 não significou hierarquização entre os entes federados, mas comando único, dentro de cada um deles. 5. É preciso ler as normas que integram a Lei 13.979, de 2020, como decorrendo da competência própria da União para legislar sobre vigilância epidemiológica, nos termos da Lei Geral do SUS, Lei 8.080, de 1990. O exercício da competência da União em nenhum momento diminuiu a competência própria dos demais entes da federação para a realização de serviços da saúde, nem poderia, afinal, a diretriz constitucional é a de municipalizar esses serviços. 6. O direito à saúde é garantido por meio da obrigação dos Estados Partes de adotar medidas necessárias para prevenir e tratar as doenças epidêmicas e os entes públicos devem aderir às diretrizes da Organização Mundial da Saúde, não apenas por serem elas obrigatórias nos termos do Artigo 22 da Constituição da Organização Mundial da Saúde (Decreto 26.042, de 17 de dezembro de 1948), mas sobretudo porque contam com a expertise necessária para dar plena eficácia ao direito à saúde. 7. Como a finalidade da atuação dos entes federativos é comum, a solução de conflitos sobre o exercício da competência deve pautar--se pela melhor realização do direito à saúde, amparada em evidências científicas e nas recomendações da Organização Mundial da Saúde. 8. Medida cautelar parcialmente concedida para dar interpretação conforme à Constituição ao § 9º do art. 3º da Lei 13.979, a fim de explicitar que, preservada a atribuição de cada esfera de governo, nos termos do inciso I do artigo 198 da Constituição, o Presidente da República poderá dispor, mediante decreto, sobre os serviços públicos e atividades essenciais. (ADI 6341 MC-Ref, Relator(a): MARCO AURÉLIO, Relator(a) p/ Acórdão: EDSON FACHIN, Tribunal Pleno, julgado em 15/04/2020, PROCESSO ELETRÔNICO DJe-271 DIVULG 12-11-2020 PUBLIC 13-11-2020).

66. Ação direta de inconstitucionalidade. Lei nº 9.065, de 28 de maio de 2020, do Estado do Pará. Redução das mensalidades devidas aos estabelecimentos da rede privada de ensino durante a crise sanitária decorrente do novo coronavírus. Matéria ínsita ao Direito Civil. Inconstitucionalidade formal de lei estadual. Competência da União para legislar sobre a matéria. Intervenção indevida do Estado no domínio econômico. Inconstitucionalidade material. Violação do princípio da livre iniciativa. Ação direta julgada procedente. 1. A lei paraense dispõe sobre os termos em que serão descontados valores nas contraprestações pactuadas entre as instituições de ensino e os estudantes, ou quem as represente, não consistindo, portanto, em típica disciplina acerca da proteção do consumidor contra eventuais ações abusivas por parte dos prestadores de serviços educacionais. A temática da lei não tem, portanto, teor nitidamente consumerista. 2. A lei em comento interfere na essência do contrato, de forma a suspender a vigência de cláusulas contratuais que se inserem no âmbito da normali-dade dos negócios jurídicos onerosos, matéria ínsita ao Direito Civil, sobre a qual compete à União legislar. 3. Ademais, o legislador paraense invadiu indevidamente o espaço da liberdade de iniciativa, na medida em que impôs uma redução de receita às instituições de ensino do estado, sem qualquer contrapartida e de forma anti-isonômica, já que atribuiu especificamente ao setor da educação privada o dever de compensar os prejuízos

Como se observa, o Supremo Tribunal Federal teve que mediar durante a pandemia os inevitáveis desacordos federativos em tão grave momento da histórica mundial, e o fez de maneira a firmemente reiterar o pacto federativo brasileiro, destacando sua relevância não só para a contenção do poder, mas ressaltando a utilidade e importância de sua distribuição ao longo do território nacional, dotando os governos subnacionais do ferramental jurídico apropriado para lidar com a pandemia segundo o impacto específico em seus respectivos territórios, sem, no entanto, desbordar dos limites próprios da Constituição Federal.

---

experimentados pelos particulares em razão da pandemia, sendo certo, ainda, que a estipulação de descontos lineares não necessariamente importa em benefício para os usuários do sistema de ensino, pois retira das partes contratantes a capacidade de negociar formas de pagamento que se adéquem à especificidade de cada situação. 4. Ação direta de inconstitucionalidade julgada procedente". (ADI 6445, Relator(a): MARCO AURÉLIO, Relator(a) p/ Acórdão: DIAS TOFFOLI, Tribunal Pleno, julgado em 31/05/2021, PROCESSO ELETRÔNICO DJe-163 DIVULG 16-08-2021 PUBLIC 17-08-2021).

Capítulo 3
COMPETÊNCIAS MATERIAIS DOS ENTES FEDERATIVOS

Sumário: 3.1 Competências materiais da União e a formação do regime constitucional básico da matéria aplicável a todos os entes federativos – 3.1.1 Legislação periférica diante de competência material exclusiva da União – 3.1.2 Competências materiais e separação de poderes – 3.2 O regime jurídico aplicável ao exercício das competências materiais – 3.2.1 Delineamento de algumas atividades materiais exclusivas da união pelo STF: serviço postal e anistia – 3.3 Conflito entre competências materiais exclusivas da União e competências concorrentes dos Estados-membros – 3.4 Competências materiais exclusivas dos Municípios – 3.5 Competências materiais exclusivas dos Estados-membros – 3.5.1 Competência material residual – 3.5.2 Competências materiais expressas – 3.6 Aglomerações urbanas e saneamento básico – 3.7 Inconstitucionalidade da transferência ao Estado-Membro do poder concedente de funções e serviços públicos de interesse comum. – 3.8 Competências materiais reservadas ao Distrito Federal – 3.9 Competência comum da União, dos Estados-membros, do Distrito Federal e dos Municípios – 3.10 Competências materiais comuns e as competências legislativas respectivas – 3.11 O exercício conjunto de competências federativas exclusivas e comuns.

3.1 COMPETÊNCIAS MATERIAIS DA UNIÃO E A FORMAÇÃO DO REGIME CONSTITUCIONAL BÁSICO DA MATÉRIA APLICÁVEL A TODOS OS ENTES FEDERATIVOS

A maior parte das competências materiais da União está prevista no art. 21 da Constituição Federal, que trata de enumerar detalhadamente em seus incisos as que indica como **exclusivas**. São atividades, portanto, que não podem ser delegadas para os entes periféricos. Não é deferida à União a faculdade de simplesmente transferi-las de modo a desincumbir-se da responsabilidade. Também não pode renunciá-las. Em verdade, nenhuma competência constitucional é passível disso, pois se caracterizam como deveres a serem adimplidos perante os particulares.

Não é somente nesse artigo que se encontram as funções materiais de incumbência central. Em várias outros trechos do Texto Constitucional, verificam-se adicionais competências exclusivas, como evidenciam exemplificativamente os seguintes dispositivos: **a)** art. 164, ao estipular que emissão de moeda somente pode se dar pelo Banco Central; **b)** art. 176, sobre exploração de jazidas minerais e potenciais de energia hidráulica; **c)** art. 177, que disciplina o monopólio de exploração de atividades ligadas ao petróleo; **d)** art. 184, concernente à política fundiária e agrícola, inclusive mediante a realização de desapropriações para fins de reforma agrária; **e)** art. 214, elaboração do Plano Nacional de Educação para articular o sistema nacional de educação em regime de colaboração e ações integradas das diferentes esferas federativas e ; **f)** art. 174, §1°, sobre planejamento do desenvolvimento nacional equilibrado, o qual incorporará e compatibilizará os planos nacionais e regionais de desenvolvimento; **g)** art. 237, fiscalização e controle do comércio exterior a cargo do Ministério da Fazenda.

Nesse tocante, a Constituição Federal de 1988 não trouxe maiores inovações, pois reproduziu praticamente todas as competências que a Carta anterior também atribuía à União, sendo, na integralidade, matérias de âmbito nacional, confirmando a repartição de competências segundo a amplitude do interesse envolvido na execução da tarefa. Além disso, também lhes são acometidas as atividades de relação internacional, ratificando que são os órgãos e as entidades federais que, no plano externo, exercem a soberania nacional e representam a República Federativa do Brasil como um todo.

Essas competências podem ser organizadas para mais fácil apreensão pelo seguinte quadro:

GÊNERO	DISPOSITIVO CONSTITUCIONAL
1. Atuação internacional	**Art. 21, I** – manter relações com Estados estrangeiros e participar de organizações internacionais. **Art. 21, II** – declarar a guerra e celebrar a paz.
2. Preservação da integridade e segurança nacional	**Art. 21, III** – assegurar a defesa nacional. **Art. 21, IV** – permitir, nos casos previstos em lei complementar, que forças estrangeiras transitem pelo território nacional ou nele permaneçam temporariamente. **Art. 21, VI** – autorizar e fiscalizar a produção e o comércio de material bélico. **Art. 21, XXII** – executar os serviços de polícia marítima, aeroportuária e de fronteiras.
3. Tratamento de situações excepcionais	**Art. 21, V** – decretar o estado de sítio, o estado de defesa e a intervenção federal. **Art. 21, XVIII** – planejar e promover a defesa permanente contra as calamidades públicas, especialmente as secas e as inundações.
4. Atividades que demandam uniformidade nacional	**Art. 21, VII** – emitir moeda. **Art. 21, X** – manter o serviço postal e o correio aéreo nacional. **Art. 21, XI** – explorar, diretamente ou mediante autorização, concessão ou permissão, os serviços de telecomunicações, nos termos da lei, que disporá sobre a organização dos serviços, a criação de um órgão regulador e outros aspectos institucionais. **Art. 21, XII** – explorar, diretamente ou mediante autorização, concessão ou permissão: **a)** os serviços de radiodifusão sonora, e de sons e imagens; **b)** os serviços e instalações de energia elétrica e o aproveitamento energético dos cursos de água, em articulação com os Estados onde se situam os potenciais hidroenergéticos; **c)** a navegação aérea, aeroespacial e a infraestrutura aeroportuária; **d)** os serviços de transporte ferroviário e aquaviário entre portos brasileiros e fronteiras nacionais, ou que transponham os limites de Estado ou Território; **e)** os serviços de transporte rodoviário interestadual e internacional de passageiros; **f)** os portos marítimos, fluviais e lacustres. **Art. 21, XIX** – instituir sistema nacional de gerenciamento de recursos hídricos e definir critérios de outorga de direitos de seu uso. **Art. 21, XXIII** – explorar os serviços e instalações nucleares de qualquer natureza e exercer monopólio estatal sobre a pesquisa, a lavra, o enriquecimento e reprocessamento, a industrialização e o comércio de minérios nucleares e seus derivados. **Art. 164** – A competência da União para emitir moeda será exercida exclusivamente pelo banco central. **Art. 177** – Monopólio de atividades com petróleo.

GÊNERO	DISPOSITIVO CONSTITUCIONAL
5. Conveniência de fiscalização federal	**Art. 21, VII** – administrar as reservas cambiais do País e fiscalizar as operações de natureza financeira, especialmente as de crédito, câmbio e capitalização, bem como as de seguros e de previdência privada. **Art. 21, XIV** – organizar, manter e executar a inspeção do trabalho. **Art. 21, XV** – organizar e manter os serviços oficiais de estatística, geografia, geologia e cartografia de âmbito nacional. **Art. 21, XVI** – exercer a classificação, para efeito indicativo, de diversões públicas e de programas de rádio e televisão. **Art. 21, XXV** – estabelecer as áreas e as condições para o exercício da atividade de garimpagem, em forma associativa. **Art. 21, XXVI** – organizar e fiscalizar a proteção e o tratamento de dados pessoais, nos termos da lei.
6. Planejamento Nacional	**Art. 21, IX** – elaborar e executar planos nacionais e regionais de ordenação do território e de desenvolvimento econômico e social. **Art. 21, XVIII** – planejar e promover a defesa permanente contra as calamidades públicas, especialmente as secas e as inundações. **Art. 21, XX** – instituir diretrizes para o desenvolvimento urbano, inclusive habitação, saneamento básico e transportes urbanos. **Art. 184**, que versa sobre política fundiária. **Art. 214**, plano nacional de educação. **Art. 174, § 1º** – desenvolvimento econômico.
7. Responsabilidade por atividades do Distrito Federal e dos Territórios	**Art. 21, XIII** – organizar e manter o Poder Judiciário, o Ministério Público do Distrito Federal e dos Territórios e a Defensoria Pública dos Territórios; **Art. 21, XIV** – organizar e manter a polícia civil, a polícia penal, a polícia militar e o corpo de bombeiros militar do Distrito Federal, bem como prestar assistência financeira ao Distrito Federal para a execução de serviços públicos, por meio de fundo próprio;
8. Anistia	**Art. 21, XVII** – conceder anistia.

Conquanto se utilize indistintamente a denominação de competências administrativas para designá-las, nem todas são exercidas por função administrativa em sentido estrito, regidas, total ou parcialmente, pelo **Direito Administrativo** com seu regime jurídico próprio de prerrogativas e sujeições de natureza eminentemente **legal**. É facilmente perceptível o exercício de tarefas de caráter **político**, com disciplinamento prevalentemente **constitucional**, que envolvem outros Poderes da República além do Executivo. Por esse motivo, é preferível a denominação de **competências materiais**. Quando muito, a expressão "competências administrativas" pode se referir à parte dessas atribuições, que correspondem às atividades exercidas de maneira direta ou indireta pela Administração Pública integrantes da estrutura do Poder Executivo, como atividade subsidiária à política.

São exemplos de **atividades políticas** (de Estado) a concessão de anistia, a declaração de guerra, a celebração da paz, a decretação do Estado de Defesa, do Estado de Sítio, da Intervenção Federal, a defesa nacional e as relações diplomáticas. Seus procedimentos envolvem a participação de instâncias políticas diversas, como a Presidência da República, o Congresso Nacional ou o Supremo Tribunal Federal, não se restringindo a sujeitos administrativos, como órgãos da Administração Direita (ligados à estrutura da Presidência da República), entidades da Administração Indireta nem a concessionários ou permissionários públicos.

Há antiga corrente doutrinária, surgida ainda no século XIX, na França, que utilizava a expressão "serviço público" como sinônima de função estatal, mas se trata de visão já superada. É preciso que não se opere confusão, dada a distinção de regimes jurídicos. Essas atividades políticas dizem respeito a **atribuições de governo**, exercidas por poderes preponderantemente constitucionais, segundo juízo que suplanta o âmbito de atividade subsidiária regida por normas infraconstitucionais, que caracteriza as funções administrativas.

As demais atribuições descritas nos artigos há pouco transcritos, elas sim, são propriamente **administrativas**, cujas espécies são quatro:

a) **serviço público**, incumbência que implica a circulação remunerada ou não de mercadorias e serviços com vistas a atender as demandas públicas e sociais mais relevantes, as quais, segundo dispõe o art. 175 da CF/88, devem ser prestados pelo Poder Público "[...] na forma da lei, diretamente ou sob regime de concessão ou permissão";

b) **polícia administrativa**, consistente na restrição de direito, liberdade e atividades privadas para satisfação ou realização de interesse público, conforme definidos em lei;

c) **intervenção** na economia de maneira direta, por meio do exercício de atividades econômicas por empresas estatais, e indireta, mediante a regulação do mercado;

d) **fomento**, consistente na concessão de incentivos e benefícios para entidades privadas que exerçam tarefas sociais, segundo planejamento previamente definido. Estimula inclusive o chamado setor público não estatal, formado por terceiros em colaboração com o Estado e organizações não governamentais.

Essas quatro atribuições são regidas total ou parcialmente pelo Direito Administrativo e exercidas por entidades da Administração Direta (integrantes da estrutura do poder Executivo, numa relação de hierarquia com a Presidência da República) ou da Administração Descentralizada (que se subdivide entre Administração Indireta e concessionários e permissionários). Pode-se, então, apresentar a seguinte tabela:

Atividade política	Atividade administrativa		
	Serviço Público	Intervenção e fomento	Polícia Administrativa
Art. 21, I – manter relações com Estados estrangeiros e participar de organizações internacionais. Art. 21, II – declarar a guerra e celebrar a paz. Art. 21, III – assegurar a defesa nacional Art. 21, V – decretar o estado de sítio, o estado de defesa e a intervenção federal.	Art. 21, VII – emitir moeda. Art. 21, X – manter o serviço postal e o correio aéreo nacional. Art. 21, XI – explorar, diretamente ou mediante autorização, concessão ou permissão, os serviços de telecomunicações. Art. 21, XII – explorar, diretamente ou mediante autorização, concessão ou permissão os serviços que enumera. Art. 21, XV – organizar e manter os serviços oficiais de estatística, geografia, geologia e cartografia de âmbito nacional.	Art. 174, §1º, desenvolvimento econômico. Art. 177 – Monopólio de atividades com petróleo. Art. 21, IX – elaborar e executar planos nacionais e regionais de ordenação do território e de desenvolvimento econômico e social. Art. 21, XXIII – explorar os serviços e instalações nucleares de qualquer natureza e exercer monopólio estatal sobre a pesquisa, a lavra, o enriquecimento e	Art. 21, IV – permitir, nos casos previstos em lei complementar, que forças estrangeiras transitem pelo território nacional ou nele permaneçam temporariamente. Art. 21, VI – autorizar e fiscalizar a produção e o comércio de material bélico. Art. 21, VIII- administrar as reservas cambiais do País e fiscalizar as operações de natureza financeira, especialmente as de
Art. 21, XVII – conceder anistia. Art. 21, XIX – instituir sistema nacional de gerenciamento de recursos hídricos e definir critérios de outorga de direitos de seu uso. Art. 184, política fundiária. Art. 21, XIII – organizar e manter o Poder Judiciário, o Ministério Público do Distrito Federal e dos Territórios e a Defensoria Pública dos Territórios; Art. 214, Plano Nacional de Educação.	Art. 21, XIV – organizar e manter a polícia civil, a polícia militar e o corpo de bombeiros militar do DF, e prestar assistência financeira ao DF para a execução de serviços públicos, por meio de fundo próprio. Art. 21, XVIII – planejar e promover a defesa permanente contra as calamidades públicas, especialmente as secas e as inundações.	reprocessamento, a industrialização e o comércio de minérios nucleares e seus derivados.	crédito, câmbio e capitalização, bem como as de seguros e de previdência privada. Art. 21, XX – instituir diretrizes para o desenvolvimento urbano, inclusive habitação, saneamento básico e transportes urbanos. Art. 21, XVI – exercer a classificação, para efeito indicativo, de diversões públicas e de programas de rádio e televisão. Art. 21, XXII – executar os serviços de polícia marítima, aeroportuária e de fronteiras. Art. 21, XXI – estabelecer princípios e diretrizes para o sistema nacional de viação; Art. 21, XXIV – organizar, manter e executar a inspeção do trabalho; Art. 21, XXV – estabelecer as áreas e as condições para o exercício da atividade de garimpagem, em forma associativa. Art. 21, XXVI – organizar e fiscalizar a proteção e o tratamento de dados pessoais, nos termos da lei.

Essas competências materiais **exclusivas** estão afinadas com as competências legislativas atribuídas **privativamente** à União pelo art. 22 da Constituição Federal, já que, conforme exposto no Capítulo 2, exercê-las materialmente demanda a capacidade constitucional de estabelecer o disciplinamento normativo prévio por meio de lei. Mesmo que não haja correspondência expressa entre a atividade do art. 21 com alguma das competências legislativas do art. 22, é tida como **poder implícito** a capacidade legislativa para tratar do assunto material, excluindo-se, dessa forma, da competência residual dos Estados-membros. **A competência material inclui**, necessariamente, portanto, **a respectiva competência legislativa**, ainda que implícita e não explicitamente no art. 22.

A regra, pois, é haver a previsão material no art. 21 e correlata alusão legislativa expressa no art. 22, mas em isso não se dando, entende-se haver o poder implícito para legislar sobre o tema, como uma consequência lógica da autonomia federativa, de modo a fixar por si os parâmetros legais para a própria atuação material.

3.1.1 Legislação periférica diante de competência material exclusiva da União

Em decorrência dessa dupla fixação de competência (tática e expressa) em torno da competência legislativa da União em face suas competências materiais, é vedada a edição de normatização estadual ou local sobre o assunto, ressalvadas apenas competências suplementares ou eventual delegação aos Estados-membros, conforme permitido pelo parágrafo único do art. 22 da Constituição Federal.

É preciso, realmente, se atentar para o detalhe de que as competências materiais são **exclusivas**, e por isso não podem ser delegadas aos entes periféricos, sendo obrigação da União exercê-las. Por sua vez, as respectivas competências legislativas expressas são **privativas**, permitindo, segundo o parágrafo único do art. 22, da Constituição Federal, a **delegação aos Estados-membros**.

Assim, seria possível, em tese, porquanto nunca verificado na prática brasileira, haver a execução de competência material pela União em cumprimento à legislação estadual, mas, apenas e tão somente, na hipótese e na estrita medida de delegação legislativa expressa da União para os Estados-membros. Não representaria tal hipótese uma ofensa aos princípios federativos, porquanto o exercício da delegação pressupõe que há uma convergência de interesse entre União (delegatária) e o Estado-membro delegado, representando essa conjugação de esforços instrumento consentâneo com um federalismo cooperativo. Somente em casos de flagrantes desbordes, em que essa delegação implicasse no caso concreto anulação de autonomias federativas é que se estaria diante de uma inconstitucionalidade.

Não pode haver, portanto, fora da hipótese de ponderada delegação, uma parte federada legislar para disciplinar a atividade material de outra. Isso já foi apreciado pelo Supremo Tribunal Federal, no julgamento da medida cautelar da ADI 2.035[1], que versava sobre lei do Rio de Janeiro que proibia a comercialização de armas de fogo em seu território. O Tribunal decidiu ser proibida uma atuação legislativa estadual sobre assunto de competência material da União, precisamente em razão da correlata competência legislativa desta.

No caso, entendeu-se que a competência material da União fixada no art. 21, VI para "[...] autorizar e fiscalizar a produção e o comércio de material bélico" abarcava qualquer tipo de armamento e lhe outorgava privativamente de maneira a correlata competência legislativa privativa, de modo a excluir a possibilidade de legislação estadual.

Na defesa da lei, argumentou-se que a edição de lei pelo Estado-membro não prejudicaria ou excluiria "[...] a competência administrativa da União para, através do Ministério do Exército, exercer o poder de polícia sobre o comércio de armas". Em havendo norma estadual proibindo tal comércio, caberia ao Exército fiscalizar seu

---

1. ADI 2035 MC, Relator(a): Min. OCTAVIO GALLOTTI, Tribunal Pleno, julgado em 09/09/1999, DJ 04-08-2000 PP-00003 EMENT VOL-01998-01 PP-00062.

CAPÍTULO 3 • COMPETÊNCIAS MATERIAIS DOS ENTES FEDERATIVOS

cumprimento, de modo a assegurar a proibição, não representando qualquer violação federativa um ente federativo realizar atividades administrativas em obediência a norma criada por outro.

A Corte, contudo, não acatou essa linha de raciocínio e firmou o entendimento de que a competência material também implica, necessariamente, a competência legislativa. O relator, Ministro Otacvio Galotti, após fazer citação do art. 21, VI, consignou que "[...] como decorre de norma da Lei Maior, a comercialização de materiais bélicos estão sujeitos ao controle federal e os limites dentro dos quais se realizarão essas atividades mercantis são objeto de disciplinamento em legislação editada pela União, compreendendo-se, ainda, que a fiscalização desse comércio é de alçada de órgãos federais, mais precisamente, a cargo do Ministério do Exército". O Relator também fez expressa menção à impossibilidade de as demais entidades da federação tratarem sobre o assunto, ressalvando eventual competência suplementar ou delegada.

A mesma linha de pensamento foi reproduzida posteriormente em outro julgamento, vedando o disciplinamento legal periférico do uso de armas de fogo mesmo por membros de corporação policial estadual:

CONSTITUCIONAL. AÇÃO DIRETA DE INCONSTITUCIONALIDADE. COMPETÊNCIA DA UNIÃO PARA LEGISLAR SOBRE DIREITO PENAL E MATERIAL BÉLICO. LEI 1.317/2004 DO ESTADO DE RONDÔNIA. Lei estadual que autoriza a utilização, pelas polícias civil e militar, de armas de fogo apreendidas. A competência exclusiva da União para legislar sobre material bélico, complementada pela competência para autorizar e fiscalizar a produção de material bélico, abrange a disciplina sobre a destinação de armas apreendidas e em situação irregular. Ação direta de inconstitucionalidade julgada procedente[2].

Portanto, não se pode questionar que a delimitação da competência material também assegura o poder de legislar sobre o assunto em exclusão dos demais entes federados.

Esses dois precedentes foram ainda utilizados em questão posteriormente submetida ao Supremo Tribunal Federal, na ADI 2.729/RN, em que o Procurador-Geral da República pedia a declaração de inconstitucionalidade da Lei Complementar nº 240/02 do Rio Grande do Norte. Referida lei, ao disciplinar a carreira de Procurador do Estado, prescreveu uma série de prerrogativas que foram declaradas inconstitucionais no julgamento, como foro privilegiado perante o Tribunal de Justiça, vitaliciedade, prisão domiciliar e indicação do local de oitiva como testemunha ou ofendido. O art. 88 da lei impugnada deferia ainda aos membros daquela carreira "[...] porte de arma independente de qualquer ato formal de licença ou autorização".

O relator da ação, Ministro Eros Grau, julgou inconstitucional referida previsão porque invadiria a competência da União para legislar sobre Direito Penal (art. 22, I, da Constituição Federal). O fundamento para tanto consistia da constatação de que o porte ilegal de arma é tipificado como crime, razão pela qual a disposição que afasta

---

2. ADI 3258, Relator(a): Min. JOAQUIM BARBOSA, Tribunal Pleno, julgado em 06/04/2005, DJ 09-09-2005 PP-00033 EMENT VOL-02204-1 PP-00132 RTJ VOL-00195-03 PP-00915 LEXSTF v. 27, n. 322, 2005, p. 69-74 RB v. 18, n. 506, 2006, p. 49.

o crime (justamente casos de autorização legal) só caberia à União. Nas palavras do relator, "o porte de armas constitui ilícito penal. No entanto, o ordenamento comtempla preceitos normativos cuja incidência poderá afastar aquele que define o ilícito". Em seguida, acrescenta:

> O porte de arma será lícito se expressamente autorizado por norma jurídica específica. Essa norma específica é norma penal porque consubstancia uma isenção à regra que define a ilicitude penal.
>
> A regra da isenção retira o porte de arma do universo da ilicitude. Há aí uma operação de transposição da atividade do campo da ilicitude para o campo da licitude. Essa transposição é provida pelo texto normativo que estabelece a isenção. Então, se apenas à União, e privativamente, a Constituição atribui competência para legislar sobre matéria penal, somente a União poderá dispor a regra de isenção de que se cuida. Somente ela poderá operar a migração de atividade ilícita (porte de arma) para o campo da licitude.
>
> Portanto, nem a lei estadual, nem a lei distrital, nem a lei municipal podem operar migração dessa atividade do campo da ilicitude para o campo da licitude, pois é da competência privativa da União, nos termos do disposto no artigo 22, inciso I da Constituição.

O Relator foi expressamente seguido pelo Ministro Carlos Velloso. O Ministro Joaquim Barbosa também o acompanhou. Em debate, o Ministro Sepúlveda Pertence lançou percuciente pergunta a respeito da norma federal que criminaliza o porte de arma sem autorização: "Se essa lei for revogada, então, torna-se constitucional a lei estadual?". Com essa pergunta, o Ministro estava a demonstrar que se considerava a questão constitucional concernente à competência federativa com base em uma disposição legal, ou seja, a matéria passaria a ser privativa da União não por causa de uma prescrição direta da Constituição Federal, mas, indiretamente, porque havia uma norma infraconstitucional criminalizando a conduta oposta e, como consequência, a matéria se definiria como privativa da União. Por entender que não poderia ser desse modo, concluiu o Ministro Sepúlveda Pertence: "[…] se for revogada a lei federal, torna-se constitucional a lei estadual? Não é constitucional. Apenas entendo assim".

É correta a colocação do Ministro Sepúlveda Pertence. O Relator se valeu de lei infraconstitucional para determinar o alcance da Constituição Federal. Entendeu que determinado assunto seria de competência da União porque havia lei federal tratando o assunto como crime. Embora seja válida uma interpretação sistêmica para entender o que seja propriamente matéria penal para saber o alcance do art. 22, I, isso se dá em termos mais amplos e abstratos em torno da definição do próprio ramo do Direito e não de um tipo penal específico, assim definido em uma determinada lei em um momento. Deve-se recorrer à respectiva teoria, às disposições históricas sobre a matéria de um modo genérico e mesmo à jurisprudência, a fim de buscar integridade e encontrar seus dados característicos e definidores para, então, saber o que compete privativamente à União legislar. No caso foi diferente, fez-se análise pontual e específica em torno de um só crime, simplesmente porque definido em lei infraconstitucional. Tem-se, em verdade, uma petição de princípio: a matéria é definida como penal porque o legislador nacional disciplinou como crime, mas o assunto só poderia ser regido por norma da União em sendo matéria penal.

CAPÍTULO 3 • COMPETÊNCIAS MATERIAIS DOS ENTES FEDERATIVOS

Conquanto concordasse com a conclusão pela inconstitucionalidade do porte de armas concedido por lei estadual, o Ministro Gilmar Mendes não se alinhou à fundamentação expendida e pediu vista do processo. Explicou que estava perplexo com a mencionada possibilidade da inconstitucionalidade superveniente na hipótese de a questão ser tratada como assunto penal privativo da União. Segundo ele, isso poderia ensejar "casos bastante heterodoxos".

Devolveu os autos apenas oito anos depois de iniciado o julgamento, quando muitos dos ministros que participaram do início já haviam deixado o Supremo Tribunal Federal. Em seu voto-vista, afasta a questão do âmbito penal e a relaciona ao comércio de material bélico aludido no art. 21, VI, da Constituição Federal, citando justamente o precedente formado na Medida Cautelar da ADI 2035:

> No julgamento da ADI-MC 2.035, em que se suspendeu lei estadual que proibia a comercialização de armas de fogo, o Supremo Tribunal Federal alinhou-se ao entendimento no sentido de que "material bélico" deve ser interpretado de forma mais abrangente, incluindo não apenas materiais de uso das Forças Armadas, mas também arma e munições de uso autorizado à população, nos termos da legislação aplicável.

Firmada, então, a premissa de que o material bélico referido no art. 21, VI, é abrangente e que, por via de consequência, envolve a respectiva competência legislativa correlata, o Ministro Gilmar Mendes retira o regramento do porte de arma do âmbito penal, como fora o fundamento do Ministro Eros Grau. Daí conclui:

> No tocante ao presente caso, entendo que regulamentação atinente ao registro e ao porte de arma também são de competência privativa da União, por ter direta relação com a competência de autorizar e fiscalizar a produção e o comércio de material bélico – e não apenas por se tratar de matéria penal, cuja competência também é privativa da União (art. 22, I, da Constituição Federal).

Com esse novo fundamento, a lei complementar estadual em julgamento foi declarada inconstitucional, elidindo a possibilidade de uma constitucionalização superveniente ante a revogação do crime correlato[3].

Conquanto essa fundamentação contorne a questão envolvendo a competência da União para legislar sobre Direito Penal, o extrato revela que o julgamento foi à unanimidade, **nos termos do voto do relator**, ou seja, a despeito do voto-vista, teria prevalecido o entendimento do Ministro Eros Grau, o que parece ser um erro, mesmo porque o próprio Ministro Gilmar Mendes divergiu quanto aos fundamentos, e não é possível identificar como entenderam os demais julgadores. Tem-se, então, um julgado em que

---

3. A ementa resultante não retrata nem de perto a interessante discussão subjacente, restando com o seguinte teor: "GARANTIAS E PRERROGATIVAS DE PROCURADORES DO ESTADO. LEI COMPLEMENTAR ESTADUAL. Ação direta de inconstitucionalidade. 2. Impugnados dispositivos da Lei Complementar n. 240, de 27 de junho de 2002, do Estado do Rio Grande do Norte. 3. Ação julgada procedente para declarar a inconstitucionalidade do inciso I e §§ 1º e 2º do artigo 86 e incisos V, VI, VIII e IX do artigo 87. 3. Reconhecida a inconstitucionalidade da expressão "com porte de arma, independente de qualquer ato formal de licença ou autorização", contida no art. 88 da lei impugnada". (ADI 2729, Relator(a): Min. LUIZ FUX, Relator(a) p/ Acórdão: Min. GILMAR MENDES, Tribunal Pleno, julgado em 19/06/2013, DJe-029 DIVULG 11-02-2014 PUBLIC 12-02-2014 EMENT VOL-02720-01 PP-00001).

não se pode delinear com precisão a *ratio decidendi*, porquanto impossível identificar claramente as razões da inconstitucionalidade da norma estadual, se porque invade a competência penal (violando o art. 22, I,) ou se porque versa sobre material bélico em um sentido amplo (art. 21, VI). De qualquer forma, é certo que não pode o legislador periférico outorgar porte de arma às pessoas, ainda que servidores públicos seus.

Para intensificar a discussão, no julgamento da ADI 7024[4], em dezembro de 2022, o Tribunal, por surpreendente unanimidade, seguiu entendimento do Ministro Luís Roberto Barroso para excepcionalizar o entendimento de que o disciplinamento do porte de arma é matéria federal privativa. Analisava-se, na ocasião, a constitucionalidade de lei do Paraná que estendia o porte de armas para policiais militares aposentados.

Nesse julgamento, foi reconhecido que a "jurisprudência do Supremo Tribunal Federal se firmou no sentido de que os arts. 21, VI, e 22, I e XXI, da Constituição atribuem competência privativa à União para legislar sobre porte de arma, matéria em que haveria predominância de interesse nacional". Ainda assim, prevaleceu o entendimento do relator "de que a questão não versa propriamente sobre direito penal ou material bélico, mas sobre segurança pública, matéria de competência concorrente (art. 144, *caput* e § 7º, CF). De toda forma, tal divergência não parece conduzir a conclusão essencialmente diversa daquela orientada pela jurisprudência da Corte". Em sendo a competência concorrente, a norma seria constitucional.

A despeito da afirmação contida no voto e refletida na ementa do julgado, é claro que houve uma divergência de entendimento. Na íntegra do voto, não se observa um competente *distinsguish* que demonstre substancial diferença entre esse julgamento e aqueles outros em que se invalidou a legislação estadual. Há a simples caracterização de que a matéria em questão (porte de arma) diria respeito à segurança pública (competência concorrente) e não à comercialização de material bélico (competência privativa da União). Essa é justamente a inversão do entendimento verificado na linha jurisprudencial que se afirma não divergir. Portanto, não se observa como é possível compatibilizar esse julgamento com a linha de entendimento anterior, a não ser considerá-lo uma quebra do entendimento jurisprudencial sobre o assunto.

Pouco tempo depois, em fevereiro de 2023, no julgamento da ADI 5284, o Supremo Tribunal Federal, também por unanimidade, reitera a "competência legislativa privativa da União para dispor sobre material bélico, bem como sua competência para fiscalizar sua produção e comércio, impedem que os Estados criem novos legitimados ao porte de arma de fogo"[5]. Essa ratificação da jurisprudência prevalecente corrobora a conclusão de o julgamento da ADI 7024 foi um ponto fora da curva.

---

4. ADI 7024, Relator(a): ROBERTO BARROSO, Tribunal Pleno, julgado em 17/12/2022, PROCESSO ELETRÔNICO DJe-s/n DIVULG 08-02-2023 PUBLIC 09-02-2023.
5. ADI 5284, Relator(a): GILMAR MENDES, Tribunal Pleno, julgado em 22/02/2023, PROCESSO ELETRÔNICO DJe-s/n DIVULG 27-02-2023 PUBLIC 28-02-2023 REPUBLICAÇÃO: DJe-s/n DIVULG 13-03-2023 PUBLIC 14-03-2023.

3.1.2 Competências materiais e separação de poderes

É importante destacar, ainda, que a relação entre as competências materiais e legislativas da União se complementam, mas não se confundem. Não pode haver invasão de uma sobre a outra, pois consistirá em ofensa à **separação dos poderes**. As atividades materiais administrativas são da alçada do Executivo, não podendo norma legislativa, a pretexto de regular a matéria, executar atos materiais. Da mesma maneira que não é permitido aos órgãos e entidades do Executivo editarem lei sobre o assunto material, também não é deferido ao Legislativo invadir espaço da Administração, editando norma com a finalidade de praticar um ato administrativo ou desconstituir outro já praticado.

É o que muito bem fundamenta o Ministro Celso de Mello, relator da Medida Cautelar da ADI 2364, ao escrever que "[...] ainda que o legislador disponha do poder de conformação da atividade administrativa, permitindo-lhe, nessa condição, estipular cláusulas gerais e fixar normas impessoais destinadas a reger e condicionar o próprio comportamento da Administração Pública, não pode, o Parlamento, em agindo *ultra vires*, exorbitar dos limites que definem o exercício de sua prerrogativa institucional". Em outras palavras: não é deferido ao Legislativo desfazer ou praticar atos tipicamente administrativos mediante a edição de leis ou outros atos normativos. Nesses assuntos, há o que o denominou de **reserva de administração**:

> [...] O princípio constitucional da reserva de administração impede a ingerência normativa do Poder Legislativo em matérias sujeitas à exclusiva competência administrativa do Poder Executivo. É que, em tais matérias, o Legislativo não se qualifica como instância de revisão dos atos administrativos emanados do Poder Executivo. Precedentes. Não cabe, desse modo, ao Poder Legislativo, sob pena de grave desrespeito ao postulado da separação de poderes, desconstituir, por lei, atos de caráter administrativo que tenham sido editados pelo Poder Executivo, no estrito desempenho de suas privativas atribuições institucionais. Essa prática legislativa, quando efetivada, subverte a função primária da lei, transgride o princípio da divisão funcional do poder, representa comportamento heterodoxo da instituição parlamentar e importa em atuação ultra vires do Poder Legislativo, que não pode, em sua atuação político-jurídica, exorbitar dos limites que definem o exercício de suas prerrogativas institucionais[6].

Diante dessa série de julgados sobre as competências materiais da União, tem-se, em verdade, um **regime constitucional básico extensível para Estados-membros, Distrito Federal e Municípios**. Pode-se tomar como conclusão válida amplamente o seguinte:

a) entre as competências materiais, há aquelas **políticas** (que envolvem, normalmente, a participação de **mais de um Poder**, mediante o exercício de poderes precipuamente constitucionais) e as **administrativas** (exercidas basicamente pelos órgãos ou entidades criadas e controladas pelo **Poder Executivo,** nos termos da legislação infraconstitucional);

---

6. ADI 2364 MC, Relator(a): Min. CELSO DE MELLO, Tribunal Pleno, julgado em 01/08/2001, DJ 14-12-2001 PP-00023 EMENT VOL-02053-03 PP-00551.

b) as competências materiais, por suas duas espécies, incluem a respectiva competência legislativa ainda que não prevista expressamente;

c) no exercício das competências administrativas, a atuação **legislativa** que não se consubstancie em um prévio disciplinamento **geral e abstrato**, mas um ato concreto de administração, representa ofensa à separação dos poderes.

3.2 O REGIME JURÍDICO APLICÁVEL AO EXERCÍCIO DAS COMPETÊNCIAS MATERIAIS

O ponto mais complexo sobre as competências materiais administrativas diz respeito ao regime jurídico aplicável quando de seu exercício. Foi visto e repetido que, quando diz respeito a atribuições políticas, o regime é eminentemente constitucional, e quando forem atividades administrativas, o regime será total ou parcialmente de Direito Administrativo. Determinar essa totalidade ou parcialidade é difícil, sobretudo porque recebeu incomensurável influência dos julgamentos do Supremo Tribunal Federal nos últimos tempos.

No exercício da **polícia administrativa** e do **fomento,** nunca se levantaram questionamentos mais sérios quanto à aplicação integral do regime jurídico administrativo estrito disciplinado inteiramente pelo Direito público, com prerrogativas e sujeições voltadas a assegurar a supremacia do interesse público sobre o particular, segundo normatização eminentemente infraconstitucional. Quando se trata, porém, de **serviço público** e de **atividade econômica (intervenção direta)**, e mesmo da divisão entre ambas, tem-se tarefa árdua. Conquanto se possa afirmar que, na prestação de serviço público, o regime é de Direito público (Direito Administrativo) e, no exercício de atividade econômica, é parcialmente privado (e porque ainda haverá normas públicas de controle), saber quando é um ou outro é tarefa das mais custosas.

Em uma abordagem inicial, as dificuldades não se apresentam. O art. 173, § 1º, da CF/88, determina que as empresas públicas e as sociedades de economia mista (entidades da Administração Indireta) devem se submeter "[...] ao regime jurídico próprio das empresas privadas, inclusive quanto aos direitos e obrigações civis, comerciais, trabalhistas e tributários". Esse dispositivo, *a priori*, consagra entendimento doutrinário clássico no sentido de que as empresas estatais, por terem personalidade jurídica de direito privado e exercerem, via de regra, atividade econômica (intervenção direta do Estado na economia), não poderiam ter qualquer privilégio consubstanciado em alguma prerrogativa de direito público, sob pena de prejudicar as empresas privadas, distorcendo o mercado por meio de uma concorrência desleal. As disposições de Direito público que lhes seriam aplicáveis diriam respeito apenas às sujeições, a fim de impedir malversação de verbas públicas, ofensa aos princípios constitucionais da Administração, como legalidade, impessoalidade, moralidade, publicidade e eficiência, bem como para permitir o controle do órgão central a fim de garantir a realização dos desígnios públicos que justificaram sua criação[7]. O Direito Administrativo, aqui, seria aplicável apenas parcialmente, já que no exercício de suas atividades-fim, a normatização seria a de Direito privado.

O regime de Direito público, com prerrogativas e sujeições, seria aplicável apenas para a Administração Direta e para as autarquias, já que exercem atividades típicas e têm personalidade jurídica também de Direito público. Esse regime jurídico administrativo, é bom destacar, diferencia-se do Direito privado justamente porque nele os atos praticados são atos administrativos (com presunção de legitimidade, coercibilidade e autoexecutoriedade) e os contratos celebrados são contratos administrativos com suas cláusulas exorbitantes. Enfim, tudo regulado integralmente pelo Direito Administrativo, que estabelece um disciplinamento jurídico próprio que prestigia a supremacia do interesse público sobre o particular. Tanto é assim que o art. 150, VI, "a", da CF/88, estabelece imunidade recíproca de impostos, ou seja, os entes federados não podem cobrar impostos uns dos outros nem de suas autarquias pelo exercício dessas atividades.

Segundo essa perspectiva clássica, portanto, o regime parcialmente privado seria aplicável às empresas estatais, dada a personalidade de Direito privado, enquanto o de Direito público estrito (com prerrogativas s sujeições) seria aplicável integralmente à Administração Direta e às autarquias, em razão de suas personalidades públicas e da função típica que exercem.

Isso mudou após do julgamento do Supremo Tribunal Federal sobre a situação da Empresa Brasileira de Correios e Telégrafos – ECT, que, entre outras atividades, é responsável pelo serviço postal e o correio aéreo nacional, conforme prescreve o art. 21, X, CF/88.

A lei instituidora dessa empresa pública (Decreto-Lei nº 509/69) previu em seu art. 12 a impenhorabilidade de seus bens, impondo, na prática, que as execuções contra a ECT se dessem sob o regime de precatório, o mesmo aplicável para a Administração Direta e autarquias, configurando uma típica prerrogativa de Direito público. Como era de se esperar, isso foi impugnado judicialmente, pois se alegava incompatibilidade justamente com o art. 173, § 1º, da Constituição Federal, já que se estava dando a uma empresa pública tratamento diferenciado do dispensado às empresas privadas. Alegava-se, então, que a disposição do Decreto-Lei não teria sido recepcionada pela nova ordem constitucional de 1988.

---

7. "ADMINISTRATIVO. BANCO DO BRASIL. SOCIEDADE DE ECONOMIA MISTA RESPONSABILIDADE SOLIDÁRIA SOBRE SERVIÇOS MEDIANTE CESSÃO DE MÃO DE OBRA. LEI 8.212/91. (…) 2. Embora as sociedades de economia mista tenham personalidade de direito privado, o regime jurídico é híbrido, sofrendo influxo do direito público. Assim, o direito a elas aplicado nem sempre é o privado. Essa derrogação parcial do direito comum é imprescindível para manter a subordinação entre a entidade e o ente que a instituiu, posto atuar como instrumento de ação do Estado. […]" (STJ – REsp 417794 / RS; RECURSO ESPECIAL 2002/0023447-3 Relator(a) Ministro LUIZ FUX (1122) Órgão Julgador T1 – PRIMEIRA TURMA Data do Julgamento 03/09/2002 Data da Publicação/Fonte DJ 30.09.2002 p. 195).

Em julgamento de Recurso Extraordinário sobre o assunto (RE 220.906), em novembro de 2000, o Supremo Tribunal Federal consolidou entendimento inovador, admitindo essa prerrogativa para empresas estatais que exercessem serviços públicos, sobretudo quando não tivessem o condão de prejudicar terceiros, dada a inexistência de concorrência. Portanto, se constatou que as empresas públicas e sociedades de economia mista não apenas exercem atividade econômica (quando aplicável precipuamente o regime de Direito privado), mas também podem prestar serviços públicos, que, quando exercidos sem qualquer competição, podem desfrutar de prerrogativas públicas.

O Ministro Maurício Corrêa, em seu voto, foi enfático ao consignar que "[...] não se aplicam às empresas públicas, às sociedades de economia mista e a outras entidades estatais ou paraestatais que explorem serviços públicos a restrição contida no artigo 173, § 1º, da Constituição Federal, isto é, a submissão ao regime jurídico próprio das empresas privadas, inclusive quanto às obrigações trabalhistas e tributárias, nem a vedação do gozo de privilégios fiscais não extensivos as do setor privado (CF, artigo 173, § 2º)". O Ministro Nelson Jobim acrescentou que "somente as empresas estatais que explorem atividade econômica em **regime de mercado** – setor reservado para a iniciativa privada – 'reger-se-ão pelas normas aplicáveis às empresas privadas'". O julgamento restou assim ementado:

> RECURSO EXTRAORDINÁRIO. CONSTITUCIONAL. EMPRESA BRASILEIRA DE CORREIOS E TELÉGRAFOS. IMPE-NHORABILIDADE DE SEUS BENS, RENDAS E SERVIÇOS. RECEPÇÃO DO ARTIGO 12 DO DECRETO-LEI Nº 509/69. EXECUÇÃO. OBSERVÂNCIA DO REGIME DE PRECATÓRIO. APLICAÇÃO DO ARTIGO 100 DA CONSTITUIÇÃO FEDERAL. 1. À empresa Brasileira de Correios e Telégrafos, pessoa jurídica equiparada à Fazenda Pública, é aplicável o privilégio da impenhorabilidade de seus bens, rendas e serviços. Recepção do artigo 12 do Decreto-lei nº 509/69 e não-incidência da restrição contida no artigo 173, § 1º, da Constituição Federal, que submete a empresa pública, a sociedade de economia mista e outras entidades que explorem atividade econômica ao regime próprio das empresas privadas, inclusive quanto às obrigações trabalhistas e tribu-tárias. 2. Empresa pública que não exerce atividade econômica e presta serviço público da competência da União Federal e por ela mantido. Execução. Observância ao regime de precatório, sob pena de vulneração do disposto no artigo 100 da Constituição Federal. Recurso extraordinário conhecido e provido[8].

Desde então, é mais adequado dizer que o regime jurídico parte público, parte privado (parcialmente de Direito Administrativo) ou o regime integralmente público (inteiramente regido pelo Direito Administrativo) é determinado pela atividade exer-cida pela empresa estatal. Em se tratando de atividade administrativa de competência do Poder Público, exercida sem concorrência com particulares, será possível a fruição de prerrogativas e sujeições de Direito público. O regime de Direito (parcialmente) privado, em que não há prerrogativas, apenas sujeições, cabe às empresas estatais que exercerem atividades econômicas em concorrência com os particulares, como, por exemplo, o Banco do Brasil ou a Caixa Econômica Federal. Por exercerem, nesse caso,

---

8. RE 220906/DF – DISTRITO FEDERAL RECURSO EXTRAORDINÁRIO Relator(a): Min. MAURÍCIO COR-RÊA Julgamento: 16/11/2000, Órgão Julgador: Tribunal Pleno Publicação: DJ 14-11-2002 PP-00015 EMENT VOL-02091-03 PP-00430.

CAPÍTULO 3 • COMPETÊNCIAS MATERIAIS DOS ENTES FEDERATIVOS   **113**

atividade econômica em sentido estrito, devem respeitar a livre concorrência, sem desfrutar de nenhuma prerrogativa pública.

A ECT que exerce um serviço público atribuído com exclusividade à União pelo art. 21 da Constituição Federal pode, portanto, fruir de benefícios distintos das empresas privadas, mesmo porque não pode ocasionar nenhum prejuízo à livre concorrência.

A discussão, no entanto, não se restringiu à impenhorabilidade dos bens expressamente estatuída por lei. Diante desse entendimento do Supremo Tribunal Federal, a ECT pleiteou sua equiparação integral às autarquias, requerendo, por via de consequência, o reconhecimento de imunidade recíproca em relação aos impostos, que também era prevista como isenção no art. 12 do Decreto-Lei nº 509/69. Por óbvio, o interesse econômico nisso era evidente, pois, na prática, representava desoneração de boa parte da carga tributária de impostos como IPVA, IPTU, entre outros.

O Supremo acolheu a pretensão da ECT:

> Tributário. Imunidade recíproca. Art. 150, VI, "a", da Constituição Federal. Empresa Brasileira de Correios e Telégrafos (ECT). Empresa pública prestadora de serviço público. Precedentes. 1. A jurisprudência deste Supremo Tribunal Federal, desde o julgamento do RE nº 407.099/RS, Relator o Ministro Carlos Velloso, DJ de 6/8/04, firmou-se no sentido de que a Empresa Brasileira de Correios e Telégrafos, empresa pública prestadora de serviço público, é beneficiária da imunidade tributária recíproca prevista no art. 150, VI, "a", da Constituição da República. Esse entendimento foi confirmado pelo Plenário desta Corte na ACO nº 765/RJ, Redator para o acórdão o Ministro Menezes Direito. 2. Ação cível originária julgada procedente[9].

Naturalmente, outras entidades federais em situação similar à da ECT também buscaram o reconhecimento ao mesmo tratamento, sendo aplicado para a INFRAERO, responsável pela navegação aérea, aeroespacial e infraestrutura aeroportuária, nos termos do art. 21, XII, "c", da CF/88. O Supremo Tribunal Federal também admitiu a imunidade recíproca no caso:

> [...] A INFRAERO, que é empresa pública, executa, como atividade-fim, em regime de monopólio [PRIVILÉGIO NA EXPRESSÃO DE EROS GRAU], serviços de infraestrutura aeroportuária constitucionalmente outorgados à União Federal, qualificando-se, em razão de sua específica destinação institucional, como entidade delegatária dos serviços públicos a que se refere o art. 21, inciso XII, alínea "c", da Lei Fundamental, o que exclui essa empresa governamental, em matéria de impostos, por efeito da imunidade tributária recíproca (CF, art. 150, VI, "a"), do poder de tributar dos entes políticos em geral. Consequente inexigibilidade, por parte do Município tributante, do ISS referente às atividades executadas pela INFRAERO na prestação dos serviços públicos de infraestrutura aeroportuária e daquelas necessárias à realização dessa atividade-fim. O ALTO SIGNIFICADO POLÍTICO-JURÍDICO DA IMUNIDADE TRIBUTÁRIA RECÍPROCA, QUE REPRESENTA VERDADEIRA GARANTIA INSTITUCIONAL DE PRESERVAÇÃO DO SISTEMA FEDERATIVO. DOUTRINA. PRECEDENTES DO STF. INAPLICABILIDADE, À INFRAERO, DA REGRA INSCRITA NO ART. 150, § 3º, DA CONSTITUIÇÃO. – A submissão ao regime jurídico das empresas do setor privado, inclusive quanto aos direitos e obrigações tributárias, somente se justifica, como consectário natural do postulado da livre concorrência (CF, art. 170, IV), se e quando as empresas governamentais explorarem atividade econômica em sentido estrito, não se aplicando, por isso mesmo, a disciplina prevista no art. 173, § 1º, da Constituição,

---

9. ACO 789, Relator(a): Min. MARCO AURÉLIO, Relator(a) p/ Acórdão: Min. DIAS TOFFOLI, Tribunal Pleno, julgado em 01/09/2010, DJe-194 DIVULG 14-10-2010 PUBLIC 15-10-2010 EMENT VOL-02419-01 PP-00001.

às empresas públicas (caso da INFRAERO), às sociedades de economia mista e às suas subsidiárias que se qualifiquem como delegatárias de serviços públicos[10].

O mesmo entendimento foi ainda aplicado à Casa da Moeda, responsável pela emissão de papel-moeda, cunhagem de moeda metálica e impressão de selos postais:

> Casa da Moeda do Brasil (CMB) – empresa governamental delegatária de serviços públicos – emissão de papel moeda, cunhagem de moeda metálica, fabricação de fichas telefônicas e impressão de selos postais – regime constitucional de monopólio (CF, art. 21, VII) – outorga de delegação à CMB, mediante lei, que não descaracteriza a estatalidade do serviço público, notadamente quando constitucionalmente monopolizado pela pessoa política (a União Federal, no caso) que é dele titular – a delegação da execução de serviço público, mediante outorga legal, não implica alteração do regime jurídico de direito público, inclusive o de direito tributário, que incide sobre referida atividade – consequente extensão, a essa empresa pública, em matéria de impostos, da proteção constitucional fundada na garantia da imunidade tributária recíproca (CF, art. 150, VI, "a") – o alto significado político-jurídico dessa prerrogativa constitucional, que traduz uma das projeções concretizadoras do princípio da federação – imunidade tributária da Casa da Moeda do Brasil, em face do ISS, quanto às atividades executadas no desempenho do encargo que, a ela outorgado mediante delegação, foi deferido, constitucionalmente, à união federal – doutrina (Regina Helena Costa, "inter alios") – precedentes – recurso de agravo improvido[11].

Esse longo entendimento jurisprudencial se mantém inabalado, sendo confirmado nos julgados mais recentes ao reafirmar "entendimento do Supremo Tribunal Federal no sentido de que sociedades de economia mista e empresas públicas que executam **atividade econômica** não podem gozar da imunidade tributária recíproca, restrita, nesses casos, à prestação de **serviço público essencial** em regime de exclusividade"[12].

Na jurisprudência do Supremo Tribunal Federal, restou assentada, portanto, a possibilidade de se estabelecer um regime público, de Direito Administrativo, para as empresas estatais que exerçam com exclusividade serviços públicos. A obrigatoriedade do regime (parcialmente) privado, estabelecido pelo art. 173, § 1º, CF/88, foi tida como obrigatória para as empresas públicas e sociedades de economia mista que exerçam atividades econômicas de mercado, em concorrência com os particulares.

3.2.1 Delineamento de algumas atividades materiais exclusivas da União pelo STF: serviço postal e anistia

Algumas atividades materiais previstas no art. 21 da Constituição Federal tiveram seus delineamentos traçados pelo Supremo Tribunal Federal em razão da falta de detalhamentos no Texto Constitucional, merecendo destaque o serviço postal e a concessão de anistia.

---

10. RE 363412 AgR, Relator(a): Min. CELSO DE MELLO, Segunda Turma, julgado em 07/08/2007, DJe-177 DIVULG 18-09-2008 PUBLIC 19-09-2008 EMENT VOL-02333-03 PP-00611 RTJ VOL-00206-01 PP-00407.

11. RE 610517 AgR, Relator(a): Min. CELSO DE MELLO, Segunda Turma, julgado em 03/06/2014, ACÓRDÃO ELETRÔNICO DJe-120 DIVULG 20-06-2014 PUBLIC 23-06-2014.

12. RE 424227, Relator(a): CARLOS VELLOSO, Segunda Turma, julgado em 24/08/2004, DJ 10-09-2004 PP-00045 EMENT VOL-02163-05 PP-00971 RTJ VOL 00192-01 PP-00375.

Os contornos de algumas delas só se consolidaram sob o regime pós-1988 mediante o pronunciamento jurisdicional. É exemplo disso o serviço postal prestado pela ECT. Somente depois de intenso debate judicial, foi ele confirmado como serviço público e não como atividade econômica estrito senso. Assentou-se, ainda, que abrange não só a simples entrega de cartas pessoais, mas vários tipos de correspondências que não se caracterizam como grande encomenda, ratificando a definição já trazida pela Lei n.º 6.538/78.

Essas distinções são importantes porque, em sendo o serviço considerado atividade econômica em sentido estrito, prevaleceria a livre iniciativa e concorrência, podendo os particulares exercê-lo sem necessidade de concessão ou permissão pública, e, consequentemente, de licitação. Já se fosse considerado serviço público, existiria a exclusividade da União, vedando qualquer atuação de empresas privadas que não fosse mediante a decisão política de realização de certame para novos concessionários ou permissionários.

O interesse econômico se evidenciava ao considerar os valores envolvidos não no envio de cartas, mas de correspondências bancárias, malas diretas, malotes, periódicos, cobranças, contas de água, luz e telefone etc. Assim, também entrou em jogo a própria definição do que seria o serviço postal previsto no art. 21 da Constituição Federal.

A ABRAED – Associação Brasileira das Empresas de Distribuição ajuizou Ação de Descumprimento de Preceito Fundamental em face da ECT, alegando, em suma, que a atuação monopolista da empresa estatal ofenderia vários preceitos constitucionais, em especial a livre concorrência prevista no art. 170.

Tendo em vista o entendimento do próprio Supremo Tribunal Federal há instantes exposto quanto à possibilidade de a ECT fruir de um regime diferenciado justamente por exercer serviço público e não atividade econômica estrito sensu, era de se esperar uma manifestação uníssona do Tribunal, ratificando ser público o serviço postal.

O Ministro Marco Aurélio, relator da ação, contudo, votou por seu provimento, entendendo que o **monopólio** praticado pela ECT violaria os preceitos constitucionais. Para tanto, defendeu uma interpretação evolutiva do art. 21, X, da CF/88, recorrendo à ideia de círculo hermenêutico de Gadamer e de mutação constitucional contida na obra de Pablo Lucas Verdú. Isso para demonstrar que, nos dias atuais, não mais subsistiam os motivos que impunham interpretação no sentido de que o exercício da atividade se desse exclusivamente por entidade da União na qualidade de serviço público. Destacou que o que é "[...] considerado serviço público não reside em uma intrínseca e imutável natureza das coisas. Trata-se de uma diferenciação historicamente determinada". Apontou que o art. 173 da Constituição Federal prescreve que a realização de atividade econômica pelo Estado somente se justifica quando necessária aos imperativos de segurança nacional ou de relevante interesse coletivo. Em seguida afirmou que "a liberdade de iniciativa se constitui em uma manifestação dos direitos fundamentais do homem, na medida em que garante o direito que todos têm de se lançar ao mercado de produção de bens e serviços por conta e risco próprios, bem como o direito de fazer cessar essa atividade". Por tudo isso, haveria condições de mercado a indicar que tal atividade deveria ser considerada uma atividade possível de ser desempenhada também pelos particulares, sem qualquer exigência prévia por parte do Poder Público, que poderia continuar a prestá-lo, mas em concorrência com o setor privado.

A contraposição veio do Ministro Eros Grau, que cerrou fileiras no entendimento de que o serviço postal era, por determinação constitucional, serviço público, recebendo tratamento de **privilégio** e não **monopólio** (próprio de atividades econômicas). Fez questão de ressaltar a distinção entre ambos:

> Monopólio é atividade econômica em sentido estrito. Já a exclusividade da prestação dos serviços públicos é expressão de uma situação de privilégio. Ruy Barbosa afirmava a necessidade de distinguirmos entre o monopólio das atividades econômicas (em sentido estrito) e a situação, 'absolutamente diversa, nos seus elementos assim materiais como legais, de outros privilégios, que não desfalcando por modo algum o território do direito individual, confiam a indivíduos e corporações especiais o exercício exclusivo de certas faculdades, reservadas, de seu natural, ao uso da Administração, no País, no Estado, ou no Município, e por ela delegados, em troco de certas compensações, a esses concessionários privativos'. E, adiante, completa: 'num ou noutro caso, pois, todos esses serviços hão de ser, necessariamente, objeto de privilégios exclusivos, quer os retenha em si o governo local, quer os confie a executores por ele autorizados. De modo que são privilégios exclusivos, mas não monopólios na significação má e funesta da palavra'. Por quê? Porque se trata da exclusividade da prestação de serviço público, que é atividade distinta da atividade econômica em sentido estrito. Por isso digo que o serviço público está para o Estado assim como a atividade econômica está para o setor privado.

Então, o Ministro Eros Grau, igualmente, refutou tese defendida por Luiz Roberto Barroso na tribuna da Corte, como advogado da causa, no sentido de que o particular poderia exercer a tarefa diretamente por se configurar atividade econômica. Sustentou o Ministro que, na qualidade de serviço público, já que atribuído pela Constituição Federal à União, a atividade postal só poderia ser prestada diretamente pelo particular, sem necessidade de concessão ou permissão, se o Texto Constitucional assim tivesse disposto expressamente como fez em relação à saúde e à educação, nas quais há essa possibilidade manifesta tanto do Estado quanto a iniciativa privada exercer. Como não há disposição similar na hipótese cogitada, o particular somente poderá prestar o serviço postal na condição de concessionário ou permissionário de serviço público, precisando, antes, vencer certame licitatório.

Após intenso debate, prevaleceu o entendimento do Ministro Eros Grau, ficando assim ementado o julgamento:

> [...] O serviço postal – conjunto de atividades que torna possível o envio de correspondência, ou objeto postal, de um remetente para endereço final e determinado – não consubstancia atividade econômica em sentido estrito. Serviço postal é serviço público. 2. A atividade econômica em sentido amplo é gênero que compreende duas espécies, o serviço público e a atividade econômica em sentido estrito. Monopólio é de atividade econômica em sentido estrito, empreendida por agentes econômicos privados. A exclusividade da prestação dos serviços públicos é expressão de uma situação de privilégio. Monopólio e privilégio são distintos entre si; não se os deve confundir no âmbito da linguagem jurídica, qual ocorre no vocabulário vulgar. 3. A Constituição do Brasil confere à União, em caráter exclusivo, a exploração do serviço postal

CAPÍTULO 3 • COMPETÊNCIAS MATERIAIS DOS ENTES FEDERATIVOS — 117

e o correio aéreo nacional [artigo 20, inciso X]. 4. O serviço postal é prestado pela Empresa Brasileira de Correios e Telégrafos – ECT, empresa pública, entidade da Administração Indireta da União, criada pelo decreto-lei n. 509, de 10 de março de 1.969. 5. É imprescindível distinguirmos o regime de privilégio, que diz com a prestação dos serviços públicos, do regime de monopólio sob o qual, algumas vezes, a exploração de atividade econômica em sentido estrito é empreendida pelo Estado. 6. A Empresa Brasileira de Correios e Telégrafos deve atuar em regime de exclusividade na prestação dos serviços que lhe incumbem em situação de privilégio, o privilégio postal. 7. Os regimes jurídicos sob os quais em regra são prestados os serviços públicos importam em que essa atividade seja desenvolvida sob privilégio, inclusive, em regra, o da exclusividade. 8. Arguição de descumprimento de preceito fundamental julgada improcedente por maioria. O Tribunal deu interpretação conforme à Constituição ao artigo 42 da Lei n. 6.538 para restringir a sua aplicação às atividades postais descritas no artigo 9º desse ato normativo.[13]

No concernente à concessão de anistia, o Supremo Tribunal Federal delineou, na ADI 104, o tipo de perdão que compete à União. Nessa ação, foi assentada a ideia de que a anistia de competência exclusivamente da União é a penal, que implica na *abolitio criminis*, não alcançando **anistia de infrações administrativas**, cuja deliberação é livre pelos Estados-membros e Municípios respectivos. "Só quando se cuidar de anistia de crimes – que se caracteriza como *abolitio criminis* de efeito temporário e só retroativo – a competência exclusiva da União se harmoniza com a competência federal privativa para legislar sobre Direito Penal; ao contrário, conferir à União – e somente a ela – o poder de anistiar infrações administrativas de servidores locais constituiria exceção radical e inexplicável ao dogma fundamental do princípio federativo – qual seja, a autonomia administrativa de Estados e Municípios – que não é de presumir, mas, ao contrário, reclamaria norma inequívoca da Constituição da República"[14]. Assim, no tocante a penas administrativas, a competência é comum dos entes federativos, a exercerem-na no âmbito próprio de atribuições.

3.3 CONFLITO ENTRE COMPETÊNCIAS MATERIAIS EXCLUSIVAS DA UNIÃO E COMPETÊNCIAS CONCORRENTES DOS ESTADOS-MEMBROS

Tema recorrente no Supremo Tribunal Federal diz respeito à impossibilidade jurídica de os Estados-membros, no exercício da competência concorrente para legislar sobre consumo, estabelecerem em prol dos consumidores obrigações e deveres para as operadoras de telefonia celular, concessionárias federais de **serviço de telecomunicações**. Tem-se de modo subjacente o **conflito** entre competências **privativas/exclusivas**, de um lado, e **concorrentes**, do outro.

O art. 21, XI, da Constituição Federal, estabelece competir à União "[…] explorar, diretamente ou mediante autorização, concessão ou permissão, os serviços de telecomunicações, nos termos da lei, que disporá sobre a organização dos serviços, a criação

---

13. ADPF 46, Relator(a): Min. MARCO AURÉLIO, Relator(a) p/ Acórdão: Min. EROS GRAU, Tribunal Pleno, julgado em 05/08/2009, DJe-035 DIVULG 25-02-2010 PUBLIC 26-02-2010 EMENT VOL-02391-01 PP-00020.
14. ADI 104, Relator(a): Min. SEPÚLVEDA PERTENCE, Tribunal Pleno, julgado em 04/06/2007, DJe-087 DIVULG 23-08-2007 PUBLIC 24-08-2007 DJ 24-08-2007 PP-00022 EMENT VOL-02286-01 PP-00001 RTJ VOL-00202-01 PP-00011.

de um órgão regulador e outros aspectos institucionais". Pelo próprio dispositivo constitucional, percebe-se que, mesmo quando há prestação indireta, mediante concessões a empresas particulares, como no atual modelo adotado desde os anos 1990, a União ainda mantém a capacidade de regular a prestação do serviço público, o que se dá por agências especializadas, que fiscalizam, punem e editam normas regulamentares. Além dessa função administrativa, cabe à União legislar privativamente sobre o assunto, conforme previsto no art. 22, IV, da Constituição Federal.

Por outro lado, o art. 24, V, também da Constituição Federal, estabelece como competência concorrente legislar sobre consumo. Como se verá no capítulo próprio, nesse tipo de competência, cabe à União editar normas gerais e aos Estados-membros e ao Distrito Federal editar normas específicas. Surgiram, então, leis estaduais estabelecendo regras sobre créditos de minutos para telefonia pré-paga, obrigatoriedade de apresentar informações nas faturas de serviço de internet, entre outras. Emergiu, daí, o conflito federativo entre a União (que concede esses serviços mediante licitação, segundo legislação própria e o regula desde o contrato de concessão, com cláusulas e disposições expressas) e os Estados-membros e o Distrito Federal, que podem criar normas específicas de proteção do consumidor.

Perceba-se, que **há duas relações jurídicas** em uma concessão pública. **A primeira** é entre poder concedente (no caso das telecomunicações, a União) e concessionária (operadora de telefonia, na hipótese). **A segunda** é entre a concessionária do serviço de telecomunicações (prestadora de serviço ao público) e o particular usuário. Em atenção a isso, o Supremo Tribunal Federal soluciona o choque federativo, julgando que as normas periféricas sobre consumo devem tocar apenas a segunda relação, não podendo interferir na primeira.

Na ADI 5569, restou firmado que "[...] revela-se inconstitucional, por invadir a competência privativa da União para regular a exploração do serviço público de telefonia – espécie do gênero telecomunicação –, a lei estadual cujos efeitos não se esgotam na relação entre consumidor-usuário e o fornecedor-prestador, interferindo na relação jurídica existente entre esses dois atores e o Poder Concedente, titular do serviço (arts. 21, XI, 22, IV, e 175 da Constituição da República)". Com esteio nessa premissa, o Tribunal declarou inconstitucional lei do Estado do Mato Grosso do Sul, que exigia das empresas prestadoras de serviço de internet móvel e de banda larga, na modalidade pós-paga, fazer constar na fatura gráficos informativos da velocidade média diária de envio e recebimento de dados. Tal exigência alterava, segundo o julgamento, o equilíbrio jurídico firmado pela União, tanto no contrato de concessão quanto pelas normas emitidas por sua agência reguladora.

Em seu voto, a relatora da ação, Ministra Rosa Weber, traça os critérios para saber quando se deixa o âmbito do Direito do Consumidor, de competência concorrente da União, Distrito Federal e Estados-membros, e se passa para a seara das telecomunicações, cuja atividade é exclusiva da União e a competência para legislar lhe é privativa: "Nessa ordem de ideias, para determinar se invadida a competência da União, reputo necessário examinar se a medida se esgota na relação entre o consumidor-usuário e o fornecedor-prestador do serviço público, ou se interfere, para além dessa dimensão, na relação jurídica existente entre esses dois atores e o Poder Concedente, titular do serviço".[15]

Portanto, se a norma estadual alcança apenas a relação jurídica concessionária e particular, no âmbito próprio das negociações e atos de consumo, tem-se o âmbito do Direito do Consumidor, podendo ser regrado concorrentemente pela União (que já o faz por normas gerais contidas no Código de Defesa do Consumidor) e pelos Estados-membros e Distrito Federal, mediante leis específicas. Por outro lado, se a lei toca a relação concessionária e poder concedente, alterando o equilíbrio da concessão ou choca com regras do contrato de concessão ou regulamentação das respectivas agências reguladoras, a matéria será de telecomunicações, a cargo apenas da União.

O Tribunal admite que, mesmo focando na relação entre concessionária e consumidor, é possível que a legislação estadual toque a atividade de telecomunicações. Seria impossível não haver esse efeito reflexo. Isso ocorre mesmo no exercício de outras competências constitucionais dos Estados-membros. Para ser válida, no entanto, deve tocar apenas de **maneira indireta** e sem maiores impactos. No julgamento da Medida Cautelar da ADI 4.739, o Ministro Marco Aurélio expõe sobre o assunto:

> O texto constitucional não impede a edição de legislação estadual ou municipal que – sem ter como objeto principal a prestação dos serviços de telecomunicações – acabe por produzir algum impacto na atividade desempenhada pelas concessionárias de serviço público federal. As leis estaduais concernentes ao ICMS, a incidir sobre a atividade de telecomunicação, e a legislação municipal atinente ao uso do solo, de crucial importância na colocação de antenas e formação de redes, chegam a afetar a execução dos serviços, mas não revelam inconstitucionalidade formal.

Nessa ação, foi declarada inconstitucional lei do Estado de Rondônia que obrigava as empresas de telefonia a entregar, mediante requerimento, à polícia estadual, sob pena de multa, a localização dos aparelhos utilizados por seus consumidores. Além de se imiscuir no âmago do serviço de telecomunicações, estabelecendo grave obrigação com influxo direto e não meramente reflexo, o Supremo Tribunal Federal também considerou ter havido invasão à competência privativa da União para tratar sobre direito e processo penal[16].

Isso se dá porque, conforme assentado na ADI 5830, "o consumidor e o usuário de serviços públicos ostentam regimes jurídicos diversos. Enquanto o primeiro se subso-

---

15. ADI 5569, Relator(a): Min. ROSA WEBER, Tribunal Pleno, julgado em 18/05/2017, PROCESSO ELETRÔNICO Dje-115 DIVULG 31-05-2017 PUBLIC 01-06-2017.

16. "PROCESSO OBJETIVO – LEGITIMIDADE – TELECOMP. A Associação Brasileira das Prestadoras de Serviços de Telecomunicações Competitivas possui legitimidade para ajuizar ação direta de inconstitucionalidade objetivando a defesa das pessoas jurídicas que a integram. COMPETÊNCIA NORMATIVA – TELECOMUNICAÇÕES – CELULAR – LOCALIZAÇÃO DE APARELHOS – ESTADO. Os Estados não têm competência para disciplinar o afastamento do sigilo de dados mediante lei – relevância demonstrada e risco de manter-se com plena eficácia o ato normativo". (ADI 4739 MC, Relator(a): Min. MARCO AURÉLIO, Tribunal Pleno, julgado em 07/02/2013, PROCESSO ELETRÔNICO DJe-191 DIVULG 27-09-2013 PUBLIC 30-09-2013).

me ao disposto no Código de Defesa do Consumidor, este último observa a lógica da solidariedade social (artigo 3º, I, da Constituição Federal) e encontra sede específica na cláusula "direitos dos usuários", prevista no artigo 175, parágrafo único, II, da Constituição Federal"[17]. Por via de consequência, àquilo que disser respeito à condição de usuário do serviço público de telecomunicação em sentido estrito, há competência da União para legislar e fiscalizar, em detrimento da competência dos Estados-membros, que só podem regrar a condição de consumidor, o que toca a aspectos conexos ao de telecomunicação.

Em outro caso, a Associação das Operadoras de Celulares – ACEL ajuizou a ADI 4.715[18] contra outra lei do Estado do Mato Grosso do Sul, que proibia "[...] a imposição de prazo máximo para a utilização de créditos pré-pagos para telefones celulares, sob pena de incidência das sanções previstas no artigo 56 do Código de Defesa do Consumidor". A autora da ação apontava, entre outros motivos, a invasão da competência da União para explorar o serviço de telecomunicações, porquanto existente interferência direta no modo de prestar essa modalidade de serviço, com regulamentação federal própria. Por sua vez, o ente federado alegava agir dentro de sua competência concorrente para legislar sobre Direito do Consumidor.

A medida cautelar foi deferida para suspender a eficácia da norma impugnada, acolhendo o argumento de invadir a esfera de atribuição federal. Não poderia, realmente, ser diferente. A lei estadual tocou o próprio serviço de telecomunicações, objeto de concessão federal realizada segundo os ditames legais expedidos pelo ente central, os quais são o marco normativo para o respectivo contrato de delegação administrativa, que rege a prestação do serviço concedido. Todo esse equilíbrio normativo, material e mesmo econômico-financeiro, no concernente precipuamente ao serviço de telefonia, e não comercialização de produtos, cabe à União Federal, tanto no concernente à fiscalização do serviço público prestado indiretamente pela concessionária como também no aspecto legislativo de regulação da atividade e as obrigações e deveres que possuem perante os usuários dos serviços.

No voto condutor, da lavra do Ministro Marco Aurélio, ele também se ocupa em definir **critérios gerais** para solucionar o choque no exercício de competências privativas (nas quais se incluem as que decorrem da competência material exclusiva) e as concorrentes. Escreve:

> O caso versa conflito entre regras de competência legislativa constitucionalmente previstas, porquanto, de início, não há contrariedade presente o fundo, entre os atos normativos mencionados e a Carta Federal. Consoante a doutrina, no exercício simultâneo de competências legislativas privativas e concorrentes por entes federativos distintos, devem prevalecer as primeiras. Assim ocorre em razão da teleologia subjacente a cada técnica de repartição de competências.

---

17. ADI 5830, Relator(a): LUIZ FUX, Tribunal Pleno, julgado em 30/08/2019, PROCESSO ELETRÔNICO DJe-260 DIVULG 27-11-2019 PUBLIC 28-11-2019.
18. ADI 4715 MC, Relator(a): Min. MARCO AURÉLIO, Tribunal Pleno, julgado em 07/02/2013, PROCESSO ELETRÔNICO DJe-161 DIVULG 16-08-2013 PUBLIC 19-08-2013.

Parece claro que, **ao outorgar atribuições em caráter privativo**, o constituinte pretendeu conferir ao ente, **excluindo os demais**, a prerrogativa de exaurir a matéria, de discipliná-la na inteireza. O espírito é completamente diverso daquele a envolver as competências concorrentes – verdadeiros "condomínios legislativos", conforme usualmente rotuladas –, que pressupõem a atuação concertada dos entes federativos.

Perceba-se que, aqui, é lançado critério para solucionar não apenas o conflito especificamente em torno do serviço de telecomunicações, como o fez a Ministra Rosa Weber, ao estabelecer a dicotomia de relações jurídicas concedente/concessionária e concessionária/usuário. Apresenta-se parâmetro geral: ante o choque entre normas privativas e concorrentes, preponderam as primeiras, pois, ao estabelecer uma competência exclusiva ou privativa, a Constituição Federal impõe uma lógica de prevalência de uma única vontade federativa, que é incompatível com a conjugação de vontades diversas próprias da competência concorrente. Ao se identificar, pois, que um assunto é exclusivo ou privativo da União, cria-se, em consequência, uma **regra implícita de exclusão**, uma prescrição tácita de monopólio constitucional sobre o tema, proibindo que outro ente trate sobre a matéria, ainda que, de um modo apriorístico e *prima facie*, se inserisse na competência concorrente.

Esse entendimento não deixa de ser uma escolha discricionária de uma das várias maneiras de se compatibilizarem as disposições constitucionais. Da mesma maneira que se pode afirmar que a indicação de uma matéria como exclusiva ou privativa implica a prevalência da vontade de um só ente, excluindo o regramento conjunto por meio de competência concorrente, é igualmente possível concluir o inverso, ou seja, que se há a previsão constitucional para atuação conjunta de vários entes federativos, afasta-se o disciplinamento isolado por apenas um deles. O Texto Constitucional não é suficiente para indicar qual dessas opções hermenêuticas deve se sobrepujar. Considerando, no entanto, que o princípio federativo e a própria natureza do Estado Federal pugna por maior divisão de poderes e a descentralização, o mais íntegro e convergente com essa moralidade política seria fazer prevalecer a competência concorrente e não a privativa ou exclusiva, justamente porque reparte poderes. Há, então, subjacente ao critério geral lançado pelo Ministro Marco Aurélio, um viés centralizador, que merece ser adotado com reservas, demandando em futuras aplicações atenção ao modo de se realizarem e efetivarem os desígnios federativos.

Não se pode negar, todavia, que, especificamente no choque em torno dos serviços de telecomunicações, a prevalência das competências exclusiva e privativa da União tem sido constantemente reiterada, indicando uma grande limitação da atuação periférica dos Estados-membros, como se vê em diversos precedentes que declararam a inconstitucionalidade de uma variedade de leis estaduais:

a) lei do Estado de Pernambuco "[…] por instituir controle de comercialização e de habilitação de aparelhos usados de telefonia móvel"[19];

---

19. "Ação Direta de Inconstitucionalidade. 2. Lei estadual n. 12.983/2005 de Pernambuco versus CF 5º., X; 21, XI; e, 22, I e IV. 3. Afronta por instituir controle de comercialização e de habilitação de aparelhos usados de telefonia móvel. 4. Precedentes. 5. Ação direta parcialmente procedente para declarar a inconstitucionalidade dos seguintes dispositivos da lei pernambucana: artigos 1º, § 1º, I, "b"; 2º; 3º; 4º e 5º". (ADI 3846, Relator(a):

b) da Paraíba, invalidou-se lei que prescrevia a obrigação de fornecer ao consumidor informações sobre área de cobertura e qualidade do sinal[20];

c) lei da Bahia criou, inconstitucionalmente, no entender do STF, "[…] obrigação para as operadoras do serviço móvel pessoal, consistente na instalação e na manutenção de bloqueadores de sinais de radiocomunicações (BSR) nos estabelecimentos penais de todo o Estado, com o objetivo de impedir a comunicação por telefones móveis no interior dos referidos estabelecimentos, dispôs a respeito de serviços de telecomunicações"[21];

d) foi invalidada lei do Estado do Paraná que impunha às "[…] operadoras de telefonia celular e aos fabricantes de aparelhos celulares e acessórios a obrigação de incluir em sua propaganda advertência de que o uso excessivo de aparelhos de telefonia celular pode gerar câncer"[22];

e) lei do Estado do Rio de Janeiro que possibilitava o "[…] acúmulo das franquias de minutos mensais ofertados pelas operadoras de telefonia" foi tida como violadora do "art. 22, inciso IV, da Lei Maior, que confere à União a competência privativa para dispor sobre telecomunicações"[23];

Min. GILMAR MENDES, Tribunal Pleno, julgado em 25/11/2010, DJe-048 DIVULG 14-03-2011 PUBLIC 15-03-2011 EMENT VOL-02481-01 PP-00063 RIP v. 13, n. 66, 2011, p. 263-271 LEXSTF v. 33, n. 388, 2011, p. 11-24).

20. "AÇÃO DIRETA DE INCONSTITUCIONALIDADE. LEI ESTADUAL 10.058/2013 DO ESTADO DA PARAÍBA. SERVIÇO PÚBLICO DE TELEFONIA MÓVEL. OBRIGAÇÃO DE FORNECER AO CONSUMIDOR INFORMAÇÕES SOBRE ÁREA DE COBERTURA E QUALIDADE DO SINAL. ENCARGOS E SANÇÕES NÃO PREVISTOS NOS CONTRATOS DE CONCESSÃO DO SERVIÇO, CELEBRADOS COM A UNIÃO. USURPAÇÃO DAS COMPETÊNCIAS FEDERAIS PARA DISPOR SOBRE O TEMA. 1. Tendo em vista (a) a simplicidade da questão de direito sob exame; (b) a exaustividade das manifestações aportadas aos autos; e (c) a baixa utilidade da conversão do rito inicial adotado para o presente caso, a ação comporta julgamento imediato do mérito. Medida sufragada pelo Plenário em questão de ordem. 2. As competências para legislar sobre telecomunicações e para definir os termos da prestação dos serviços de telefonia móvel, inclusive sob regime de concessão, cabem privativamente à União, conforme o disposto nos arts. 21, XI; 22, IV, e 175 da Constituição Federal. Precedentes. 3. Ao criar, para as empresas que exploram o serviço de telefonia móvel no Estado da Paraíba, obrigações adicionais não previstas nos contratos de concessão, sujeitando tais prestadoras a sanções administrativas e pecuniárias no caso de descumprimento, a Lei Estadual 10.058/2013 imiscuiu-se indevidamente nos termos da relação contratual estabelecida entre o poder federal e as concessionárias. 4. Ação direta julgada procedente". (ADI 5098, Relator(a): Min. ALEXANDRE DE MORAES, Tribunal Pleno, julgado em 12/04/2018, PROCESSO ELETRÔNICO DJe-080 DIVULG 24-04-2018 PUBLIC 25-04-2018).

21. "[…] 3. O Supremo Tribunal Federal, em várias ocasiões, já afirmou a inconstitucionalidade de normas estaduais e distritais que impunham obrigações às concessionárias de telefonia, por configurar ofensa à competência privativa da União para legislar sobre telecomunicações. Precedentes: ADI 3.846/PE, Rel. Min. Gilmar Mendes, DJ de 15/3/11; ADI 3.322/DF, Rel. Min. Gilmar Mendes, DJ de 4/3/11; ADI 4.401/MG-MC, Rel. Min. Gilmar Mendes, DJ de 1º/10/10; ADI 2.615/SC-MC, Rel. Min. Nelson Jobim, DJ de 6/12/02. 4. A obrigação criada pela lei estadual questionada não está prevista nos contratos de concessão celebrados entre as empresas de serviços de telefonia móvel e a União, circunstância que evidencia, ainda mais, a interferência indevida do Estado em assunto de competência do ente federal. Precedente: ADI 3.533, Rel. Min. Eros Grau, DJ de 6/10/06. 5. Conversão do julgamento do referendo à medida cautelar em decisão de mérito. Ação julgada procedente". (ADI 5253, Relator(a): Min. DIAS TOFFOLI, Tribunal Pleno, julgado em 03/08/2016, PROCESSO ELETRÔNICO DJe-168 DIVULG 31-07-2017 PUBLIC 01-08-2017).

22. "COMPETÊNCIA LEGISLATIVA. AÇÃO DIRETA DE INCONSTITUCIONALIDADE. SERVIÇO DE TELECOMUNICAÇÕES. PROPAGANDA. COMPETÊNCIA PRIVATIVA DA UNIÃO. 1. Lei do Estado do Paraná que impõe às operadoras de telefonia celular e aos fabricantes de aparelhos celulares e acessórios a obrigação de incluir em sua propaganda advertência de que o uso excessivo de aparelhos de telefonia celular pode gerar câncer. 2. Violação à competência privativa da União para legislar sobre telecomunicações e sobre propaganda comercial (art. 22, IV e XXIX, CF). Precedentes da Corte. 3. Ação direta de inconstitucionalidade julgada procedente". (ADI 4761, Relator(a): Min. ROBERTO BARROSO, Tribunal Pleno, julgado em 18/08/2016, PROCESSO ELETRÔNICO DJe-241 DIVULG 11-11-2016 PUBLIC 14-11-2016).

23. ADI 4649, Relator(a): Min. DIAS TOFFOLI, Tribunal Pleno, julgado em 01/07/2016, PROCESSO ELETRÔNICO DJe-169 DIVULG 10-08-2016 PUBLIC 12-08-2016.

f) quanto a legislação de Santa Catarina, decidiu-se ser "inconstitucional norma local que fixa as condições de cobrança do valor de assinatura básica, pois compete à União legislar sobre telecomunicações, bem como explorar, diretamente ou mediante autorização, concessão ou permissão seus serviços"[24];

g) de Minas Gerais, foi declarada inconstitucional norma que obrigava vários fornecedores de serviço, entre os quais as concessionárias do serviço de telefonia, a fornecer na fatura a informação de quitação de débitos anteriores[25];

h) do Ceará ao "instituir a obrigação de as operadoras de telefonia fixa e móvel disponibilizarem, em seus sítios eletrônicos, extrato detalhado de conta das chamadas telefônicas e serviços utilizados na modalidade de recarga de créditos por pagamento antecipado (plano pré-pago), tal qual é feito nos planos pós-pagos"[26].

Nesses vários julgados, não se observa propriamente a aplicação do critério da Ministra Rosa Weber, que exige a cuidadosa perscrutação de qual relação jurídica a legislação estadual ou distrital toca (se a relação concedente/concessionária ou concessionária/consumidor), de modo a mesmo admitir um efeito reflexo sobre a relação de concessão. Percebe-se, em verdade, uma indistinta prevalência da competência federal, sem o refinamento de análise, o que seria uma exacerbação do critério do Ministro Marco Aurélio. Há uma série referências cruzadas de uns aos outros, mas sem esse cuidado analítico, ocasionando uma patologia própria do uso equivocado de precedentes, a hiperintegração, existente quando se equiparam questões hermenêuticas distintas sob uma mesma rubrica genérica para fazer o caso julgado caber em um precedente não inteiramente apropriado. Repita-se: é necessária maior atenção na aplicação dessa linha jurisprudencial.

Por fim, no concernente ao serviço de telecomunicações, é clássico o precedente no qual o Supremo Tribunal Federal afirmou que tais serviços não englobam a **edição de listas telefônicas**, que pode ser realizada livremente pelos particulares[27]. Embora

---

24. ADI 2615, Relator(a): Min. EROS GRAU, Relator(a) p/ Acórdão: Min. GILMAR MENDES, Tribunal Pleno, julgado em 11/03/2015, DJe-091 DIVULG 15-05-2015 PUBLIC 18-05-2015 EMENT VOL-02770-01 PP-00001.

25. "AÇÃO DIRETA DE INCONSTITUCIONALIDADE. ARTIGOS 1º E 2ª DA LEI 18.403/2009, DO ESTADO DE MINAS GERAIS. OBRIGAÇÃO DE O FORNECEDOR INFORMAR, NO INSTRUMENTO DE COBRANÇA ENVIADO AO CONSUMIDOR, A QUITAÇÃO DE DÉBITOS ANTERIORES. COMPETÊNCIA PRIVATIVA DA UNIÃO PARA LEGISLAR SOBRE TELECOMUNICAÇÕES. OFENSA AOS ARTIGOS 21, XI, 22, IV, e 175, PARÁGRAFO ÚNICO, I e II, TODOS DA CONSTITUIÇÃO FEDERAL. LIMINAR DEFERIDA. I – Norma estadual que imponha obrigações e sanções para empresas, dentre as quais as prestadoras de serviços de telecomunicações, não previstas nos contratos previamente firmados com a União, a qual detém a competência privativa para legislar em tais casos, viola, à primeira vista, o Texto Constitucional, conforme pacífica jurisprudência deste Tribunal. II – Medida cautelar deferida para suspender, até o julgamento final desta ação, a aplicação dos artigos 1º e 2º da Lei 18.403, de 28/9/2009, do Estado de Minas Gerais, tão somente em relação às empresas prestadoras de serviços de telecomunicações delegados pela União". (ADI 4533 MC, Relator(a): Min. RICARDO LEWANDOWSKI, Tribunal Pleno, julgado em 25/08/2011, PROCESSO ELETRÔNICO DJe-022 DIVULG 31-01-2012 PUBLIC 01-02-2012 RT v. 101, n. 921, 2012, p. 631-640).

26. ADI 5830, Relator(a): LUIZ FUX, Tribunal Pleno, julgado em 30/08/2019, PROCESSO ELETRÔNICO DJe-260 DIVULG 27-11-2019 PUBLIC 28-11-2019.

27. "Serviços de telecomunicações. Exploração. Edição de listas ou catálogos telefônicos e livre concorrência. Se, por um lado, a publicação e distribuição de listas ou catálogos telefônicos constituía um ônus das concessionárias de serviço de telefonia – que podem cumpri-lo com ou sem a veiculação de publicidade – não se pode dizer que estas tinham exclusividade para fazê-lo. O art. 2º da Lei 6.874/1980 ('A edição ou divulgação das listas referidas no § 2º do art. 1º desta lei, sob qualquer forma ou denominação, e a comercialização da publicidade nelas inserta são de competência exclusiva da empresa exploradora do respectivo serviço de telecomunicações, que deverá

3.4 COMPETÊNCIAS MATERIAIS EXCLUSIVAS DOS MUNICÍPIOS

sem maior relevância na atualidade, essa edição de listas já foi, no passado, atividade bastante rentável, mas hoje serve apenas de reminiscência histórica.

As competências materiais exclusivas dos Municípios concentram-se, principalmente, mas não unicamente, no art. 30 da Constituição Federal, sobretudo a partir do inciso V, que, além de indicar pontualmente algumas atividades, estabelece genericamente a responsabilidade pelos serviços públicos de **interesse local**, dado caraterístico da atuação municipal como um todo.

Existe, assim, perceptível diferença em relação ao rol de competências materiais da União, que é taxativo. A Constituição Federal preferiu que as demandas locais não padecessem de qualquer dúvida quanto ao responsável por sua satisfação, pois são muitas e imprevisíveis em razão de ser o ambiente em que os cidadãos efetivamente vivem e sentem suas necessidades mais prementes, pelo que uma enumeração, certamente, seria insuficiente e não acompanharia a dinâmica social e sua evolução.

Conquanto sejam competências expressas, elas **não são determinadas por um rol taxativo,** o que defere aos Municípios maior autonomia para exercer o autogoverno e a autoadministração, porquanto, em surgindo materialmente a necessidade caracterizada por sua dimensão local, a correlata competência federativa estará assegurada.

O Texto Constitucional não trouxe, no entanto, a conceituação ou mesmo critérios mais evidentes para determinar o que venha a ser o interesse local. A jurisprudência do Supremo Tribunal Federal também não se preocupou em traçar um arquétipo geral ao qual se possa submeter os casos específicos. Prefere o Pretório Excelso manifestar-se caso a caso, sem maiores fundamentações, sobre o que seja e o que não seja de interesse local, o que levou o Ministro Luiz Fux[28] a mencionar ser um **conceito** (que muda e altera com as alterações materiais e fática) e não de uma **definição** (absoluta e peremptória).

O mais próximo de uma definição se verificou na ADI 1221 quando o relator, Ministro Carlos Velloso, consignou que "interesse local diz respeito a interesse que diz de perto com as necessidades imediatas do Município". No entanto, tem-se, aqui, uma verdadeira petição de princípio: o interesse é local porque relacionado às necessidades do Município, que são definidas, pela Constituição, como sendo as de interesse local. Isso fica evidente quando, logo em seguida, afirma que os serviços funerários são serviços municipais porque as atividades a ele inerentes são de interesse local. A ementa, então, é o cúmulo da tautologia:

---

contratá-las com terceiros, sendo obrigatória, em tal caso, a realização de licitação') era inconstitucional – tendo em vista a Carta de 1969 – na medida em que institui reserva de mercado para a comercialização das listas telefônicas em favor das empresas concessionárias. Recurso extraordinário desprovido". (RE 158.676, Rel. p/ o ac. Min. Sepúlveda Pertence, julgamento em 14-8-2007, Primeira Turma, *DJ* de 5-10-2007).

28. RE 586224, Relator(a): LUIZ FUX, Tribunal Pleno, julgado em 05/03/2015, ACÓRDÃO ELETRÔNICO RE-PERCUSSÃO GERAL - MÉRITO DJe-085 DIVULG 07-05-2015 PUBLIC 08-05-2015.

"CONSTITUCIONAL. MUNICÍPIO. SERVIÇO FUNERÁRIO. C.F., art. 30, V. I. – Os serviços funerários constituem serviços municipais, dado que dizem respeito com necessidades imediatas do Município. C.F., art. 30, V. II. – Ação direta de inconstitucionalidade julgada procedente"[29].

Não se evidenciam características que definam o interesse local e, **por via de consequência**, de competência do Município. Persiste-se em uma conceituação circular. Nesse julgamento, o Procurador-Geral da República foi um pouco além e contribuiu de maneira mais eficaz para a conceituação:

Apesar de difícil conceituação, a expressão interesse local (art. 30, inciso V, da CF) funciona como catalisador dos assuntos de competência municipal e refere-se àqueles interesses que dizem respeito mais diretamente às **necessidades imediatas** do Município, ainda que venha a gerar reflexos no interesse regional. Nesse contexto, salvo as conhecidas hipóteses de interesse local previstas na Constituição, as demais deverão ser analisadas caso a caso, vislumbrando-se qual o interesse predominante (**princípio da predominância** do interesse local)[30].

Realmente, determinar o que seja interesse local é difícil, pois, repita-se, é na cidade, dentro de seus limites espaciais, que as pessoas experimentam cotidianamente as necessidades a serem satisfeitas pelo Poder Público. Como exemplo, cite-se a deficiência na guarda de fronteiras e no controle de armas que são matérias de competência da União e de interesse nacional, mas que refletem e se fazem sentir no dia a dia das localidades, gerando comezinhos problemas de violência sentidos no trato urbano. O mesmo se dá com a segurança pública, de responsabilidade dos Estados-membros, mas que é experimentada também no âmbito urbano principalmente. É na dimensão da vida local que todo cidadão demandará por atividades materiais dos entes federativos, mas isso **não significa** que seja do Município o dever de prové-las, tornando o assunto de interesse local para efeito de definição da competência constitucional. O contrário também é verdadeiro: a soma de várias necessidades locais contribui, sem dúvidas, para delineamento das regionais e mesmo nacionais, mas **não destitui** os Municípios de suas competências para fazê-las integrar às da União ou dos Estados-membros.

Por essa interrelação, Hely Lopes Meirelles entende que os Municípios não possuem competências exclusivas, mas apenas **preponderantes**, o que já foi analisado no capítulo 2 como um erro metodológico, porque exclusividade não se contrapõe a preponderância; são, na verdade, noções complementares. Os interesses preponderantemente locais delimitam a área de atuação exclusiva do Município. Há precedentes do Supremo[31] que recorrem a essa lição do eminente jurista, o que, contudo, não elide a crítica.

---

29. ADI 1221, Relator(a): Min. CARLOS VELLOSO, Tribunal Pleno, julgado em 09/10/2003, DJ 31-10-2003 PP-00013 EMENT VOL-02130-01 PP-00023.

30. ADI 104, Relator(a): Min. SEPÚLVEDA PERTENCE, Tribunal Pleno, julgado em 04/06/2007, DJe-087 DIVULG 23-08-2007 PUBLIC 24-08-2007 DJ 24-08-2007 PP-00022 EMENT VOL-02286-01 PP-00001 RTJ VOL-00202-01 PP-00011.

31. "[...]5. Sob a perspectiva estritamente jurídica, é interessante observar o ensinamento do eminente doutrinador Hely Lopes Meireles, segundo o qual 'se caracteriza pela predominância e não pela exclusividade do interesse para o município, em relação ao do Estado e da União. Isso porque não há assunto municipal que não seja reflexamente de interesse estadual e nacional. A diferença é apenas de grau, e não de substância'. (Direito Administrativo Brasileiro. São Paulo: Malheiros Editores, 1996. p. 121.) [...] (RE 586224, Relator(a): LUIZ FUX,

Coube à doutrina enfrentar a tarefa de delinear o que seja interesse local, recorrendo às características da **preponderância** e do caráter **imediato**. José Nilo de Castro, ainda sem escapar de alguma tautologia, escreve:

> Interesse local traduz-se em todos os assuntos do Município, mesmo que ele não fosse o único interessado, desde que seja o **principal**. É a sua **predominância**; tudo o que repercute direta e **imediatamente** na vida municipal é de interesse local, segundo o dogma constitucional, havendo, por outro lado, interesse (indireta e mediatamente) do Estado e da União. Impõe-se a assertiva à vista do fenômeno da descentralização[32].

Percebe-se, ante a lição doutrinária, que será local o interesse que se exaure, ao menos em sua dimensão imediata e principal, dentro dos limites do Município, sem repercussões de maiores extensões, podendo ser satisfeito também por atividades exclusiva ou primordialmente dentro desse limite territorial.

É possível acrescentar, então, que, para um assunto ser de interesse local, ele deve ter o seguinte: **a) caráter imediato** – o assunto deve ter origem e ser passível de tratamento e disciplinamento eminentemente dentro dos limites territoriais do Município, ainda que em conjugação de esforços com outros Municípios, com o Estado-membro ou mesmo com a União; **b) preponderância** – o assunto deve afetar mais fortemente a localidade e os munícipes do que ter uma repercussão regional ou nacional. Ao se analisar a enumeração que consta no art. 30 da Constituição Federal, percebe-se a validade dessas características ora propostas. Todas são atividades relativas a necessidades que surgem e podem ser tratadas no âmbito local e imediatamente afetam os munícipes.

Emenda à Constituição do Estado da Bahia trouxe, em 1999, um **conceito mais restrito de interesse local**, agregando o elemento de ter que ser satisfeito apenas e tão somente com o uso de recursos naturais da própria municipalidade. O art. 59 da Carta Estadual passou a ter a seguinte redação:

> Art. 59 - Cabe ao Município, além das competências previstas na Constituição Federal:
>
> [...]
>
> V - organizar e prestar os serviços públicos de interesse local, **assim considerados** aqueles cuja execução tenha **início e conclusão** no seu **limite territorial**, e que **seja realizado**, quando for o caso, **exclusivamente com seus recursos naturais,** incluindo o de transporte coletivo, que tem caráter emergencial.

Como se observa, o texto normativo até destaca corretamente a questão geográfica para delimitar o interesse local, mas extrapola ao exigir o modo de executar o serviço, apenas com recursos naturais da própria localidade. No caso, se queria retirar da competência municipal o serviço de saneamento básico, que demanda recursos hídricos que, normalmente, se estendem por mais de um Município, permitindo ao governo estadual delegá-lo por meio de licitação e concessão pública próprias, excluindo, assim,

---

Tribunal Pleno, julgado em 05/03/2015, ACÓRDÃO ELETRÔNICO REPERCUSSÃO GERAL - MÉRITO DJe-085 DIVULG 07-05-2015 PUBLIC 08-05-2015).

32. CASTRO, op. cit., p. 49.

os demais entes. Referido critério é bastante rígido, impondo grave restrição ao conceito de interesse local e, assim, da competência material dos Municípios.

Esse dispositivo baiano foi objeto de Ação Direta de Inconstitucionalidade (ADI 2.077) ajuizada perante o Supremo Tribunal Federal. A agremiação partidária autora, entre outros motivos e dispositivos impugnados, alegou que referida emenda constitucional "[...] não teve senão o objetivo de possibilitar a transferência da titularidade de serviços municipais de saneamento básico à iniciativa privada, em flagrante violação aos arts. 18; 21, inc. XX; 23, inc. IX; 25, §§ 1º e 3º; 30, incs. I e V; 175; e 200, inc. IV, da Carta Federal". Denuncia a invasão da competência municipal por meio da manipulação do conceito de interesse local.

O julgamento da Medida Cautelar se estendeu por longos anos, de 1999 a 2014. O relator, Ministro Ilmar Galvão, votou pela concessão da suspensão *in limine* da norma impugnada. Destacou que o fenômeno da expansão urbana tem sobrelevado um **interesse (não competência)** comum das várias entidades federativas, que, na medida em que cria a necessidade de participação adicional dos Estados-membros e mesmo da União, não retira dos Municípios sua **competência** para executar atividade de interesse local. Portanto, por esse entendimento, o **interesse** comum, evidenciado pela **realidade fática**, não afeta a **competência federativa** outorgada no **plano jurídico**, pois ainda é um **interesse local** (ou, melhor explicando, **interlocal**), causando a necessidade da conjugação de esforços dos envolvidos. Escreve:

> Por isso mesmo, na identificação do interesse que define a autonomia municipal não se pode perder de vista "as adaptações às circunstâncias da evolução econômica e social da vida própria da nação", como adverte Toshio Mukai (in "O Regime Jurídico Municipal e as Regiões Metropolitanas", Sug. Lit., 1976, p. 39). Por mais, entretanto, que se venha tornando frequente o recurso dos Municípios à ajuda do Estado, para seu desenvolvimento urbanístico, quer em serviços de segurança, saúde e saneamento, não se podendo vedar a este, por outro lado, que trace diretrizes gerais de interesse comum a ambos os níveis de governo, tal circunstância não permite que, adredemente, se afaste a competência municipal para dispor sobre qualquer matéria que toque ao interesse local.

Portanto, o fato de o Município **necessitar de recursos que extrapolem seus limites** territoriais para executar suas tarefas **não desqualifica o interesse como local** e, consequentemente, de sua competência federativa exclusiva. Inconstitucional, assim, é a disposição da carta baiana em questão, pois utiliza critério excessivo. Nesse ponto, o Relator foi acompanhado à unanimidade pelos membros do Tribunal. O julgamento recebeu a seguinte ementa:

> AÇÃO DIRETA DE INCONSTITUCIONALIDADE. MEDIDA CAUTELAR. PACTO FEDERATIVO. PARTILHA DE COMPETÊNCIA. MUNICÍPIOS. MATÉRIA DE INTERESSE LOCAL. LIMITAÇÃO POSITIVA NO TEXTO DE CONSTITUIÇÃO ESTADUAL. APARENTE INCONSTITUCIONALIDADE. ART. 30, I DA CONSTITUIÇÃO. É bastante plausível a alegada violação da regra constitucional que assegura autonomia aos municípios para dispor sobre assuntos de interesse local, causada por limitação territorial constante em dispositivo de constituição estadual. Medida cautelar concedida para suspender, até o julgamento final, a expressão "assim considerados aqueles cuja execução tenha início e conclusão no seu limite territorial, e que seja realizado, quando for o caso, exclusivamente com seus recursos naturais", presente no art. 59, V, da Constituição do Estado da Bahia[33].

---

33. ADI 2077 MC, Relator(a): Min. ILMAR GALVÃO, Relator(a) p/ Acórdão: Min. JOAQUIM BARBOSA, Tribunal Pleno, julgado em 06/03/2013, DJe-197 DIVULG 08-10-2014 PUBLIC 09-10-2014 EMENT VOL-02746-01 PP-00001.

O mérito dessa ação foi julgado em 2019, já com novo relator, Ministro Alexandre de Moraes, que confirmou o entendimento do tribunal expresso no julgamento da medida cautelar. Concluiu que o constituinte estadual "ao limitar o conceito de 'interesse local', interferiu no eixo da autonomia dos entes municipais, restringindo-lhes a capacidade de autoadministração e de autogoverno. Retirou-lhes a expectativa de estruturar qualquer serviço público que tenha origem ou que seja concluído fora do limite de seu território, ou ainda que demande a utilização de recursos naturais pertencentes a outros entes"[34].

Em razão do precedente firmado, tem-se que, além da preponderância e do caráter imediato, não se pode agregar nenhum critério outro, sob pena de inconstitucionalidade, pois ocasiona a restrição indevida da competência municipal. Outro ponto importante é que há **interesses** comuns que criam a obrigação de atuação conjunta dos entes federativos, mas que não são **competências** comuns, por poderem emergir da necessidade do exercício conjugado de competências exclusivas. Esse foi o entendimento do Supremo Tribunal Federal no julgamento da medida Cautelar da ADI 2.077, mas, sobretudo, no mérito da ADI 1.842.

Esse **interesse comum interlocal**, que não prejudica a competência exclusiva do Município para o trato da matéria que continua sendo de interesse local, normalmente, surge pelo fenômeno da **conurbação**, bem tratado pelo Ministro Eros Grau em seu voto da ADI 2.077-MC:

> O vocábulo conurbação, cunhado por Patrick Geddes, em 1915, em seu livro *Cities in evolution*, para referir à Grande Londres, conota a coalescência entre duas ou mais unidades urbanas preexistentes. O antigo modelo, da cidade incrustada no Município, é implodido. Um novo modelo – são os Municípios, então, que

---

34. "CONSTITUCIONAL. FEDERALISMO E RESPEITO ÀS REGRAS DE DISTRIBUIÇÃO DE COMPETÊN-CIA. NORMAS DA CONSTITUIÇÃO DO ESTADO DA BAHIA, COM REDAÇÃO DADA PELA EMENDA CONSTITUCIONAL 7/1999. COMPETÊNCIAS RELATIVAS A SERVIÇOS PÚBLICOS. OCORRÊNCIA DE USURPAÇÃO DE COMPETÊNCIAS MUNICIPAIS (ART. 30, I E V). PARCIAL PROCEDÊNCIA. 1. As regras de distribuição de competências legislativas são alicerces do federalismo e consagram a fórmula de divisão de centros de poder em um Estado de Direito. Princípio da predominância do interesse. 2. A Constituição Federal de 1988, presumindo de forma absoluta para algumas matérias a presença do princípio da predominância do interesse, estabeleceu, a priori, diversas competências para cada um dos entes federativos – União, Estados-Membros, Distrito Federal e Municípios – e, a partir dessas opções, pode ora acentuar maior centralização de poder, principalmente na própria União (CF, art. 22), ora permitir uma maior descentralização nos Estados-Membros e nos Municípios (CF, arts. 24 e 30, inciso I). 3. O art. 59, V, da legislação impugnada, ao restringir o conceito de "interesse local", interferiu na essência da autonomia dos entes municipais, retirando-lhes a expectativa de estruturar qualquer serviço público que tenha origem ou que seja concluído fora do limite de seu território, ou ainda que demande a utilização de recursos naturais pertencentes a outros entes. 4. O artigo 228, caput e § 1º, da Constituição Estadual também incorre em usurpação da competência municipal, na medida em que desloca, para o Estado, a titularidade do poder concedente para prestação de serviço público de saneamento básico, cujo interesse é predominantemente local. (ADI 1.842, Rel. Min. LUIZ FUX, Rel. P/ acórdão Min. GILMAR MENDES, DJe de 13/9/2013). 5. As normas previstas nos artigos 230 e 238, VI, não apresentam vícios de inconstitucionalidade. A primeira apenas possibilita a cobrança em decorrência do serviço prestado, sem macular regras constitucionais atinentes ao regime jurídico administrativo. A segunda limita-se a impor obrigação ao sistema Único de Saúde de participar da formulação de política e da execução das ações de saneamento básico, o que já é previsto no art. 200, IV, da Constituição Federal. 6. Medida Cautelar confirmada e Ação Direta julgada parcialmente procedente. (ADI 2077, Relator(a): ALEXANDRE DE MORAES, Tribunal Pleno, julgado em 30/08/2019, PROCESSO ELETRÔNICO DJe-200 DIVULG 13-09-2019 PUBLIC 16-09-2019).

se incrustam em determinadas cidades – se impõe, a exigir a adaptação, ao novo, das formas institucionais produzidas a partir do antigo modelo. Diante da vocação homeostática das formas jurídicas – capacidade de adaptação à realidade – a análise de cada dado da realidade informará essa adaptação.

Fala-se de **interesses interlocais** (convergência de vários interesses locais), que a depender de suas características em cada caso reclamam participação da União e Estados-membros, sem que os Municípios envolvidos percam suas competências constitucionais. Isso é muito corriqueiro em regiões metropolitanas de grandes capitais, merecendo tratamento jurídico apropriado, o qual será analisado adiante, quando se tratar da competência estadual para criar essas regiões metropolitanas.

Posto o conceito de interesse local, é preciso ainda chamar atenção para o aspecto classificatório das competências constitucionais outorgadas em função dele e indicadas no art. 30. A maior parte dos manuais faz menção indistinta às competências municipais, apenas arrolando as disposições desse enunciado. Nesse dispositivo constitucional, entretanto, existem competências legislativas, tributárias e materiais (políticas e administrativas), que devem ser apartadas e tratadas de modo diferenciado, porque o regime jurídico aplicado a cada uma delas também é distinto. Traça-se, então, o seguinte quadro classificatório:

ESPÉCIE DE COMPETÊNCIA	INCISO DO ART. 30, CF, /88
1. Legislativa	I – legislar sobre assuntos de interesse local. II – suplementar a legislação federal e a estadual no que couber.
2. Tributária	III – instituir e arrecadar os tributos de sua competência, bem como aplicar suas rendas, sem prejuízo da obrigatoriedade de prestar contas e publicar balancetes nos prazos fixados em lei.
3. Material política	IV – criar, organizar e suprimir distritos, observada a legislação estadual.
4. Material administrativa	V – organizar e prestar, diretamente ou sob regime de concessão ou permissão, os serviços públicos de interesse local, incluído o de transporte coletivo, que tem caráter essencial. VI – manter, com a cooperação técnica e financeira da União e do Estado, programas de educação infantil e de ensino fundamental. VII – prestar, com a cooperação técnica e financeira da União e do Estado, serviços de atendimento à saúde da população. VIII – promover, no que couber, adequado ordenamento territorial, mediante planejamento e controle do uso, do parcelamento e da ocupação do solo urbano. IX – promover a proteção do patrimônio histórico-cultural local, observadas a legislação e a ação fiscalizadora federal e estadual.

São competências materiais, portanto, apenas as atividades previstas a partir do inciso V, sendo as antecedentes de espécies distintas.

Esse artigo constitucional não exaure, como dito, todas as medidas políticas e administrativas possíveis de serem tomadas pelos Municípios. O próprio Texto Constitucional, em outros dispositivos, trata sobre atribuições dos Municípios, como no art. 144, §8º, que autoriza a criação de Guarda Municipal destinada "[...] à proteção de seus bens, serviços e instalações". O art. 182 disciplina a política de desenvolvimento urbano. Ademais, poderão as respectivas leis orgânicas, no exercício da autonomia federativa, detalhar outras que não estejam expressas na Constituição Federal, desde que dentro do critério do interesse local, definido pelo caráter imediato e a preponderância.

Essas competências materiais não comportam delegação, sendo responsabilidade própria e inarredável do Município, mas a exclusividade em muitos desses casos deve ser entendida, quando muito, como exclusividade de exercício no âmbito local, pois em alguns deles se deve observância a disposições legislativas federais e estaduais, segundo padronização geral planificada e preestabelecida, o que autoriza o exercício de atividades materiais em níveis mais amplos de interesse (nacional e regional). É o que se prescreve expressamente em relação à educação infantil e fundamental (tanto que há a competência da União para o Plano Nacional de Educação), à saúde (que se integra no Sistema Único de Saúde de âmbito nacional) e ao urbanismo (que deve observar as diretrizes traçadas pela União com base no art. 21 XX, CF/88). A competência para proteção do patrimônio histórico e cultural é competência comum expressamente definida dessa maneira pelo art. 23, II, CF/88. Por essa razão, autores entendem que, por análise mais detida, essas competências dos incisos VI a IX do art. 30 seriam precisamente definidas como competências comuns. Nesse sentido escreve Fernanda Dias Menezes de Almeida:

> Por outro lado, temos para nós que as competências previstas no inciso VI (manter programas de educação infantil e de ensino fundamental), no inciso VII (prestar serviços de atendimento à saúde da população) e no inciso IX (promover a proteção do patrimônio histórico-cultural local) não são exclusivas do Município, inscrevendo-se na área de competências materiais comuns. Quanto à educação, é certo que, nos termos do art. 211, §2º, os Municípios atuarão propriamente na área de ensino fundamental e infantil. Mas isso não significa, por exemplo, que os Estado não possam atuar nessa área posto ser a educação dever do Estado, cabendo ao Poder Público de todas as esferas organizar em regime de colaboração os seus sistemas de ensino. Quanto à saúde, já se lembrou em várias oportunidades que é assunto de competência comum, aliás expressamente incluído no rol do artigo 23, o que dispensaria a previsão do artigo 30, inciso VII. E o mesmo vale dizer em relação à proteção do patrimônio histórico-cultural, também arrolada como competência comum no artigo 23[35].

A competência material exclusiva em um sentido estrito – que veda a participação de outras entidades federativas e pressupõe competência legislativa também exclusiva – seria apenas a do inciso V, que se refere genericamente à **prestação dos serviços públicos locais**. No entanto, quando existente **interesses comuns**, diante de **proveitos interlocais**, há a já mencionada necessidade de atuação conjunta com outros entes federativos, pelo que a competência exclusiva não será excludente, mas, ao contrário, convergente.

Outro cuidado em torno desse dispositivo é quanto ao significado da expressão "**serviço público**". É importante que se esclareça: embora o art. 30, V, CF/88, faça alusão apenas a "serviço público", a dicção aqui é utilizada como **sinônimo de atividade administrativa**, o que envolve as quatro espécies já conhecidas (serviço público estrito senso, polícia administrativa, intervenção e fomento).

Seria absurda a interpretação que excluísse dos Municípios funções de fiscalização local (manifestação do poder de polícia) como trânsito, vigilância sanitária e controle urbano. Também é deferida aos Municípios a intervenção econômica quando assim

---

35. ALMEIDA, op. cit. p. 100.

exigir o interesse local, bem como de fomento, muito comum em municípios integrantes de regiões metropolitanas de capitais que, para fazer face à maior ascendência econômica do vizinho, lançam mão dos mais diversos incentivos para fortalecer a economia da própria localidade. Quanto ao fomento, a própria Constituição impõe, no art. 180, que "a União, os Estados, o Distrito Federal e **os Municípios** promoverão e incentivarão o turismo como fator de desenvolvimento social e econômico". Portanto, serviço público, indicado no art. 30, V, CF/88, deve ser interpretado de maneira ampla, como significando **atividade administrativa**.

Há também outro problema decorrente da simples alusão à prestação de "serviços públicos". Ainda que o considere em sentido estrito, quais tarefas ele abarcaria? O que faz uma atividade humana ser serviço público e, adicionalmente, municipal?

O único mencionado expressamente como público e municipal é o de transporte coletivo de passageiros, o que fez o Supremo Tribunal Federal assegurar seu **privilégio** (no sentido de prerrogativa consagrado pelo Ministro Eros Grau na ADPF 46) ao Poder Público, proibindo uma atuação direta dos particulares, que somente poderá se dar mediante concessão ou permissão:

> [...] Os transportes coletivos de passageiros consubstanciam serviço público, área na qual o princípio da livre iniciativa (artigo 170, caput, da Constituição do Brasil) não se expressa como faculdade de criar e explorar atividade econômica a título privado. A prestação desses serviços pelo setor privado dá-se em regime de concessão ou permissão, observado o disposto no artigo 175 e seu parágrafo único da Constituição do Brasil. [...][36].

Perceba-se, portanto, a importância da definição de quais outros "serviços públicos" são de competência dos Municípios, pois **não poderão** ser prestados pelos **particulares**, salvo na condição de **concessionários** ou **permissionários**, o que demandará, como regra, a vitória em um certame licitatório.

O problema é que há uma conhecida e divulgada **crise no conceito de serviço público** de um modo geral, o que, por óbvio, se estende à definição serviço público do municipal. Decorre da oscilação entre ideologias intervencionistas (de um Estado social) e absenteístas (de um Estado liberal ou neoliberal). Quando estão em voga aspirações intervencionistas, o conceito é mais abrangente, e, quando são as aspirações absenteístas em prestígio, ele é mais restrito para privilegiar a iniciativa privada. No Brasil, essa variação foi bastante perceptível nas últimas décadas.

Por isso é necessário enfrentar a constatação feita pelo Ministro Marco Aurélio de que não se trata de algo que decorra da "[...] intrínseca e imutável natureza das coisas". Determinar o que seja serviço público de interesse local demanda, pois, um somatório de elementos, já que não é algo inato, exigindo uma busca de integridade com os vários princípios de moralidade política que definem o próprio Estado e sua relação com a

---

36. ADI 845, Relator(a): Min. EROS GRAU, Tribunal Pleno, julgado em 22/11/2007, DJe-041 DIVULG 06-03-2008 PUBLIC 07-03-2008 EMENT VOL-02310-01 PP-00031 RTJ VOL-00205-01 PP-00029 LEXSTF v. 30, n. 52, 2008, p. 43-56.

economia e a sociedade. É necessária, então, a conjugação de três características, a seguir descritas.

a) **Primeira** – deverá existir **indicação na legislação municipal**, seja na Lei Orgânica, seja em legislação ordinária, de que a atividade é de responsabilidade do Município, que é obrigação pública em prol dos munícipes.

b) **Segunda** – deverá ser atividade com preponderância de um **interesse social e coletivo** ligado a uma necessidade pública da localidade e não mera circulação econômica ou financeira de riqueza.

c) **Terceira** – deverá ser prescrito um **regime de Direito Público** ainda que apenas parcial.

Como se percebe, o segundo elemento é o mais complexo, pois exige uma análise de conteúdo que poderá variar no tempo, ao sabor das influências ideológicas sobre o que é de interesse da coletividade, o que ocasionará uma inevitável margem de discricionariedade a ser suplantada pela busca de integridade com os princípios políticos da comunidade em torno de maior ou menor intervenção estatal. O primeiro e o terceiro são formais, verificáveis pela análise da normatização pertinente. De fato, em sendo serviço público local, será o Município o competente para legislar integralmente sobre ele. Quanto a isso não há questionamentos. Nesse sentido, o Supremo Tribunal Federal já declarou inconstitucional lei estadual que concedia o benefício da meia passagem para estudantes nos serviços de transporte coletivo urbano:

> […] 2. A competência para organizar serviços públicos de interesse local é municipal, entre os quais o de transporte coletivo [artigo 30, inciso V, da CB/88]. 3. O preceito da Constituição amapaense que garante o direito a "meia passagem" aos estudantes, nos transportes coletivos municipais, avança sobre a competência legislativa local. […][37]

Em outro julgado, o Supremo Tribuna Federal assentou de maneira expressa essa correlação entre a competência material e a competência legislativa, ao entender que "[…] a prestação de transporte urbano, consubstanciando serviço público de interesse local, é matéria albergada pela competência legislativa dos Municípios, não cabendo aos Estados-membros dispor a seu respeito"[38].

Em relação às competências materiais municipais, conclui-se, então, o seguinte:

a) as competências materiais do Município são definidas pelo interesse local, que se caracteriza pela preponderância e pelo caráter imediato, sendo inconstitucional eventual norma estadual, ainda que da constituição estadual, acrescentando outro critério que restrinja esse conceito, como, por exemplo, atribuindo exclusiva-

---

37. ADI 845, Relator(a): Min. EROS GRAU, Tribunal Pleno, julgado em 22/11/2007, DJe-041 DIVULG 06-03-2008 PUBLIC 07-03-2008 EMENT VOL-02310-01 PP-00031 RTJ VOL-00205-01 PP-00029 LEXSTF v. 30, n. 352, 2008, p. 43-56.
38. ADI 2349, Relator(a): Min. EROS GRAU, Tribunal Pleno, julgado em 31/08/2005, DJ 14-10-2005 PP-00007 EMENT VOL-02209-01 PP-00125 LEXSTF v. 27, n. 323, 2005, p. 46-53.

CAPÍTULO 3 • COMPETÊNCIAS MATERIAIS DOS ENTES FEDERATIVOS **133**

mente ao Estado-membro a competência para o trato de interesses interlocais, configurados como aqueles que convergem vários interesses locais;

b) o art. 30 da CF/88 indica competências exclusivas (inciso V) e comuns (incisos VI a IX), mas as competências exclusivas, diante de interesses interlocais, em função do fenômeno da conurbação, podem atrair a participação da União e dos Estado- -membros, sem isso representar perda dessa competência exclusiva municipal;

c) determinar os outros serviços do art. 30, V, CF/88, demandará uma análise do caso concreto em busca das caraterísticas definidoras do serviço público local, o que ocasionará a exclusividade legislativa municipal sobre o assunto, a qual somente poderá ser exercida pelo particular na condição de concessionário e permissionário após o devido processo licitatório.

3.5 COMPETÊNCIAS MATERIAIS EXCLUSIVAS DOS ESTADOS-MEMBROS

3.5.1 Competência material residual

O papel material mais marcante reservado pela Constituição Federal aos Estados- -membros é o de repositório de todas as ações não expressas no Texto Constitucional, as que restem após distribuição entre os demais entes, bem como das que não lhes são vedadas. Parte das atividades estaduais deriva dessa **competência residual**, embora também existam atribuições materiais expressas em alguns dispositivos.

Enquanto a previsão constitucional de competência material comum denuncia uma inspiração do federalismo cooperativo, a prescrição de competência residual indica uma influência do constitucionalismo dual clássico, pois foi na configuração original americana moldada na Filadélfia em 1787 que se conferiu aos Estados-membros tudo aquilo que não lhes fosse vedado, nem fosse expressamente atribuído à União. Só posteriormente também foram excluídas dos Estados-membros as competências implícitas da União. Recorreu-se a esse modelo para assegurar aos entes periféricos uma primazia no pacto federativo, dado o receio de se criar um poder central que findasse por sufocá-los.

A Constituição Federal de 1988 incorporou essa lição clássica mediante a prescrição do art. 25, § 1º: "São reservadas aos Estados as competências que não lhes sejam vedadas por esta Constituição". No trato desse dispositivo, o Supremo Tribunal Federal traduz significado mais detalhado, acrescentando a nota característica da federação brasileira no concernente aos Municípios. Assentou que aos Estados-membros competem todas as "matérias que não lhes foram vedadas pela Constituição, **nem estiverem** contidas entre as competências da **União** ou dos **Municípios**"[39]. Tem-se, portanto, a definição de parte das tarefas estaduais pela técnica da exclusão.

---

39. ADI 845, Relator(a): Min. EROS GRAU, Tribunal Pleno, julgado em 22/11/2007, DJe-041 DIVULG 06-03-2008 PUBLIC 07-03-2008 EMENT VOL-02310-01 PP-00031 RTJ VOL-00205-01 PP-00029 LEXSTF v. 30, n. 352, 2008, p. 43-56.

Essa interpretação do dispositivo constitucional pelo Supremo Tribunal Federal decorre, principalmente, da constatação de **vedações implícitas** (justamente as atividades conferidas à União e aos Municípios) ao lado de **vedações explícitas**, como as proibições do art. 150, sobre instituição e arrecadação de tributos, por exemplo.

Também é limite implícito a necessidade de se manter a atuação estadual no âmbito do **interesse regional**, sendo este dado característico relevante para determinar as atividades de sua responsabilidade. Foi esse o critério utilizado para uma adequada divisão do serviço de transporte coletivo, atribuído sem qualquer adjetivação, pelo art. 30, V, CF/88, aos Municípios. Como a ação da municipalidade pressupõe interesse apenas local, e o transporte intermunicipal, dentro dos lindes territoriais do Estado-membro, é regional, fixou-se a estes a competência:

> Os Estados-membros são competentes para explorar e regulamentar a prestação de serviços de transporte intermunicipal. [...] A prestação de transporte urbano, consubstanciando serviço público de interesse local, é matéria albergada pela competência legislativa dos Municípios, não cabendo aos Estados-membros dispor a seu respeito[40].

Nessa mesma linha de ideias, o Supremo Tribunal Federal também incluiu na competência estadual o transporte coletivo de turistas por fretamento e o respectivo poder de polícia para fiscalizá-lo "[...] com vistas à proteção dos turistas e do próprio turismo"[41].

É bom reparar que o art. 25, §1º, da CF/88, refere-se indistintamente a **competências** que não forem vedadas aos Estados-membros, o que inclui as **materiais** – por suas espécies **administrativas** (serviço público, polícia administrativa, intervenção e fomento) e **políticas** – e as **legislativas**. Assim, os poderes residuais estaduais por suas formas possíveis colhem fundamento de validade no mesmo enunciado constitucional, facilitando, e muito, a correlação entre a execução das competências materiais e o respectivo disciplinamento normativo pelo mesmo ente federado, **salvo** algumas matérias que a Constituição atribuiu privativamente à União, quando, então, se terá a execução material por um ente em observância de legislação editada por outro.

Os julgamentos do Supremo Tribunal Federal sobre esse último ponto (as ressalvas em favor da legislação nacional) não são inteiramente uniformes. Em alguns, há uma interpretação restritiva das competências legislativas da União a fim de assegurar aos Estados-membros o disciplinamento normativo das atividades materiais de sua responsabilidade, o que prestigia sua autonomia periférica. É o que vem entendendo o Tribunal sobre a normatização do transporte coletivo intermunicipal, excetuando-a da competência privativa da União para legislar sobre trânsito e transporte (art. 21,

---

40. ADI 2359, Relator(a): Min. EROS GRAU, Tribunal Pleno, julgado em 27/09/2006, DJ 07-12-2006 PP-00035 EMENT VOL-02259-01 PP-00189 RT v. 96, n. 860, 2007, p. 163-170.

41. RE 201865, Relator(a): Min. CARLOS VELLOSO, Segunda Turma, julgado em 28/10/2004, DJ 04-02-2005 PP-00008 EMENT VOL-02178-02 PP-00290 LEXSTF v. 27, n. 315, 2005, p. 173-182 RTJ VOL-00193-03 PP-01078.

XI, CF/88), sob o fundamento de invadir matéria de **segurança pública**, que compete aos Estados-membros. Nesse tocante, o Tribunal é enfático ao entender que "compete aos Estados-membros **explorar** e **regulamentar** a prestação de serviços de transporte intermunicipal"[42]. A interpretação restritiva da competência da União favorece, consequentemente, a autonomia do Estado-membro, pois deixa sob sua integral deliberação o disciplinamento normativo prévio e a exploração da atividade de interesse regional.

Em outros assuntos, porém, o Supremo Tribunal Federal manifestou critério diametralmente oposto, prestigiando uma interpretação ampliativa em prol da União, mesmo diante de matéria a ser executada pelo Estado-membro, bastando, para tanto, haver **predominância de interesse nacional**. Esse foi o entendimento exarado pela Corte no julgamento da ADI 3112 sobre o chamado Estatuto do Desarmamento (Lei nº 10.826/03). O Relator, Ministro Ricardo Lewandowski, após ressaltar a mobilização nacional e internacional para tratar sobre o assunto segurança pública, destacou o entendimento do Procurador-Geral da República de que, nesse tocante, "a União não está invadindo o âmbito da normatividade de índole local [leia-se regional], pois a matéria está além do interesse circunscrito de apenas uma unidade federada". Em seguida, o Ministro escreve:

> Considero correto o entendimento do Ministério Público, que se harmoniza com lição de José Afonso da Silva, para quem a Carta Magna vigente abandonou o conceito de 'interesse local' tradicionalmente abrigado nas constituições brasileiras, de difícil caracterização, substituindo-o pelo **princípio da "predominância do interesse"**, segundo o qual, na repartição de competências, 'à União caberão aquelas matérias e questões de predominante interesse geral, nacional, ao passo que aos Estados tocarão as matérias e assunto de predominante interesse regional, e aos Municípios conhecerem os assuntos de interesse local'.
>
> De fato, a competência atribuída aos Estados em matéria de **segurança pública** não pode sobrepor-se ao interesse mais amplo da União no tocante à formulação de uma política criminal de âmbito nacional, cujo pilar central constitui exatamente o estabelecimento de regras uniformes, em todo o País, para a fabricação, comercialização, circulação e utilização de armas de fogo, competência que, ademais, lhe é assegurada no art. 21, XXI, da Constituição Federal.

Portanto, a predominância de **interesse nacional**, o que autoriza incluir também o **local do Município**, representa **vedação implícita** à atuação dos Estados-membros, mesmo em matérias que, a princípio, seriam de sua competência, como, no caso, a segurança pública.

Vale destacar aqui, por oportuno, que se tem tratamento diverso ao dado na definição do conceito de interesse local para definir a competência exclusiva dos Municípios. Na citada ADI 2.077-MC, foi julgado que a identificação de um interesse **interlocal** (convergência do interesse de mais de uma municipalidade) não destituía cada Município envolvido de suas competências, apenas invocava a participação de outros níveis federativos (Estado-membro e/ou União), conforme fossem as exigências

---

42. RE 549549 AgR, Relator(a): Min. ELLEN GRACIE, Segunda Turma, julgado em 25/11/2008, DJe-241 DIVULG 18-12-2008 PUBLIC 19-12-2008 EMENT VOL-02346-13 PP-02923 RTJ VOL-00209-03 PP-01384 RT v. 98, n. 882, 2009, p. 124-126.

das circunstâncias. No caso do desarmamento, tomou-se decisão diversa, pois, uma vez identificado ser um interesse nacional, ainda que resultante da soma de interesses regionais, retirou-se dos Estados-membros a capacidade para versar sobre o assunto, sob a competência acerca de segurança pública.

Para delimitar a competência residual dos Estados-membros, o que guia, portanto, o Supremo Tribunal Federal é a preponderância do respectivo interesse envolvido: se há um interesse nacional, ou seja, a necessidade de que seja o assunto uniformemente regulado para todo o território da federação, a matéria deve ser atribuída à União, cabendo-se emprestar uma interpretação extensiva ou restritiva aos dispositivos constitucionais envolvidos, conforme for o caso. Isso representa uma ruptura com a premissa clássica de que as competências residuais, e as disposições que as delineiam, devem ser interpretadas sempre amplamente em favor do Estado-membro. Impõe-se, ao contrário, uma interpretação em prol da União, ante a identificação de um interesse nacional.

No Brasil, portanto, a técnica das competências residuais dos entes periféricos não vem tendo o mesmo efeito experimentado nos Estados Unidos. Aqui, a competência residual, seja legislativa ou material, não foi suficiente para garantir aos Estados-membros uma posição de proeminência no pacto federativo. A tradição centralizadora brasileira, o histórico de uma federação por desagregação e um extenso rol de competências expressas para a entidade central, além do interesse local exclusivo dos Municípios, fazem a balança do poder federativo pender para o lado da União ou mesmo os Municípios. Na prática brasileira, as competências residuais não refreiam a centralização, diversamente do que ocorreu na experiência estadunidense, quando muito reforçaram os Municípios.

Ponto a ser destacado, que pode ser indicativo de uma possibilidade de alteração desse quadro, é que a **competência legislativa** de outro ente federativo para uma determinada matéria não representa vedação para que os Estados-membros exerçam residualmente a **competência material**, em obediência, claro, à legislação do outro ente. É o que se verificou, por exemplo, na exploração de loterias.

O Supremo Tribunal Federal tem firme entendimento jurisprudencial, sintetizado na Súmula Vinculante 02, no sentido de que "é inconstitucional a **lei ou ato normativo estadual ou distrital** que disponha sobre sistemas de consórcios e sorteios, inclusive bingos e loterias", por violar o art. 22, XX, da Constituição Federal, que estabelece a competência privativa da União para legislar sobre "sistemas de consórcios e sorteios". No entanto, tal competências legislativa não impede que os Estado-membros, obedecendo à legislação federal, exerçam suas competências materiais residuais e criem loterias estaduais. Foi o que restou decidido nas ADPF 492[43], ADPF 493 e ADI 4.986,

---

43. "Arguições de Descumprimento de Preceito Fundamental. Ação Direta de Inconstitucionalidade. 2. Artigos 1º, caput, e 32, caput, e § 1º do Decreto-Lei 204/1967. Exploração de loterias por Estados-membros. Legislação estadual. 3. Competência legislativa da União e competência material dos Estados. Distinção. 4. Exploração por

de relatoria do Ministro Gilmar Mendes. A distinção entre a competências legislativa e material foi o cerne da decisão.

Inicialmente, tomando o voto na ADFP 492, foi decidido que a atividade lotérica deve ser considerada um serviço público, não porque haja uma interdependência social (elemento subjetivo ínsito à relevância ou imprescindibilidade do serviço para a coletividade), mas em razão de seu regime jurídico, com regras e princípios próprios do Direito Público, tendo a legislação infraconstitucional atribuído, portanto, ao Poder Público essa atividade por razões políticas que entende ser assim mais conveniente, evitando sua caracterização como atividade econômica a ser exercida livremente pelos particulares. Conforme consignado pelo Ministro relator, a "principal consequência da rejeição à ideia subjetiva de serviço público consiste em deslocar o núcleo de identificação dessas atividades da ideia de interdependência social para a análise do próprio regime jurídico conformador da exploração econômica"

Diante disso, o Decreto-Lei nº 204/67, norma que proibia os Estados-membros de criarem loterias estaduais, não teria sido recepcionado pela atual Constituição Federal, já que não há qualquer atribuição dessa atividade pública com exclusividade para a União, cuja competência legislativa para disciplinar sorteios não inclui a atividade material respectiva. Isso porque "o simples fato de a CF/88 ter atribuído à União a competência legislativa sobre a matéria de modo algum preclui a exploração material do serviço pelos Estados". Alerta não se poder "cair na armadilha de confundir a competência legislativa sobre determinado assunto com a competência material de exploração de serviço a ele correlato. Lograr em tal impropriedade técnica seria tomar a nuvem por Juno".

Perceba-se a importante conclusão que emerge desse raciocínio: a **teoria dos poderes implícitos**, como visto, prescreve que a atribuição de uma competência material **pressupõe implicitamente a competência legislativa**, mas, segundo esse precedente firmado, o contrário não é verdadeiro, ou seja, atribuir a competência para um ente federativo legislar privativamente sobre um assunto **não pressupõe implicitamente a exclusividade do exercício da atividade material**, nem exclui, consequentemente, a competência dos demais entes para exercê-la, devendo apenas haver respeito à legislação pertinente. Uma competência material exclusiva não pode ser inferida de uma competência legislativa privativa, para isso é necessária a previsão constitucional expressa.

Tal conclusão é inovadora na ordem jurídica nacional e traz uma perspectiva diversa sobre o equilíbrio federativo, pois revigora a competência residual dos Estados-membros para atividades que possam ter um regime jurídico que as qualifique como serviços públicos (independentemente de um elemento subjetivo em razão do interesse social), mas que não constem no rol expresso de competência exclusiva da União (art.

---

outros entes federados. Possibilidade. 5. Arguições de Descumprimento de Preceito Fundamental conhecidas e julgadas procedentes. Ação Direta de Inconstitucionalidade conhecida e julgada improcedente. (ADPF 492, Relator(a): GILMAR MENDES, Tribunal Pleno, julgado em 30/09/2020, PROCESSO ELETRÔNICO DJe-292 DIVULG 14-12-2020 PUBLIC 15-12-2020).

21, CF/88), nem sejam de interesse local a justificar a competência exclusiva dos Municípios (art. 30, CF/88). É preciso, no entanto, aguardar maiores desdobramentos para práticos e jurídicos para compreender a repercussão desse entendimento.

3.5.2 Competências materiais expressas

As competências estaduais expressas são mais firmes e respeitadas na prática política e jurisprudencial se comparadas com as competências residuais. Elas estão previstas, principalmente, nos seguintes dispositivos constitucionais:

a) **art. 25, § 2º** – "Cabe aos Estados explorar diretamente, ou mediante concessão, os serviços locais de gás canalizado, na forma da lei, vedada a edição de medida provisória para a sua regulamentação";

b) **art. 25, § 3º** – "Os Estados poderão, mediante lei complementar, instituir regiões metropolitanas, aglomerações urbanas e microrregiões, constituídas por agrupamentos de municípios limítrofes, para integrar a organização, o planejamento e a execução de funções públicas de interesse comum";

c) **art. 18, § 4º**, "a criação, a incorporação, a fusão e o desmembramento de Municípios, far-se-ão por lei estadual, dentro do período determinado por Lei Complementar Federal, e dependerão de consulta prévia, mediante plebiscito, às populações dos Municípios envolvidos, após divulgação dos Estudos de Viabilidade Municipal, apresentados e publicados na forma da lei".

Essas competências materiais expressas, como se percebe, são tanto administrativas (como a prestação do serviço público de gás canalizado) quanto políticas (relacionadas às regiões metropolitanas, aglomerações urbanas, microrregiões e municípios), que envolvem a participação do Legislativo e de outras instâncias decisórias, inclusive por meio de instrumento de participação direta dos cidadãos.

Com relação ao assunto previsto pelo art. 25, §3º, o Supremo Tribunal Federal decidiu que, para "[…] instituição de regiões metropolitanas, aglomerações urbanas e microrregiões, constituídas por agrupamentos de Municípios limítrofes, depende, **apenas**, de lei complementar estadual"[44]. Esse entendimento se deu em reprovação à Constituição do Estado do Rio de Janeiro, que prescrevia no art. 37, parágrafo único: "A participação de qualquer município em uma região metropolitana, aglomeração urbana ou microrregião dependerá de prévia aprovação pela respectiva câmara municipal".

O Ministro Carlos Velloso, relator da ADI 1.841, em que foi tratado assunto, fundamentou seu voto alegando que não pode a Constituição Estadual ir além da Constituição Federal, pelo que a competência do Estado-membro, nesse tocante, não

---

44. ADI 1841, Relator(a): Min. CARLOS VELLOSO, Tribunal Pleno, julgado em 01/08/2002, DJ 20-09-2002 PP-00088 EMENT VOL-02083-02 PP-00255.

pode ser alvo de qualquer outra espécie de restrição, pois o *caput* do art. 25 da CF/88 impõe respeito a seus "princípios".

A mesma compreensão foi utilizada na ADI 796 para invalidar disposição da Constituição do Estado do Espírito Santo, que exigia consulta plebiscitária da população diretamente envolvida na criação de região metropolitana e aglomerações urbanas. O Ministro Nery da Silveira, relator, apresenta no voto condutor fundamentação que é um cúmulo de restrições à autonomia federativa e ao princípio democrático:

> Ora, relativamente à instituição e de regiões metropolitanas, aglomerações urbanas e microrregiões, aos fins previstos no art. 25, § 3º, da Constituição, norma inserida no capítulo sobre os Estados Federados, a Lei Magna da República não prevê consulta plebiscitária no respectivo processo. Bem de entender é que, sujeitos, de forma geral, os Estados-membros aos princípios da Constituição Federal, quanto ao processo legislativo e aos postulados regentes do sistema federal, disciplinada na Constituição da República a forma de instituição de regiões metropolitanas, aglomerações urbanas e microrregiões, constituídas pelo agrupamento de Municípios limítrofes, para integrar a organização, o planejamento e a execução de funções públicas de interesse comum, não resta espaço, na execução dessa previsão constitucional, para os Estados-membros tornarem o procedimento diverso, de acordo com a vontade de cada uma das Unidades da Federação. Se cabe ter como saudável sempre a participação do povo no processo político, qual garantia de se viabilizarem as instituições democráticas, não menos certo é que, não se tratando, na espécie, de criar entes políticos federados novos, mas tão-só de dispor sobre providências de interesse administrativo regional, **o instrumento da representação popular**, assim como consignado na Constitui-ção, **por via do processo da lei complementar** aprovada na maioria absoluta da Assembleia Legislativa, **é bastante**, qual quis o constituinte originário, não sendo, assim, de dar guarida a regras locais criadoras, no ponto, de procedimento complexo não desejado pela Constituição Federal[45].

A ementa desse julgamento é a seguinte:

> Ação Direta de Inconstitucionalidade. 2. Constituição do Estado do Espírito Santo, art. 216, §1º. Consulta prévia, mediante plebiscito, às populações diretamente interessadas, para criação de regiões metropolita-nas e aglomerações urbanas. 3. Impugnação em face do art. 25, § 3º, da Constituição Federal. Previsão de plebiscito, para inteirar-se o processo legislativo estadual, em se tratando de criação ou fusão de municípios, "ut" art. 18, § 4º, da Lei Magna federal, não, porém, quando se cuida da criação de regiões metropolitanas. 4. Relevância dos fundamentos da inicial e "periculum em mora" caracterizados. Cautelar deferida, para suspender, "ex nunc", a vigência do parágrafo § 1º do art. 216, da Constituição do Estado do Espírito Santo. 5. Ação direta de inconstitucionalidade procedente. Declarada a inconstitucionalidade do § 1º do art. 216, da Constituição do Estado do Espírito Santo.

Não se pode deixar de criticar essa atitude do Supremo Tribunal Federal, pois res-tringe exageradamente a autonomia estadual mediante tolhimento do poder constituinte decorrente, sobretudo em medidas que prestigiavam a coparticipação federativa e a democracia direta. Nesse último julgado, se chega a determinar o grau de intensidade que se deve dar à participação democrática, no caso, a mínima de uma participação indireta mediante a edição de lei, substituindo-se a deliberação do poder constituinte estadual (máxima expressão normativa do Estado-membro exarada por seus represen-

---

45. ADI 796, Relator(a): Min. NÉRI DA SILVEIRA, Tribunal Pleno, julgado em 02/02/1998, DJ 17-12-1999 PP-00002 EMENT VOL-01976-01 PP-00054.

tantes em quórum qualificadíssimo) pela opinião capitaneada por um só magistrado, ainda que seja de uma corte de vértice.

Tais disciplinamentos estaduais versavam sobre assunto de inteira alçada regional, de competência exclusiva do Estado-membro. Certamente, a realização de plebiscito deixa o processo mais complexo, mas decorreu, na hipótese, de uma decisão autônoma da mais expressiva instância estadual e em prestígio a princípio democrático estruturante da República Federativa do Brasil. Se não pode dispor sobre o modo de exercer as próprias atribuições em prestígio de um dos mais elevados preceitos constitucionais (a democracia), que autonomia resta ao constituinte estadual? Não muita, como será visto. O Supremo Tribunal Federal transformou as constituições estaduais em não muito mais do que um decalque da Constituição Federal e seus elaboradores em frustrados copistas.

A maior discussão, no entanto, envolvendo a criação sobre região metropolitana se deu na ADI 1.842, ajuizada contra leis do Estado do Rio de Janeiro que, ao criarem a Região Metropolitana da Capital e da Microrregião dos Lagos, atribuiu ao nível estadual a responsabilidade pela concessão do serviço de saneamento nas localidades, alijando os respectivos Municípios da competência para tanto. Foi alegada, na petição inicial da ação, afronta ao equilíbrio federativo. Foi apontada, ainda, a distorção do prescrito pelo art. 25, §1º, da Constituição Federal, pois as normas estaduais não se deram para organizar, planejar e executar funções públicas de interesse comum, mas tomaram para o Estado-membro as atribuições, com exclusão dos Municípios envolvidos.

O Relator, Ministro Maurício Corrêa, votou pela improcedência da ação, sob o argumento de que a criação da Região Metropolitana, nos termos do art. 25, §1º, da CF/88, era autorizadora, sim, da limitação da competência municipal, justamente por fazer emergir um interesse regional, e não mais local. A finalidade seria precisamente "[...] para cometer ao Estado a responsabilidade pela implantação de políticas unificadas de prestação de serviços públicos, objetivando ganhar em eficiência e economicidade, considerados os interesses coletivos e não individuais".

Foi aberta divergência, que partia da premissa de que a criação de uma região metropolitana não ocasiona a transferência das competências municipais para o respectivo Estado-membro, mas fazendo emergir um **interesse comum interlocal** que atrai o Estado-membro sem excluir os Municípios. No entanto, mesmo entre os ministros que assim entendiam, havia uma divisão a respeito do que deveria ser feito a partir dessa conjugação de esforços.

Para o Ministro Joaquim Barbosa, haveria transferência do exercício das funções de interesse comum interlocal para uma "[...] nova entidade público-territorial-administrativa, de caráter intergovernamental, que nasce em consequência da criação da região metropolitana". Portanto, segundo esse entendimento, surgiria uma entidade administrativa, com personalidade jurídica própria, submetida aos entes federados participantes.

O Ministro Nelson Jobim, por sua vez, entendia que, sim, as competências permaneciam com os Municípios, cabendo a eles decidir, "[…] no âmbito do Conselho Deliberativo, a forma como prestarão os serviços de natureza metropolitana", porquanto "[…] as funções administrativas e executivas da Região Metropolitana somente podem ser exercidas por órgão próprio ou por outro órgão (público ou privado) a partir da autorização ou concessão dos Municípios formadores".

Houve substanciosos pronunciamentos dos julgadores, formando extenso e denso julgamento. Em conclusão, declarou-se inconstitucional a subtração da competência municipal ante a criação da região metropolitana e microrregião sob exame. Na ementa, constou, em suma, que o "[…] mencionado interesse comum não é comum apenas aos municípios envolvidos, mas ao Estado e aos municípios do agrupamento urbano". É destacada que, conquanto remanesçam com suas competências, emerge um caráter compulsório "[…] da participação deles em regiões metropolitanas, microrregiões e aglomerações urbanas já foi acolhido pelo Pleno do STF (ADI 1841/RJ, Rel. Min. Carlos Velloso, DJ 20.9.2002; ADI 796/ES, Rel. Min. Néri da Silveira, DJ 17.12.1999)". Referido o interesse comum, surgido por uma necessidade fática, normalmente fruto do fenômeno da conurbação, "[…] inclui funções públicas e serviços que atendam a mais de um município, assim como os que, restritos ao território de um deles, sejam de algum modo dependentes, concorrentes, confluentes ou integrados de funções públicas, bem como serviços supramunicipais". Com essas premissas, a ementa conclui em relação às aglomerações urbanas e a inconstitucionalidade da pura e simples transferência das atribuições apenas para o Estado-membro.

3.6 AGLOMERAÇÕES URBANAS E SANEAMENTO BÁSICO

O art. 23, IX, da Constituição Federal conferiu competência comum à União, aos estados e aos municípios para promover a melhoria das condições de saneamento básico. Nada obstante a competência municipal do poder concedente do serviço público de saneamento basico, o alto custo e o monopólio natural do serviço, além da existência de várias etapas – como captação, tratamento, adução, reserva, distribuição de água e o recolhimento, condução e disposição final de esgoto – que comumente ultrapassam os limites territoriais de um município, indicam a existência de interesse comum do serviço de saneamento básico. A função pública do saneamento básico frequentemente extrapola o interesse local e passa a ter natureza de interesse comum no caso de instituição de regiões metropolitanas, aglomerações urbanas e microrregiões, nos termos do art. 25, § 3º, da Constituição Federal. Para o adequado atendimento do interesse comum, a integração municipal do serviço de saneamento básico pode ocorrer tanto voluntariamente, por meio de gestão associada, empregando convênios de cooperação ou consórcios públicos, consoante o arts. 3º, II, e 24 da Lei Federal 11.445/2007 e o art. 241 da Constituição Federal, como compulsoriamente, nos termos em que prevista na lei complementar estadual que institui as aglomerações urbanas. A instituição de regiões metropolitanas, aglomerações urbanas ou microrregiões pode vincular a participação de municípios limítrofes, com o objetivo de executar e planejar a função pública do saneamento básico, seja para atender adequadamente às exigências de higiene e saúde pública, seja para dar viabilidade econômica e técnica aos municípios menos favorecidos. Repita-se que este caráter compulsório da integração metropolitana não esvazia a autonomia municipal.

3.7 INCONSTITUCIONALIDADE DA TRANSFERÊNCIA AO ESTADO-MEMBRO DO PODER CONCEDENTE DE FUNÇÕES E SERVIÇOS PÚBLICOS DE INTERESSE COMUM

> O estabelecimento de região metropolitana não significa simples transferência de competências para o estado. O interesse comum é muito mais que a soma de cada interesse local envolvido, pois a má condução da função de saneamento básico por apenas um município pode colocar em risco todo o esforço do conjunto, além das consequências para a saúde pública de toda a região. O parâmetro para aferição da constitucionalidade reside no respeito à divisão de responsabilidades entre municípios e estado. É necessário evitar que o poder decisório e o poder concedente se concentrem nas mãos de um único ente para preservação do autogoverno e da autoadministração dos municípios. Reconhecimento do poder concedente e da titularidade do serviço ao colegiado formado pelos municípios e pelo estado federado. A participação dos entes nesse colegiado não necessita de ser paritária, desde que apta a prevenir a concentração do poder decisório no âmbito de um único ente. A participação de cada Município e do Estado deve ser estipulada em cada região metropolitana de acordo com suas particularidades, sem que se permita que um ente tenha predomínio absoluto. Ação julgada parcialmente procedente para declarar a inconstitucionalidade da expressão "a ser submetido à Assembleia Legislativa" constante do art. 5º, I; e do § 2º do art. 4º; do parágrafo único do art. 5º; dos incisos I, II, IV e V do art. 6º; do art. 7º; do art. 10; e do § 2º do art. 11 da Lei Complementar n. 87/1997 do Estado do Rio de Janeiro, bem como dos arts. 11 a 21 da Lei n. 2.869/1997 do Estado do Rio de Janeiro[46].

Houve modulação dos efeitos da declaração de inconstitucionalidade, fixando-se prazo para que fosse adequada a situação fática e jurídica então existente ao que foi decidido, ou seja, a mudança de uma concessão exclusivamente estadual para uma feita de maneira conjugada, envolvendo Estados-membros e Municípios afetados.

Importante destacar do caso que a formação das regiões metropolitanas força uma atuação cooperada dos vários entes federados envolvidos. Daí por que é necessário destacar, por sua vez, que a criação dessa figura jurídica não é arbitrária, havendo parâmetros constitucionais, conforme destacado pelo Ministro Eros Grau na ADI 2.077-MC:

> A Constituição de 1.988 define alguns parâmetros que conformam, limitando, a atuação do legislador estadual, de sorte que a instituição de região metropolitana supõe: [i] um agrupamento de Municípios; [ii] a existência (no mundo do ser) de funções públicas de interesse comum aos Municípios que constituem o agrupamento; [iii] a necessidade de integração (a) da organização, (b) do planejamento e (c) da execução daquelas funções públicas [de interesse comum aos Municípios que constituem o agrupamento]. Assim, a lei complementar estadual que instituir determinado agrupamento de Municípios como região metropolitana há de – verificando a existência (no mundo do ser) de funções públicas de interesse comum aos Municípios que constituem aquele agrupamento – dispor normas voltadas (a) à organização, (b) ao planejamento e (c) à execução daquelas funções públicas [de interesse comum aos Municípios que constituem o agrupamento].

A criação de regiões metropolitanas, portanto, deve ser tomada, no pacto federativo, como instrumento conferido aos Estados-membros para, dentro dos parâmetros fixados pela Constituição Federal, coordenar, **com os respectivos Municípios**, as ações

---

46. ADI 1842, Relator(a): Min. LUIZ FUX, Relator(a) p/ Acórdão: Min. GILMAR MENDES, Tribunal Pleno, julgado em 06/03/2013, DJe-181 DIVULG 13-09-2013 PUBLIC 16-09-2013 EMENT VOL-02701-01 PP-00001.

de interesses comuns interlocais, e não como instrumento de mera transferência de competências federativas. Nesse sentido foi o julgamento do mérito da ADI 2.077.[47]

Por fim, a competência estadual para criação, incorporação, fusão e desmembramento de Municípios tratada no art. 18, §4º, CF/88, possui dois momentos: antes e depois da Emenda Constitucional nº 15/96. Na redação original, o poder do Estado-membro era maior, pois eram exigidas apenas normatização estadual e consulta prévia. Esse disciplinamento exclusivamente estadual permitiu, como exposto anteriormente, uma proliferação de Municípios no Brasil, muitos deles claramente inviáveis de se manterem financeiramente (demandando repasses voluntários e constitucionais) ou exercerem adequadamente suas funções constitucionais, deixando a respetiva população desassistida em suas demandas locais. A emenda, portanto, se prestou a refrear esse ímpeto irresponsável. O dispositivo passou, adicionalmente, a exigir estudo de viabilidade e respeito à normatização nacional. Veja-se a comparação entre as duas redações:

REDAÇÃO ORIGINAL	REDAÇÃO APÓS A EC 15/96
A criação, a incorporação, a fusão e o desmembramento de Municípios preservarão a continuidade e a unidade histórico-cultural do ambiente urbano, far-se-ão por **lei estadual**, obedecidos os requisitos previstos em **Lei Complementar estadual**, e dependerão de consulta prévia, mediante plebiscito, às populações diretamente interessadas.	A criação, a incorporação, a fusão e o desmembramento de Municípios, far-se-ão por lei estadual, dentro do período determinado por **Lei Complementar Federal**, e dependerão de consulta prévia, mediante plebiscito, às populações dos Municípios envolvidos, após divulgação dos **Estudos de Viabilidade Municipal**, apresentados e publicados na **forma da lei**.

---

47. Ementa: CONSTITUCIONAL. FEDERALISMO E RESPEITO ÀS REGRAS DE DISTRIBUIÇÃO DE COMPETÊNCIA. NORMAS DA CONSTITUIÇÃO DO ESTADO DA BAHIA, COM REDAÇÃO DADA PELA EMENDA CONSTITUCIONAL 7/1999. COMPETÊNCIAS RELATIVAS A SERVIÇOS PÚBLICOS. OCORRÊNCIA DE USURPAÇÃO DE COMPETÊNCIAS MUNICIPAIS (ART. 30, I E V). PARCIAL PROCEDÊNCIA. 1. As regras de distribuição de competências legislativas são alicerces do federalismo e consagram a fórmula de divisão de centros de poder em um Estado de Direito. Princípio da predominância do interesse. 2. A Constituição Federal de 1988, presumindo de forma absoluta para algumas matérias a presença do princípio da predominância do interesse, estabeleceu, a priori, diversas competências para cada um dos entes federativos União, Estados-Membros, Distrito Federal e Municípios – e, a partir dessas opções, pode ora acentuar maior centralização de poder, principalmente na própria União (CF, art. 22), ora permitir uma maior descentralização nos Estados-Membros e nos Municípios (CF, arts. 24 e 30, inciso I). 3. O art. 59, V, da legislação impugnada, ao restringir o conceito de "interesse local", interferiu na essência da autonomia dos entes municipais, retirando-lhes a expectativa de estruturar qualquer serviço público que tenha origem ou que seja concluído fora do limite de seu território, ou ainda que demande a utilização de recursos naturais pertencentes a outros entes. 4. O artigo 228, caput e § 1º, da Constituição Estadual também incorre em usurpação da competência municipal, na medida em que desloca, para o Estado, a titularidade do poder concedente para prestação de serviço público de saneamento básico, cujo interesse é predominantemente local. (ADI 1.842, Rel. Min. LUIZ FUX, Rel. P/ acórdão Min. GILMAR MENDES, DJe de 13/9/2013). 5. As normas previstas nos artigos 230 e 238, VI, não apresentam vícios de inconstitucionalidade. A primeira apenas possibilita a cobrança em decorrência do serviço prestado, sem macular regras constitucionais atinentes ao regime jurídico administrativo. A segunda limita-se a impor obrigação ao sistema Único de Saúde de participar da formulação de política e da execução das ações de saneamento básico, o que já é previsto no art. 200, IV, da Constituição Federal. 6. Medida Cautelar confirmada e Ação Direta julgada parcialmente procedente. (ADI 2077, Relator(a): ALEXANDRE DE MORAES, Tribunal Pleno, julgado em 30/08/2019, PROCESSO ELETRÔNICO DJe-200 DIVULG 13-09-2019 PUBLIC 16-09-2019).

As duas leis nacionais exigidas nunca foram editadas, implicando, na prática, na vedação jurídica de criação de Municípios e mesmo na desconstituição de outros aprovados sob o disciplinamento anterior após a vigência da emenda. A mora legislativa para editar essa lei nacional sobre a criação de Municípios foi declarada pelo Supremo Tribunal Federal na ADI 3615:

> AÇÃO DIRETA DE INCONSTITUCIONALIDADE POR OMISSÃO. INATIVIDADE DO LEGISLADOR QUANTO AO DEVER DE ELABORAR A LEI COMPLEMENTAR A QUE SE REFERE O § 4º DO ART. 18 DA CONSTITUIÇÃO FEDE-RAL, NA REDAÇÃO DADA PELA EMENDA CONSTITUCIONAL NO 15/1996. AÇÃO JULGADA PROCEDENTE. 1. A Emenda Constitucional nº 15, que alterou a redação do § 4º do art. 18 da Constituição, foi publicada no dia 13 de setembro de 1996. Passados mais de 10 (dez) anos, não foi editada a lei complementar federal definidora do período dentro do qual poderão tramitar os procedimentos tendentes à criação, incor-poração, desmembramento e fusão de municípios. Existência de notório lapso temporal a demonstrar a inatividade do legislador em relação ao cumprimento de inequívoco dever constitucional de legislar, decorrente do comando do art. 18, § 4º, da Constituição. 2. Apesar de existirem no Congresso Nacional diversos projetos de lei apresentados visando à regulamentação do art. 18, § 4º, da Constituição, é possível constatar a omissão inconstitucional quanto à efetiva deliberação e aprovação da lei complementar em referência. As peculiaridades da atividade parlamentar que afetam, inexoravelmente, o processo legislati-vo, não justificam uma conduta manifestamente negligente ou desidiosa das Casas Legislativas, conduta esta que pode pôr em risco a própria ordem constitucional. A *inertia deliberandi* das Casas Legislativas pode ser objeto da ação direta de inconstitucionalidade por omissão. 3. A omissão legislativa em relação à regulamentação do art. 18, § 4º, da Constituição, acabou dando ensejo à conformação e à consolidação de estados de inconstitucionalidade que não podem ser ignorados pelo legislador na elaboração da lei complementar federal. 4. Ação julgada procedente para declarar o estado de mora em que se encontra o Congresso Nacional, a fim de que, em prazo razoável de 18 (dezoito) meses, adote ele todas as providências legislativas necessárias ao cumprimento do dever constitucional imposto pelo art. 18, § 4º, da Constituição, devendo ser contempladas as situações imperfeitas decorrentes do estado de inconstitucionalidade ge-rado pela omissão. Não se trata de impor um prazo para a atuação legislativa do Congresso Nacional, mas apenas da fixação de um parâmetro temporal razoável, tendo em vista o prazo de 24 meses determinado pelo Tribunal nas ADI nºs 2.240, 3.316, 3.489 e 3.689 para que as leis estaduais que criam municípios ou alteram seus limites territoriais continuem vigendo, até que a lei complementar federal seja promulgada contemplando as realidades desses municípios[48].

O prazo fixado também foi descumprido, pelo que passou o Tribunal a disciplinar situações consideradas por ele como anômalas, consistente na criação de fato de Muni-cípios em observância do disciplinamento estadual anterior[49]. Realmente, verificou-se

---

48. ADI 3682, Relator(a): Min. GILMAR MENDES, Tribunal Pleno, julgado em 09/05/2007, DJe-096 DIVULG 05-09-2007 PUBLIC 06-09-2007 DJ 06-09-2007 PP-00037 EMENT VOL-02288-02 PP-00277 RTJ VOL-00202-02 PP-00583.

49. "[…] 3. Esta Corte não pode limitar-se à prática de mero exercício de subsunção. A situação de exceção, situação consolidada – embora ainda não jurídica – não pode ser desconsiderada. 4. A exceção resulta de omissão do Poder Legislativo, visto que o impedimento de criação, incorporação, fusão e desmembramento de Municípios, desde a promulgação da Emenda Constitucional n. 15, em 12 de setembro de 1.996, deve-se à ausência de lei complementar federal. 5. Omissão do Congresso Nacional que inviabiliza o que a Constituição autoriza: o desmembramento de parte de Município e sua consequente adição a outro. A não edição da lei complementar dentro de um prazo razoável consubstancia autêntica violação da ordem constitucional. 6. A integração da gleba objeto da lei importa, tal como se deu, uma situação excepcional não prevista pelo direito positivo. 7. O estado de exceção é uma zona de indiferença entre o caos e o estado da normalidade. Não é a exceção que se subtrai à norma, mas a norma que, suspendendo-se, dá lugar à exceção – apenas desse modo ela se constitui como regra, mantendo-se em relação com a exceção. 8. Ao Supremo Tribunal Federal incumbe decidir regulando

o surgimento de situações difíceis, pois os Municípios foram criados e passaram a atuar sobre a população local, exercendo as competências próprias, mediante instituições públicas; tudo em reação, quase que uma retaliação, à negativa de legislação nacional.

Diante desse quadro de grande indefinição e questionamentos, foi passado atestado de descaso constitucional sobre o assunto. Editou-se a Emenda Constitucional nº 57, determinando que "[...] ficam convalidados os atos de criação, fusão, incorporação e desmembramento de Municípios, cuja lei tenha sido publicada até 31 de dezembro de 2006, atendidos os requisitos estabelecidos na legislação do respectivo Estado à época de sua criação". Portanto, consolidaram-se juridicamente as insurgências locais. Preferiu-se reformar a Constituição para convalidar situações que forçosamente criaram Municípios, em vez de se editar uma legislação infraconstitucional.

Ainda no desempenho da jurisdição constitucional sobre essa competência, o Supremo Tribunal Federal decidiu que "[...] a **alteração dos limites territoriais de Municípios** não prescinde da consulta plebiscitária prevista no art. 18 da CF, pouco importando a extensão observada"[50]. Portanto, não apenas a criação do Município como um todo demanda o plebiscito, mas também a alteração de seu território, independentemente da extensão envolvida.

Por fim, outro ponto interessante foi julgado analisado em sede jurisprudencial. Como a criação do Município envolve a edição de lei estadual, a simples revogação ou alteração dessa lei seria suficiente para extinguir ou fundir tais unidades federativas? A resposta negativa se impôs. O Supremo Tribunal Federal definiu que, "[...] uma vez cumprido o processo de desmembramento de área de certo município, criando-se nova unidade federativa, descabe, mediante lei estadual, mera **revogação do ato normativo** que o formalizou. A fusão há de observar novo processo e, portanto, prévia consulta plebiscitária às populações dos entes políticos diretamente envolvidos, por força do art. 18, § 4º, da CF"[51].

---

também essas situações de exceção. Não se afasta do ordenamento, ao fazê-lo, eis que aplica a norma à exceção desaplicando a, isto é, retirando a da exceção. 9. Cumpre verificar o que menos compromete a força normativa futura da Constituição e sua função de estabilização. No aparente conflito de inconstitucionalidades impor-se-ia o reconhecimento do desmembramento de gleba de um Município e sua integração a outro, a fim de que se afaste a agressão à federação. 10. O princípio da segurança jurídica prospera em benefício da preservação do Município. 11. Princípio da continuidade do Estado. 12. Julgamento no qual foi considerada a decisão desta Corte no MI n. 725, quando determinado que o Congresso Nacional, no prazo de dezoito meses, ao editar a lei complementar federal referida no § 4º do artigo 18 da Constituição do Brasil, considere, reconhecendo-a, a existência consolidada do Município de Luís Eduardo Magalhães. Declaração de inconstitucionalidade da lei estadual sem pronúncia de sua nulidade 13. Ação direta julgada procedente para declarar a inconstitucionalidade, mas não pronunciar a nulidade pelo prazo de 24 meses, da Lei n. 6.066, de 14 de agosto de 1.997, do Estado do Pará". (ADI 3689, Relator(a): Min. EROS GRAU, Tribunal Pleno, julgado em 10/05/2007, DJe-047 DIVULG 28-06-2007 PUBLIC 29-06-2007 DJ 29-06-2007 PP-00022 EMENT VOL-02282-04 PP-00635.)

50. ADI 1034, Relator(a): Min. MARCO AURÉLIO, Tribunal Pleno, julgado em 24/03/1997, DJ 25-02-2000 PP-00049 EMENT VOL-01980-01 PP-00001.

51. ADI 1881, Relator(a): Min. RICARDO LEWANDOWSKI, Tribunal Pleno, julgado em 10/05/2007, DJe-037 DIVULG 14-06-2007 PUBLIC 15-06-2007 DJ 15-06-2007 PP-00019 EMENT VOL-02280-01 PP-00137 LEXSTF v. 29, n. 342, 2007, p. 47-58.

3.8 COMPETÊNCIAS MATERIAIS RESERVADAS AO DISTRITO FEDERAL

A Constituição Federal de 1988 não traz menção expressa sobre a atribuição material do Distrito Federal, apenas menciona no art. 32, §1º, que lhes são atribuídas as competências **legislativas** reservadas ao Estados-membros e aos Municípios.

Conquanto a literalidade indique apenas a tarefa legislativa, não se pode conceber que não possua competências materiais. Para defini-las, é lícito utilizar esse mesmo parâmetro utilizado para as competências legislativas, ou seja, caberá ao Distrito Federal as competências materiais reservadas aos Estados-membros e aos Municípios. Deve ser somada, ainda, a preponderância de interesse (regra geral para definir o âmbito de atuação de todas as unidades federativas), resultando que o Distrito Federal exercerá as atribuições materiais típicas dos Estados-membros e dos Municípios para satisfazer as necessidades de ordem local, já que suas dimensões pequenas não permitem mencionar um interesse regional.

Aqui se tem o inverso do silogismo utilizado para se inferir o poder de editar normas sobre as competências materiais. Enquanto nas demais unidades há a referência expressa a uma atividade material, para, então, concluir pela inclusão implícita da competência legislativa, no Distrito Federal, o poder de normatizar atividades materiais locais implica a possibilidade de prestá-las, mesmo porque dentro de seu típico âmbito de interesse.

Perceba-se, aqui, que o raciocínio decisório traduzido no julgamento da ADPF 492 pode dificultar esse entendimento, justamente porque restou decidido nesse precedente que uma competência material não pode ser considerar incluída implicitamente em uma competência legislativa. No entanto, especificamente no caso do Distrito Federal, é necessário haver essa inclusão, sob pena de haver um vácuo de atribuições constitucionais materiais, o que não seria razoável concluir, sobretudo porque a Constituição Federal lhe assegurou autonomia federativa, a qual implica o autogoverno e a autoadministração. Por força dessa autonomia, não é possível concluir que atividades de interesse local dessa unidade federada possam ser exercidas outra, dada a falta de norma expressa atribuindo-lhe a competências materiais, pois essa espécie de restrição federativa, quando existente, é objeto de disciplinamento expresso pela Constituição Federal.

Com efeito, alguns órgãos mais expressivos do Distrito Federal são subsidiados pela União Federal, que os normatiza. É o caso da Polícia Civil, penal e Militar e o Corpo de Bombeiros, que o art. 21, XIV, da Constituição Federal, estatui competir à União organizar e manter. Esse mesmo dispositivo acrescenta o dever central de "[…] prestar assistência financeira ao Distrito Federal para a execução de serviços públicos, por meio de fundo próprio". O inciso XIII, também do art. 21, acomete, ainda, à União a organização judiciária e do Ministério Público distritais, inclusive a organização administrativa deles.

Por causa dessas competências federais em face de órgãos e atividades distritais, menciona-se uma **autonomia tutelada** do Distrito Federal, chancelada pelo Supremo

Tribunal Federal ao editar a **Súmula Vinculante 39**, com o seguinte teor: "Compete privativamente à União legislar sobre vencimentos dos membros das polícias civil e militar e do corpo de bombeiros militar do Distrito Federal".

Em conclusão: o que é mencionado sobre as competências materiais dos Estados-membros e Municípios é aplicável ao Distrito Federal, ressalvadas as atividades acometidas à União.

3.9 COMPETÊNCIA COMUM DA UNIÃO, DOS ESTADOS-MEMBROS, DO DISTRITO FEDERAL E DOS MUNICÍPIOS

Em confirmação da fórmula cooperativa de federação adotada pela Constituição Federal de 1988, o art. 23 traz as matérias de competência comum de todos os entes federativos. São atividades sociais de grande relevância, cuja conjugação de esforços se tem por imperativa. Em relação a elas, cada ente atua no seu âmbito de interesse (nacional, regional e local), tanto isolada como articuladamente com os demais. Não há, portanto, uma superposição de atribuições, mas a necessidade de atuação somada, com cada unidade da federação dando sua parcela de atribuição dentro do que lhe compete, segundo a respectiva preponderância de interesse.

Além de determinar no inciso I do referido dispositivo constitucional que União, Estados-membros, Distrito Federal e Municípios devem "[...] zelar pela guarda da Constituição, das leis e das instituições democráticas e conservar o patrimônio público", o dispositivo traz a previsão de ações precipuamente administrativas ligadas a meio ambiente, saúde, educação, cultura, urbanismo, intervenção e fomento econômico.

Não há entre elas atividade política, a ser exercida por faculdades estritamente constitucionais. Traduzem-se em tarefas materiais de incumbência, principalmente, da Administração Pública, diretamente por seus órgãos e entidades, ou indiretamente, por concessão ou permissão.

Sobre essas competências, Raul Machado Horta denuncia a falta de coerência ou sistemática maior na escolha operada pelo constituinte originário. Escreve:

> A competência comum condensa preceitos e recomendações dirigidas à União, aos Estados, ao Distrito Federal e aos Municípios, traduzindo intenções programáticas do constituinte, reunidas em conjunto de normas não uniformes, muitas com as características de fragmentos que foram reunidos em regra geral por falta de outra localização mais adequada. São regras não exclusivas, não dotadas de privatividade e que deverão constituir objeto de preocupação comum dos quatro níveis de governo, dentro dos recursos e peculiaridades de cada um[52].

Tais críticas devem ser tomadas com ressalvas, porque não é necessariamente a previsão abstrata das competências feita pelo constituinte que pode gerar falta de coerência ou sistematicidade, mas, sim, a falta de disciplinamento infraconstitucional

---

52. HORTA, Raul Machado. **Direito Constitucional**. 2ª edição. Belo Horizonte: Del Rey, 1999, p. 365.

disciplinando a matéria. A própria Constituição Federal aponta para essa necessidade ao prescrever no parágrafo único do art. 23 que "leis complementares fixarão normas para a cooperação entre a União e os Estados, o Distrito Federal e os Municípios, tendo em vista o equilíbrio do desenvolvimento e do bem-estar em âmbito nacional".

Não foram editadas tais normas complementares em caráter geral de modo a viabilizar maior sistematização das competências comuns. Portanto, não se pode formular crítica apenas ao constituinte original, deve ela ser estendida à omissão legislativa posterior ao longo de várias décadas.

Como são atribuições indiscutivelmente sociais, realizam-se, como dito, mediante atividade administrativa, não havendo dificuldades, neste tocante, na diferenciação para atividade econômica realizada paralelamente por particulares no âmbito da saúde, educação e cultura. Nesses setores, a Constituição já deixa expressa a possibilidade de a iniciativa privada se encarregar delas sem necessitar de concessão ou permissão do Poder Público. Isso permite que, naturalmente, haja uma acomodação do público e do privado em zonas de atuação diferenciadas, cabendo àquele a realização de mecanismos sociais sem qualquer fim de mercado ou de intervenção econômica, e a este cabe a exploração empresarial em obediências às regras da economia. Com efeito, não se verificaram nessas competências aquelas intensas discussões teóricas e de definição como ocorridas, por exemplo, em relação ao serviço postal estudado anteriormente.

As competências comuns podem ser estruturadas pelo seguinte quadro:

GÊNERO	DISPOSIÇÃO CONSTITUCIONAL
1. Cultura e educação	**art. 23, II** – "proteger os documentos, as obras e outros bens de valor histórico, artístico e cultural, os monumentos, as paisagens naturais notáveis e os sítios arqueológicos" **art. 23, IV** – "impedir a evasão, a destruição e a descaracterização de obras de arte e de outros bens de valor histórico, artístico ou cultural" **art. 23, V** – "proporcionar os meios de acesso à cultura, à educação, à ciência, à tecnologia, à pesquisa e à inovação"; **art. 23, XII** – "estabelecer e implantar política de educação para a segurança do trânsito"
2. Meio ambiente	**art. 23, VI** – "proteger o meio ambiente e combater a poluição em qualquer de suas formas" **art. 23, VII** – "preservar as florestas, a fauna e a flora" **art. 23, XI** – "registrar, acompanhar e fiscalizar as concessões de direitos de pesquisa e exploração de recursos hídricos e minerais em seus territórios"
3. Saúde	**art. 23, II** – "cuidar da saúde e assistência pública, da proteção e garantia das pessoas portadoras de deficiência"
4. Intervenção e fomento	**art. 23, VIII** – "fomentar a produção agropecuária e organizar o abastecimento alimentar" **art. 23, X** – "combater as causas da pobreza e os fatores de marginalização, promovendo a integração social dos setores desfavorecidos"
5. Habitação	**art. 23, IX** – "promover programas de construção de moradias e a melhoria das condições habitacionais e de saneamento básico".

É importante destacar que todos os entes federativos têm o dever de arcar com essas competências materiais, mas sempre foi entendido **não ser preciso agirem conjuntamente ou em coordenação**, mediante atividades articuladas, com celebração de convênios ou constituição de consórcios públicos. É certo que o parágrafo único do art. 23 aponta no sentido de um federalismo cooperativo nesse sentido ao dispor que "[...] leis complementares fixarão normas para a cooperação entre a União e os Estados, o Distrito Federal e os Municípios, tendo em vista o equilíbrio do desenvolvimento e do bem-estar em âmbito nacional". O entendimento predominante é no sentido de ser perfeitamente lícito exercerem-se tais competências comuns **individual** e **isoladamente**, cada um dentro de seus respectivos âmbitos de atuação, sem qualquer combinação, embora isso não seja recomendável, nem tenha sido essa a intenção do constituinte.

O Supremo Tribunal Federal já deixou esse entendimento expresso ao julgar que "[...] a inclusão de determinada função administrativa no âmbito da competência comum **não impõe** que cada tarefa compreendida no seu domínio, por menos expressiva que seja, haja de ser objeto de ações **simultâneas das três entidades federativas**"[53]. O importante, portanto, é que União, Estado-membros, Distrito Federal e Municípios se responsabilizem por elas e as exerçam dentro dos respectivos âmbitos – nacional, regional e local.

Em outro precedente, o tribunal decidiu, no entanto, que há **obrigatoriedade de atuação conjunta e cooperação.** Trata-se, portanto, da sinalização de uma mudança de entendimento. Foi o que restou decidido na Ação Cível Ordinária 3.121[54], em que o Estado de Roraima pedia a condenação da União para adotar medidas próprias da competência comum em face do aumento súbito de fluxo migratório de venezuelanos para aquele Estado-membro fronteiriço. No caso, vale ressaltar, portanto, que se estava diante de uma excepcionalidade que gerou a incapacidade de um ente federado suportar isoladamente o exercício da atividade por força das circunstâncias fáticas enfrentadas. A grave crise econômica e política do país vizinho levou a uma onda de mais de 50.000 refugiados, precariamente acomodados na capital Boa Vista, representando um acréscimo de mais de 10% da população de todo o Estado-membro, sobrecarregando os diversos serviços públicos, incluindo aqueles decorrente da competência comum do art. 23 da Constituição Federal.

Diante desse quadro, Roraima requereu perante o Supremo Tribunal Federal condenação para: "(a) obrigar a ré [União Federal] a promover medidas administrativas nas áreas de controle policial, saúde e vigilância sanitária na região da fronteira entre o Brasil e a Venezuela; (b) a imediata transferência de recursos adicionais da União para suprir custos que vem suportando com a prestação de serviços públicos aos imigrantes oriundos da Venezuela estabelecidos em território roraimense; e (c) compelir a União a fechar temporariamente a fronteira entre o Brasil e a Venezuela ou limitar o ingresso de imigrantes venezuelanos no Brasil".

---

53. ADI 2544 MC, Relator(a): Min. SEPÚLVEDA PERTENCE, Tribunal Pleno, julgado em 12/06/2002, DJ 08-11-2002 PP-00021 EMENT VOL-02090-03 PP-00449.
54. ACO 3121, Relator(a): ROSA WEBER, Tribunal Pleno, julgado em 13/10/2020, PROCESSO ELETRÔNICO DJe-258 DIVULG 26-10-2020 PUBLIC 27-10-2020.

O pedido para obrigar a adoção de medidas administrativas nas áreas de controle policial, saúde e vigilância sanitária na região da fronteira foi prejudicado porque União e o Estado de Roraima firmaram acordo, estabelecendo a atuação conjunta. Já o pedido de fechamento de fronteiras foi rejeitado por contrariar princípios constitucionais que regem as relações internacionais brasileiras, em especial a prevalência dos direitos humanos e a "cooperação entre os povos para o progresso da humanidade", prescritos no art. 4º, II e IX, respectivamente, da Constituição Federal.

Por sua vez, o pedido de transferência de recursos da União para o Estado-membro foi deferido, porque foi inegável o aumento de gastos desta unidade federada em razão do cumprimento de tratados internacionais que compete à República Federativa do Brasil como um todo. Daí o dever de a União participar dessas despesas obrigatoriamente.

No entanto, além das especificidades do caso que justificam a necessária atuação conjunta, o Supremo firmou entendimento de que "nas matérias de que trata o art. 23 da CF o **cooperativismo é obrigatório**, e não facultativo", acrescentando que "o princípio da solidariedade é constitucional e aplica-se nas relações entre os entes federados". Esse é um entendimento realmente inovador, porque, como visto, havia precedentes da própria Corte no sentido de que a cooperação concreta é facultativa, não obrigatória.

A relatora do julgado, Min. Rosa Weber, aponta que o federalismo cooperativo, identificado de maneira abstrata pela simples existência de competências concorrente e comuns, não se fez realidade mais efetiva no Brasil. Recorre a lições de diversos juristas, entre eles Gilberto Bercovici, quando aponta que "o real problema da descentralização ocorrida após 1988 é a falta de planejamento, coordenação e cooperação entre os entes federados e a União, ou seja, a falta de efetividade da própria Constituição e do federalismo cooperativo nela previsto". Essa falta de efetividade é denotada pela falta de edição das mencionadas normas complementares, tratando de como articular a cooperação entre os vários entes.

Diante desse quadro, a relatora, recorrendo a lições de Álisson José Maia Melo, expõe que a Constituição Federal exige que a cooperação seja implementada, o que ocorre quando um serviço público é gerido por dois ou mais entes federativos. "E essa gestão pode envolver tanto atribuição de competências de gestão diferenciadas (heterogênea) ou a união de esforços para a realização de iguais competências (homogênea)". Citando Samuel Cunha Oliveira, acrescenta que "no tocante aos Estados que adotam a forma federativa, portanto, a solidariedade também se impõe, mormente naqueles em que há certo grau de disparidade de desenvolvimento econômico e social entre as diversas regiões".

A divergência foi aberta pelo Ministro Alexandre de Moraes, que não identificou no arranjo constitucional ser da União a responsabilidade, "no âmbito de sua competência constitucional administrativa, a atribuição exclusiva para custear as despesas com imigrantes que entram no país, ainda que fruto de calamidade vivenciada no país de origem. Em nível constitucional o que se tem de concreto é a competência exclusiva da União para legislar sobre 'emigração e imigração, entrada, extradição e expulsão de estrangeiros' (artigo 22, inciso XV). Já no rol de sua competência administrativa, não se lhe atribui o custeio ou a manutenção deste tipo de despesa, o que, aliás, ocorre em relação a outras despesas e serviços".

Prevaleceu, no entanto, o voto da relatora, que merece atenção em alguns aspectos antes que se conclua por uma reviravolta completa na compreensão das competências comuns. Esse entendimento deve ser tomado com ressalvas. Impor a cooperação pode significar restringir a autonomia federativa não somente dos entes subnacionais, mas também da União. A essência da federação é justamente viabilizar uma heterogeneidade de medidas em atenção às peculiaridades próprias de cada localidade e região de um país continental. Forçar uma coordenação mais ampla pode representar a negação dessa autonomia, seja causando uma estagnação da atuação nacional por uma imposição a partir dos interesses meramente locais e regionais, seja sujeitando os entes subnacionais a pautas e agendas do governo central.

E mais. Não havendo a cooperação, há a proibição da atuação? Seria ela considerada ilícita, de modo a justificar posterior indenização dos entes federativos que aturaram isoladamente, mas dentro da competência que lhe é própria? É possível identificar omissões seguidas de ressarcimentos desde a edição da Constituição Federal de 1988?

Em verdade, acredita-se que a melhor forma de entender o jogo federativo é que, nesse excepcional caso de Roraima, emergiu um pontual dever de cooperação, que não existe regularmente. A solidariedade federativa, diante da inviabilidade do Estado-membro em assegurar a eficaz prestação de serviços comuns, obrigou também excepcionalmente a atuação conjunta, não sendo empecilho a falta de obrigação da União em custear serviços para imigrantes, porque a ajuda se relacionou a serviços comuns que seriam fortalecidos para toda a população de Roraima, que sofria como um todo em razão do abarrotamento. Portanto, não se trata de custear diretamente serviços para imigrantes, mas conjugar esforços em serviços comuns, ante a inviabilidade estadual específica.

De toda forma, esse caso de Roraima e o novo entendimento torna ainda mais urgente a edição da normatização complementar regulando essa cooperação, que deve ser equilibrada e equânime.

O que não pode haver é qualquer espécie de **renúncia** ou de desobrigação unilateral da matéria para deixá-la unicamente a cargo dos outros entes federativos. Isso foi julgado pelo Supremo Tribunal Federal na ADI 2.544, cujo objeto era lei do Rio Grande do Sul ao determinar que os sítios arqueológicos de seu território ficariam sob a guarda e responsabilidade dos municípios onde se localizassem. O Governador do Estado, autor da ação, alegou ofensa precisamente ao art. 23, III, da CF/88, por ser renúncia de competência constitucional.

A Assembleia Legislativa gaúcha defendeu a constitucionalidade da lei argumentando que no Estado não havia sítios arqueológicos de maior monta, havendo apenas sinais e algumas reminiscências de eras históricas que já eram preservados pelos respectivos municípios, o que justificaria, então, uma atuação apenas local. Alegou, ainda, que somente a hipótese de uma descoberta de sítio com porte considerável faria emergir a necessidade de atuação estadual ou federal. Como se vê, tentou-se caracterizar a ausência de interesse regional a justificar a demissão apriorística da competência material.

O Ministro Sepúlveda Pertence, relator, reiterou o entendimento que manifestara ao deferir a medida cautelar que suspendeu a execução dessa lei. Fundamentou que não seria válida tal sorte de demissão de competência pelo Estado-membro e recorreu à lição de Raul Machado Horta no sentido de que, "[…] na verdade a competência comum opera a listagem de **obrigações** e **deveres indeclináveis** do Poder Público em relação às instituições"[55].

Houve divergência do Ministro Marco Aurélio de Melo, que votou pela declaração parcial de inconstitucionalidade sem redução de texto para emprestar interpretação à lei de que a competência ali destacada aos Municípios não excluiria a do Estado-membro e da União. Essa tese, no entanto, não logrou êxito sob o argumento de que a lei não se prestaria a outorgar competências aos Municípios, por ser tarefa da Constituição Federal e dela decorrente diretamente, deixando, então, a interpretação proposta tautológica e redundante. O julgamento final foi assim sumariado:

Federação: competência comum: proteção do patrimônio comum, incluído o dos sítios de valor arqueológico (CF, arts. 23, III, e 216, V): encargo que **não comporta demissão unilateral**.

1. L. est. 11.380, de 1999, do Estado do Rio Grande do Sul, confere aos municípios em que se localizam a proteção, a guarda e a responsabilidade pelos sítios arqueológicos e seus acervos, no Estado, o que vale por excluir, a propósito de tais bens do patrimônio cultural brasileiro (CF, art. 216, V), o dever de proteção e guarda e a consequente responsabilidade não apenas do Estado, mas também da própria União, incluídas na competência comum dos entes da Federação, que substantiva incumbência de natureza qualificadamente irrenunciável.

2. A inclusão de determinada função administrativa no âmbito da competência comum não impõe que cada tarefa compreendida no seu domínio, por menos expressiva que seja, haja de ser objeto de ações simultâneas das três entidades federativas: donde, a previsão, no parágrafo único do art. 23 CF, de lei complementar que fixe normas de cooperação (v. sobre monumentos arqueológicos e pre-históricos, a L. 3.924/61), cuja edição, porém, é da competência da União e, de qualquer modo, não abrange o poder de demitirem-se a União ou os Estados dos encargos constitucionais de proteção dos bens de valor arqueológico para descarregá-los ilimitadamente sobre os Municípios.

3. Ação direta de inconstitucionalidade julgada procedente[56].

Portanto, ficou assentado não poder haver desobrigação apriorística de competências comuns a pretexto de inexistir o âmbito de interesse respectivo, no caso, regional.

O extremo oposto também não é válido. Não pode haver um exagero ou rompante por meio de **usurpação** de competências comuns por um ente em detrimento dos demais. É proibido a qualquer ente federativo tomar para si, subtraindo dos outros, algumas das matérias indicadas como de todos.

---

55. ADI 2544, Relator(a): Min. SEPÚLVEDA PERTENCE, Tribunal Pleno, julgado em 28/06/2006, DJ 17-11-2006 PP-00047 EMENT VOL-02256-01 PP-00112 LEXSTF v. 29, n. 337, 2007, p. 73-86.
56. ADI 2544, Relator(a): Min. SEPÚLVEDA PERTENCE, Tribunal Pleno, julgado em 28/06/2006, DJ 17-11-2006 PP-00047 EMENT VOL-02256-01 PP-00112 LEXSTF v. 29, n. 337, 2007, p. 73-86.

Outro exemplo de inconstitucional usurpação foi disposição da Constituição do Estado do Mato Grosso, que arrolou como bem do Estado-membro os sítios arqueológicos e paleontológicos que se encontrassem dentro dos territórios de seus municípios. No mesmo sentido, adveio lei estadual regulamentando essa disposição constitucional. Ambas conferiam preponderância estadual para tratar do assunto, em franco desfavorecimento da União e dos Municípios.

Foi ajuizada a ADI 3.525 pelo Procurador-Geral da República, sustentando que, ao inserir tais sítios no patrimônio estadual, a Constituição do Mato Grosso usurpou patrimônio da União (art. 20, X), excluindo-os do patrimônio brasileiro (art. 216, V) e prejudicando o exercício da competência comum (art. 23, III) dos entes federativos.

O relator, Ministro Gilmar Mendes, julgou procedente a ação, declarando inválidas as disposições constitucional e legal. Fez amplo uso de citações de passagens da ADI nº 2.544, em especial do parecer da Procuradoria Geral da República que, por sua vez, lançou mão de lição doutrinária de Ives Gandra Martins, ao escrever que "a competência comum, diferentemente da concorrente e da privativa, é a competência que os entes federados exercem sobre a mesma matéria, sem, todavia, interferir nas áreas de respectiva atuação, sobre não haver, em seu exercício ordinário, hierarquia de exclusão". Conclui, então que "não há possibilidade de se cogitar na exclusão de um ente federativo, em se tratando de competência comum, pelo seu próprio significado – questão de interesse de toda federação". A ementa ficou definida nos seguintes termos:

> Ação Direta de Inconstitucionalidade. 2. Artigo 251 da Constituição do Estado de Mato Grosso e Lei Estadual nº 7.782/2002, 'que declara integrantes do patrimônio científico-cultural do Estado os sítios paleontológicos e arqueológicos localizados em Municípios do Estado de Mato Grosso'. 3. Violação aos artigos 23, inciso III e 216, inciso V, da Constituição. Precedente: ADI 2.544, Rel. Min. Sepúlveda Pertence. 4. Ação julgada procedente[57].

Diante de tudo isso, pode-se explicar, em resumo, as seguintes características das competências comuns:

a) são atividades de cunho eminentemente administrativo;

b) embora seja recomendável, não precisam ser executadas necessariamente de maneira simultânea e coordenada pelos três níveis federativos, havendo, no entanto, entendimento recente do STF apontando para essa obrigatoriedade em razão do princípio da solidariedade aplicável às relações federativas;

c) são deveres que não podem ser renunciados por um ente federativo em favor de outro;

d) essas competências não podem ser tomadas por um ente federativo em prejuízo dos demais.

---

57. ADI 3525, Relator(a): Min. GILMAR MENDES, Tribunal Pleno, julgado em 30/08/2007, DJe-131 DIVULG 25-10-2007 PUBLIC 26-10-2007 DJ 26-10-2007 PP-00028 EMENT VOL-02295-03 PP-00576.

3.10 COMPETÊNCIAS MATERIAIS COMUNS E AS COMPETÊNCIAS LEGISLATIVAS RESPECTIVAS

Pelo exposto até aqui, verifica-se a possibilidade de a União, os Estados-membros, o Distrito Federal e os Municípios **legislarem** sobre os assuntos materiais comuns. Isso confirma a afirmação geral, decorrente do princípio dos poderes implícitos, de que competência material pressupõe o poder de editar a correlata norma legislativa, tenha na Constituição Federal previsão expressa para isso ou não.

A correspondência legislativa expressa a essas matérias está, como é lógico se pensar, no art. 24 da CF/88, que estabelece a competência concorrente da União, Estados-membros e Distrito Federal, pela qual cabe à União editar **normas gerais**, e aos Estados-membros e ao Distrito Federal **normas específicas**. Urbanismo, direito econômico, meio ambiente, proteção do patrimônio cultural, saúde, proteção e integração de pessoas com deficiências são matérias expressamente arroladas no art. 24, I, VI, VII, VIII, IX, XI e XIV, respectivamente. Já a competência dos Municípios para tratar sobre esses assuntos é **suplementar simples**, decorrente do art. 30, I, da Constituição Federal.

Há, entretanto, matérias comuns cuja competência legislativa é também expressa, mas estabelecida como **privativa** da União, como a de instituir "diretrizes para o desenvolvimento urbano, inclusive habitação, saneamento básico e transportes urbanos", contida no art. 21, XX, CF/88. Nessa hipótese, a atuação administrativa será levada a efeito, principalmente, pelos Municípios, mas em observância à normatização federal privativa, sem prejuízo da competência suplementar simples de estabelecer normas específicas para adaptar à realidade local.

Não se pode negar, porém, que essa atuação material em observância à legislação de outro nível federativo representa uma limitação à autonomia municipal, pois não haverá a plena capacidade para tratar dos assuntos aludidos, ficando a depender da conformação legislativa geral da União. Para minorar essa restrição ao Município, entende-se remanescer sua competência suplementar pertinente, sempre em torno da adequação ao interesse local.

A divisão entre o que corresponde à legislação concorrente e privativa no âmbito dessas competências comuns é, portanto, tênue, ou mesmo sútil, como no caso de lei do Distrito Federal que estabeleceu obrigação aos médicos que atuem em seu território de comunicarem à Secretaria de Saúde estadual as ocorrências de câncer de pele, sob pena de responsabilidade do profissional e do estabelecimento hospitalar.

Na ADI 2875, a prescrição principal (comunicação à Secretaria) foi tida por constitucional, já que no âmbito de legislação concorrente (art. 24), mas a sanção (responsabilidade do profissional e do estabelecimento) não o foi, por invadir matéria privativa da União para tratar sobre atividade profissional e Direito Civil (art. 22, I, CF/88):

> LEI DISTRITAL. NOTIFICAÇÃO MENSAL À SECRETARIA DE SAÚDE. CASOS DE CÂNCER DE PELE. OBRIGAÇÃO IMPOSTA A MÉDICOS PÚBLICOS E PARTICULARES. ADMISSIBILIDADE. SAÚDE PÚBLICA. MATÉRIA INSERIDA NO ÂMBITO DE COMPETÊNCIA COMUM E CONCORRENTE DO DISTRITO FEDERAL. ARTS. 23, I, e 24, XII, DA CF. RESPONSABILIDADE CIVIL DOS PROFISSIONAIS DA SAÚDE. MATÉRIA DE COMPETÊNCIA EXCLUSIVA DA UNIÃO. ART. 22, I. PROCEDÊNCIA PARCIAL DA AÇÃO. I – Dispositivo de lei distrital que obriga os médicos públicos e particulares do Distrito Federal a notificarem a Secretaria de Saúde sobre os casos de câncer de pele não é inconstitucional. II – Matéria inserida no âmbito da competência da União, Estados e Distrito Federal, nos termos do art. 23, I, da Constituição Federal. III – Exigência que encontra abrigo também no art. 24, XII, da Carta Magna, que atribui competência concorrente aos referidos entes federativos para legislar sobre a defesa da saúde. IV – Dispositivo da lei distrital que imputa responsabilidade civil ao médico por falta de notificação caracteriza ofensa ao art. 22, I, da CF, que consigna ser competência exclusiva da União legislar acerca dessa matéria. V – Ação direta parcialmente procedente[58].

No caso, restou uma norma jurídica incompleta, porque mesmo sendo preservada a norma de conduta (comunicação dos casos de câncer de pele à Secretaria de Saúde estadual), foi extirpada a sanção, restando sem qualquer meio de coerção para fazer valer o dever prescrito. A correlação nesse tipo de competência é, portanto, das mais complexas, demandando análise mais atenta na edição da lei e no seu controle.

Nesse tocante de estabelecer o que cabe a quem em termos de legislação sobre assunto de competência material comum, existem dois princípios orientadores, os quais são apontados pela doutrina e já foram ou são utilizados pelo Supremo Tribunal Federal.

O primeiro deles é o **princípio da preponderância de interesse**, segundo o qual cada ente deve atuar no seu âmbito de interesse, cabendo à União expedir normas de modo a uniformizar o assunto de maneira nacional, no que toca a essa necessidade; aos Estados-membros e ao Distrito Federal é cabível reger o que for de interesse regional, suplementando ou suprindo as normas federais; e, por fim, aos Municípios, o que for de interesse local, apenas suplementado as normas dos demais níveis. Esse princípio é o critério subjacente encontrado na distribuição de competências feitas pelo constituinte originário, sendo também utilizado como postulado hermenêutico pelo Supremo Tribunal Federal para solucionar os vários casos de conflito federativos. Portanto, tanto na criação das normas de competências constitucionais quando em sua interpretação e aplicação é o princípio da preponderância de interesse o critério mais evidente. Esse princípio viabiliza, inclusive, uma **atuação cooperativa** entre os entes, dentro de uma **atuação vertical** de todos os envolvidos.

O segundo princípio, não inteiramente antagônico ao primeiro, é o **princípio da subsidiariedade,** que indica um critério apriorístico de prevalência da competência periférica. Diz-se que não é inteiramente antagônico, porque não necessariamente em todo caso vá levar a uma conclusão diferente da indicada pelo princípio da preponderância do interesse. Além disso, ainda aponta de certa forma que quem deve legislar sobre o assunto é o ente mais apto a tratá-lo. Pela subsidiariedade, no entanto, presume-se de antemão

---

58. ADI 2875, Relator(a): Min. RICARDO LEWANDOWSKI, Tribunal Pleno, julgado em 04/06/2008, DJe-112 DIVULG 19-06-2008 PUBLIC 20-06-2008 EMENT VOL-02324-01 PP-00215 RTJ VOL-00205-03 PP-01137 RT v. 97, n. 876, 2008, p. 111-114 LEXSTF v. 30, n. 360, 2008, p. 39-45.

que o ente mais periférico do pacto federativo é, via de regra, o mais apto. Apenas quando se elide concretamente essa presunção, com dados quantitativos e qualitativos, é que se passa para outro nível federativo mais amplo; daí a ideia de atuação apenas subsidiária.

Destaque-se: enquanto o princípio da preponderância do interesse aloca para cada ente competências que entende ser mais adequada a cada nível federativo segundo o âmbito de atuação, o princípio da subsidiariedade presume que, para as matérias em geral, é o nível mais próximo da população o mais apto, só se passando para outro nível mais abrangente mediante demonstração inequívoca de essa presunção ser errada.

Os entes subnacionais serviriam, ainda, de laboratórios federativos, pois assuntos experimentados nos âmbitos regional e local poderiam ser nacionalizados quando aferido o sucesso regional ou local e apenas se demonstrada a probabilidade de sucesso nacional com dados quantitativos e qualitativos.

Ambos os critérios servem para compreender a competência legislativa correlata à competência material comum. No entanto, princípio da preponderância de interesse é, repita-se, o que **está subjacente** à repartição de **todas** as competências da maneira observada no Texto Constitucional. Por exemplo, quando o constituinte originário estatuiu que determinada matéria seria privativa da União, o fez por partir da premissa de que o interesse preponderante sobre a matéria seria o nacional, demandando, assim, regramento uniforme para o território brasileiro. Justamente, por essa razão, tem sido o critério mais utilizado para solucionar controvérsias levadas ao Supremo Tribunal Federal, ainda que parte da doutrina promova e propague bastante o princípio da subsidiariedade, que tem mais relevo na experiência e doutrina estrangeiras, e se mostraria um instrumento mais eficaz em promover a descentralização de poder.

Mais recentemente, o princípio da subsidiariedade foi citado em precedente do Supremo Tribunal Federal. Deve ser atentado, contudo, que, a despeito do resultado, houve votos de vários ministros com visões completamente distintas, mesmo entre aqueles que votaram no mesmo sentido quanto à solução do mérito da questão. Mesmo chegando à mesma conclusão, houve ministros se valendo de um e de outro princípio.

Isso ocorreu no julgamento do Recurso Extraordinário 194.704, em que se buscava declarar que a Constituição Federal de 1988 não recepcionara lei e regulamento do Município de Belo Horizonte, que estabeleciam, no exercício de competência para legislar sobre meio ambiente, limites de emissão de poluentes pelos veículos automotores que transitem em seu território. Concessionária de serviço público de transporte local ajuizou mandado de segurança alegando a não recepção, porque o Município de Belo Horizonte teria "[...] confundido a competência administrativa comum, inscrita tanto no art. 23, VI, como no art. 225, com a competência legislativa objeto do art. 24, VI, assim atribuída, no tocante a meio ambiente, apenas à união, aos Estados e ao Distrito". A pretensão foi denegada nas instâncias iniciais, tendo chegado no Pretório Excelso com o intuito de reformar ditas decisões e tornar inválidas as normas locais. O relator, Ministro Carlos Veloso, negou provimento ao recurso, alegando em síntese:

> Ora, se é da competência comum da União, dos Estados, do Distrito Federal e dos Municípios competência material, administrativa, competência de atividades concretas - proteger o meio ambiente e combater a poluição em qualquer de suas formas (C.F., art. 23, VI), e se a atividade administrativa desenvolve-se *sub legem* - administrar é executar de ofício a lei - é forçoso concluir que ao Município cabe legislar em termos de proteção do meio ambiente e combate à poluição no que diz respeito ao interesse local ou ao seu peculiar interesse (C.F., art. 30, I e 11). Quem quer os fins deve dar os meios.

Como se lê, o relator ressaltou que as competências materiais implicam a correlata competência legislativa, que deve se limitar a versar a matéria no tocante ao interesse do respectivo ente federativo, que no caso era o local, peculiar ao Município. Claramente foi adotado o princípio da preponderância de interesse para delinear a competência da unidade periférica.

A divergência foi aberta pelo Ministro César Peluso. Embora não tenha feito expressa referência, sua fundamentação também partiu do princípio da preponderância de interesse, justamente para destacar que o assunto não era de alçada apenas local, por envolver assuntos que exigem homogeneidade nacional e, portanto, de competência da União. Escreve:

> É, ademais, o que advém, sob outro ângulo, do discernimento claro das distintas competências distribuídas pela Constituição da República, perante a qual, se é competência comum da União, dos Estados, do Distrito Federal e dos Municípios, "proteger o meio ambiente e combater a poluição em qualquer de suas formas" (art. 23, VI), o que constitui evidente atribuição de competência material, ou, como se diz, para ações materiais ou de execução, **só compete** à União, aos Estados e ao Distrito Federal "legislar concorrentemente" sobre "proteção do meio ambiente e controle da poluição" (art. 24, VI). **A competência legislativa do Município**, essa **adscreve-se a "assuntos de interesse local"** (art. 30, I) e, quanto aos de interesse dito transcendente (onde não predomina o do Município), "suplementar", no que caiba, a legislação federal e estadual (art. 30, II). E, em matéria de tutela do meio ambiente, sob os aspectos técnicos a que, para evitar poluição, devem atender os veículos em circulação **por todo o território** do país, **não há** objeto normativo por suplementar, nem assunto em que sobreleve **interesse local** dos Municípios, senão **interesse nacional predominante**, que, por bons e óbvios motivos, lhes foge à competência legislativa autônoma [...].

Como se vê, o desacordo dos ministros não era de direito, não era quanto ao princípio a nortear a compreensão das competências federativas, mas um desacordo fático, de não ser o assunto em questão (disciplinamento ambiental sobre gases poluentes emitidos por veículos automotores) de interesse local e, sim, de proveito nacional, cabendo, por via de consequência, à União Federal.

Também no concernente à divergência fática, o Ministro Celso de Melo votou reconhecendo a dimensão localista da matéria, mantendo como pano de fundo o mesmo critério de direito (princípio da preponderância de interesse). Observa-se em seu voto:

> Vê-se, portanto, considerada a repartição constitucional de competências em matéria ambiental, que, na eventualidade de surgir conflito entre as pessoas políticas no desempenho de atribuições que lhes sejam comuns – como sucederia, p. ex., no exercício da competência material (de caráter administrativo) a que alude o inciso VI do art. 23 da Constituição –, tal situação de antagonismo resolver-se-á mediante aplicação do **critério da preponderância do interesse** e, quando possível, pela utilização do **critério da cooperação** entre as entidades integrantes da Federação [...].

Isso significa que, concorrendo projetos da União Federal, do Estado-membro e dos Municípios, visando ao controle da poluição atmosférica, o conflito de atribuições será suscetível de resolução, caso inviável a colaboração entre tais pessoas políticas, pela aplicação do critério da preponderância do interesse, valendo referir – como já assinalado – que, ordinariamente, os interesses da União revestem-se de maior abrangência.

[...]

Tenho por inquestionável, por isso mesmo, que assiste ao Município competência constitucional para formular regras e legislar sobre proteção e defesa do meio ambiente, notadamente na área de controle da poluição atmosférica, que representa encargo irrenunciável que incide sobre todos e cada um dos entes que integram o Estado Federal brasileiro, impondo-se observar, no entanto, por necessário, que essa atribuição para legislar sobre o meio ambiente deve efetivar-se nos limites do interesse local, em ordem a que a regulação normativa municipal esteja em harmonia com as competências materiais constitucionalmente deferidas à União Federal e aos Estados-membros, tal como tive o ensejo de assinalar em anteriores julgamentos por mim proferidos nesta Suprema Corte (RE 673.681/SP, Rel. Min. CELSO DE MELLO – RE 834.510/SP, Rel. Min. CELSO DE MELLO, v.g.).

O Ministro Celso de Melo registra em outras passagens de seu voto a necessidade prevista na Constituição de edição de lei complementar nacional justamente para fazer essa coordenação de competências federativas, o que, no plano ambiental, se deu por meio da Lei Complementar nº 140, de 08 de dezembro de 2011.

No tocante ao aspecto discutido, contudo, vê-se que a questão se manteve no âmbito de um desacordo fático, havendo convergência quanto ao princípio utilizável na hipótese. Isso mudou no voto do Ministro Edson Fachin, sucessor do Ministro Joaquim Barbosa, que havia pedido vista dos autos. Seu longo e profundo voto foi estruturado em torno do princípio da subsidiariedade, ainda que, *en passant,* aluda à questão de preponderância de interesse. A ênfase, no entanto, foi na premissa de que cabe aprioristicamente aos entes periféricos o trato de matérias, inclusive comuns e concorrentes. Ressaltam-se as seguintes passagens:

Poder-se-ia, então, investigar se outra interpretação do Texto Constitucional faria emergir princípios que possam solucionar o conflito de competências entre os entes federativos. Seria possível, por exemplo, identificar **uma linha de primazia entre os interesses envolvidos,** ou, para utilizar uma linguagem mais próxima a do Direito Constitucional Comparado, **seria possível sustentar haver uma subsidiariedade no direito brasileiro**?

[...]

Sem embargo, José Alfredo de Oliveira Baracho, em texto pioneiro sobre o princípio da subsidiariedade no direito brasileiro, sustentou que, de fato, em nome desse princípio, haveria uma primazia do interesse da localidade: "O princípio da subsidiariedade mantém múltiplas implicações de ordem filosófica, política, jurídica, econômica, tanto na ordem jurídica interna, como na comunitária e internacional. Dentro das preocupações federativas, **o Governo local deve assumir grande projeção,** desde que sua efetivação, estrutura quadros políticos, administrativos e econômicos que se projetam na globalidade dos entes da Federação. No exercício de suas atribuições, o governo das entidades federativas poderá promover ações que devem, pelo menos, mitigar a desigualdade social, criar condições de desenvolvimento e de qualidade de vida. A Administração pública de qualidade, comprometida com as necessidades sociais e aberta à participação solidária da sociedade, pode melhorar as entidades federativas e os municípios. A partir desse nível, concretiza-se, necessariamente a efetivação dos direitos humanos. A descentralização, nesse nível, deverá ser estímulo às liberdades, à criatividade, às iniciativas e à vitalidade das diversas legalidades, impulsionando novo tipo de crescimento e melhorias sociais. As burocracias centrais, de tendências autoritárias opõem-se, muitas vezes, às medidas descentralizadoras, contrariando as atribuições da sociedade e dos governos locais. O melhor clima das relações entre cidadãos e autoridades deve iniciar-se nos municípios, tendo em vista o mento recíproco, facilitando o diagnóstico dos problemas sociais e a participação motivada e responsável dos grupos sociais na solução dos problemas, gerando confiança e credibilidade."(BARACHO, José Alfredo de Oliveira. Revista da Faculdade de Direito da UFMG, n. 35, 1995. p. 28-29).

[...]

Os **Estados-membros** deveriam servir como verdadeiros **laboratórios legislativos**, ou seja, como espacialidades em que se possibilita a procura de novas ideias sociais, políticas e econômicas, sempre na busca de soluções mais adequadas para os seus problemas peculiares e, **eventualmente**, tais resoluções serem **passíveis de incorporação mais tarde por outros Estados ou até mesmo pela União em caso de êxito**.

Por razões regimentais do Tribunal, a relatoria coube ao Ministro Edson Fachin, dada a aposentadoria do relator original, Ministro Carlos Veloso. Apenas por essa razão a ementa do acórdão conferiu à subsidiariedade um papel maior na fundamentação do julgamento do que a que efetivamente empenhou, porquanto apenas um ministro, justamente Edson Fachin, a utilizou em sua fundamentação. Feita essa ressalva, eis o teor da ementa:

RECURSO EXTRAORDINÁRIO. LEI MUNICIPAL 4.253/85 DO MUNICÍPIO DE BELO HORIZONTE. PREVISÃO DE IMPOSIÇÃO DE MULTA DECORRENTE DA EMISSÃO DE FUMAÇA ACIMA DOS PADRÕES ACEITOS. ALEGAÇÃO DE INCONSTITUCIONALIDADE POR OFENSA À REGRA CONSTITUCIONAL DE REPARTIÇÃO DE COMPETÊNCIAS FEDERATIVAS. INOCORRÊNCIA. NORMA RECEPCIONADA PELO TEXTO VIGENTE. RECURSO EXTRAORDINÁRIO A QUE SE NEGA PROVIMENTO. 1. Nos casos em que a **dúvida sobre a competência legislativa** recai sobre norma que abrange mais de um tema, deve o intérprete acolher interpretação que **não tolha a competência que detêm os entes menores** para dispor sobre determinada matéria (*presumption against preemption*). 2. Porque o federalismo é um **instrumento de descentralização** política que visa realizar direitos fundamentais, se a lei federal ou estadual claramente indicar, de forma adequada, necessária e razoável, que os efeitos de sua aplicação excluem o poder de complementação que detêm os entes menores (*clear statement rule*), é possível afastar a presunção de que, no âmbito regional, determinado tema deve ser disciplinado pelo ente menor. 3. **Na ausência** de norma federal que, de forma nítida (*clear statement rule*), **retire a presunção de que gozam os entes menores** para, nos assuntos de interesse comum e concorrente, exercerem plenamente sua autonomia, detêm Estados e Municípios, nos seus respectivos âmbitos de atuação, competência normativa. 4. Recurso extraordinário a que se nega provimento[59].

Repita-se o alerta: embora destacado pelo relator do acórdão na ementa, não se pode considerar ter sido o princípio da subsidiariedade a *ratio decidendi* (núcleo da resposta hermenêutica que delineia o precedente) desse precedente, porquanto não foi o fundamento determinante para os demais ministros que reconheceram a competência municipal no caso. Ainda prevalece na jurisprudência do Supremo Tribunal Federal o princípio da preponderância de interesse.

Por fim, o parágrafo único do art. 23 atualmente prescreve que "leis complementares fixarão normas para a cooperação entre a União e os Estados, o Distrito Federal e os Municípios, tendo em vista o equilíbrio do desenvolvimento e do bem-estar em âmbito nacional". Essa redação foi dada em 2006 pela Emenda Constitucional nº56,

---

59. RE 194.704, Relator(a): Min. CARLOS VELLOSO, Relator(a) p/ Acórdão: Min. EDSON FACHIN, Tribunal Pleno, julgado em 29/06/2017, ACÓRDÃO ELETRÔNICO DJe-261 DIVULG 16-11-2017 PUBLIC 17-11-2017.

pois, antes dela, o dispositivo trazia menção à "lei complementar", no singular, o que implicava uma só norma para tratar inteiramente sobre o modo de cooperação entre os entes federativos em todas as competências descritas no artigo. Como estas versam sobre matérias que não guardam maior coerência entre si, conforme denunciado por lição de Raul Machado Horta, a edição de uma só norma seria tarefa difícil ou mesmo ineficaz, já que se poderia cair na tentação de um disciplinamento exageradamente genérico. Daí a alteração para permitir a edição de várias normas, presumindo, naturalmente, que se prestigiará uma especialização em função da matéria tratada por parte de cada uma delas.

Nem a norma geral, sob a égide da redação original, tampouco qualquer norma específica, em consideração à redação emendada, foram editadas. Isso não impede, porém, que haja a cooperação federativa no exercício das competências comuns. O Direito Administrativo fornece vários instrumentos, como se verá, para viabilizá-las, tais como convênios e criação de consórcios públicos. Certamente, isso faz que a condução e o disciplinamento do assunto se tornem pontuais e até mesmo casuísticos, donde a necessidade de suprimir com urgência a omissão legislativa.

3.11 O EXERCÍCIO CONJUNTO DE COMPETÊNCIAS FEDERATIVAS EXCLUSIVAS E COMUNS

Foram vistos os dois tipos distintos de competências materiais, as exclusivas e as comuns. De um modo geral, as primeiras são encargos apenas da entidade federativa indicada, e as segundas são repartidas por todos os integrantes da federação. Essa colocação restrita à maneira de se **atribuírem** as competências não é suficiente para conhecê-las adequadamente, sendo preciso destacar **a maneira de exercê-las** efetivamente.

Conforme exposto, a previsão de competências comuns não implica a obrigatoriedade de os três níveis exercê-las conjuntamente, embora uma atuação cumulada e coordenada seja o melhor nesses casos, já que a efetivação de uma federação cooperativa não se exaure na simples previsão abstrata de uma distribuição vertical de competências. É preciso mais, é necessária uma real conjugação de esforços na execução dessas atribuições, evitando o acastelamento nos respectivos feixes de atividades. Daí a atenção que deve ser dada ao recente precedente do STF na ACO 3121, em que se entendeu que a cooperação é obrigatória.

Os desafios de um Estado social são muitos, seus deveres e metas também, pelo que não pode o modelo federativo ser compreendido por uma perspectiva que o caracterize como um obstáculo para atingimento dos desígnios constitucionais. Há toda uma nova concepção de Estado federal, analisada no Capítulo 1, que apresenta aporte teórico suficiente para superar concepções antigas, concebidas em outra realidade social.

Por essa nova maneira de encarar a Federação, emerge um ponto importante a ser destacado: essa cumulação de ações na execução de competências materiais não pode se restringir àquelas comuns do art. 23, devendo ser possibilitadas também para as competências materiais exclusivas dos arts. 21, 25 e 30 da Constituição Federal.

Com efeito, o que é vedado nessa espécie de competência exclusiva é a delegação pura e simples, que implique a desoneração mediante a transferência da responsabilidade daquele que é constitucionalmente investido. Também não é permitido outro ente distinto do indicado na Constituição Federal arrogar para si a competência. Não há nada, no entanto, que impeça; ao contrário, há o que estimule, uma atuação conjunta com outros entes da Federação, desde que seja para incrementar ou reforçar o exercício pelo ente originário, ainda responsável pela satisfação da utilidade material.

Portanto, evadir-se das competências materiais exclusivas mediante delegação pura não é lícito. Também não é permitido usurpá-la, mas é válido, e mesmo louvável, convergirem outros entes federativos a contribuir na prestação dessas atribuições.

Tanto é assim que fez parte da tradição constitucional brasileira a previsão expressa da possibilidade de celebração de convênios entre União, Estados-membros, Distrito Federal e Municípios para execução de suas leis e atividades, inclusive mediante servidores uns dos outros, permitindo a integração das respectivas administrações. Assim era expresso o art. 13, § 3º, da Constituição Federal anterior. Tal prescrição sempre foi elogiada, por ensejar maior dinamização e mais flexibilidade nos afazeres administrativos, viabilizando a adequação deles às dessemelhanças regionais e locais da realidade brasileira, e um aperfeiçoamento das práticas com economia de recursos.

Essa soma de esforços é mais corriqueira entre Municípios contíguos, a fim de organizarem a prestação dessas atividades comuns nas malhas urbanas que se confundem no já mencionado fenômeno de conurbação, mas também ocorre entre Estados-membros e entre estes e Municípios.

A Constituição Federal de 1988 não reproduziu na redação original de seu texto tal sorte de previsão, suscitando uma série de dúvidas e questionamentos quanto à manutenção da permissão para pactuar esse tipo de convênio. Fernanda Dias de Almeida destaca a mudança da lição de José Afonso da Silva em consequência dessa omissão constitucional. Sob a égide da Carta anterior, ele entendia que, embora a regra fosse a execução imediata das competências constitucionais, admitia-se a mediata, por meio de convênios autorizadores do exercício de atividades materiais de um ente federativo pelo corpo administrativo de outro. Sob os auspícios da Constituição Federal de 1988, quando vigente sua redação original, restringiu-se o autor a considerar apenas a execução direta, silenciando quanto ao exercício indireto.

Fernanda Dias de Almeida se contrapõe a José Afonso da Silva, ao defender, mesmo diante da omissão originária da atual Constituição Federal, uma conjugação ampla de esforços federativos, não só com o compartilhamento de servidores. Para ela, isso não representa inconstitucionalidade ou renúncia de competência, ao contrário, sustenta que, se não houve permissão expressa, também não se deu a proibição literal, sendo que se amolda ao espírito da Constituição essa soma de ações. Então arremata:

Na hipótese, em verdade, a entidade competente não estaria abdicando do poder que lhe é conferido. Apenas, por razões de política administrativa, com vistas à racionalização e à eficiência do trabalho, valer-se-ia do concurso de outra esfera, circunstancialmente melhor aparelhada para a execução de certos serviços de interesse geral. E sempre estabelecendo as condições e parâmetros para o seu desempenho, sob orientação e fiscalização do titular da competência. Sendo, de resto, características do convênio a liberdade de ingresso e retirada dos conveniados, seria sempre possível a retomada da execução do serviço pelo poder competente. Em suma, não haveria a transferência pura e simples de tarefas, mas uma cooperação de cada partícipe, segundo as possibilidades, para consecução de objetivos de interesse público[60].

O impasse foi superado pela Emenda Constitucional nº 19 de 1998, que alterou o art. 241 da Constituição, que passou a ter a seguinte redação:

> Art. 241. A União, os Estados, o Distrito Federal e os Municípios disciplinarão por meio de lei os consórcios públicos e os convênios de cooperação entre os entes federados, autorizando a gestão associada de serviços públicos, bem como a transferência total ou parcial de encargos, serviços, pessoal e bens essenciais à continuidade dos serviços transferidos.

Como se lê, o dispositivo é amplo, estabelecendo várias maneiras de viabilização da soma de ações pelos entes federativos. Realmente, o Direito Administrativo fornece diversos instrumentos para facilitar essa cooperação, sendo destacados os convênios e os consórcios públicos, estes com uma roupagem inteiramente nova dada pela Lei nº 11.107/05.

Classicamente, convênios e consórcios eram concebidos como pactos de colaboração, nos quais não havia contraposição de interesses complementares (como nos contratos), mas sim a convergência em um mesmo sentido. A distinção entre ambos residia nos sujeitos envolvidos. Enquanto no convênio poderia haver uma assimetria entre os convenentes, ou seja, poderia se dar entre entes federativos de níveis distintos (União/Estado-membro; União/Município; Estado-membro/Município) e destes com particulares; nos consórcios, o ajuste deveria se dar necessariamente por entes do mesmo nível (Estado-membro/Estado-membro; Município/Município). Na condição de ajustes, não criavam pessoa jurídica nova e distinta dos pactuantes.

Tal quadro alterou-se, como dito, com a edição da Lei nº 11.107/05, que modificou substancialmente os consórcios públicos. Não só foi extinta a necessidade de simetria entre as partes consorciadas (permitindo, assim, consórcio entre União, Estados-membros, Distrito Federal e Municípios indistintamente), como também permitiu a criação de uma pessoa jurídica distinta dos pactuantes, a qual será incumbida da gestão associada de serviços públicos (atribuições materiais) ou a viabilização de outras modalidades de cooperação.

Quanto ao objeto, o art. 1º da lei estabelece que consiste na "[...] realização de objetivos de interesse comum". A utilização da expressão "interesse comum" suscitou dúvidas quanto à possibilidade de os consórcios públicos só poderem versar sobre as competências comuns da União, dos Estados-membros, do Distrito Federal e dos

---

60. ALMEIDA, op. cit., p. 119.

Municípios. A doutrina mais autorizada, contudo, é enérgica em repelir essa restrição. Odete Medauar escreve:

> Não há confundir as denominadas competências constitucionais comuns com os objetivos de interesse comum dos consórcios públicos. As competências constitucionais comuns, materiais ou administrativas – principalmente aquelas arroladas no art. 23 da constituição Federal – são atribuições conferidas à União, Estados, Distrito Federal e Municípios para a realização de atividades nas matérias que indica.
>
> [...]
>
> No entanto, o rol constitucional do art. 23 não esgota as matérias de interesse comum a motivar os entes federados a se associarem em consórcios públicos.
>
> Nas hipóteses de consórcios intermunicipais seria estranho cogitar de competências comuns no sentido conferido pelo art. 23 da Constituição, pois nesses casos estão envolvidas competências idênticas a cada munícipio consorciado[61].

Assim, é preciso ter em mente a distinção entre **competências materiais comuns** e **interesses** materiais comuns.

A regulamentação dessa lei também destacou a amplitude dos interesses comuns que autorizam a criação de consórcios públicos. O art. 3º, XIII, do Decreto nº 6.017/07 é claro ao indicar indistintamente como objeto do convênio o "[...] exercício de competências pertencentes aos entes da Federação nos termos de autorização ou delegação", o que abarca, inquestionavelmente, as **competências materiais exclusivas**.

Percebe-se, então, que há uma convergência em prol do fortalecimento da federação cooperativa de uma maneira ampla, tanto em relação às competências comuns quanto às exclusivas.

A parte final do art. 241 é intrigante ao prever "[...] a transferência total ou parcial de encargos, serviços, pessoal e bens essenciais à continuidade dos serviços transferidos". Mediante uma leitura mais apressada, poderia ser entendida a possibilidade de delegação pura, com renúncia de responsabilidade; uma interpretação sistemática, porém, não autoriza essa ilação, pois, repita-se, não pode haver renúncia de competência constitucional. Essa delegação, total ou parcial, deverá, ainda, pressupor a persistência do dever do delegante de supervisionar e mesmo orientar a execução do serviço que se dará de maneira mediata. Tem-se, portanto, a autorização de uma transferência apenas da **execução** da atividade, sem, contudo, isentar por completo a responsabilidade do ente constitucionalmente competente para o assunto.

Em paradigmático julgamento, declarou a constitucionalidade de lei estadual que impunha aos órgãos regionais a cessão de informações a órgão federal. O fundamento utilizado foi em prestígio ao federalismo cooperativo.

Tratava-se de lei do Estado do Espírito Santo, que obrigava os oficiais de seus cartórios de registro civil a remeterem cópias das certidões de óbito lavradas ao Tribunal

---

61. MEDAUAR, Odete. **Consórcios Públicos**: comentários à Lei 11.107/2005. São Paulo: Revista dos Tribunais, 2006, p. 25.

Regional Eleitoral e ao órgão responsável pela emissão da carteira de identidade. Tinha por óbvia finalidade evitar eleitores fantasmas. A norma foi impugnada sob a alegação de invasão de competências da União.

O Ministro Sepúlveda Pertence, relator, em julgamento da Medida Cautelar, deu parcialmente provimento ao pedido para suspender a parte em que determina o envio das informações à Justiça Eleitoral, por tratar-se de órgão de outra esfera federativa, acatando, pois, a alegação de invasão de competência. O Ministro Celso de Melo se contrapôs, alegando justamente ser "[...] uma manifestação normativa que se ajusta, de modo exemplar, aos postulados que informam o federalismo de cooperação, que representa, no contexto de nossa organização federativa, um expressivo instrumento de atuação solidária e de cooperação institucional entre as diversas pessoas estatais e instâncias de poder a que se refere, em seu art. 1º, o texto da Constituição da República". Prevaleceu esse entendimento divergente. A ementa foi assentada assim:

> Estado Federal: discriminação de competências legislativas: lei estadual que obriga os ofícios do registro civil a enviar cópias das certidões de óbito (1) ao Tribunal Regional Eleitoral e (2) ao órgão responsável pela emissão da carteira de identidade: ação direta de inconstitucionalidade por alegada usurpação da competência privativa da União para legislar sobre registros públicos (CF, art. 22, XXV): medida cautelar indeferida por falta de plausibilidade dos fundamentos, quanto à segunda parte da norma impugnada, por unanimidade de votos – pois impõe cooperação de um órgão da Administração estadual a outro; e, quanto à primeira parte, por maioria – por entender-se compreendida a hipótese na esfera constitucionalmente admitida do federalismo de cooperação[62].

Percebe-se que o Supremo Tribunal Federal foi firme na defesa do federalismo cooperativo, pois admitiu sua instituição no caso mediante a edição de medida legislativa de imposição direta, sem demandar prévio ajuste entre as partes por convênio ou consórcio. Tratou-se de uma medida unilateral, tomada por via legislativa, para mútua cooperação em que não houve renúncia de responsabilidade ou usurpação de funções, mas apenas o incremento mútuo.

No plano federal, também se encontra exemplo do fortalecimento do federalismo cooperativo mediante a celebração de convênios, como acontece na Lei nº 9.427/96, que prevê, no art. 23, IV, o dever da ANEEL de "[...] fiscalizar, diretamente ou mediante convênios com órgãos estaduais, as concessões, as permissões e a prestação dos serviços de energia elétrica". Destaque-se que, por força do art. 21, XII, "b", da CF/88, é competência privativa da União explorar os serviços e as instalações de energia elétrica. Na prática, isso representou um inquestionável incremento da atuação pública nesse setor.

É pelo fortalecimento dessa linha de ideias que não se pode hesitar em afirmar a possibilidade de ação conjunta de entes federativos, não só nas competências comuns, mas também nas competências materiais exclusivas. O que não é lícito é a mera renúncia (com exoneração de responsabilidade) ou a invasão de competência.

---

62. ADI 2254 MC, Relator(a): Min. SEPÚLVEDA PERTENCE, Tribunal Pleno, julgado em 08/02/2001, DJ 26-09-2003 PP-00005 EMENT VOL-02125-01 PP-00125.

Por fim, vale relembrar, neste tópico, o que foi exposto há pouco, quando do trato jurídico da criação de **regiões metropolitanas**, as quais devem ser compreendidas como instrumentos disponibilizados pela Constituição Federal para que os Estados-membros, mediante lei, participem dos esforços dos Municípios para satisfação de interesses comuns, caracterizados como interlocais. Há, então, um instrumento que pode tornar mesmo compulsório o exercício conjunto de competências materiais que continuam exclusivas dos Municípios envolvidos, mas que o interesse interlocal demanda a soma de esforços para sua execução, podendo inclusive obrigar a participação do respectivo Estado-membro.

Capítulo 4
COMPETÊNCIA CONSTITUINTE DOS ESTADOS-MEMBROS

Sumário: 4.1 O poder constituinte derivado decorrente dos Estados-membros e sua subdivisão em inaugural e de revisão – 4.2 Limites ao poder constituinte dos Estados-membros: a noção de princípios da Constituição Federal – 4.3 Normas de reprodução obrigatória, segundo jurisprudência do STF – 4.3.1 Normas sobre processo Legislativo – 4.3.2 Competências e formas do Legislativo – 4.3.3 Competências do Executivo – 4.3.4 Composição e competências dos tribunais de contas – 4.3.5 Estrutura e funcionamento do Poder Judiciário e das funções essenciais à Justiça – 4.4 Normas constitucionais de reprodução proibida pelo poder constituinte derivado decorrente.

4.1 O PODER CONSTITUINTE DERIVADO DECORRENTE DOS ESTADOS-MEMBROS E SUA SUBDIVISÃO EM INAUGURAL E DE REVISÃO

A auto-organização dos Estados-membros brasileiro manifesta-se na elaboração das constituições estaduais e leis. Especialmente à Constituição Estadual cabe o dever de delinear as instituições políticas fundamentais do ente federado, seus funcionamentos e estruturas, devendo as leis estaduais e municipais guardar coerência hierárquica com essas disposições. O *caput* do art. 25 da Constituição Federal é expresso, ao prescrever: "os Estados organizam-se e regem-se pelas Constituições e leis que adotarem, observados os princípios desta Constituição".

As instituições do Estado federado (os órgãos mais importantes de cada um dos poderes, o Ministério Público, a Defensoria Pública, os tribunais de contas, procuradorias, entre outros) possuem, portanto, como marco inaugural esse diploma normativo de nível superior. Os poderes estaduais encontram nele o fundamento de validade imediato para suas atividades e estruturação, sem prejuízo de observância das disposições já contidas diretamente na norma fundamental federal, como são exemplos as que tratam sobre Justiça Estadual, governadores, vice-governadores e assembleias legislativas, na qualidade de princípios federais de preordenação dos entes subnacionais.

Além dessa função de **estruturação das instituições estaduais** (auto-organização), a Constituição Estadual permite o exercício dos demais aspectos da autonomia federativa, sobretudo a autolegislação, tutelando as mais diversas questões materiais de pertinência e de relevância regional, dando-lhe o tratamento adequado às necessidades específicas e próprias. Adapta, ainda, às exigências peculiares da região os temas que lhes cabem na educação e na saúde, entre outras assuntos de competência comum.

O Ato das Disposições Constitucionais Transitórias, em seu art. 11, estabeleceu prazo de um ano, contado da promulgação de Constituição Federal, para que todas as unidades elaborassem suas respectivas constituições. Não há qualquer Estado-membro desprovido desse documento fundamental. Como foram recepcionadas as antigas constituições estaduais, tanto que vigoraram até a edição das novas, caso algum Estado-membro não houvesse cumprido esse prazo, manter-se-ia ele regido pela Carta anterior no que não contrariasse as disposições constitucionais federais.

Esse poder constituinte derivado é acometido à Assembleia Legislativa, que o exerce de maneira limitada e condicionada, conforme revelado pelo próprio texto federal, ao impor a observância de seus **princípios**. Daí sua classificação mais precisa como **poder constituinte derivado decorrente**.

É um poder constituinte porque inaugura as instituições políticas do Estado-membro e traça as características que compulsoriamente devem observar, inclusive quando da elaboração de leis, sob pena de invalidade a ser tratada em processo objetivo de controle de constitucionalidade específico para esse fim. No subsistema normativo estadual, é a Constituição Estadual que ocupa o ápice da pirâmide hierárquica. É possível dizer, também, ser a Carta estadual que define o modo como os entes públicos regionais se relacionam com as pessoas e a sociedade e adequa a ordem geral estabelecida no plano nacional à realidade estadual.

Há, contudo, autores que negam a qualidade constituinte desse poder de que são investidas as assembleias legislativas. Já é clássica a opinião de Celso Ribeiro Bastos sobre o assunto:

> A auto-organização dos Estados se efetiva pela elaboração de Constituição e legislação próprias. O que pressupõe a necessidade de um órgão com o poder de elaborar a Constituição do Estado. A manifestação desse poder é tida, normalmente, como constituinte. Contudo, as diferenças que apresenta com o poder constituinte nacional é de tal monta que parece impróprio conservar-se o mesmo nome para realidades tão díspares. O único ponto comum entre o poder constituinte nacional e o chamado poder constituinte estadual é que ambos se reúnem para elaborar uma Constituição. Tudo o mais são diferenças.
>
> A natureza jurídica do poder constituinte estadual tem provocado grandes controvérsias. Sendo considerado por alguns como poder constituinte derivado, por outros, como poder constituinte de segundo grau, subordinado, secundário e condicionado.
>
> O poder constituinte originário, o que elabora a Constituição Federal, é soberano enquanto o poder constituinte estadual é autônomo. O primeiro não está a nenhuma limitação jurídica. O segundo atua dentro de uma área de competência, delimitada pela Constituição Federal[1].

---

1. BASTOS, Celso Ribeiro. **Curso de Direito Constitucional.** 21ª edição. São Paulo: Saraiva, 2000, p. 306.

Em linha de pensamento similar, mas nem tão drástica, André Ramos Tavares ensina que "[...] há que se compreender o poder constituinte apenas na medida em que estabelece (constitui) os 'poderes' do Estado, vale dizer, o Executivo, Judiciário e Legislativo"[2]. No restante, a Constituição Estadual representaria não mais do que uma reprodução ou detalhamento do que já contido na Constituição Federal.

Há, sim, no entanto, um poder constituinte em nível estadual, classificando-o como derivado e decorrente. Mesmo sendo limitado e condicionado, ainda assim, é constituinte, já que constitui e inaugura os poderes do Estado-membro e disciplina com superioridade hierárquica em relação às leis estaduais – e mesmo municipais – os preceitos fundamentais sobre assuntos regionais. Todas, portanto, são funções e matérias próprias de um poder constituinte. Há uma hierarquia normativa em ordem jurídica própria e autônoma em que figura no ápice a Constituição Estadual.

A jurisprudência do Supremo Tribunal Federal também comunga do entendimento acerca da natureza fundante desse poder atribuído aos Estados federados. O uso da expressão **"poder constituinte decorrente"** é comum em seus julgados.

O Ministro Celso de Mello analisou a questão em seu voto na ADI 486 ao tratar sobre o exercício da autonomia estadual. Dispôs que "[...] essa extraordinária capacidade político-jurídica das entidades regionais reflete a própria matriz constitucional de que deriva o poder de auto-organização dos Estados-membros, a quem conferiu a especial prerrogativa de definir, mediante deliberação própria, uma ordem constitucional autônoma"[3].

Mais adiante em seu voto, o Ministro acolheu parecer do Procurador-Geral da República ao consignar que "[...] o poder constituinte dos Estados-membros da federação no nosso sistema constitucional, como se sabe, é uma das espécies de poder constituinte derivado, denominado decorrente pela doutrina. Ele também deriva do poder constituinte originário, mas, diferentemente do poder de reforma, destina-se a **institucionalizar os estados**". Eis o ponto característico do poder constituinte derivado decorrente: ele institucionaliza os Estados-membros.

Portanto, o entendimento consagrado pela doutrina majoritária e pela jurisprudência do Supremo Tribunal Federal é no sentido de reconhecer a natureza constituinte do poder de que são investidas as assembleias legislativas para elaborar as constituições estaduais. A despeito disso, é limitado e regulado pela Constituição Federal, dela colhendo seu fundamento de validade e limites, pois, conforme ensinamento de Raul Machado Horta, expressamente adotado pelo julgado há pouco transcrito, "[...] é na Constituição Federal que se localiza a fonte jurídica do poder constituinte do Estado-membro". Também já assentou que "[...] o poder constituinte derivado decorrente

---

2. TAVARES, op. cit., p. 1014.
3. ADI 486, Relator(a): Min. CELSO DE MELLO, Tribunal Pleno, julgado em 03/04/1997, DJ 10-11-2006 PP-00048 EMENT VOL-02250-1 PP-00001 RTJ VOL-00201-01 PP-00012 RT v. 96, n. 857, 2007, p. 151-162 LEXSTF v. 29, n. 337, 2007, p. 28-50.

tem por objetivo conformar as Constituições dos Estados-membros aos princípios e regras impostas pela Lei Maior"[4].

Esse poder é único, o qual, segundo linha jurisprudencial do Supremo Tribunal Federal[5], se manifesta de duas maneiras: **a) poder constituinte de institucionalização ou inicial**, pelo qual são criadas as instituições fundamentais do Estado-membro; e **b) poder constituinte decorrente de revisão**, que modifica, posteriormente, o Texto Constitucional estadual mediante processo de emenda. São espécies distintas que implicam distintos graus de autonomia, mas que estão no mesmo plano hierárquico, sem uma se submeter a outra.

O poder **constituinte decorrente inaugural** possui a característica da **"principialidade"**, na expressão utilizada por Gabriel Ivo, justamente porque "[...] pode estabelecer amplamente nova Constituição Estadual, recepcionando e retirando o fundamento de validade das normas inferiores como se fosse uma primeira norma"[6]. Entende-se que a esse poder é atribuída a capacidade de institucionalizar o Estado-membro, o qual **só pôde ser exercido no prazo de um ano** contado da promulgação da Constituição Federal, segundo o art. 11 do ADCT.

Por sua vez, o **poder decorrente de revisão** – sem expressa menção na Constituição Federal, mas reconhecido incontroversamente e aludido literalmente em algumas cartas estaduais – tem por característica a finalidade de alterar o Texto estadual, dentro dos parâmetros federais. Tal poder é perene.

É possível apresentar a seguinte ilustração para demonstrar essas divisões e subdivisões, já incluindo as competências constitucionais municipais, assunto a ser visto no tópico próprio:

---

4. ADI 1521, Relator(a): Min. RICARDO LEWANDOWSKI, Tribunal Pleno, julgado em 19/06/2013, DJe-157 DIVULG 12-08-2013 PUBLIC 13-08-2013 EMENT VOL-02697-01 PP-00001.

5. "[...] Modalidades tipológicas em que se desenvolve o poder constituinte decorrente: poder de institucionalização e poder de revisão. Graus distintos de eficácia e de autoridade. Doutrina. (...)" (ADI 568 MC, Relator(a): Min. CELSO DE MELLO, Tribunal Pleno, julgado em 20/09/1991, DJ 22-11-1991 PP-16845 EMENT VOL-01643-01 PP-00045 RTJ VOL-00138-01 PP-00064).

6. IVO, Gabriel. **Constituição Estadual**: Competência para elaboração da Constituição do Estado-membro. São Paulo: MaxLimonad, 1997, p. 109.

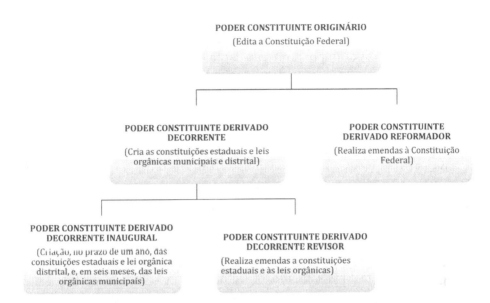

Com base na divisão do poder constituinte derivado decorrente dos Estados-membros, o Supremo Tribunal Federal tem julgado que certas matérias **só puderam ser disciplinadas no plano constitucional** mediante o exercício do **poder constituinte estadual no prazo de um ano** mencionado pelo art. 11 do Ato das Disposições Constitucionais Transitórias - ADCT, ou seja, no **exercício do poder constituinte decorrente de institucionalização ou inaugural**.

São assuntos referentes à iniciativa privativa do processo legislativo ou tipicamente de legislação infraconstitucional, em que é necessária a deliberação do Executivo por sanção ou veto. Seu tratamento por emenda constitucional é encarado como burla ao poder de iniciativa privativa ou ao poder de deliberação do Chefe do Executivo, por não se ter estipulado assim quando da edição inaugural da Constituição Estadual, por ser o marco zero para as instituições locais. Esse tema será mais detidamente abordado em segmento próprio sobre o processo legislativo no plano estadual e a influência do postulado da simetria nele.

Ainda com essas subdivisões e limitações, é preciso afastar, porém, qualquer dúvida e que se tenha claro tratar-se de um poder constituinte derivado decorrente, seja no momento inicial, seja quando da emenda ao Texto Constitucional estadual. **Não há uma hierarquia entre esse poder inaugural e o reformador**. Quando no exercício do poder decorrente de reforma, a obediência hierárquica vertical deve se dar em face da **Constituição Federal**. A relação do poder estadual reformador com o poder estadual inaugural é meramente temporal, no sentido de que, quando da inauguração da ordem constitucional estadual após 1988, dentro de um prazo de um ano fixado pelo Ato das Disposições Constitucionais Transitórias Federal, houve possibilidade de tratamento de algumas matérias que posteriormente serão defesas ao poder de emendar.

A falta de hierarquia entre o poder constituinte decorrente inaugural e o revisor também é manifestada pela **proibição** ao primeiro de **impor limites** ao segundo. O próprio poder de revisão não pode impor limites ou parâmetros inéditos a si mesmo. Ambos são espécies do mesmo poder, com igual dever de obediência apenas à Constituição Federal e devem com ela guardar coerência. Por esse motivo, se a Constituição Estadual, seja por sua redação original, seja por via de reforma, estabelecer critérios adicionais àqueles previstos na Constituição Federal para sua própria emenda, incorrerá em inconstitucionalidade. A Constituição Estadual **não pode inovar** em relação à Constituição Federal, ao tratar sobre reforma de seu texto, seja para facilitar, seja para dificultar[7] a aprovação de emendas.

A ADI 486 teve justamente esse tema por objeto. O mérito consistiu na análise da constitucionalidade de emenda à Constituição do Espírito Santo que **aumentou o quórum** para aprovação de modificação a seu texto para 4/5 (80%), diversamente dos 3/5 (60%) consagrados no plano federal. Esse quórum diferenciado foi tido por **inválido** justamente porque divergia daquele traçado pela Constituição Federal para sua reforma. A ementa do julgamento é a seguinte:

> AÇÃO DIRETA DE INCONSTITUCIONALIDADE – PROCESSO DE REFORMA DA CONSTITUIÇÃO ESTADUAL – NECESSÁRIA OBSERVÂNCIA DOS REQUISITOS ESTABELECIDOS NA CONSTITUIÇÃO FEDERAL (ART. 60, §§ 1º A 5º) – Impossibilidade constitucional de o Estado-membro, em divergência com o modelo inscrito na lei fundamental da república, condicionar a reforma da constituição estadual à aprovação da respectiva proposta por 4/5 (quatro quintos) da totalidade dos membros integrantes da assembleia legislativa – exigência que virtualmente esteriliza o exercício da função reformadora pelo poder legislativo local – A questão da autonomia dos estados-membros (CF, art. 25) – subordinação jurídica do poder constituinte decorrente às limitações que o órgão investido de funções constituintes primárias ou originárias estabeleceu no texto da constituição da república: "é na constituição federal que se localiza a fonte jurídica do poder constituinte do estado-membro" (Raul Machado Horta) – O significado da constituição e os aspectos de multifuncionalidade que lhe são inerentes – Padrões normativos que se impõem à observância dos Estados-membros em tema de reforma de sua própria constituição – inconstitucionalidade caracterizada – ação direta procedente.[8]

Nesse julgamento, reproduzindo os parâmetros existentes na Constituição Federal, foram traçados **os limites ao constituinte estadual reformador** para alteração de seu próprio texto:

a) **Limitações de ordem formal**, que incidem sobre o procedimento de emenda, como o quórum de 3/5, que não pode ser ampliado ou restringido, e a necessidade de dois turnos de votação.

b) **Limitações de ordem circunstanciais**, existentes por ocasião de intervenção federal, estado de defesa e estado de sítio.

c) **Limitações de ordem material**, consistentes no respeito às cláusulas pétreas previstas no art. 60, § 4º, da Constituição Federal.

---

7. Convém destacar que essa impossibilidade de dificultar mais o processo de emenda refere-se apenas ao plano estadual, pois admite-se que, no plano federal, pode o poder constituinte derivado fazê-lo.

8. ADI 486, Relator(a): Min. CELSO DE MELLO, Tribunal Pleno, julgado em 03/04/1997, DJ 10-11-2006 PP-00048 EMENT VOL-02250-1 PP-00001 RTJ VOL-00201-01 PP-00012 RT v. 96, n. 857, 2007, p. 151-162 LEXSTF v. 29, n. 337, 2007, p. 28-50.

Mais recentemente, esse entendimento foi reiterado ao se invalidar norma da constituição de Rondônia, que previa quórum de 2/3 de seus membros da Assembleia Legislativa para sua emenda. O Supremo Tribunal Federal reiterou que o "processo legislativo de reforma constitucional do Estado-membro integra o poder constituinte derivado decorrente e, por conseguinte, retira sua força da Constituição Federal. Esse fundamento constitucional implica limitação e formalidades a serem observadas nas dimensões da sua auto-organização e autolegislação (Art. 11, ADCT)"[9], o que inclui o dever de obediência do quórum de aprovação das diversas espécies normativas.

Diante disso, não se pode falar em uma dupla subordinação do poder constituinte estadual reformador, ou seja, uma suposta subordinação tanto ao constituinte federal quanto ao constituinte estadual inaugural, pois este não pode impor restrições além daquelas já prescritas pela Constituição Federal. Repita-se: tanto na criação da Constituição Estadual, quanto em sua reforma, se está a se valer do **mesmo poder constituinte derivado decorrente**, havendo, apenas e tão-somente, maior amplitude naquele primeiro momento sobre certas matérias, sem implicar superioridade hierárquica.

O dever de observância aos **princípios** da Constituição Federal não significa, porém, que devam eles ser textualmente reproduzidos em cada Carta estadual, porquanto já imposto pelo plano constitucional federal. Seria, pois, uma imitação desnecessária. O importante é não estabelecer prescrição que os contrarie, que represente alguma espécie de incompatibilidade vertical.

Ocorre que definir o que venham a ser tais princípios de observância obrigatória consiste no ponto mais controvertido sobre essa matéria, mesmo porque, na Teoria Geral do Direito, o termo princípio é plurissignificante. Paulo Bonavides[10] indica vários significados que normalmente são emprestados ao vocábulo: **a)** norma jurídica dotada de alto grau de generalidade; **b)** norma de alto grau de indeterminação, demandando uma especificação para regular um caso concreto; **c)** norma programática; **d)** norma dotada de hierarquia superior em um dado ordenamento jurídico; **e)** norma orientadora de interpretação; **f)** norma básica de um ordenamento; **g)** norma dirigida aos órgãos de aplicação do Direito cuja função é fazer a escolha acerca de um dispositivo ou norma. Há ainda noções mais recentes retiradas do pensamento de estrangeiros, como Robert Alexy[11], que aponta princípios como mandados de otimização, e Ronald Dworkin[12], que indica normas cuja validade não se dá por obediência a uma regra de reconhecimento, mas por seu peso moral.

---

9. ADI 6453, Relator(a): ROSA WEBER, Tribunal Pleno, julgado em 14/02/2022, PROCESSO ELETRÔNICO DJe-032 DIVULG 17-02-2022 PUBLIC 18-02-2022.
10. BONAVIDES, Paulo. **Curso de Direito Constitucional**. 9ª edição. São Paulo: Malheiros, 2000.
11. ALEXY, Robert. **Teoria dos direitos fundamentais**. Traduzido por Virgílio Afonso da Silva. São Paulo: Malheiros, 2008.
12. DWORKIN, Ronald. **Levando os direitos a sério**. Traduzido por Nelson Boeira. São Paulo: Martins Fontes, 2002.

Coube ao Supremo Tribunal Federal, paulatinamente, no exercício da jurisdição constitucional, apontar que tipo de normas constitucionais são princípios que devem ser respeitados no plano estadual. O Tribunal não se atrelou declaradamente a qualquer dessas definições doutrinárias. Como toda construção pretoriana – que se estende ao longo do tempo e é influenciada por vários julgamentos e julgadores – não desfruta de uma precisão ou uniformidade, o que não impede de se traçarem suas linhas gerais, bem como indicar dispositivos que de modo reiterado vêm sendo entendidos como de observância cogente. É o que se passa a expor no tópico seguinte.

4.2 LIMITES AO PODER CONSTITUINTE DOS ESTADOS-MEMBROS: A NOÇÃO DE PRINCÍPIOS DA CONSTITUIÇÃO FEDERAL

Na paradigmática federação americana, as constituições estaduais são verdadeiros laboratórios de experimentações e inovações constitucionais, sendo os textos estaduais bastantes distintos entre si, inclusive quanto ao rol de direitos fundamentais, por exemplo. Entende-se que o *Bill of Rights* contido da Constituição dos Estados Unidos é um mínimo que pode ser estendido nas constituições estaduais. Assim, uma pessoa pode desfrutar de distintos direitos fundamentais a depender do Estado Federado em que esteja.

Essa heterogeneidade constitucional elide discurso que já foi bastante comum em diversos setores brasileiros, no sentido de que o constitucionalismo norte-americano seria mais robusto porque assentado em uma constituição sintética, de poucos artigos conhecidos de todos, enquanto o caso do Brasil seria fadado ao fracasso por causa de sua constituição analítica de muitos dispositivos. Em verdade, o Direito Constitucional por lá envolve não só o enxuto texto federal e a jurisprudência da Suprema Corte, mas igualmente cinquenta constituições estaduais bem diferentes entre si, asseguradas por supremas cortes também estaduais, com jurisprudência própria e não necessariamente harmônica com suas congêneres estaduais ou mesmo com a Suprema Corte dos EUA.

Como destacam Cláudio Gonçalves Couto e Gabriel Luan Absher-Bellon[13], a difusão de normas entre as constituições estaduais norte-americanas é, então, horizontal com a difusão de normas constitucionais por **imitação** (simples reprodução de um dispositivo de uma constituição estadual por ou outra), **competição** (a fim de se igualar as vantagens que uma norma constitucional possa ter gerador) ou **aprendizado** (reprodução de uma norma constitucional de outro estado acrescido de melhoria em função das experiência observada na aplicação)

No Brasil, por outro lado, há uma maior homogeneidade entre as constituições estaduais, que, em grande medida, reproduzem trechos da Constituição Federal em

---

13. COUTO, Cláudio Gonçalves; ABSHER-BELLON, Gabriel Luan. Imitação ou coerção? constituições estaduais e centralização federativa no brasil. **Revista de Administração Pública** 52 (2) • Mar-Apr 2018. https://doi.org/10.1590/0034-761220170061.

uma difusão vertical. Não só o passado centralista dos períodos Imperial, do Estado Novo e do Regime Miliar contribui para isso, mas também a recente jurisprudência do Supremo Tribunal Federal, ao impor o princípio da pimetria. Novamente Cláudio Gonçalves Couto e Gabriel Luan Absher-Bellon[14] bem expõem:

> As atuais constituições estaduais brasileiras se parecem mais com a Constituição Federal do que entre si, demonstrando que a diversidade constitucional do federalismo brasileiro advém mais de diferenças entre estados do que deles com relação ao governo federal. Isso indica o sentido vertical descendente de difusão das normas constitucionais no federalismo brasileiro, ratificando o centralismo normativo de nossa federação [...]

> Tal modelo se reflete não só na inibição de iniciativas particulares dos estados no campo legislativo, mediante decisões do STF. Revela-se já na elaboração das CEs, pelo pouco espaço deixado aos estados para um constitucionalismo próprio, distinto do definido nacionalmente. Não é, como no caso americano, um constitucionalismo estadual complementar ao ordenamento constitucional da União, compondo uma constituição total, nem, como no caso alemão, um espaço para inovação e emulação recíproca.

Tanto o art. 25 da Constituição Federal quanto o art. 11 de suas disposições transitórias estabelecem o expresso limite ao constituinte estadual de respeitar seus princípios.

O termo princípio nesses artigos vem recebendo interpretação ampla. Não se trata de mandado de otimização, prescrição válida por seu peso moral, norma de grande abstratividade ou orientadora de interpretação, conforme indicam os conceitos mais comuns sobre o tema. A doutrina e a jurisprudência do Supremo Tribunal Federal vêm estabelecendo que por princípios, nesse tocante, se há de entender todas as **prescrições que definem a feição básica da Federação brasileira** independentemente do grau de abstratividade, fundamento de validade ou estrutura lógica da respectiva norma. São vários os tipos de normas, portanto, a que se deve observância, sendo comum encontrar referência a um "**condicionamento normativo**" genérico, e não simplesmente a princípios em algum sentido mais restrito ou doutrinariamente erigido:

> O poder constituinte outorgado aos Estados-membros sofre as limitações jurídicas impostas pela Constituição da República. Os Estados-membros organizam-se e regem-se pelas Constituições e leis que adotarem (CF, art. 25), submetendo-se, no entanto, quanto ao exercício dessa prerrogativa institucional (essencialmente limitada em sua extensão), aos **condicionamentos normativos** impostos pela CF, pois é nessa que reside o **núcleo de emanação** (e de **restrição**) que informa e dá substância ao poder constituinte decorrente que a Lei Fundamental da República confere a essas unidades regionais da Federação[15].

Bem destaca o ministro Celso de Mello:

> Essa visão do tema, pertinente ao caráter essencialmente limitado e à natureza juridicamente secundária do poder constituinte dos Estados-membros tem sido destacada pela jurisprudência do Supremo Tribunal Federal cujo magistério identifica no próprio texto da Constituição da República, o núcleo de emanação – e, também, de restrição – dessa especial prerrogativa político-jurídica outorgada às unidades regionais integrante do pacto federativo.

---

14. Id. Ibid.
15. **ADI 507**, Rel. Min. Celso de Mello, julgamento em 14-2-1996, Plenário, *DJ* de 8-8-2003. No mesmo sentido: **ADI 2.113**, Rel. Min. Cármen Lúcia, julgamento em 4-3-2009, Plenário, *DJE* de 21-8-2009.

Portanto, percebe-se que os princípios limitadores não são uma espécie determinada de norma conceituada doutrinariamente, mas abarcam as **diversas modalidades normativas** que traçam as feições fundamentais do pacto federativo brasileiro. Entretanto, ainda não fica claro que normas são essas.

A primeira afirmação que se deve tecer é a de que essas normas devem ser estritamente entendidas como jurídicas, ou seja, prescrições obtidas da **parte dispositiva** do Texto Constitucional e que tenham força vinculante, o que **exclui o preâmbulo constitucional**. Já é conhecido o julgamento do Supremo sobre o assunto:

> O preâmbulo [...] não se situa no âmbito do Direito, mas no domínio da política, refletindo posição ideológica do constituinte. É claro que uma Constituição que consagra princípios democráticos, liberais, não poderia conter preâmbulo que proclamasse princípios diversos. Não contém o preâmbulo, portanto, relevância jurídica. O preâmbulo não constitui norma central da Constituição, de reprodução obrigatória na Constituição do Estado-membro. O que acontece é que o preâmbulo contém, de regra, proclamação ou exortação no sentido dos princípios inscritos na Carta: princípio do Estado Democrático de Direito, princípio republicano, princípio dos direitos e garantias, etc. Esses princípios, sim, inscritos na Constituição, constituem normas centrais de reprodução obrigatória, ou que não pode a Constituição do Estado-membro dispor de forma contrária, dado que, reproduzidos, ou não, na Constituição estadual, incidirão na ordem local[16].

A busca das normas de obediência obrigatória deve se operar, portanto, entre os artigos da Constituição Federal; mas a pergunta se mantém: que normas são essas?

O dever de as constituições estaduais observarem os princípios da Constituição Federal existe no constitucionalismo brasileiro desde a Constituição de 1891, sendo reproduzido em 1946. Nessas ocasiões, tal qual atualmente, fazia-se referência genericamente aos princípios constitucionais, sem especificar ou detalhar em que eles consistiriam ou onde seriam localizados no Texto federal.

De maneira diversa, as Constituições de 1934 e 1967/69 indicaram expressamente os preceitos que deveriam ser obrigatoriamente atendidos no plano estadual. Havia, pois, uma definição tópica, em artigos determinados, do que seria de compulsória observância. Convém destacar, porém, que essas constituições tiveram curta vigência e regiam períodos constitucionais de enfraquecimento do federalismo, dada a grande concentração de poderes no ente central e frágil democracia, dois elementos imprescindíveis para um efetivo exercício do jogo federativo. Diferenciam-se, portanto, do modelo atualmente encontrado na Constituição Federal.

A tradição brasileira é, de fato, a indicação genérica de respeito aos princípios da Constituição Federal. Essa falta de precisão ocasionou a indiscriminada transposição de preceitos do plano federal para o estadual sem maiores modificações ou adaptações às respectivas realidades, sendo comum, como dito, a repetição mesmo da literalidade dos enunciados, em flagrante contradição com a ideia de autonomia que justifica o poder constituinte decorrente dos Estados-membros.

---

16. ADI 2076, Relator(a): Min. CARLOS VELLOSO, Tribunal Pleno, julgado em 15/08/2002, DJ 08-08-2003 PP-00086 EMENT VOL-02118-01 PP-00218.

Essa atitude repetidora, no entanto, também tem por fundamento a autonomia do constituinte estadual, a qual consiste não só em dispor detalhadamente em atenção às peculiaridades regionais, mas também na possibilidade de, voluntariamente, copiar disposições da Constituição Federal que não sejam obrigatórias. Daí se mencionar a existência de normas constitucionais estaduais de **reprodução** obrigatória e normas de **imitação** (repetição voluntária).

A vinculação do constituinte derivado decorrente da Constituição Federal implica três atitudes: **a)** respeito às normas de reprodução obrigatória; **b)** possibilidade de imitação ou não das normas facultativas; **c)** impossibilidade de edição de normas proibidas.

O Supremo Tribunal Federal define por sua jurisprudência as normas de reprodução (ou seja, as de obrigatória observância), classificando-as, via de regra, da maneira seguinte.

a) **Princípios sensíveis**: previstos no art. 35 da Constituição Federal e que autorizam a mais árdua sanção em uma federação, a intervenção de um ente no outro, no caso, intervenção federal no Estado-membro.

b) **Princípios estabelecidos**: normas dispostas de maneira esparsa ao longo do texto constitucional e que versam sobre o conteúdo material da Constituição Federal, como, por exemplo, as que disciplinam os direitos fundamentais.

c) **Princípios extensíveis**: são disposições que versam sobre a União, mas que, por força do dever de simetria entre os entes federativos, devem ser de compulsória reprodução e observância pelos Estados-membros.

Essa classificação não é unânime nem perene no Supremo Tribunal Federal, refletindo a divergência no plano doutrinário, mas é a mais aceita e propagada. Marcelo Labanca, após enumerar as principais classificações, oferece uma própria, a que se entende ser mais abrangente e acertada. Além das três espécies há pouco identificadas, acrescenta as normas de **preordenação institucionais**, entendidas como:

> As normas presentes no texto constitucional federal que antecipadamente já organizam os órgãos e funções estaduais. Seria, em verdade, uma parte da Constituição Estadual dentro da Constituição Federal, como, por exemplo, as normas que definem sistemas de eleição nos Estados e imunidades parlamentares para Deputados Estaduais (art. 27 e 28), regime de promoção na carreira para juiz de direito do Estado-membro (art. 93); estruturação do Ministério Público nos Estados (art. 128); organização as polícias estaduais (art. 144), enfim, alcança os artigos da Constituição Federal que se destinem a reorganizar o estado-membro[17].

Em razão disso, os princípios da Constituição Federal de compulsória observância no plano estadual são os **sensíveis, estabelecidos, extensíveis** e de **preordenação**, identificando-se nelas não só as normas de compulsória reprodução estadual, mas também as proibições que devem ser consideradas.

---

17. ARAÚJO, op. cit., p. 37.

Como se percebe, são várias as disposições constitucionais a restringir a autonomia estadual. Decorre da majoritária tradição do Direito brasileiro de centralizar o poder político-constitucional no plano federal, especialmente mediante a indicação de extenso rol de princípios sensíveis, causando constante tensão de iminente intervenção federal nos Estados-membros.

Conquanto tenha havido diminuição dos princípios sensíveis na Constituição Federal de 1988, os demais ainda persistiram, sendo esse o motivo para que o STF reeditasse entendimento anterior sobre o federalismo no Brasil:

> O perfil da federação brasileira, redefinido pela constituição de 1988, embora aclamado por atribuir maior grau de autonomia dos Estados-membros, é visto com reserva por alguns doutrinadores, que consideram persistir no Brasil um federalismo ainda afetado por excessiva centralização espacial do poder em torno da União Federal. Se é certo que a nova carta política contempla um elenco menos abrangente de princípios constitucionais sensíveis, a denotar, com isso, a expansão de poderes jurídicos na esfera das coletividades autônomas locais, o mesmo não se pode afirmar quanto aos princípios federais extensíveis e aos princípios constitucionais estabelecidos, os quais, embora disseminados pelo texto constitucional, posto que não é tópica a sua localização, configuram acervo expressivo de limitações dessa autonomia local, cuja identificação – até mesmo pelos efeitos restritivos que deles decorrem – impõe-se realizar[18].

Ante essa pluralidade de princípios de compulsória observância, é possível perceber que as limitações às constituições estaduais se distribuem ao longo do Texto Constitucional federal, não se concentrando em tópico específico. Ainda que haja a possibilidade de dúvidas quanto ao conteúdo e forma de vinculação do constituinte estadual a **princípios estabelecidos**, a dificuldade maior consiste na determinação dos **princípios extensíveis**.

Não poderia ser diferente. Os princípios sensíveis são expressos e delimitados em um bem definido artigo da Constituição Federal, justamente por impor a grave sanção da intervenção. Por sua vez, os princípios estabelecidos disciplinam o conteúdo material da Constituição Federal, que vincula a todos, inclusive aos entes federativos. Sua inobservância ocasiona uma inconstitucionalidade material com todas as características a ela inerentes. Já os princípios de preordenação versam diretamente sobre os níveis periféricos, delineando instituições e entidades próprias dos Estados-membros, Distrito Federal e Municípios. A obrigatoriedade de observância pelas constituições estaduais é evidente e mesmo textual, porque o disciplinamento é direto e inequívoco.

A área de indefinição reside, portanto, nos princípios extensíveis, pois, *a priori*, tratam da União, ao menos é assim que seu texto indica, sendo a extensão decorrente de labor hermenêutico operado pelo postulado da simetria.

Diz-se postulado porque a simetria tem o papel justamente de orientar a interpretação dos enunciados que traçam a estrutura federal, determinando o que deve ser de reprodução obrigatória pelos demais entes. Contudo, mesmo sendo mais adequa-

---

18. ADI 216 MC, Relator(a): Min. CELIO BORJA, Relator(a) p/ Acórdão: Min. CELSO DE MELLO, TRIBUNAL PLENO, julgado em 23/05/1990, DJ 07-05-1993 PP-08325 EMENT VOL-01702-01 PP-00067.

do defini-la como postulado, será utilizado aqui o termo **princípio** para denominar a simetria por assim já estar sedimentado na tradição jurídica brasileira e ser essa a denominação dada na sua origem pretoriana.

O **princípio da simetria**, então, deve ser entendido como a norma não escrita na Constituição Federal, mas identificada no sistema pelo Supremo Tribunal Federal, que estabelece o dever de reprodução, no plano estadual (bem como no distrital e municipal, como se verá), das disposições fundamentais de estruturação dos três poderes da União. Os **princípios extensíveis** são, pois, aqueles que versam sobre a estrutura e o funcionamento das principais instituições federais.

O Supremo Tribunal Federal, invocando o princípio da simetria, vem decidindo como princípios extensíveis as seguintes matérias:

a) processo legislativo, sobretudo as disposições sobre iniciativa e a estruturação das fases;

b) atividades do Legislativo, como, por exemplo, o funcionamento de CPIs;

c) atribuições do Chefe do Executivo;

d) estruturação e funcionamento dos tribunais de contas dos estados;

e) competências do Poder Judiciário e das funções essenciais à Justiça.

Além desses pontos em que houve reiterada aplicação do princípio da simetria, merece análise a possibilidade de as constituições estaduais adaptarem para o plano regional a necessidade de licença prévia do Legislativo para instauração de processo por crime comum do Governador do Estado. A matéria foi objeto de oscilação jurisprudencial perante o Supremo Tribunal Federal em curto período.

Esses assuntos serão analisados separadamente.

4.3 NORMAS DE REPRODUÇÃO OBRIGATÓRIA, SEGUNDO JURISPRUDÊNCIA DO STF

4.3.1 Normas sobre processo legislativo

A mais incontroversa jurisprudência do Supremo Tribunal Federal sobre o que sejam princípios extensíveis diz respeito às prescrições fundamentais do processo legislativo federal, que, por esse motivo, devem ser replicados nos Estados-membros, guardadas, obviamente, as distinções próprias decorrentes do fato de o Congresso Nacional ser bicameral e de as assembleias legislativas serem unicamerais, justamente em razão de norma de preordenação da Constituição Federal, que impede, por exemplo, que sejam criados senados estaduais.

Conquanto essa distinção estrutural impeça uma reprodução estrita das etapas procedimentais da Constituição Federal, com casa iniciadora e revisora, há o dever de se observar a estruturação relacionada às **fases introdutória** (de iniciativa), **constitutiva** (de deliberação parlamentar por instrumento normativo e quórum constitucionalmente definidos, bem como atuação executiva por sanção ou veto) e **complementar** (promulgação e publicação), além da **reserva de matéria** que cabe a cada espécie normativa.

Esses assuntos são caracterizados como conformadores do **aspecto substantivo do processo legislativo**, que se contrapõem aos aspectos meramente procedimentais, sobre os quais as constituições estaduais detêm liberdade para tratar. O Supremo Tribunal Federal tem decidido que "o conjunto normativo que a Constituição designa por Processo Legislativo, Seção VIII do capítulo dedicado ao Poder Legislativo, é principiológico e, portanto, aplicável a todas as unidades da federação"[19].

A força normativa que se atribui a essas disposições é de tal forma que, mais do que vincular o legislador constituinte, já se julgou que elas se impõem diretamente sobre o plano estadual, independentemente de a Constituição Estadual reproduzi-las, e mesmo antes da edição desta. Foi o que se verificou no RE 134.584, pelo qual se fez valer, no Estado do Ceará, o quórum de maioria absoluta estipulado no art. 66, § 4º, da CF/88, para rejeitar o veto do Executivo, mesmo que Constituição Estadual anterior editada sob a égide da Constituição Federal de 67/69, e ainda vigente dentro do prazo previsto no art. 11 do ADCT, estabelecesse quórum de 2/3[20].

As razões para considerar principiológicas tais disposições sobre processo legislativo decorrem de sua direta interferência na divisão dos poderes do Estado. O **poder de iniciativa** do processo legislativo é distribuído pelos diversos órgãos e autoridades constitucionais, tornando-se, consequentemente, pontos definidores de suas feições jurídicas essenciais, pois influenciam, inclusive, em sua maior ou menor autonomia. Do mesmo modo, a **fase de deliberação legislativa** (com o delineamento do poder

---

19. Voto do Ministro Carlos Ayres Brito na ADI 3225, Relator(a): Min. CEZAR PELUSO, Tribunal Pleno, julgado em 17/09/2007, DJe-131 DIVULG 25-10-2007 PUBLIC 26-10-2007 DJ 26-10-2007 PP-00028 EMENT VOL-02295-03 PP-00543 RTJ VOL-00202-03 PP-01071.

20. "CONSTITUCIONAL. PROCESSO LEGISLATIVO. VETO: QUORUM PARA A SUA REJEIÇÃO. C.F., 1967, art. 59, § 3º. CONSTITUIÇÃO DO ESTADO DO CEARÁ, art. 38, § 3º. SUPERVENIÊNCIA DA CONSTITUIÇÃO FEDERAL DE 1988. EXIGÊNCIA DE MAIORIA ABSOLUTA (CF, art. 66, § 4º). ELABORAÇÃO DAS CONSTITUIÇÕES ESTADUAIS: ART. 11 DO ADCT/CF-1988. POSTERGAÇÃO DOS PRINCÍPIOS DA CARTA FEDERAL ATÉ A ELABORAÇÃO DAS CONSTITUIÇÕES ESTADUAIS. IMPOSSIBILIDADE. 1. A exceção contida no art. 11 do Ato das Disposições Constitucionais Transitórias da Carta Federal de 1988, que deferiu aos Estados-Membros o prazo de um ano para elaborarem as suas Constituições, não postergou a observância obrigatória dos princípios nela estabelecidos. 1.1. Não se compadece com esses princípios (CF, art. 66, § 4º) o entendimento de que si et in quantum se elaborava a Carta Política do Estado os comandos inatos do poder constituinte originário no campo federal estivessem subsumidos pela temporariedade estabelecida no art. 11 do ADCT-CF/88. O lapso temporal nele previsto não poderia implicar o adiamento da observância de regras constitucionais de cumprimento obrigatório, sobretudo em matéria de ordem pública relacionada com o Poder Legislativo. 2. Processo legislativo. Veto. Constituição do Estado do Ceará. Exame da questão na vigência da Carta Federal de 1988: exigência de maioria absoluta. 2.1 – Se o quorum para a apreciação do veto é o da maioria absoluta (artigo 66, § 4º, CF) e o seu exame ocorreu na vigência da atual Carta da República, não poderia a Assembléia Legislativa do Estado do Ceará valer-se daquele fixado na anterior Constituição Estadual para determiná-lo como sendo o de dois terços. Recurso extraordinário não conhecido". (RE 134584, Relator(a): Min. CARLOS VELLOSO, Relator(a) p/ Acórdão: Min. MAURÍCIO CORRÊA, Segunda Turma, julgado em 06/05/1997, DJ 13-03-1998 PP-00013 EMENT VOL-01902-02 PP-00338).

de emendar o projeto inicial) e **executiva** (mediante sanção ou veto), bem como a promulgação e publicação – tudo faz parte das prerrogativas, freios e contrapesos que definem cada um dos poderes estatais, determinando diretamente como é a separação destes no âmbito federal e que, por esse motivo, deve ser replicada no plano estadual para manter uma uniformidade nos vários níveis federativos. Alteração determinante nesse equilíbrio de poderes é inconstitucional.

Assim, as **iniciativas privativas** do Executivo, do Judiciário e do Ministério Público devem ser reproduzidas no âmbito estadual, assim como as iniciativas parlamentares. Da mesma forma, as prerrogativas e sujeições do poder de **emenda parlamentar** em projeto de iniciativa externa; as **espécies normativas** e seus respectivos **quóruns**; e, ainda, as **características básicas da sanção** (a ser exercida no prazo de quinze dias, se não será tácita) e do **veto** (expresso, motivado, total ou parcial, supressivo e superável).

Logo após a edição da atual Constituição Federal, o Supremo Tribunal Federal estava bem consciente do influxo de suas decisões sobre o processo legislativo e, consequentemente, sobre a própria configuração do pacto federativo brasileiro. Os ministros mostraram-se inicialmente recalcitrantes quanto à manutenção do entendimento anterior que trazia expressamente um dispositivo do Texto Constitucional estatuindo a obrigatoriedade de reprodução do modelo federal no âmbito estadual. A ementa da ADI 276-MC revelou claramente essa indefinição, em maio de 1990, ao registrar que "[...] o Supremo Tribunal Federal ainda não definiu, sob o regime da vigente ordem constitucional, se os princípios que informam o processo legislativo impõem-se aos Estados-membros como padrões jurídicos de compulsória observância"[21]. Esse quadro de incerteza e relutância inicial, todavia, não tardou. Posicionou-se o tribunal pela obrigatoriedade de reprodução do entendimento consagrado sob a égide da antiga ordem constitucional:

> CONSTITUCIONAL. ESTADO-MEMBRO. PROCESSO LEGISLATIVO. I. – A jurisprudência do Supremo Tribunal Federal é no sentido da observância compulsória pelos Estados-membros das regras básicas do processo legislativo federal, como, por exemplo, daquelas que dizem respeito à **iniciativa reservada** (C.F., art. 61, par. 1.) e com os limites do poder de **emenda parlamentar** (C.F., art. 63). II. – Precedentes: ADIn 822-RS, Rel. Min. Sepúlveda Pertence; ADIn 766 e ADIn 774, Rel. Min. Celso de Mello, ADIn 582-SP, Rel. Min. Néri da Silveira (RTJ 138/76); ADIn 152-MG, Rel. Min. Ilmar Galvão (RTJ 141/355); ADIn 645-DF, Rel. Min. Ilmar Galvao (RTJ 140/457). III. – Cautelar deferida: suspensão da eficácia da Lei 10.003, de 08.12.93, do Estado do Rio Grande do Sul[22].

Nesse sentido, o STF já decidiu que, em simetria aos poderes do Presidente da República, somente o Governador do Estado tem a prerrogativa para iniciar processo legislativo de projeto de lei sobre **servidores públicos**[23] da Administração Direta e

---

21. ADI 276 MC, Relator(a): Min. CELSO DE MELLO, TRIBUNAL PLENO, julgado em 30/05/1990, DJ 17-08-1990 PP-07869 EMENT VOL-01590-01 PP-00008.

22. ADI 1060 MC, Relator(a): Min. CARLOS VELLOSO, TRIBUNAL PLENO, julgado em 01/08/1994, DJ 23-09-1994 PP-25313 EMENT VOL-01759-02 PP-00298.

23. "CONSTITUCIONAL. AÇÃO DIRETA DE INCONSTITUCIONALIDADE. LEI COMPLEMENTAR DO ESTADO DO RIO GRANDE DO SUL N. 11.614/2001. MODIFICAÇÃO NO ESTATUTO DOS SERVIDO-

Indireta[24], inclusive sobre o padrão remuneratório de civis[25] e militares[26], em especial sobre norma concernentes às atribuições de seu secretariado[27] e mesmo sobre policiais

---

RES MILITARES DA BRIGADA MILITAR DO ESTADO DO RIO GRANDE DO SUL. PRINCÍPIO DA SIMETRIA. AÇÃO DIRETA JULGADA PROCEDENTE. 1. A jurisprudência do Supremo Tribunal Federal tem reconhecido que o disposto no art. 61, § 1º, II, "c", da Constituição Federal estabelece regra de iniciativa privativa do chefe do poder executivo para dispor sobre o regime jurídico dos servidores públicos. Precedentes. 2. Ofende o princípio da separação dos poderes lei de iniciativa parlamentar que disponha sobre o regime jurídico dos servidores públicos. Precedentes. 3. Ação direta julgada procedente". (ADI 2466, Relator(a): Min. EDSON FACHIN, Tribunal Pleno, julgado em 18/05/2017, ACÓRDÃO ELETRÔNICO DJe-118 DIVULG 05-06-2017 PUBLIC 06-06-2017).

24. "[...] Processo legislativo dos Estados-membros: absorção compulsória das linhas básicas do modelo constitucional federal – entre elas, as decorrentes das normas de reserva de iniciativa das leis -, dada a implicação com o princípio fundamental da separação e independência dos Poderes: jurisprudência consolidada do Supremo Tribunal. 3. Processo legislativo: reserva de iniciativa do Poder Executivo para legislar sobre matéria concernente a servidores públicos da administração direta, autarquias e fundações públicas". (ADI 637, Relator(a): Min. SEPÚLVEDA PERTENCE, Tribunal Pleno, julgado em 25/08/2004, DJ 01-10-2004 PP-00009 EMENT VOL-02166-01 PP-00047 LEXSTF v. 26, n. 312, 2005, p. 63-71 RTJ VOL-00194-01 PP-00017).

25. "Recurso extraordinário. Repercussão geral da questão constitucional reconhecida. 2. Direito Administrativo. Servidor público. 3. Extensão, por meio de emenda parlamentar, de gratificação ou vantagem prevista pelo projeto do Chefe do Poder Executivo. Inconstitucionalidade. Vício formal. Reserva de iniciativa do Chefe do Poder Executivo para edição de normas que alterem o padrão remuneratório dos servidores públicos. Art. 61, § 1º, II, "a", da Constituição Federal. 4. Regime Jurídico Único dos Servidores Públicos Civis da Administração Direta, das Autarquias e das Fundações Públicas do Estado do Pará (Lei 5.810/1994). Artigos 132, inciso XI, e 246. Dispositivos resultantes de emenda parlamentar que estenderam gratificação, inicialmente prevista apenas para os professores, a todos os servidores que atuem na área de educação especial. Inconstitucionalidade formal. Artigos 2º e 63, I, da Constituição Federal. 5. Recurso extraordinário provido para declarar a inconstitucionalidade dos artigos 132, XI, e 246 da Lei 5.810/1994, do Estado do Pará. Reafirmação de jurisprudência". (RE 745811 RG, Relator(a): Min. GILMAR MENDES, julgado em 17/10/2013, ACÓRDÃO ELETRÔNICO REPERCUSSÃO GERAL - MÉRITO DJe-219 DIVULG 05-11-2013 PUBLIC 06-11-2013).

26. "[...]1. A reserva legal e a iniciativa do processo legislativo são regras básicas do processo legislativo federal, de observância compulsória pelos demais entes federativos, mercê de implicarem a concretização do princípio da separação e independência dos Poderes. Precedentes: ADI 2.873, rel. min. Ellen Gracie, Plenário, DJe de 9/11/2007; ADI 637, rel. min. Sepúlveda Pertence, Plenário, DJ de 1º/10/2004; e ADI 766, rel. min. Sepúlveda Pertence, Plenário, DJ de 11/12/1998. 2. A iniciativa das leis que disponham sobre o regime jurídico dos servidores estaduais, bem como sobre a remuneração dos servidores civis e militares da administração direta e autárquica estadual, compete aos Governadores dos Estados-membros, à luz do artigo 61, § 1º, II, a, c e f, da Constituição Federal, que constitui norma de observância obrigatória pelos demais entes federados, em respeito ao princípio da simetria. Precedentes: ADI 3.295, rel. min. Cezar Peluso, Plenário, DJe de 5/8/2011; ADI 3.930, rel. min. Ricardo Lewandowski, Plenário, DJe de 23/10/2009; e ADI 3.555, rel. min. Cezar Peluso, Plenário, DJe de 8/5/2009. 3. In casu, a Lei 7.203/2010 do Estado de Alagoas, de origem parlamentar, ao instituir modalidade de licença para os policiais e bombeiros militares estaduais em razão do desempenho de mandato classista, usurpou a iniciativa do chefe do Poder Executivo para a elaboração de leis que disponham sobre regime jurídico e remuneração dos servidores militares estaduais. 4. Ação direta de inconstitucionalidade conhecida e julgado procedente o pedido, para declarar a inconstitucionalidade da Lei 7.203/2010 do Estado de Alagoas". (ADI 4648, Relator(a): LUIZ FUX, Tribunal Pleno, julgado em 30/08/2019, PROCESSO ELETRÔNICO DJe-200 DIVULG 13-09-2019 PUBLIC 16-09-2019).

27. "[...] Iniciativa privativa do Chefe do Poder Executivo Estadual para legislar sobre organização administrativa no âmbito do Estado. 2. Lei de iniciativa parlamentar que afronta o art. 61, § 1º, inc. II, alínea e, da Constituição da República, ao alterar a atribuição da Secretaria de Educação do Estado de Alagoas. Princípio da simetria federativa de competências. 3. Iniciativa louvável do legislador alagoano que não retira o vício formal de iniciativa legislativa. Precedentes. 4. Ação direta de inconstitucionalidade julgada procedente". (ADI 2329, Relator(a): Min. CÁRMEN LÚCIA, Tribunal Pleno, julgado em 14/04/2010, DJe-116 DIVULG 24-06-2010 PUBLIC 25-06-2010 EMENT VOL-02407-01 PP-00154).

militares[28], dado o que prescreve o art. 61, § 1º, da Constituição Federal. Já julgou também inconstitucional disposição de Constituição Estadual que impunha **prazo para convocação e nomeação de concursados aprovados**[29] e que inovava na iniciativa sobre a criação e extinção de órgãos públicos[30]. Chegou-se também a deliberar que a reserva de vagas em estacionamentos de órgãos deve ser disciplinada por lei de iniciativa privativa do Chefe do Executivo[31].

De igual maneira, a nova apresentação na mesma sessão legislativa de **projeto de lei rejeitado** deve se dar nos estritos limites do disposto no art. 67 da Constituição Federal, que dispõe: "A matéria constante de projeto de lei rejeitado somente poderá constituir objeto de novo projeto, na mesma sessão legislativa, mediante proposta da maioria absoluta dos membros de qualquer das Casas do Congresso Nacional". Em razão disso, é proibido aos Estados-membros ressalvarem do quórum qualificado de maioria absoluta para permitir sejam reapresentados na mesma sessão legislativa pro

---

28. "AÇÃO DIRETA DE INCONSTITUCIONALIDADE. INC. IV DO ART. 48 DA CONSTITUIÇÃO DO PARÁ E LEI ESTADUAL 5.652/1991. INSTITUIÇÃO DE ADICIONAL DE INTERIORIZAÇÃO A SERVIDORES MILITARES. INCONSTITUCIONALIDADE FORMAL. COMPETÊNCIA DE GOVERNADOR PARA INICIATIVA DE LEI SOBRE REGIME JURÍDICO E REMUNERAÇÃO DE MILITARES ESTADUAIS. PRINCÍPIO DA SIMETRIA. AÇÃO JULGADA PROCEDENTE. MODULAÇÃO DOS EFEITOS DA DECISÃO". (ADI 6321, Relator(a): CÁRMEN LÚCIA, Tribunal Pleno, julgado em 21/12/2020, PROCESSO ELETRÔNICO DJe-023 DIVULG 05-02-2021 PUBLIC 08-02-2021).

29. "CONCURSO PÚBLICO. ART. 77, VII, DA CONSTITUIÇÃO DO ESTADO DO RIO DE JANEIRO, QUE CRIA DIREITO À NOMEAÇÃO DOS CANDIDATOS APROVADOS DENTRO DO NÚMERO DE VAGAS E NO PRAZO DE CENTO E OITENTA DIAS. INCONSTITUCIONALIDADE FORMAL. O Supremo Tribunal Federal, no julgamento do RE 229.450, Relator Ministro Maurício Corrêa, por maioria, declarou a inconstitucionalidade do art. 77, VII, da Constituição do Estado do Rio de Janeiro, que cria direito à nomeação dos candidatos aprovados em concurso público, dentro do número de vagas do edital do certame, e impõe a nomeação no prazo de cento e oitenta dias, por inobservância do princípio da reserva da iniciativa legislativa ao Chefe do Poder Executivo (CF, art. 61, § 1º, II, c). Recursos conhecidos e providos". (RE 191089, Relator(a): Min. ILMAR GALVÃO, Primeira Turma, julgado em 14/03/2000, DJ 28-04-2000 PP-00095 EMENT VOL-01986-05 PP-00846).

30. "CONSTITUCIONAL. AÇÃO DIRETA DE INCONSTITUCIONALIDADE. LEI DO ESTADO DE SÃO PAULO N. 12.516/2007. INSTITUIÇÃO DOS CONSELHOS GESTORES NAS UNIDADES DE SAÚDE DO ESTADO. INICIATIVA PRIVATIVA DO CHEFE DO PODER EXECUTIVO. SEPARAÇÃO DOS PODERES. PRINCÍPIO DA SIMETRIA. AÇÃO DIRETA JULGADA PROCEDENTE. 1. A jurisprudência do Supremo Tribunal Federal tem reconhecido que o disposto no art. 61, § 1º, II, "a", da Constituição Federal estabelece regra de iniciativa privativa do chefe do poder executivo para criação e extinção de órgão da administração pública. Precedentes. 2. Ofende o princípio da separação dos poderes lei de iniciativa parlamentar que disponha sobre órgãos da administração pública. Precedentes. 3. Ação direta julgada procedente". (ADI 4000, Relator(a): Min. EDSON FACHIN, Tribunal Pleno, julgado em 18/05/2017, PROCESSO ELETRÔNICO DJe-116 DIVULG 01-06-2017 PUBLIC 02-06-2017).

31. "[...]2. Acórdão declarou a inconstitucionalidade da Lei n. 5.047, de 5 de julho de 2021, do Estado de Rondônia, que dispõe sobre a obrigatoriedade de reserva de vagas de estacionamento para advogados em órgãos públicos estaduais. 3. Inexistência de obscuridade, contradição, omissão ou erro material. 4. Princípio da simetria. Usurpação de competência privativa do Chefe do Executivo para legislar sobre a organização e a administração dos órgãos da Administração Pública (art. 61, § 1º, II, "e", e art. 84, VI, "a", da CF/88). Violação ao princípio da separação dos Poderes (art. 2º da CF/88). Inconstitucionalidade formal. Precedente. 5. Embargos de declaração rejeitados". (ADI 6937 ED, Relator(a): GILMAR MENDES, Tribunal Pleno, julgado em 01/03/2023, PROCESSO ELETRÔNICO DJe-063 DIVULG 22-03-2023 PUBLIC 23-03-2023).

jetos do Executivo que tenham sido rejeitados. A Constituição do Estado de São Paulo teve dispositivo desse teor declarado inconstitucional[32].

A **espécie normativa** (se lei complementar ou lei ordinária) a ser utilizada para tratar de uma matéria também deve seguir o parâmetro federal. Segundo o Ministro Eros Grau, relator da ADI 2872, "[...] o constituinte estadual não pode exigir lei complementar no que tange a matérias em relação às quais a Constituição do Brasil permite regulação por lei ordinária". No julgamento dessa ação, houve divergência do Ministro Menezes Direito. Em seu voto, denunciou o abalo que a irrestrita utilização do princípio da simetria vem causando à Federação brasileira. Após aludir à postura do Ministro Sepúlveda Pertence, escreveu:

> Também eu entendo que o princípio da simetria deve comportar modulação. É que não se pode deixar a liberdade dos Estados-membros limitada no regime federativo quando divergem das regras da Constituição Federal naqueles pontos em que se não figura nenhuma violação de direito público vinculado à realização do ideal social e da organização estatal. Veja-se, assim, que, por exemplo é pertinente a aplicação do princípio da simetria naqueles múltiplos casos em que se invade a competência privativa do Poder Executivo com relação à produção legislativa parlamentar. É que nesses casos existe, sem dúvida, uma questão fundamental para a organização do estado, qual seja, a necessidade de preservar-se indissolúvel na federação o princípio basilar da separação de poderes.

> De fato, pelo menos na minha compreensão, ou bem vivemos no estado federal, e com isso arcamos com as consequências quase sempre benfazejas das diversidades regionais, ou bem passamos a interpretar a Constituição Federal como constituição de estado unitário. [...]

> Tenho que essa legislação ordinária no âmbito federal, que dispensa o quorum mais rigoroso da lei complementar, não impede, pelo princípio da simetria, que na competência dos Estados-membros seja possível exigir lei complementar. Anote-se que a legislação substantiva sobre matéria guarda a matriz federal e, por isso, somente se torna aberto o campo legislativo estadual no âmbito da competência que lhe é própria que não pode invadir aquela que está posta na União. Mas isso não quer dizer, pelo menos na minha avaliação, que não possa o constituinte estadual impor que seja adotada a espécie normativa prevista no processo legislativo estadual. A exigência que se faz na Constituição Federal diz especificamente com a legislação federal, não com a legislação estadual. Não me parece razoável que esse princípio da simetria chegue ao ponto de inviabilizar a opção do constituinte estadual sobre uma das espécies normativas disponíveis na Constituição Federal. Em que essa opção violentaria a organização nacional? Em que essa opção atacaria algum princípio sensível do estado nacional organizado sob a forma federativa? Em nada, absolutamente nada. Ao contrário, estreitando o princípio da simetria, que é construção jurisprudencial, dar-se-á mais sentido e força à federação brasileira, forma de estado escolhida pelo constituinte desde a Proclamação da República.

A despeito da contundência e precisão dos argumentos do Ministro Menezes Direito, os quais foram seguidos pela Ministra Carmen Lúcia, a maioria dos membros seguiu o relator, assegurando uma obediência absoluta ao princípio da simetria quanto

---

32. "CONSTITUCIONAL. CONSTITUIÇÃO ESTADUAL E REGIMENTO INTERNO DA ASSEMBLÉIA LEGISLATIVA. ESTRUTURA DO PROCESSO LEGISLATIVO. PROJETO DE LEI REJEITADO. REAPRESENTAÇÃO. EXPRESSÕES EM DISPOSITIVOS QUE DESOBEDECEM AO ART. 25 E SE CONTRAPÕEM AO ART. 67, AMBOS DA CF. A OBSERVÂNCIA DAS REGRAS FEDERAIS NÃO FERE AUTONOMIA ESTADUAL. PRECEDENTES. AÇÃO JULGADA PROCEDENTE EM PARTE". (ADI 1546, Relator(a): Min. NELSON JOBIM, Tribunal Pleno, julgado em 03/12/1998, DJ 06-04-2001 PP-00066 EMENT VOL-02026-03 PP-00449).

à espécie normativa a ser utilizada para disciplinar matéria de competência estadual. Assim, a opção tomada nesse tocante pela Constituição Federal para dispor sobre uma matéria no plano federal deve ser a mesma para tratar matéria similar no plano estadual. Com esse entendimento majoritário, o Supremo Tribunal Federal julgou **inconstitucionais** dispositivos da Constituição do Piauí que exigiam **lei complementar estadual para tratar sobre servidores públicos**[33].

No julgamento da ADI 5003, o tribunal destacou que a criação de reserva de lei complementar tem por finalidade diminuir "a influência das maiorias parlamentares circunstanciais no processo legislativo referente a determinadas matérias". A escolha dessa espécie normativa decorre, portanto, "de juízo de ponderação específico realizado pelo texto constitucional, fruto do sopesamento entre o princípio democrático, de um lado, e a previsibilidade e confiabilidade necessárias à adequada normatização de questões de especial relevância econômica, social ou política, de outro". Acrescenta o tribunal no mesmo julgado que "a aprovação de leis complementares depende de mobilização parlamentar mais intensa para a criação de maiorias consolidadas no âmbito do Poder Legislativo, bem como do dispêndio de capital político e institucional que propicie tal articulação, processo esse que nem sempre será factível ou mesmo desejável para a atividade legislativa ordinária, diante da realidade que marca a sociedade brasileira – plural e dinâmica por excelência – e da necessidade de tutela das minorias, que nem sempre contam com representação política expressiva".

Daí conclui que "a ampliação da reserva de lei complementar, para além daquelas hipóteses demandadas no texto constitucional, portanto, restringe indevidamente o arranjo democrático-representativo desenhado pela Constituição Federal, ao permitir que Legislador estadual crie, por meio do exercício do seu poder constituinte decorrente, óbices procedimentais – como é o quórum qualificado – para a discussão de matérias estranhas ao seu interesse ou cujo processo legislativo, pelo seu objeto, deva ser mais célere ou responsivo aos ânimos populares"[34].

Em outras palavras: foi confirmada a linha jurisprudencial de que aquilo que interfere no funcionamento e equilíbrio dos poderes é norma substantiva do processo legislativo e deve ser estendido, por simetria, a todas as unidades federativas.

Também foi exigido o paralelismo com o modelo federal no concernente a **iniciativas do Judiciário** para tratar sobre serventias judiciais e extrajudiciais[35], por dever

---

33. ADI 2872, Relator(a): Min. EROS GRAU, Relator(a) p/ Acórdão: Min. RICARDO LEWANDOWSKI, Tribunal Pleno, julgado em 01/08/2011, DJe-170 DIVULG 02-09-2011 PUBLIC 05-09-2011 EMENT VOL-02580-01 PP-00001.

34. ADI 5003, Relator(a): LUIZ FUX, Tribunal Pleno, julgado em 05/12/2019, PROCESSO ELETRÔNICO DJe-284 DIVULG 18-12-2019 PUBLIC 19-12-2019.

35. "Ação Direta de Inconstitucionalidade. Lei Estadual (SP) nº 12.227/06. Inconstitucionalidade formal. Vício de iniciativa. Art. 96, II, "b" e "d", da Constituição Federal. [...]3. É pacífica a jurisprudência do Supremo Tribunal Federal no sentido de que as leis que disponham sobre serventias judiciais e extrajudiciais são de iniciativa privativa dos Tribunais de Justiça, a teor do que dispõem as alíneas "b" e "d" do inciso II do art. 96 da Constituição da República. Precedentes: ADI nº 1.935/RO, Relator o Ministro Carlos Velloso, DJ de 4/10/02; ADI nº 865/

de observância do art. 96, II, "b" e "c", da Carta da República, bem como para limitar o **número de assentos no respectivo Tribunal de Justiça**[36].

Deve ser feita crítica a essa posição do Supremo, pois reeditou a linha jurisprudencial formada em período autoritário no qual a concentração de poderes na União era expresso e imposto, no caso específico, pelo art. 13, III, da Constituição Federal de 67/69, que obrigava a reprodução nos Estados-membros do processo legislativo federal. A perspectiva axiológica sobre a federação e democracia era absolutamente distinta da adotada atualmente pela Constituição Federal de 1988, tanto que esta não trouxe essa previsão literal. Ante essa omissão da nova Carta Constitucional, seria lícito se inferir o contrário, ou seja, de que esse silêncio eloquente significaria a liberdade dos Estados-membros para tratar sobre o assunto.

Como a Constituição Federal de 1988 reestruturou o pacto federativo, buscando realizar uma efetiva descentralização do poder político-jurídico, seria natural, e até desejável, que sua mais elevada corte alterasse seu entendimento, prestigiando o novo paradigma axiológico de maior autonomia dos entes periféricos, mesmo porque não há texto impondo a obrigação, como no anterior.

O Supremo Tribunal Federal, porém, se apegou ao passado, deslocando a discussão do âmbito da federação para o da separação dos poderes, presumindo, por esse motivo, prescindir da determinação expressa que havia na Carta Constitucional anterior para reprodução no nível estadual do modelo de processo legislativo federal, já que a separação de poderes deve guardar, a seu ver, simetria entre todos os entes federativos.

Com isso, qualquer experimentação acerca de um arranjo diferente entre os poderes no âmbito estadual, sobretudo em torno do processo legislativo, é inviabilizada. Qualquer mudança ou inovação será, assim, brusca, porque feita centralizadamente e será reproduzida obrigatoriamente para os vinte e seus Estados-membros, para o Distrito Federal e para os mais de cinco mil municípios.

É interessante notar que esse dever de observância do equilíbrio de poderes no processo legislativo estadual é concebido de maneira rígida. Impede que mesmo a Constituição Estadual trate sobre matérias próprias da normatização legal ou de iniciativa privativa do Governado do Estado. Com isso, não se admite constitucionalizar matéria reservada a norma infraconstitucional nem de tema cuja iniciativa seja reservada ao Chefe do Executivo. Argumenta-se que tal atitude alija o Chefe do Executivo de todo

---

MA-MC, Relator o Ministro Celso de Mello, DJ de 8/4/94. 4. Inconstitucionalidade formal da Lei Estadual (SP) nº 12.227/06, porque resultante de processo legislativo deflagrado pelo Governador do Estado. 5. Ação direta que se julga procedente, com efeitos ex tunc". (ADI 3773, Relator(a): Min. MENEZES DIREITO, Tribunal Pleno, julgado em 04/03/2009, DJe-167 DIVULG 03-09-2009 PUBLIC 04-09-2009 EMENT VOL-02372-01 PP-00132 LEXSTF v. 31, n. 370, 2009, p. 47-97).

36. "PODER – PRERROGATIVA – TRIBUNAL DE JUSTIÇA – COMPOSIÇÃO. Vulnera a Constituição Federal norma de Carta estadual que preveja limite de cadeiras no Tribunal de Justiça, afastando a iniciativa deste quanto a projeto de lei visando à alteração". (ADI 3362, Relator(a): Min. SEPÚLVEDA PERTENCE, Relator(a) p/ Acórdão: Min. MARCO AURÉLIO, Tribunal Pleno, julgado em 30/08/2007, DJe-055 DIVULG 27-03-2008 PUBLIC 28-03-2008 EMENT VOL-02312-02 PP-00240).

o processo, excluindo-o da iniciativa ou da deliberação por sanção e veto, já que, como se sabe, as emendas constitucionais podem ser de iniciativa parlamentar e não têm a fase deliberativa perante o Executivo.

Assim, o constituinte estadual não é livre para determinar o que pode ser inserido no Texto Constitucional. Ele não pode **constitucionalizar** o tema que bem entender. O disciplinamento de um assunto diretamente no plano da Constituição Estadual não pode representar burla às funções próprias que cada poder desempenha no processo de edição de leis, seja na fase introdutória, seja na constitutiva.

Não fosse assim, seria relativamente simples a Assembleia Legislativa subtrair do Governador do Estado matéria de sua iniciativa legal privativa, bem como de sua apreciação mediante sanção ou veto, fazendo-a processar sob a forma de emenda à Constituição Estadual de iniciativa parlamentar. Seria uma maneira posta à disposição do Legislativo para evitar avaliação do Executivo sobre assunto que constitucionalmente ele tem o direito de deliberar e/ou iniciar.

A **constitucionalização de matéria legal** dessa forma representa uma ofensa à separação dos poderes e desrespeita a obrigação de observarem-se as fases de iniciativa e deliberação do processo legislativo federal. Julgamento do Supremo Tribunal Federal consagra esse entendimento:

> [...] Processo legislativo: modelo federal: iniciativa legislativa reservada: aplicabilidade, em termos, ao poder constituinte dos Estados-membros. 1. As regras básicas do processo legislativo federal são de absorção compulsória pelos Estados-membros em tudo aquilo que diga respeito – como ocorre às que enumeram casos de iniciativa legislativa reservada – ao princípio fundamental de independência e harmonia dos poderes, como delineado na Constituição da República. 2. Essa orientação – malgrado circunscrita em princípio ao regime dos poderes constituídos do Estado-membro – é de aplicar-se em termos ao poder constituinte local, quando seu trato na Constituição estadual traduza fraude ou obstrução antecipada ao jogo, na legislação ordinária, das regras básicas do processo legislativo, a exemplo da área de iniciativa reservada do executivo ou do judiciário: é o que se dá quando se eleva ao nível constitucional do Estado-membro **assuntos miúdos** do regime jurídico dos servidores públicos, sem correspondência no modelo constitucional federal, como sucede, na espécie, com a equiparação em vencimentos e vantagens dos membros de uma carreira – a dos Procuradores Autárquicos – aos de outra – a dos Procuradores do Estado: é matéria atinente ao regime jurídico de servidores públicos, a ser tratada por lei de iniciativa reservada ao Chefe do Poder Executivo (CF, art. 61, § 1º, II, c).[...].[37]

O Supremo Tribunal Federal, por julgados mais antigos, impunha essa proibição sem fazer distinção expressa quanto ao modo, ou seja, se na edição **inaugural da Constituição Estadual** no prazo estipulado no art. 11 do ADCT (poder constituinte decorrente inaugural) ou em sua posterior **reforma mediante emendas** (poder constituinte decorrente de revisão). Em outras palavras, o Supremo vedava que o constituinte decorrente, fosse o inaugural, fosse o de revisão, tratasse de matéria de iniciativa do

---

37. ADI 1434, Relator(a): Min. SEPÚLVEDA PERTENCE, Tribunal Pleno, julgado em 10/11/1999, DJ 25-02-2000 PP-00050 EMENT VOL-01980-01 PP-00036.

Executivo ou fosse objeto de lei ordinária ou complementar (em que há sanção ou veto do Chefe do Executivo).

Na ADI 227, assentou que "o princípio da iniciativa reservada implica limitação ao poder do Estado-Membro **de criar como ao de revisar sua Constituição** e, quando no trato da reformulação constitucional local, o legislador não pode se investir da competência para matéria que a Carta da República tenha reservado à exclusiva iniciativa do Governador".[38]

Convém destacar o fato de que esse julgado mencionava que a previsão de iniciativa privativa é **limite** a ser cumprido e observado na **criação inaugural** da Constituição Estadual e em sua **alteração por emendas**.

Em julgamentos posteriores, entretanto, o Tribunal foi mais explícito em proibir a constitucionalização de matéria legal **apenas por emendas constitucionais**. O legislador constituinte estadual não pode, portanto, **em reforma de seu texto**, tratar sobre matéria reservada à iniciativa do Executivo ou tipicamente de natureza legal, em que existe a deliberação executiva por sanção ou veto. É ressalvada dessa limitação a **edição inaugural da Constituição Estadual,** fruto do labor constituinte estadual dentro do prazo estabelecido no art. 11 do ADCT, e se a matéria possuir, adicionalmente, relevância constitucional, pois **não haveria** antes desse momento inicial **poder instituído** no Estado-membro **de quem pudesse subtrair atribuições**.

Na ADI 104 – que versou sobre a concessão de anistia diretamente pelo Texto Constitucional inaugural a servidores públicos punidos administrativamente por motivos políticos no regime anterior – foi enunciada a regra geral: "[…] é da jurisprudência assente do Supremo Tribunal que afronta o princípio fundamental da separação e independência dos Poderes o trato em constituições estaduais de matéria sem caráter essencialmente constitucional – assim, por exemplo, a relativa à fixação de vencimentos ou a concessão de vantagens específicas a servidores públicos -, que caracterize fraude à iniciativa reservada ao Poder Executivo de leis ordinárias a respeito"[39].

Excepciona, porém, o tratamento sobre tema a respeito do qual se quis realizar rompimento com o regime constitucional anterior (no caso punição administrativa por motivo político), entendendo ser no prazo do art. 11 do ADCT a oportunidade única de discipliná-lo diretamente no plano constitucional. Daí por que o relator, Ministro Sepúlveda Pertence, evidenciar que "[…] por óbvio, não tendo sido aproveitado o momento da promulgação da Lei Fundamental Estadual para o reparo dessa situação, somente como o juízo de oportunidade do Chefe do Executivo – agora poder instituído – se poderá corrigi-lo".

---

38. ADI 227, Relator(a): Min. MAURÍCIO CORRÊA, Tribunal Pleno, julgado em 19/11/1997, DJ 18-05-2001 PP-00429 EMENT VOL-02031-01 PP-00030.

39. ADI 104, Relator(a): Min. SEPÚLVEDA PERTENCE, Tribunal Pleno, julgado em 04/06/2007, DJe-087 DIVULG 23-08-2007 PUBLIC 24-08-2007 DJ 24-08-2007 PP-00022 EMENT VOL-02286-01 PP-00001 RTJ VOL-00202-01 PP-00011.

Em outras palavras, na criação da Constituição Estadual dentro do prazo estabelecido pelo art. 11 do ADCT, foi facultado ao **constituinte decorrente inaugural** tratar no Texto Constitucional estadual sobre matéria de alçada tipicamente legal ou de iniciativa exclusiva de outro Poder, desde que houvesse motivo constitucional relevante para tanto. Depois disso, ou seja, após delineados e instituídos os poderes estaduais pela respectiva Constituição, as matérias que são afetas a cada um deles no processo legislativo infraconstitucional não podem ser constitucionalizadas mediante emenda com intuito de fraudar a participação garantida desde a Constituição Federal.

O Ministro Sepúlveda Pertence, ainda no mesmo julgamento, destaca a superioridade hierárquica do legislador constituinte estadual: "tratando-se de uma Constituinte Estadual, embora limitada, embora derivada, embora decorrente, embora restrita, é, em relação aos poderes instituídos do Estado, um poder superior a todos eles; ou então não seria uma constituinte". Em seguida, traça seus limites:

> É certo que não levo essa supraordenação do poder constituinte estadual em relação aos poderes instituídos às raias do absoluto. Já cheguei, em debate ainda inconcluso, a conceber que posso entender abusivo o exercício do poder constituinte estadual quando visa, efetivamente, a fraudar poderes ordinários que, por força da Constituição Federal, hão de tocar aos poderes instituídos. Não, entretanto, quando se cuida da estrutura básica de um dos poderes do Estado[40].

Esses limites ao tratamento de matérias na Constituição Estadual, e sua respectiva exceção para edição inaugural, foram reiterados no julgamento da ADI 2581, em que se julgava a validade da Constituição do Estado de São Paulo que desde sua redação original exige a escolha do Procurador-Geral do Estado entre membros efetivos da carreira. Conquanto fosse matéria de iniciativa reservada do Governador de Estado, posicionou-se pela inexistência de vício no seu tratamento direto no Texto Constitucional porque editada dentro de um ano da promulgação da Constituição Federal de 1988. A ementa é a seguinte:

> Projeto de lei – Iniciativa – Constituição do Estado – Insubsistência. A regra do Diploma Maior quanto à iniciativa do chefe do Poder Executivo para projeto a respeito de certas matérias não suplanta o tratamento destas últimas **pela vez primeira na Carta do próprio Estado**. Procurador-Geral do Estado – Escolha entre os integrantes da carreira. Mostra-se harmônico com a CF preceito da Carta estadual prevendo a escolha do Procurador-Geral do Estado entre os integrantes da carreira[41].

É preciso que se tenha o cuidado para não generalizar o entendimento desses dois julgados para toda e qualquer matéria, como se fosse facultado ao constituinte estadual inserir na Carta estadual qualquer matéria que bem lhe aprouvesse dentro do prazo para

---

40. ADI 104, Relator(a): Min. SEPÚLVEDA PERTENCE, Tribunal Pleno, julgado em 04/06/2007, DJe-087 DIVULG 23-08-2007 PUBLIC 24-08-2007 DJ 24-08-2007 PP-00022 EMENT VOL-02286-01 PP-00001 RTJ VOL-00202-01 PP-00011.

41. ADI 2581, Relator(a): Min. MAURÍCIO CORRÊA, Relator(a) p/ Acórdão: Min. MARCO AURÉLIO, Tribunal Pleno, julgado em 16/08/2007, DJe-152 DIVULG 14-08-2008 PUBLIC 15-08-2008 EMENT VOL-02328-01 PP-00035.

exercício do poder inaugural. Como destacado, é necessário que a matéria tenha **relevância para ser constitucionalizada,** mesmo por ocasião do prazo do art. 11 do ADCT.

Em outras ocasiões, o Supremo Tribunal Federal considerou inválida disposição constitucional estadual que, **mesmo pela redação inaugural**, tratasse sobre matéria do campo exclusivamente legislativo e não constitucional. Foi o que se deu na ADI 2873, em que a "Corte fixou o entendimento de que a norma prevista em Constituição Estadual vedando à estipulação de limite de idade para o ingresso no serviço público traz em si requisito referente ao provimento de cargos e ao regime jurídico de servidor público, matéria cuja regulamentação reclama a edição de legislação ordinária, de iniciativa do Chefe do Poder Executivo"[42].

Com essa postura, o Tribunal estabelece grande margem de discricionariedade para si, pois decidir o que venha a ser matéria **constitucionalmente relevante** não tem parâmetro ou guia no texto constitucional. Nem mesmo há expressa previsão disso. Trata-se de elaboração pretoriana que fortalece a atuação do próprio tribunal no delineamento da federação brasileira. É nesse tipo de labor que é possível se fazer crítica à intervenção jurisdicional, pois as fronteiras entre arbitrariedade e discricionariedade são tênues, dada a falta de critério externo à própria jurisprudência para controlar seus julgamentos.

Além desse aspecto, o Supremo Tribunal Federal apresenta oscilação no entendimento acerca da reserva de iniciativa do Executivo para projetos de lei que estabeleçam critérios para nomeação do Procurador-Geral do Estado, inclusive para restringir a escolha entre procuradores de carreira e estáveis.

Na ADI 4898, não se exigiu a previsão constitucional estadual dentro do período do art. 11 do ADCT, conforme fora destacado na ADI 2581 citada acima. Tomou-se como *ratio decidendi* daquele precedente não mais o poder do constituinte decorrente inaugural, mas, de um modo geral, a inexistência de iniciativa privativa do Chefe do Executivo sobre o assunto, concluindo, então, que "não há reserva de iniciativa do Chefe do Poder Executivo para a deflagração de processo legislativo de norma pela qual se definem critérios para nomeação do Procurador-Geral do Estado e eventuais substitutos, como Subprocurador-Geral do Estado e Procurador do Estado Corregedor. Competência do constituinte estadual que se respalda na autonomia constitucional conferida aos Estados-membros, como previsto no art. 25 e no inc. VIII do art. 235 da Constituição da República"[43].

Esse é um caso interessante que evidencia que a *ratio decidendi* de um precedente não é estática nem previamente determinada de maneira exauriente, dependendo de

---

42. ADI 2873, Relator(a): Min. ELLEN GRACIE, Tribunal Pleno, julgado em 20/09/2007, DJe-139 DIVULG 08-11-2007 PUBLIC 09-11-2007 DJ 09-11-2007 PP-00029 EMENT VOL-02297-01 PP-00091 RTJ VOL-00203-01 PP-00089.

43. ADI 4898, Relator(a): CÁRMEN LÚCIA, Tribunal Pleno, julgado em 04/10/2019, PROCESSO ELETRÔNICO DJe-228 DIVULG 18-10-2019 PUBLIC 21-10-2019,

CAPÍTULO 4 • COMPETÊNCIA CONSTITUINTE DOS ESTADOS-MEMBROS

191

como é compreendido posteriormente por novos usos e aplicações. Se no julgamento original foi dada ênfase ao fato de ter sido uma restrição feita pelo constituinte decorrente inaugural, seu uso como precedente ressaltou não ser matéria de iniciativa privativa do Chefe do Executivo, podendo vir a ser estipulada por lei de iniciativa comum.

Como se percebe até aqui, o grande número de casos em que se decidiu pelo dever de obediência ao plano federal versava sobre a iniciativa legislativa; no entanto, não somente as fases de iniciativa e de deliberação executiva devem ser reproduzidas no âmbito da Constituição Estadual. A **deliberação parlamentar**, especialmente mediante o poder de emendas, também é de necessária correspondência com o plano federal. Nesse tocante, o STF decidiu que, em projeto de iniciativa do Executivo estadual, não pode haver emenda parlamentar que implique aumento de despesa sem indicar a devida fonte de custeio[44], assim como estipulado no plano federal, o que deve ser observado compulsoriamente no plano subnacional.

Destaque-se, por fim, que esse dever de observância e reprodução do processo legislativo federal diz respeito, como se disse, ao processo legislativo em si (suas normas substanciais que disciplinam as fases, emendas, iniciativas, sanção, veto e publicação) e não quanto ao seu conteúdo (modo como determinadas matérias devem ser tratadas no processo legislativo) nem quanto ao seu procedimento (sessões, reuniões, modo de condução de trabalhos, comissões e competências internas, entre outros).

Em relação ao conteúdo, ou seja, ao modo de se tratar de determinadas matérias, não há dever de simetria com o plano federal, podendo a Constituição Estadual impor mesmo uma (auto)limitação ao exercício legislativo, como, por exemplo, a proibição de proposta legislativa que vise a conceder gratuidade em serviços públicos sem a devida indicação da fonte de custeio[45].

Já com relação ao procedimento específico, é matéria a ser disciplinada por cada casa legislativa estadual, em seus regimentos internos, respeitados, naturalmente, as aludidas disposições substanciais do processo legislativo, como visto.

4.3.2 Competências e formas do Legislativo

Pela análise dos julgados sobre processo legislativo, percebe-se que o Supremo utiliza o princípio da simetria como garantia à separação dos poderes, fazendo que a

---

44. ADI 2170, Relator(a): Min. SEPÚLVEDA PERTENCE, Tribunal Pleno, julgado em 17/08/2005, DJ 09-09-2005 PP-00033 EMENT VOL-02204-01 PP-00057 LEXSTF v. 27, n. 322, 2005, p. 36-45 RTJ VOL-00194-03 PP-00835.

45. "INCONSTITUCIONALIDADE. Ação direta. Art. 112, § 2º, da Constituição do Estado do Rio de Janeiro. Serviço público. Prestação indireta. Contratos de concessão e permissão. Proposta legislativa de outorga de gratuidade, sem indicação da correspondente fonte de custeio. Vedação de deliberação. Admissibilidade. Inexistência de ofensa a qualquer cláusula constitucional. Autolimitação legítima do Poder Legislativo estadual. Norma dirigida ao regime de execução dos contratos em curso. Ação julgada improcedente. Voto vencido. É constitucional o disposto no art. 112, § 2º, da Constituição do Estado do Rio de Janeiro". (ADI 3225, Relator(a): Min. CEZAR PELUSO, Tribunal Pleno, julgado em 17/09/2007, DJe-131 DIVULG 25-10-2007 PUBLIC 26-10-2007 DJ 26-10-2007 PP-00028 EMENT VOL-02295-03 PP-00543 RTJ VOL-00202-03 PP-01071).

configuração básica do plano federal se irradie pelos demais entes. Também se fundamenta a extensão por simetria com base no princípio republicano. Todas as disposições federais que toquem diretamente o cerne desse princípio deve ser reproduzido simetricamente nos entes federados.

Como a dinâmica dos Poderes não se verifica apenas no processo de edição de enunciados normativos, outras atividades do Legislativo que de alguma forma interfiram nos mecanismos próprios dessa relação também são tidas como obrigatoriamente simétricas ao modelo traçado na Constituição Federal.

Foi o que se decidiu em relação: **a)** aos poderes das comissões parlamentares de inquérito estaduais; **b)** à perda do mandato parlamentar; **c)** às atribuições do Legislativo de fiscalizar e controlar o Executivo e julgar suas contas; e **d)** aos limites do rol de autoridades sujeitas ao controle direto mediante convocação pela Assembleia Legislativa – tudo conforme bem estruturada sistematização de Marcelo Labanca[46].

Por serem assuntos que diretamente interferem nos freios e contrapesos dos poderes dos entes federados, o delineamento básico deve ser aquele traçado para os poderes da União.

Em relação às **comissões parlamentares de inquérito**, suas características já consagradas foram preservadas no plano estadual, tais como:

a) o **direito de minoria parlamentar** criar a CPI, mediante requerimento de um terço dos membros da Assembleia, sem qualquer exigência adicional ou etapa:

"[...]1. A Constituição do Brasil assegura a um terço dos membros da Câmara dos Deputados e a um terço dos membros do Senado Federal a criação da comissão parlamentar de inquérito, deixando porém ao próprio parlamento o seu destino. 2. A garantia assegurada a um terço dos membros da Câmara ou do Senado estende-se aos membros das assembleias legislativas estaduais --- garantia das minorias. O **modelo federal** de criação e instauração das comissões parlamentares de inquérito constitui matéria a ser **compulsoriamente** observada pelas **casas legislativas estaduais**. 3. A garantia da instalação da CPI independe de deliberação plenária, seja da Câmara, do Senado ou da Assembleia Legislativa. Precedentes. 4. Não há razão para a submissão do requerimento de constituição de CPI a qualquer órgão da Assembleia Legislativa. Os requisitos indispensáveis à criação das comissões parlamentares de inquérito estão dispostos, estritamente, no artigo 58 da CB/88. [...]"[47].

b) **possibilidade de quebra de sigilo bancário** a despeito de a Lei Complementar nº 105/2001 só a prever para CPIs federais. Foi decidido na ACO 730 que essa prerrogativa decorre diretamente da Constituição Federal, não podendo receber limitação no plano legislativo:

[...] Federação. Inteligência. Observância obrigatória, pelos Estados-membros, de aspectos fundamentais decorrentes do princípio da separação de poderes previsto na Constituição Federal de 1988. Função fiscalizadora exercida pelo Poder Legislativo. Mecanismo essencial do sistema de *checks-and-counter-*

---

46. ARAÚJO. op. cit., p. 100-108.
47. ADI 3619, Relator(a): Min. EROS GRAU, Tribunal Pleno, julgado em 01/08/2006, DJ 20-04-2007 PP-00078 EMENT VOL-02272-01 PP-00127.

checks adotado pela Constituição federal de 1988. Vedação da utilização desse mecanismo de controle pelos órgãos legislativos dos estados-membros. Impossibilidade. Violação do equilíbrio federativo e da separação de Poderes. Poderes de CPI estadual: ainda que seja omissa a Lei Complementar 105/2001, podem essas comissões estaduais requerer quebra de sigilo de dados bancários, com base no art. 58, § 3º, da Constituição. Mandado de segurança conhecido e parcialmente provido[48].

Quanto à **perda do mandato parlamentar**, a Constituição Federal possui norma de preordenação em seu art. 27, § 1º, ao disciplinar que se aplicam aos deputados estaduais suas regras sobre "[...] sistema eleitoral, inviolabilidade, imunidades, remuneração, perda de mandato, licença, impedimentos e incorporação às Forças Armadas".

Surgiu a dúvida se a deliberação em plenário sobre a perda do mandato deveria se dar obrigatoriamente por voto secreto, conforme **era** previsto pela redação original do art. 55, §2º, também do Texto Federal, para os membros do Congresso Nacional.

Atualmente, vale destacar, **o voto é aberto**, ou seja, é revelado como cada parlamentar deliberou, em razão da Emenda Constitucional nº 76/13. A alteração se deu em virtude da reação popular contra votação da Câmara dos Deputados ocorrida em agosto de 2013, em que se preservou o mandato de deputado federal condenado pelo Supremo Tribunal Federal a mais de 13 anos de reclusão por corrupção. O congressista (Natan Donadon) já estava preso e foi algemado ao Plenário da Casa fazer sua defesa. Eram necessários 257 votos, tendo sido atingido apenas 233, tendo 131 deputados votado pela manutenção do mandato. Como resultado, teve-se um deputado federal preso por condenação em última instância, mas ainda titular de mandato. Essa votação foi anulada, e seis meses depois, já sob a nova redação constitucional pelo voto aberto, o deputado teve seu mandato cassado por 467 votos. Evidentemente, a votação aberta com a consequente exposição do voto de cada deputado para seus eleitores interferiu no resultado. Essa modalidade de sufrágio deve ser encarada, então, como uma decorrência do princípio republicano, que impõe a responsabilização dos agentes públicos por seus atos, o que, por óbvio, só pode ocorrer caso se tenha conhecimento de seu teor. Por esse motivo, a obrigatoriedade do voto aberto deve ser encarada como princípio extensível de compulsória reprodução pelos entes subnacionais.

No entanto, ainda sob a redação original da Constituição Federal que impunha o voto secreto, foi ajuizada a ADI 2.461. Era impugnada a emenda à Constituição do Estado do Rio de Janeiro que instituiu o **voto aberto** para a cassação de mandato de deputado estadual. Perceba-se: a norma estadual deixava o processo mais transparente e claro para os eleitores saberem como seus representantes se posicionaram, em modelo posteriormente adotado pelo plano federal.

O relator, Ministro Gilmar Mendes, julgou que a literalidade do art. 27, §1º, impunha o voto secreto nos termos da redação original do art. 55, §2º. Em divergência, o Ministro Celso de Melo votou no sentido de que a obrigação dos Estados-membros

---

48. ACO 730, Relator(a): Min. JOAQUIM BARBOSA, Tribunal Pleno, julgado em 22/09/2004, DJ 11-11-2005 PP-00005 EMENT VOL-02213-01 PP-00020.

cingir-se-ia à determinação das **hipóteses autorizadoras** da perda do mandato e não ao **modo** de o Legislativo deliberar. Ademais, por ser excepcional a previsão de votação secreta, não poderia ser estendida por via interpretativa mediante princípio da simetria. O Ministro se valeu, pois, de uma interpretação segundo os marcos axiológicos da Constituição Federal de 1988 (especialmente de acordo com o princípio republicano e a autonomia federativa) e sua ruptura com o regime anterior:

> [...] O novo estatuto jurídico brasileiro – que rejeita o poder que oculta e que não tolera o poder que se oculta – consagrou a publicidade dos atos e das atividades estatais como valor constitucional a ser observado, inscrevendo-a, em face de sua alta significação, na declaração de direitos e garantias fundamentais que a Constituição da República reconhece e assegura aos cidadãos, tal como expressamente proclamou o Supremo Tribunal Federal, no julgamento plenário do MI 284 DF, Rel. p/ o acórdão Min. Celso de Mello (RTJ 139/712-713).
>
> O fato irrecusável, Senhora Presidente, em face do contexto ora em exame, é um só: os estatutos do poder, numa República fundada em bases democráticas, como o Brasil, não podem privilegiar o mistério, porque a supressão do regime visível de governo – que tem na transparência a condição de legitimidade de seus próprios atos – sempre coincide com os tempos sombrios em que declinam a liberdade e os direitos dos cidadãos.
>
> A Carta Federal, ao proclamar os direitos e deveres individuais e coletivos (art. 5º), enunciou preceitos básicos, cuja compreensão é essencial à caracterização da ordem democrática como um regime de poder visível, ou, na lição expressiva de Bobbio, como 'um modelo ideal do governo público em público.
>
> A Assembleia Nacional Constituinte, por isso mesmo, Senhora Presidente, em momento de feliz inspiração, repudiou o compromisso do Estado com o mistério e com o sigilo, que fora tão fortemente realçado sob a égide autoritária do regime político anterior, quando do desempenho de sua prática governamental. Ao dessacralizar o segredo, de um lado, e ao banir a possibilidade do exercício de um poder não consentido, de outro, a Assembleia Constituinte restaurou velho dogma republicano e expôs o Estado, em plenitude, ao princípio democrático da publicidade, convertido, em sua expressão concreta, em fator de legitimação material das decisões e atos governamentais.

Em debate que se seguiu, o relator, Ministro Gilmar Mendes, confessou que seu entendimento não continha qualquer análise quanto à virtude ou não do voto aberto. Escancara, assim, o fato de que não embasou sua decisão em qualquer juízo sobre suas consequências ou a respectiva dimensão principiológica envolvida, tendo se apegado apenas à alegação de que "o texto é de uma clareza tão meridiana que, parece-me sair daqui, é quase atribuir um arbítrio ao intérprete".

A despeito da clara abordagem formalista da questão pelo relator, ela se sobrepôs à adequada postura em prol da integridade principiológica contida no voto do Ministro Celso de Melo. Prevaleceu, então, o entendimento que exige acrítica e esvaziada mimetização do formalismo de votação, independentemente de uma análise adequada do conteúdo material das disposições constitucionais. A sumária ementa do julgado evidencia a aridez de seus fundamentos:

> Emenda constitucional estadual. Perda de mandato de parlamentar estadual mediante voto aberto. Inconstitucionalidade. Violação de limitação expressa ao poder constituinte decorrente dos Estados-membros (CF, art. 27, § 1º c/c art. 55, § 2º). Ação direta de inconstitucionalidade julgada procedente, por maioria[49].

---

49. ADI 2461, Relator(a): Min. GILMAR MENDES, Tribunal Pleno, julgado em 12/05/2005, DJ 07-10-2005 PP-00003 EMENT VOL-02208-01 PP-00135 RTJ VOL-00195-03 PP-00897.

CAPÍTULO 4 • COMPETÊNCIA CONSTITUINTE DOS ESTADOS-MEMBROS

195

Portanto, uma simetria formal, no caso, se impôs sobre uma análise íntegra e coerente da Federação brasileira, segundo o novo referencial principiológico estabelecido em 1988, obrigando a extensão para o plano estadual de limitação excepcional existente à época ao dever de publicidade das votações que deveria ser a regra.

Agora, em razão da já mencionada Emenda Constitucional nº 76/13, o voto secreto, na hipótese do art. 55, §2º, está abolido. Tem-se, então, um alinhamento entre a exigência formal de simetria com os valores republicanos da publicidade, superando o desalinhamento principiológico causado pelo precedente.

O princípio da simetria também foi utilizado para delinear os contornos do **poder fiscalizatório da Assembleia Legislativa**.

Os arts. 49, X, e 50 da CF/88 atribuem somente ao Congresso Nacional (por qualquer de suas casas) e a suas comissões o poder de fiscalização sobre o Executivo. Por via de consequência, no plano estadual, tal poder cabe apenas à **Assembleia Legislativa** ou a alguma de suas **comissões**. Com base nessa compreensão, foi julgada inconstitucional, na ADI 3.046, a atribuição desse poder a **membro isolado** do Legislativo Estadual pela Constituição do Estado de São Paulo. Foi assim ementado o julgamento:

> [...]2. A fiscalização legislativa da ação administrativa do Poder Executivo é um dos contrapesos da Constituição Federal à separação e independência dos Poderes: cuida-se, porém, de interferência que só a Constituição da República pode legitimar. 3. Do relevo primacial dos 'pesos e contrapesos' no paradigma de divisão dos poderes, segue-se que à norma infraconstitucional – aí incluída, em relação à Federal, a constituição dos Estados-membros -, não é dado criar novas interferências de um Poder na órbita de outro que não derive explícita ou implicitamente de regra ou princípio da Lei Fundamental da República. 4. O poder de fiscalização legislativa da ação administrativa do Poder Executivo é outorgado aos órgãos coletivos de cada câmara do Congresso Nacional, no plano federal, e da Assembleia Legislativa, no dos Estados; nunca, aos seus membros individualmente, salvo, é claro, quando atuem em representação (ou presentação) de sua Casa ou comissão. [...].[50]

No mesmo sentido é o julgamento de dispositivo da Constituição do Espírito Santo, que atribuía à Assembleia Legislativa amplos poderes fiscalizatórios sobre o Poder Judiciário, porque ia além das hipóteses constitucionalmente traçadas de ingerência de um Poder sobre o outro:

> [...] Os dispositivos impugnados contemplam a possibilidade de a Assembleia Legislativa capixaba convocar o Presidente do Tribunal de Justiça para prestar, pessoalmente, informações sobre assunto previamente determinado, importando crime de responsabilidade a ausência injustificada desse Chefe de Poder. Ao fazê-lo, porém, o art. 57 da Constituição capixaba não seguiu o paradigma da Constituição Federal, extrapolando as fronteiras do esquema de freios e contrapesos – cuja aplicabilidade é sempre estrita ou materialmente inelástica – e maculando o Princípio da Separação de Poderes. Ação julgada parcialmente procedente para declarar a inconstitucionalidade da expressão "Presidente do Tribunal de Justiça", inserta no § 2º e no caput do art. 57 da Constituição do Estado do Espírito Santo[51].

---

50. ADI 3046, Relator(a): Min. SEPÚLVEDA PERTENCE, Tribunal Pleno, julgado em 15/04/2004, DJ 28-05-2004 PP-00492 EMENT VOL-02153-03 PP-00017 RTJ VOL-00191-02 PP-00510.
51. ADI 2911, Relator(a): Min. CARLOS BRITTO, Tribunal Pleno, julgado em 10/08/2006, DJ 02-02-2007 PP-00071 EMENT VOL-02262-02 PP-00346 LEXSTF v. 29, n. 339, 2007, p. 107-116.

Todo o quadro de controle externo exercido pelo Legislativo é, portanto, compreendido dentro do dever de simetria. O modo, a titularidade, o objeto e o sujeito investigado, enfim, todos os elementos característicos do controle devem obedecer a estruturação federal. Tanto assim que o papel a ser desempenhado pelos tribunais de contas nesses mecanismos também dever guardar parâmetro com o padrão da União, como será visto no tópico específico.

Também foi considerado proibido ao constituinte estadual aumentar o rol de autoridades que podem ser convocadas a comparecer perante o Legislativo, devendo guardar simetria com o parâmetro federal. Em decisão submetida ao regime de repercussão geral, o Supremo Tribunal Federal fixou a tese de que "é vedado aos Estados-membros a **ampliação do rol de autoridades** sujeitas à convocação pela Assembleia Legislativa e à sanção por crime de responsabilidade, por afronta ao princípio da simetria (art. 50, caput e § 2º, CF) e à competência privativa da União para legislar sobre o tema (art. 22, I, CF e SV nº 46)"[52].

Com esse entendimento, foram anuladas diversas disposições que permitiam a convocação do presidente de respectivo tribunal de contas, do Procurador-Geral de Justiça dentre outros. Isso porque o art. 50, caput e § 2º, da Constituição Federal, apenas "autoriza a Câmara dos Deputados e o Senado Federal a convocar e requisitar informações de Ministro de Estado ou de titulares de órgãos diretamente subordinados à Presidência da República, traduz norma de observância obrigatória pelos Estados-membros". Consequentemente, somente secretários de estado e autoridades subordinadas ao Governador podem vir a se sujeitar a esse tipo de convocação.

No mesmo sentido, foi decidido que as constituições estaduais não podem aumentar os poderes do Legislativo para suspender os atos normativos de outros poderes ou órgãos constitucionais deve se alinhar ao que dispõe o art. 49, IV, da Constituição Federal, que o prevê apenas para atos do Poder Executivo. Nesse sentido, foi julgada inconstitucional norma da Constituição de Goiás que autorizava a Assembleia Legislativa sustar atos do respectivo Tribunal de Contas. Na ADI 5290 assentou: "A sustação de atos do Tribunal de Contas estadual em desacordo com lei: inobservância das garantias de independência, autonomia funcional, administrativa e financeira. Impossibilidade de ingerência da Assembleia Legislativa na atuação do Tribunal de Contas estadual"[53].

A relatora, Ministra Cármen Lúcia, recobrou os fundamentos para a linha de entendimento:

> O Supremo Tribunal Federal, na análise de constitucionalidade de normas constitucionais estaduais, assentou a inconstitucionalidade de normas pelas quais se altera o sistema federativo a possibilitar-se interferência nas relações entre os Poderes, sem observância do que estabelecido na Constituição da República, pois o princípio da simetria está intimamente ligado ao princípio da separação dos poderes.

---

52. ADI 6646, Relator(a): ROBERTO BARROSO, Tribunal Pleno, julgado em 22/02/2023, PROCESSO ELETRÔNICO DJe-038 DIVULG 01-03-2023 PUBLIC 02-03-2023.
53. ADI 5290, Relator(a): CÁRMEN LÚCIA, Tribunal Pleno, julgado em 20/11/2019, PROCESSO ELETRÔNICO DJe-270 DIVULG 06-12-2019 PUBLIC 09-12-2019.

A jurisprudência do Supremo, contudo, não é uniforme nem coerente. Nos precedentes sobre os assuntos acima mencionados repeliu de maneira enérgica a autonomia dos Estados-membros sob a alegada proteção da separação dos poderes. Em alguns desses julgados, percebe-se expresso receio de uma "balbúrdia" institucional causada por profundas diferenciações entre Estados-membros, como se oscilações regionais não fossem típicas, ou mesmo justificadoras, de um Estado Federal.

Acontece que, contraditoriamente, quando analisou a possibilidade de **reeleição de membro da Mesa do Legislativo** na mesma legislatura (vedada para as mesas do Congresso Nacional pelo art. 57, §4º da CF/88), julgou pela liberdade estadual para dispor de maneira diversa, admitindo essa recondução. Nesse tocante não seguiu a linha jurisprudencial percebida até aqui, rejeitando o dever de simetria.

Nas ADIs 792 e 793, o Supremo Tribunal Federal expressamente assentou que "[ ] a norma do § 4º do art. 57 da C.F. que, cuidando da eleição das Mesas das Casas Legislativas federais, veda a recondução para o mesmo cargo na eleição imediatamente subsequente, não é de reprodução obrigatória nas Constituições dos Estados-membros, porque não se constitui num princípio constitucional estabelecido". Como é matéria que determina inquestionavelmente a feição do Poder Legislativo, precisamente de seu representante e demais diretores, era de se esperar que se decidisse pela simetria.

Um dos motivos utilizados nesses dois julgamentos chama atenção por consistir em uma interpretação do atual Texto Constitucional segundo a perspectiva das disposições similares do anterior.

O Ministro Carlos Velloso, relator da ADI 793, faz menção a voto do Ministro Moreira Alves em que este destacava inexistir na Constituição de 1967/1969 o dever de se repetir essa proibição de recondução no plano estadual. Como não havia determinação expressa, entendeu-se pela livre disposição estadual. Daí concluiu o Ministro que, se em um regime constitucional que estabelecia uma federação centralizada havia essa liberdade para os Estados-membros, com maior razão no atual que é menos centralizador. São as seguintes suas palavras:

> O Supremo Tribunal Federal 'examinando hipótese semelhante à presente (a possibilidade de membro da Mesa de Assembleia Legislativa ser eleito para cargo diverso na composição subsequente dela) diante do disposto no art. 30, parágrafo único, letra 'f', da Emenda Constitucional nº 1/69 ('será de dois anos o mandato para membro da Mesa de qualquer das Câmaras, proibida a reeleição'), decidiu, em 15.10.87, por unanimidade de votos, na Representação nº 1.245, que essa norma não se incluía 'entre os princípios essenciais a que os Estados devam obediência, e compulsoriamente indicados no texto constitucional federal', e isso não obstante o fato de que essa emenda constitucional era muito mais limitativa da autonomia dos Estados do que a atual Carta Magna[54].

Pelo voto do Ministro, seguido por seus pares, é possível afirmar que a maior autonomia do Estado-membro nesse assunto se deve não à Constituição Federal de

---

54. ADI 793, Relator(a): Min. CARLOS VELLOSO, Tribunal Pleno, julgado em 03/04/1997, DJ 16-05-1997 PP-19948 EMENT VOL-01869-01 PP-00061.

1988, mas à Constituição Federal de 67/69, especificamente, porque a interpretação desta autorizava a autonomia estadual na hipótese.

Perceba-se: na Constituição anterior, havia dispositivo expresso, o art. 13, que apresentava rol de matérias a serem reproduzidas obrigatoriamente pelos Estados-membros, sem prejuízo de outros princípios. Como esse rol era extenso, a falta de indicação de algum assunto levantava indício de que a prescrição deveria ser em sentido contrário, qual seja, no sentido da autonomia estadual. Acontece que a atual Constituição não se expressou da mesma maneira, não trouxe qualquer relação expressa. Esse silêncio do constituinte deveria ser interpretado como uma concessão à maior autonomia estadual por se alinhar sistematicamente a outras disposições do Texto Constitucional em prol de uma federação menos centralizada. Não é o que se verifica, porém, nos julgados do Supremo. A falta de menção literal é interpretada em diversos julgamentos como uma permissão para reproduzir o entendimento da constituição anterior no sentido de menor autonomia periférica, mesmo que ambas possuíssem concepções absolutamente distintas sobre a federação e estrutura redacional também diversa.

O Supremo Tribunal Federal, da forma vista nos julgados há pouco reproduzidos, tomou como regra a restrição aos Estados-membros, utilizando a simetria como instrumento garante da separação de poderes e o espírito republicano; consequentemente, são "princípios" a serem observados pelo poder constituinte derivado decorrente dos Estados-membros. O reconhecimento da autonomia estadual só é observado em caráter excepcional e somente nos casos em que o regime centralizador anterior já reconhecia pontualmente. Simplesmente se transplantou a jurisprudência erigida sob a égide de outra Constituição. Não se desenvolveu uma nova interpretação considerando a nova realidade constitucional. A inexistência na CF/88 de arrolamento expresso de matérias de compulsória observância estadual não ensejou uma interpretação sistemática própria; ao contrário, foi considerada como um cheque em branco para reproduzir a hermenêutica estruturada em torno da carta anterior. Não se pode concordar com essa postura.

As disposições da Constituição Federal de 1988 devem ser interpretadas dentro do referencial principiológico instituído por ela, no modelo de federação por ela traçado. A reedição de entendimentos firmados em face da Carta pretérita sem qualquer reexame crítico representa atitude reacionária e flagrantemente violadora da Constituição Federal, pois deixa de colocá-la na devida função de guia da atividade interpretativa. Representa dissonância mesmo em relação à conjuntura política que causou o rompimento com os valores do regime autoritário anterior.

A maior ou menor autonomia de um ente federativo deveria ser aquilatada em função da estrutura da CF/88 e do quadro principiológico que busca assegurar, e não porque era de determinada maneira no sistema anterior com o qual buscou material ruptura.

Mais recentemente, o Supremo Tribunal Federal apresentou uma pequena variação nesse entendimento sobre a autonomia estadual para deliberar sobre a reeleição dos membros da mesa diretora do Legislativo. Na ADI 6713[55], cujo objeto era dispositivo da Constituição da Paraíba, reafirmou que "a jurisprudência deste Tribunal é firme no sentido de que a regra contida no artigo 57, § 4º, da Constituição Federal não representa concretização do princípio republicano, razão pela qual não se traduz em norma de reprodução obrigatória pelos Estados-membros". No entanto, restringiu a autonomia federativa, estabelecendo "um limitado espaço de autonomia: de um lado, afasta-se o veto absoluto às reeleições, de outro, impõe-se-lhes a vedação de sucessivas reconduções". Daí foi atribuída a interpretação conforme a constituição para assentar que as constituições estaduais podem, diferentemente do plano federal, autorizar a reeleição para a mesa diretora do Legislativo, mas apenas por uma única vez, proibindo expressamente sucessivas reeleições.

Esse mesmo entendimento foi aplicado na ADI 6721-MC para o Rio de Janeiro e na ADI 6708 para o Distrito Federal. Portanto, foi assegurada a autonomia subnacional para reeleição da mesa diretora do Legislativos, mas apenas uma única vez, sem possibilidade de reconduções sucessivas, de modo a inviabilizar a alternância de poder entre seus membros.

Também é verificada oscilação jurisprudencial no concernente à imposição de proibições próprias dos Deputados Estaduais ao Governador e ao Vice-Governador, conforme realizado pela Constituição do Mato Grosso. Por tocar diretamente os poderes de membros de cúpula de um dos poderes do Estado-membro, seria válido considerar ínsito à separação dos poderes e, consequentemente, simetricamente obrigatório assegurar ao Governador e Vice apenas as proibições aplicáveis ao Presidente e ao Vice-Presidente da República, sem possibilidade de aumento no plano estadual. No entanto, na ADI 253[56], foi decidido que "a determinação de observância dos princípios constitucionais não significa que cabe ao constituinte estadual apenas copiar as normas federais".

Curiosamente, a ação foi intentada apenas impugnando a extensão das proibições apenas ao Vice-Governador, sem mencionar o Governador. Como a ação foi julgada improcedente para aquele, entende-se que o entendimento também se aplica para este. Assim, manteve-se norma estadual que limita os poderes do titular e do vice do Poder Executivo estadual, por subordiná-los às mesmas proibições e impedimentos dos Deputados Estaduais. Nesse ponto específico, não se invocou a separação dos poderes para obrigar o mesmo regime jurídico do Presidente e do Vice-Presidente da República, representando uma incoerência com a linha jurisprudencial, que tolhe autonomia para assuntos menos nevrálgicos do que esse para o funcionamento dos poderes.

É possível concluir, portanto, que a regra é a limitação do poder constituinte derivado decorrente no arranjo dos poderes subnacionais, mas, por se tratar de uma criação jurisprudencial, é preciso atenção para pontuais variações em assuntos específicos.

---

55. ADI 6713, Relator(a): EDSON FACHIN, Tribunal Pleno, julgado em 18/12/2021, PROCESSO ELETRÔNICO DJe-040 DIVULG 02-03-2022 PUBLIC 03-03-2022.
56. ADI 253, Relator(a): GILMAR MENDES, Tribunal Pleno, julgado em 28/05/2015, ACÓRDÃO ELETRÔNICO DJe-115 DIVULG 16-06-2015 PUBLIC 17-06-2015.

4.3.3 Competências do Executivo

Seguindo ainda a compreensão geral de que a simetria salvaguarda a separação dos poderes, o Supremo Tribunal Federal vem julgando como princípios extensíveis as **competências, atribuições e prerrogativas do Executivo**, em especial as do Presidente da República estabelecidas no art. 84 da CF/88.

A autonomia estadual seria, então, bastante restrita nesse tocante, existindo em aspectos que não estejam expressamente prescritos para o Executivo da União. Aquilo que estiver expressamente estatuído para o Presidente, Vice-Presidente, ministros, bem como as disposições gerais sobre a Administração Pública deve ser observado no plano estadual (assim como para o plano distrital e municipal conforme será visto oportunamente).

Por essa razão, cabe, por exemplo, ao governador nomear os secretários de Estado e com o auxílio deles exercer a direção superior da Administração Pública estadual, por corresponder com o estabelecido para o Presidente da República no art. 84, I, II e XXV da CF/88.

Nessa linha de ideias, segundo nova e oportuna sistematização de Marcelo Lacanca, o Supremo Tribunal Federal tem invalidado disposições das constituições estaduais que criem alguma forma de limitação ao Chefe do Executivo de livremente escolher os integrantes dos cargos de direção mais relevantes, sem qualquer etapa ou condicionamento prévios ou posteriores. Por isso, julgou inconstitucionais disposições que:

a) limitavam a **escolha de Delegado-Chefe da Polícia Civil** aos nomes figurantes em lista tríplice elaborada pelos representantes da carreira[57];

b) determinavam **participação popular** para nomeação e exoneração de **Delegados de Polícia**[58];

---

57. "[...]1. Conforme precedentes do S.T.F., é da competência do Governador do Estado o provimento de cargos de sua estrutura administrativa, inclusive da Polícia Civil. 2. No caso, a norma impugnada restringe a escolha, pelo Governador, do Delegado-Chefe da Polícia Civil, pois lhe impõe observância de uma lista tríplice formada pelo órgão da representação da respectiva carreira, para mandato de dois anos, permitida recondução. 3. A convicção firmada, ao ensejo do deferimento da medida cautelar, restou reforçada no parecer da Procuradoria-Geral da República, bem como nos fundamentos deduzidos nos precedentes referidos. 4. Ação Direta julgada procedente, para se declarar a inconstitucionalidade do § 1º do art. 128 Constituição do Estado do Espírito Santo, com a redação que lhe foi dada pela E.C. nº 31, de 03.12.2001. 5. Plenário. Decisão unânime. (ADI 2710, Relator(a): Min. SYDNEY SANCHES, Tribunal Pleno, julgado em 23/04/2003, DJ 13-06-2003 PP-00009 EMENT VOL-02114-02 PP-00350).

58. "Polícia Civil: subordinação ao Governador do Estado e competência deste para prover os cargos de sua estrutura administrativa: inconstitucionalidade de normas da Constituição do Estado do Rio de Janeiro (atual art.183, § 4º, b e c), que subordinam a nomeação dos Delegados de Polícia à escolha, entre os delegados de carreira, ao "voto unitário residencial" da população do município; sua recondução, a lista tríplice apresentada pela Superintendência da Polícia Civil, e sua destituição a decisão de Conselho Comunitário de Defesa Social do município respectivo. 1. Além das modalidades explícitas, mas espasmódicas, de democracia direta – o plebiscito, o referendo e a iniciativa popular (art. 14) – a Constituição da República aventa oportunidades tópicas de participação popular na administração pública (v.g., art. 5º, XXXVIII e LXXIII; art. 29, XII e XIII; art. 37, § 3º; art. 74, § 2º; art. 187; art. 194, § único, VII; art. 204, II; art. 206, VI; art. 224). 2. A Constituição não abriu ensanchas, contudo, à interferência popular na gestão da segurança pública: ao contrário, primou o texto

CAPÍTULO 4 • COMPETÊNCIA CONSTITUINTE DOS ESTADOS-MEMBROS

c) estabeleciam a escolha de diretores de escola pública por **processo eletivo**[59].

d) concediam o *status* **de Secretário de Estado** aos ocupantes de cargo de direção da Assembleia Legislativa[60].

Em todos esses julgados, o liame foi o mesmo: faz parte das atribuições do Chefe do Executivo a direção superior da Administração Pública, em que tem incomensurável relevância a escolha livre dos integrantes dos cargos mais sensíveis.

No concernente à escolha do Chefe da Polícia Civil estadual, posteriormente, no entanto, o Supremo Tribunal Federal deu à Constituição do Estado de Sergipe (que limita a escolha do Chefe da Polícia Civil a delegados de carreira em última nível funcional) interpretação conforme à Constituição Federal "[...] para circunscrever a escolha do Superintendente da Polícia Civil, pelo Governador do Estado, aos delegados ou delegadas de carreira, independentemente do nível de sua progressão funcional", destacando que "[...] a simetria, viabiliza a disciplina mediante emenda constitucional. Não procede, assim, a articulação de vício formal"[61].

No caso em que se julgava artigo da Constituição do Estado do Rio de Janeiro sobre a **escolha por votação** de diretores das escolas públicas, ADI 2.997, novamente se fez uma opção pela aplicação formalista do princípio da simetria, rendendo cerimoniosa preservação das competências do Executivo em detrimento de uma análise substantiva da matéria e seu cotejo com outras disposições da própria Constituição Federal, em especial o art. 206, VI, que impõe a gestão democrática do ensino público.

O relator, Ministro Cézar Peluso, fez referência a julgamentos anteriores em que haviam sido repelidas disposições similares do Amazonas (ADI 490), Santa Catarina (ADI 123), Minas Gerais (ADI 640), Rio Grande do Sul (ADI 578) e Paraná (ADI 606). Em todos esses julgamentos, o Tribunal assegurou o direito do Governador livremente

---

fundamental por sublinhar que os seus organismos – as polícias e corpos de bombeiros militares, assim como as polícias civis, subordinam-se aos Governadores. [...]". (ADI 244, Relator(a): Min. SEPÚLVEDA PERTENCE, Tribunal Pleno, julgado em 11/09/2002, DJ 31-10-2002 PP-00019 EMENT VOL-02089-01 PP-00001).

59. "INCONSTITUCIONALIDADE. Ação direta. Art. 308, inc. XII, da Constituição do Estado do Rio de Janeiro. Normas regulamentares. Educação. Estabelecimentos de ensino público. Cargos de direção. Escolha dos dirigentes mediante eleições diretas, com participação da comunidade escolar. Inadmissibilidade. Cargos em comissão. Nomeações de competência exclusiva do Chefe do Poder Executivo. Ofensa aos arts. 2º, 37, II, 61, § 1º, II, "c", e 84, II e XXV, da CF. Alcance da gestão democrática prevista no art. 206, VI, da CF. Ação julgada procedente. Precedentes. Voto vencido. É inconstitucional toda norma que preveja eleições diretas para direção de instituições de ensino mantidas pelo Poder Público, com a participação da comunidade escolar". (ADI 2997, Relator(a): Min. CEZAR PELUSO, Tribunal Pleno, julgado em 12/08/2009, DJe-045 DIVULG 11-03-2010 PUBLIC 12-03-2010 EMENT VOL-02393-01 PP-00119).

60. ADI 5041, Relator(a): CÁRMEN LÚCIA, Tribunal Pleno, julgado em 11/09/2019, PROCESSO ELETRÔNICO DJe-224 DIVULG 14-10-2019 PUBLIC 15-10-2019.

61. "[...]4. Ausência de vício formal de iniciativa quando a emenda da Constituição estadual adequar critérios de escolha do chefe da Polícia Civil aos parâmetros fixados no art. 144, § 4º, da Constituição da República. Impõe-se, na espécie, interpretação conforme para circunscrever a escolha do Governador do Estado a delegados ou delegadas integrantes da carreira policial, independente do estágio de sua progressão funcional". (ADI 3077, Relator(a): Min. CÁRMEN LÚCIA, Tribunal Pleno, julgado em 16/11/2016, ACÓRDÃO ELETRÔNICO DJe-168 DIVULG 31-07-2017 PUBLIC 01-08-2017).

escolher os ocupantes dos cargos de direção. Em divergência vencida, o Ministro Marco Aurélio lançou mão de interpretação que parece mais íntegra ao Estado Democrático de Direito ao prestigiar a interpretação garantidora de princípios básicos e estruturantes, como é o democrático. Transcrevendo passagem de voto anterior, assentou:

> Senhor Presidente, há conferir-se algum sentido à Federação, caminhando-se para a flexibilidade, de modo a reconhecer-se aos Estados federados certa independência normativa. No caso dos autos, não tenho como infringido princípio básico da Carta da República. Ao contrário, a Constituição do Estado de Minas Gerais homenageia o princípio federativo e, mais do que isso, a regra inserta no art. 206, inciso VI, da Carta Federal. A forma de escolha dos diretores e vice-diretores das escolas públicas além de consubstanciar temperamento a atuação discricionária do Chefe do Poder Executivo, atendendo a anseios da sociedade no que voltados para o critério do mérito, mostra-se em harmonia com princípio segundo o qual o ensino será ministrado com base na gestão democrática. Aqui, sim, tem-se a fixação, pela Carta da República, de princípio, como é o dado notar no inciso VI do art. 206 nela inserto. O preceito remete ao balizamento da citada gestão democrática do ensino público constante de lei e o povo mineiro, mediante os respectivos representantes, fez opção, partindo para a disciplina da matéria conforme o inciso VIII, do art. 196. Não posso, na espécie, vislumbrar sequer arranhão ao Diploma Maior. Se de um lado é certo que compete ao Chefe do Executivo o exercício da administração superior, de outro, não menos correto é que o próprio art. 84, inciso XXV, remete quanto ao provimento dos cargos públicos, ao que estipulado na lei. No caso, a Constituição do Estado de Minas Gerais prevê a seleção competitiva. Há de tirar-se do Texto Constitucional Maior a máxima eficácia e efetividade possíveis e isso o faço ao assentar que se coaduna, a mais não poder, o preceito do citado inciso VI do art. 206 à norma da Constituição do Estado de Minas Gerais. Assim, a par dos aspectos altamente positivos, no que a cláusula da Constituição do Estado de Minas Gerais, bem como nas insertas nas Cartas de outros Estados buscam colocar nos relevantes cargos as pessoas melhor capacitadas, afastando vícios anteriores no campo do apadrinhamento, tenho ainda que exsurge a plena harmonia com a Constituição Federal. Digo mesmo que a regência da matéria, tal como ocorrida, serve ao que se contém na nossa Carta da República, no que cuida da gestão democrática do ensino público. Não vejo, preservadas as características próprias de uma Federação em que se mostra a feição descentralizadora, como concluir pela inconstitucionalidade do preceito[62].

O voto do Ministro Marco Aurélio mostra que o exacerbado apego do Supremo Tribunal Federal à simetria, mais do que preservar ou garantir um de seus princípios fundamentais (separação de poderes), vem se tornando uma regra formal de fixação de competências que se impõe mesmo quando uma análise sistemática e substancial em cotejo com outros preceitos da própria Constituição Federal determina a realização de princípio diverso. A simetria, portanto, é elevada à condição de fim em si mesmo, alheio às consequências para o pacto federativo e para a efetivação de princípios constitucionais expressos e específicos.

Mesmo a exceção a essa irrestrita discricionariedade do Chefe do Executivo em nomear servidores para cargos comissionados também tem por fundamento a simetria, como, por exemplo, a possibilidade de se exigir a prévia **aprovação do indicado pelo Legislativo** em paralelismo ao art. 52, III, "f", da CF/88, que prevê a permissão de se exigir aprovação do Senado Federal para outros cargos que a lei determinar, além da-

---

62. ADI 2997, Relator(a): Min. CEZAR PELUSO, Tribunal Pleno, julgado em 12/08/2009, DJe-045 DIVULG 11-03-2010 PUBLIC 12-03-2010 EMENT VOL-02393-01 PP-00119.

CAPÍTULO 4 • COMPETÊNCIA CONSTITUINTE DOS ESTADOS-MEMBROS

queles expressos no Texto Constitucional[63]. Com base nesse entendimento, o Supremo Tribunal Federal julgou válida lei estadual submeter o provimento de alguns cargos ao Legislativo e outros não:

> Separação e independência dos poderes: submissão à Assembleia Legislativa, por lei estadual, da escolha de diretores e membros do conselho de administração de autarquias, fundações públicas e empresas estatais: jurisprudência do Supremo Tribunal. 1. À vista da cláusula final de abertura do art. 52, III, f da Constituição Federal, consolidou-se a jurisprudência do STF no sentido da validade de normas locais que subordinam a nomeação dos dirigentes de autarquias ou fundações públicas à prévia aprovação da Assembleia Legislativa. 2. Diversamente, contudo, atento ao art. 173 da Constituição, propende o Tribunal a reputar ilegítima a mesma intervenção parlamentar no processo de provimento da direção das entidades privadas, empresas públicas ou sociedades de economia mista da administração indireta dos Estados.[64]

Decidiu no mesmo sentido em relação aos nomes para compor o conselho diretor de agências reguladoras, sendo, vedada, porém, a possibilidade de o legislativo local **exonerar do cargo**, por inexistir parâmetro federal:

> I. Agências reguladoras de serviços públicos: natureza autárquica, quando suas funções não sejam confiadas por lei a entidade personalizada e não à própria administração direta. II. Separação e independência dos Poderes: submissão à Assembleia Legislativa, por lei estadual, da escolha e da destituição, no curso do mandato, dos membros do Conselho Superior da Agência Estadual de Regulação dos Serviços Públicos Delegados do Rio Grande do Sul – AGERGS: parâmetros federais impostos ao Estado-membro. 1. Diversamente dos textos constitucionais anteriores, na Constituição de 1988 – à vista da cláusula final de abertura do art. 52, III -, são válidas as normas legais, federais ou locais, que subordinam a nomeação dos dirigentes de autarquias ou fundações públicas à prévia aprovação do Senado Federal ou da Assembleia Legislativa: jurisprudência consolidada do Supremo Tribunal. 2. Carece, pois, de plausibilidade a arguição de inconstitucionalidade, no caso, do condicionamento à aprovação prévia da Assembleia Legislativa da investidura dos conselheiros da agência reguladora questionada. 3. Diversamente, é inquestionável a relevância da alegação de incompatibilidade com o princípio fundamental da separação e independência dos poderes, sob o regime presidencialista, do art. 8º das leis locais, que **outorga à Assembleia Legislativa o poder de destituição** dos conselheiros da agência reguladora autárquica, antes do final do período da sua nomeação a termo. 4. A investidura a termo – não impugnada e plenamente compatível com a natureza das funções das agências reguladoras – é, porém, incompatível com a demissão ad nutum pelo Poder Executivo: por isso, para conciliá-la com a suspensão cautelar da única forma de demissão prevista na lei – ou seja, a destituição por decisão da Assembleia Legislativa -, impõe-se explicitar que se suspende a eficácia do art. 8º dos diplomas estaduais referidos, sem prejuízo das restrições à demissibilidade dos conselheiros da agência sem justo motivo, pelo Governador do Estado, ou da superveniência de diferente legislação válida. III. Ação direta de inconstitucionalidade: eficácia da suspensão cautelar da norma arguida de inconstitucional, que alcança, no caso, o dispositivo da lei primitiva, substancialmente idêntico. IV. Ação direta de inconstitucionalidade e impossibilidade jurídica do pedido: não se declara a inconstitucionalidade parcial quando haja inversão clara do sentido da lei, dado que não é permitido ao Poder Judiciário agir como legislador positivo: hipótese excepcional, contudo, em que se faculta a emenda da inicial para ampliar o objeto do pedido[65].

---

63. "Art. 52. Compete privativamente ao Senado Federal: […] III – aprovar previamente, por voto secreto, após arguição pública, a escolha de: […] f) titulares de outros cargos que a lei determinar".
64. ADI 2225 MC, Relator(a): Min. SEPÚLVEDA PERTENCE, Tribunal Pleno, julgado em 29/06/2000, DJ 29-09-2000 PP-00070 EMENT VOL-02006-01 PP-00067.
65. ADI 1949 MC, Relator(a): Min. SEPÚLVEDA PERTENCE, Tribunal Pleno, julgado em 18/11/1999, DJ 25-11-2005 PP-00005 EMENT VOL-02215-1 PP-00058.

Ainda nesse âmbito, o Supremo Tribunal Federal tem entendido não ser possível envolver a Assembleia Legislativa no processo de escolha do Procurador Geral de Justiça do respectivo Estado-membro. De certa forma, seria possível alegar uma simetria com o plano federal, em que o Procurador Geral da República deve ter seu nome aprovado pelo Senador Federal. No entanto, entende-se que o art. 128, §3º, da Constituição Federal, traz norma exauriente sobre o assunto ao estatuir que "os Ministérios Públicos dos Estados e o do Distrito Federal e Territórios formarão lista tríplice dentre integrantes da carreira, na forma da lei respectiva, para escolha de seu Procurador-Geral, que será nomeado pelo Chefe do Poder Executivo, para mandato de dois anos, permitida uma recondução".

O envolvimento do legislativo estadual só pode se dar também nos termos tratados na Constituição Federal, cujo §4º do mesmo dispositivo dispõe que "os Procuradores-Gerais nos Estados e no Distrito Federal e Territórios poderão ser destituídos por deliberação da maioria absoluta do Poder Legislativo, na forma da lei complementar respectiva".

Essas normas de preordenação, portanto, exaurem o trato da matéria, segundo o Supremo Tribunal Federal, impedindo qualquer inovação pela constituição estadual[66].

Deve ser atentando, ainda, ao julgamento da ADI 415, que versou sobre processo de escolha de membros da advocacia e do Ministério Público para a vaga do quinto constitucional nos tribunais de Justiça. Nele, limitou-se a possibilidade de norma estadual envolver a participação do Legislativo em nomeação a ser realizada pelo Executivo, quando não existe parâmetro na Constituição Federal. Foi invalidada norma estadual que submetia à apreciação da Assembleia a escolha realizada pelo Governador do Estado. Entendeu o Supremo Tribunal Federal, conforme voto do relator, Ministro Marco Aurélio, que "o trato da matéria pela Carta da República não abre margem à estipulação de formalidades além das estabelecidas. Ante a previsão exaustiva do artigo 94 em análise, não há campo sequer para cogitar-se de adoção do princípio versado no art. 52 do mesmo diploma quanto à aprovação de nomes para preenchimento de cargos, muitos menos presente a iniciativa da própria Assembleia Legislativa"[67]. Em outras palavras, por haver a Constituição Federal já definido em seu texto todo o processo de escolha desses membros, também considerou tal disposição **norma de preordenação** que exaure o assunto, impedindo qualquer estipulação adicional que não seja mero esquadrinhamento desse arquétipo constitucional.

Também se valendo da simetria, o Tribunal decidiu que compete privativamente ao Governador o poder de regulamentar leis mediante decreto, tomando como parâmetro a competência do Presidente da República para tanto, prescrita pelo art. 84, IV,

---

66. ADI 2319, Relator(a): ROBERTO BARROSO, Tribunal Pleno, julgado em 30/08/2019, PROCESSO ELETRÔNICO DJe-200 DIVULG 13-09-2019 PUBLIC 16-09-2019.
67. ADI 4150 MC, Relator(a): Min. MARCO AURÉLIO, Tribunal Pleno, julgado em 08/10/2008, DJe-048 DIVULG 12-03-2009 PUBLIC 13-03-2009 EMENT VOL-02352-01 PP-00064 RTJ VOL-00209-02 PP-00590.

da CF/88, não sendo válida qualquer sorte de delegação nesse tocante, nem mesmo para secretário de Estado[68].

Ainda nesse âmbito da delegação de competências da Chefia do Executivo para o chamado primeiro escalão, o Supremo Tribunal Federal considerou que "[…] firmou orientação no sentido da legitimidade de delegação a Ministro de Estado da competência do Chefe do Executivo Federal para, nos termos do art. 84, XXV, e parágrafo único, da Constituição Federal, aplicar pena de demissão a servidores públicos federais". Por via de consequência, o tribunal entendeu pela "[…] legitimidade da delegação a secretários estaduais da competência do Governador do Estado de Goiás para, nos termos do art. 37, XII e parágrafo único, da Constituição Estadual, **aplicar penalidade de demissão aos servidores do Executivo**, tendo em vista o princípio da simetria"[69].

Não só as competências do art. 84 da Constituição Federal são tidas como de observância obrigatória pelo constituinte estadual. Outras disposições que sejam relevantes para a configuração do Executivo Federal e delineamento de seus poderes, âmbito de atuação e de responsabilidade são tidas como princípios extensíveis.

A **edição de medidas provisórias** se insere nesse âmbito, sendo permitida a Governador de Estado "[…] desde que, **primeiro**, esse instrumento esteja **expressamente previsto** na Constituição do Estado e, segundo, **sejam observados** os **princípios** e as **limitações** impostas pelo modelo adotado pela Constituição Federal, tendo em vista a necessidade da observância simétrica do processo legislativo federal"[70].

Outra competência executiva que não pode ser alterada pela Constituição Estadual diz respeito à **gestão financeira**, sobretudo na determinação de aumento de pagamento dos servidores públicos. Somente ao Chefe do Executivo é deferida a prerrogativa de dar início ao projeto de lei que trate sobre o tema, sendo tida como inconstitucional disposição que atrele vencimento a índices de correção, implicando alterações automáticas, ainda que diretamente determinada pela Constituição Estadual[71].

---

68. "[…]2. Delegação de competência. Inobservância do artigo 84, IV, da Carta Federal. Por simetria ao modelo federal, compete apenas ao Chefe do Poder Executivo estadual a expedição de decretos e regulamentos que garantam a fiel execução das leis. 3. Ação Direta de Inconstitucionalidade julgada procedente para declarar a inconstitucionalidade da Lei 2089, de 12 de fevereiro de 1993, do Estado do Rio de Janeiro". (ADI 910, Relator(a): Min. MAURÍCIO CORRÊA, Tribunal Pleno, julgado em 20/08/2003, DJ 21-11-2003 PP-00007 EMENT VOL-02133-01 PP-00177).

69. RE 633009 AgR, Relator(a): Min. RICARDO LEWANDOWSKI, Segunda Turma, julgado em 13/09/2011, DJe-185 DIVULG 26-09-2011 PUBLIC 27-09-2011 EMENT VOL-02595-02 PP-00246.

70. ADI 2391, Relator(a): Min. ELLEN GRACIE, Tribunal Pleno, julgado em 16/08/2006, DJ 16-03-2007 PP-00020 EMENT VOL-02268-02 PP-00164 RDDT n. 140, 2007, p. 233-234.

71. "AÇÃO DIRETA DE INCONSTITUCIONALIDADE. JULGAMENTO DE MÉRITO. ART. 71 DO A.D.C.T. DA CONSTITUIÇÃO DO ESTADO DO RIO DE JANEIRO. Disposição constitucional estadual que impõe o pagamento de décimo-terceiro salário aos servidores estaduais em data e forma definidas. Abuso do poder constituinte estadual, por interferência indevida na programação financeira e na execução de despesa pública, a cargo do Poder Executivo, nos termos da Constituição Federal. Ação direta de inconstitucionalidade julgada procedente. (ADI 1448, Relator(a): Min. MAURÍCIO CORRÊA, Relator(a) p/ Acórdão: Min. JOAQUIM BARBOSA (ART. 38, IV, b, do RISTF), Tribunal Pleno, julgado em 16/08/2007, DJe-121 DIVULG 10-10-2007

É importante ter em mente que, conquanto tenha sido generalizado o uso da simetria pelo Supremo Tribunal Federal no que concerne à fixação das atribuições do Executivo, ele possui notável incoerência no que se refere à **responsabilidade do Governador de Estado**. O Tribunal julgou que Constituição Estadual não pode estabelecer como **foro competente para julgamento do Governador de Estado**, na hipótese de crime de responsabilidade, a Assembleia Legislativa, ainda que, de maneira similar, um foro legislativo (o Senado Federal) seja fixado para o Presidente da República.

Nessa hipótese, o Tribunal entendeu se tratar de **matéria processual penal** de competência privativa da União, pelo que se deveria respeitar as disposições da Lei nº 1.079/50, que estabelece curioso colegiado formado por cinco desembargadores e cinco deputados estaduais. A matéria foi objeto da **súmula 722**, em que se lê: "São da competência legislativa da União a definição dos crimes de responsabilidade e o estabelecimento das respectivas normas de processo e julgamento". Esse enunciado foi convertido na **súmula vinculante 46**: "A definição dos crimes de responsabilidade e o estabelecimento das respectivas normas de processo e julgamento são da competência legislativa privativa da União". Portanto, a matéria deve ser integralmente regida por normas nacionais. A simetria, no caso, foi ignorada sem qualquer motivo relevante.

Por fim, garantindo o paralelismo com o centro no tocante ao equilíbrio entre os Poderes, o Supremo Tribunal Federal julgou inconstitucional norma estadual que condicionava a ausência do Governo e do Vice do estado por qualquer tempo à prévia autorização da Assembleia Legislativa, devendo ser observado o mesmo prazo federal de 15 dias, previsto no art. 83 da Constituição Federal, para ser válida tal exigência[72].

Percebe-se, portanto, que também no concernente à função executiva há aplicação da simetria, mas com pontuais incoerências difíceis de harmonizar, revelando os percalços de uma perspectiva teórica erigida em sede jurisprudencial.

4.3.4 Composição e competências dos tribunais de contas

O disciplinamento dos tribunais de contas estaduais também é submetido ao princípio da simetria na perspectiva de sua ligação com o princípio da separação dos poderes, mesmo porque, diferentemente de outros temas aqui analisados, a Constituição Federal, no art. 75, é expressa ao prescrever que as normas estabelecidas na seção dedicada ao Tribunal de Contas da União "[...] aplicam-se, no que couber, à organização, composição e fiscalização dos Tribunais de Contas dos Estados e do Distrito Federal, bem como dos Tribunais e Conselhos de Contas dos Municípios". O próprio Texto Constitucional se encarrega, portanto, de caracterizar como princípios de extensão as normas relacionadas ao Tribunal de Contas da União. A simetria, aqui, se impõe por

---

PUBLIC 11-10-2007 DJ 11-10-2007 PP-00038 EMENT VOL-02293-01 PP-00026 LEXSTF v. 29, n. 346, 2007, p. 19-29).

72. ADI 5373 MC, Relator(a): CELSO DE MELLO, Tribunal Pleno, julgado em 09/05/2019, PROCESSO ELETRÔNICO DJe-108 DIVULG 22-05-2019 PUBLIC 23-05-2019.

determinação literal da Constituição Federal, atuando a jurisprudência do Supremo Tribunal Federal para detalhar como se deve observar esse paralelismo com o centro.

Tal preocupação do constituinte federal é justificada. É inegável que essas cortes exercem relevante papel no controle externo do Executivo, razão pela qual é importante para o jogo de freios e contrapesos dos órgãos constitucionais. Nem o fato de serem apontados costumeiramente como órgãos de auxílio aos legislativos é suficiente para diminuir-lhes o relevo no equilíbrio dos poderes:

> Os Tribunais de Contas ostentam posição eminente na estrutura constitucional brasileira, não se achando subordinados, por qualquer vínculo de ordem hierárquica, ao Poder Legislativo, de que não são órgãos delegatários nem organismos de mero assessoramento técnico. A competência institucional dos Tribunais de Contas não deriva, por isso mesmo, de delegação dos órgãos do Poder Legislativo, mas traduz emanação que resulta, primariamente, da própria Constituição da República[73].

O Supremo Tribunal Federal é firme em assegurar que "o modelo federal de organização, composição e fiscalização dos Tribunais de Contas, fixado pela Constituição, é de observância compulsória pelos Estados, nos termos do caput art. 75 da Carta da República"[74].

Relativamente à **organização e composição**, o Tribunal decidiu que o parâmetro contido no art. 73, § 2º, da Constituição Federal, que prevê a **repartição do poder de indicação de conselheiros** entre o Executivo e o Legislativo, inclusive com imposição dos quadros funcionais em que se pode buscar o indicado, é de reprodução integralmente obrigatória pelas constituições estaduais:

> [...] 1. É firme o entendimento de que a estrutura dos Tribunais de Contas dos Estados-membros deve ser compatível com a Constituição do Brasil, sendo necessário, para tanto, que, dos sete Conselheiros, quatro sétimos sejam indicados pela Assembleia Legislativa e três sétimos pelo Chefe do Poder Executivo. Precedentes. 2. Há igualmente jurisprudência consolidada no que tange à clientela à qual estão vinculadas as nomeações do Governador. Apenas um provimento será de livre escolha; as duas vagas restantes deverão ser preenchidas, necessariamente, uma por ocupante de cargo de Auditor do Tribunal de Contas e a outra por membro do Ministério Público junto àquele órgão. 3. Medida cautelar deferida.[75]

Nessa linha de ideias, entendeu-se que "[...] não é possível ao Estado-membro extinguir o cargo de Auditor na Corte de Contas estadual, previsto constitucionalmente, e substituí-lo por outro cuja forma de provimento igualmente divirja do modelo definido pela CB/88"[76].

---

73. ADI 4190 REF-MC, Relator(a): Min. CELSO DE MELLO, Tribunal Pleno, julgado em 10/03/2010, DJe-105 DIVULG 10-06-2010 PUBLIC 11-06-2010 EMENT VOL-02405-02 PP-00313.
74. ADI 4416 MC, Relator(a): Min. RICARDO LEWANDOWSKI, Tribunal Pleno, julgado em 06/10/2010, PROCESSO ELETRÔNICO DJe-207 DIVULG 27-10-2010 PUBLIC 28-10-2010.
75. ADI 3361 MC, Relator(a): Min. EROS GRAU, Tribunal Pleno, julgado em 10/03/2005, DJ 22-04-2005 PP-00008 EMENT VOL-02188-01 PP-00113 LEXSTF v. 27, n. 318, 2005, p. 68-74.
76. ADI 1994, Relator(a): Min. EROS GRAU, Tribunal Pleno, julgado em 24/05/2006, DJ 08-09-2006 PP-00033 EMENT VOL-02246-01 PP-00080 RTJ VOL-00200-03 PP-01076 LEXSTF v. 28, n. 334, 2006, p. 39-46.

Em outro julgamento, tratando sobre as atribuições fiscalizadoras, o Supremo foi incisivo em assegurar que "o controle externo das contas do Estado-membro é do Tribunal de Contas, como órgão auxiliar da Assembleia Legislativa, na forma do artigo 71 da Constituição Federal, por força do princípio da simetria", sendo inválida disposição estadual que preveja recurso para o Legislativo contra suas decisões sobre contas de gestão dos administradores públicos.

No julgamento da Medida Cautelar da ADI 3.715, foram destacadas as duas competências das cortes de contas:

> **1)** a competência para **apreciar e emitir parecer prévio** sobre as contas prestadas anualmente pelo Chefe do Poder Executivo, especificada no art. 71, inciso I, CF/88; **2)** e a competência para **julgar** as contas dos demais administradores e responsáveis, definida no art. 71, inciso II, CF/88. [...] Na segunda hipótese, o exercício da competência de julgamento pelo Tribunal de Contas não fica subordinado ao crivo posterior do Poder Legislativo[77].

Essas duas competências não podem ser alteradas pelo constituinte estadual ao tratar sobre o Tribunal de Contas do Estado, que não podem ser reduzidas ou aditadas no plano estadual. Por essa razão, o Supremo Tribunal Constitucional já declarou inconstitucional acrescentar entre suas competências homologar os cálculos das cotas de ICMS a serem repassadas pelo Estado-membro a seus respectivos Municípios[78].

Foi declarada inconstitucional, ainda, disposição constitucional estadual que conferia ao Tribunal de Contas estadual o poder não apenas de suspender contratos administrativos, conforme prescrito pelo art. 71 da Constituição Federal, mas também de fazer seu controle prévio[79].

No mesmo sentido de proibir variações em relação ao parâmetro federal, foi declarada a inconstitucionalidade de disposições da Constituição do Estado do Sergipe, que

---

77. ADI 3715 MC, Relator(a): Min. GILMAR MENDES, Tribunal Pleno, julgado em 24/05/2006, DJ 25-08-2006 PP-00015 EMENT VOL-02244-01 PP-00188 RTJ VOL-00200-02 PP-00719 LEXSTF v. 28, n. 333, 2006, p. 79-92.
78. [...] 1. É inconstitucional a atribuição, aos Tribunais de Contas estaduais, de competência para homologação dos cálculos das cotas do ICMS devidas aos Municípios, por violação ao princípio da separação dos Poderes (art. 2º da CF), afastada a alegação de simetria com o modelo federal (arts. 75 e 161, parágrafo único, da CF). [...] (ADI 825, Relator(a): ALEXANDRE DE MORAES, Tribunal Pleno, julgado em 25/10/2018, ACÓRDÃO ELETRÔNICO DJe-139 DIVULG 26-06-2019 PUBLIC 27-06-2019).
79. CONSTITUCIONAL. ADMINISTRATIVO E FINANCEIRO. TRIBUNAL DE CONTAS. NORMA LOCAL QUE OBRIGA O TRIBUNAL DE CONTAS ESTADUAL A EXAMINAR PREVIAMENTE A VALIDADE DE CONTRATOS FIRMADOS PELA ADMINISTRAÇÃO. REGRA DA SIMETRIA. INEXISTÊNCIA DE OBRIGAÇÃO SEMELHANTE IMPOSTA AO TRIBUNAL DE CONTAS DA UNIÃO. 1. Nos termos do art. 75 da Constituição, as normas relativas à organização e fiscalização do Tribunal de Contas da União se aplicam aos demais tribunais de contas. 2. O art. 71 da Constituição não insere na competência do TCU a aptidão para examinar, previamente, a validade de contratos administrativos celebrados pelo Poder Público. Atividade que se insere no acervo de competência da Função Executiva. 3. É inconstitucional norma local que estabeleça a competência do tribunal de contas para realizar exame prévio de validade de contratos firmados com o Poder Público. Ação Direta de Inconstitucionalidade conhecida e julgada procedente. Medida liminar confirmada. (ADI 916, Relator(a): Min. JOAQUIM BARBOSA, Tribunal Pleno, julgado em 02/02/2009, DJe-043 DIVULG 05-03-2009 PUBLIC 06-03-2009 EMENT VOL-02351-01 PP-00014 RSJADV abr., 2009, p. 39-41).

atribuía à "[…] respectiva Assembleia Legislativa competência para 'julgar as contas do Poder Legislativo apresentadas obrigatoriamente pela Mesa'", dispensando, assim, a participação da Corte de Contas estadual. A disposição constitucional foi impugnada pelo Procurador-Geral da República, mediante a ADI 3.077. No mérito, foi reiterado do entendimento exposto quando do deferimento da medida cautelar, no sentido da **proibição de se retirar da apreciação externa** as contas de gestores do Legislativo ou do Judiciário:

> […] Cuidando-se, porém, das contas dos demais administradores e responsáveis por dinheiro, bens e valores públicos - quaisquer que sejam as unidades administrativas e os Poderes do Estado a que se vinculem -, caberá ao Tribunal de Contas desempenhar função jurídica revestida de um maior relevo, que consiste no exercício de típica atribuição deliberativa.
>
> O art. 71, II, da Carta Política, que se impõe, por norma de extensão (art. 75), à observância compulsória dos Estados-membros, confere ao Tribunal de Contas a prerrogativa de julgar, ainda que em sede administrativa, as contas prestadas pela Mesa Diretora do Órgão Legislativo, inclusive[80].

Ainda na ADI 3.077, também foi declarada inválida disposição da mesma Constituição Estadual, que estabelecia **prazo para emissão do parecer prévio** por parte do Tribunal de Contas estadual a respeito das constas do Governador, sob pena de envio direto para apreciação da Assembleia Legislativa. O Tribunal destacou a "[…] impossibilidade de se prescindir, ainda que por força da Constituição estadual, do parecer prévio sobre as contas de Chefe do Poder Executivo, a ser emitido pelo respectivo Tribunal de Contas". A ementa do julgado, na parte que aqui interessa, restou nos seguintes termos:

> [… 1. No art. 71, inc. II, c/c o art. 75 da Constituição da República se confere competência aos Tribunais de Contas estaduais para julgar contas prestadas pela Mesa Diretora de órgão legislativo pelo princípio da simetria. Precedentes. 2. Inconstitucionalidade de norma de Constituição estadual que dispensa apresentação de parecer prévio sobre as contas de Chefe do Poder Executivo municipal a ser emitido pelo respectivo Tribunal de Contas Estadual. Precedentes. [...][81]

Por todo o quadro exposto, percebe-se que a autonomia estadual em estruturar suas cortes de contas é bem diminuída, desde o Texto Constitucional da República, passando pela jurisprudência do Supremo Tribunal Federal.

4.3.5 Estrutura e funcionamento do Poder Judiciário e das funções essenciais à Justiça

O Judiciário estadual tem disciplinamento próprio na Seção VIII, do Capítulo III, do Título III, da Constituição Federal. Nele há previsão expressa de aplicação de **princípios extensíveis** (art. 125, *caput*) e se estabelecem **princípios de preordenação** (sobretudo nos parágrafos do mesmo art. 125, bem como no art. 126).

---

80. No mesmo sentido ADI 6983, Relator(a): ROSA WEBER, Tribunal Pleno, julgado em 11/11/2021, PROCESSO ELETRÔNICO DJe-227 DIVULG 17-11-2021 PUBLIC 18-11-2021.

81. ADI 3077, Relator(a): Min. CÁRMEN LÚCIA, Tribunal Pleno, julgado em 16/11/2016, ACÓRDÃO ELETRÔNICO DJe-168 DIVULG 31-07-2017 PUBLIC 01-08-2017.

O art. 125 estabelece que "os Estados organizarão sua Justiça, observados os princípios estabelecidos nesta Constituição". Esse dispositivo prescreve apriorística autonomia para a estruturação orgânica do Judiciário estadual, suas comarcas, entrâncias, varas, órgãos administrativos etc. Mais uma vez, contudo, se recorre aos princípios constitucionais como limite da atuação estadual. Referem-se eles, na hipótese, às diversas disposições sobre o Judiciário de uma forma geral, em especial para replicar a estruturação hierárquica e piramidal constante em todos os órgãos desse Poder, além dos preceitos atinentes às garantias da magistratura e do magistrado contidos nos arts. 93 a 95, CF/88.

Conjunto normativo que também deve ser obedecido, por óbvio, diz respeito à divisão de competências, não se podendo alterá-la a título de disciplinar o Judiciário estadual. De igual modo, os poderes e ônus a serem exercidos na relação processual não podem ser tratados por norma estadual, já que são matéria de direito processual, de competência privativa da União, conforme prescrição do art. 22, I, da CF/88.

Apenas a competência funcional desses órgãos (decorrente da especialização de varas) e o alcance territorial da jurisdição de cada comarca podem ser determinados por normas estaduais. Questões meramente procedimentais de trâmite administrativo e distribuição entre essas unidades também podem ser objeto de normatização estadual.

Quanto à competência do Tribunal de Justiça, deve igualmente, *a priori*, ser definida pela autolegislação do Estado-membro, sendo expresso o §1º do art. 125 nesse sentido: "A competência dos tribunais será definida na Constituição do Estado, sendo a lei de organização judiciária de iniciativa do Tribunal de Justiça". Também nesse tocante, advirta-se, devem ser observados os princípios constitucionais.

Em razão disso, surgiram questionamentos se poderiam os Estados-membros regular, por normatização própria, o instrumento da **Reclamação**, a fim de garantir a efetividade das decisões do Tribunal de Justiça, sem exigir da parte percorrer toda a via recursal ordinária, facultando impugnação diretamente nessa instância superior. Por ser considerada por muitos uma espécie de recurso, a Reclamação demandaria norma federal.

O Supremo, no entanto, decidiu favoravelmente à autonomia estadual, consolidando entendimento expressado no julgamento da ADI 2.212[82], no qual a Reclamação foi tida não como um instrumento processual estrito, mas um mecanismo de preservação da autoridade do respectivo Tribunal, autorizando seu disciplinamento local.

Em outra decisão, deferiu-se a possibilidade de o Tribunal de Justiça da Paraíba conhecer de Reclamação, mesmo sem previsão expressa na normatização estadual, valendo-se apenas de **analogia** com as respectivas disposições dos tribunais superiores, diante do estranho art. 357 de seu Regimento Interno que dispunha que, "[…] nos

---

82. ADI 2212, Relator(a): Min. ELLEN GRACIE, Tribunal Pleno, julgado em 02/10/2003, DJ 14-11-2003 PP-00011 EMENT VOL-02132-13 PP-02403.

CAPÍTULO 4 • COMPETÊNCIA CONSTITUINTE DOS ESTADOS-MEMBROS **211**

casos omissos, serão subsidiários deste Regimento o do Supremo Tribunal Federal e do Superior Tribunal de Justiça". O julgado foi assim ementado:

> Ação direta de inconstitucionalidade: dispositivo do Regimento Interno do Tribunal de Justiça do Estado da Paraíba (art. 357), que admite e disciplina o processo e julgamento de reclamação para preservação da sua competência ou da autoridade de seus julgados: ausência de violação dos artigos 125, caput e § 1º e 22, I, da Constituição Federal. 1. O Supremo Tribunal Federal, ao julgar a ADIn 2.212 (Pl. 2.10.03, Ellen, DJ 14.11.2003), alterou o entendimento – firmado em período anterior à ordem constitucional vigente (v.g., Rp 1092, Pleno, Djaci Falcão, RTJ 112/504) – do monopólio da reclamação pelo Supremo Tribunal Federal e assentou a adequação do instituto com os preceitos da Constituição de 1988: de acordo com a sua natureza jurídica (situada no âmbito do direito de petição previsto no art. 5º, XXIV, da Constituição Federal) e com os princípios da simetria (art. 125, caput e § 1º) e da efetividade das decisões judiciais, é permitida a previsão da reclamação na Constituição Estadual. 2. Questionada a constitucionalidade de norma regimental, é desnecessário indagar se a colocação do instrumento na seara do direito de petição dispensa, ou não, a sua previsão na Constituição estadual, dado que consta do texto da Constituição do Estado da Paraíba a existência de cláusulas de poderes implícitos atribuídos ao Tribunal de Justiça estadual para fazer valer os poderes explicitamente conferidos pela ordem legal – ainda que por instrumento com nomenclatura diversa (Const. Est. (PB), art. 105, I, e e f). 3.Inexistente a violação do § 1º do art. 125 da Constituição Federal: a reclamação paraibana não foi criada com a norma regimental impugnada, a qual – na interpretação conferida pelo Tribunal de Justiça do Estado à extensão dos seus poderes implícitos – possibilita a observância das normas de processo e das garantias processuais das partes, como exige a primeira parte da alínea 'a' do art. 96, I, da Constituição Federal. 4.Ação direta julgada improcedente[83].

Portanto, para garantir a eficácia das decisões do Tribunal de Justiça, é permitido o disciplinamento local de Reclamação, sejam por **normas constitucionais estaduais**, sejam **regimentais**, ou ainda **analogia** diretamente com as normas federais, o que, em essência, representa uma preservação do poder de que é constitucionalmente investido esse órgão jurisdicional estadual.

Nos dias atuais, essa questão perdeu a relevância que teve no passado, ao menos no âmbito cível, tendo em vista que o atual Código de Processo Civil trouxe genericamente, em seu art. 988, §1º, que, para preservar a competência e a autoridade das decisões do Tribunal, "[…] a reclamação pode ser proposta perante qualquer tribunal, e seu julgamento compete ao órgão jurisdicional cuja competência se busca preservar ou cuja autoridade se pretenda garantir". Nos demais âmbitos processuais, ao se considerar em conjunto a jurisprudência do Supremo e as prescrições do Código de Processo Civil de 2015, tem-se igualmente o cabimento amplo da Reclamação.

Em outros assuntos, porém, o Supremo Tribunal Federal decidiu em sentido oposto, qual seja, o de tolher a autonomia estadual de disciplinar seu Judiciário. Na ADI 2.012, o Tribunal entendeu que o art. 96, I, da CF/88 (que atribui indistintamente aos **tribunais**, sem especificar quais, a competência de eleger seus órgãos diretivos), seria norma de preordenação, aplicando-se direta e obrigatoriamente aos tribunais estaduais. Com base nisso, declarou inconstitucional norma paulista que prescrevia eleição entre todos os magistrados vitalícios para escolha do Presidente, Vice-Presidente

---

83. ADI 2480, Relator(a): Min. SEPÚLVEDA PERTENCE, Tribunal Pleno, julgado em 02/04/2007, DJe-037 DIVULG 14-06-2007 PUBLIC 15-06-2007 DJ 15-06-2007 PP-00020 EMENT VOL-02280-01 PP-00165.

e Corregedor do Poder Judiciário local. Foi assegurado, assim, que tal escolha se desse obrigatoriamente apenas pelos integrantes da Corte de segundo grau em prestígio ao contido no citado artigo[84].

Por linha de pensamento similar (indicando norma de preordenação constitucional no art. 120, § 1º, I, CF/88), foi decidido o modo de escolha dos membros do Tribunal de Justiça para compor o respectivo Tribunal Regional Eleitoral, sendo assentada a necessidade de eleição por **voto secreto entre os membros do colegiado**, invalidando, por inconstitucional, disposição estadual que indicava a antiguidade do desembargador como dado vinculante para escolha, "[...] pois os critérios concedidos à antiguidade estão no texto constitucional, não podendo o legislador ordinário ampliá-los"[85]. A ementa do julgado é a seguinte:

> Ação Direta de Inconstitucionalidade. 2. Processo de escolha de desembargadores para composição do Tribunal Regional Eleitoral de Pernambuco. 3. Impugnação da expressão "para o Tribunal Regional Eleitoral" contida no art. 277, caput, do Regimento Interno do Tribunal de Justiça do Estado de Pernambuco, que disciplina o processo de escolha de desembargadores para a Direção da Escola Superior da Magistratura, para o Tribunal Regional Eleitoral e para a Comissão de Concurso de Juiz Substituto, adotando como critério de escolha, na medida do possível, a antiguidade 4. O processo de escolha dos desembargadores, para o fim de composição dos Tribunais Regionais Eleitorais encontra disciplina no art. 120, § 1º, I, da Constituição, que prevê a seleção mediante votação secreta. 5. O art. 121 da Constituição prevê, ademais, que lei complementar disporá sobre a organização e competência dos tribunais, dos juízes de direito e das juntas eleitorais. Inconstitucionalidade da norma. 6. Precedentes: ADI(MC) 2011, Rel. Ilmar Galvão; ADI(MC) 2012, Rel. Marco Aurélio e ADI 2700, Rel. Min. Sydney Sanches. 7. Ação julgada procedente[86].

Em verdade, a despeito da expressa menção constitucional contida no art. 125 quanto à autonomia dos Estados-membros organizarem a própria Justiça, o Supremo Tribunal Federal tem firme orientação "[...] no sentido de que as matérias atinentes à organização e funcionamento do Poder Judiciário acham-se sujeitas, por efeito de reserva constitucional, ao domínio normativo de lei complementar"[87]. Essa norma complementar é a Lei Orgânica da Magistratura – LOMAN, norma nacional de aplicação em todo o território brasileiro. Por esse motivo, vem se consolidando no Supremo corrente jurisprudencial que impõe considerável limitação à auto-organização do Judiciário estadual.

---

84. "ELEIÇÕES DIRETAS – JUDICIÁRIO. Na dicção da ilustrada maioria, vencido o entendimento do Relator, concorrem a conveniência, a relevância e o risco de manter-se quadro normativo-constitucional, decorrente de iniciativa de integrantes da Assembleia, no sentido de o Presidente, o Vice-Presidente e o Corregedor do Tribunal de Justiça serem eleitos, diretamente, pelos membros vitalícios da magistratura local. Suspensão da eficácia do artigo 62 da Constituição do Estado de São Paulo, considerada a redação imprimida pela Emenda Constitucional nº 7, de 11 de março de 1999". (ADI 2012 MC, Relator(a): Min. MARCO AURÉLIO, Tribunal Pleno, julgado em 04/08/1999, DJ 28-02-2003 PP-00007 EMENT VOL-02100-01 PP-00172).

85. Voto do Min. Gilmar Mendes na ADI 2.763.

86. ADI 2763, Relator(a): Min. GILMAR MENDES, Tribunal Pleno, julgado em 28/10/2004, DJ 15-04-2005 PP-00005 EMENT VOL-02187-2 PP-00250 LEXSTF v. 27, n. 317, 2005, p. 27-31 RTJ VOL-00194-02 PP-00498.

87. Voto do Min. Gilmar Mendes na ADI 2763, Relator(a): Min. GILMAR MENDES, Tribunal Pleno, julgado em 28/10/2004, DJ 15-04-2005 PP-00005 EMENT VOL-02187-2 PP-00250 LEXSTF v. 27, n. 317, 2005, p. 27-31 RTJ VOL-00194-02 PP-00498.

CAPÍTULO 4 • COMPETÊNCIA CONSTITUINTE DOS ESTADOS-MEMBROS

No concernente à determinação de **foro privilegiado** perante o Tribunal de Justiça, o Supremo apresentou oscilação. Inicialmente, no julgamento da Medida Cautelar na ADI 2.587, entendeu, **inicialmente**, ser inválida norma goiana que atribuía foro privilegiado a delegados de polícia, procuradores do Estado e membros da Assembleia Legislativa e defensores públicos. Julgou que a "Constituição Estadual não pode conferir competência originária ao Tribunal de Justiça para processar e julgar os **Procuradores do Estado e da Assembleia Legislativa**, os **Defensores Públicos** e os **Delegados de Polícia**, por crimes comuns e de responsabilidade, visto que não gozam da mesma prerrogativa os servidores públicos que desempenham funções similares na esfera federal"[88]. O motivo, como se vê, foi o rompimento com a simetria ao plano federal. A restrição, então, foi considerável, por impedir que o ente periférico defina como queira a preservação de seus principais quadros.

No julgamento do mérito da mesma Ação Direta, no entanto, o plenário do tribunal reviu o entendimento e invalidou apenas a prerrogativa processual para **delegados de polícia**. O relator, Ministro Maurício Corrêa, reiterou seu entendimento pela impossibilidade de extensão do foro privilegiado, embora reconhecesse que a matéria fosse controvertida, pois, em julgados anteriores ao da medida cautelar, já se havia admitido a ampliação das carreiras atingidas pelo foro especial, como foram exemplos as decisões nas ADIs 469 e 541, que versavam sobre procuradores de Estado e defensores públicos. Argumentou, porém, que a ampliação em análise ofendia princípios da Constituição Federal, em especial o da isonomia (que imporia interpretação restritiva da prerrogativa de foro por ser um privilégio que diferencia o agraciado dos demais) e o da razoabilidade (dada a alegada inexistência de relação entre o foro concedido e as funções exercidas).

Puxando a divergência, o Ministro Ayres Brito entendeu que o tratamento diferenciado se justificaria na hipótese, já que conferia maiores garantias ao exercício das funções por ele prestigiada. Apenas ressalvou dela os delegados de polícia por entender que eles ocupariam função subordinada ao Governado do Estado, "[...] e uma vez que os Delegados são, por expressa dicção constitucional, agentes subordinados"[89], não mereceriam o foro especial.

Como se percebe, ainda que se tenha ratificado a legislação estadual, o Supremo o fez mediante análise do mérito da decisão política tomada pelo Estado-membro. Não traçou um limite nesse primeiro momento, uma posição de respeito à autonomia estadual; ao contrário, foi preciso adentrar o âmago da questão, da avaliação política realizada para, só então, e ainda parcialmente, validá-la, findando por indicar quais autoridades podem e quais não podem ter foro privilegiado no âmbito regional. Conquanto tenha

---

88. ADI 2587 MC, Relator(a): Min. MAURÍCIO CORRÊA, Tribunal Pleno, julgado em 15/05/2002, DJ 06-09-2002 PP-00066 EMENT VOL-02081-01 PP-00177.

89. ADI 2587, Relator(a): Min. MAURÍCIO CORRÊA, Relator(a) p/ Acórdão: Min. CARLOS BRITTO, Tribunal Pleno, julgado em 01/12/2004, DJ 06-11-2006 PP-00029 EMENT VOL-02254-01 PP-00085 RTJ VOL-00200-02 PP-00671.

arrefecido o rigor do julgamento da medida cautelar, ainda manteve uma postura de desprestígio à autonomia estadual.

No entanto, essa oscilação jurisprudencial foi superada recentemente para assegurar de modo estrito a simetria com o plano federal para impedir que as constitucionais estaduais estabeleçam **prerrogativa de foro** sem paralelo com a Constituição Federal:

AÇÃO DIRETA DE INCONSTITUCIONALIDADE. FORO POR PRERROGATIVA DE FUNÇÃO. EXCEÇÃO À REGRA DO JUIZ NATURAL. CONSTITUIÇÃO DO ESTADO DO MARANHÃO. EXTENSÃO AO DEFENSOR PÚBLICO-GERAL DO ESTADO. PRINCÍPIOS CONSTITUCIONAIS DA REPÚBLICA E DA ISONOMIA. INCONSTITUCIONALIDADE MATERIAL.

1. A previsão, pelo constituinte estadual, de foro por prerrogativa de função não padece de inconstitucionalidade formal, uma vez que o art. 125, caput e § 1º, da Constituição Federal confere aos Estados a atribuição para organizar a própria Justiça e definir a competência dos tribunais, observados os princípios estabelecidos na Lei Maior.

2. O Supremo, revisitando a jurisprudência sobre o tema da prerrogativa de função, por ocasião do julgamento da ADI 2.553, Redator do acórdão o ministro Alexandre de Moraes, consolidou entendimento segundo o qual a Constituição da República estabeleceu como regra a cognição plena da primeira e da segunda instância como juiz natural para o processo criminal e fixou, de modo expresso, as exceções ao duplo grau de jurisdição nas esferas federal, estadual e municipal, quanto a autoridades de todos os Poderes.

3. Não cabe aos Estados atribuir prerrogativa de foro a autoridades não abarcadas pelo legislador constituinte federal. Inconstitucionalidade material quanto à instituição da referida prerrogativa ao Defensor Público-Geral do Estado. Precedentes: ADIs 2.553, DJe de 17 de agosto de 2020; 6.512, DJe de 10 de fevereiro de 2021; 6.518, DJe de 15 de abril de 2021; 6.514, DJe de 4 de maio de 2021; 6.501, DJe de 16 de setembro de 2021; 6.508, DJe de 16 de setembro de 2021; 6.515, DJe de 16 de setembro de 2021; e 6.516, DJe de 16 de setembro de 2021.

4. Silente o legislador constituinte derivado reformador, por ocasião da edição da Emenda Constitucional n. 80/2014, quanto à equiparação dos regimes jurídicos de foro privilegiado atribuídos aos membros da Defensoria Pública em relação aos membros da magistratura e do Ministério Público, não deve o Supremo, assumindo o papel de legislador positivo, redesenhar o modelo estabelecido na Constituição de 1988 e atuar à margem da competência que lhe foi atribuída.

5. Pedido julgado procedente para declarar-se, com efeitos ex nunc, a inconstitucionalidade do trecho "o Defensor Público-Geral do Estado" contido no art. 81, II, da Constituição do Estado do Maranhão, na redação dada pelas Emendas de n. 23 e 24, de 29 de novembro de 1999[90].

Com esse novo entendimento, foi vedada prerrogativa de foro para defensores públicos, reitores e universidades estaduais, chefe da polícia civil, diretores e presidentes das entidades da administração indireta e outras autoridades agraciadas por diferentes constituições estaduais.

Por fim, a independência do Poder Judiciário foi tida como um princípio constitucional indisponível ao legislador e ao constituinte estadual, impedindo criação de **conselho de controle externo** formado por membros de outros poderes:

[...] Poder Judiciário: controle externo por colegiado de formação heterogênea e participação de agentes ou representantes dos outros Poderes: inconstitucionalidade de sua instituição na Constituição de

---

90. ADI 6509, Relator(a): NUNES MARQUES, Tribunal Pleno, julgado em 16/05/2022, PROCESSO ELETRÔNICO DJe-107 DIVULG 01-06-2022 PUBLIC 02-06-2022.

Estado-membro. 1. Na formulação positiva do constitucionalismo republicano brasileiro, o autogoverno do Judiciário – além de espaços variáveis de autonomia financeira e orçamentária – reputa-se corolário da independência do Poder (ADIn 135-PB, Gallotti, 21.11.96): viola-o, pois, a instituição de órgão do chamado "controle externo", com participação de agentes ou representantes dos outros Poderes do Estado. 2. A experiência da Europa continental não se pode transplantar sem traumas para o regime brasileiro de poderes: lá, os conselhos superiores da magistratura representaram um avanço significativo no sentido da independência do Judiciário, na medida em que nada lhe tomaram do poder de administrar-se, de que nunca antes dispuseram, mas, ao contrário, transferiram a colegiados onde a magistratura tem presença relevante, quando não majoritária, poderes de administração judicial e sobre os quadros da magistratura que historicamente eram reservados ao Executivo; a mesma instituição, contudo, traduziria retrocesso e violência constitucional, onde, como sucede no Brasil, a ideia da independência do Judiciário está extensamente imbricada com os predicados de autogoverno crescentemente outorgados aos Tribunais[91].

Percebe-se, então, que, também em relação ao Judiciário, o Supremo Tribunal Federal possui linha jurisprudencial firme em favor de um centralismo jurídico, forçando uma homogeneidade institucional, ainda que com algumas mitigações.

O dever se simetria também é aplicado às funções essenciais à justiça (Ministério Público, Defensoria Pública e Advocacia pública e privada), de modo a impedir que as constituições estaduais enquadrassem nessa categoria os delegados de polícia[92]. Segundo restou decidido, "a Constituição Federal estabeleceu, em capítulo próprio e de forma categórica, as funções essenciais à justiça e à ordem jurídica (arts. 127 a 135), catalogando em seção específica os órgãos inseridos no sistema de segurança pública voltado à defesa do Estado e das instituições democráticas, entre os quais a Polícia Civil (art. 144, IV). Assim, em função do princípio da simetria, não cabe inovação pelo constituinte derivado decorrente". Tal vedação se impõe com maior vigor aos delegados, porque, segundo o art. 144, §6º, da Constituição Federal, estão subordinados ao Executivo, o que invoca um regime jurídico de vinculação hierárquica incompatível com o regime das funções essenciais à Justiça.

Por fim, no mesmo sentido de simetria, o Supremo Tribunal Federal entendeu que há necessidade de, no âmbito do controle concentrado de constitucionalidade, assegurar necessariamente a legitimidade do Procurador Geral de Justiça para propor a competente ação, não podendo regra da constituição estadual dispor de modo diverso[93].

---

91. ADI 98, Relator(a): Min. SEPÚLVEDA PERTENCE, Tribunal Pleno, julgado em 07/08/1997, DJ 31-10-1997 PP-55539 EMENT VOL-01889-01 PP-00022.

92. ADI 5517, Relator(a): NUNES MARQUES, Tribunal Pleno, julgado em 22/11/2022, PROCESSO ELETRÔNICO DJe-244 DIVULG 01-12-2022 PUBLIC 02-12-2022.

93. Ação direta de inconstitucionalidade. Art. 127, caput, III, V e VI, da Constituição do Estado do Ceará. Definição dos legitimados para propor ação direta de inconstitucionalidade, perante o Tribunal de Justiça local, contra lei municipal. Exclusão do rol de legitimados do Procurador-Geral de Justiça. Preliminar de ausência de interesse de agir. Rejeição. Relevância constitucional das funções desempenhadas pelo Parquet. Dever do Ministério Público de defesa da integridade do ordenamento jurídico. Supremacia da Constituição. Interpretação histórica e sistemática. Impossibilidade de os Estados-membros recusarem legitimidade ao Procurador-Geral de Justiça para instauração de processo de controle normativo abstrato. Interpretação conforme à Constituição. Procedência. 1. Há, no âmbito do Tribunal de Justiça local, efetiva controvérsia quanto à legitimidade do Procurador-Geral de Justiça para propor ação direta de inconstitucionalidade contra lei municipal, a evidenciar a presença do interesse de agir, na hipótese. 2. A ordem constitucional de 1988 erigiu o Ministério Público à

4.4 NORMAS CONSTITUCIONAIS DE REPRODUÇÃO PROIBIDA PELO PODER CONSTITUINTE DERIVADO DECORRENTE

Não há uma quantidade de precedentes que tenha gerado jurisprudência ampla e abrangente sobre quais normas da Constituição Federal seriam de reprodução proibida pelos Estados-membros. De um modo geral, tem-se por **inconstitucional** a reprodução para **autoridades locais** de p**rerrogativas** que a Constituição outorga a **autoridades federais**. Entende-se que essa espécie de disposição é excepcional, demandando expressa autorização constitucional para serem trasladadas pelo poder constituinte decorrente dos Estados-membros, Distrito Federal e Municípios.

Em 1991, na ADI 314, foi declarada inconstitucional norma da Constituição do Estado de Pernambuco que, em livre inspiração nos poderes do Presidente da República para nomear ministros para os tribunais superiores, outorgou ao Governador de Estado o poder de escolher os magistrados que acessariam por merecimento e antiguidade o Tribunal de Justiça. Esse era um modelo bastante comum na ordem constitucional anterior, o que deixava os magistrados subordinados aos sabores dos políticos locais. No voto vencedor, o Ministro Carlos Veloso destacou a restrição da simetria na hipótese por implicar uma restrição à autonomia dos tribunais estaduais, a qual decorreria do art. 96, I, "c", que atribui privativamente a eles "[…] prover, na forma prevista nesta Constituição, os cargos de juiz de carreira da respectiva jurisdição". O julgamento teve a seguinte ementa:

> CONSTITUCIONAL. DESEMBARGADOR. NOMEAÇÃO. JUÍZES DE CARREIRA. ATO DO TRIBUNAL DE JUSTIÇA. CONSTITUIÇÃO DE PERNAMBUCO, ART. 58, § 2º, CONSTITUIÇÃO FEDERAL, ART. 96, I, "c". I. - O provimento do cargo de desembargador, mediante promoção de juiz de carreira, é ato privativo do Tribunal de Justiça (C.F., art. 96, I, "c"). Inconstitucionalidade de disposição constante da Constituição de Pernambuco, art. 58, § 2º, que diz caber ao Governador o ato de provimento desse cargo. II. - Ação de inconstitucionalidade julgada procedente[94].

Identifica-se, portanto, nesse julgamento o entendimento de que prerrogativas federais só podem ser estendidas para Estados-membros, Distrito Federal e Município,

---

condição de guardião independente da Constituição, defensor dos direitos individuais indisponíveis, difusos e coletivos, protetor da higidez dos atos praticados pelo Poder Público, outorgando-lhe um papel proeminente e indispensável à tutela efetiva do ordenamento jurídico-constitucional. 3. Todas as vezes em que a Constituição dispôs sobre fiscalização normativa abstrata previu como legitimado ativo o Procurador-Geral da República, a demonstrar o papel central desempenhado pelo Ministério Público em referido sistema de controle de constitucionalidade. 4. Ao Ministério Público, por dever de ofício, incumbe a defesa da integridade do sistema normativo, portanto, tem o dever de zelar pela supremacia da Constituição, contestando, pelos meios processuais adequados, os atos do Poder Público com ela conflitantes. 5. Ação direta de inconstitucionalidade conhecida. Pedido julgado procedente. 6. Fixada a seguinte tese: Os Estados-membros da Federação, no exercício da competência outorgada pela Constituição Federal (art. 25, caput, c/c art. 125, § 2º, CF), não podem afastar a legitimidade ativa do Chefe do Ministério Público estadual para propositura de ação direta de inconstitucionalidade perante o Tribunal de Justiça local. (ADI 5693, Relator(a): ROSA WEBER, Tribunal Pleno, julgado em 11/11/2021, PROCESSO ELETRÔNICO DJe-227 DIVULG 17-11-2021 PUBLIC 18-11-2021).

94. ADI 314, Relator(a): Min. CARLOS VELLOSO, Tribunal Pleno, julgado em 04/09/1991, DJ 20-04-2001 PP-00104 EMENT VOL-02027-01 PP-00036 RTJ VOL-00177-03 PP-01019.

ante expressa autorização constitucional, não sendo suficiente para tanto o simples exercício da autonomia federativa.

Contudo, segundo jurisprudência do Supremo Tribunal Federal constituída entre os anos 1990 até 2015, era considerado princípio extensível aos Estados-membros e, portanto, norma de observância obrigatória, a disposição da Constituição Federal que estipula a licença parlamentar prévia para a instauração de processo por crime comum contra Chefe do Executivo. O art. 51, I, da Constituição Federal, confere privativamente à Câmara dos Deputados essa faculdade em face do Presidente da República.

Tem-se, inegavelmente, dispositivo constitucional que de maneira evidente demarca os freios e contrapesos entre os Poderes da República, porquanto faculta à Casa do Legislativo impedir temporariamente o Judiciário de apurar infração penal comum de que seja acusado o Chefe do Executivo. Como o delineamento geral da separação dos poderes é compreendido como princípio extensível, várias constituições estaduais estabeleceram em paralelismo com o centro a necessidade de anterior licença da Assembleia Legislativa para instauração de processo por crime comum eventualmente praticado pelo Governador do Estado. O tribunal onde tramitaria a ação, o Superior Tribunal de Justiça, deveria, pois, pedir autorização ao Legislativo estadual para dar seguimento ao feito.

A Constituição do Estado do Espírito Santo trouxe dispositivo dessa espécie, que foi impugnado mediante Ação Direta de Inconstitucionalidade (ADI 4.792) ajuizada pelo Conselho Federal da Ordem dos Advogados do Brasil. A causa de pedir se baseava na alegação de invasão da competência da União para tratar sobre processo penal e na ofensa ao princípio republicano, por dificultar a apuração da responsabilidade de um agente político estadual. Refutou-se expressamente a aplicação da simetria ao caso por não ser "[...] possível estender aos Governadores a condição de procedibilidade da ação penal aplicável ao Presidente da República, sendo manifesta a violação do dispositivo impugnado ao princípio republicano (art. 1º)", que impõe como regra dele decorrente a possibilidade de apuração e responsabilização de agentes públicos.

Em defesa da norma impugnada, a Assembleia Legislativa do Espírito Santo invocou justamente o paralelismo com a disposição federal. Conforme consta no relatório do julgamento, alegou em prol da norma que ela apenas previa "[...] prerrogativas idênticas às constitucionalmente conferidas às autoridades nacionais que desempenham, no âmbito da União, funções correlatas às exercidas pelo Governador do Estado".

A relatoria da ação coube à Ministra Carmen Lúcia, que acolheu a tese da defesa e invocou justamente a simetria:

> O modelo de federalismo de equilíbrio adotado no Brasil acolhe o princípio da simetria, segundo o qual a principiologia harmoniza as estruturas e as regras que formam o sistema nacional e os sistemas estaduais, de modo a não desconstituir os modelos adotados no plano nacional e nos segmentos federados em suas linhas mestras. Nesse quadro, o equilíbrio federativo vem com a unidade que se realiza na diversidade congregada e harmoniosa.

A Ministra ainda destaca que, como dito, desde os anos 1990 o Tribunal vinha declarando a constitucionalidade de normas estaduais de igual teor. Cita ementa de precedente que coteja essa prerrogativa do Legislativo estadual com o fato de o foro competente para julgamento do Governador ser o Superior Tribunal de Justiça, um órgão da União, traduzindo, portanto, um instrumento de proteção de autoridade estadual em face do escrutínio federal[95].

Reconhece ainda que o Supremo Tribunal Federal tem feito ressalvas à aplicação da simetria "[…] para justificar a extensão de prerrogativas inerentes a determinado cargo e suas respectivas atribuições a outros cargos que não guardam, na essência e na complexidade, as mesmas características". Nesses casos, o comum era haver a declaração de inconstitucionalidade da norma estadual, entendendo por não extensíveis aos entes periféricos algumas prerrogativas previstas no Texto Constitucional para autoridades federais. Essa ressalva encontrada na jurisprudência não se aplicaria, contudo, à licença prévia em questão, porque "[…] não se vincula a nenhuma prerrogativa típica e exclusiva inerente às atribuições do presidente da República, no exercício do cargo de chefe de Estado".

Eis, aí, ponto a ser destacado: há entendimento firmado de que **prerrogativas** outorgadas a **autoridades federais** pela Constituição Federal são de **reprodução proibidas** pelos entes subnacionais, mas a licença legislativa prévia para processamento do Chefe do Executivo não se enquadraria nesse conceito, e sim no de instrumento inerente ao funcionamento dos poderes, daí ser permitida a reprodução pelos demais integrantes do pacto federativo.

Para defender a inexistência de uma prerrogativa do Chefe do Executivo no sentido próprio do termo e, por via de consequência, possibilitar a aplicação da simetria, a Ministra Cármen Lúcia insere, pois, a licença prévia na dinâmica inerente à coalisão política que, historicamente, assegura a governabilidade nas várias esferas de governo do Brasil, sendo característico, a seu ver, à relação hodierna entre os poderes envolvidos. É o que se lê em seu arrazoado:

> A formação de grupos de coalização entre partidos e componentes dos Poderes Legislativo e Executivo faz parte da história política brasileira e, como tal, não pode ser desconsiderada como própria do regime republicano democrático.

---

95. "Governador de Estado: processo por crime comum: competência originaria do Superior Tribunal de Justiça que não implica a inconstitucionalidade da exigência pela Constituição Estadual da autorização previa da Assembleia Legislativa. I - A transferência para o STJ da competência originaria para o processo por crime comum contra os Governadores, ao invés de elidi-la, reforça a constitucionalidade da exigência da autorização da Assembleia Legislativa para a sua instauração: se, no modelo federal, a exigência da autorização da Câmara dos Deputados para o processo contra o Presidente da República finca raízes no princípio da independência dos poderes centrais, a mesma inspiração se soma o dogma da autonomia do Estado-membro perante a União, quando se cuida de confiar a própria subsistência do mandato do Governador do primeiro a um órgão judiciário federal. II - A necessidade da autorização previa da Assembleia Legislativa não traz o risco, quando negadas, de propiciar a impunidade dos delitos dos Governadores: a denegação traduz simples obstáculo temporário ao curso de ação penal, que implica, enquanto durar, a suspensão do fluxo do prazo prescricional". (RE 159230, Relator(a): Min. SEPÚLVEDA PERTENCE, Tribunal Pleno, julgado em 28/03/1994, DJ 10-06-1994 PP-14792 EMENT VOL-01748-07 PP-01370 RTJ VOL-00158-01 PP-00280).

CAPÍTULO 4 • COMPETÊNCIA CONSTITUINTE DOS ESTADOS-MEMBROS

> Em um Estado que se pretende democrático e de direito é legitimamente esperado que as condições de governabilidade sejam entabuladas a partir de debates e de alianças firmadas entre os representantes eletivos, os cidadãos que compõem a estrutura organizacional do Estado e a sociedade civil.
>
> Reconhecer a existência desses arranjos republicanos não significa tomar parte de suas vicissitudes perversas e antijurídicas. Menos ainda quer dizer, como sugerido pelo Autor, que este Supremo Tribunal estaria a chancelar a validade de um subterfúgio voltado para a impunidade daqueles que, contrariando as expectativas de toda a coletividade que lhes outorgou parcela considerável de seu poder soberano pelo voto, cedem a pressões nada jurídicas, pouquíssimo morais e absolutamente reprováveis.

Portanto, por esse voto, a licença não seria um privilégio de que dispõem o Presidente da República, o Governador, a Câmara dos Deputados ou a Assembleia Legislativa, sendo mais bem compreendida como um instrumento ínsito ao funcionamento da coalisão política necessária para o exercício das funções de cada um. A Ministra aduz em conclusão que a licença prévia se mostra como instrumento ligado ao conjunto de freios e contrapesos dos poderes estatais, o que legitima sua extensão para os demais entes federados, levando à constitucionalidade da norma do Estado do Espírito Santo.

Nesse julgamento, o Ministro Roberto Barroso chega a expor sua oposição em uma dimensão de conveniência política, mas deixa ilesa a constitucionalidade da norma no âmbito propriamente jurídico de análise. Merece destaque sua passagem, pois servirá de comparação com seu voto em julgamento posterior:

> Devo dizer, Presidenta, que eu vivi alguns momentos de angústia existencial em relação a esta matéria. Eu acho que a submissão da instauração de ação penal contra o Governador do Estado, por crime a um juízo político da Assembleia Legislativa, é uma providência de péssimo alvitre. Não tenho nenhuma dúvida que considero inconveniente, porque é uma blindagem política do Governador em caso de cometimento de crime. Portanto, eu tenho um juízo político severo e negativo em relação a esta decisão e às Constituições Estaduais que preveem tal providência.
>
> A verdade, porém, é que o juízo de **inconveniência política** que eu possa ter - e até de **inconveniência moral - não se confunde**, como Vossa Excelência bem sabe, sendo professora do assunto, com um **juízo de inconstitucionalidade**. Portanto, eu acho que é uma norma ruim, politicamente criticável; acho que ela contraria os anseios da sociedade brasileira, mas não sou convencido de que ela seja incompatível com a Constituição; ou seja, que esta seja uma deliberação política interditada pela Constituição.

O Ministro Celso de Mello destaca em seu voto o princípio republicano na ordem jurídica nacional, no sentido de proibir autoridades públicas impassíveis de responsabilização por seu comportamento. Acrescenta, porém, que "[...] se é certo que os Governadores de Estado são plenamente responsáveis por atos delituosos que eventualmente pratiquem no exercício de seu mandato, não é menos exato que a organização federativa do Estado brasileiro e a autonomia institucional dos Estados-membros desempenham um papel relevante na definição dos requisitos condicionadores da persecução penal que venha a ser instaurada contra os Chefes do Poder Executivo local".

Para o Ministro, portanto, deve haver uma harmonização entre a responsabilização de agentes públicos (decorrente do princípio republicano) e autonomia federativa, mesmo que seja para reproduzir norma constitucional federal em favor da existência de requisitos prévios para instauração do processo persecutório. Acrescenta que "a ideia fundamental que motivou essa orientação jurisprudencial firmada pelo Supremo Tribunal Federal traduz, na realidade, a consagração de um valor constitucional básico que informa e dá consistência à própria teoria da Federação: a autonomia institucional dos Estados-membros".

Diante desses votos, a ação restou improcedente, sendo ementada a "[...] **constitucionalidade** das normas estaduais que, por simetria, exigem a **autorização prévia da assembleia legislativa** como condição de procedibilidade para **instauração de ação contra governador** (art. 51, inc. I, da Constituição da República)"[96].

O quadro jurídico definido em função desse julgamento pode ser retratado da seguinte maneira: conquanto seja proibida a extensão para o plano estadual, distrital e municipal de prerrogativas específicas de autoridades federais, a licença legislativa prévia para processamento do Chefe do Executivo não é compreendida como uma prerrogativa dessa espécie, mas como instrumento que delineia a separação dos poderes, sendo possível, por via de consequência, sua reprodução nas constituições estaduais e leis orgânicas.

Pouco mais de dois anos desse julgamento, e já contando esse entendimento jurisprudencial com cerca de duas décadas de consolidação, foi concluído o julgamento da ADI 4.362, ajuizada pelo Procurador-Geral da República contra norma da Lei Orgânica do Distrito Federal, de *status* constitucional, que trazia rigorosamente a mesma exigência de licença prévia do Legislativo local, mediante 2/3 de seus membros, para instauração de processo penal por crime comum contra o Governador.

Os argumentos pela inconstitucionalidade não eram novos, porquanto igualmente giravam em torno da separação dos poderes e do princípio republicano. Conforme destacado no relatório do julgamento, também houve cuidado expresso em ressalvar a aplicação do princípio da simetria na hipótese:

> [...] não cabe a aplicação do princípio da simetria na hipótese. A condição de procedibilidade prevista no art. 51, inciso I, da Constituição Federal é norma de caráter excepcionalíssimo, que não pode ser estendida a autoridades estaduais não contempladas pelo poder constituinte originário, seja pelo intérprete, seja por decisão das constituições estaduais ou da Lei Orgânica do Distrito Federal [...].

Como se lê, a razão para a inaplicabilidade da simetria não seria o fato de a norma não ser relevante para delineamento dos poderes estatais, mesmo porque, inegavelmente, o é, mas por ser uma norma que traz grave restrição ao princípio republicano, que impõe a responsabilização dos agentes públicos, sendo, por esse motivo, impassível de extensão para os demais entes da Federação. Percebe-se, portanto, que a acusação de inconstitucionalidade possui os mesmos fundamentos já refutados em outras ações, a exemplo da mencionada ADI 4.792.

---

96. ADI 4792, Relator(a): Min. CÁRMEN LÚCIA, Tribunal Pleno, julgado em 12/02/2015, PROCESSO ELETRÔNICO DJe-076 DIVULG 23-04-2015 PUBLIC 24-04-2015.

A defesa da validade da norma também não trouxe qualquer inovação. A Advocacia Geral da União rechaçou essa ilicitude, pleiteando em favor da harmonização entre os Poderes, pois "[…] evita que a instauração de processo contra o Chefe do Poder Executivo distrital e seus auxiliares diretos seja exclusivamente decidida pelo Poder Judiciário" – argumentos também já conhecidos e apreciados pelo Tribunal.

A relatoria da ação coube ao Ministro Dias Toffoli, que, naturalmente, fez expressa alusão à jurisprudência consolidada pela constitucionalidade de disposições desse teor:

> Mais recentemente, no julgamento da ADI nº 4.792/ES e da ADI nº 4791/PR, já citadas, a Corte reiterou o entendimento de que, longe de infirmar os postulados republicanos insertos na Constituição Federal, a exigência de prévia autorização legislativa para o processamento dos crimes comuns contra o Governador do Estado consubstancia corolário do princípio federativo, do qual decorre, ainda, a ideia constante do princípio da simetria, cuja aplicabilidade tende a concretizar o princípio da harmonia entre os Poderes da República.

Com esse fundamento, foi declarada por ele a constitucionalidade da norma da Lei Orgânica do Distrito Federal. Foi aberta divergência pelo Ministro Roberto Barroso, que, como observado em sua manifestação na ADI 4.792, votara pela validade da norma do Espírito Santo de idêntico teor, tendo formulado críticas apenas do ponto de vista da conveniência política. No novo julgamento, no entanto, o Ministro muda e vislumbra inconstitucionalidade, não apenas uma má decisão constitucional sob o aspecto moral ou político.

O fundamento apontado por Barroso é ser o princípio republicado uma norma de observância cogente por todos os integrantes do pacto federativo. Por sua vez, a exigência de licença prévia para o processamento é uma restrição a esse princípio, pois excepciona, ou, ao menos, mitiga a possibilidade de responsabilização do Governador de Estado. Na condição de norma excepcional, só poderia ser estendida para os demais entes mediante expressa determinação da Constituição Federal, o que inexiste nesse ponto.

Claramente, esse raciocínio é diametralmente oposto ao contido na jurisprudência até então consolidada no Tribunal. Daí o Ministro propor seu *overruling* por alegada mudança do contexto social. Escreve:

> Todos os argumentos deduzidos pela jurisprudência até aqui vigorante são relevantes. Penso, porém, que mudanças na realidade institucional e novas demandas por parte da sociedade recomendam uma revisita à questão. Com efeito, a revitalização do princípio republicano, o inconformismo social com a impunidade dos agentes públicos e as renovadas aspirações por moralidade na política, a meu ver, provocaram uma mutação constitucional no tratamento da matéria.

Percebe-se que o Ministro Roberto Barroso projeta para toda a sociedade a própria perspectiva de moralidade política que ele revelara em seu voto na ADI 4.292 para, com isso, alegar uma mudança do contexto social, a qual conduziria a uma mutação constitucional. Em suas palavras:

> Este novo sentido ou alcance do mandamento constitucional pode decorrer de uma mudança na realidade fática ou de uma nova percepção do Direito, uma releitura do que deve ser considerado ético ou justo. Para que seja legítima, a mutação precisa ter lastro democrático, isto é, deve corresponder a uma demanda social efetiva por parte da coletividade, estando respaldada, portanto, pela soberania popular.

Argumentos dessa natureza, sobre o que a sociedade anseia ou julga por justo ou injusto, é, nas mais das vezes, de constatação empírica difícil, confundindo-se, em verdade, com uma mera opinião pessoal a respeito do que a sociedade anseia ou julga. Esse parece ser o caso. Não se apontou nenhum fato social relevante comprovado nos autos da nova ação que tenha se verificado objetivamente durante os dois anos que se passaram entre o julgamento da ADI 4.792 e essa ADI 4.362. Houve, apenas e tão-somente, uma modificação da percepção individual do Ministro Barroso a respeito do mesmíssimo quadro social e normativo.

Destaque-se: o julgamento da ADI 4.792 terminou em abril de 2015, enquanto o voto do Ministro Barroso na ADI 4.362 se deu em agosto de 2017. É certo que houve nesse meio-tempo acontecimento político marcante, o *impeachment* da Presidente Dilma Roussef, findado em agosto de 2016, mas não se pode atribuir a esse fato, ainda que relevante, a mudança de toda uma percepção da sociedade quanto ao princípio republicano e sua incidência sobre a extensão da licença parlamentar para apuração de responsabilidade penal dos governadores de Estado. Tanto é assim que esse *impeachment* efetivamente não foi mencionado no voto que abriu a divergência, que se manteve em considerações abstratas, sem qualquer distinção daquelas feitas pelo mesmo julgador na votação anterior e que ele afirmava na ocasião ser de ordem apenas moral e não jurídica.

Vale destacar, ainda, que, pouco depois do voto do Ministro Barroso, em outubro do mesmo ano de 2017, a Câmara dos Deputados denegou pela primeira vez, desde a vigência do dispositivo constitucional, a licença para o Supremo Tribunal Federal receber a denúncia formulada pelo Procurador-Geral da República contra o Presidente Michel Temer por crime comum, demonstrando, então, o pleno vigor do instituto, sem qualquer oposição mais relevante das instituições de justiça ou da sociedade como um todo.

É possível afirmar, em função disso, que houve na ADI 4.362 apenas a transferência para a sociedade abstratamente considerada das considerações de ordem moral reveladas individualmente pelo Ministro Barroso na ADI 4.792. Aquilo que o julgador pensava moral e politicamente a respeito do princípio republicano e seus efeitos sobre a autonomia federativa passou a ser tomado como sendo o que a sociedade brasileira pensava em relação ao mesmo princípio, o que se traduziria em alteração do contexto social capaz de ensejar uma mutação constitucional e superação de remansosa jurisprudência de quase três décadas. Em verdade, para operar esse transplante do individual para o coletivo, não foi apontado qualquer dado objetivo ou socialmente verificado. A quebra de coerência e integridade, aí, parece evidente.

Surpreendentemente, a maioria dos ministros acompanhou a mudança de entendimento apontada pela divergência aberta, ratificou o indistinto transplante da moral individual para o jurídico público, e sem qualquer modulação de efeitos declarou-se a inconstitucionalidade da disposição da Lei Orgânica do Distrito Federal. O Ministro Alexandre de Moraes consignou:

CAPÍTULO 4 • COMPETÊNCIA CONSTITUINTE DOS ESTADOS-MEMBROS **223**

Não bastasse o desrespeito aos pilares básicos da República e da Democracia representativa, a degeneração do espírito da norma estadual em sua aplicação aos casos concretos, atentou contra uma das cláusulas pétreas da Constituição Federal, a separação dos Poderes. Houve total anulação de uma importante competência constitucional do Poder Judiciário, pois a norma-obstáculo prevista nas constituições estaduais acabou por subtrair o exercício da jurisdição penal do Superior Tribunal de Justiça nas hipóteses referentes aos Governadores de Estado e Distrito Federal.

De um modo geral, os demais ministros, mesmo os que no passado entendiam em sentido contrário, acolheram a tese da mutação constitucional apta a justificar a mudança de entendimento. O julgamento recebeu a seguinte ementa:

Direito Constitucional. Ação Direta de Inconstitucionalidade. Governador de Estado. Licença-Prévia da Assembleia Legislativa para Instauração de Processos Por Crimes Comuns. 1. A Constituição Estadual não pode condicionar a instauração de processo judicial por crime comum contra Governador à licença prévia da Assembleia Legislativa. A república, que inclui a ideia de responsabilidade dos governantes, é prevista como um princípio constitucional sensível (CRFB/1988, art. 34, VII, a), e, portanto, de observância obrigatória, sendo norma de reprodução proibida pelos Estados-membros a exceção prevista no art. 51, I, da Constituição da República. 2. Tendo em vista que as Constituições Estaduais não podem estabelecer a chamada "licença prévia", também não podem elas autorizar o afastamento automático do Governador de suas funções quando recebida a denúncia ou a queixa-crime pelo Superior Tribunal de Justiça. É que, como não pode haver controle político prévio, não deve haver afastamento automático em razão de ato jurisdicional sem cunho decisório e do qual sequer se exige fundamentação (HC 101.971, Primeira Turma, Rel. Min. Cármen Lúcia, j. em 21.06.2011, DJe 02.09.2011; HC 93.056 Rel. Min. Celso de Mello, Segunda Turma, j. em 16.12.2008, DJe 14.05.2009; e RHC 118.379 (Rel. Min. Dias Toffoli, Primeira Turma, j. em 11.03.2014, DJe 31.03.2014), sob pena de violação ao princípio democrático. 3. Também aos Governadores são aplicáveis as medidas cautelares diversas da prisão previstas no art. 319 do Código de Processo Penal, entre elas "a suspensão do exercício de função pública", e outras que se mostrarem necessárias e cujo fundamento decorre do poder geral de cautela conferido pelo ordenamento jurídico brasileiro aos juízes. 4. Pedido julgado integralmente procedente, com declaração de inconstitucionalidade por arrastamento da suspensão funcional automática do Governador do Distrito Federal pelo mero recebimento da denúncia ou queixa-crime. Reafirmação da seguinte tese: "É vedado às unidades federativas instituírem normas que condicionem a instauração de ação penal contra o Governador, por crime comum, à prévia autorização da casa legislativa, cabendo ao Superior Tribunal de Justiça dispor, fundamentadamente, sobre a aplicação de medidas cautelares penais, inclusive afastamento do cargo"[97].

Poucas vezes se observou tão abrupta guinada jurisprudencial em matéria federativa no Supremo Tribunal Federal, sobretudo ao se perceber o pouco tempo entre a última decisão que confirmou os precedentes e a nova decisão que mudou o entendimento. É de chamar atenção também a pequena mudança do quadro de julgadores que compunha o Tribunal em um e outro julgamentos. Houve apenas um membro diferente, em função da posse do Ministro Alexandre de Moraes em março de 2017, diante do falecimento do Ministro Teori Zavascki em janeiro do mesmo ano. O jogo político-institucional igualmente não foi objeto de modificação mais marcante em torno da questão, tanto que, logo depois, pela primeira vez, a licença para processamento de um presidente por crime comum foi denegada pela Câmara dos Deputados. A fundamentação para superar

---

97. ADI 4362, Relator(a): Min. DIAS TOFFOLI, Relator(a) p/ Acórdão: Min. ROBERTO BARROSO, Tribunal Pleno, julgado em 09/08/2017, ACÓRDÃO ELETRÔNICO DJe-021 DIVULG 05-02-2018 PUBLIC 06-02-2018.

a jurisprudência também se manteve em um plano abstrato sobre o princípio republicano e a respeito da modificação social que teria ocasionado a mutação constitucional, a qual não diferiu em nada das considerações que o próprio Ministro Barroso declarou ser de ordem moral no julgamento anterior. Ante essas constatações, é lícito concluir que houve apenas a invasão do Direito pela Moral para se romper jurisprudência que bem separava cada uma das questões.

Capítulo 5
COMPETÊNCIAS LEGISLATIVAS PRIVATIVAS DA UNIÃO

Sumário: 5.1 Noções gerais – 5.2 Competências sobre os ramos do direito – 5.2.1 Direito civil, comercial e empresarial – 5.2.2 Direito do trabalho – 5.2.3 Direito processual – 5.3 Competências sobre matérias jurídicas integrantes de parte de um ramo do direito – 5.4 Competência sobre atividades materiais – 5.5 Planos, políticas e sistemas nacionais – 5.6 Delegação de competências privativas da União para os Estados-membros.

5.1 NOÇÕES GERAIS

As competências legislativas da União são muitas e bastante abrangentes, o que lhe garante uma autonomia sem igual no quadro federativo brasileiro e a põe numa posição de preponderância em relação às demais esferas. A isso se soma a grande restrição que o princípio da simetria impõe à competência constituinte dos Estados-membros e que é estendida aos Municípios e ao Distrito Federal na elaboração de suas leis orgânicas. "De fato, é na capacidade de estabelecer as leis que vão reger as suas próprias atividades, sem subordinação hierárquica e sem intromissão das demais esferas de poder, que se traduz fundamentalmente a autonomia de cada uma dessas esferas. Autogovernar-se não significa outra coisa senão ditar-se as próprias regras"[1]. Nesse aspecto, a União Federal não possui paradigma do pacto federativo brasileiro, ao ponto de se acusar existir, mais propriamente, um Estado **unitário descentralizado** e não estritamente uma federação.

Não bastassem as várias competências expressas em diversos dispositivos constitucionais, a **Teoria dos Poderes Implícitos** e a **predominância de interesse nacional** asseguram à União outras tantas competências além das que lhe são outorgadas expressamente pelo Texto Constitucional. Recapitule-se, em resumo: pela Teoria dos Poderes Implícitos, o estabelecimento de um fim pressupõe, igualmente, os meios necessários para sua consecução, daí por que, para atendimento das múltiplas atribuições materiais, é incluída a capacidade de legislar sobre elas. Já a predominância do interesse nacional garante à União o poder de legislar sobre a matéria tida como de **relevância para o país como um todo**, restringindo, por via de consequência, a atuação dos entes periféricos,

---

1. ALMEIDA, op. cit., p. 80.

conforme visto, exemplificativamente, no concernente à segurança pública no julgamento da ADI 3.112, que versava sobre o Estatuto do Desarmamento.

As competências da União definem **diretamente** a atuação do **Congresso Nacional**, pois o art. 48 determina que ele deve "[…] dispor sobre todas as matérias de competência da União". **Indiretamente**, refletem e delineiam as competências das demais unidades federativas, sobretudo as residuais dos Estados-membros e a suplementar dos Municípios, pois identifica por exclusão o que não podem tratar e aquilo que deve ser suplementado.

Muitos manuais, ao tratarem sobre o tema, fazem menção apenas ao art. 22 da Constituição Federal, que, embora traga um extenso rol, não exaure todas as competências expressas. É relevante também o art. 48, que indica as competências do Congresso Nacional. Outras competências pontuais também são identificadas ao longo do texto constitucional, como as seguintes:

a) Art. 174, §1º, sobre lei que "[…] estabelecerá as diretrizes e bases do planejamento do desenvolvimento nacional equilibrado, o qual incorporará e compatibilizará os planos nacionais e regionais de desenvolvimento";

b) Art. 178, ao prescrever que "[…] lei disporá sobre a ordenação dos transportes aéreo, aquático e terrestre, devendo, quanto à ordenação do transporte internacional, observar os acordos firmados pela União, atendido o princípio da reciprocidade";

c) Art. 182, que trata das diretrizes gerais sobre da política de desenvolvimento urbano;

d) Art. 185, inciso I, e parágrafo único, que determinam a edição de lei sobre definição de pequena propriedade e o tratamento diferenciado a ser dado à propriedade rural produtiva.

Como acrescenta, ainda, Fernanda Dias Menezes de Almeida, vários direitos fundamentais demandam regulamentação legislativa da União, como acontece com o sigilo de comunicações telefônicas previsto no art. 5º, XII, cuja quebra dever ser disciplinada por lei nacional. No mesmo sentido, "[…] as condições para criação de cooperativas (art. 5º, XVIII); a definição de pequena propriedade rural para efeito de isenção de penhora (art.5º, XXVI); a definição dos atos necessários ao exercício da cidadania, para se caracterizar a sua gratuidade (art. 5º, LXXVIII), a definição dos serviços ou atividades essenciais, para efeito de estabelecer a forma de seu atendimento em caso de greve (art. 9º, § 1º)"[2].

Os **objetos** da legislação nacional, portanto, são os mais variados, pois vão desde **ramos do Direito** por inteiro (como Direito Civil, Comercial, Penal etc.) até **direitos específicos** como os fundamentais destacados há pouco, passando ainda por **matérias**

---

2. Ibid., p. 84.

jurídicas integrantes de parte de um ramo do Direito, **atividades materiais** (serviços públicos, polícia administrativa, intervenção e fomento) e **planos, políticas e sistemas nacionais**. As longas enumerações dos arts. 22 e 48 podem, então, ser sistematizadas pelo seguinte quadro:

GÊNERO	ESPÉCIE
1. Ramos do Direito	Art. 22, I – direito civil, comercial, penal, processual, eleitoral, agrário, marítimo, aeronáutico, espacial e do trabalho; Art. 22, XXIII – seguridade social;
2. Matérias Jurídicas integrantes de parte de um ramo do Direito	Art. 22, II, desapropriação; Art. 22, III – requisições civis e militares, em caso de iminente perigo e em tempo de guerra; Art. 22, IV – águas, energia, informática, telecomunicações e radiodifusão; Art. 22, XI, - trânsito e transporte; Art. 22, XIII – nacionalidade, cidadania e naturalização; Art. 22, XIV – populações indígenas; Art. 22, XV – emigração e imigração, entrada, extradição e expulsão de estrangeiros; Art. 22, XXV – registros públicos; Art. 22, XXVII – normas gerais de licitação e contratação, em todas as modalidades, para as administrações públicas diretas, autárquicas e fundacionais da União, Estados, Distrito Federal e Municípios, obedecido o disposto no art. 37, XXI, e para as empresas públicas e sociedades de economia mista, nos termos do art. 173, § 1°, II; Art. 48, V – limites do território nacional, espaço aéreo e marítimo e bens do domínio da União; Art. 48, VI – incorporação, subdivisão ou desmembramento de áreas de Territórios ou Estados, ouvidas as respectivas Assembleias Legislativas; Art. 48, VII – transferência temporária da sede do Governo Federal; Art. 48, VIII – concessão de anistia; Art. 48, X – criação, transformação e extinção de cargos, empregos e funções públicas, observado o que estabelece o art. 84, VI, *b;* Art. 48, XII – telecomunicações e radiodifusão; Art. 48, XIII – matéria financeira, cambial e monetária, instituições financeiras e suas operações; Art. 48, XV – fixação do subsídio dos Ministros do Supremo Tribunal Federal, observado o que dispõem os arts. 39, § 4°; 150, II; 153, III; e 153, § 2°, I.
3. Atividades materiais	Art. 22, V – serviço postal; Art. 22, VIII – comércio exterior e interestadual; Art. 22, X – regime dos portos, navegação lacustre, fluvial, marítima, aérea e aero-espacial; Art. 22, XII – jazidas, minas, outros recursos minerais e metalurgia; Art. 22, XVII – "organização judiciária, do Ministério Público e da Defensoria Pública do Distrito Federal e dos Territórios, bem como organização administrativa destes"; Art. 22, XXI – normas gerais de organização, efetivos, material bélico, garantias, convocação, mobilização, inatividades e pensões das polícias militares e dos corpos de bombeiros militares; Art. 22, XXII – competência da polícia federal e das polícias rodoviária e ferroviária federais; Art. 22, XXVI – atividades nucleares de qualquer natureza; Art. 22, XXVIII – defesa territorial, defesa aeroespacial, defesa marítima, defesa civil e mobilização nacional; Art. 22, XXIX – propaganda comercial; Art. 22, XXX – proteção e tratamento de dados pessoais. Art. 48, III – fixação e modificação do efetivo das Forças Armadas; Art. 48, IX – organização administrativa, judiciária, do Ministério Público e da Defensoria Pública da União e dos Territórios e organização judiciária, do Ministério Público e da Defensoria Pública do Distrito Federal"; Art. 48, XI – criação e extinção de Ministérios e órgãos da administração pública; Art. 48, XIV – moeda, seus limites de emissão, e montante da dívida mobiliária federal;

GÊNERO	ESPÉCIE
4. Planos, políticas e sistemas nacionais	Art. 22, VI – sistema monetário e de medidas, títulos e garantias dos metais; Art. 22, VII – política de crédito, câmbio, seguros e transferência de valores; Art. 22, IX – diretrizes da política nacional de transportes; Art. 22, XVI – organização do sistema nacional de emprego e condições para o exercício de profissões; Art. 22, XVIII – sistema estatístico, sistema cartográfico e de geologia nacionais; Art. 22, XIX – sistemas de poupança, captação e garantia da poupança popular; Art. 22, XX – sistemas de consórcios e sorteios; Art. 22, XXIV – diretrizes e bases da educação nacional; Art. 48, IV – planos e programas nacionais, regionais e setoriais de desenvolvimento.

Os precedentes do Supremo Tribunal Federal sobre essas competências são importantes para definição de seus alcances, possibilitando determinar as fronteiras com as demais unidades federativas. Vários assuntos já foram julgados, conforme exemplifica a Ministro Elen Gracie no julgamento da ADI 3.080:

> [...]1. É pacífico o entendimento deste Supremo Tribunal quanto à inconstitucionalidade de normas estaduais que tenham como objeto matérias de competência legislativa privativa da União. Precedentes: ADIns nº 2.815, Sepúlveda Pertence (**propaganda comercial**), nº 2.796-MC, Gilmar Mendes (**trânsito**), nº 1.918, Maurício Corrêa (**propriedade e intervenção no domínio econômico**), nº 1.704, Carlos Velloso (**trânsito**), nº 953, Ellen Gracie (**relações de trabalho**), nº 2.336, Nelson Jobim (**direito processual**), nº 2.064, Maurício Corrêa (**trânsito**) e nº 329, Ellen Gracie (**atividades nucleares**). [...][3].

Convém examinar sistematicamente as mais importantes, lembrando que muitos julgados que versam sobre o tratamento legislativo de competências materiais já foram analisados nesta obra no respectivo capítulo.

5.2 COMPETÊNCIAS SOBRE OS RAMOS DO DIREITO

5.2.1 Direito civil, comercial e empresarial

A simples leitura do art. 22, I, da CF/88, já revela a grande ascendência da União no trato das competências legislativas, pois os mais abrangentes e clássicos ramos do Direito são de sua privativa alçada.

Praticamente todo o Direito Privado, que versa sobre relação dos particulares entre si, cabe à União. O Direito Civil é o mais amplo, já que normatiza desde a expectativa de direito do nascituro até a morte da pessoa e suas consequências jurídicas patrimoniais, perpassando os assuntos mais relevantes da vida, como relações de família, patrimônio, contratos e obrigações. O Direito Empresarial, em uma sociedade capitalista como a brasileira, também é de incomensurável relevância, porque rege a vida da atividade empresária, seus contratos e obrigações, direitos específicos, formas de sociedade, entre

---

3. ADI 3080, Relator(a): Min. ELLEN GRACIE, Tribunal Pleno, julgado em 02/08/2004, DJ 27-08-2004 PP-00052 EMENT VOL-02161-01 PP-00132 RTJ VOL-00193-01 PP-00134.

outros assuntos. Mesmo o Direito do Trabalho, que para muitos é integrante do Direito Social, também é incluído no rol nacional.

Já por esses três ramos, se poderia abandonar qualquer dúvida quanto à preponderância legislativa da União em relação aos demais integrantes da Federação, pois dizem respeito a regras que incidem sobre os mais habituais comportamentos dos indivíduos.

A abrangência do Direito Civil e Empresarial poderia, a princípio, inviabilizar a autonomia legislativa dos entes periféricos, pois dificilmente alguma matéria deixaria de tratar sobre propriedade e obrigações. O Supremo Tribunal Federal, porém, toma como premissa o que se pode chamar de **preponderância das razões da normatização** para definir a competência dos entes federativos. O disciplinamento de assuntos gerais abarcados por esses ramos do Direito que não tiverem razões específicas e bem delineadas dentro das competências dos Estados-membros, do Distrito Federal e dos Municípios será considerado de Direito Civil ou Empresarial e, portanto, de incumbência da União. Em sentido oposto, prevalecendo motivos específicos de interesse regional ou local, incidirá a autonomia estadual, distrital ou municipal, conforme for o caso.

Cite-se o caso da normatização sobre **critérios de cobrança** (dispensas, teto e carências do pagamento) em **estacionamentos privados ou em estabelecimentos comerciais**. O Supremo tem invalidado legislação estadual sobre o assunto, sob o fundamento de se referir ao direito de propriedade, matéria integrante do Direito Civil. A regra, pois, é entender que é vedado aos Estados-membros definirem esses critérios de cobrança por lei própria. Na ADI 3.719, que teve por objeto lei do Estado de Goiás, que concedia dispensas de pagamento em estacionamentos de *shopping centers*, hipermercado, rodoviárias e aeroportos, o Ministro Joaquim Barbosa, relator, escreveu:

> Situações análogas já foram examinadas por esta Corte em diversas oportunidades (cf. ADI 2448, rel. Min. Sydney Sanches, pleno, 23.04.2003; ADI 1472, rel. Min. Ilmar Galvão, pleno, 05.09.2002; ADI 1918, rel. Min. Maurício Corrêa; pleno 23.08.2001; ADI-MC1623, rel. Min. Moreira Alves, Pleno, 25.06.1997).
>
> Desses precedentes do STF extrai-se que há inconstitucionalidade formal, tendo em vista **(i)** faz-se pela norma atacada uma **limitação genérica** ao exercício do direito de propriedade, limitação essa para a qual seria competente a União (art. 22, I, CF) e, **(ii)**, não se trata de **norma de regulação do espaço urbano**, para a qual seria competente o Município, pois a norma atacada é lei estadual[4].

A simples normatização genérica sobre o uso, modo de remuneração e cobrança pelo estacionamento particular, sem qualquer motivo específico ditado por um bem delineado interesse local, é compreendida, portanto, como matéria de Direito Civil, por configurar o que o Ministro Sydney Sanches, na ADI 2.448, denominou de **uso normal da propriedade**. É ressalvado, entretanto, o disciplinamento municipal em **razão de urbanismo**, o qual descaracterizaria a matéria como simplesmente civil. Aquilo que de um modo geral está abarcado na esfera da União pode passar, então, para os Municípios por **motivos específicos** de sua incumbência, sendo o urbanismo uma das hipóteses.

---

4. ADI 3710, Relator(a): Min. JOAQUIM BARBOSA, Tribunal Pleno, julgado em 09/02/2007, DJe-004 DIVULG 26-04-2007 PUBLIC 27-04-2007 DJ 27-04-2007 PP-00057 EMENT VOL-02273-01 PP-00106.

No julgamento da Medida Cautelar da ADI 1.472, foram consignadas outras razões que justificariam a lídima normatização municipal capaz de elidir a competência legislativa da União:

> [...]Plausibilidade do fundamento da inconstitucionalidade, no caso, não apenas material, mas também formal, do dispositivo impugnado, por importar restrição que não configura **limitação administrativa**, da espécie que sujeita o proprietário urbano à observância de **posturas municipais** ditadas por razões de **interesse público**, de **natureza urbanística**, **sanitária** ou de **segurança**, mas, ao revés, grave afronta ao **exercício normal e ordinário do direito de propriedade**, assegurado no dispositivo indicado da Constituição, com flagrante invasão de campo legislativo próprio do direito civil, de competência privativa da União (art. 22, I). Cautelar deferida para o fim de suspender a vigência da expressão 'privadas' contida no dispositivo sob enfoque[5].

Há, como se vê, a contraposição do regramento do **exercício normal e ordinário da propriedade** (integrante do Direito Civil de competência nacional) à regulação **por motivos de ordem pública local** (passível de regramento municipal). Foi seguindo esse critério que Tribunal julgou que "[...] normas que cuidam dos institutos da **posse**, da **aquisição de propriedade por decurso do tempo** (prescrição aquisitiva) e de **títulos legitimadores de propriedade** são de Direito Civil, da competência legislativa da União"[6]. Em contrapartida, havendo a preponderância de outro interesse, no caso um **interesse local**, exclui-se da competência da União o trato sobre a propriedade, deixando de ser a matéria exclusivamente de natureza civil.

Não fosse assim, seria quase impossível a normatização de quaisquer entes periféricos, pois muitos assuntos por eles tratados tocam **indiretamente** sobre o direito de propriedade, como sanções administrativas, tributação, preços públicos etc. Em tais circunstâncias, a possibilidade de o Município legislar sobre estacionamentos privados só existirá quando **diretamente** disser respeito à "[...] observância de **posturas municipais** ditadas por razões de **interesse público**, de **natureza urbanística**, **sanitária** ou de **segurança**".

Vale destacar o fato de que embora se mencione no precedente a **segurança** como autorizadora de intervenção municipal ou mesmo estadual, deve ser entendida como **segurança pública,** excluindo a possibilidade de lei periférica obrigando os donos de estacionamento a disponibilizarem **segurança privada** na entrada e saída dos veículos. Seguindo esse raciocínio, foi declarada inconstitucional lei do Rio de Janeiro que obrigava a disponibilização de serviço de segurança aos usuários[7].

---

5. ADI 1472 MC, Relator(a): Min. ILMAR GALVÃO, Tribunal Pleno, julgado em 28/06/1996, DJ 09-03-2001 PP-00102 EMENT VOL-02022-01 PP-00014.
6. ADI 3438, Relator(a): Min. CARLOS VELLOSO, Tribunal Pleno, julgado em 19/12/2005, DJ 17-02-2006 PP-00054 EMENT VOL-02221-01 PP-00175 RTJ VOL-00202-02 PP-00564 LEXSTF v. 28, n. 326, 2006, p. 85-92.
7. COMPETÊNCIA LEGISLATIVA. ADI. LEI ESTADUAL QUE ESTABELECE MEDIDAS DE SEGURANÇA EM ESTACIONAMENTOS. INCONSTITUCIONALIDADE. 1. A Lei Estadual 1.748/1990, que impõe medidas de segurança em estacionamento, é inconstitucional, quer por invadir a competência privativa da União para legislar sobre direito civil (CF/88, art. 22, I), conforme jurisprudência consolidada nesta Corte, quer por violar o princípio da livre iniciativa (CF/88, art. 170, par. único, e art. 174), conforme entendimento pessoal deste relator, expresso quando do julgamento da ADI 4862, rel. Min. Gilmar Mendes. 2. O artigo 1º da lei impugnada,

CAPÍTULO 5 • COMPETÊNCIAS LEGISLATIVAS PRIVATIVAS DA UNIÃO **231**

No chamado uso normal da propriedade, consistente na mera exploração econômica do bem, remanescem apenas atribuições materiais de polícia administrativa dos entes periféricos, como, por exemplo, estabelecer critérios de acesso às vias públicas. No julgamento da ADI 1.918, ficou assentado isso:

> [...]2. Enquanto a União regula o direito de propriedade e estabelece as regras substantivas de intervenção no domínio econômico, **os outros níveis de governo** apenas exercem o **policiamento administrativo** do uso da propriedade e da atividade econômica dos particulares, tendo em vista, sempre, as normas substantivas editadas pela União. Ação julgada procedente[8].

Essa jurisprudência é passível de crítica, porque a exploração de estacionamentos não configura um simplório uso privado de um bem particular, mas atividade que afeta imediatamente o fluxo urbano ao seu redor, atraindo sobre si diversas modalidades de interesse público local. As normas que normalmente versam sobre o tema não tratam indistintamente sobre os poderes inerentes à propriedade genericamente considerada, mas sobre essa específica atividade de exploração com impacto na cidade. Assim, **a regra deveria ser a permissão de normatização municipal** e não ser tida como uma exceção. O incondicional acerto consiste em rechaçar a competência residual estadual, dado o notório interesse local exclusivo dos Municípios.

Embora não tenha o Supremo Tribunal Federal se manifestado especificamente sobre outros temas em que se contrapõem o direito de propriedade a interesses periféricos, acredita-se que a linha de raciocínio vá se manter, autorizando legislação estadual, distrital ou municipal desde que haja interesse regional ou local pertinente e não se trate a questão de **uso comum e ordinário da propriedade**.

Mesmo o direito de uso de propriedade intelectual e obras musicais não podem ser reguladas genericamente pelos entes subnacionais, sem que haja um particular interesse regional ou local. Foi declarada inconstitucional norma estadual que assegurava, sem qualquer motivação específica, o direito de reprodução gratuita de músicas em "associações, fundações ou instituições filantrópicas e aquelas oficialmente declaradas de utilidade pública estadual, sem fins lucrativos".[9]

---

ao obrigar tais empresas à manutenção de empregados próprios nas entradas e saídas dos estacionamentos, restringe a contratação de terceirizados, usurpando, ainda, a competência privativa da União para legislar sobre direito do trabalho (CF/88, art. 22, I). 3. Ação julgada procedente. 4. Tese: 1. "Lei estadual que impõe a prestação de serviço segurança em estacionamento a toda pessoa física ou jurídica que disponibilize local para estacionamento é inconstitucional, quer por violação à competência privativa da União para legislar sobre direito civil, quer por violar a livre iniciativa." 2. "Lei estadual que impõe a utilização de empregados próprios na entrada e saída de estacionamento, impedindo a terceirização, viola a competência privativa da União para legislar sobre direito do trabalho. (ADI 451, Relator(a): Min. ROBERTO BARROSO, Tribunal Pleno, julgado em 01/08/2017, PROCESSO ELETRÔNICO DJe-045 DIVULG 08-03-2018 PUBLIC 09-03-2018).

8. ADI 1918, Relator(a): Min. MAURÍCIO CORRÊA, Tribunal Pleno, julgado em 23/08/2001, DJ 01-08-2003 PP-00099 EMENT VOL-02117-29 PP-06221.

9. [...]1. A competência legislativa concorrente em sede de produção e consumo e responsabilidade por dano ao consumidor (artigo 24, V e VIII, da Constituição Federal) não autoriza os Estados-membros e o Distrito Federal a disporem de direitos autorais, porquanto compete privativamente à União legislar sobre direito civil, direito de propriedade e estabelecer regras substantivas de intervenção no domínio econômico (artigo 22, I, da Constituição Federal). Precedentes: ADI 4.228, Rel. Min. Alexandre de Moraes, Plenário, DJe de 13/8/2018;

Mesmo atitudes nobres, como a doação de alimentos com prazo de validade próximo ao fim, são consideradas matérias próprias do direito de propriedade, inerente ao Direito Civil de competência da União. Lei do Distrito Federal estabelecendo essa obrigação foi julgada inconstitucional[10].

Nessa perspectiva, também por inexistirem **razões preponderantes** próprias e específicas para tratar sobre obrigações concernentes a serviços de assistência médico-hospitalar, regidas por contratos privados, o Supremo declarou inconstitucional lei do Estado de Pernambuco que tratava, genericamente, "[...] sobre o cumprimento de normas obrigacionais no atendimento médico-hospitalar dos usuários por pessoas físicas ou jurídicas que pratiquem a prestação de serviços onerosa". Como não havia sequer indicação de algum interesse propriamente regional que justificasse a atuação legislativa estadual, o Tribunal, na ADI 1.646, se restringiu a afirmar que o Estado-membro "[...] invadiu a relação obrigacional" de cunho eminentemente civil[11]. Mais recentemente reiterou o entendimento:

CONSTITUCIONAL. FEDERALISMO E RESPEITO ÀS REGRAS DE DISTRIBUIÇÃO DE COMPETÊNCIA. LEI 12.562/2004, DO ESTADO DE PERNAMBUCO. SUPOSTA VIOLAÇÃO AOS ARTIGOS 5º, II e XIII; 22, VII; E 170, IV, DA CONSTITUIÇÃO FEDERAL. LEI IMPUGNADA DISPÕE SOBRE PLANOS DE SAÚDE, ESTABELECENDO CRITÉRIOS PARA A EDIÇÃO DE LISTA REFERENCIAL DE HONORÁRIOS MÉDICOS. INCONSTITUCIONALIDADE FORMAL, POR USURPAÇÃO DA COMPETÊNCIA DA UNIÃO EM MATÉRIA DE DIREITO CIVIL E DE POLÍTICA DE SEGUROS (CF, ART 22, INCISOS I E VII). 1. As regras de distribuição de competências legislativas são alicerces do federalismo e consagram a fórmula de divisão de centros de poder em um Estado de Direito. Princípio da predominância do interesse. 2. A Constituição Federal de 1988, presumindo de forma absoluta para algumas matérias a presença do princípio da predominância do interesse, estabeleceu, *a priori*, diversas competências para cada um dos entes federativos – União, Estados-Membros, Distrito Federal e Municípios – e, a partir dessas opções, pode ora acentuar maior centralização de poder, principalmente na própria União (CF, art. 22), ora permitir uma maior descentralização nos Estados-Membros e nos Municípios (CF, arts. 24 e 30, inciso I). 3. A Lei 12.562/2004 do Estado de Pernambuco trata da operacionalização dos contratos de seguros atinentes à área da saúde, interferindo nas relações contratuais estabelecidas entre médicos

---

ADI 3.605, Rel. Min. Alexandre de Moraes, Plenário, DJe de 13/9/2017; ADI 4.701, Rel. Min. Roberto Barroso, Tribunal Pleno, DJe de 25/8/2014; ADI 1.918, Rel. Min. Maurício Corrêa, Plenário, DJ de 1º/8/2003; ADI 2.448, Rel. Min. Sydney Sanches, Plenário, DJ de 13/6/2003; e ADI 1.472, Rel. Min. Ilmar Galvão, Plenário, DJ de 25/10/2002. 2. O direito autoral é um conjunto de prerrogativas que são conferidas por lei à pessoa física ou jurídica que cria alguma obra intelectual, dentre as quais se destaca o direito exclusivo do autor à utilização, à publicação ou à reprodução de suas obras, como corolário do direito de propriedade intelectual (art. 5º, XXII e XXVII, da Constituição Federal). 3. In casu, a Lei 92/2010 do Estado do Amazonas estabeleceu a gratuidade para a execução pública de obras musicais e literomusicais e de fonogramas por associações, fundações ou instituições filantrópicas e aquelas oficialmente declaradas de utilidade pública estadual, sem fins lucrativos. Ao estipular hipóteses em que não se aplica o recolhimento dos valores pertinentes aos direitos autorais, fora do rol da Lei federal 9.610/1998, a lei estadual usurpou competência privativa da União e alijou os autores das obras musicais de seu direito exclusivo de utilização, publicação ou reprodução das obras ou do reconhecimento por sua criação. 4. Ação direta de inconstitucionalidade conhecida e julgado procedente o pedido, para declarar a inconstitucionalidade da Lei 92/2010 do Estado do Amazonas. (ADI 5800, Relator(a): LUIZ FUX, Tribunal Pleno, julgado em 08/05/2019, PROCESSO ELETRÔNICO DJe-107 DIVULG 21-05-2019 PUBLIC 22-05-2019)

10. ADI 5838, Relator(a): GILMAR MENDES, Tribunal Pleno, julgado em 20/11/2019, PROCESSO ELETRÔNICO DJe-270 DIVULG 06-12-2019 PUBLIC 09-12-2019.

11. ADI 1646, Relator(a): Min. GILMAR MENDES, Tribunal Pleno, julgado em 02/08/2006, DJ 07-12-2006 PP-00035 EMENT VOL-02259-01 PP-00166 LEXSTF v. 29, n. 339, 2007, p. 60-74.

CAPÍTULO 5 • COMPETÊNCIAS LEGISLATIVAS PRIVATIVAS DA UNIÃO **233**

e empresas. Consequentemente, tem por objeto normas de direito civil e de seguros, temas inseridos no rol de competências legislativas privativas da União (artigo 22, incisos I e VII, da CF). Os planos de saúde são equiparados à lógica dos contratos de seguro. Precedente desta CORTE: ADI 4.701/PE, Rel. Ministro ROBERTO BARROSO, DJe de 22/8/2014. 4. Ação Direta de Inconstitucionalidade julgada procedente, para declarar a inconstitucionalidade formal da Lei 12.562/2004 do Estado de Pernambuco[12].

Ainda no âmbito do Direito Civil, o Supremo Tribunal Federal, na ADI 3.605, declarou inconstitucional lei do Distrito Federal que versava sobre dispensa dos **encargos moratórios** incidentes sobre títulos de pagamento na **hipótese de greve**[13]. A Lei Distrital nº 3.594/05 estatuía em seu art.1º que "[…] em caso de paralisação por greve, que impossibilite o consumidor de efetuar o pagamento de fichas de compensação, boletos de cobrança, tributos e outros títulos obrigacionais, ficam as concessionárias, os órgãos públicos, credores e as instituições financeiras, no Distrito Federal, proibidos de cobrar multas por atraso das obrigações vencidas no período da paralisação, desde que pagas pelo consumidor no primeiro dia útil de retorno às atividades normais".

O legislador local alegou estar a versar sobre Direito do Consumidor, matéria que pode disciplinar concorrentemente. O Ministro Alexandre de Moraes, contudo, rechaçou esse argumento e traçou os limites da competência concorrente sobre consumo e a competência privativa para legislar sobre Direito Civil, destacando que os encargos moratórios são disciplinados no Código Civil e existe a necessidade de uniformidade nacional no trato do assunto, invocando o interesse da União – e não meramente local – sobre o tema.

Também foi excluída da competência concorrente para versar sobre consumo o disciplinamento de contratos de **planos de saúde**:

[…]2. Por mais ampla que seja, a competência legislativa concorrente em matéria de defesa do consumidor (CF/88, art. 24, V e VIII) não autoriza os Estados-membros a editarem normas acerca de relações contratuais, uma vez que essa atribuição está inserida na competência da União Federal para legislar sobre direito civil

---

12. ADI 3207, Relator(a): Min. ALEXANDRE DE MORAES, Tribunal Pleno, julgado em 12/04/2018, ACÓRDÃO ELETRÔNICO DJe-080 DIVULG 24-04-2018 PUBLIC 25-04-2018.
13. CONSTITUCIONAL. FEDERALISMO E RESPEITO ÀS REGRAS DE DISTRIBUIÇÃO DE COMPETÊNCIA. LEI ESTADUAL 3.594/2005, DO DISTRITO FEDERAL. DISPENSA DO PAGAMENTO DE JUROS E MULTAS DE TRIBUTOS E TÍTULOS OBRIGACIONAIS VENCIDOS NO PERÍODO DE PARALISAÇÃO POR GREVE. INCONSTITUCIONALIDADE FORMAL, POR USURPAÇÃO DA COMPETÊNCIA DA UNIÃO EM MATÉRIA DE DIREITO CIVIL. 1. As regras de distribuição de competências legislativas são alicerces do federalismo e consagram a fórmula de divisão de centros de poder em um Estado de Direito. Princípio da predominância do interesse. 2. A própria Constituição Federal, presumindo de forma absoluta para algumas matérias a presença do princípio da predominância do interesse, estabeleceu, a priori, diversas competências para cada um dos entes federativos, União, Estados-Membros, Distrito Federal e Municípios, e a partir dessas opções pode ora acentuar maior centralização de poder, principalmente na própria União (CF, art. 22), ora permitir uma maior descentralização nos Estados-Membros e Municípios (CF, arts. 24 e 30, inciso I). 3. A lei distrital sob análise atinge todos os devedores e tem por objeto obrigações originadas por meio dos títulos que especifica; sendo, consequentemente, norma de Direito Civil, previsto como de competência privativa da União, nos termos do artigo 22, inciso I, da Constituição Federal. Precedentes nesse sentido. 4. Ação direta de inconstitucionalidade julgada procedente, por vício formal. (ADI 3605, Relator(a): Min. ALEXANDRE DE MORAES, Tribunal Pleno, julgado em 30/06/2017, ACÓRDÃO ELETRÔNICO DJe-207 DIVULG 12-09-2017 PUBLIC 13-09-2017)

(CF/88, art. 22, I). 3. Os arts. 22, VII e 21, VIII, da Constituição Federal atribuem à União competência para legislar sobre seguros e fiscalizar as operações relacionadas a essa matéria. Tais previsões alcançam os planos de saúde, tendo em vista a sua íntima afinidade com a lógica dos contratos de seguro, notadamente por conta do componente atuarial[14].

Precedentes posteriores levaram à delimitação das competências privativas da União ante as competências concorrentes (com Estados-membros e Distrito Federal) em torno dos contratos de consumo, entre os quais os de plano de saúde, e relações extracontratuais. Foi o que se observou no julgamento da ADI 4.701.

O Estado de Pernambuco editou lei fixando prazos máximos para a autorização de exames que necessitem de manifestação prévia das empresas de planos de saúde. A União Nacional das Instituições de Autogestão em Saúde – UNIDAS ajuizou ação, alegando, no concernente às competências federativas, a invasão da esfera da União para regrar Direito Civil e Comercial, prescrito pelo art. 22, I, da Constituição Federal. Por sua vez, o Governador do Estado levantou sua competência legislativa concorrente para defesa do consumidor, consoante estatuído pelo art. 24, V, da CF/88, bem como competência material comum para cuidar da saúde pública, prevista no art. 23, II, também do Texto Constitucional.

O relator, Ministro Roberto Barroso, reconheceu que "a competência concorrente para legislar sobre produção e consumo e responsabilidade por dano ao consumidor (CF/88, art. 24, V e VIII) confere aos Estados e ao Distrito Federal um importante espaço de atuação na defesa da parte vulnerável das relações de consumo". Demarcou, no entanto, o direito contratual justamente como limite a essa competência concorrente, destacando que a orientação do Supremo do Tribunal Federal é deferir aos entes periféricos apenas competência para **proteção extracontratual do consumidor.**

No mesmo julgado, foram enfatizadas as características específicas dos planos de saúde que, adicionalmente, invocam a competência nacional pelo entrelaçamento das competências material exclusiva e legislativa privativa. Escreve o Ministro:

> A meu ver, porém, a questão contratual talvez nem seja a mais relevante. Como indicam os precedentes, é da União a competência para regular o mercado de planos de saúde, o que inclui não apenas a normatização da matéria (CF/88, art. 22, VII) 2, mas também toda a fiscalização do setor (CF/88, art. 21, VIII) 3. O enquadramento da matéria nesses dispositivos não depende da qualificação dos planos de saúde como seguros para todos os fins, mas sim da sua evidente afinidade a essa e a outras figuras textualmente incluídas nos enunciados em tela (e.g., a previdência privada). Todas elas têm em comum um elemento de risco financeiro evidente, certo caráter aleatório, que justifica a regulação estatal do mercado. Ademais, os planos de saúde compartilham com os seguros e a previdência privada um forte componente atuarial. Tudo isso aponta decisivamente para uma compreensão mais ampla dos arts. 21, VIII, e 22, VII, da Constituição, a fim de considerar incluída nos dispositivos a referência aos planos de saúde.

---

14. ADI 4701, Relator(a): Min. ROBERTO BARROSO, Tribunal Pleno, julgado em 13/08/2014, PROCESSO ELETRÔNICO DJe-163 DIVULG 22-08-2014 PUBLIC 25-08-2014.

O entendimento do Ministro Barroso foi acompanhado pela unanimidade de seus pares[15]. Foi utilizado como fundamento julgado anterior, também do Supremo, a respeito de lei do Rio de Janeiro que autorizava a livre aquisição de vasilhames vazios para utilização pelos consumidores e mesmo por concorrentes, e em que constassem gravadas a marca do produto de origem. Entendeu ser matéria relativa a consumo, que autorizava na hipótese a competência supletiva, ante a ausência de norma nacional, para tratar desse assunto que não versava propriamente sobre contratos, mas acerca da livre circulação de bens[16]. Tem-se, portanto, critério de definição de competência que vem se arraigando no Tribunal.

Pelo mesmo motivo, o Supremo Tribunal Federal declarou inconstitucional lei estadual que ampliava as formas de pagamento de planos privados de assistência à saúde[17], sendo fixada tese nesse sentido.

---

15. "AÇÃO DIRETA DE INCONSTITUCIONALIDADE. LEI ESTADUAL QUE FIXA PRAZOS MÁXIMOS, SEGUNDO A FAIXA ETÁRIA DOS USUÁRIOS, PARA A AUTORIZAÇÃO DE EXAMES PELAS OPERADORAS DE PLANOS DE SAÚDE. 1. Encontra-se caracterizado o direito de propositura. Os associados da requerente estão unidos pela comunhão de interesses em relação a um objeto específico (prestação do serviço de assistência suplementar à saúde na modalidade autogestão). Esse elemento caracteriza a unidade de propósito na representação associativa, afastando a excessiva generalidade que, segundo esta Corte, impediria o conhecimento da ação. 2. Por mais ampla que seja, a competência legislativa concorrente em matéria de defesa do consumidor (CF/88, art. 24, V e VIII) não autoriza os Estados-membros a editarem normas acerca de relações contratuais, uma vez que essa atribuição está inserida na competência da União Federal para legislar sobre direito civil (CF/88, art. 22, I). 3. Os arts. 22, VII e 21, VIII, da Constituição Federal atribuem à União competência para legislar sobre seguros e fiscalizar as operações relacionadas a essa matéria. Tais previsões alcançam os planos de saúde, tendo em vista a sua íntima afinidade com a lógica dos contratos de seguro, notadamente por conta do componente atuarial. 4. Procedência do pedido". (ADI 4701, Relator(a): Min. ROBERTO BARROSO, Tribunal Pleno, julgado em 13/08/2014, PROCESSO ELETRÔNICO DJe-163 DIVULG 22-08-2014 PUBLIC 25-08-2014).
16. "Ação direta de inconstitucionalidade. Lei nº 3.874, de 24 de junho de 2002, do Estado do Rio de Janeiro, a qual disciplina a comercialização de produtos por meio de vasilhames, recipientes ou embalagens reutilizáveis. Inconstitucionalidade formal. Inexistência. Competência concorrente dos estados-membros e do Distrito Federal para legislar sobre normas de defesa do consumidor. Improcedência do pedido. 1. A Corte teve oportunidade, na ADI nº 2.359/ES, de apreciar a constitucionalidade da Lei nº 5.652/98 do Estado do Espírito Santo, cuja redação é absolutamente idêntica à da lei ora questionada. Naquela ocasião, o Plenário julgou improcedente a ação direta de inconstitucionalidade, por entender que o ato normativo se insere no âmbito de proteção do consumidor, de competência legislativa concorrente da União e dos estados (art. 24, V e VIII, CF/88). 2. As normas em questão não disciplinam matéria atinente ao direito de marcas e patentes ou à propriedade intelectual – matéria disciplinada pela Lei federal nº 9.279 -, limitando-se a normatizar acerca da proteção dos consumidores no tocante ao uso de recipientes, vasilhames ou embalagens reutilizáveis, sem adentrar na normatização acerca da questão da propriedade de marcas e patentes. 3. Ao tempo em que dispõe sobre a competência legislativa concorrente da União e dos estados-membros, prevê o art. 24 da Carta de 1988, em seus parágrafos, duas situações em que compete ao estado-membro legislar: (a) quando a União não o faz e, assim, o ente federado, ao regulamentar uma das matérias do art. 24, não encontra limites na norma federal geral – que é o caso ora em análise; e (b) quando a União edita norma geral sobre o tema, a ser observada em todo território nacional, cabendo ao estado a respectiva suplementação, a fim de adequar as prescrições às suas particularidades locais. 4. Não havendo norma geral da União regulando a matéria, os estados-membros estão autorizados a legislar supletivamente no caso, como o fizeram os Estados do Espírito Santo e do Rio de Janeiro, até que sobrevenha disposição geral por parte da União. 5. Ação direta julgada improcedente". (ADI 2818, Relator(a): Min. DIAS TOFFOLI, Tribunal Pleno, julgado em 09/05/2013, ACÓRDÃO ELETRÔNICO DJe-148 DIVULG 31-07-2013 PUBLIC 01-08-2013)
17. DIREITO CONSTITUCIONAL. AÇÃO DIRETA DE INCONSTITUCIONALIDADE. LEI ESTADUAL QUE AMPLIA AS FORMAS DE PAGAMENTO DOS PLANOS PRIVADOS DE ASSISTÊNCIA À SAÚDE

Outros aspectos inerentes a relações contratuais foram tidos como de Direito Civil e, consequentemente, vedadas aos Estados-membros. Já foi declarada inconstitucional norma que impedia "as instituições de ensino de recusarem a matrícula de estudantes inadimplentes, e também de cobrar juros, multas, correção monetária ou quaisquer outros encargos"[18] e outra que que impunha "aos prestadores de serviços de ensino a obrigação de estender o benefício de novas promoções aos clientes preexistentes"[19]. Com o mesmo entendimento, invalidou-se lei estadual estabelecia "a concessão legislativa de prazo mínimo de 20 (vinte) dias, após a comunicação escrita, para o devedor pagar a dívida"[20], antes de ter seu nome inscrito nos cadastros de restrição ao crédito.

Neste último caso, objeto da ADI 5224, o STF traçou alguns critérios gerais para o trato estadual sobre proteção ao crédito, mas que podem ser adaptadas para outras matérias que tocam o Direito Civil e Empresarial: "No modelo federativo brasileiro, estabelecida pela União a arquitetura normativa do sistema de proteção do crédito, aos Estados compete, além da **supressão de eventuais lacunas**, a previsão de normas destinadas a complementar a norma geral e a atender suas peculiaridades locais, respeitados os critérios (i) da **preponderância do interesse** local, (ii) do **exaurimento dos efeitos** dentro dos respectivos limites territoriais – até mesmo para se prevenir conflitos entre legislações estaduais potencialmente díspares – e (iii) da **vedação da proteção insuficiente**".

Percebe-se, portanto, que somente razões bastante evidentes e palpáveis autorizam a legislação estadual, cujos efeitos deve se exaurir dentro de seu território, pois o domínio do Direito Civil de competência da União é bastante abrangente, envolvendo potencialmente vários aspectos da vida em sociedade, centralizando no ente federal a regulação jurídica da sociedade. E mais. Identificar se o alegado interesse regional para a legislação estadual está efetivamente presente ou não muitas vezes não é de fácil consenso na prática, levando à intensa judicialização que confere importante protagonismo ao Supremo Tribunal Federal na definição dos limites federativos.

E ODONTOLÓGICA. COMPETÊNCIA PRIVATIVA DA UNIÃO. 1. Ação direta de inconstitucionalidade contra a Lei nº 9.444/2021, do Estado do Rio de Janeiro, que amplia as formas de pagamento dos planos privados de assistência à saúde e odontológica, sob pena de multa. 2. O Supremo Tribunal Federal possui entendimento de que lei estadual ou municipal que altera as obrigações contratuais entre planos de saúde e seus usuários configura usurpação da competência privativa da União para legislar sobre direito civil, comercial e política de seguros (art. 22, I e VII, CF). Precedentes. 3. Pedido julgado procedente para declarar a inconstitucionalidade da Lei nº 9.444/2021, do Estado do Rio de Janeiro, por violação ao art. 22, I e VII, da CF. Fixação da seguinte tese de julgamento: "É inconstitucional lei estadual que amplia as formas de pagamento dos planos privados de assistência à saúde, individuais ou coletivos, por violação à competência privativa da União para legislar sobre a matéria". (ADI 7023, Relator(a): ROBERTO BARROSO, Tribunal Pleno, julgado em 22/02/2023, PROCESSO ELETRÔNICO DJe-s/n DIVULG 01-03-2023 PUBLIC 02-03-2023).

18. ADI 7104, Relator(a): EDSON FACHIN, Tribunal Pleno, julgado em 08/08/2022, PROCESSO ELETRÔNICO DJe-163 DIVULG 17-08-2022 PUBLIC 18-08-2022.

19. ADI 6614, Relator(a): ROSA WEBER, Relator(a) p/ Acórdão: ROBERTO BARROSO, Tribunal Pleno, julgado em 16/11/2021, PROCESSO ELETRÔNICO DJe-022 DIVULG 04-02-2022 PUBLIC 07-02-2022

20. ADI 5224, Relator(a): ROSA WEBER, Tribunal Pleno, julgado em 09/03/2022, PROCESSO ELETRÔNICO DJe-051 DIVULG 16-03-2022 PUBLIC 17-03-2022.

Mantendo-se nos domínios do Direito Privado, precisamente de Direito Empresarial, a Corte examinou a possibilidade de Constituição Estadual disciplinar a **composição de órgãos superiores de administração e fiscalização das empresas públicas e sociedades de economia mista estaduais**. Cuidava-se da disposição constitucional do Rio de Janeiro, determinando que os empregados seriam representados "[...] na proporção de 1/3 (um terço), nos conselhos de administração e fiscal de empresas públicas e sociedades de economia mista". Seria esse assunto de Direito Comercial/Empresarial (privativo da União) ou de Direito Administrativo (competência comum)?

Por ser entidade da Administração Indireta, seu regime jurídico poderia vir a ser encarado como de Direito Administrativo. O Governador do Estado ajuizou, porém, a ADI 238, alegando ofensa à competência federal para legislar sobre Direito Empresarial, embora se reportasse a norma sobre entidade da administração indireta do Estado-membro.

Em seu voto, o relator, Ministro Joaquim Barbosa, destacou a necessidade de uniformidade de disciplinamento dessas entidades pelo fato de representarem elas instrumentos de **atuação na economia**, pelo que deveriam seguir o sistema próprio da Lei das Sociedades Anônimas, matéria de Direito Comercial de competência exclusiva da União. Escreve:

> Entendo que o apelo ao Pacto Federativo não justifica cisão tão profunda entre o regime geral imposto às empresas públicas e sociedade de economia mista federais, de um lado, e, do outro, às estatais pertencentes aos demais entes federados. Pelo contrário – atenta leitura do alcance dos princípios que orientam a federação brasileira sugerem o fortalecimento do Estado pela observância de regras uniformes na matéria em exame.
>
> A harmonização do tratamento dispensado à estruturação de tais entidades tem por primeiro pressuposto a circunstância de as empresas públicas e sociedades de economia mista serem **agentes de mercado**. Isto é, tratam-se de entidades que desenvolvem **atividades econômicas** e que são consideradas pessoas jurídicas de direito privado, ainda que animadas por interesse público (art. 5º, II e III do Decreto-lei 200/67). Tendo em vista a vastidão da federação brasileira e as cada vez mais complexas relações societárias e econômicas, o Pacto Federativo reclama o tratamento uniforme da estruturação e funcionamento das empresas públicas e das sociedades de economia mista.

Como se observa, mais uma vez, foi invocado o interesse nacional para delinear o alcance da competência da União. O Ministro Ayres de Brito se contrapôs a essa fundamentação, defendendo o argumento de que o regime de empresas estatais é de domínio do Direito Administrativo e não de Direito Empresarial, pelo que facultada estaria a normatização por todas as unidades federativas. Prevaleceu, porém, o entendimento do Relator, restando consignado na ementa:

> CONSTITUCIONAL. ADMINISTRATIVO. COMERCIAL. SOCIETÁRIO. NORMAS LOCAIS QUE ESTABELECEM A PARTICIPAÇÃO OBRIGATÓRIA DE EMPREGADOS DE EMPRESAS PÚBLICAS, SOCIEDADES DE ECONOMIA MISTA E FUNDAÇÕES NOS RESPECTIVOS ÓRGÃOS DE GESTÃO (CONSELHOS DE ADMINISTRAÇÃO E FISCAL) E DIRETORIA. ARTS. 42 E 218 (NOVA REDAÇÃO) DA CONSTITUIÇÃO DO ESTADO DO RIO DE JANEIRO. VIOLAÇÃO DO ART. 173, § 1º DA CONSTITUIÇÃO. RESERVA DE LEI FEDERAL PARA DISPOR SOBRE DIREITO COMERCIAL. Viola a reserva de lei para dispor sobre norma de direito comercial voltada à organização e

estruturação das empresas públicas e das sociedades de economia mista norma constitucional estadual que estabelece número de vagas, nos órgãos de administração das pessoas jurídicas, para ser preenchidas por representantes dos empregados. Ação direta de inconstitucionalidade julgada parcialmente procedente[21].

Não se pode deixar de evidenciar a flagrante contradição desse julgamento com os já mencionados sobre os casos da Empresa Brasileira de Correios e Telégrafos – ECT e da INFRAERO, às quais foi negada a condição de meros **agentes econômicos**, autorizando disciplinamento distinto daqueles conferidos às empresas privadas no âmbito do Direito Comercial, tais como isenções tributárias e impenhorabilidade de bens. Naqueles julgados, constatou-se serem entidades mais intimamente ligadas à prestação de serviços públicos regidos pelo Direito Administrativo, já que inspirados por finalidades públicas de intervenção ou fomento. Mesmo quando agem sobre o domínio econômico, as regras de Direito Privado a que devem obediências visam a impedir uma concorrência desleal com os particulares, o que não ocorre, evidentemente, com a simples participação dos trabalhadores nos órgãos mais importantes.

Enfim, as empresas estatais nem sempre são **"agentes de mercado"**, e, quando o são, isso decorre de alguma justificativa de ordem pública, que impõe a intervenção direta na economia, pelo que se impede qualquer benefício apto a prejudicar a livre concorrência. Além do estrito atendimento desse fim, não há razão para uma indiscriminada subordinação aos preceitos de Direito privado. Por esse motivo, tem-se por mais adequado, em discordância relativamente ao Supremo Tribunal Federal, que o regramento dos órgãos das empresas estatais mais bem se configura como de Direito Administrativo e não de Direito Empresarial ou Comercial, ao menos nos específicos aspectos internos de seus órgãos que não afetem diretamente a livre concorrência.

Os temas de Direito Comercial ou Empresarial a fazerem parte da competência da União devem ser os relacionados à atividade empresarial estrito senso, consistente na coordenação e trato geral dos quatro elementos de empresa: mão de obra, insumos, capital e técnica. No pertinente às empresas estatais, que possuem natureza (parcialmente) privada, os assuntos de cariz comercial dizem respeito à organização do capital em quotas ou ações, os direitos e deveres dos sócios, as obrigações com fornecedores e terceiros, entre outros. A determinação da participação de servidores nos órgãos superiores não é assunto propriamente empresarial, pois sua **razão predominante** é garantir uma gestão democrática em uma entidade da Administração Indireta, por influência do princípio democrático que deve orientar a atuação do Poder Público e não necessariamente das empresas privadas.

Considera-se, portanto, equivocado o julgamento, pois revela **incoerência** de entendimento e quebra de integridade, por **desprestígio à autonomia federativa** e **contrariedade a uma gestão democrática** de entidade pública da Administração Indireta do Estado-membro, ambos princípios vigentes na ordem constitucional brasileira

---

21. ADI 238, Relator(a): Min. JOAQUIM BARBOSA, Tribunal Pleno, julgado em 24/02/2010, DJe-062 DIVULG 08-04-2010 PUBLIC 09-04-2010 EMENT VOL-02396-01 PP-00001 RT v. 99, n. 897, 2010, p. 131-139.

CAPÍTULO 5 • COMPETÊNCIAS LEGISLATIVAS PRIVATIVAS DA UNIÃO

– tudo em prol de uma injustificada uniformidade de disciplinamento, que ocasiona o erro no qual receava incidir o próprio relator: tomou-se o Estado federal brasileiro como um "estado unitário descentralizado".

O mesmo raciocínio utilizado no Direito Civil quanto à **preponderância das razões da normatização** também deve se aplicar para a definição do que seja de competência da União para legislar sobre Direito Comercial. Não basta versar sobre obrigações empresariais para caracterizar a matéria como desse ramo do Direito, porquanto havendo motivos específicos mais determinantes, o tema passa para outra esfera.

5.2.2 Direito do Trabalho

Em relação ao Direito do Trabalho, que trata dos vários aspectos da relação de emprego, o Supremo Tribunal Federal é firme em defender a competência federal, mesmo diante de medida legislativa estadual declarada pelo próprio Tribunal como louvável e consentânea com tratados internacionais de Direitos Humanos. Isso ocorreu no pertinente à repressão à discriminação contra a mulher no ambiente de trabalho. No julgamento da ADI 2.487, em que se julgava lei do Estado de Santa Catarina que combatia discriminação feminina no mercado de trabalho, o Ministro Joaquim Barbosa, escreveu:

> Não há dúvida de que, do ponto de vista material, a lei impugnada reveste-se de grande importância, pois é vocacionada a concretizar e fortalecer os direitos das mulheres no mercado de trabalho, o que me leva a ressaltar que é digna a iniciativa do legislativo estadual.
>
> Observo, ainda, que a lei atacada inspira-se nos preceitos afirmados em instrumentos internacionais de proteção dos direitos humanos, como a CEDAW – Convenção sobre a Eliminação de Todas as Formas de Discriminação contra as Mulheres, a qual traz, dentre outras normas, a determinação expressa em seu art. 11 de que os Estados-partes adotarão todas as medidas apropriadas para eliminar a discriminação da mulher na esfera de trabalho[22].

Ainda assim, mesmo sendo norma elogiada do ponto de vista axiológico, mesmo estando em harmonia com disposições que o Brasil firmou internacionalmente, não é deferido ao Estado-membro efetivar, nos seus limites, direito fundamental nas relações de trabalho. Nesse mesmo sentido, o Tribunal declarou inconstitucional lei paulista que prescrevia sanções para empresas que exigissem das mulheres, na contratação pelo empregador, de **teste de gravidez ou laqueadura**[23].

---

22. ADI 2487, Relator(a): Min. JOAQUIM BARBOSA, Tribunal Pleno, julgado em 30/08/2007, DJe-055 DIVULG 27-03-2008 PUBLIC 28-03-2008 EMENT VOL-02312-02 PP-00196.
23. "Ação direta de inconstitucionalidade. Lei estadual (SP) nº 10.849/2001. Punição, com a perda da inscrição estadual, para aquelas empresas que exijam a realização de teste de gravidez ou a apresentação de atestado de laqueadura no momento de admissão de mulheres no trabalho. Inconstitucionalidade formal. Competência privativa da União. Direito do trabalho. 1. Inconstitucionalidade formal da Lei nº 10.849/01 do Estado de São Paulo, a qual pune, com a perda da inscrição estadual, as empresas que, no ato de admissão, exijam que a mulher se submeta a teste de gravidez ou apresente atestado de laqueadura. 2. Competência privativa da União para legislar sobre direito do trabalho, consoante disposto no art. 22, inciso I, da Constituição Federal. A lei estadual, ao atribuir sanções administrativas pela inobservância da norma, também contraria a competência exclusiva

De igual modo decidiu em relação a normas estaduais que obrigavam a disponibilização de redutores de estresse físico a motoristas e cobradores[24] e que determinavam o fornecimento de café, leite e pão para empregados da construção no caso de comparecimento ao trabalho com antecedência mínima de 15 minutos[25]. Tem-se isso como exagerado apego ao formalismo em detrimento de direitos de tão elevada importância. Mesmo o reconhecimento da profissão de condutor de ambulância com o estabelecimento de condicionantes para o exercício da atividade foi proibido aos Estados-membros[26].

Essa linha de pensamento formalista quanto a direitos humanos e fundamentais não persistiu no julgamento sobre a comercialização de materiais de amianto (ADI 3.937-MC) a ser examinada no capítulo sobre competência concorrente. Com esse arrefecimento, resta esperar que o STF não mais situe a repartição de competências constitucionais como um empecilho formal para a realização desses direitos pelas mais diversas esferas federais.

Ainda no concernente ao **Direito do Trabalho**, o Tribunal possui firme jurisprudência afastando qualquer normatização estadual – e, por via de consequência, municipal e distrital – que diga respeito a relações de emprego, suas obrigações e direitos, mesmo que ela seja louvável em seu aspecto substancial. Isso exclui mesmo a competência periférica para tratar do regime de trabalho dos empregados públicos, pois regidos pelas normas trabalhistas editadas pela União. Em face disso, foi declarada inconstitucional norma estadual que prescrevia índice de correção do salário de empregados de empresa estatais, em havendo atraso de pagamento[27].

---

da União para "organizar, manter e executar a inspeção do trabalho" (art. 21, XXIV, CF/88). Precedentes: ADI nº 2.487/SC; ADI nº 953/DF; ADI nº 3.587/DF; ADI nº 3.251/RO. 3. Ação direita de inconstitucionalidade julgada procedente". (ADI 3165, Relator(a): Min. DIAS TOFFOLI, Tribunal Pleno, julgado em 11/11/2015, ACÓRDÃO ELETRÔNICO DJe-093 DIVULG 09-05-2016 PUBLIC 10-05-2016)

24. "INCONSTITUCIONALIDADE. Ação direta. Arts. 1º e 2º da Lei nº 3.680/2005, do Distrito Federal. Competência legislativa. Trânsito. Serviço público. Transporte coletivo urbano. Veículos. Provisão de dispositivos redutores de estresse e cansaço físico a motoristas e cobradores. Obrigação das permissionárias de garantir descanso e prática de exercícios físicos. Inadmissibilidade. Competências legislativas exclusivas da União. Ofensa aparente ao art. 22, incs. I e XI, da CF. Liminar concedida. Precedentes. Aparenta inconstitucionalidade, para efeito de liminar, a lei distrital ou estadual que dispõe sobre obrigatoriedade de equipar ônibus usados no serviço público de transporte coletivo com dispositivos redutores de estresse a motoristas e cobradores e de garantir-lhes descanso e exercícios físicos". (ADI 3671 MC, Relator(a): Min. CEZAR PELUSO, Tribunal Pleno, julgado em 28/08/2008, PADJe-227 DIVULG 27-11-2008 PUBLIC 28-11-2008 EMENT VOL-02343-01 PP-00145 RTJ VOL-00207-03 PP-01072).

25. "CONSTITUCIONAL. AÇÃO DIRETA DE INCONSTITUCIONALIDADE. LEI Nº 1.314, DE 1º DE ABRIL DE 2004, DO ESTADO DE RONDÔNIA, QUE IMPÕE ÀS EMPRESAS DE CONSTRUÇÃO CIVIL, COM OBRAS NO ESTADO, A OBRIGAÇÃO DE FORNECER LEITE, CAFÉ E PÃO COM MANTEIGA AOS TRABALHADORES QUE COMPARECEREM COM ANTECEDÊNCIA MÍNIMA DE 15 (QUINZE) MINUTOS AO SEU PRIMEIRO TURNO DE LABOR. USURPAÇÃO DA COMPETÊNCIA DA UNIÃO PARA LEGISLAR SOBRE DIREITO DO TRABALHO (INCISO I DO ART. 22). Ação julgada procedente". (ADI 3251, Relator(a): Min. CARLOS BRITTO, Tribunal Pleno, julgado em 18/06/2007, DJe-126 DIVULG 18-10-2007 PUBLIC 19-10-2007 DJ 19-10-2007 PP-00027 EMENT VOL-02294-01 PP-00138).

26. ADI 5876, Relator(a): ALEXANDRE DE MORAES, Tribunal Pleno, julgado em 23/08/2019, PROCESSO ELETRÔNICO DJe-195 DIVULG 06-09-2019 PUBLIC 09-09-2019.

27. "Ação Direta de Inconstitucionalidade. 2. Artigo 28, § 5º, da Constituição do Estado do Rio Grande do Norte. 3. Fixação de data para o pagamento dos vencimentos dos servidores públicos estaduais e municipais, da administração direta, indireta, autárquica, fundacional, de empresa pública e de sociedade de economia mista,

CAPÍTULO 5 • COMPETÊNCIAS LEGISLATIVAS PRIVATIVAS DA UNIÃO — 241

Portanto, o Tribunal firmou entendimento de que a competência legislativa da União sobre a relação de emprego alcança inclusive a mantida entre empregados públicos (regidos pela CLT) e os outros entes federativos, que, portanto, não podem legislar sobre o tema. Os entes periféricos só podem tratar sobre a relação de trabalho mantida com seus agentes quando ela for estatutária e não celetista. Com esse entendimento, julgou-se que "a competência legislativa atribuída aos municípios se restringe a seus servidores estatutários. Não abrange ela os empregados públicos, porque estes estão submetidos às normas de Direito do Trabalho, que, nos termos do inciso I do art. 22 da Constituição Federal, são de competência privativa da União"[28].

Nessa competência privativa para legislar sobre Direito do Trabalho, também está ainda a de **instituir feriados**, por ser medida que afeta diretamente a relação de emprego. O Supremo Tribunal Federal decidiu que "implícito ao poder privativo da União de legislar sobre direito do trabalho está o de decretar feriados civis, mediante lei federal ordinária, por envolver tal iniciativa consequências nas relações empregatícias e salariais"[29]. Sobre o assunto, foi editada a Lei nº 9.093/95:

> Art. 1º São feriados civis:
>
> I – os declarados em lei federal;
>
> II – a data magna do Estado fixada em lei estadual.
>
> III – os dias do início e do término do ano do centenário de fundação do Município, fixados em lei municipal.
>
> Art. 2º São feriados religiosos os dias de guarda, declarados em lei municipal, de acordo com a tradição local e em número não superior a quatro, neste incluída a Sexta-Feira da Paixão.
>
> Art. 3º Esta Lei entra em vigor na data de sua publicação.
>
> Art. 4º Revogam-se as disposições em contrário, especialmente o art. 11 da Lei nº 605, de 5 de janeiro de 1949.

Com o mesmo fundamento de ser matéria afeta ao Direito do Trabalho, foi declarada inconstitucional lei do Estado do Rio de Janeiro que instituía feriado no Dia das Mães, comemorado no segundo domingo do mês de maio[30]; lei do Estado de Rondônia que criava feriado em homenagem aos evangélicos[31]; e lei do Estado do Amapá sobre o Dia de São Tiago[32].

---

corrigindo-se monetariamente os seus valores se pagos em atraso. 4. Violação dos artigos 34, VII, c, e 22, I, da Constituição Federal. 5. Ação Direta de Inconstitucionalidade julgada parcialmente procedente para confirmar a medida liminar e declarar inconstitucionais as expressões "municipais" e "de empresa pública e de sociedade de economia mista", constantes do § 5º, art. 28, da Constituição do Estado do Rio Grande do Norte". (ADI 144, Relator(a): Min. GILMAR MENDES, Tribunal Pleno, julgado em 19/02/2014, DJe-066 DIVULG 02-04-2014 PUBLIC 03-04-2014 EMENT VOL-02724-01 PP-00001)

28. RE 632713 AgR, Relator(a): Min. AYRES BRITTO, Segunda Turma, julgado em 17/05/2011, DJe-164 DIVULG 25-08-2011 PUBLIC 26-08-2011 EMENT VOL-02574-03 PP-00523.

29. ADI 3069, Relator(a): Min. ELLEN GRACIE, Tribunal Pleno, julgado em 24/11/2005, DJ 16-12-2005 PP-00057 EMENT VOL-02218-02 PP-00317 RJP v. 2, n. 8, 2006, p. 140 LEXSTF v. 28, n. 325, 2006, p. 93-98.

30. ADI 6133, Relator(a): RICARDO LEWANDOWSKI, Tribunal Pleno, julgado em 16/06/2020, PROCESSO ELETRÔNICO DJe-169 DIVULG 03-07-2020 PUBLIC 06-07-2020.

31. ADI 3940, Relator(a): GILMAR MENDES, Tribunal Pleno, julgado em 20/03/2020, PROCESSO ELETRÔNICO DJe-168 DIVULG 02-07-2020 PUBLIC 03-07-2020.

32. ADI 4820, Relator(a): DIAS TOFFOLI, Tribunal Pleno, julgado em 20/09/2018, PROCESSO ELETRÔNICO DJe-257 DIVULG 30-11-2018 PUBLIC 03-12-2018.

No entanto, na ADPF 634[33], o Tribunal declarou constitucional, por maioria, lei do Município de São Paulo por considerar existir interesse local (art. 30, I, CF/88) em instituir em seu território o feriado do Dia da Consciência Negra, em cumprimento do dever de incentivar a valorização e a difusão das manifestações culturais mediante a fixação de datas comemorativas de alta significação para os diferentes segmentos étnicos nacionais, prescrito pelo art. 215, §2º, da Constituição Federal. Conforme destacado no julgamento, várias unidades federativas (Estados-membros e Municípios) possuíam até aquela ocasião feriado de igual teor.

Em seu voto condutor, a Ministra Carmen Lúcia aludiu aos precedentes que declaravam a inconstitucionalidade de outros feriados por invasão da competência federal para legislar sobre Direito do Trabalho, mas, ainda assim, entendeu que "a subordinação da instituição de qualquer feriado ao direito do trabalho limitaria o legítimo interesse local do Município de estabelecer no calendário local marco de especial valor étnico, pelo que interpretação no sentido restritivo **contrariaria** a vontade do constituinte de garantir ao ente municipal competência para legislar sobre os assuntos de pertinência própria".

Como se observa, para concluir pela validade desse feriado, foi apontada uma premissa jurídica (a competência para legislar sobre Direito do Trabalho **não pode limitar** a competência local) plenamente distinta da encontrada na jurisprudência majoritária (a competência para legislar sobre Direito do Trabalho **limita** a competência dos demais entes federativos).

É possível identificar, contudo, um fator relevante que pode juridicamente justificar essa contraposição de premissas: com o referido feriado local se está a cumprir no âmbito municipal o dever constitucional prescrito no referido art. 215, §2º, da Constituição Federal. Assim, é possível ajustar a *ratio decidendi* da linha jurisprudencial no sentido de não ser possível a competência federal limitar a competência local em estabelecer feriado quando este se der **em cumprimento de dever constitucional**.

Ainda assim, é preciso verificar se há interesse local específico no cumprimento do dever constitucional, pois este se caracteriza, como visto, pela **preponderância** e **caráter imediato** do interesse envolvido, no sentido de a matéria tocar particularmente os munícipes daquela localidade e dentro dos limites territoriais do respectivo Município. Embora o critério geográfico do feriado seja nitidamente cumprido, porque válido apenas dentro dos limites territoriais do Município, demonstrando o caráter imediato do disciplinamento, não parece haver, em primeira vista, um interesse específico dos moradores do Rio de Janeiro a justificar a preponderância do interesse local na conscientização sobre a situação de minorias étnicas. A mácula da escravidão, razão primeira a justificar uma reflexão sobre a consciência negra, foi um fenômeno nacional. Como, então, justificar um peculiar interesse do Rio de Janeiro nesse tema?

---

33. ADPF 634, Relator(a): CÁRMEN LÚCIA, Tribunal Pleno, julgado em 30/11/2022, PROCESSO ELETRÔNICO DJe-s/n DIVULG 12-04-2023 PUBLIC 13-04-2023.

CAPÍTULO 5 • COMPETÊNCIAS LEGISLATIVAS PRIVATIVAS DA UNIÃO

O voto condutor foi bastante feliz em narrar essa nódoa histórica no Brasil como um todo, mas para justificar o interesse local a fundamentação foi genérica:

> O feriado instituído pela norma municipal sob análise assume estrito caráter cultural e étnica, revestido de "alta significação para os diferentes segmentos nacionais", nos termos do § 2º do art. 215 da Constituição da República, enaltecendo a identidade e a história que se inscrevem no patrimônio genético-cultural de interesse local, marcante para a municipalidade tanto quanto com a nacionalidade. À maneira dos ditados repetidos, cantes a sua aldeia se queres ser universal. O local não deixa de espraiar-se na nacionalidade e essa não desfigura o interesse nem esvazia o local.

Como se observa, o argumento que serve de motivo decisório aponta para a discricionariedade local em disciplinar como deve ser tratado tão relevante tema, o que seria suficiente para merecer a vedação de revisão pelo Judiciário. Acontece que isso gera uma petição de princípio: o Município tem a discricionariedade para definir seu interesse local para tratar sobre o assunto, mas o Município só possui competência para tanto se o assunto for de interesse local.

É preferível entender, então, que a preponderância que leva à caracterização do interesse local se justifica não só por razões históricas objetivas (como o Cais do Valongo localizado na cidade ser o maior porto de destino de escravizados da história), mas também por ser um reconhecimento para o local de uma luta nacional. Há a **competência suplementar simples** do Município para implementar em seu território o dever constitucional de fixação de datas comemorativas de alta significação para os diferentes segmentos étnicos nacionais.

A importância dessa luta evidencia que não se pode ser estrito e rigoroso no entendimento de que criação de feriado é competência privativa da União, de modo a impedir de maneira absoluta o livre exercício da autonomia dos entes subnacionais em definir aquilo que entenda ser dever de todos refletir e rememorar mediante um feriado em seus respectivos territórios. Esse caso convida a refletir, portanto, que o excessivo formalismo dessa linha jurisprudencial vigente pode retirar a autonomia municipal e estadual em rememorar, celebrar e conscientizar sobre esse e outros temas que sejam caros para aquela comunidade e igualmente se enquadrem no dever do art. 215 da Constituição Federal.

No mesmo julgamento, o Ministro André Mendonça apresentou voto divergente – que restou vencido – justamente sustentando o estrito respeito ao entendimento de a matéria ser privativa da União, em sintonia com os inúmeros precedentes. Rememorou "a jurisprudência desta Excelsa Corte há muito se consolidou no sentido de que 'implícito ao poder privativo da União de legislar sobre direito do trabalho está o de decretar feriados civis, mediante lei federal ordinária, por envolver tal iniciativa consequências nas relações empregatícias e salariais' (ADI nº 3.069/DF, Rel. Min. Ellen Gracie, j. 24.11.2005, p. 16.12.2005)".

Adicionalmente, não via, no caso concreto, motivo para qualquer distinção, apontando que eventual conflito entre a forma federativa e a proteção da cultura já havia sido solucionado em prol daquela em outras ocasiões pelo Supremo Tribunal Federal, justamente no julgamento pela inconstitucionalidade de feriados subnacionais fora dos parâmetros traçados por lei nacional. Relembrou que "compreendeu o tribunal que, nada obstante a sua superlativa relevância, '[o] valor histórico, cultural e religioso da data não é argumento apto a justificar invasão da competência privativa da União para dispor sobre feriados, mantida a possibilidade de reconhecimento estadual como data comemorativa local'".

O voto divergente reforça, portanto, que uma estrita aplicação da jurisprudência levaria à declaração de inconstitucionalidade de um feriado sobre assunto de grande relevância, já que o dado apontado como justificador da distinção já fora afastado nos precedentes. Seu entendimento foi acompanhado pelo Ministro Nunes Marques apenas. A maioria dos Ministros, no entanto, julgou constitucional a norma.

Esse julgamento deve ser tomado, pois, como uma oportunidade de ilustrar o erro da linha jurisprudencial que limita amplamente a autonomia periférica. A relevância da consciência negra evidencia que pode haver razões locais e regionais que, no respectivo território, faça emergir o mesmo dever constitucional do art. 215 da Constituição Federal, não podendo o Tribunal escalonar por ordem de importância apriorística os valores históricos, culturais e religiosos que cada Estado-membro e cada Município pode ou não pode, por meio de suas instituições democrático-representativas, tomar como merecedor de uma reflexão por meio de feriado. Deve a linha jurisprudencial ser revista a partir desse caso.

Por fim, ainda nesse tópico, é preciso atentar para algo que não é enfrentado nos inúmeros precedentes que citam a Lei nº 9.093/95, que dá os parâmetros que permitem a instituição de feriados pelos demais entes federativos: se a matéria é privativa da União e se estar a delegar seu exercício, deveria ser uma lei complementar, que apenas poderia autorizar aos Estados-membros, nos termos do art. 22, parágrafo único da Constituição Federal.

O texto constitucional é inequívoco ao dispor que "lei complementar poderá autorizar os Estados a legislar sobre questões específicas das matérias relacionadas neste artigo". Se instituir feriado é matéria própria do Direito do Trabalho (art. 22, I), então, sequer poderia haver possibilidade de delegação para os Municípios, e a norma não poderia também ser uma lei ordinária, como a Lei nº 9.093/95, mas uma lei complementar. Mais esse obstáculo evidencia as dificuldades em se tomar estritamente o entendimento majoritário, o que corrobora a necessidade de sua relativização.

Outa exceção aberta a esse rigorismo na definição do que seja relação de trabalho, de modo a excluir a atuação dos entes subnacionais, foi verificada na ADI 907, pois entendeu o Supremo Tribunal Federal não invadir a competência privativa da União lei estadual que obrigava supermercados a contratarem empacotadores. A norma, contudo, foi declarada inconstitucional por vício material, por expressar medida des-

CAPÍTULO 5 • COMPETÊNCIAS LEGISLATIVAS PRIVATIVAS DA UNIÃO **245**

proporcional[34]. Assim, embora fosse deferida a competência para estatuir tal obrigação, foi exercida, no caso concreto, de maneira desproporcional.

No entanto, várias outras matérias foram tidas como próprias do Direito do Trabalho e, consequentemente, de competência privativa da União como a regulamentação do Programa Jovem Aprendiz. O Tribunal julgou inconstitucional lei do Estado de Rondônia que dispunha sobre a contratação de profissionais que participassem desse programa[35].

5.2.3 Direito Processual

Outro amplo ramo atribuído à União é o do **Direito Processual** nas suas mais variadas modalidades, como Civil, Penal e Trabalhista. Os tópicos mais relevantes sobre a relação triangular entre autor, juiz e réu são tidos por matéria processual de competência da União. Definiu o Supremo Tribunal Federal que "[…] são normas de direito processual as relativas às **garantias do contraditório**, do **devido processo legal**, dos **poderes**, **direitos** e **ônus** que constituem a relação processual, como também as normas que regulem os atos destinados a realizar a *causa finalis* **da jurisdição**"[36]. Acrescentem-se, ainda, as disposições sobre **condições da ação**, **pressupostos processuais** e **recursais** e, no processo penal, as disposições inerentes à condução do **inquérito policial**.

Tais assuntos são distintos dos **exclusivamente procedimentais** que podem ser tratados pelos Estados-membros e que dizem respeito à estruturação e ao disciplina-

---

34. "Direito Constitucional. Ação Direta de Inconstitucionalidade. Lei estadual. Obrigatoriedade de prestação do serviço de empacotamento em supermercados. […] 2. Acerca do vício formal, toda e qualquer obrigação imposta a agentes privados acabará produzindo, direta ou indiretamente, impactos sobre a atividade empresarial ou de ordem trabalhista. Sendo assim, não se vislumbra usurpação da competência legislativa privativa da União, prevista no art. 22, I, da Constituição. Também não parece ser o caso de evidente invasão da competência dos Municípios para legislar sobre assuntos de interesse local, tal como disposto no art. 30, I, da CF/88, de que é exemplo a competência para disciplinar o horário de funcionamento de estabelecimentos comerciais (Súmula Vinculante 38). 3. Por outro lado, a Lei nº 2.130/1993, do Estado do Rio de Janeiro, padece de vício material. Isso porque a restrição ao princípio da livre iniciativa, protegido pelo art. 170, caput, da Constituição, a pretexto de proteger os consumidores, não atende ao princípio da proporcionalidade, nas suas três dimensões: (i) adequação; (ii) necessidade; e (iii) proporcionalidade em sentido estrito. 4. A providência imposta pela lei estadual é inadequada porque a simples presença de um empacotador em supermercados não é uma medida que aumente a proteção dos direitos do consumidor, mas sim uma mera conveniência em benefício dos eventuais clientes. Trata-se também de medida desnecessária, pois a obrigação de contratar um empregado ou um fornecedor de mão-de-obra exclusivamente com essa finalidade poderia ser facilmente substituída por um processo mecânico. Por fim, as sanções impostas revelam a desproporcionalidade em sentido estrito, eis que capazes de verdadeiramente falir um supermercado de pequeno ou médio porte. 5. Procedência da ação, para declarar a inconstitucionalidade da Lei nº 2.130/1993, do Estado do Rio de Janeiro, confirmando-se a liminar deferida pelo Min. Sepúlveda Pertence". (ADI 907, Relator(a): Min. ALEXANDRE DE MORAES, Relator(a) p/ Acórdão: Min. ROBERTO BARROSO, Tribunal Pleno, julgado em 01/08/2017, ACÓRDÃO ELETRÔNICO DJe-266 DIVULG 23-11-2017 PUBLIC 24-11-2017)

35. ADI 7148, Relator(a): ROBERTO BARROSO, Tribunal Pleno, julgado em 25/04/2023, PROCESSO ELETRÔNICO DJe-s/n DIVULG 06-06-2023 PUBLIC 07-06-2023.

36. ADI 2970, Relator(a): Min. ELLEN GRACIE, Tribunal Pleno, julgado em 20/04/2006, DJ 12-05-2006 PP-00004 EMENT VOL-02231-01 PP-00163 RTJ VOL-00200-01 PP-00056 RDDP n. 40, 2006, p. 155-160 LEXSTF v. 28, n. 330, 2006, p. 50-60 RT v. 95, n. 851, 2006, p. 452-458.

mento das atividades funcionais referentes ao trâmite perante as unidades e órgãos jurisdicionais, assim como suas competências dentro da Justiça do Estado-membro. Podem ser objeto de legislação estadual mesmo porque elencadas como competências concorrentes pelo art. 24. São elas: **a)** custas dos serviços forenses; **b)** procedimentos em matéria processual; **c)** criação, funcionamento e processo dos juizados de pequenas causas.

Quanto ao **inquérito civil**, há julgamento tomando-o como procedimento, pelo que haveria competência concorrente quanto ao tema. Há, porém, divergência, porque o equipara ao inquérito policial, que, em julgamentos posteriores, é tomado como matéria processual[37].

O Supremo Tribunal Federal já fixou diversos assuntos como sendo estritamente processuais e, portanto, de competência privativa da União, invalidando normatização estadual. Estão na sequência.

a) Interrogatório penal por meio de videoconferência[38], o que ocasionou seu posterior disciplinamento por norma nacional (Lei nº 11.900/09).

b) Exigência de depósito recursal no âmbito de juizados especiais[39].

c) Estabelecimento de prerrogativa para delegado de polícia ajustar previamente com o juiz ou autoridade competente a data, hora e local para ser ouvido como testemunha ou ofendido em processos e inquéritos[40].

---

37. "Ação direta de inconstitucionalidade. Pedido de liminar. Artigos 105, 108, "caput" e § 1º, 111, 166, V e X (este só no tocante à remissão ao inciso V do mesmo artigo), 299, § 2º, todos da Lei Complementar nº 734, de 26 de novembro de 1993, do Estado de São Paulo. – O inquérito civil é procedimento pré-processual que se insere na esfera do direito processual civil como procedimento, à semelhança do que sucede com relação ao inquérito policial em face do direito processual penal. Daí, a competência concorrente prevista no artigo 24, XI, da Constituição Federal. […]" (ADI 1285 MC, Relator(a): Min. MOREIRA ALVES, Tribunal Pleno, julgado em 25/10/1995, DJ 23-03-2001 PP-00084 EMENT VOL-02024-01 PP-00154).

38. "Habeas corpus. Processual penal e constitucional. Interrogatório do réu. Videoconferência. Lei nº 11.819/05 do Estado de São Paulo. Inconstitucionalidade formal. Competência exclusiva da União para legislar sobre matéria processual. Art. 22, I, da Constituição Federal. 1. A Lei nº 11.819/05 do Estado de São Paulo viola, flagrantemente, a disciplina do art. 22, inciso I, da Constituição da República, que prevê a competência exclusiva da União para legislar sobre matéria processual. 2. Habeas corpus concedido". (HC 90900, Relator(a): Min. ELLEN GRACIE, Relator(a) p/ Acórdão: Min. MENEZES DIREITO, Tribunal Pleno, julgado em 30/10/2008, DJe-200 DIVULG 22-10-2009 PUBLIC 23-10-2009 EMENT VOL-02379-04 PP-00747)

39. "Ação direta de inconstitucionalidade. Art. 7º da Lei Estadual (AL) nº 6.816/07. Exigência de depósito recursal prévio no âmbito dos Juizados Especiais Cíveis do Estado de Alagoas. Matéria própria de Direito Processual Civil. Inconstitucionalidade formal (art. 22, inciso I, CF). Medida cautelar deferida. 1. A exigência de depósito recursal prévio aos recursos do Juizado Especial Cível, criada pelo art. 7º da Lei Estadual (AL) nº 6.816/07, constitui requisito de admissibilidade do recurso, tema próprio de Direito Processual Civil e não de "procedimentos em matéria processual" (art. 24, inciso XI, CF). 2. Medida cautelar deferida para suspender a eficácia do art. 7º, caput e respectivos parágrafos, da Lei nº 6.816/07, do Estado de Alagoas". (ADI 4161 MC, Relator(a): Min. MENEZES DIREITO, Tribunal Pleno, julgado em 29/10/2008, DJe-071 DIVULG 16-04-2009 PUBLIC 17-04-2009 EMENT VOL-02356-02 PP-00279 RTJ VOL-00210-01 PP-00232)

40. "AÇÃO DIRETA DE INCONSTITUCIONALIDADE. ART. 32, INC. IV, DA LEI SERGIPANA N. 4.122/1999, QUE CONFERE A DELEGADO DE POLÍCIA A PRERROGATIVA DE AJUSTAR COM O JUIZ OU A AUTORIDADE COMPETENTE A DATA, A HORA E O LOCAL EM QUE SERÁ OUVIDO COMO TESTEMUNHA OU OFENDIDO EM PROCESSOS E INQUÉRITOS. PROCESSO PENAL. COMPETÊNCIA

CAPÍTULO 5 • COMPETÊNCIAS LEGISLATIVAS PRIVATIVAS DA UNIÃO **247**

d) Concessão indiscriminada de gratuidade para realização de teste de paternidade e maternidade[41].

e) Critérios para definição do valor da causa[42].

f) Atos do juiz, mediante o direcionamento de "[…] sua atuação quando deixar de acolher ou entender cabível a proposta de transação penal, ou quando discordar da proposta de suspensão do processo formulada pelo membro do Ministério Público, além de criar hipóteses de intervenção do Procurador-Geral de Justiça nos processos criminais subordinados aos ditamos da lei"[43].

g) Atribuição de competência para o Procurador-Geral de Justiça promover ação civil pública.

h) A determinação do conceito de "crime organizado", ainda que para fixar a competência de vara estadual especializada no assunto[44],

i) Concessão de desconto de "85% sobre honorários de sucumbência, devidos em ações tributárias e execuções fiscais ajuizadas"[45].

j) Criação do dever de a Fazenda Pública, nas execuções fiscais, antecipar o pagamento das despesas com a diligência dos oficiais de justiça[46].

PRIVATIVA DA UNIÃO. AÇÃO JULGADA PROCEDENTE. 1. É competência privativa da União legislar sobre direito processual (art. 22, inc. I, da Constituição da República). 2. A persecução criminal, da qual fazem parte o inquérito policial e a ação penal, rege-se pelo direito processual penal. Apesar de caracterizar o inquérito policial uma fase preparatória e até dispensável da ação penal, por estar diretamente ligado à instrução processual que haverá de se seguir, é dotado de natureza processual, a ser cuidada, privativamente, por esse ramo do direito de competência da União. 3. Ação direta de inconstitucionalidade julgada procedente". (ADI 3896, Relator(a): Min. CÁRMEN LÚCIA, Tribunal Pleno, julgado em 04/06/2008, DJe-147 DIVULG 07-08-2008 PUBLIC 08-08-2008 EMENT VOL-02327-01 PP-00100 RTJ VOL-00205-03 PP-01141 RT v. 97, n. 878, 2008, p. 499-504 LEXSTF v. 30, n. 360, 2008, p. 45-56).

41. ADI 3394, Relator(a): Min. EROS GRAU, Tribunal Pleno, julgado em 02/04/2007, DJe-087 DIVULG 23-08-2007 PUBLIC 24-08-2007 DJ 24-08-2007 PP-00023 RT v. 96, n. 866, 2007, p. 112-117 REPUBLICAÇÃO: DJe-152 DIVULG 14-08-2008 PUBLIC 15-08-2008 EMENT VOL-02328-01 PP-00099.

42. "AÇÃO DIRETA DE INCONSTITUCIONALIDADE. DECRETO JUDICIÁRIO N. 006/99 DO TJ/BA. FISCA-LIZAÇÃO DO VALOR DA CAUSA NO ATO DA DISTRIBUIÇÃO. INCONSTITUCIONALIDADE FORMAL. 1. O quanto respeite ao valor da causa consubstancia matéria de direito processual, adstrita à lei federal, nos termos do disposto no artigo 22, inciso I, da Constituição do Brasil. 2. Pedido de inconstitucionalidade julgado procedente". (ADI 2052, Relator(a): Min. EROS GRAU, Tribunal Pleno, julgado em 06/04/2005, DJ 18-11-2005 PP-00002 EMENT VOL-02214-01 PP-00089 LEXSTF v. 28, n. 325, 2006, p. 68-79).

43. "AÇÃO DIRETA DE INCONSTITUCIONALIDADE. ARTIGO 26 DA LEI COMPLEMENTAR N. 851/98 DO ESTADO DE SÃO PAULO. MATÉRIA PROCESSUAL. INCONSTITUCIONALIDADE FORMAL. 1. À União, nos termos do disposto no artigo 22, inciso I, da Constituição do Brasil, compete privativamente legislar sobre direito processual. 2. Lei estadual que dispõe sobre atos de Juiz, direcionando sua atuação em face de situações específicas, tem natureza processual e não meramente procedimental. 3. Pedido de declaração de inconstitucionalidade julgado procedente". (ADI 2257, Relator(a): Min. EROS GRAU, Tribunal Pleno, julgado em 06/04/2005, DJ 26-08-2005 PP-00005 EMENT VOL-02202-01 PP-00111 RTJ VOL-00195-01 PP-00016).

44. ADI 4414, Relator(a): Min. LUIZ FUX, Tribunal Pleno, julgado em 31/05/2012, PROCESSO ELETRÔNICO DJe-114 DIVULG 14-06-2013 PUBLIC 17-06-2013.

45. ADI 7014, Relator(a): EDSON FACHIN, Tribunal Pleno, julgado em 28/11/2022, PROCESSO ELETRÔNICO DJe-259 DIVULG 16-12-2022 PUBLIC 19-12-2022.

46. ADI 5969, Relator(a): DIAS TOFFOLI, Tribunal Pleno, julgado em 03/10/2022, PROCESSO ELETRÔNICO DJe-231 DIVULG 14-11-2022 PUBLIC 16-11-2022.

l) Criação de novas sanções processuais, diversas da existente na legislação federal[47].

É facilmente perceptível o fato de que todos esses precedentes versam sobre processo judicial. Embora não se consigne expressamente, a motivação comum neles se embasa na caracterização de assuntos processuais como aqueles relacionados a "*causa finalis* da jurisdição". Não se inclui, pois, na competência privativa da União legislar sobre **processo administrativo**.

Não poderia ser diferente. Mesmo tendo a Constituição Federal assegurado, de maneira inédita e expressa, aos litigantes em processo administrativo os preceitos fundamentais do contraditório e da ampla defesa, a matéria ainda é intimamente ligada ao funcionamento, aos poderes e deveres da Administração Pública, o que a inclui no Direito Administrativo, e, portanto, na competência de todas as unidades federativas que legislarão obedecendo a esses princípios estabelecidos já no Texto Constitucional. Portanto, para efeitos de determinação da competência, o Direito Processual aludido no art. 22, I, CF/88, é apenas o **judicial**.

5.3 COMPETÊNCIAS SOBRE MATÉRIAS JURÍDICAS INTEGRANTES DE PARTE DE UM RAMO DO DIREITO

A Constituição Federal atribuiu à União não só ramos do Direito por inteiro. Também tratou sobre matérias específicas.

Pode-se exemplificar isso com dois temas relevantes do Direito Administrativo que não seguem o critério geral de distribuição de competência sobre esse ramo, segundo o qual todas as unidades da Federação podem legislar a respeito. A legislação sobre **Desapropriação** e **normas gerais** sobre **licitação** e **contratos administrativos** é de competência privativa da União. Naturalmente, dentro de suas zonas de interesse e atribuições, todos os integrantes do pacto federativo efetivam a atividade material de desapropriação, bem como realizam licitações e pactuam contratos administrativos, mas o fazem em observância à legislação nacional editada pela União.

A desapropriação consiste na reversão de bem ou direito de terceiro para o Poder Público ou para outra destinação de interesse público. **Toda a normatização sobre o assunto é nacional a cargo da União**, não podendo os demais entes dispor diferentemente, tanto assim que já foi declarada a inconstitucionalidade de lei do Distrito Federal que submetia à Câmara Legislativa as desapropriações realizadas pelo Executivo[48].

---

47. ADI 7063, Relator(a): EDSON FACHIN, Tribunal Pleno, julgado em 06/06/2022, PROCESSO ELETRÔNICO DJe-120 DIVULG 21-06-2022 PUBLIC 22-06-2022.
48. ADI 969, Relator(a): Min. JOAQUIM BARBOSA, Tribunal Pleno, julgado em 27/09/2006, DJ 20-10-2006 PP-00048 EMENT VOL-02252-01 PP-00031 RTJ VOL-00200-01 PP-00007 LEXSTF v. 28, n. 336, 2006, p. 16-20 RT v. 96, n. 857, 2007, p. 162-164.

CAPÍTULO 5 • COMPETÊNCIAS LEGISLATIVAS PRIVATIVAS DA UNIÃO

Esse tratamento conferido à desapropriação diverge do emprestado a licitações e contratos administrativos, pois naquela a competência da União é ampla (legislar sobre desapropriação genericamente), enquanto nestes atribuiu-se apenas as **normas gerais,** na intenção de garantir uniformidade nacional sobre os aspectos fundamentais, sem prejuízo de uma margem de conformação pelos entes periféricos. Essa última técnica enseja, no entanto, algumas incertezas, dada a dificuldade em determinar o que sejam essas normas gerais.

Por exemplo, todos os artigos da Lei nº 14.133/21, editada pelo Congresso Nacional para tratar sobre licitação e contratos versam sobre normas gerais? Apenas parte deles? Quais? Qual o critério utilizado? Tal qual sua antecessora (Lei nº 8.666/93), o art. 1º do diploma se preocupa em consignar que "[...] esta lei estabelece normas gerais sobre licitações e contratos administrativos [...]". Daí surge outra pergunta: basta haver a declaração nesses termos no texto da lei para que todas as suas disposições sejam tidas efetivamente como normas gerais? Marçal Justen Filho, desde a legislação anterior, enfrentava o problema, mas sem apresentar solução definitiva:

> Como todo **conceito jurídico indeterminado**, a expressão "norma geral" comporta dois núcleos de certeza, há um núcleo de certeza positiva, correspondente ao âmbito de abrangência inquestionável do conceito. Há outro núcleo de certeza negativa, que indica a área a que o conceito não se aplica. Entre esses dois pontos extremos, coloca-se a precisão na aplicação do conceito. Aproximando-se do núcleo de certeza negativa, amplia-se a inaplicabilidade do conceito. Não existe, porém, um limite exato acerca dos contornos do conceito[49].

Os precedentes do Supremo Tribunal Federal não são diferentes. O Governador do Rio Grande do Sul ajuizou a ADI 927 justamente contra o art. 1º da Lei nº 8.666/93 na parte em que determinava sua irrestrita aplicação aos Estados-membros, Distrito Federal e Municípios (prescrição repetida na lei atual), ou seja, na parte em que consagrava toda a lei como norma geral sobre licitações e contratos. Outros dispositivos com prescrições similares também fizeram parte da ação, como os arts. 17 e 118 (este estabelecia expressa obrigação para os entes periféricos adaptarem sua legislação às disposições da lei). Como motivo principal de sua demanda, alegou que a União não se limitou a estabelecer preceitos gerais, avançando em um detalhamento exaustivo do tema.

No julgamento da Medida Cautelar dessa ação, o Ministro Carlos Velloso, relator, partindo das lições de Marçal Justen Filho, escreveu:

> A formulação do conceito de "normas gerais" é tanto mais complexa quando se tem presente o conceito de lei em sentido material – norma geral, abstrata. Ora, se a lei, em sentido material, é norma geral, como seria a lei de 'normas gerais' referida na Constituição? Penso que essas 'normas gerais' devem apresentar generalidade maior do que apresentam, de regra, as leis. Penso que 'norma geral', tal como posta na Constituição, **tem o sentido de diretriz, de princípio geral**. A norma geral federal, melhor será dizer nacional, seria a **moldura do quadro a ser pintado** pelos Estados e Municípios no âmbito de suas competências.

---

49. JUSTEN FILHO, Marçal. **Comentários à lei de Licitações e contratos administrativos**. 8ª edição. São Paulo: Malheiros, 2001, p. 17-18.

Com propriedade, registra a professora Alice Gonçales Borges que 'as normas gerais', leis nacionais, "são necessariamente de caráter mais genérico e abstrato do que as normas locais. Constituem normas de leis, direito sobre direito, determinam parâmetros, com maior nível de generalidade e abstração, estabelecidos para que sejam desenvolvidos pela ação normativa subsequente das ordens federadas", pelo que "não são normas gerais as que se ocupam de detalhamentos, pormenores, minúcias, de modo que nada deixem à criação própria do legislador a quem se destinam, exaurindo o assunto que tratam". Depois de considerações outras, no sentido da caracterização de "norma geral", conclui: "são normas gerais as que se contenham no **mínimo indispensável ao cumprimento dos preceitos fundamentais**, abrindo espaço para que o legislador possa abordar aspectos diferentes, diversificados, sem desrespeito a seus comandos genéricos, básicos"[50].

O Relator, então, concluiu, juntamente com Celso Antônio Bandeira de Melo, que a competência da União, no tocante à licitação, não pode minudenciar as condições para licitar e contratar, definir valores, prazos e requisitos de publicidade, registros cadastrais, nem exaurir as modalidades licitatórias, recursos e prazos. Enfim, segundo esse entendimento, não se poderia fazer o que a Lei nº 8.666/93 ou a atual Lei nº 14.133/21 fizeram em seus textos.

A despeito dessas premissas lançadas, foram declarados, porém, constitucionais os arts. 1º e 118 da Lei nº 8.666/93 (justamente os que determinavam irrestrita obediência pelos entes periféricos aos preceitos da lei), não sendo ofertados maiores esclarecimentos, tomando essa conclusão como uma consequência lógica das premissas, o que não parece ser tão claro.

Esse julgamento, portanto, não encerrou as discussões, ao contrário, apenas as evidenciou por meio da divergência entre os ministros e a falta de precisão do voto do Relator, que findou por se sagrar vencedor. O julgamento do mérito da ação, mesmo passados tantos anos, ainda não ocorreu.

A Lei nº 14.133/21 traz em seu art. 187 a previsão de que "os Estados, o Distrito Federal e os Municípios poderão aplicar os regulamentos editados pela União para execução desta Lei". Tal prescrição deve receber a correta interpretação, a fim de evitar inconstitucionalidade. A ênfase é na mera possibilidade dessa aplicação, não podendo jamais traduzir um dever ou obrigatoriedade diretamente estabelecidos por essa norma nacional. Naturalmente, essa decisão não cabe ao agente administrativo responsável por um específico certamente, caso a caso, mas a **ato normativo** do ente periférico determinando essa aplicação de modo geral e abstrato desde então, correspondendo a uma incorporação das disposições federais à normatização periférica. Quando muito, é lícito se pleitear, ante a omissão nessa incorporação da regulamentação federal, sua aplicação subsidiária, mas sempre considerando a normatização específica periférica sobre o assunto, editada dentro de sua competência federativa.

Em verdade, é possível perceber a defesa de uma ampla competência da União no pertinente a licitações e contratos, o que é corroborado pelo julgamento da ADI 3.670

---

50. ADI 927 MC, Relator(a): Min. CARLOS VELLOSO, Tribunal Pleno, julgado em 03/11/1993, DJ 11-11-1994 PP-30635 EMENT VOL-01766-01 PP-00039.

que invalidou lei do Distrito Federal que estabelecia restrições a licitantes que discriminassem mulheres na contratação de mão de obra. O Tribunal entendeu haver "[...] ofensa à competência privativa da União para legislar sobre normas gerais de licitação e contratação administrativa, em todas as modalidades, para as administrações públicas diretas, autárquicas e fundacionais de todos os entes da Federação (CF, art. 22, XXVII)" [51]. Assim, prevalece o **critério formal** de autoproclamação contida no texto legal como norma geral sobre licitações e contratos.

O Tribunal já declarou, contudo, no RE 423.560, constitucional norma municipal que proibia a contratação, ainda que por licitação, de parentes de autoridades locais. Tal preceito seria norma específica sobre o tema, porquanto a Lei nº 8.666/93 trazia as vedações para participação em licitação, mas não tratou sobre essa hipótese. Daí afirma o Ministro Joaquim Barbosa:

> Não obstante, entendo que, em face da ausência de regra geral para este assunto, o que significa dizer que não há vedação ou permissão acerca do impedimento à participação em licitações em decorrência de parentesco, abre-se campo para a liberdade de atuação dos demais entes da federação, a fim de que eles legislem de acordo com suas particularidades locais (no caso dos municípios, com fundamento no art. 30, II, da Constituição Federal), até que sobrevenha norma geral sobre o tema.
>
> E dentro da permissão constitucional para legislar sobre normas específicas em matéria de licitação, é de se louvar a iniciativa do Município de Brumadinho-MG de tratar, em sua Lei Orgânica, de questão das mais relevantes em nossa pólis, que é a moralidade administrativa, princípio-guia de toda a atividade estatal, nos termos do art. 37, caput da Constituição Federal[52].

Em outro precedente, o Supremo Tribunal Federal fixou ainda como parâmetro geral que "[...] somente a lei federal poderá, em âmbito geral, estabelecer desequiparações entre os concorrentes e assim restringir o direito de participar de licitações em condições de igualdade. Ao direito estadual (ou municipal) somente será legítimo inovar neste particular se tiver como objetivo estabelecer condições específicas, nomeadamente quando relacionadas a uma classe de objetos a serem contratados ou a peculiares circunstâncias de interesse local"[53].

Outro exemplo marcante sobre a definição do que venha a ser norma geral delimitadora na competência da União em termo de licitação e contratos administrativos é dado pela Lei nº 11.079/07, que rege as parcerias público privadas (tipos específicos de concessões públicas de forma contratual), a qual traz expressamente disposições aplicáveis a todos os entes federativos (o que as faria de normas gerais) e outras referentes apenas à União. Foi uma medida igualmente **formal** para deixar evidente a intenção do legislador de dividir o que ele tem por norma geral e o que é específico à União. A

---

51. ADI 3670, Relator(a): Min. SEPÚLVEDA PERTENCE, Tribunal Pleno, julgado em 02/04/2007, DJe-018 DIVULG 17-05-2007 PUBLIC 18-05-2007 DJ 18-05-2007 PP-00064 EMENT VOL-02276-01 PP-00110 LEXSTF v. 29, n. 343, 2007, p. 94-104.
52. RE 423560, Relator(a): Min. JOAQUIM BARBOSA, Segunda Turma, julgado em 29/05/2012, ACÓRDÃO ELETRÔNICO DJe-119 DIVULG 18-06-2012 PUBLIC 19-06-2012 RT v. 101, n. 923, 2012, p. 678-683.
53. ADI 3735, Relator(a): Min. TEORI ZAVASCKI, Tribunal Pleno, julgado em 08/09/2016, ACÓRDÃO ELETRÔNICO DJe-168 DIVULG 31-07-2017 PUBLIC 01-08-2017.

despeito de trazer inquestionáveis contribuições práticas, não elide as incertezas **materiais** já expostas.

Portanto, ainda não se sedimentou na doutrina tampouco na jurisprudência, critério irrestritamente aceito para definir o que sejam essas normas gerais sobre licitações e contratos administrativos, prevalecendo, sem maiores censuras, critérios formais enunciados em cada lei específica, bem como o delineado caso a caso.

É preciso ter em mente, ainda, a noção de que essa competência privativa sobre normas gerais, embora se assemelhe à competência concorrente (em que também à União cabe a edição de normas gerais), com esta não se confunde, sendo essa a característica única de interseção delas.

O art. 24 prevê concorrência da legislação nacional com a estadual e distrital, não incluindo a municipal. Essa exclusão dos Municípios não ocorre no art. 22, XVII, cuja edição de normas específicas é equânime com os Estados-membros e o Distrito Federal. Além disso, não havendo lei nacional na competência concorrente, é permitido aos Estados-membros e ao Distrito Federal exercerem a ampla **competência concorrente supletiva** mediante a edição de lei que será suspensa na superveniência da lei nacional. Isso não se dá na competência privativa em comento, cuja única hipótese de edição de norma ampla pelos demais entes se dá com a delegação expressa e disciplinada no parágrafo único do art. 22.

Portanto, embora tenham pontos em comum, não há confusão entre competência privativa para edição de normas gerais e a competência concorrente da União em editar normas gerais.

Ainda no âmbito dessas matérias que integram parcialmente um ramo do Direito, há grande discussão versando sobre **trânsito e transporte**. Nesse assunto, a competência privativa da União é reforçada pelo inciso IX sobre "diretrizes da política nacional de transportes", o que inclui o regramento do exercício do poder de polícia administrativa, a respeito do qual a Constituição Federal permitiu apenas à União legislar. São inúmeros os precedentes do Supremo Tribunal Federal nesse tocante, tendo sido declarada a inconstitucionalidade de várias disposições periféricas sobre o tema, tais como:

a) obrigação de instalação de aparelhos de controle de velocidade nos veículos automotores que trafegassem no Distrito Federal[54];

b) disciplinamento e regulação de transporte individual de passageiros realizado por motocicletas, motonetas e ciclomotores, e também chamado de "moto-service"[55];

c) prazo de vigência de aplicação de multa, ainda que em virtude de reclassificação de vias locais[56];

---

54. ADI 3897, Relator(a): Min. GILMAR MENDES, Tribunal Pleno, julgado em 04/03/2009, DJe-075 DIVULG 23-04-2009 PUBLIC 24-04-2009 EMENT VOL-02357-01 PP-00040 LEXSTF v. 31, n. 364, 2009, p. 21-26.
55. ADI 3135, Relator(a): Min. GILMAR MENDES, Tribunal Pleno, julgado em 01/08/2006, DJ 08-09-2006 PP-00033 EMENT VOL-02246-01 PP-00168 LEXSTF v. 28, n. 334, 2006, p. 52-58.
56. ADI 3186, Relator(a): Min. GILMAR MENDES, Tribunal Pleno, julgado em 16/11/2005, DJ 12-05-2006 PP-00004 EMENT VOL-02232-01 PP-00174 RTJ VOL-00199-02 PP-00626 LEXSTF v. 28, n. 330, 2006, p. 61-70.

CAPÍTULO 5 • COMPETÊNCIAS LEGISLATIVAS PRIVATIVAS DA UNIÃO | **253**

d) parcelamento do pagamento de multas[57];

e) obrigatoriedade de transitar permanentemente com os faróis acesos em rodovias estaduais[58];

f) apreensão e leilão de veículos conduzidos por pessoas sob influência de álcool em nível acima do estabelecido no Código de Trânsito Brasileiro[59];

g) controle de baixa de registro e do desmonte e comercialização de veículos irrecuperáveis[60];

h) regramento da colocação de barreiras eletrônicas de aferição de velocidade[61];

i) inspeção técnica de veículos para avaliação de condições de segurança e controle da emissão de gazes poluentes[62], o que representou revisão de entendimento anterior[63];

j) fixação do valor máximo para pagamento de multas[64];

k) limite de velocidade em rodovias estaduais[65];

---

57. ADI 3444, Relator(a): Min. ELLEN GRACIE, Tribunal Pleno, julgado em 16/11/2005, DJ 03-02-2006 PP-00011 EMENT VOL-02219-03 PP-00515

58. ADI 3055, Relator(a): Min. CARLOS VELLOSO, Tribunal Pleno, julgado em 24/11/2005, DJ 03/02/2006 PP-00011 EMENT VOL-02219-02 PP-00294 RT v. 95, n. 848, 2006, p. 141-143

59. ADI 2796, Relator(a): Min. GILMAR MENDES, Tribunal Pleno, julgado em 16/11/2005, DJ 16-12-2005 PP-00057 EMENT VOL-02218-02 PP-00295 LEXSTF v. 27, n. 324, 2005, p. 52-59 RT v. 95, n. 849, 2006, p. 181-184.

60. ADI 3254, Relator(a): Min. ELLEN GRACIE, Tribunal Pleno, julgado em 16/11/2005, DJ 02-12-2005 PP-00002 EMENT VOL-02216-1 PP-00134 LEXSTF v. 28, n. 325, 2006, p. 98-107.

61. ADI 2718, Relator(a): Min. JOAQUIM BARBOSA, Tribunal Pleno, julgado em 06/04/2005, DJ 24-06-2005 PP-00005 EMENT VOL-02197-1 PP-00055 LEXSTF v. 27, n. 320, 2005, p. 29-33 RNDJ v. 6, n. 69, 2005, p. 80-82 RB v. 17, n. 505, 2005, p. 52.

62. ADI 3049, Relator(a): Min. CEZAR PELUSO, Tribunal Pleno, julgado em 04/06/2007, DJe-087 DIVULG 23-08-2007 PUBLIC 24-08-2007 DJ 24-08-2007 PP-00023 EMENT VOL-02286-02 PP-00232.

63. "AÇÃO DIRETA DE INCONSTITUCIONALIDADE. LEI DISTRITAL N. 3.460. INSTITUIÇÃO DO PROGRAMA DE INSPEÇÃO E MANUTENÇÃO DE VEÍCULOS EM USO NO ÂMBITO DO DISTRITO FEDERAL. ALEGAÇÃO DE VIOLAÇÃO DO DISPOSTO NO ARTIGO 22, INCISO XI, DA CONSTITUIÇÃO DO BRASIL. INOCORRÊNCIA. 1. O ato normativo impugnado não dispõe sobre trânsito ao criar serviços públicos necessários à proteção do meio ambiente por meio do controle de gases poluentes emitidos pela frota de veículos do Distrito Federal. A alegação do requerente de afronta ao disposto no artigo 22, XI, da Constituição do Brasil não procede. 2. A lei distrital apenas regula como o Distrito Federal cumprirá o dever-poder que lhe incumbe --- proteção ao meio ambiente. 3. O DF possui competência para implementar medidas de proteção ao meio ambiente, fazendo-o nos termos do disposto no artigo 23, VI, da CB/88. 4. Ação Direta de Inconstitucionalidade julgada improcedente". (ADI 3338, Relator(a): Min. JOAQUIM BARBOSA, Relator(a) p/ Acórdão: Min. EROS GRAU, Tribunal Pleno, julgado em 31/08/2005, DJe-096 DIVULG 05-09-2007 PUBLIC 06-09-2007 DJ 06-09-2007 PP-00036 EMENT VOL-02288-02 PP-00249 REPUBLICAÇÃO: DJe-106 DIVULG 20-09-2007 PUBLIC 21-09-2007 DJ 21-09-2007 PP-00021 RT v. 97, n. 867, 2008, p. 101-109).

64. ADI 2644, Relator(a): Min. ELLEN GRACIE, Tribunal Pleno, julgado em 07/08/2003, DJ 29-08-2003 PP-00017 EMENT VOL-02121-05 PP-00989.

65. ADI 2582, Relator(a): Min. SEPÚLVEDA PERTENCE, Tribunal Pleno, julgado em 19/03/2003, DJ 06-06-2003 PP-00300 EMENT VOL-02113-02 PP-00284.

l) autorização para veículos particulares e de aluguel a estacionarem em locais indevidos para a aquisição urgente de medicamentos ou atendimento grave[66];

m) uso de película de filme solar nos vidros dos veículos[67];

n) idade mínima para obter habilitação para dirigir[68];

o) obrigatoriedade para acionar iluminação interna do veículo fechado quando se aproximar de *blitz* ou barreira policial[69];

p) dever de reservar espaço destinado ao tráfego de motocicletas nas vias públicas de grande circulação[70].

q) autorização para "circulação dos veículos automotores nas vias públicas sem que tenha sido providenciado o regular pagamento do IPVA, disciplinando, diferentemente do Código de Trânsito Brasileiro, sobre os requisitos de licenciamento, vistoria anual e emissão do certificado de registro de veículo automotor, antes de tratarem de matéria tributária"[71].

r)limitar o credenciamento de clínicas médicas e psicológicas, bem como de fabricantes de placas e tarjetas, a um critério demográfico (proporção de um estabelecimento para cada quarenta mil eleitores)"[72]

Assim, o que se relacionar com a condução de veículos, as regras de tráfego, obrigações e proibições dos motoristas e proprietários, bem como as sanções a que estão sujeitas, tudo é tido como matéria de trânsito, vedada a normatização por Estados-

---

66. ADI 2928, Relator(a): Min. EROS GRAU, Tribunal Pleno, julgado em 09/03/2005, DJ 15-04-2005 PP-00005 EMENT VOL-02187-2 PP-00259 LEXSTF v. 27, n. 317, 2005, p. 37-42 RTJ VOL-00195-01 PP-00033.

67. ADI 1704, Relator(a): Min. CARLOS VELLOSO, Tribunal Pleno, julgado em 01/08/2002, DJ 20-09-2002 PP-00088 EMENT VOL-02083-02 PP-00224 RTJ VOL-00191-01 PP-00063.

68. ADI 476 MC, Relator(a): Min. CELSO DE MELLO, TRIBUNAL PLENO, julgado em 12/04/1991, DJ 28-06-1991 PP-08904 EMENT VOL-01626-01 PP-00099 RTJ VOL-00136-01 PP-00041.

69. ADI 3625, Relator(a): Min. CEZAR PELUSO, Tribunal Pleno, julgado em 04/03/2009, DJe-089 DIVULG 14-05-2009 PUBLIC 15-05-2009 EMENT VOL-02360-01 PP-00146 RTJ VOL-00210-03 PP-01118.

70. "AÇÃO DIRETA DE INCONSTITUCIONALIDADE. LEI ESTADUAL. RESERVA DE ESPAÇO PARA O TRÁFEGO DE MOTOCICLETAS EM VIAS PÚBLICAS DE GRANDE CIRCULAÇÃO. INCONSTITUCIO-NALIDADE FORMAL. ART. 22, XI DA CONSTITUIÇÃO FEDERAL. AÇÃO JULGADA PROCEDENTE. A lei impugnada trata da reserva de espaço para motocicletas em vias públicas de grande circulação, tema evidentemente concernente a trânsito. É firme a jurisprudência desta Corte no sentido de reconhecer a inconstitucionalidade formal de normas estaduais que tratam sobre trânsito e transporte. Confira-se, por exemplo: ADI 2.328, rel. min. Maurício Corrêa, DJ 17.03.2004; ADI 3.049, rel. min. Cezar Peluso, DJ 05.02.2004; ADI 1.592, rel. min. Moreira Alves, DJ 03.02.2003; ADI 2.606, rel. min. Maurício Corrêa, DJ 07.02.2003; ADI 2.802, rel. Min. Ellen Gracie, DJ 31.10.2003; ADI 2.432, rel. Min. Eros Grau, DJ 23.09.2005, v.g. Configurada, portanto, a invasão de competência da União para legislar sobre trânsito e transporte, estabelecida no art. 22, XI, da Constituição federal. Ação julgada procedente para declarar a inconstitucionalidade da Lei estadual paulista 10.884/2001". (ADI 3121, Relator(a): Min. JOAQUIM BARBOSA, Tribunal Pleno, julgado em 17/03/2011, DJe-072 DIVULG 14-04-2011 PUBLIC 15-04-2011 EMENT VOL-02504-01 PP-00019 RT v. 100, n. 909, 2011, p. 378-383).

71. ADI 5796, Relator(a): RICARDO LEWANDOWSKI, Tribunal Pleno, julgado em 08/04/2021, PROCESSO ELETRÔNICO DJe-072 DIVULG 15-04-2021 PUBLIC 16-04-2021.

72. ADI 5774, Relator(a): ALEXANDRE DE MORAES, Tribunal Pleno, julgado em 20/09/2019, PROCESSO ELETRÔNICO DJe-215 DIVULG 02-10-2019 PUBLIC 03-10-2019

CAPÍTULO 5 • COMPETÊNCIAS LEGISLATIVAS PRIVATIVAS DA UNIÃO **255**

-membros, Distrito Federal e Municípios, os quais só poderão exercer as **atividades materiais de fiscalização e aplicação dessa legislação nacional**.

Com efeito, não se insere na competência da União o disciplinamento da **atividade administrativa de fiscalização** realizada pelos entes periféricos sobre trânsito e transporte, o que inclui o processo administrativo de controle das autuações efetuadas. É atividade de polícia afeta ao Direito Administrativo e, portanto, passível de normatização por todas as unidades federativas.

Por esse motivo, já foi julgada constitucional norma estadual que versava sobre aspectos do **processo administrativo envolvendo multas de trânsito**, sendo o assunto pacificado no julgamento da ADI 2.374:

> Ação Direta de Inconstitucionalidade contra a Lei Estadual nº5.839, publicada no Diário Oficial do Estado do Espírito Santo de 16 de abril de 1999. 2. Obrigatoriedade de cobranças de multas aplicadas pelo DETRAN e DER, somente após o recebimento de notificação pela ECT. 3. Alegada ofensa à competência privativa da União para legislar sobre trânsito e transporte (art. 22, XI, da Constituição). 4. **TESE DO VOTO VENCIDO** (Rel. Min. Gilmar Mendes): a jurisprudência desta Corte acerca do tema da competência legislativa sobre matéria de trânsito consolidou-se no sentido da incompetência das unidades da federação para legislar sobre o tema. Precedentes: (MC) ADI 2064-MS, Pleno, unânime, Rel. Min. MAURÍCIO CORRÊA, DJ de 5.11.1999; (MC) ADI 2328-SP, Pleno, unânime, Rel. Min. MAURÍCIO CORRÊA, DJ de 15.12.2000; (MC) ADI 2432-RN, Pleno, unânime, Rel. Min. EROS GRAU, DJ de 21.9.2001; ADI 2010-DF, Pleno, unânime, Rel. Min. CELSO DE MELLO, DJ de 21.06.2002; ADI 2582-RS, Pleno, unânime, Rel. Min. SEPÚLVEDA PERTENCE, DJ de 06.06.2003; ADI 2802-RS, Pleno, unânime, Rel. Min. ELLEN GRACIE, DJ de 31.10.2003; ADI 2644-PR, Pleno, unânime, Rel. Min. ELLEN GRACIE, DJ de 17.09.2003; ADI 2814-SC, Pleno, unânime, Rel. Min. CARLOS VELLOSO, DJ de 05.02.2004. 5. A obrigatoriedade de cobranças de multas somente após o recebimento de notificação pela ECT torna oneroso o modelo do contraditório administrativo para o pagamento de multas, conforme afirmado pelo próprio requerente, o Governador do Estado. 6. Ausência de lei complementar federal que autorize os Estados a legislar, em pontos específicos, sobre trânsito e transporte, conforme prevê o art. 22, par. único da CF. 7. **TESE DO VOTO CONDUTOR** (divergência iniciada pelo Min. Sepúlveda Pertence): a Lei estadual no 5.839/1999, ao condicionar a imposição de multa à notificação via Correios, **não trata de legislação de trânsito, mas de processo administrativo**. Trata-se de mera pretensão fiscal, e não do exercício da ação fiscal. O Fisco só exercerá sua pretensão após o recebimento de notificação. 8. Norma estatal que confere máxima efetividade do direito de defesa (CF, art. 5º, LV). 9. Ação Julgada parcialmente procedente, para declarar a inconstitucionalidade do artigo 2º da Lei nº 5.839, de 15 de abril de 1999, do Estado do Espírito Santo, e declarar a constitucionalidade do artigo 1º e parágrafo único da referida lei estadual[73].

Tratava-se, como se lê, de norma estadual que impunha a notificação ao condutor do veículo como condição prévia para exigência da sanção pecuniária.

O Ministro Gilmar Mendes, relator, apresentou interpretação ampla à competência da União, alijando as demais unidades, incluindo o assunto no que considerou como trânsito. Confessou que, para tanto, se valia de precedentes que não tratavam sobre situação idêntica ao caso (afirmou que tinha "alguns sobre multas, limites de multas etc.") e reconhecia que a legislação estadual era até razoável, mas, ainda assim, a julgou inconstitucional, por invadir a competência sobre trânsito da União.

---

73. ADI 2374, Relator(a): Min. GILMAR MENDES, Tribunal Pleno, julgado em 06/10/2004, DJ 16-02-2007 PP-00019 EMENT VOL-02264-01 PP-00100 LEXSTF v. 29, n. 346, 2007, p. 51-71.

Após esse voto, iniciou-se na sessão de julgamento intenso debate com esteio na afirmação do Ministro Sepúlveda Pertence de que, em vez de ser uma lei de trânsito, seria "uma lei de processo administrativo para imposição de sanção administrativa". Ressalvou como competência da União a definição das sanções administrativas de trânsito (**"disciplina repressiva material das infrações de trânsito"**), ao que deu o curioso nome de **Direito Administrativo Penal de Trânsito,** o que, contudo, não incluiria o **"processo administrativo da imposição de uma sanção administrativa de competência do Estado".**

Em outras palavras: determinar as sanções de trânsito é competência da União, mas disciplinar o processo administrativo em que o particular poderá exercer o contraditório e a ampla defesa contra a autuação de trânsito é assunto de Direito Administrativo, precisamente processo administrativo, de competência de todas as esferas federativas que exercerem essa **atividade material**.

A esses argumentos foram se acostando os demais ministros, aos quais redarguia o Relator que a lei em questão causaria maior onerosidade e tornaria mais dificultoso ao ente público a exigência da multa, conforme afirmara o Governador autor da ação. Embora essas afirmações tenham sido reconhecidas unanimemente, os demais julgadores entenderam que não teriam o condão de invalidar a norma, sobretudo por alegada invasão de competência.

Em desfecho, afirmou o Ministro Sepúlveda Pertence:

> Sra. Presidenta, iniciei a discussão, lamento ter de pedir vênia ao eminente Ministro-Relator para dissentir, tão sensibilizado Sua Excelência ficou.
>
> Estou convencido de que, na competência privativa da União para legislar sobre trânsito, como na competência privativa para legislar sobre uma série de outros setores da vida social, **não está compreendida a disciplina do processo administrativo do exercício pelos Estados-membros do poder de polícia administrativa sobre esses mesmos assuntos.**
>
> Se isso consola o Ministro Gilmar Mendes, dou a mão à palmatória, por exemplo, quanto ao voto de adesão que dei na ADIn 2.101-MS, quando julgamos inconstitucional a Lei 2.012/99, daquele Estado, que tornava obrigatória a notificação pessoal dos motoristas em caso de utilização de celular em veículo em movimento e da não-utilização do cinto de segurança. Também, se viesse ao caso, hoje, mudaria o voto que então proferi[74].

Tem-se, portanto, que as matérias afetas à União dizem respeito ao disciplinamento **material** sobre trânsito e transporte, não englobando o processo administrativo quando relacionado à atividade de polícia desempenhada pelo próprio Estado-membro, o que pode ser aplicável também ao Distrito Federal e aos Municípios. Diante da sinalização do Ministro Sepúlveda de que reveria julgamentos já proferidos em temas análogos, tal entendimento pode vir a influenciar as próximas decisões do Supremo Tribunal Federal, mesmo não estando ele mais em seus quadros.

---

74. ADI 2374, Relator(a): Min. GILMAR MENDES, Tribunal Pleno, julgado em 06/10/2004, DJ 16-02-2007 PP-00019 EMENT VOL-02264-01 PP-00100 LEXSTF v. 29, n. 346, 2007, p. 51-71.

É importante perceber que a competência legislativa dos entes periféricos nesse caso deriva da **competência material que possuem** para realizar a fiscalização de trânsito, por configurar assunto adicionalmente de interesse regional e local. Legislam, assim, sobre a atividade administrativa própria de fiscalização do cumprimento das leis nacionais materiais sobre trânsito. Desse modo, não cabe afirmar que, para todas as outras hipóteses do art. 22, podem os demais entes federativos legislar sobre o processo administrativo correspondente, já que nem sempre coexistirá essa respectiva atribuição **material** periférica.

É o que se dá em relação à energia elétrica, prevista no art. 22, IV, como de **competência legislativa** da União e, adicionalmente, no art. 21, XII, "b", como **serviço** de alçada também da unidade federativa central, a ser prestado direta ou indiretamente mediante concessão ou permissão. Sendo assim, todo o regramento deverá ser nacional, não comportando edição normativa pelos demais entes mesmo em se tratando de normas processuais ou procedimentais, pois nesse tocante não exercem competência fiscalizatória própria.

O Supremo Tribunal Federal declarou inconstitucional lei do Estado de São Paulo que proibia o corte de energia elétrica por falta de pagamento sem prévia comunicação do usuário, exigência idêntica à vista anteriormente para autuações de trânsito. Embora a lei estadual também estabelecesse a mesma proibição para os serviços de **água** e **gás canalizado**, foi mantida para estes porque havia atuação **material** estadual sobre eles, o que não existia para energia elétrica justamente por causa do art. 21, XII, "b", da CF/88.

No concernente à **água**, a competência estadual existe não como simples decorrência de uma atribuição material, como no caso da fiscalização de trânsito, mas da titularidade de um bem público na forma do art. 26, I, da CF/88, e da competência concorrente sobre meio ambiente (art. 24, VI).

Nesse tocante, tem-se, no entanto, um quadro bastante complexo, pois, embora o art. 22, IV, mencione competência privativa da União para legislar indistintamente sobre água (o que autorizaria um poder amplo e exauriente a respeito do tema), o art. 24, VI, estabelece competência concorrente sobre o meio ambiente, o que inclui, por óbvio, os recursos hídricos (implicando apenas o poder da União de editar normas gerais). Escrevem Celso Antônio Pacheco Fiorillo e Renata Marques Ferreira:

> Diante dessa celeuma, em que não restou ser competência da União legislar sobre a matéria águas ou caber a ela somente edição de normas gerais, temos que a melhor interpretação é extraída com base no art. 24, de modo que a competência para legislar sobre normas gerais é atribuída à União, cabendo aos Estados e ao Distrito Federal legislar complementarmente e ao Município suplementarmente, com base no art. 30, II, da Constituição Federal.
>
> Com isso, pode-se afirmar que: "a normatividade dos Estados sobre a água fica, porém, dependendo do que dispuser a lei federal, definirem os padrões de qualidade da água e os critérios de classificação das águas de rios, lagos, lagoas etc. Os Estados não podem estabelecer condições diferentes para cada classe de água, nem inovar no que concerne ao sistema de classificação"[75].

---

75. FIORILLO, Celso Antônio Pacheco. FERREIRA, Renata Marques. **Curso de Direito da Energia**: tutela jurídica da água, do petróleo e do biocombustível. São Paulo: Saraiva, 2009, p. 56-57.

Mais adiante acrescentam os mesmos autores sobre a correspondente competência material para tratar sobre águas:

Vale frisar que essa competência material deverá ser verificada ainda que o ente federado não tenha exercido a sua atribuição legislativa. Ademais, deverá ser verificado se o bem a ser tutelado é de gerência da União (art. 20, III) ou do Estado (art. 26, I), para que se possa determinar qual o ente responsável pelas sanções aplicáveis ao caso[76].

Quando se tratar de "[...] lagos, rios e quaisquer correntes de água em terrenos de seu domínio, ou que banhem mais de um Estado, sirvam de limites com outros países, ou se estendam a território estrangeiro ou dele provenham, bem como os terrenos marginais e as praias fluviais", indicados como bens da União pelo art. 20, III, da CF/88, então, todo o tratamento geral e específico poderá ser exercido tão somente pela União. Fora essa hipótese, há concomitância entre legislação dos Estados-membros, Distrito Federal e Municípios, conforme for o caso, segundo forem as respectivas águas estaduais ou municipais.

Conquanto água esteja no mesmo inciso do art. 22 com outras matérias, possui ela regime jurídico distinto, havendo possibilidade mais ampla de normatização pelos entes periféricos. As demais competências tratadas nesse inciso (telecomunicações, informática e radiodifusão) cabem verdadeiramente de forma privativa à União. Nelas, não pode haver interferência das demais unidades federativas, sobretudo quando existir delegação administrativa para concessionário ou permissionário, cujo disciplinamento inclui os termos contratuais em que se operou.

Na ADI 3.729, restou assentado que o Tribunal "[...] possui firme entendimento no sentido da impossibilidade de interferência do Estado-membro nas relações jurídico-contratuais entre o Poder concedente federal e as empresas concessionárias, especificamente no que tange a alterações das condições estipuladas em contrato de concessão de serviços públicos, sob o regime federal, mediante a edição de leis estaduais"[77]. É perfeitamente compreensível essa linha de raciocínio. Como a competência material e legislativa é da União, não há espaço para atuação estadual, vedando qualquer regramento por parte dos Estados-membros.

5.4 COMPETÊNCIA SOBRE ATIVIDADES MATERIAIS

O art. 22 também traz extenso rol de temas a serem regulados pela União. Nele, há o espelho das atividades administrativa e política definidas como competência material no art. 21 e que já foram analisadas no capítulo pertinente; mas não é só. Existem

---

76. Ibid., p. 57.
77. ADI 3729, Relator(a): Min. GILMAR MENDES, Tribunal Pleno, julgado em 17/09/2007, DJe-139 DIVULG 08-11-2007 PUBLIC 09-11-2007 DJ 09-11-2007 PP-00029 EMENT VOL-02297-01 PP-00198 RDDP n. 50, 2007, p. 150-152.

CAPÍTULO 5 • COMPETÊNCIAS LEGISLATIVAS PRIVATIVAS DA UNIÃO

também comportamentos dos particulares, como são exemplos o **comércio exterior e interestadual** e a **propaganda comercial**.

A competência nacional para tratar sobre comércio interestadual nunca suscitou no Brasil os mesmos debates havidos nos Estados Unidos em torno de norma similar. Na jurisprudência da Suprema Corte desse país, como visto, ela foi utilizada como meio para ampliar os poderes da União, fazendo incluir pontos que apenas sutilmente afetavam a comercialização de mercadorias entre unidades federadas. Aqui não se teve a necessidade dessa extensão interpretativa, já que a repartição de competências é e sempre foi bem mais minudente.

Naturalmente, isso não impediu o surgimento de disputas em torno da matéria, tendo o Supremo Tribunal Federal invalidado várias normas periféricas sobre o que considerou comércio interestadual, sempre tendo como referência para definição do assunto a circulação de bens. Nesse sentido, foi declarada a inconstitucionalidade de lei do Rio Grande do Norte que disciplinava o **escoamento da produção de sal do Estado-membro**[78], e da lei do Mato Grosso que impedia a **saída de madeiras em tora de seu território**[79].

Mais recentemente, na ADI 3.813, foi invalidada lei do Rio Grande do Sul que proibida a "[...] comercialização, a estocagem e o trânsito de arroz, trigo, feijão, cebola, cevada e aveia e seus derivados importados de outros países, para consumo e comercialização no Estado do Rio Grande do Sul, que não tenham sido submetidos à análise de resíduos químicos de agrotóxicos ou de princípios ativos usados, também, na industrialização dos referidos produtos". Havia nessa proibição o nobre intuito de proteger a população do Estado contra produtos alimentícios importados perniciosos à saúde. No entanto, a matéria toca claramente o comércio exterior e interestadual. O relator, Ministro Dias Toffoli, bem destaca o âmbito nacional de interesse que justifica a atribuição dessas competências à União:

> Seria claramente inconveniente que, em uma federação, cada estado-membro pudesse dispor, como bem lhe aprouvesse, sobre uma particular política de comércio exterior, ou interestadual, definindo os produtos que podem ingressar em seu território e as respectivas condições para esse ingresso. Avulta, como bem salienta Ives Gandra Martins, um "peculiar interesse federal", o qual justifica seja a matéria regulada pela União, de sorte a permitir a "uniformidade do fluir das operações dos agentes econômicos em ambos os comércios, que transcendem às barreiras da Nação e dos Estados"

O julgamento recebeu a seguinte ementa:

> Ação direta de inconstitucionalidade. Lei estadual (RS) nº 12.427/2006. Restrições ao comércio de produtos agrícolas importados no Estado. Competência privativa da União para legislar sobre comércio exterior e interestadual (CF, art. 22, inciso VIII). 1. É formalmente inconstitucional a lei estadual que cria restrições à

---

78. ADI 2866, Relator(a): Min. GILMAR MENDES, Tribunal Pleno, julgado em 12/05/2010, DJe-145 DIVULG 05-08-2010 PUBLIC 06-08-2010 EMENT VOL-02409-02 PP-00364 RT v. 99, n. 901, 2010, p. 108-115.
79. ADI 280 MC, Relator(a): Min. CELIO BORJA, TRIBUNAL PLENO, julgado em 23/05/1990, DJ 22-06-1990 PP-05869 EMENT VOL-01586-02 PP-00412.

comercialização, à estocagem e ao trânsito de produtos agrícolas importados no Estado, ainda que tenha por objetivo a proteção da saúde dos consumidores diante do possível uso indevido de agrotóxicos por outros países. A matéria é predominantemente de comércio exterior e interestadual, sendo, portanto, de competência privativa da União (CF, art. 22, inciso VIII). 2. É firme a jurisprudência do Supremo Tribunal Federal no sentido da inconstitucionalidade das leis estaduais que constituam entraves ao ingresso de produtos nos Estados da Federação ou a sua saída deles, provenham esses do exterior ou não (cf. ADI nº 280, Rel. Min. Francisco Rezek, DJ de 17/6/94; e ADI nº 3.035, Rel. Min. Gilmar Mendes, DJ de 14/10/05). 3. Ação direta julgada procedente[80].

Não só o disciplinamento direto da comercialização de produtos e mercadorias é taxado como matéria privativa da União, pois também medidas indiretas são inseridas nessa competência. Por mais de uma vez, o Tribunal julgou invasivo o disciplinamento periférico sobre as informações que deveriam constar em rótulos e embalagens de mercadorias comercializadas. Na ADI 910, foi julgada inconstitucional lei do Rio de Janeiro que obrigava a **numeração dos rótulos ou tampinhas** de bebidas alcoólicas para "[...] possibilitar maior controle de vendas, para efeito de arrecadação de impostos estaduais"[81]. Igualmente julgou inconstitucional outra lei do Rio de Janeiro que determinava a **especificação da composição do produto**, destacando a existência de aditivos, quantidade de calorias, proteínas, açúcares e gorduras, conservantes e aromatizantes[82].

Contraditoriamente, em julgamento mais recente, decidiu de maneira oposta. Na ADI 2.832, teve por parcialmente constitucional lei do Estado do Paraná que obrigava a apresentação da **percentagem** de cada espécie vegetal que compunha o produto nos rótulos de embalagens de café comercializados em seu território. O Tribunal entendeu ser matéria atinente à informação dos consumidores, integrando a competência concorrente estabelecida no art. 24, V, CF/88, para legislar sobre "produção e consumo". Segundo o Ministro Menezes Direito, "[...] isso porque o ato normativo impugnado

---

80. ADI 3813, Relator(a): Min. DIAS TOFFOLI, Tribunal Pleno, julgado em 12/02/2015, ACÓRDÃO ELETRÔNICO DJe-073 DIVULG 17-04-2015 PUBLIC 20-04-2015.
81. "AÇÃO DIRETA DE INCONSTITUCIONALIDADE. OBRIGATORIEDADE DE INFORMAÇÕES EM EMBALAGENS DE BEBIDAS. COMÉRCIO INTERESTADUAL E INTERNACIONAL. EXISTÊNCIA DE LEGISLAÇÃO FEDERAL. ATUAÇÃO RESIDUAL DO ESTADO-MEMBRO. IMPOSSIBILIDADE. OFENSA AO ARTIGO 24, V, DA CF/88. ARTIGO 2º, DA LEI ESTADUAL 2089/93. FIXAÇÃO DE COMPETÊNCIA PARA REGULAMENTAR A MATÉRIA. SIMETRIA AO MODELO FEDERAL. COMPETÊNCIA PRIVATIVA DO GOVERNADOR DO ESTADO. 1. Rótulos de bebidas. Obrigatoriedade de informações. Existência de normas federais em vigor que fixam os dados e informações que devem constar dos rótulos de bebidas fabricadas ou comercializadas no território nacional. Impossibilidade de atuação residual do Estado-membro. Afronta ao artigo 24, V, da Constituição Federal. Precedentes. 2. Delegação de competência. Inobservância do artigo 84, IV, da Carta Federal. Por simetria ao modelo federal, compete apenas ao Chefe do Poder Executivo estadual a expedição de decretos e regulamentos que garantam a fiel execução das leis. 3. Ação Direta de Inconstitucionalidade julgada procedente para declarar a inconstitucionalidade da Lei 2089, de 12 de fevereiro de 1993, do Estado do Rio de Janeiro". (ADI 910, Relator(a): Min. MAURÍCIO CORRÊA, Tribunal Pleno, julgado em 20/08/2003, DJ 21-11-2003 PP-00007 EMENT VOL-02133-01 PP-00177).
82. "OBRIGATORIEDADE DE INFORMAÇÕES, NAS EMBALAGENS DE PRODUTOS ALIMENTICIOS, COMERCIALIZADOS NO ESTADO DO RIO DE JANEIRO (LEI FLUMINENSE N. 1.939, DE 1991, ART. 2., ITENS II, III E IV). CAUTELAR DEFERIDA, EM FACE DA URGENCIA DA MEDIDA E DA RELEVÂNCIA DA FUNDAMENTAÇÃO JURÍDICA DO PEDIDO (ARTIGOS 24, V E 22, VIII, DA CONSTITUIÇÃO FEDERAL).   (ADI 750 MC, Relator(a): Min. OCTAVIO GALLOTTI, Tribunal Pleno, julgado em 29/06/1992, DJ 11-09-1992 PP-14713 EMENT VOL-01675-01 PP-00162 RTJ VOL-00142-01 PP-00083)

tão-somente visou à proteção ao consumidor, informando-o sobre as características de produtos comercializados no Estado do Paraná"[83]. Declarou inconstitucional, entretanto, a parte da norma que estendia a obrigatoriedade para produto proveniente de outro Estado, justamente por configurar ponto pertinente ao comércio interestadual.

Essa ressalva quanto à proteção do consumidor, fazendo o assunto se deslocar para o consumo, matéria de competência concorrente, também vem sendo utilizada para excepcionar a competência da União para legislar sobre propaganda comercial (art. 22, XXIX):

> [...] COMPETÊNCIA NORMATIVA – OBRA – PUBLICIDADE – RESPONSÁVEL TÉCNICO. A exigência de a publicidade da obra contar com o lançamento do nome do responsável técnico situa-se no **campo da defesa do consumidor**, sendo legítima a disciplina por legislação local[84].

Inexistindo essa função de instruir os consumidores, é vedado o regramento pelos entes periféricos, tendo o Supremo Tribunal Federal julgado inconstitucional lei do Estado de Santa Catarina que vedava "[...] em anúncios comerciais, **fotos de natureza erótica ou pornográfica**"[85].

Portanto, havendo efeito de informação dos consumidores, o tema passa a ser considerado consumo e, consequentemente, competência concorrente, alcançando a normatização estadual os produtos e serviços oriundos de seu território.

5.5 PLANOS, POLÍTICAS E SISTEMAS NACIONAIS

Vários incisos do art. 22 atribuem à União o dever de normatizar planos, políticas ou sistemas nacionais. Isso confirma o papel definido pela Constituição Federal para o ente central: o de um coordenador geral das iniciativas tidas por mais relevantes e que se entende por bem dar uma homogeneidade nacional.

Os assuntos são os mais variados. Tem-se a definição desde diretrizes e bases da educação, passando por pontos nevrálgicos para a economia, como o sistema monetário, a política de crédito, câmbio, seguros e transferência de valores, até atividades privadas, como o sistema de consórcios e sorteios.

Essas competências privativas da União não elidem a competência dos entes periféricos, justamente porque planos, políticas e sistemas tocam apenas a generalidade dessas questões, restando os detalhamentos em função de seus âmbitos de atuação. A

---

83. ADI 2832, Relator(a): Min. RICARDO LEWANDOWSKI, Tribunal Pleno, julgado em 07/05/2008, DJe-112 DIVULG 19-06-2008 PUBLIC 20-06-2008 EMENT VOL-02324-01 PP-00170 RTJ VOL-00205-03 PP-01107 LEXSTF v. 30, n. 358, 2008, p. 63-87 RCJ v. 22, n. 142, 2008, p. 89.
84. ADI 3590, Relator(a): Min. EROS GRAU, Relator(a) p/ Acórdão: Min. MARCO AURÉLIO, Tribunal Pleno, julgado em 15/02/2006, DJ 29-09-2006 PP-00032 EMENT VOL-02249-04 PP-00626 LEXSTF v. 28, n. 335, 2006, p. 63-69.
85. ADI 2815, Relator(a): Min. SEPÚLVEDA PERTENCE, Tribunal Pleno, julgado em 08/10/2003, DJ 07-11-2003 PP-00082 EMENT VOL-02131-03 PP-00498.

atuação legislativa da União nesse âmbito não exclui, ao contrário, pressupõe a atuação dos demais entes federados.

Não bastasse isso, algumas delas se relacionam muito proximamente com as competências concorrentes tratadas no art. 24, como é exemplo o caso da **educação** (competência concorrente, art. 24, IX) e **diretrizes e bases da educação** (art. 22, XXIV). Há, de fato, uma grande margem para a cooperação federativa na legislação sobre **educação**, pois os Estados-membros poderão editar **normas específicas** (art. 24, §2º), legislar **supletivamente** na ausência de norma nacional (art. 24, §3º), sem falar que pode exercer diretamente a atribuição material de prestar o serviço de educação, inclusive superior, sendo comuns as universidades estaduais (art. 205).

Uma vez editada a norma nacional, não poderá haver contrariedade por parte das demais entidades. Nesse sentido, já entendeu o Supremo Tribunal Federal:

> A Constituição da República, nas hipóteses de competência concorrente (CF, art. 24), estabeleceu verdadeira situação de condomínio legislativo entre a União Federal, os Estados-membros e o Distrito Federal (RAUL MACHADO HORTA, "Estudos de Direito Constitucional", p. 366, item n. 2, 1995, Del Rey), daí resultando clara repartição vertical de competências normativas entre essas pessoas estatais, cabendo, à União, estabelecer normas gerais (CF, art. 24, § 1º), e, aos Estados-membros e ao Distrito Federal, exercer competência suplementar (CF, art. 24, § 2º). – A Carta Política, por sua vez, ao instituir um sistema de condomínio legislativo nas matérias taxativamente indicadas no seu art. 24 – dentre as quais avulta, por sua importância, aquela concernente ao ensino (art. 24, IX) -, deferiu ao Estado-membro e ao Distrito Federal, em "inexistindo lei federal sobre normas gerais", a possibilidade de exercer a competência legislativa plena, desde que "para atender a suas peculiaridades" (art. 24, § 3º). – Os Estados-membros e o Distrito Federal não podem, mediante legislação autônoma, agindo "ultra vires", transgredir a legislação fundamental ou de princípios que a União Federal fez editar no desempenho legítimo de sua competência constitucional e de cujo exercício deriva o poder de fixar, validamente, diretrizes e bases gerais pertinentes a determinada matéria (educação e ensino, na espécie)[86].

Nessa linha de entendimento, também julgou que "[...] invade a competência da União para legislar sobre diretrizes e bases da educação a norma estadual que, ainda que de forma indireta, subtrai do Ministério da Educação a competência para autorizar, reconhecer e credenciar cursos em instituições superiores privadas"[87].

O Supremo Tribunal Federal também julgou inconstitucional lei estadual sobre a revalidação de diploma universitário de pós-graduação *stricto sensu* obtido no Exterior:

> AÇÃO DIRETA DE INCONSTITUCIONALIDADE. EDUCAÇÃO SUPERIOR. RECONHECIMENTO DE DIPLOMAS DE PÓSGRADUAÇÃO STRICTO SENSO EXPEDIDOS POR INSTITUIÇÕES DE ENSINO SUPERIOR DOS ESTADOS DO MERCOSUL. LEI RORAIMENSE N. 748/2009. AÇÃO JULGADA PROCEDENTE. 1. A internalização de títulos acadêmicos de mestrado e doutorado expedidos por instituições de ensino superior estrangeiras há de ter tratamento uniforme em todo o Estado brasileiro, devendo ser regulamentada por normas de caráter nacional. 2. A Lei roraimense n. 748/2009 macula-se por inconstitucionalidade formal, pela usurpação de

---

86. ADI 2667 MC, Relator(a): Min. CELSO DE MELLO, Tribunal Pleno, julgado em 19/06/2002, DJ 12-03-2004 PP-00036 EMENT VOL-02143-02 PP-00275.

87. ADI 2501, Relator(a): Min. JOAQUIM BARBOSA, Tribunal Pleno, julgado em 04/09/2008, DJe-241 DIVULG 18-12-2008 PUBLIC 19-12-2008 EMENT VOL-02346-01 PP-00074 RTJ VOL-00207-03 PP-01046.

CAPÍTULO 5 • COMPETÊNCIAS LEGISLATIVAS PRIVATIVAS DA UNIÃO

competência privativa da União para legislar sobre diretrizes e bases da educação nacional (art. 22, inc. XXIV, da Constituição da República). 3. A União estabeleceu os requisitos para a validação de títulos de pós-graduação stricto sensu emitidos por instituições de ensino superior de Portugal e dos Estados do Mercosul no art. 48 da Lei n. 9.394/1996, no Decreto n. 5.518/2005, no Decreto Legislativo n. 800/2003 e na Resolução n. 3/2011 da Câmara de Educação Superior do Conselho Nacional de Educação (CNE/CES) do Ministério da Educação. 3. Ação julgada procedente para declarar a inconstitucionalidade da Lei roraimense n. 748/2009[88].

A despeito da ascendência da União em matéria educacional, os entes periféricos podem atuar material e legislativamente, mas sempre observando as normas nacionais que traçam os arquétipos gerais.

Nesse sentido, no entanto, o Supremo Tribunal Federal declarou inconstitucional lei do Estado de Rondônia que proibia o uso da linguagem neutra em escolas da rede pública do Estado-membro, por competir à União a edição da lei de Diretrizes e bases da Educação, o que engloba "as regras que tratam de currículos, conteúdos programáticos, metodologia de ensino ou modo de exercício da atividade docente"[89]

Por fim, entre os temas mais controvertidos nesse âmbito está o sistema de consórcios e sorteios. Vários foram os questionamentos que chegaram ao Supremo Tribunal Federal, ao ponto de ensejar a edição da **Súmula Vinculante 02** nos seguintes termos: "É inconstitucional a lei ou ato normativo estadual ou distrital que disponha sobre o sistema de **consórcios e sorteios, inclusive bingos e loterias**".

Diferentemente de outras súmulas vinculantes, essa foi realmente precedida de uma corrente jurisprudencial uniforme no sentido de vedar aos Estados-membros e ao Distrito Federal a normatização sobre "[...] qualquer modalidade de loteria ou de serviços lotéricos"[90].

5.6 DELEGAÇÃO DE COMPETÊNCIAS PRIVATIVAS DA UNIÃO PARA OS ESTADOS-MEMBROS

A Constituição Federal de 1988 recobrou o instituto da delegação legislativa desaparecido de textos constitucionais brasileiros desde 1946. Tanto a Constituição desse ano quanto a seguinte, de 67/69, não traziam tal possibilidade, confirmando que a atual procurou reestruturar o pacto federativo, rompendo com o modelo de suas duas antecessoras, recebendo aplausos de muitos constitucionalistas por facultar maior descentralização do poder político nesse ponto.

É certo que a Constituição de 67/69 continha a permissão de os Estados-membros legislarem sobre certas matérias acometidas à União atualmente, porém o faziam em

---

88. ADI 4.720, Relator(a): Min. Cármen Lúcia, Tribunal Pleno, julgado em 30-6-2017, P, *DJE* de 23-8-2017.
89. ADI 7019, Relator(a): EDSON FACHIN, Tribunal Pleno, julgado em 13/02/2023, PROCESSO ELETRÔNICO DJe-s/n DIVULG 04-04-2023 PUBLIC 10-04-2023.
90. ADI 2995, Relator(a): Min. CELSO DE MELLO, Tribunal Pleno, julgado em 13/12/2006, DJe-112 DIVULG 27-09-2007 PUBLIC 28-09-2007 DJ 28-09-2007 PP-00026 EMENT VOL-02291-02 PP-00187.

hipóteses determinadas diretamente no Texto Magno, o que desconfigura uma delegação propriamente dita a se realizar por norma infraconstitucional.

Embora elogiada por vários autores, como dito, a delegação legislativa recebe perspicaz crítica de Fernanda Dias Menezes de Almeida, por permitir que tema de tão elevada importância para o quadro federativo seja passível de disciplinamento legal, ainda que por lei complementar. Com efeito, o art. 22, parágrafo único, estabelece que "[...] **lei complementar** poderá autorizar os Estados a legislar sobre questões específicas das matérias relacionadas neste artigo". Para a autora, o instrumento normativo adequado para tratar sobre a delegação é a própria Constituição Federal, sendo ilógico norma infraconstitucional excepcionar e reordenar suas disposições:

> É do poder constituinte a responsabilidade de dizer o que compete a cada entidade federativa e o que pode ser competência comum, esclarecendo, nesse último caso, em que medida e de que forma se exercerá essa competência.

> Ora, se mesmo sensível aos reclamos por maior descentralização o constituinte atribuiu à União todas as competências legislativas do artigo 22, terá tido razões fortes para isso, pouco importando, para o raciocínio que se está tentando desenvolver, que discordemos dessas razões. Se assim é, ou seja, se houve motivação relevante para concentrar tais competências em mãos do legislador federal, parece ilógico facultar que este as transfira, ainda que parcialmente como ocorre na espécie[91].

Malgrado ilustrativa da intenção descentralizadora do constituinte e causadora de tão interessante embate doutrinário, a delegação legislativa, na verdade, ainda não teve qualquer efeito prático mais expressivo, sendo faculdade praticamente intocada na experiência federativa brasileira. Ao reverso, a centralização da produção normativa no Congresso Nacional ainda se faz presente no cotidiano político do país sem qualquer oposição mais firme dos Estados-membros.

Dado esse desprestígio do instituto, é desconhecida jurisprudência do Supremo Tribunal Federal versando sobre alguma controvérsia envolvendo uma delegação legislativa acontecida efetivamente. O assunto só é lembrado para destacar a inexistência de delegação quando algum Estado-membro invade os assuntos privativos da União[92].

Assim, o trato da matéria é quase exclusivamente doutrinário, já que seu regramento está inteira e sumariamente no parágrafo único do art. 22, que traz limitações **expressas** e **implícitas**.

---

91. ALMEIDA, op.cit., p.91-92.
92. "É indisputável que a vigente CF atribui competência privativa à União para legislar sobre transito e transporte [...] Tenho por consistentes as alegações do autor, no sentido da inconstitucionalidade da Lei distrital 1.925/1998, por invasão dessa competência, outorgada no art. 22, XI, da Constituição da República, assim porque **não há lei complementar que autorize** o Distrito Federal a legislar sobre fiscalização e policiamento de trânsito, como porque tal matéria, que envolve tipificação de ilícitos e cominação de penalidades, foi objeto de tratamento específico do Código de Trânsito Brasileiro, editado no exercício daquela competência privativa." (ADI 3625, Relator(a): Min. CEZAR PELUSO, Tribunal Pleno, julgado em 04/03/2009, DJe-089 DIVULG 14-05-2009 PUBLIC 15-05-2009 EMENT VOL-02360-01 PP-00146 RTJ VOL-00210-03 PP-01118).

Como **limitação expressa**, percebe-se logo a de ordem **formal** consistente na exigência de **lei complementar**, que demanda maioria absoluta para aprovação. A outra **limitação expressa** é **material**, pois autoriza apenas a delegação de "**questões específicas**", ou seja, não é válida uma transferência genérica e irrestrita das matérias previstas no art. 22. Não poderia ser diferente, porquanto a autonomia dos Estados--membros é limitada ao seu território e a questões regionais. Consequentemente, apenas pontos específicos, demandados por motivos próprios da alçada regional, podem ser transferidas para os entes periféricos. Assim, não é possível, por óbvio, que essa delegação autorize que um ente federativo edite norma com eficácia em todo o território brasileiro e disciplinando assuntos de interesse amplamente nacional ou sobre todo um ramo do Direito.

É importante destacar, ainda, o fato de que o Texto Constitucional menciona "**autorizar os Estado a legislar**". O mais preciso, portanto, é considerar que há uma permissão ao Estado-membro, e não uma transferência pura, desonerando a União quanto à matéria. Por esse motivo, a qualquer momento, pode o Congresso Nacional extingui-la, retomando para si o trato legislativo da matéria, sendo necessário apenas o uso do mesmo instrumento formal de lei complementar para tanto, por exigência do **paralelismo das formas** (aquilo que é feito por um instrumento normativo deve ser desfeito pelo mesmo ou outro hierarquicamente superior).

A situação da legislação estadual já editada deverá ser tratada pela lei complementar revogadora, preferencialmente disciplinando diretamente o assunto para não deixar dúvida sobre a retirada daquela do mundo jurídico. Em sendo lacônica, ou seja, apenas extinguindo a autorização para o Estado-membro legislar, não se vê como considerar revogada a lei estadual editada quando havia fundamento de validade suficiente e eficiente, ocasionando a persistência do disciplinamento estadual.

Em outras palavras, a revogação da lei complementar de delegação impede imediatamente a edição de outras normas estaduais, mas não extingue instantaneamente a já editada.

Por sua vez, a **limitação implícita** que pode ser inferida do parágrafo único decorre da restrição material expressa mencionada. Em sendo possível apenas a delegação de "questões específicas", aquelas matérias do art. 22 da CF/88 que já podem ser tratadas por normas específicas pelos Estados-membros por direito próprio não podem ser objeto de delegação, pois será atitude prescindível e inútil. Tais matérias são as seguintes: **a)** trânsito e transporte; **b)** organização, efetivos, material bélico, garantias, convocação e mobilização das polícias militares e corpos de bombeiros militares; **c)** diretrizes e bases da educação; **d)** defesa civil.

Há ampla corrente doutrinária defensora do argumento de que o tratamento constitucional do assunto não se exaure unicamente no art. 22 da CF/88. Aponta, adicionalmente, o dever de respeito analógico às prescrições referentes à transferência normativa do Legislativo ao Executivo mediante **lei delegada** prevista no art. 68 da

CF/88. Por esse motivo, seria obrigatório à lei complementar aludida no parágrafo único do art. 22 estabelecer **prazo**, especificar **conteúdo** e **parâmetros** e, ainda, exigir **posterior apreciação da norma estadual pelo Congresso Nacional**. André Luiz Borges Netto escreve:

> Por analogia ao procedimento adotado para as leis delegadas (art. 68 da Constituição), a lei complementar **deverá** especificar a extensão da delegação e os termos de seu exercício, podendo, inclusive, indicar o prazo de delegação e a necessidade de a lei estadual passar pelo crivo do Congresso Nacional para se tornar plenamente eficaz[93].

Discorda-se da ideia de que o legislador complementar **deverá** necessariamente observar os parâmetros do art. 68, pois, quando muito, **poderá** assim fazer se o desejar. A compreensão mais consentânea em relação ao Texto Constitucional é no sentido de que, observados os limites implícitos e explícitos obtidos do próprio parágrafo único do art. 22, o legislador federal terá discricionariedade para **especificar** a delegação que eventualmente realize, segundo as circunstâncias próprias da situação em que estiver inserido. Por certo, tal discricionariedade não se confunde com arbitrariedade, porque deverá respeitar os princípios constitucionais pertinentes à Federação e ao assunto delegado. Se a intenção constituinte fosse uma observância cogente dos parâmetros do art. 68, assim o teria consignado expressamente ou, ao menos, remetido o intérprete a esse artigo.

Por fim, outro ponto tratado na doutrina, ainda que sem um caso real em que se tenha levantado a questão, diz respeito à permissão para **delegação desigual entre Estados-membros**, autorizando apenas a um específico o trato de uma matéria federal ou mesmo delegando a todos, mas garantido a apenas um ou alguns um poder maior ou mais detalhado. André Luiz Borges Netto, acompanhando o pensamento de Manoel Gonçalves Ferreira, defende como válida tal possibilidade, por ser mais um meio de se realizar a descentralização de poder, finalidade intrínseca do modelo federativo.

Em sentido contrário, Fernanda Dias Menezes de Almeida, seguindo lição de Anna Cândida da Cunha Ferraz, nega a validade disso porque em todos os dispositivos concernentes às competências federativas a Constituição Federal se preocupou em dar o tratamento equânime aos Estados-membros e Municípios, estabelecendo, nesse aspecto, um federalismo simétrico.

A autora ressalva, porém, a ideia de que melhor seria se o Texto Constitucional tivesse autorizado essa possibilidade, assim como fez a Constituição de 1937, que previa a delegação "a um ou alguns Estados". Cita que seria um ótimo instrumento para garantir uma isonomia material entre as unidades federativas que, na prática, possuem distinções reais não ignoradas pela Constituição Federal, que prevê meios para combater as desigualdades regionais como incentivos regionais (art. 42, §2º), fundos de participação especial para as Regiões Norte, Nordeste e Centro-oeste.

---

93. BORGES NETTO, op. cit., p. 155.

Particularmente, defende-se, sem qualquer ressalva, a impossibilidade de uma delegação desigual, pois, indiscutivelmente, no concernente a competências federativas, a Constituição Federal foi enfática, ainda que não expressa, em assegurar um tratamento absolutamente igualitário entre os entes periféricos. Tanto que, para combater as desigualdades regionais, reconhecidas expressamente em várias passagens, lança mão de outros institutos (justamente os incentivos fiscais e os fundos especiais), o que autoriza a considerar esses os únicos meios constitucionalmente admitidos para tratá-las. Se a delegação de competência fosse instrumento para tanto, assim o teria consignado expressamente o constituinte.

Não é suficiente afirmar, como faz André Luiz Borges Netto, que seria um meio de descentralização de poder e, como resultado, instrumento válido e ínsito ao Estado Federal. Em qualquer federação, seja ela mais ou menos centralizada, a existência de uma homogeneidade nacional, de uma imposição irrestrita a todos os entes federativos é dado que também lhe é essencial e próprio, daí não ser lícito se inferir sempre do sistema uma desagregação regional.

Se um Estado-membro enfrenta problemas que lhe são próprios e particulares, ele poderá versar sobre eles mediante competência própria, por ser questão regional de sua alçada, valendo-se de sua competência residual ou mesmo suplementar em relação à legislação nacional. Se, para tanto, precisa avançar sobre assuntos privativos da União, é porque a relevância da questão não é limitada às fronteiras do Estado-membro, demandando, então, normatização nacional.

Capítulo 6
COMPETÊNCIAS CONCORRENTES DA UNIÃO, DOS ESTADOS-MEMBROS E DO DISTRITO FEDERAL

Sumário: 6.1 Noções gerais – 6.2 O âmbito de atuação da União: o difícil conceito de normas gerais – 6.3 Competência concorrente suplementar e supletiva dos Estados-membros e do Distrito Federal – 6.4 Delineamento jurisdicional da competência concorrente suplementar e supletiva – 6.4.1 Distinção entre Direito Econômico e Monetário – 6.4.2 Meio ambiente e sua complexidade – 6.4.3 Delineamentos diversos pelo Supremo Tribunal Federal – 6.5 Os julgamentos das ADIS 2656 e 3937-MC (caso do amianto no Estado de São Paulo) e um novo parâmetro de aferição da competência concorrente estadual diante de norma geral nacional.

6.1 NOÇÕES GERAIS

A Constituição Federal de 1988, por seu art. 24, implementa na ordem constitucional brasileira a técnica de competência concorrente cuja origem remonta à Constituição de Weimar de 1919 e que é símbolo vigoroso do federalismo cooperativo. Em textos brasileiros anteriores, era possível verificar permissão para os Estados-membros legislarem sobre matéria da União, mas isso só era permitido em casos de lacunas ou deficiências das normas nacionais, o que é situação diferente de quando há uma **divisão vertical das competências**, mediante a indicação de matérias nas quais os entes federativos podem sistematicamente legislar em conjunto, sob detalhado disciplinamento constitucional.

Essa técnica diverge da clássica **divisão horizontal de competências federativas**, típica do federalismo dual, em que são estabelecidas zonas de atuação isolada dos integrantes do pacto federativo, em que a competência de um exclui necessariamente a possibilidade de atuação dos demais. Enquanto nessa divisão horizontal (representada pelas competências privativas) se prestigia a ação individualizada, a repartição vertical (corporificada na competência concorrente) exige a mútua cooperação, pressupondo a necessidade de atividades conjugadas para melhor satisfazer os desígnios constitucionais.

Esse modelo recebe muitos elogios da doutrina, que o indica como instrumento adequado para enfrentar os muitos desafios de um país continental como o Brasil e que adota um modelo social de Estado, tanto que alguns autores, como Raul Machado Horta, indicavam que constituinte deveria ter indicado mais matérias a serem normatizadas dessa maneira.

É sempre bom repisar que o recurso ao termo **"vertical"**, ao mencionar uma divisão de competência, não implica uma hierarquia entre as normas editadas de modo a sobrepor as nacionais às estaduais, ou no sentido de que estas colham seu fundamento de validade naquelas. Uma lei estadual, editada no exercício da competência concorrente, não pode ser **ilegal** por contrariar a norma nacional. A antinomia é no plano **constitucional**: se uma norma estadual vai de encontro a uma norma nacional é porque invadiu espaço constitucionalmente estabelecido para aquela, tornando-se, então, **formalmente inconstitucional**. Em igual sentido, se uma norma nacional for além dos termos gerais que lhe são constitucionalmente atribuídos, invadindo o âmbito estadual, não haverá ilegalidade, mas inconstitucionalidade. Há uma delimitação, no mesmo plano constitucional, de quais as zonas de atuação das normas de cada ente federativo.

A Constituição Federal de 1988 estabeleceu uma competência concorrente **não cumulativa**, pois há expressa delimitação do modo de atuação de cada ente federativo dentro da faixa concorrente. Atribuiu-se à União a edição de **normas gerais** e aos Estados-membros e ao Distrito Federal, a de **normas específicas** naquilo que lhes disser respeito nos tópicos que o art. 24 arrola **exaustivamente**. Por esse motivo, não se permite uma contrariedade direta entre as normas nacionais e as estaduais. As antinomias, para se consubstanciarem, pressupõem uma invasão do campo legislativo de um ente pelo outro, o que torna, como dito, a norma formalmente inconstitucional.

Imagine-se, como exemplo, uma norma tributária estadual que estabelecesse um prazo prescricional diferenciado daqueles estabelecidos no Código Tributário Nacional. Nesse caso, a norma periférica seria inválida não porque contraria a lei nacional, mas porque foi além da função constitucionalmente definida de esquadrinhar aquilo que fora fixado em linhas gerais pela União. A inconstitucionalidade, portanto, é **formal**, porque se trata de norma editada por **ente incompetente**. O mesmo se daria caso lei editada pelo Congresso Nacional versasse minuciosamente sobre procedimento de fiscalização administrativa do ICMS (imposto estadual), já que não seria o ente competente para legislar nesse grau de especificidade.

Sobre o assunto, o Supremo Tribunal Federal assentou, na ADI 2.903, que "[…] se é certo, de um lado, que, nas hipóteses referidas no art. 24 da Constituição, a União Federal não dispõe de poderes ilimitados que lhe permitam transpor o âmbito das **normas gerais**, para, assim, invadir, de modo **inconstitucional**, a esfera de competência normativa dos Estados-membros, não é menos exato, de outro, que o Estado-membro, em existindo normas gerais veiculadas em leis nacionais […], não pode ultrapassar os limites da competência meramente **suplementar**, pois, se tal ocorrer, o diploma legislativo estadual incidirá, diretamente, no vício da **inconstitucionalidade**"[1].

---

1. ADI 2903, Relator(a): Min. CELSO DE MELLO, Tribunal Pleno, julgado em 01/12/2005, DJe-177 DIVULG 18-09-2008 PUBLIC 19-09-2008 EMENT VOL-02333-01 PP-00064 RTJ VOL-00206-01 PP-00134.

CAPÍTULO 6 • COMPETÊNCIAS CONCORRENTES DA UNIÃO, DOS ESTADOS E DF

Na mesma linha de raciocínio, o Ministro Eros Grau, relator da ADI 1.245:

A Constituição de 1988 contemplou, em seu art. 24, a técnica da competência legislativa concorrente entre a União, os Estados-membros e o Distrito Federal, cabendo à União estabelecer normas gerais e aos Estados-membros especificá-las. O descumprimento desse comando constitucional conduz à **usurpação de competência**, que tanto pode ser da União – quando extrapola os poderes que lhe foram deferidos para estabelecer preceitos gerais –, quanto dos Estados-membros – quando, existindo ato legislativo genérico, editam lei invasora[2].

Mesmo no caso de uma competência concorrente **cumulativa** (em que todos os entes podem legislar de maneira plena e ilimitadamente sobre os assuntos indicados, como acontece na Alemanha), os casos de sobreposição de normas nacionais e estaduais são resolvidos em favor daquelas, mas não como uma questão de **legalidade** e sim por um critério **constitucionalmente** estabelecido.

O Supremo Tribunal Federal já decidiu que a verificação da invasão legislativa estadual demandaria uma análise da legislação nacional, o que tranca as portas de uma ação direta de inconstitucionalidade, pois, em tal hipótese, haveria inconstitucionalidade apenas reflexa[3]. No entanto, essa não é a melhor forma de entender a questão, pois o assunto será sempre diretamente constitucional, não tendo a legislação infraconstitucional função de delimitar o campo de atuação federativa, que é papel da Constituição Federal. Não há, como visto, hierarquia: não pode um ente federativa, por sua própria legislação, delimitar a competência de outro ente, de modo a um ter que respeitar a legislação do outro. Todos colhem apenas e imediatamente da Constituição Federal seus poderes, sendo a questão sempre diretamente constitucional.

Quando muito, se fala de uma hierarquia **política** entre os membros da Federação, sobressaindo-se o plano nacional, dada a maior capacidade de autoridades e órgãos da União em coordenarem esforços e recursos. Alude-se, ainda, a um "[...] primado do

---

2. ADI 1245, Relator(a): Min. EROS GRAU, Tribunal Pleno, julgado em 06/04/2005, DJ 26-08-2005 PP-00005 EMENT VOL-02202-01 PP-00064 LEXSTF v. 27, n. 321, 2005, p. 38-45 RTJ VOL-00194-03 PP-00776.

3. "AÇÃO DIRETA DE INCONSTITUCIONALIDADE – COMPETÊNCIA CONCORRENTE (CF, ART. 24) ALEGADA INVASÃO DE COMPETÊNCIA DA UNIÃO FEDERAL, POR DIPLOMA LEGISLATIVO EDITADO POR ESTADO-MEMBRO – NECESSIDADE DE PRÉVIO CONFRONTO ENTRE LEIS DE CARÁTER INFRACONSTITUCIONAL – INADMISSIBILIDADE EM SEDE DE CONTROLE NORMA-TIVO ABSTRATO – AÇÃO DIRETA NÃO CONHECIDA. – Nas hipóteses de competência concorrente (CF, art. 24), nas quais se estabelece verdadeira situação de condomínio legislativo entre a União Federal e os Estados-membros (RAUL MACHADO HORTA, "Estudos de Direito Constitucional", p. 366, item n. 2, 1995, Del Rey), daí resultando clara repartição vertical de competências normativas, a jurisprudência do Supremo Tribunal Federal firmou-se no sentido de entender incabível a ação direta de inconstitucionalidade, se, para o específico efeito de examinar-se a ocorrência, ou não, de invasão de competência da União Federal, por parte de qualquer Estado-membro, tornar-se necessário o confronto prévio entre diplomas normativos de caráter infraconstitucional: a legislação nacional de princípios ou de normas gerais, de um lado (CF, art. 24, § 1º), e as leis estaduais de aplicação e execução das diretrizes fixadas pela União Federal, de outro (CF, art. 24, § 2º). Precedentes. É que, tratando-se de controle normativo abstrato, a inconstitucionalidade há de transparecer de modo imediato, derivando, o seu reconhecimento, do confronto direto que se faça entre o ato estatal impugnado e o texto da própria Constituição da República. Precedentes". (ADI 2344 QO, Relator(a): Min. CELSO DE MELLO, Tribunal Pleno, julgado em 23/11/2000, DJ 02-08-2002 PP-00057 EMENT VOL-02076-03 PP-00418 RTJ VOL-0184-01 PP-00113).

interesse nacional, prestigiando-se sua expressão política máxima com vistas aos efeitos integradores sobre a nação como um todo"[4]. Não se defende seriamente, contudo, uma hierarquia **jurídica**, que inexiste.

As matérias em que pode haver concorrência legislativa são definidas de maneira **exaustiva** pelo art. 24, não havendo outros que possam ser tratadas por essa técnica. São 16 incisos e alguns deles exprimem mais de uma hipótese, caracterizando o maior rol de comunhão legislativa já visto na história constitucional brasileira. Incluem não só ramos do Direito por inteiro como também atividades públicas e particulares e partes de ramos jurídicos, o que autoriza a se montar o seguinte quadro:

GÊNERO	ESPÉCIE
1. Ramos do Direito	**Inciso I** – "direito tributário, financeiro, penitenciário, econômico e urbanístico" **Inciso II** – "orçamento" (menção desnecessária por se incluir no direito financeiro) **Inciso IX** – "educação, cultura, ensino, desporto, ciência, tecnologia, pesquisa, desenvolvimento e inovação" (Direito Educacional, Cultural e Desportivo) **Inciso XV** – "proteção à infância e à juventude" (Direito da Criança e do Adolescente)
2. Matérias Jurídicas integrantes de parte de um ramo do Direito	**Inciso IV** – "custas dos serviços forenses" **Inciso VI** – "florestas, caça, pesca, fauna, conservação da natureza, defesa do solo e dos recursos naturais, proteção do meio ambiente e controle da poluição" **Inciso VII** – "proteção ao patrimônio histórico, cultural, artístico, turístico e paisagístico" **Inciso VIII** – "responsabilidade por dano ao meio ambiente, ao consumidor, a bens e direitos de valor artístico, estético, histórico, turístico e paisagístico" **Inciso XI** – "procedimentos em matéria processual" **Inciso XII** – "previdência social, proteção e defesa da saúde" **Inciso XIV** – "proteção e integração social das pessoas portadoras de deficiência" **Inciso XVI** – "organização, garantias, direitos e deveres das polícias civis"
3. Atividades materiais	**Inciso III** – "juntas comerciais" **Inciso V** – "produção e consumo" **Inciso X** – "criação, funcionamento e processo do juizado de pequenas causas" **Inciso XIII** – "assistência jurídica e Defensoria pública"

Ainda que haja extensão inédita de assuntos a serem tratados concorrentemente, é pequena, se comparada às competências privativas da União, por exemplo. Isso evidencia que, mesmo tendo a Constituição Federal de 1988 avançado sobre esse aspecto no federalismo cooperativo, somando à clássica divisão horizontal uma divisão vertical de competências federativas[5], ainda se verifica franca preferência pela horizontal. Nisso não há margem de dúvida.

Há uma divergência entre doutrina e jurisprudência no concernente às modalidades de competência concorrente existentes no atual Texto Constitucional, especificamente em definir se prevê apenas a **não cumulativa** (limitada) ou também prevê uma **cumulativa** (ilimitada) nos moldes alemães. Para evidenciar a questão, veja-se passagem do voto do Ministro Carlos Velloso, na ADI 3.098:

---

4. MOREIRA NETO, Diogo Figueiredo. "Competência concorrente limitada: o problema da conceituação das normas gerais". **Revista de informação legislativa**, v.25, nº 100, p. 127-162, out./dez. de 1988.

5. Não há confusão entre a divisão vertical e horizontal de **competências** (referentes ao modo de se distribuir a prerrogativa legislativa entre os entes federados) com a divisão vertical (resultando em um estado unitário ou federal) e horizontal de **poderes** (resultando nos poderes Legislativo, Executivo e Judiciário).

CAPÍTULO 6 • COMPETÊNCIAS CONCORRENTES DA UNIÃO, DOS ESTADOS E DF

[...] **a regra** de competência legislativa, entre as entidades federativas brasileiras, é a **horizontal**. É dizer, cada entidade política labora em área reservada: União, art. 22; Estados, art. 25, § 1º; Distrito Federal, art. 32, § 1º; Municípios, art. 30. Consagra a Constituição, entretanto, na **competência concorrente,** regra de **competência legislativa vertical**, nas modalidades **não cumulativas** e **cumulativas**. Quando duas entidades políticas – União e Estados – têm competência para legislar sobre a mesma matéria, tem-se competência concorrente, que pode ser **cumulativa** e **não cumulativa**. É **cumulativa**, quando os entes políticos legislam sobre a mesma matéria, sem limitações. A **não cumulativa** ocorre, por exemplo, quando a União reserva-se a competência para expedir **normas gerais** e aos Estados a competência para preencher os vazios da lei federal, assim uma competência de complementação[6].

Como se lê no voto, as formas distintas de disciplinar a competência concorrente são cumulativa e não cumulativa. Na primeira, os entes competentes podem legislar indistintamente sobre a matéria sem qualquer delimitação prévia ou fixação de limites dentro dos quais devam agir. Na segunda, há fixação desses lindes. É importante ter em mente essas espécies de competência concorrente (cumulativa e não cumulativa), porque o regime jurídico é distinto para cada uma delas. O Ministro se valeu de lição de Manoel Gonçalves Ferreira Filho que escreve:

A **cumulativa** existe sempre que não há limites prévios para o exercício da competência, ou por parte de um ente, seja a União, seja o Estado-membro. Claro está que, por um princípio lógico, havendo choque entre norma estadual e norma federal [nacional, diríamos] num campo de competência cumulativa, prevalece a regra da União. É o que exprime o brocardo alemão: *Bundesrecht bricht Landesrecht*.

A **não cumulativa** é que propriamente estabelece a chamada repartição 'vertical'. Com efeito, dentro de um mesmo campo material (concorrência 'material' de competência), reserva-se um nível superior ao ente federativo, deixando-se ao ente federativo que é o Estado-membro a complementação. Diz, por isso, que cabe ao Estado-membro uma competência 'complementar'. Admite-se até que, à falta dessas normas gerais, o Estado-membro possa suprir essa ausência (competência supletiva)[7].

Parte da doutrina defende o ponto de vista de que a Constituição Federal de 1988 estabeleceu unicamente uma competência concorrente **não cumulativa**, porque é predefinido o limite de atuação da União, dos Estados-membros e do Distrito Federal. Alexandre de Moraes, em sede doutrinária e antes mesmo de integrar o Supremo Tribunal Federal, postula a ideia de que "[...] a Constituição brasileira adotou a competência concorrente não cumulativa ou vertical, de forma que a competência da União está adstrita ao estabelecimento de normas gerais devendo os Estados e o Distrito Federal especificá-las, através de suas respectivas leis"[8].

Em sentido contrário, o Supremo Tribunal Federal, na citada ADI 3.098, entendeu à unanimidade que a atual Constituição consagra tanto a forma **cumulativa** quanto a **não cumulativa** no regramento da competência concorrente pelos parágrafos do art. 24. Tais dispositivos possuem as seguintes redações:

---

6. ADI 3098, Relator(a): Min. CARLOS VELLOSO, Tribunal Pleno, julgado em 24/11/2005, DJ 10-03-2006 PP-00006 EMENT VOL-02224-01 PP-00098 LEXSTF v. 28, n. 327, 2006, p. 57-71.
7. *Apud* BORGES NETTO, op.cit.,p. 124.
8. MORAES, Alexandre de. **Direito Constitucional**. 24ª Edição. São Paulo: Atlas, 2009, p. 308.

§ 1º – No âmbito da legislação concorrente, a competência da União limitar-se-á a estabelecer normas gerais.

§ 2º – A competência da União para legislar sobre normas gerais não exclui a competência suplementar dos Estados.

§ 3º – Inexistindo lei federal sobre normas gerais, os Estados exercerão a competência legislativa plena, para atender a suas peculiaridades.

§ 4º – A superveniência de lei federal sobre normas gerais suspende a eficácia da lei estadual, no que lhe for contrário.

Os parágrafos 1º e 2º assegurariam, segundo o precedente do Supremo Tribunal Federal, a competência **não cumulativa**, porquanto bem traçam os lindes de cada ente. Por sua vez, os parágrafos 3º e 4º estabeleceriam a **cumulativa**, por ser conferida aos entes periféricos a possibilidade de exaurir o trato da matéria na ausência de norma nacional. A unanimidade dos ministros seguiu Carlos Velloso quando assentou:

O art. 24 da CF compreende competência estadual concorrente **não-cumulativa ou suplementar** (art. 24, § 2º) e competência estadual concorrente **cumulativa** (art. 24, § 3º). Na primeira hipótese, existente a lei federal de normas gerais (art. 24, § 1º), poderão os Estados e o DF, no uso da competência suplementar, preencher os vazios da lei federal de normas gerais, a fim de afeiçoá-la às peculiaridades locais (art. 24, § 2º); na segunda hipótese, poderão os Estados e o DF, inexistente a lei federal de normas gerais, exercer a competência legislativa plena 'para atender a suas peculiaridades' (art. 24, § 3º). Sobrevindo a lei federal de normas gerais, suspende esta a eficácia da lei estadual, no que lhe for contrário (art. 24, § 4º).

Esclareça-se, primeiro que tudo, que a competência da **União** é para editar **normas gerais** (§ 1º). Essa competência, entretanto, não exclui a competência **suplementar** dos Estados (§ 2º). Tem-se, na hipótese do § 2º, competência para o preenchimento de vazios da lei federal, assim competência concorrente vertical, **não cumulativa**. As normas gerais da União existem e a legislação estadual simplesmente suplementará em termos de regulamentação. Essa competência também é atribuída aos **Municípios**, art. 30, II.

Já a competência do § 3º tem natureza diversa. Ensina Tércio Sampaio Ferraz Júnior: 'o § 3º regula o caso de inexistência de lei federal sobre normas gerais, ou seja, de lacuna. A Constituição Federal, ocorrendo a mencionada inexistência, autoriza o Estado federado a preenchê-la, isto é, a legislar sobre **normas gerais**, mas **apenas** para atender a suas **peculiaridades**. O Estado, assim, passa a exercer a **competência legislativa plena**, mas com **função colmatadora** de lacuna, vale dizer, apenas na medida necessária para exercer sua competência própria de legislador sobre normas particulares. Ele pode, pois, legislar sobre normas gerais naquilo em que elas constituem condições de possibilidade para legislação própria sobre normas particulares. Tais normas gerais estaduais com função colmatadora por isso mesmo só podem ser gerais quanto ao conteúdo, mas não quanto aos destinatários: **só obrigam nos limites da autonomia estadual**' (ob. e loc. cits.)[9].

A despeito da boa e correta explicitação da **função colmatadora**, não se pode concordar inteiramente com o voto. A razão está com Alexandre de Moraes, quando afirma que a Constituição Federal utilizou **apenas** a técnica da competência concorrente não cumulativa. A hipótese do § 3º do art. 24 é uma confirmação da regra de predeterminação dos limites de atuação de cada ente federativo, o que é situação bastante diferente de uma indistinta comunhão de competências típica da competência concorrente cumulativa.

---

9. ADI 3098, Relator(a): Min. CARLOS VELLOSO, Tribunal Pleno, julgado em 24/11/2005, DJ 10-03-2006 PP-00006 EMENT VOL-02224-01 PP-00098 LEXSTF v. 28, n. 327, 2006, p. 57-71.

CAPÍTULO 6 • COMPETÊNCIAS CONCORRENTES DA UNIÃO, DOS ESTADOS E DF

Essa colmatação estadual ou distrital é uma situação excepcional, que pressupõe, como fronteira, o indispensável requisito da inação legislativa da União, o que impede haver sobreposição corriqueira e hodierna de normatização. Essa atuação demanda, pois, a omissão nacional, o que lhe serve de barreira intransponível. Uma vez editada a norma geral nacional, surge a proibição para a atuação periférica. Portanto, não pode ser tomada como uma previsão de competência **cumulativa**.

Seja como for, o Texto Constitucional traz o complexo regramento da competência legislativa concorrente que, se esclareça, é partilhada entre a União, o Distrito Federal e os Estados-membros. Os Municípios não são incluídos, cabendo-lhes apenas a **competência suplementar simples,** com base no art. 30, II, da CF/88, e não no art. 24.

A regra é que a União edite as normas gerais e os Estados-membros e o Distrito Federal editem específicas. Na ausência da lei nacional, surge a competência de os periféricos legislarem amplamente sobre o assunto, inclusive podendo emitir normas gerais, mas, apenas e tão somente, **dentro de seu território** e para atender as **próprias demandas e necessidades**, pois seria ilógico e atentatório ao pacto federativo autorizar a um determinado Estado-membro criar normas que extravasem seus limites territoriais e materiais, a fim de submeter outros Estados-membros e pessoas.

É preciso ter bem clara, no entanto, a noção de que, embora o comum seja caber à União apenas o poder de editar normas gerais em matérias concorrentes, **nem sempre lhe é vedada a edição de normas específicas**.

As especificações vedadas à União são as referentes às minúcias do que toca propriamente aos Estados-membros, ao Distrito Federal e mesmo aos Municípios, pois representaria ofensa à autonomia deles. Não pode a União traçar os detalhes normativos necessários para atender às peculiaridades regionais e locais. Porém, quando se tratar de particularidade do funcionamento da própria União Federal, no âmbito de sua autonomia, seu corpo funcional, seus órgãos e entidades no desempenho de atribuições que lhe são asseguradas constitucionalmente para o trato de assuntos para toda a Federação, pode, sim, a União editar normas específicas.

Esse alerta é muito bem lançado por André Luiz Borges Netto, quando leciona que "[...] a União, no âmbito da competência legislativa concorrente, além de editar normas gerais como produto legislativo do **Estado nacional**, também edita normas específicas, descendo a pormenores para tratar de assuntos relacionados à **administração federal** (serviços e agentes federais), vinculando somente a conduta daqueles que se submetem às regras do Governo Federal"[10].

Isso é facilmente exemplificado pelo Direito Tributário. A União, expressando a ordem jurídica total, expediu o Código Tributário **Nacional**, conjunto de normas a ser observado amplamente por todos os entes federativos e por toda a população. Além disso, edita normas **federais**, integrantes da ordem jurídica parcial do ente federativo

---

10. BORGES NETTO. op. cit., p. 130.

conhecido como União, tratando das minúcias e pormenores do Imposto de Renda e do IPI, por exemplo, por serem tributos da União Federal.

Como se vê, recorre-se à já conhecida distinção entre **normas nacionais** (criadas pelo Estado Federal como um todo, mas representado pela União, para compor a ordem jurídica total de compulsória observância em toda a Federação) e **normas federais** (voltadas apenas para o aparelho federal e para a relação dos particulares com a União Federal no exercício das competências estabelecidas para esse específico ente federativo).

Assim, é constitucionalmente vedada no âmbito da competência concorrente a edição de **normas nacionais específicas,** não havendo empecilho para a expedição de **normas federais específicas**, desde que versem, por óbvio, sobre assuntos da União. Já as **normas gerais serão sempre nacionais**.

6.2 O ÂMBITO DE ATUAÇÃO DA UNIÃO: O DIFÍCIL CONCEITO DE NORMAS GERAIS

A competência concorrente traz grave desafio hermenêutico a ser enfrentado: em que consistem as normas gerais que delimitam a atuação legislativa da União e, por via de consequência, dos Estados-membros e do Distrito Federal, também?

A questão é tão séria que Diogo Figueiredo Moreira Neto, em clássico artigo muitas vezes citado em textos sobre o assunto, evidenciou séria preocupação logo após a edição da Constituição Federal de 1988, ao escrever:

> O legislador constitucional da Carta de 1988 considerou, por certo, o instituto da competência constitucional [concorrente] limitada como um aperfeiçoamento político. Mas não é esse o ângulo que aqui se enfoca, mas o técnico jurídico e, sob esse aspecto, lamentavelmente, cabe o subtítulo [de generalização do problema da divisão de competências com base no critério de normas gerais]; estamos todos nós, profissionais do direito, preocupados com o problema da boa aplicação da norma constitucional; em particular, às vésperas de um período de indefinição, de experiências e de ajustes, enquanto não se disponha de uma técnica razoavelmente segura para definir os dois campos de atuação legislativa que necessariamente se abrem com essa modalidade especial de concorrências[11].

Viu-se, ao tratar sobre a competência privativa para editar normas gerais sobre licitações e contratos administrativos, que se tem uma definição das mais complexas, encarada como um conceito jurídico indeterminado que possui zonas de certeza positiva (que permite indicar com clareza o que é norma geral) e negativa (que subtrai de dúvidas o que não é norma geral), bem como uma zona cinzenta de indeterminação. Passados muitos anos da edição da Constituição Federal, nem a doutrina, tampouco a jurisprudência chegou a um conceito perfeito e acabado que indique elementos aprioristicos essenciais para a conceituação e que sirvam de guia objetivo para o intérprete nas situações concretas. Recorre-se, normalmente, a identificações caso

---

11. MOEREIRA NETO, Diogo Figueiredo. "Competência concorrente limitada: o problema da conceituação das normas gerais". **Revista de informação legislativa**, v.25, nº 100, p. 127-162, out./dez. de 1988.

a caso ou mesmo ao prestígio de técnicas formais, como autoproclamação do texto legal como norma geral.

É muito simples e pouco elucidativo, mas não errado, afirmar que normas gerais são aquelas que disciplinam os pontos mais abrangentes e relevantes de um determinado assunto, sem descer a pormenores, ou, como escreveu o Ministro Carlos Velloso em passagem já citada, normas que traçam a "moldura do quadro a ser pintado"[12] pelas normas periféricas.

Nesse sentido também caminha a doutrina alemã, conforme leciona Diogo Figueiredo Moreira Netto:

> Os comentaristas da Lei Fundamental de Bonn, como, por exemplo, Matz, destacam que as normas gerais, enquanto normas dirigidas aos Estados, não podem descer a pormenores (*Einzelheiten*), porque elas conformam uma moldura (*Rahmen*) dentro da qual legislam as entidades locais. No mesmo sentido, o festejado Maunz, em seu multieditado livro-texto *Direito Político Alemão*, ao referir-se ao art. 75 GG, aponta a limitação constitucional à União para dispor apenas sobre o genérico, vedando-lhe a normatividade particularizante[13].

Igualmente correto é afirmar que as normas gerais estatuem as bases de um sistema específico. Sob o **aspecto subjetivo**, a generalidade se relaciona com a **totalidade** dos entes integrantes do pacto federativo, bem como de toda a população da Federação, sem qualquer especificação ou restrição. Sob o **aspecto material**, são normas que versam sobre os **institutos fundamentais**, as **situações jurídicas basilares**, como também formulam os **conceitos e definições** mais relevantes da matéria tratada, os quais não podem ser modificados pela legislação específica. Quanto a este último aspecto, o Supremo Tribunal Federal decidiu que "é inconstitucional lei estadual que **amplia definição estabelecida por texto federal**, em matéria de competência concorrente"[14].

No multicitado artigo, Diogo Figueiredo Moreira Neto, mais uma vez, defende que norma geral seria uma espécie autônoma e diferenciada de normas, ao lado das normas-princípios (altamente abstratas e gerais) e as normas particularizantes. Teriam as normas gerais pontos de intersecção com as normas-princípios, pois ambas decla-

---

12. "Penso que 'norma geral', tal como posta na Constituição, tem o sentido de diretriz, de princípio geral. A norma geral federal, melhor será dizer nacional, seria a moldura do quadro a ser pintado pelos Estados e Municípios no âmbito de suas competências. Com propriedade, registra a professora Alice Gonçales Borges que 'as normas gerais', leis nacionais, 'são necessariamente de caráter mais genérico e abstrato do que as normas locais. Constituem normas de leis, direito sobre direito, determinam parâmetros, com maior nível de generalidade e abstração, estabelecidos para que sejam desenvolvidos pela ação normativa subsequente das ordens federadas', pelo que 'não são normas gerais as que se ocupam de detalhamentos, pormenores minúcias, de modo que nada deixem à criação própria do legislador a quem se destinam, exaurindo o assunto que tratam'. Depois de consideração outras, no sentido da caracterização de 'norma geral', conclui: 'são normas gerais as que se contenham no mínimo indispensável ao cumprimento dos preceitos fundamentais, abrindo espaço para que o legislador possa abordar aspectos diferentes, diversificados, sem desrespeito a seus comandos genéricos, básicos'". (ADI 927 MC, Relator(a): Min. CARLOS VELLOSO, Tribunal Pleno, julgado em 03/11/1993, DJ 11-11-1994 PP-30635 EMENT VOL-01766-01 PP-00039.)
13. MOREIRA NETO, op. cit.
14. ADI 1245, Relator(a): Min. EROS GRAU, Tribunal Pleno, julgado em 06/04/2005, DJ 26-08-2005 PP-00005 EMENT VOL-02202-01 PP-00064 LEXSTF v. 27, n. 321, 2005, p. 38-45 RTJ VOL-00194-03 PP-00776.

ram um valor juridicamente protegido; conformam um padrão vinculatório para a norma particularizante e vedam o legislador e o aplicador de agirem em contrariedade ao valor nela declarado. Contudo, além disso, as normas gerais se aplicam concreta e diretamente no plano federal, estadual e municipal, mesmo na ausência de normas específicas destes ou diante de normas específicas que as contrariem, realizando, pois, a organização federativa.

Geraldo Ataliba, em artigo dedicado às normas gerais[15], acrescenta o caráter da excepcionalidade, por defender que a edição desse tipo de norma deve ser pontual, para uniformizar, em âmbito nacional, os aspectos mais relevantes. Para ele, pois, a competência legislativa para editar normas gerais deve ser exercida de modo "parcimonioso", sem exageros quanto ao conteúdo e quantidade, o que implica também o dever de uma interpretação restritiva de seus termos, justamente para não tornar regra aquilo que deve ser exceção.

É importante destacar que o referido jurista manifestou esse posicionamento sob a égide da Constituição anterior, em que a concorrência legislativa não era sistematizada como na atual, havendo muito mais concentração de poderes na União Federal. Dessa forma, em se prestigiando o vetor axiológico da atual Constituição em prol de uma descentralização, maior razão há, atualmente, para se ressaltar a nota de excepcionalidade da norma geral. Não é, porém, o que se verifica; ao contrário, a ascendência legislativa da União no âmbito concorrente é indiscutível.

Muitas outras abordagens se encontram em monografias e manuais, mas, a despeito dos esforços doutrinários, o que se nota é uma absoluta **impossibilidade de definição apriorística** que elida qualquer margem de discussão posterior, o que autoriza concluir que esse estado de coisa foi intencional, que o constituinte não quis apontar com clareza e exaustão a zona de fronteira da atuação de cada ente na competência concorrente. Essa conclusão é corroborada pela análise histórica da expressão no Direito Tributário, ramo do Direito em que rios de tintas já correram sobre o tema.

Leandro Paulsen faz referência a depoimento de Rubens Gomes de Sousa, um dos mais influentes membros da comissão que, em 1954, elaborou o texto do que viria a ser o atual Código Tributário Nacional. Ele afirmava que o grupo enfrentou grandes problemas com a definição do que seriam as normas gerais de Direito Tributário, já que, então, tinha como referência unicamente o texto da Constituição de 1946, que fazia a alusão sem qualquer dado adicional. Além disso, só se conhecia fórmula similar no Direito Financeiro.

Como a redação do dispositivo constitucional fora de autoria do deputado Aliomar Baleeiro (também célebre escritor, posteriormente Ministro do Supremo Tribunal Federal), a Comissão recorreu a ele pessoalmente, que respondeu ter sido uso da expressão na Constituinte de 1946 uma **solução para impasse político** decorrente da resistência

---

15. ATALIBA, Geraldo. Competência do congresso para editar normas gerais. **Revista de informação legislativa**, v.18, nº 72, p. 45-48, out./dez. de 1981.

CAPÍTULO 6 • COMPETÊNCIAS CONCORRENTES DA UNIÃO, DOS ESTADOS E DF **279**

de inúmeros parlamentares em conferir grandes poderes à União Federal para tratar sobre Direito Tributário, porquanto, inicialmente, se pretendia fosse a competência da União ampla e irrestrita, deixando quase nada para Estados-membros, Distrito Federal e Municípios. "Diante da resistência política, entretanto, ocorreu-lhe de introduzir a expressão 'normas gerais', o que teve sucesso, mas em termos que o próprio Aliomar **não elaborara ou raciocinara juridicamente**"[16].

Como se vê, o recurso à dicção "normas gerais" tem justamente a intenção de não permitir soluções aprioristicas, exigindo uma análise contingente, caso a caso, com debates posteriores, o que vem, efetivamente, sendo satisfatório no plano prático, conquanto, repita-se, tenha autorizado o legislador nacional a considerar geral tudo aquilo que ele inserir em uma determinada norma autoproclamada como geral. A mencionada ascendência política nacional e o primado do interesse nacional elidem maiores questionamentos quando o Congresso Nacional edita norma que, alegadamente, traça as normas gerais de um determinado assunto do art. 24.

A Constituição Federal de 1988, ao menos no âmbito tributário, tentou dar um passo adiante indicando exemplificativamente, nos incisos do art. 146, o que seriam os temas a serem versados pelos preceitos gerais. O art. 24, contudo, não traz qualquer detalhamento indiciário, o que leva o trato da matéria à individualização em cada tópico previsto no artigo. Dentro de cada expertise se busca definir o que sejam normas gerais[17].

O Supremo Tribunal Federal não expôs a essência do que venha a ser norma geral, nem se pode afirmar que isso efetivamente possa ser feito na ordem jurídica brasileira. Segue, na maior parte de seus precedentes, a opção por avaliar concretamente se disposições são ou não são normas gerais, muitas vezes sem uniformidade e recorrendo a características formais, como no julgamento da Representação nº 1.428[18], em que simplesmente assentou que a Lei nº 4.320/64 estabelece as normas gerais de Direito Financeiro, sem a isso agregar qualquer outro critério, sobretudo material.

Convém ressaltar que, a despeito do prestígio à forma, uma norma geral pode vir a ser veiculada por **lei complementar** ou **lei ordinária**. Somente quando a Constituição expressamente exigir uma dada espécie legislativa para tratar das normas gerais de

---

16. PAULSEN, Leandro. **Direito Tributário**: Constituição e Código Tributário à luz da doutrina e da jurisprudência. 4ª Edição, Porto Alegre: Livraria do Advogado, 2005, p. 95.

17. "As normas relativas à prescrição e à decadência tributárias têm natureza de normas gerais de direito tributário, cuja disciplina é reservada a lei complementar, tanto sob a Constituição pretérita (art. 18, § 1º, da CF de 1967/69) quanto sob a Constituição atual (art. 146, b, III, da CF de 1988). [...]". (RE 556664, Relator(a): Min. GILMAR MENDES, Tribunal Pleno, julgado em 12/06/2008, REPERCUSSÃO GERAL – MÉRITO DJe-216 DIVULG 13-11-2008 PUBLIC 14-11-2008 EMENT VOL-02341-10 PP-01886).

    "O artigo 98 do Código Tributário Nacional 'possui caráter nacional, com eficácia para a União, os Estados e os Municípios' (voto do eminente Ministro Ilmar Galvão) [...]". (RE 229096, Relator(a): Min. ILMAR GALVÃO, Relator(a) p/ Acórdão: Min. CÁRMEN LÚCIA, Tribunal Pleno, julgado em 16/08/2007, DJe-065 DIVULG 10-04-2008 PUBLIC 11-04-2008 EMENT VOL-02314-05 PP-00985 RTJ VOL-00204-02 PP-00858 RTJTJRS v. 45, n. 275, 2010, p. 29-42).

18. Rp 1428, Relator(a): Min. MOREIRA ALVES, TRIBUNAL PLENO, julgado em 29/06/1988, DJ 17-02-1989 PP-00969 EMENT VOL-01530-01 PP-00091.

um delimitado ponto é que se faz necessária a correlação. É o que acontece no Direito Tributário, ao ser exigida pelo art. 146 lei complementar para dispor sobre as normas gerais desse ramo do Direito. Em não havendo essa expressa determinação, é válida a edição de lei ordinária, como acontece em outros ramos do Direito, como o Ambiental, cujos preceitos mais abrangentes são objeto de lei ordinária.

Delimitar, portanto, a atuação da União Federal com esteio na definição de normas gerais é labor que não pode ser predeterminado mediante uma análise abstrata da situação. A Constituição Federal não trouxe, com exceção do Direito Tributário, maiores dados para defini-las, demandando uma investigação pontual, considerando que ao ente central somente é deferida uma ordenação homogênea dos tópicos mais relevantes de cada matéria, a fim de permitir a legislação periférica enfrentar as peculiaridades próprias.

No julgamento da ADI 2435[19], o Supremo Tribunal Federal trouxe contribuição sobre a matéria ao assentar que "na seara da competência legislativa concorrente, a norma geral assenta-se no pressuposto que a colaboração federativa depende de uma uniformização do ambiente normativo". Para tanto o tribunal, por maioria, partiu da ideia de que "a delimitação do campo de atuação legislativa dos entes federativos, em matéria de competência concorrente (art. 24, CF), requer postura interpretativa que considere: (i) a intensidade da situação fática normatizada com a estrutura básica descrita no tipo da regra de competência; (ii) valorização do fim primário a que se destina a norma, relacionado, no federalismo cooperativo, com o princípio da predominância de interesses".

O Ministro Gilmar Mendes, relator para o acórdão, bem escreve em seu voto:

> Nesse mesmo sentido, Tércio Sampaio Ferraz Júnior menciona que o critério mais útil para a definição dos limites da competência dos entes federativos em matéria de competência concorrente é o teleológico, pois a caracterização das normas gerais deve se referir ao interesse prevalecente da organização federativa.
>
> Isso porque, segundo seu entendimento, o federalismo cooperativo exige a uniformização de certos interesses como um ponto básico de uma colaboração bem estabelecida, seja "porque é comum (todos têm o mesmo interesse) ou porque envolve tipologias, conceituações que, se particularizadas num âmbito autônomo, engendram conflitos ou dificuldades no intercâmbio
>
> nacional", constituindo-se, assim, como matéria de norma geral (FERRAZ JÚNIOR, Tércio Sampaio. "Normas gerais e competência concorrente. Uma exegese do art. 24 da Constituição Federal". In: Revista da Faculdade de Direito da Universidade de São Paulo. Vol. 90. São Paulo: FDUSP, 1995, p. 249).

Percebe-se a articulação de elementos já bem explorados: a preponderância de interesse como fator relevante para demarcar cada âmbito de atuação federativa e o cotejo fático necessário para compreender o alcance e impacto social da realidade disciplinada pela legislação e a competência constitucional fixada. O interesse da União emerge da necessidade de um disciplinamento geral e uniforme, a fim de evitar

---

19. ADI 2435, Relator(a): CÁRMEN LÚCIA, Relator(a) p/ Acórdão: GILMAR MENDES, Tribunal Pleno, julgado em 21/12/2020, PROCESSO ELETRÔNICO DJe-058 DIVULG 25-03-2021 PUBLIC 26-03-2021.

conflitos e dificuldades que surgiriam em um disciplinamento fracionado. No caso da competência concorrente, deve, adicionalmente, agir sem exaurir o disciplinamento da matéria, deixando espaço para complementação pelo exercício da correlata competência concorrente suplementar dos Estados-membros e do Distrito Federal.

No caso julgado, foi declarada a inconstitucionalidade de lei do Rio de Janeiro que concedia descontos no preço de medicamente a consumidores idosos por que "extrapola a competência estadual para legislar sobre direito do consumidor – e invade o âmbito de competência da União para legislar sobre normas gerais de proteção e defesa da saúde, direito econômico e proteção do consumidor – a lei estadual que, estabelecendo política pública voltada a saúde, conflita com plexo normativo federal que regula a definição do preço de medicamentos em todo o território nacional e o equilíbrio econômico-financeiro no mercado farmacêutico".

Portanto, foi tido que preço de medicamente é realidade que se espraia nacionalmente, envolvendo uma série de fatos econômicos, comerciais e regulatórios que vão além do âmbito regional próprio dos Estados-membros, sendo, pois, matéria de competência da União mediante lei geral. Perceba-se que não há margem para os Estado-membros e o Distrito Federal disciplinarem por sua legislação sobre preços e medicamento, por ser considerado tema que mais adequadamente se liga às atribuições da União não apenas pela uniformização, mas também pela preponderância de seus interesses em disciplinar nacionalmente sobre o tema. Aos entes subnacionais cabe aspectos acessórios a essa venda.

Mais uma vez, não se deixa de perceber uma certa margem de discricionariedade no traçar a linha que separa a atuação de cada ente nas competências concorrentes, mas, ainda assim, parte-se dos mesmos critérios básicos, revelando, em verdade, não ser possível um exaurimento apriorístico.

6.3 COMPETÊNCIA CONCORRENTE SUPLEMENTAR E SUPLETIVA DOS ESTADOS-MEMBROS E DO DISTRITO FEDERAL

Os incisos do art. 24 da Constituição Federal disciplinam as duas modalidades de atuação dos Estados-membros e do Distrito Federal: a **suplementar** (também denominada de complementar), exercida com fundamento no § 2º e consistente no poder de editar disposições que complementem a legislação nacional regulando assuntos de interesse regional; e a **supletiva**, que tem a função de suprir omissão legislativa da União, normatizando amplamente sobre o assunto, mas no âmbito de ação da respectiva unidade autônoma.

Embora os termos se pareçam, ao ponto de às vezes ser tomado um pelo outro, não se confundem. Suplementar consiste em complementar e agir supletivamente significa suprir. Há quem defenda que quando se complementa adicionalmente se supre, mas isso não passa de um jogo com o significado das expressões, pois juridicamente tem-se situações bem distintas. Conquanto seja comum serem apontadas como competências próprias dos entes periféricos, ambas são, em verdade, modos de exercer a competência concorrente. Considera-se preciso, então, mencionar **competência concorrente suplementar** e **competência concorrente supletiva**.

Existe a **competência suplementar simples** de que desfrutam os entes periféricos para atuar em face das normas gerais editadas pela União no exercício de sua competência privativa. Diz-se **simples** ou **isolada** porque não está dentro do disciplinamento do art. 24, que confere um feixe de atribuições entrelaçadas, decorrendo, por outro lado, da estrutura do pacto federativo e da autolegislação de cada ente em seu âmbito próprio de interesse. O não exercício da competência privativa pela União, no entanto, não permite, como na concorrente, a colmatação periférica, o que implica menores poderes para os demais entes federados, razão pela qual deve haver uma separação de ambas as espécies, já que submetidas a regimes jurídicos diversos.

Quando se tratar, portanto, da competência exercida com fundamento no art. 24, § 2º, será dita **competência concorrente suplementar,** e quando se tratar da edição de normas complementando disposição **privativa** da União, será denominada de **competência suplementar simples**.

É certo que Fernanda Dias Menezes de Almeida[20] situa todas as hipóteses de condomínio legislativo sob a denominação de competência concorrente, mesmo quando seja uma mera atuação suplementar em face de deficiência de norma **privativa** da União. Tanto é assim que, além do rol do art. 24, ela indica outras competências legislativas concorrentes, como as do art. 22, IX, XXI, XXIV e XXVII; art. 236; art. 61, § 1º, "d", todos da Constituição Federal.

Nesta obra, prefere-se, contudo, entender que esses dispositivos versam sobre a competência suplementar simples, pois, repita-se, não invoca o microssistema constitucional do art. 24.

A despeito do bem engendrado entrelaçamento dos assuntos ao disciplinar a atuação concorrente, o Texto Constitucional fez menção somente aos "Estados" (§§ 2º e 3º) e à "lei estadual" (§ 4º), o que, por uma interpretação unicamente literal, poderia ensejar o entendimento de que estaria excluído o Distrito Federal. A doutrina e a jurisprudência do Supremo Tribunal Federal, porém, não têm feito essa distinção, ao contrário indicam haver os mesmos poderes para os Estados-membros e para o Distrito Federal no exercício da competência concorrente, por suas duas formas (suplementar e supletiva). Não teria, realmente, o menor sentido entender diferente, sobretudo considerando que o art. 32, § 1º da Constituição Federal atribui ao Distrito Federal as competências dos Estados-membros, nela se incluindo, por óbvio, a competência concorrente.

O tema foi objeto de abordagem pelo Ministro Marco Aurélio na ADI 1.045, ao reproduzir manifestação do Ministério Público Federal:

---

20. ALMEIDA, op. cit. p.125-126.

CAPÍTULO 6 • COMPETÊNCIAS CONCORRENTES DA UNIÃO, DOS ESTADOS E DF

É interessante notar que, nos parágrafos do art. 24, a Constituição Federal jamais se referiu ao Distrito Federal, cuidando, apenas, da União e dos Estados, muito embora, em seu *caput*, haja cogitado da União, dos Estados e do Distrito Federal [...].

Tratar-se-ia de exclusão intencional, a negar a competência do Distrito Federal para legislar concorrentemente com a União, naquelas matérias especificadas nos incisos do art. 24?

Quer parecer que, mesmo com abandono da melhor técnica de exegese, não se pode responder afirmativamente a tal questão, porquanto faz-se inconcebível entender que a Carta Magna haja consagrado o monopólio legislativo da União, em questões que envolvem interesses estritamente regionais – e não só federais –, visto como, então, nesse dispositivo teria sido negado, pelo constituinte, o próprio princípio federativo. Por isso, pensa-se que, na interpretação dos parágrafos o art. 24 da Constituição Federal, é mister ter presente o preceito constituído pelo § 1º do art. 32 da Carta de 1988: "Ao Distrito Federal são atribuídas as competências legislativas reservadas aos Estados e aos Municípios"[21].

No julgamento da Medida Cautelar da ADI 2.667, o Tribunal foi igualmente direto em afirmar a competência concorrente supletiva do Distrito Federal, julgando que a Constituição Federal "[...] ao instituir um sistema de condomínio legislativo nas matérias taxativamente indicadas no seu art. 24 [...] deferiu ao Estado-membro e **ao Distrito Federal**, em 'inexistindo lei federal sobre normas gerais', a possibilidade de exercer a competência legislativa plena, desde que 'para atender a suas peculiaridades' (art. 24, § 3º)"[22]. Também, indubitavelmente, assegurou que cabe "[...] aos Estados-membros e ao **Distrito Federal**, exercer competência suplementar (CF, art. 24, § 2º)"[23].

Nem mesmo uma análise isolada do art. 24 poderia autorizar a exclusão do Distrito Federal de seu disciplinamento. Não teria sentido o dispositivo arrolar em seu *caput* o Distrito Federal como titular de competência concorrente se não o dotasse das prerrogativas dos parágrafos 2º a 4º, já que são justamente eles que diferenciam a competência concorrente da competência suplementar simples. Para que o Distrito Federal efetivamente desfrute de competência concorrente, deve-se lhe aplicar todo o regime estabelecido no art. 24 da Constituição Federal, especialmente seus parágrafos.

Por fim, vale chamar atenção para uma má técnica legislativa muito comumente verificada na prática, mas que, a despeito de reprovável, não acarreta nenhuma invalidade. Leis estaduais, antes de trazerem suas devidas e pertinentes normas complementares, repetem *ipsis litteris* os preceitos gerais contidos em lei nacional. Como expresso, tem-se uma péssima técnica legislativa, pois, em sendo mera reprodução, consiste em algo absolutamente desnecessário e inócuo, que em nada contribui para o trato da matéria. Caso denote alguma modificação, haverá invasão de competência e, assim, inconstitucionalidade. Daí ser conveniente que o diploma periférico traga apenas as disposições complementares, deixando para constar normas gerais apenas quando agindo supletivamente.

---

21. ADI 1045, Relator(a): Min. MARCO AURÉLIO, Tribunal Pleno, julgado em 15/04/2009, DJe-108 DIVULG 10-06-2009 PUBLIC 12-06-2009 EMENT VOL-02364-01 PP-00001.
22. ADI 2667 MC, Relator(a): Min. CELSO DE MELLO, Tribunal Pleno, julgado em 19/06/2002, DJ 12-03-2004 PP-00036 EMENT VOL-02143-02 PP-00275.
23. ADI 2903, Relator(a): Min. CELSO DE MELLO, Tribunal Pleno, julgado em 01/12/2005, DJe-177 DIVULG 18-09-2008 PUBLIC 19-09-2008 EMENT VOL-02333-01 PP-00064 RTJ VOL-00206-01 PP-00134.

6.4 DELINEAMENTO JURISDICIONAL DA COMPETÊNCIA CONCORRENTE SUPLEMENTAR E SUPLETIVA

A atuação suplementar – como repetido em várias passagens anteriores – deve se dar dentro do quadro geral estabelecido na lei nacional, não podendo desbordá-lo. Em vários casos, o Supremo Tribunal Federal julgou a validade de normas regionais, fixando as balizas de atuação de cada esfera nos assuntos tratados no art. 24, inclusive realizando interpretação sistemática com outros dispositivos. É o que se passa a expor.

6.4.1 Distinção entre Direito Econômico e Monetário

No âmbito do **Direito Econômico**, o Supremo Tribunal Federal proibiu o Estado de Minas Gerais a emitir título de capitalização[24]. No mesmo sentido, foi julgado, no RE 291188, que "[…] a regra que confia privativamente à União legislar sobre 'sistema monetário' (art. 22, VI) é norma especial e subtrai, portanto, o **Direito Monetário**, para esse efeito, da esfera material do Direito Econômico, que o art. 24, I, da Constituição da República inclui no campo da competência legislativa concorrente da União, dos Estados e do Distrito Federal"[25].

É, portanto, retirada da alçada periférica, como regra, a matéria monetária, em razão do disposto no art. 22, VI, que atribui o assunto privativamente à União, excluindo-a de qualquer inserção no Direito Econômico, de competência concorrente. Realmente seria prejudicial à unidade nacional um disciplinamento regional do assunto, pois se poderia imaginar que os Estados-membros e o Distrito Federal estariam autorizados a criar as próprias moedas ou mesmo regular câmbio. Isso dificultaria, por demais, o fluxo econômico entre as unidades, afrouxando os laços federativos e mesmo dificultando as trocas econômicas. No mesmo julgamento, foi afirmado que, "[…] em todas as Federações, o estabelecimento do sistema monetário foi sempre típica e exclusiva função legislativa do ordenamento central; e estabelecer o sistema monetário – escusado o óbvio – consiste primacialmente na criação e eventual alteração do padrão monetário".

Esse entendimento foi estabelecido em jurisprudência envolvendo o Plano Real, que em 1994 estabilizou a economia brasileira e alterou a moeda nacional do Cruzeiro Real para o Real, utilizando como critério de conversão a URV (Unidade Referencial de Valor) fixada pela União. Alguns Estados-membros quiseram converter os salários de seus servidores por índices diversos, recebendo a reprovação do Supremo Tribu-

---

24. "COMPETÊNCIA NORMATIVA – COMERCIALIZAÇÃO DE TÍTULOS DE CAPITALIZAÇÃO – DISCIPLINA. A teor do disposto no artigo 22 da Constituição Federal, compete exclusivamente à União legislar sobre Direito Civil, Direito Comercial, política de crédito, câmbio, seguros e transferências de valores, sistema de poupança, captação e garantia da poupança popular". (ADI 2905, Relator(a): Min. EROS GRAU, Relator(a) p/ Acórdão: Min. MARCO AURÉLIO, Tribunal Pleno, julgado em 16/11/2016, ACÓRDÃO ELETRÔNICO DJe-019 DIVULG 01-02-2018 PUBLIC 02-02-2018).

25. RE 291188, Relator(a): Min. SEPÚLVEDA PERTENCE, Primeira Turma, julgado em 08/10/2002, DJ 14-11-2002 PP-00033 EMENT VOL-02091-05 PP-01019.

CAPÍTULO 6 • COMPETÊNCIAS CONCORRENTES DA UNIÃO, DOS ESTADOS E DF

nal Federal, sob o argumento de que "[...] a alteração do **padrão monetário** envolve necessariamente a fixação do critério de conversão para a moeda nova do valor das obrigações legais ou negociais orçadas na moeda velha; insere-se, pois, esse critério de conversão no âmbito material da regulação do '**sistema monetário**', ou do Direito Monetário, o qual, de competência legislativa privativa da União (CF, art. 22, VI), se subtrai do âmbito da autonomia dos Estados e Municípios".

Vale lembrar que a busca por uma homogeneidade nacional em torno de uma moeda única fui uma das razões que fizeram emergir a seminal forma federativa nos EUA. O entendimento do Supremo Tribunal Federal se alinha, pois, a uma meta não somente da federação brasileira, mas também às raízes históricas que fizerem surgir a primeira federação das américas.

As modalidades de concessão de crédito também se incluem na competência da União, dado o interesse nacional de uniformização do assunto:

> AÇÃO DIRETA. LEI DISTRITAL Nº 919/1995, QUE DISPÕE SOBRE OPERAÇÃO DE CRÉDITO. INCONSTITUCIO-NALIDADE FORMAL. VIOLAÇÃO AO ART. 22, VII, DA CONSTITUIÇÃO. 1. A Lei distrital nº 919/1995 tratou de operação de crédito de instituição financeira pública, matéria de competência privativa da União, nos termos dos arts. 21, VIII, e 22, VII, da Constituição. 2. A relevância das atividades desempenhadas pelas instituições financeiras, sejam públicas ou privadas, demanda a existência de uma coordenação centralizada das políticas de crédito e de regulação das operações de financiamento, impedindo os Estados de legislarem livremente acerca das modalidades de crédito praticadas pelos seus bancos públicos. 3. Ação direta procedente[26].

Eis, portanto, a interpretação sistemática entre o art. 22, VI, e o art. 24, I, ambos da Constituição Federal.

A despeito dessa divisão entre Direito Econômico e Direito Monetário, o Supremo Tribunal Federal admite que possa haver pontual atuação monetária periférica desde que dentro de limites fixados pela legislação nacional. Na ADI 442, decidiu que, "[...] embora os Estados-membros sejam incompetentes para fixar **índices de correção monetária superiores** aos fixados pela União para o mesmo fim, podem defini-los em **patamares inferiores**"[27]. Com base nesse raciocínio, a Corte chancelou a criação, pelos

---

26. ADI 1357, Relator(a): Min. ROBERTO BARROSO, Tribunal Pleno, julgado em 25/11/2015, ACÓRDÃO ELETRÔNICO DJe-018 DIVULG 29-01-2016 PUBLIC 01-02-2016.
27. "AÇÃO DIRETA DE INCONSTITUCIONALIDADE. ARTIGO 113 DA LEI N. 6.374, DE 1º DE MARÇO DE 1.989, DO ESTADO DE SÃO PAULO. CRIAÇÃO DA UNIDADE FISCAL DO ESTADO DE SÃO PAULO – UFESP. ATUALIZAÇÃO MONETÁRIA PELO ÍNDICE DE PREÇO AO CONSUMIDOR – IPC. UNIDADE FISCAL DO ESTADO DE SÃO PAULO COMO FATOR DE ATUZALIZAÇÃO DOS CRÉDITOS TRIBUTÁ-RIOS. ARTIGO 24, INCISO I, DA CONSTITUIÇÃO DO BRASIL. INCONSTITUCIONALIDADE PARCIAL. INTERPRETAÇÃO CONFORME À CONSTITUIÇÃO. 1. Esta Corte, em oportunidades anteriores, firmou o entendimento de que, embora os Estados-membros sejam incompetentes para fixar índices de correção monetária superiores aos fixados pela União para o mesmo fim, podem defini-los em patamares inferiores --- incentivo fiscal. Precedentes. 2. A competência dos Estados-membros para fixar índices de correção monetária de créditos fiscais é tema que também foi examinado por este Tribunal. A União e Estados-membros detêm competência legislativa concorrente para dispor sobre matéria financeira, nos termos do disposto no artigo 24, inciso I, da CB/88. 3. A legislação paulista é compatível com a Constituição de 1988, desde que o fator de correção adotado pelo Estado-membro seja igual ou inferior ao utilizado pela União. 4. Pedido julgado

Estados-membros, os próprios índices de correção de seus **créditos tributários**, desde que não ultrapassem o índice federal:

RECURSO EXTRAORDINÁRIO. AGRAVO REGIMENTAL. EXECUÇÃO FISCAL. CORREÇÃO MONETÁRIA. UFESP. 1. O recurso extraordinário foi provido para que o índice de correção monetária fixado pelo Estado de São Paulo, para a indexação de **tributos de sua competência**, **não supere** aqueles determinados pela União, nos termos do que decidiu o Plenário desta Corte nos RREE 154.273 e 183.907. 2. Compete ao juízo de primeiro grau analisar os efeitos desta decisão sobre a validade da CDA que deu ensejo à presente execução fiscal. 3. Agravo regimental improvido[28].

Esse entendimento vem sendo reiterado em julgados mais recentes[29]. Com essa linha de ideias, se fez a **ressalva da ressalva**, ou seja, se o Direito Monetário não está incluído no Direito Econômico, vedando a atuação estadual e distrital, excepciona-se dele, entretanto, a edição de índice de correção monetária, que pode ser realizada por Estados-membros e pelo Distrito Federal, desde que abaixo do teto nacional.

Considera-se essa postura incoerente. Ou existe ou não existe a competência, ou o índice nacional reflete corretamente a perda do valor da moeda ou não reflete. Nem se alegue que esse entendimento teria como motivo a vantagem de o Estado-membro aferir precisamente a inflação em seu território, que poderia trazer distinção do índice nacional, consistente numa média geral. Fosse assim, deveriam ser facultados **tanto índices maiores quanto menores ao nacional**, e não apenas estes. Portanto, deveria haver uniformidade de compreensão, prestigiando a interpretação sistemática realizada e que distingue Direito Econômico e Direito Monetário, a fim de excluir este por complemento da zona de competências estaduais e distritais. A solução de que considerar como uma isenção parcial quando for índice para reajustar tributos estaduais apenas foca uma possível aplicação desses índices subnacionais, o que não convalida para eventuais outras aplicações.

---

parcialmente procedente para conferir interpretação conforme ao artigo 113 da Lei n. 6.374/89 do Estado de São Paulo, de modo que o valor da UFESP não exceda o valor do índice de correção dos tributos federais. (ADI 442, Relator(a): Min. EROS GRAU, Tribunal Pleno, julgado em 14/04/2010, DJe-096 DIVULG 27-05-2010 PUBLIC 28-05-2010 EMENT VOL-02403-01 PP-00013 RT v. 99, n. 900, 2010, p. 135-140).

28. RE 286711 AgR, Relator(a): Min. ELLEN GRACIE, Segunda Turma, julgado em 29/06/2004, DJ 13-08-2004 PP-00281 EMENT VOL-02159-01 PP-00131.

29. AGRAVO INTERNO EM RECURSO EXTRAORDINÁRIO. DIREITO TRIBUTÁRIO. EMPRESA CONTRIBUINTE DE ICMS. ATUALIZAÇÃO DE CRÉDITOS TRIBUTÁRIOS. LEI COMPLEMENTAR DISTRITAL QUE ESTABELECE ÍNDICES DE CORREÇÃO MONETÁRIA SUPERIORES AOS FEDERAIS. ACÓRDÃO RECORRIDO EM DESCONFORMIDADE COM O ENTENDIMENTO FIRMADO PELO PLENÁRIO DO SUPREMO NO JULGAMENTO DA ADI 442. 1. O Tribunal de origem, ao apreciar a controvérsia, divergiu de entendimento firmado pelo Plenário do Supremo segundo o qual, "embora os Estados-membros sejam incompetentes para fixar índices de correção monetária superiores aos fixados pela União para o mesmo fim, podem defini-los em patamares inferiores – incentivo fiscal" (ADI 442, ministro Eros Grau). 2. Agravo interno desprovido. (RE 1272832 AgR, Relator(a): NUNES MARQUES, Segunda Turma, julgado em 05/09/2022, PROCESSO ELETRÔNICO DJe-184 DIVULG 14-09-2022 PUBLIC 15-09-2022).

6.4.2 Meio ambiente e sua complexidade

Outro assunto do art. 24 que exige uma análise sistemática, até mais complexa, é o **Direito Ambiental**. A Constituição Federal não trouxe uma alusão expressa a esse ramo do Direito como um todo. Espalhou vários pontos a ele pertinentes ao longo de todo o texto, resultando em competências privativas, exclusivas, comuns, suplementares simples e concorrentes, mesmo porque o art. 225 impõe ao Poder Público de um modo geral o dever de defesa e preservação ambiental.

Diante disso, os incisos VI, VII e VIII do art. 24 devem ser interpretados considerando as competências da União estabelecidas nos seguintes dispositivos constitucionais:

a) **Art. 21, IX** – competência exclusiva da União para elaboração e execução de planos nacionais e regionais de organização do território, cuja amplitude já garante supremacia federal sobre o ramo do direito. "Só nisso já se tem uma base sólida para o estabelecimento de planos nacionais e regionais de proteção ambiental"[30];

b) **Art. 21, XIX** – também competência exclusiva da União para versar sobre a instituição do sistema nacional de gerenciamento de recursos hídricos e definição dos critérios de outorga de direitos de seu uso;

c) **Art. 22, IV** –competência privativa para legislar sobre águas e energia, o que invoca, por sua vez, os arts. 20, III e 26, I, que tratam sobre a titularidade de rios e outros recursos hídricos.

Deve ser lembrado, ainda, que o art. 23, por seus incisos III, IV, VI e VII, traz extenso rol de matérias ambientais de competência material comum, a qual importa a respectiva competência legislativa, também a ser compatibilizada com a interpretação do art. 24.

Tudo isso resulta que a referência será o **âmbito de interesse.** A União responderá pelas matérias ambientais de ordem nacional ou que, de algum modo, extravasem o interesse de uma só unidade autônoma. Aos Estados-membros e ao Distrito Federal, restarão as competências **suplementar** – tanto a simples (no concernente aos planos e sistemas do art. 21) quanto a concorrente (nas matérias do art. 24) – e **concorrente supletiva** (para suprir as lacunas nacionais nos assuntos do art. 24). E aos Municípios caberá a **competência suplementar simples** para adequar a legislação nacional e estadual à realidade local. E todos poderão legislar, mas ainda dentro de sua zona de interesse, sobre as atividades materiais do art. 23 referentes ao meio ambiente.

O detalhamento dessas competências ambientais vem disciplinado pela Lei Complementar nº 140/11, cujo art. 2º, II, explicita que por atuação supletiva entende-se a "[...] ação do ente da Federação que se substitui ao ente federativo originariamente detentor das atribuições, nas hipóteses definidas nesta Lei Complementar". Por sua vez, a atuação subsidiária é a "[...] ação do ente da Federação que visa a auxiliar

---

30. SILVA, José Afonso. **Direito Ambiental Constitucional.** 4ª edição. São Paulo: Malheiros, 2003, p. 76.

no desempenho das atribuições decorrentes das competências comuns, quando solicitado pelo ente federativo originariamente detentor das atribuições definidas nesta Lei Complementar". Em seguida, a lei esquadrinha as ações administrativas da União, do Distrito Federal e dos Municípios. Atualmente, é norma basilar ao trato da matéria ambiental.

No exercício dessas competências, as unidades periféricas devem observar não só as normas gerais estritamente ambientais, mas também os demais princípios constitucionais extensíveis, sendo proibido, assim, estabelecer interferências de um poder sobre o outro fora das hipóteses constitucionalmente admitidas. Com isso em mente, foi julgada inconstitucional norma que estabelecia autorização legislativa prévia para atividades potencialmente poluidoras por ser incumbência própria do Executivo:

> Medida cautelar em ação direta de inconstitucionalidade. 2. Lei nº 1.315/2004, do Estado de Rondônia, que exige autorização prévia da Assembleia Legislativa para o licenciamento de atividades utilizadoras de recursos ambientais consideradas efetivas e potencialmente poluidoras, bem como capazes, sob qualquer forma, de causar degradação ambiental. 3. Condicionar a aprovação de licenciamento ambiental à prévia autorização da Assembleia Legislativa implica indevida interferência do Poder Legislativo na atuação do Poder Executivo, não autorizada pelo art. 2º da Constituição. Precedente: ADI nº 1.505. 4. Compete à União legislar sobre normas gerais em matéria de licenciamento ambiental (art. 24, VI, da Constituição. 5. Medida cautelar deferida[31].

Esse posicionamento reflete o dever de simetria na separação de poderes estaduais, conforme foi examinado no Capítulo 4.

Nesse sentido, conquanto os Municípios não estejam apontados expressamente indicados no feixe de competências do art. 24 da Constituição Federal, eles possuem competência suplementar simples para adaptar ao interesse local a normatização federal e estadual sobre Direito Ambiental.

No Supremo Tribunal Federal, o assunto foi tratado com atenção no julgamento do RE 586.224[32], com repercussão geral (Tema 145), no qual se fixou a tese de que "o município é competente para legislar sobre o meio ambiente com a União e Estado, no limite do seu interesse local e desde que tal regramento seja harmônico com a disciplina estabelecida pelos demais entes federados (art. 24, inciso VI, c/c 30, incisos I e II, da Constituição Federal)".

No voto condutor, o Ministro Luiz Fux, destacou que "não é permitida uma interpretação pelo Supremo Tribunal Federal, na qual não se reconheça o interesse do município em fazer com que sua população goze de um meio ambiente equilibrado. Mas, conforme já afirmado anteriormente, trata-se de uma questão de identificação da preponderância destes interesses notadamente comuns".

---

31. ADI 3252 MC, Relator(a): Min. GILMAR MENDES, Tribunal Pleno, julgado em 06/04/2005, DJe-202 DIVULG 23-10-2008 PUBLIC 24-10-2008 EMENT VOL-02338-01 PP-00105 RTJ VOL-00208-03 PP-00951.
32. RE 586224, Relator(a): LUIZ FUX, Tribunal Pleno, julgado em 05/03/2015, ACÓRDÃO ELETRÔNICO REPERCUSSÃO GERAL - MÉRITO DJe-085 DIVULG 07-05-2015 PUBLIC 08-05-2015.

Destaca que o interesse local é um **conceito**, que só pode ser conhecido caso a caso, e não uma **definição**, já que acolhe lição de Hely Lopes Meireles no sentido de que não há interesse local que, em alguma medida, se insira ou se relacione com interesses mais amplos de nível estadual ou nacional. Daí por que, em conclusão do julgamento, julgou inconstitucional lei do Município de Paulínia, que proibia de imediato a queima de cana de açúcar, por não se harmonizar com o disciplinamento estadual que previa uma diminuição paulatina dessa prática.

Por esse julgamento, percebe-se que a matéria de direito ambiental para os Municípios é **suplementar simples**, devendo apenas atuar naquilo que, considerando a legislação nacional e estadual, disser respeito ao interesse local. No entanto, tal entendimento não impediu que o Tribunal declarasse de maneira geral a competência do Município sobre determinados assuntos que tocam matéria ambiental. No julgamento do RE 1210727, Tema 1056, firmou a tese de que "é constitucional – formal e materialmente – lei municipal que proíbe a soltura de fogos de artifício e artefatos pirotécnicos produtores de estampidos"[33].

Nesse julgamento, em que se retirou conclusão genérica sobre a validade da norma local com tal proibição, não se considerou a possibilidade de como ficaria sua validade e eficácia com a superveniência de legislação estadual ou nacional estabelecendo – tal qual o precedente da queima da cana de açúcar – não uma abrupta proibição total, mas uma proibição paulatina e segundo determinados requisitos. Em verdade, a genérica declaração da constitucionalidade da norma local com esse teor contraria o mais acurado critério fixado no Tema 145, que exige justamente uma análise concreta, caso a caso, segundo a legislação local e nacional, e mesmo a constitucionalidade dessas, que não podem ser pormenorizadas em tal medida que invada aquilo que seja de interesse local, próprio dos Municípios.

---

33. "RECURSO EXTRAORDINÁRIO COM REPERCUSSÃO GERAL. DIREITO CONSTITUCIONAL, ADMINISTRATIVO E AMBIENTAL. RECURSO INTERPOSTO EM FACE DE ACÓRDÃO EM ADI ESTADUAL. LEI 6.212/2017 DO MUNICÍPIO DE ITAPETININGA/SP. PROIBIÇÃO DE SOLTURA DE FOGOS DE ARTIFÍCIO E ARTEFATOS PIROTÉCNICOS QUE PRODUZEM ESTAMPIDO. PROTEÇÃO DA SAÚDE E DO MEIO AMBIENTE. CONSTITUCIONALIDADE FORMAL. COMPETÊNCIA LEGISLATIVA CONCORRENTE. NORMA MAIS PROTETIVA. ATENDIMENTO AOS REQUISITOS PARA A COMPETÊNCIA SUPLETIVA DOS MUNICÍPIOS. CONSTITUCIONALIDADE MATERIAL. PRINCÍPIOS DA PROPORCIONALIDADE E DA RAZOABILIDADE. OBSERVÂNCIA. RECURSO EXTRAORDINÁRIO CONHECIDO E DESPROVIDO. 1. O Município é competente para legislar concorrentemente sobre meio ambiente, no limite de seu interesse local e desde que esse regramento seja harmônico com a disciplina estabelecida pelos demais entes federados, assim como detém competência legislativa suplementar quanto ao tema afeto à proteção à saúde (art. 24, VI e XII, da CRFB/88). 2. É constitucionalmente válida a opção legislativa municipal de proibir o uso de fogos de artifício de efeito sonoro ruidoso, ao promover um padrão mais elevado de proteção à saúde e ao meio ambiente, nos limites razoáveis do regular exercício de competência legislativa pelo ente estatal. Precedente: ADPF 567, Rel. Min. Alexandre de Moraes, Tribunal Pleno, julgado em 1º/3/2021, DJe de 29/3/2021. 3. Tese de repercussão geral: "É constitucional – formal e materialmente – lei municipal que proíbe a soltura de fogos de artifício e artefatos pirotécnicos produtores de estampidos". 4. Recurso extraordinário conhecido e desprovido". (RE 1210727, Relator(a): LUIZ FUX, Tribunal Pleno, julgado em 09/05/2023, PROCESSO ELETRÔNICO REPERCUSSÃO GERAL - MÉRITO DJe-s/n DIVULG 16-05-2023 PUBLIC 17-05-2023).

Portanto, é de se considerar em matéria ambiental a competência suplementar simples, o que demanda uma harmonização com as normas da União e do respectivo Estado-membro, demandando uma análise particular de cada circunstâncias, segundo o quadro normativo vigente na ocasião.

6.4.3 Delineamentos diversos pelo Supremo Tribunal Federal

Várias outras matérias do art. 24 foram delineadas pelo Supremo Tribunal Federal. É o que consta a seguir.

a) No **Direito Penitenciário** (art. 24, I), entendeu válida a criação da Carreira de Atividades Penitenciárias pelo Distrito Federal[34] e que é constitucional norma estadual que fixa parâmetros a serem observados pela Administração Pública estadual na **construção de presídios**[35].

b) Sobre **produção e consumo**, teve por constitucional norma estadual que proibia a venda de combustível de marca diversa daquela exibida como bandeira do posto ou se apresentasse em sua identificação visual[36], pois diretamente referente a um adequado conhecimento pelo consumidor do produto que está adquirindo.

c) No mesmo âmbito, foi julgado que "a forma de **apresentação dos produtos** elaborados sem a utilização de glúten está relacionada com a competência concorrente do Estado para legislar sobre consumo, proteção e defesa da saúde"[37], assim como é lícito o Estado-membro "dispor que as empresas do setor têxtil estão obrigadas a produzir peças de vestuário que contenham etiquetas em braile ou qualquer outro meio acessível à compreensão das pessoas com deficiência visual", pois além de versar sobre consumo (art. 24, V) viabiliza a integração social das pessoas portadoras dessa condição (art. 24, XIV)[38].

d) Já foi visto, também, que, no **âmbito consumerista,** foi tida por válida a obrigatoriedade de fazer constar determinadas informações em rótulos, desde que o produto seja fabricado no respectivo Estado-membro ou no Distrito Federal e tenha conteúdo informativo e útil para a proteção do consumo[39].

---

34. ADI 3916, Relator(a): Min. EROS GRAU, Tribunal Pleno, julgado em 03/02/2010, DJe-086 DIVULG 13-05-2010 PUBLIC 14-05-2010 EMENT VOL-02401-01 PP-00062.

35. ADI 2402, Relator(a): NUNES MARQUES, Tribunal Pleno, julgado em 26/06/2023, PROCESSO ELETRÔNICO DJe-s/n DIVULG 16-08-2023 PUBLIC 17-08-2023

36. ADI 1980, Relator(a): Min. CEZAR PELUSO, Tribunal Pleno, julgado em 16/04/2009, DJe-148 DIVULG 06-08-2009 PUBLIC 07-08-2009 EMENT VOL-02368-01 PP-00151 RTJ VOL-00211- PP-00052 LEXSTF v. 31, n. 368, 2009, p. 69-77 RSJADV jan./fev., 2010, p. 32-34.

37. ADI 2730, Relator(a): Min. CÁRMEN LÚCIA, Tribunal Pleno, julgado em 05/05/2010, DJe-096 DIVULG 27-05-2010 PUBLIC 28-05-2010 EMENT VOL-02403-01 PP-00112 LEXSTF v. 32, n. 378, 2010, p. 74-84 RT v. 99, n. 899, 2010, p. 85-91.

38. ADI 6989, Relator(a): ROSA WEBER, Tribunal Pleno, julgado em 19/06/2023, PROCESSO ELETRÔNICO DJe-s/n DIVULG 14-08-2023 PUBLIC 15-08-2023.

39. ADI 2832, Relator(a): Min. RICARDO LEWANDOWSKI, Tribunal Pleno, julgado em 07/05/2008, DJe-112 DIVULG 19-06-2008 PUBLIC 20-06-2008 EMENT VOL-02324-01 PP-00170 RTJ VOL-00205-03 PP-01107 LEXSTF v. 30, n. 358, 2008, p. 63-87 RCJ v. 22, n. 142, 2008, p. 89.

Não é válido, porém, quando impliquem substituição da legislação nacional, como aconteceu com a informação de que o produto possui matéria-prima geneticamente modificada[40].

e) Ainda no âmbito do consumo, é havida por constitucional norma estadual que, no exercício da competência concorrente suplementar, obriga instituições financeiras a instalarem **dispositivos de segurança em suas agências**[41].

f) Também foi considerada competência dos Estados-membros e do Distrito Federal, no exercício da competência concorrente sobre consumo "a autorização e regulamentação da venda e do consumo de bebidas alcoólicas em eventos esportivos, estádios e arenas desportivas em um Estado-membro não invade a competência da União prevista no art. 24, V e IX e §§ 1º a 3º, da Constituição da República"[42]. Em igual sentido, lícito aos Estados-membros proibirem, por lei, "instituições financeiras, correspondentes bancários e sociedades de arrendamento mercantil realizarem telemarketing, oferta comercial, proposta, publicidade ou qualquer tipo de atividade tendente a convencer aposentados e pensionistas a celebrarem contratos de empréstimos resulta do legítimo exercício da competência concorrente do ente federado em matéria de defesa do consumidor, suplementando-se os princípios e as normas do Código de Defesa do Consumidor e reforçando-se a proteção de grupo em situação de especial vulnerabilidade econômica e social"[43].

g) Sobre os **juizados de pequenas causas** (antigos órgãos jurisdicionais com a competência fixada exclusivamente em função do valor patrimonial da demanda, e portanto, sem competência penal), foi traçada sua distinção para os **Juizados Especiais** (que decidem causas de menor complexidade e sobre crimes de menor potencial ofensivo), daí por que a normatização deste não é concorrente[44], não se podendo fazer interpretação extensiva do art. 24, X, da CF/88.

h) Quanto à menção expressa do art. 24, IV, a **custas e serviços forenses**, foi tida como repetitiva, porque, como são consideradas espécies tributárias taxas, são abarcadas pela disposição do inciso I, que acomete à concorrência o Direito Tributário como um todo[45].

---

40. "ADI 3645, Relator(a): Min. ELLEN GRACIE, Tribunal Pleno, julgado em 31/05/2006, DJ 01-09-2006 PP-00016 EMENT VOL-02245-02 PP-00371 RTJ VOL-00199-02 PP-00633 LEXSTF v. 28, n. 334, 2006, p. 75-91.

41. RE 830133 ED-AgR, Relator(a): Min. GILMAR MENDES, Segunda Turma, julgado em 28/10/2014, ACÓRDÃO ELETRÔNICO DJe-224 DIVULG 13-11-2014 PUBLIC 14-11-2014.

42. ADI 5112, Relator(a): EDSON FACHIN, Tribunal Pleno, julgado em 17/08/2021, PROCESSO ELETRÔNICO DJe-179 DIVULG 09-09-2021 PUBLIC 10-09-2021.

43. ADI 6727, Relator(a): CÁRMEN LÚCIA, Tribunal Pleno, julgado em 12/05/2021, PROCESSO ELETRÔNICO DJe-096 DIVULG 19-05-2021 PUBLIC 20-05-2021.

44. HC 71713, Relator(a): Min. SEPÚLVEDA PERTENCE, Tribunal Pleno, julgado em 26/10/1994, DJ 23-03-2001 PP-00085 EMENT VOL-02024-03 PP-00501.

45. "CONSTITUCIONAL. TRIBUTÁRIO. CUSTAS E EMOLUMENTOS. LEI ESTADUAL QUE CONCEDE ISENÇÃO: CONSTITUCIONALIDADE. Lei 12.461, de 7.4.97, do Estado de Minas Gerais. I.- Custas e emolumentos são espécies tributárias, classificando-se como taxas. Precedentes do STF. II.- À União, ao Estado-membro e

i) Quanto à regulação da **assistência jurídica e da Defensoria Pública**, foi assentado que "os Estados-membros e o Distrito Federal não podem, mediante legislação autônoma, agindo 'ultra vires', transgredir a legislação fundamental ou de princípios que a União Federal fez editar no desempenho legítimo de sua competência constitucional, e de cujo exercício deriva o poder de fixar, validamente, diretrizes e bases gerais pertinentes a determinada matéria ou a certa Instituição, como a organização e a estruturação, no plano local, da Defensoria Pública". Por essa razão, teve-se por "inconstitucional lei complementar estadual, que, ao fixar critérios destinados a definir a escolha do Defensor Público-Geral do Estado e demais agentes integrantes da Administração Superior da Defensoria Pública local, não observa as normas de caráter geral, institutivas da legislação fundamental ou de princípios, prévia e validamente estipuladas em lei complementar nacional que a União Federal fez editar com apoio no legítimo exercício de sua competência concorrente"[46].

j) Reconheceu-se a inexistência de invasão à competência dos entes periféricos no estabelecimento de **piso salarial nacional de professores** por norma expedida pela União[47].

l) Foi declarada constitucional, por ficar dentro da competência complementar concorrente, lei estadual que fixa quais **produtos de conveniência** podem ser comercializados em **farmácias**[48].

---

ao Distrito Federal é conferida competência para legislar concorrentemente sobre custas dos serviços forenses, restringindo-se a competência da União, no âmbito dessa legislação concorrente, ao estabelecimento de normas gerais, certo que, inexistindo tais normas gerais, os Estados exercerão a competência legislativa plena, para atender a suas peculiaridades (C.F., art. 24, IV, §§ 1º e 3º). III.- Constitucionalidade da Lei 12.461/97, do Estado de Minas Gerais, que isenta entidades beneficentes de assistência social do pagamento de emolumentos. IV.- Ação direta de inconstitucionalidade julgada improcedente".

46. ADI 2903, Relator(a): Min. CELSO DE MELLO, Tribunal Pleno, julgado em 01/12/2005, DJe-177 DIVULG 18-09-2008 PUBLIC 19-09-2008 EMENT VOL-02333-01 PP-00064 RTJ VOL-00206-01 PP-00134.

47. "[…]2. É constitucional a norma geral federal que fixou o piso salarial dos professores do ensino médio com base no vencimento, e não na remuneração global. Competência da União para dispor sobre normas gerais relativas ao piso de vencimento dos professores da educação básica, de modo a utilizá-lo como mecanismo de fomento ao sistema educacional e de valorização profissional, e não apenas como instrumento de proteção mínima ao trabalhador. 3. É constitucional a norma geral federal que reserva o percentual mínimo de 1/3 da carga horária dos docentes da educação básica para dedicação às atividades extraclasse. Ação direta de inconstitucionalidade julgada improcedente. Perda de objeto declarada em relação aos arts. 3º e 8º da Lei 11.738/2008". (ADI 4167, Relator(a): Min. JOAQUIM BARBOSA, Tribunal Pleno, julgado em 27/04/2011, DJe-162 DIVULG 23-08-2011 PUBLIC 24-08-2011 EMENT VOL-02572-01 PP-00035).

48. "AÇÃO DIRETA DE INCONSTITUCIONALIDADE PROPOSTA PELO GOVERNADOR DO ESTADO DE SÃO PAULO. LEI ESTADUAL Nº 12.623/2007. DISCIPLINA DO COMÉRICIO DE ARTIGOS DE CONVENIÊNCIA EM FARMÁCIAS E DROGARIAS. USURPAÇÃO DA COMPETÊNCIA DA UNIÃO. IMPROCEDÊNCIA. A Lei Federal 5.991/73, ao dispor sobre o controle sanitário do comércio de drogas, medicamentos, insumos farmacêuticos e correlatos, destinou a farmácias e drogarias a exclusividade na comercialização de tais produtos sem proibir, contudo, a oferta de artigos de conveniência. A mera disciplina acerca dos produtos de conveniência que também podem ser comercializados em tais estabelecimentos não extrapola a competência supletiva estadual. O Plenário desta Corte já enfrentou a questão ao julgamento de ações diretas de inconstitucionalidade propostas pelo Procurador-Geral da República contra diversas leis estaduais - que também disciplinavam a comercialização de artigos de conveniência em farmácias e drogarias-,

CAPÍTULO 6 • COMPETÊNCIAS CONCORRENTES DA UNIÃO, DOS ESTADOS E DF **293**

m) No âmbito do **Direito Financeiro**, foi declarada norma geral e, portanto, validamente editada dentro da competência concorrente da União, lei nacional que obrigava os tribunais de contas estaduais a dar publicidade às contas públicas, sobretudo por conferir efetividade ao princípio da publicidade da Administração Pública[49].

n) Em matéria ambiental, foi julgada constitucional lei do Estado de Santa Catarina que, supletivamente, "[...] estabelece normas sobre controle de resíduos de embarcações, oleodutos e instalações costeiras", ante o entendimento de que, "[...] diante da ausência de lei com normas gerais, o Estado-Membro pode legislar amplamente, até que seja editada referida lei [CF, art. 24, §§ 3º e 4º]. Assim, tendo em vista que, à época da edição da Lei 11.078/1999, não havia lei geral sobre o tema, o Estado de Santa Catarina tinha competência legislativa plena nessa matéria"[50].

o) Foi excluída da competência federal para legislar sobre Direito Civil e do Trabalho, e incluída na competência concorrente do Estado-membro, a

---

concluindo pela constitucionalidade das normas impugnadas, seja pela natureza – comércio local-, seja pelo legítimo exercício da competência suplementar dos legisladores estaduais no campo da defesa da saúde - a que se refere o art. 24, XII, da Constituição da República-, seja pela desproporcionalidade da limitação ao exercício da livre iniciativa requerida. Às agências reguladoras não compete legislar, e sim promover a normatização dos setores cuja regulação lhes foi legalmente incumbida. A norma regulatória deve se compatibilizar com a ordem legal, integrar a espécie normativa primária, adaptando e especificando o seu conteúdo, e não substituí-la ao inovar na criação de direitos e obrigações. Em espaço que se revela qualitativamente diferente daquele em que exercida a competência legiferante, a competência regulatória é, no entanto, conformada pela ordem constitucional e legal vigente. As normas da ANVISA que extrapolem sua competência normativa – como é o caso da proibição de comércio de artigos de conveniência em farmácias e drogarias - não se revelam aptas a obstar a atividade legiferante dos entes federados. Ação direta de inconstitucionalidade julgada improcedente". (ADI 4093, Relator(a): Min. ROSA WEBER, Tribunal Pleno, julgado em 24/09/2014, PROCESSO ELETRÔNICO DJe-203 DIVULG 16-10-2014 PUBLIC 17-10-2014)

49. "Ação direta de inconstitucionalidade. Lei Federal nº 9.755/98. Autorização para que o Tribunal de Contas da União crie sítio eletrônico denominado Contas Públicas para a divulgação de dados tributários e financeiros dos entes federados. Violação do princípio federativo. Não ocorrência. Prestígio do princípio da publicidade. Improcedência da ação. 1. O sítio eletrônico gerenciado pelo Tribunal de Contas da União tem o escopo de reunir as informações tributárias e financeiras dos diversos entes da federação em um único portal, a fim de facilitar o acesso dessas informações pelo público. Os documentos elencados no art. 1º da legislação já são de publicação obrigatória nos veículos oficiais de imprensa dos diversos entes federados. A norma não cria nenhum ônus novo aos entes federativos na seara das finanças públicas, bem como não há em seu texto nenhum tipo de penalidade por descumprimento semelhante àquelas relativas às hipóteses de intervenção federal ou estadual previstas na Constituição Federal, ou, ainda, às sanções estabelecidas na Lei de Responsabilidade Fiscal. 2. Ausência de inconstitucionalidade formal por ofensa ao art. 163, inciso I, da Constituição Federal, o qual exige a edição de lei complementar para a regulação de matéria de finanças públicas. Trata-se de norma geral voltada à publicidade das contas públicas, inserindo-se na esfera de abrangência do direito financeiro, sobre o qual compete à União legislar concorrentemente, nos termos do art. 24, I, da Constituição Federal. 3. A norma não representa desrespeito ao princípio federativo, inspirando-se no princípio da publicidade, na sua vertente mais específica, a transparência dos atos do Poder Público. Enquadra-se, portanto, no contexto do aprimoramento da necessária transparência das atividades administrativas, reafirmando e cumprindo, assim, o princípio constitucional da publicidade da administração pública (art. 37, caput, CF/88). 4. Ação julgada improcedente". (ADI 2198, Relator(a): Min. DIAS TOFFOLI, Tribunal Pleno, julgado em 11/04/2013, ACÓRDÃO ELETRÔNICO DJe-161 DIVULG 16-08-2013 PUBLIC 19-08-2013).

50. ADI 2030/SC, rel. Min. Gilmar Mendes, julgamento em 9.8.2017. (ADI-2030). Informativo 872.

concessão de bolsas para curso superior por empresas privadas, mediante o compromisso de o empregado beneficiário prestar serviços, por igual período em que vigorar a bolsa, em projetos de alfabetização ou aperfeiçoamento dos demais empregados. Com efeito, foi declarada constitucional lei do Estado do Rio Grande do Sul na parte que estabelecia essa sorte de incentivo[51].

p) no tocante à proteção e integração social das **pessoas portadoras de deficiência**, prevista no art. 24, XIV, o Supremo Tribunal Federal julgou que essa competência excepciona a competência privativa da União para legislar sobre trânsito e transporte, declarando constitucional lei do Estado de Minas Gerais que exigia a adaptação de veículos de transporte coletivo com a finalidade de assegurar seu acesso por pessoas com deficiência ou dificuldade de locomoção[52].

---

51. "AÇÃO DIRETA DE INCONSTITUCIONALIDADE. DIREITO CONSTITUCIONAL E TRIBUTÁRIO. LEI ESTADUAL. CONCESSÃO DE BOLSAS DE ESTUDO A PROFESSORES. COMPETÊNCIA LEGISLATIVA CONCORRENTE (ART. 24, IX, DA CRFB/88). COMPREENSÃO AXIOLÓGICA E PLURALISTA DO FEDERALISMO BRASILEIRO (ART. 1º, V, DA CRFB/88). NECESSIDADE DE PRESTIGIAR INICIATIVAS NORMATIVAS REGIONAIS E LOCAIS SEMPRE QUE NÃO HOUVER EXPRESSA E CATEGÓRICA INTERDIÇÃO CONSTITUCIONAL. EXERCÍCIO REGULAR DA COMPETÊNCIA LEGISLATIVA PELO ESTADO DO RIO GRANDE DO SUL. INSTITUIÇÃO UNILATERAL DE BENEFÍCIO FISCAL RELATIVO AO ICMS. EXIGÊNCIA CONSTITUCIONAL DE PRÉVIO CONVÊNIO INTERESTADUAL (ART. 155, § 2º, XII, 'g', da CRFB/88). DESCUMPRIMENTO. RISCO DE DESEQUILÍBRIO DO PACTO FEDERATIVO. GUERRA FISCAL. PROCEDÊNCIA PARCIAL DO PEDIDO, COM EFEITOS EX NUNC. 1. O princípio federativo reclama o abandono de qualquer leitura inflacionada e centralizadora das competências normativas da União, bem como sugere novas searas normativas que possam ser trilhadas pelos Estados, Municípios e pelo Distrito Federal. 2. A prospective overruling, antídoto ao engessamento do pensamento jurídico, possibilita ao Supremo Tribunal Federal rever sua postura prima facie em casos de litígios constitucionais em matéria de competência legislativa, viabilizando o prestígio das iniciativas regionais e locais, ressalvadas as hipóteses de ofensa expressa e inequívoca de norma da Constituição de 1988. 3. A competência legislativa de Estado-membro para dispor sobre educação e ensino (art. 24, IX, da CRFB/88) autoriza a fixação, por lei local, da possibilidade de concessão de bolsas de estudo a professores, em aprimoramento do sistema regional de ensino. [...]" (ADI 2663, Relator(a): Min. LUIZ FUX, Tribunal Pleno, julgado em 08/03/2017, PROCESSO ELETRÔNICO DJe-112 DIVULG 26-05-2017 PUBLIC 29-05-2017).

52. "Ação direta de inconstitucionalidade. Lei nº 10.820/92 do Estado de Minas Gerais, que dispõe sobre adaptação dos veículos de transporte coletivo com a finalidade de assegurar seu acesso por pessoas com deficiência ou dificuldade de locomoção. Competência legislativa concorrente (art. 24., XIV, CF). Atendimento à determinação constitucional prevista nos arts. 227, § 2º, e 244 da Lei Fundamental. Improcedência. 1. A ordem constitucional brasileira, inaugurada em 1988, trouxe desde seus escritos originais a preocupação com a proteção das pessoas portadoras de necessidades especiais, construindo políticas e diretrizes de inserção nas diversas áreas sociais e econômicas da comunidade (trabalho privado, serviço público, previdência e assistência social). Estabeleceu, assim, nos arts. 227, § 2º, e 244, a necessidade de se conferir amplo acesso e plena capacidade de locomoção às pessoas com deficiência, no que concerne tanto aos logradouros públicos, quanto aos veículos de transporte coletivo, determinando ao legislador ordinário a edição de diplomas que estabeleçam as formas de construção e modificação desses espaços e desses meios de transporte. 2. Na mesma linha afirmativa, há poucos anos, incorporou-se ao ordenamento constitucional a Convenção Internacional sobre os Direitos das Pessoas com Deficiência, primeiro tratado internacional aprovado pelo rito legislativo previsto no art. 5º, § 3º, da Constituição Federal, o qual foi internalizado por meio do Decreto Presidencial nº 6.949/2009. O art. 9º da convenção veio justamente reforçar o arcabouço de proteção do direito de acessibilidade das pessoas com deficiência. 3. Muito embora a jurisprudência da Corte seja rígida em afirmar a amplitude do conceito de trânsito e transporte para fazer valer a competência privativa da União (art. 22, XI, CF), prevalece, no caso, a densidade do direito à acessibilidade física das pessoas com deficiência (art. 24, XIV, CF), em atendimento, inclusive, à determinação

CAPÍTULO 6 • COMPETÊNCIAS CONCORRENTES DA UNIÃO, DOS ESTADOS E DF

q) Firmou-se que "a jurisprudência do Supremo Tribunal Federal se consolidou no sentido de que leis estaduais que autorizam a transferência e o uso, pelo Estado, de recursos financeiros correspondentes a depósitos judiciais e extra-judiciais incorrem em vício de inconstitucionalidade formal, por usurpação da competência da União para legislar sobre direito civil e processual civil (art. 22, I, da CF) e para editar normas gerais de direito financeiro (art. 24, I e § 1º, da CF)"[53].

r) No exercício da competência concorrente sobre procedimento, já foi julgado constitucional lei estadual versando sobre procedimento em inquérito civil[54] e que indica a advocacia pública do estado como legítima destinaria para a citação do ente público[55].

s) Em termos de proteção à saúde e ao meio ambiente, foi julgada constitucional a possibilidade de os Estados-membros vedarem a pulverização aérea de agrotóxicos[56].

É interessante destacar que o Supremo Tribunal Federal, no julgamento da ADI 4.060, versando sobre lei do Estado de Santa Catarina que fixava número máximo de alunos em salas de aulas, em caráter suplementar ao que tratava a Lei de Diretrizes e Bases da Educação, reconheceu, por voto do Ministro Luiz Fux, o caráter centralizador de sua jurisprudência. Indica expressamente ser o entendimento do Tribunal razão direta para a preponderância da União no pacto federativo. É sinalizada, no entanto, a necessidade de mudança. Escreve o julgador:

> Acredito seja momento de a Corte rever sua postura prima facie em casos de litígios constitucionais em matéria de competência legislativa, passando a prestigiar as iniciativas regionais e locais, a menos que ofendam norma expressa e inequívoca da Constituição. Essa diretriz parece ser a que melhor se acomoda à noção de federalismo como sistema que visa a promover o pluralismo nas formas de organização política.

---

prevista nos arts. 227, § 2º, e 244 da Lei Fundamental, sem preterir a homogeneidade no tratamento legislativo a ser dispensado a esse tema. Nesse sentido, há que se enquadrar a situação legislativa no rol de competências concorrentes dos entes federados. Como, à época da edição da legislação ora questionada, não havia lei geral nacional sobre o tema, a teor do § 3º do art. 24 da Constituição Federal, era deferido aos estados-membros o exercício da competência legislativa plena, podendo suprir o espaço normativo com suas legislações locais. 4. A preocupação manifesta no julgamento cautelar sobre a ausência de legislação federal protetiva hoje se encontra superada, na medida em que a União editou a Lei nº 10.098/2000, a qual dispõe sobre normas gerais e critérios básicos de promoção da acessibilidade das pessoas com deficiência. Por essa razão, diante da super-veniência da lei federal, a legislação mineira, embora constitucional, perde a força normativa, na atualidade, naquilo que contrastar com a legislação geral de regência do tema (art. 24, § 4º, CF/88). 5. Ação direta que se julga improcedente". (ADI 903, Relator(a): Min. DIAS TOFFOLI, Tribunal Pleno, julgado em 22/05/2013, ACÓRDÃO ELETRÔNICO DJe-026 DIVULG 06-02-2014 PUBLIC 07-02-2014).

53. ADI 6723, Relator(a): ROBERTO BARROSO, Tribunal Pleno, julgado em 22/02/2023, PROCESSO ELETRÔNICO DJe-s/n DIVULG 02-03-2023 PUBLIC 03-03-2023.

54. ADI 1285, Relator(a): ROBERTO BARROSO, Tribunal Pleno, julgado em 27/03/2023, PROCESSO ELETRÔNICO DJe-s/n DIVULG 04-05-2023 PUBLIC 05-05-2023.

55. ADI 5773, Relator(a): ALEXANDRE DE MORAES, Relator(a) p/ Acórdão: CÁRMEN LÚCIA, Tribunal Pleno, julgado em 08/03/2021, PROCESSO ELETRÔNICO DJe-097 DIVULG 20-05-2021 PUBLIC 21-05-2021.

56. ADI 6137, Relator(a): CÁRMEN LÚCIA, Tribunal Pleno, julgado em 29/05/2023, PROCESSO ELETRÔNICO DJe-s/n DIVULG 13-06-2023 PUBLIC 14-06-2023.

Trata-se de sinalização louvável, pois, conforme demonstrado ao longo desta obra e reconhecido pelo Ministro Fux nesse mesmo julgamento, a jurisprudência do Supremo tem sido fator determinante para a centralização federativa no Brasil, ao ponto de se duvidar de uma federação efetiva. Daí indicar que "[...] não havendo necessidade autoevidente de uniformidade nacional na disciplina da temática, proponho prestigiar a iniciativa local em matéria de competências legislativas concorrentes. O benefício da dúvida deve ser pró-autonomia dos Estados e Municípios". Por essa razão, julgou válida a norma estadual[57].

Observa-se, pois, uma definição pontual, matéria por matéria, do que cabe aos entes federativos no exercício da competência concorrente, merecendo atentar, no futuro, para efetivação ou não dessa sinalização do Ministro Fux em prol de maior descentralização. Essa definição caso a caso do que compete ou não a uma lei geral é uma decorrência direta da maneira como é encarado o próprio conceito, conforme se viu há pouco, o qual demanda uma análise também casuística. A doutrina, por seu lado, não exprime, de um modo geral, bem delineada orientação teórica que tenha sido incorporada pelos tribunais. Também não expressa contraposição ao que vem sendo

---

57. "AÇÃO DIRETA DE INCONSTITUCIONALIDADE. DIREITO CONSTITUCIONAL. PARTILHA DE COMPETÊNCIA LEGISLATIVA CONCORRENTE EM MATÉRIA DE EDUCAÇÃO (CRFB, ART. 24, IX). LEI ESTADUAL DE SANTA CATARINA QUE FIXA NÚMERO MÁXIMO DE ALUNOS EM SALA DE AULA. QUESTÃO PRELIMINAR REJEITADA. IMPUGNAÇÃO FUNDADA EM OFENSA DIRETA À CONSTITUIÇÃO. CONHECIMENTO DO PEDIDO. AUSÊNCIA DE USURPAÇÃO DE COMPETÊNCIA DA UNIÃO EM MATÉRIA DE NORMAS GERAIS. COMPREENSÃO AXIOLÓGICA E PLURALISTA DO FEDERALISMO BRASILEIRO (CRFB, ART. 1º, V). NECESSIDADE DE PRESTIGIAR INICIATIVAS NORMATIVAS REGIONAIS E LOCAIS SEMPRE QUE NÃO HOUVER EXPRESSA E CATEGÓRICA INTERDIÇÃO CONSTITUCIONAL. EXERCÍCIO REGULAR DA COMPETÊNCIA LEGISLATIVA PELO ESTADO DE SANTA CATARINA AO DETALHAR A PREVISÃO CONTIDA NO ARTIGO 25 DA LEI Nº 9.394/94 (LEI DE DIRETRIZES E BASES DA EDUCAÇÃO NACIONAL). PEDIDO JULGADO IMPROCEDENTE. 1. O princípio federativo brasileiro reclama, na sua ótica contemporânea, o abandono de qualquer leitura excessivamente inflacionada das competências normativas da União (sejam privativas, sejam concorrentes), bem como a descoberta de novas searas normativas que possam ser trilhadas pelos Estados, Municípios e pelo Distrito Federal, tudo isso em conformidade com o pluralismo político, um dos fundamentos da República Federativa do Brasil (CRFB, art. 1º, V) 2. A invasão da competência legislativa da União invocada no caso sub judice envolve, diretamente, a confrontação da lei atacada com a Constituição (CRFB, art. 24, IX e parágrafos), não havendo que se falar nessas hipóteses em ofensa reflexa à Lei Maior. Precedentes do STF: ADI nº 2.903, rel. Min. Celso de Mello, DJe-177 de 19-09-2008; ADI nº 4.423, rel. Min. Dias Toffoli, DJe-225 de 14-11-2014; ADI nº 3.645, rel. Min. Ellen Gracie, DJ de 01-09-2006. 3. A *prospective overruling*, antídoto ao engessamento do pensamento jurídico, revela oportuno ao Supremo Tribunal Federal rever sua postura prima facie em casos de litígios constitucionais em matéria de competência legislativa, para que passe a prestigiar, como regra geral, as iniciativas regionais e locais, a menos que ofendam norma expressa e inequívoca da Constituição de 1988. 4. A competência legislativa do Estado-membro para dispor sobre educação e ensino (CRFB, art. 24, IX) autoriza a fixação, por lei local, do número máximo de alunos em sala de aula, no afã de viabilizar o adequado aproveitamento dos estudantes. 5. O limite máximo de alunos em sala de aula não ostenta natureza de norma geral, uma vez que dependente das circunstâncias peculiares a cada ente da federação, tais como o número de escola colocadas à disposição da comunidade, a oferta de vagas para o ensino, o quantitativo de crianças em idade escolar para o nível fundamental e médio, o número de professores em oferta na região, além de aspectos ligados ao desenvolvimento tecnológico nas áreas de educação e ensino. 6. Pedido de declaração de inconstitucionalidade julgado improcedente". (ADI 4060, Relator(a): Min. LUIZ FUX, Tribunal Pleno, julgado em 25/02/2015, ACÓRDÃO ELETRÔNICO DJe-081 DIVULG 30-04-2015 PUBLIC 04-05-2015).

praticado por eles. A atuação concorrente completar, portanto, ainda poderá receber evolução teórica determinante.

No exercício da **competência concorrente supletiva**, a questão é mais parcimoniosa, mesmo porque menos comum. O art. 24, § 3º, CF/88, prescreve que, "[...] inexistindo lei federal sobre normas gerais, os Estados exercerão a competência legislativa plena, para atender a suas peculiaridades".

Duas balizas devem ser observadas para o exercício do poder previsto nesse dispositivo.

A **primeira** diz respeito à inexistência de lei federal (que melhor teria sido denominada como **nacional**, por ser hipótese de expressão do Estado Federal como um todo). Essa inexistência não precisa ser completa, sobre a integralidade de uma das matérias aludidas no art. 24, pode ser sobre um ponto ou uma questão específica de uma delas e que demande uma normatização sobre preceitos gerais por impedir a atuação periférica.

Essa omissão não deve ser aferida em termos formais, ou seja, não é preciso que falte um texto normativo sobre o assunto, porquanto, para se constatar uma norma, não é necessário que ela esteja explicitada na literalidade de um enunciado sobre determinado assunto. É possível se valer das várias técnicas interpretativas para se obter a **normatização** nacional, descaracterizando uma omissão legislativa nacional e impedindo, pois, a atuação supletiva estadual ou distrital. Entende-se apenas que não se pode valer de **analogia** para indicar a existência de norma nacional, pois ela não é técnica de interpretação, mas instrumento de expurgo de lacuna no ordenamento. O recurso à analogia pressupõe a inexistência de norma sobre o assunto. Em havendo lacuna nacional em termos de legislação concorrente, a Constituição Federal indica o meio específico de supressão: o exercício da competência concorrente supletiva e não o recurso à analogia.

A **segunda** baliza a ser observada diz respeito à menção constitucional de que a atuação periférica será "para atender a suas peculiaridades". Os entes periféricos, no caso, "só obrigam nos limites da autonomia estadual". Eles colmatam, suprem o vácuo legislativo da União para edição de normas gerais, mas não podem fazer que suas normas sejam gerais no **aspecto subjetivo**, sujeitando outros entes federativos ou pessoas que estejam fora de seu território. Também não lhes é deferido, no **aspecto objetivo**, poder para legislar de modo a equilibrar ou conformar a própria atuação com a de outros entes, elidindo e disciplinando eventuais e possíveis conflitos, por ser assunto de alçada nacional.

Nos precedentes do Supremo Tribunal Federal, se verificam situações em que, mesmo diante de omissão legislativa da União, não se deferiu aos Estados-membros a competência para legislação ampla, justamente por causa dessa constrição ao âmbito de alcance da autonomia do respectivo ente. Foi o que se deu em relação ao adicional de imposto de renda que podia ser criado pelos entes estaduais, segundo redação original do art. 155, II, da CF/88, cujo texto não mais vigente era o seguinte:

> Art. 155. Compete aos Estados e ao Distrito Federal instituir: [...] II – adicional de até cinco por cento do que for pago à União por pessoas físicas ou jurídicas domiciliadas nos respectivos territórios, a título do imposto previsto no art. 153, III, incidente sobre lucros, ganhos e rendimentos de capital.

O Estado de São Paulo, por lei própria, exerceu competência concorrente supletiva e criou o tributo, mesmo sem haver prévia norma geral fixada por lei complementar nacional. O fundamento invocado foi justamente o art. 24, § 3º. Recebeu, porém, reprovação do Pretório Excelso no RE 149.955, sob o entendimento de que "[...] **não se pode prescindir**, na concreta instituição dessa nova espécie de tributo estadual, **das prescrições gerais** e uniformizadoras constantes da lei complementar referida pelo art. 146 da Carta Fundamental". Ou seja, mesmo diante da não edição da cabível lei pela União, ainda assim, se negou a possibilidade de a unidade periférica, colmatando o vácuo, legislar amplamente sobre a nova espécie tributária, pois não se estava apenas a suprir uma peculiaridade regional.

O Ministro Celso de Mello, relator do recurso, entendeu que, na hipótese, a lei geral exigida era não só instituto indispensável para a segurança jurídica, mas, principalmente, uma garantia em prol do contribuinte, porque iria disciplinar os conflitos federativos então emergentes, por se tratar de um peculiar tributo que era, na verdade, agregado a outro de entidade diversa. Em seu voto consignou:

> Nem mesmo o poder jurídico deferido aos Estados-membros e ao Distrito Federal pelo art. 24, §§ 3º 3 e 4º, da Constituição Federal permitirá que estes legislem, autonomamente, sobre a nova exação tributária, na medida em que o adicional sobre o imposto de renda constitui espécie de tributo necessariamente dependente. de regramento sujeito à competência de pessoa estatal diversa.
>
> As recíprocas interferências que se estabelecerão, obrigatoriamente, entre o imposto de renda, sujeito à competência legislativa da União, e o adicional ao imposto de renda, incluído na esfera de competência impositiva dos Estados-membros, reclamam a edição de lei complementar de âmbito nacional, vocacionada, precisamente, à indicação de soluções normativas necessárias e resolução de possíveis conflitos de competência entre a União Federal e os Estados-membros.
>
> Essa circunstância evidencia a **impossibilidade** de a unidade federada, invocando a existência de peculiaridades locais, exercer, na ausência da lei nacional, a competência plena a que se refere o art. 24, § 3º, *in fine*, da Carta Política. No tratamento normativo dessa matéria torna-se inviável pretender que o Estado-membro, a pretexto de disciplinar situações emergentes de um específico contexto local, possa dispor, em toda a sua plenitude, da prerrogativa. de editar – ante o *vacuum juris* registrado no plano nacional – ato legislativo próprio instituidor de um estatuto de regência que veicule os elementos essenciais à abstrata definição da hipótese de incidência da espécie tributária ora questionada[58].
>
> O recurso restou ementado da seguinte maneira:
>
> TRIBUTÁRIO – ADICIONAL AO IMPOSTO DE RENDA (LEI N. 6.352/88, DO ESTADO DE SÃO PAULO) – INCONSTITUCIONALIDADE DE SUA INSTITUIÇÃO – AUSÊNCIA DE LEI COMPLEMENTAR NACIONAL (CF, ART. 146) – IMPOSSIBILIDADE DO EXERCÍCIO, PELO ESTADO-MEMBRO, DA COMPETÊNCIA LEGISLATIVA PLENA – RECURSO EXTRAORDINÁRIO CONHECIDO E PROVIDO. – É inconstitucional a Lei n. 6.352, de 29/12/88, que, editada pelo Estado de São Paulo, instituiu o adicional ao imposto de renda no âmbito daquela unidade da Federação. – Os Estados-membros **não podem instituir**, mediante ato legislativo próprio, o tributo a que se refere o art. 155, II, da Constituição (Adicional ao Imposto de Renda) **enquanto não for editada**,

---

58. RE 149955, Relator(a): Min. CELSO DE MELLO, Tribunal Pleno, julgado em 19/08/1993, DJ 03-09-1993 PP-17745 EMENT VOL-01715-02 PP-00324.

CAPÍTULO 6 • COMPETÊNCIAS CONCORRENTES DA UNIÃO, DOS ESTADOS E DF

pela União Federal, a lei complementar nacional prevista no art. 146 da Lei Fundamental da República. A existência desse "vacuum legis" não confere aos Estados-membros a possibilidade de exercerem, com base nas regras inscritas no art. 24, par. 3., da Constituição e no art. 34, par. 3., do ADCT/88, competência legislativa plena, eis que as reciprocas interferências que se estabelecerão, obrigatoriamente, entre o imposto de renda, sujeito a competência legislativa da União, e o adicional ao imposto de renda, incluído na esfera de competência impositiva dos Estados-membros, reclamam a edição de lei complementar nacional que indique soluções normativas necessárias a superação de possíveis conflitos de competência entre essas entidades políticas. – O poder de tributar deferido as pessoas estatais investidas de capacidade política não deve ser exercido com desrespeito aos direitos públicos subjetivos dos contribuintes ou com ofensa as limitações constitucionais que restringem o desempenho, pelas entidades tributantes, de sua competência impositiva[59].

Apesar de versar sobre dispositivo revogado pela Emenda Constitucional nº 03/93, referido julgado traz a importante lição de que não é a omissão pura e simples que autoriza irrestritamente a execução da competência concorrente supletiva do art. 24, § 3º, da CF/88. É necessária uma análise sistemática do assunto e das peculiaridades da questão específica que se quer tratar, pois, repita-se, mesmo no exercício dessa função de colmatação, o Estado-membro está limitado aos lindes de sua autonomia, aos assuntos regionais. Se não for possível uma normatização que supra a omissão federal dentro desse limite, ela não será válida.

Por sua vez, quando for facultada a colmatação **nos limites do alcance da autonomia** do respectivo ente, haverá permissão para se lançar mão do poder concorrente supletivo. O Direito Tributário também fornece exemplo disso, da possibilidade de uma normatização válida com base no art. 24, § 3º, da CF/88. Essa competência vem sendo exercida para exigência do Imposto sobre Veículos Automotores – IPVA, conforme já tido por permitido pelo Supremo Tribunal Federal:

O RECURSO EXTRAORDINÁRIO. IPVA. LEI ESTADUAL. ALÍQUOTAS DIFERENCIADAS EM RAZÃO DO TIPO DO VEÍCULO. 1. Os Estados-membros estão legitimados a editar normas gerais referentes ao IPVA, no exercício da competência concorrente prevista no artigo 24, § 3º, da Constituição do Brasil. 2. Não há tributo progressivo quando as alíquotas são diferenciadas segundo critérios que não levam em consideração a capacidade contributiva. Agravo Regimental a que se nega provimento[60].

A superveniência de norma nacional tem o condão de **suspender** a norma estadual editada. É assim que dispõe o § 4º do art. 24. Não há revogação, nem poderia haver, dadas a ausência de hierarquia entre ambas as normas e a distinção entre os entes legiferantes (impedindo que se aplique o critério temporal de a norma posterior revogar a anterior). O outro critério clássico de solução de antinomias (especialidade) não se mostra eficaz, já que estão em questão duas normas gerais.

Será suspensa a norma geral editada pelos Estados-membros em substituição à União. As normas específicas não são afetadas, salvo se forem contrárias às novas

---

59. RE 149955, Relator(a): Min. CELSO DE MELLO, Tribunal Pleno, julgado em 19/08/1993, DJ 03-09-1993 PP-17745 EMENT VOL-01715-02 PP-00324.
60. RE 414259 AgR, Relator(a): Min. EROS GRAU, Segunda Turma, julgado em 24/06/2008, DJe-152 DIVULG 14-08-2008 PUBLIC 15-08-2008 EMENT VOL-02328-05 PP-00931 LEXSTF v. 30, n. 360, 2008, p. 160-165.

disposições nacionais, hipótese que também ocasionará a suspensão destas. Fernanda Dias Menezes de Almeida escreve:

> A superveniência de normação geral pelo poder originariamente competente suspende a eficácia da lei estadual no que lhe for contrário, como estatui o § 4º do art. 24.
>
> É natural que assim seja. De fato, ao admitir a competência supletiva estadual, a Constituição não despoja a União de sua competência primária de editar normas gerais. Apenas provê para que os Estados possam desempenhar atribuições obstadas pela ausência de regulação federal. No momento, porém, em que a titular primeira da competência decide exercê-la, prevalecerá o direito federal, com a consequência lógica de ceder o passo a legislação estadual que com ele conflitar (tanto a legislação que estabelecer normas gerais, com a que estabelecer normas de complementação)[61].

Como se vê, há o já mencionado complexo arranjo de competência concorrente, o qual exige muito mais do que a simples leitura do art. 24 da Constituição Federal.

6.5 OS JULGAMENTOS DAS ADIS 2656 E 3937-MC (CASO DO AMIANTO NO ESTADO DE SÃO PAULO) E UM NOVO PARÂMETRO DE AFERIÇÃO DA COMPETÊNCIA CONCORRENTE ESTADUAL DIANTE DE NORMA GERAL NACIONAL

Conforme visto até aqui, o delineamento do âmbito de atuação de cada ente federativo prestigia, via de regra, o aspecto formal. Uma vez editada norma geral nacional, devem os entes periféricos observar estritamente o que foi nela determinado **sem qualquer juízo a respeito de seu conteúdo**, ou seja, sem aquilatar se o disciplinamento empregado foi bom ou ruim. Com efeito, sendo expedida norma nacional sobre aspectos realmente gerais, seu conteúdo, seu mérito, o trato jurídico emprestado pela União ao assunto não pode ser apreciado ou contrariado pelos Estados-membros e pelo Distrito Federal. Certamente, a constitucionalidade da norma nacional pode ser impugnada pelos instrumentos próprios de controle judicial, mas não podem os entes subnacionais, por meio de legislação própria, querer "melhorar" a maneira de disciplinar a matéria.

Essa perspectiva, que pode ser denominada de tradicional, no entanto, foi confirmada e posteriormente alterada pelo Supremo Tribunal Federal ao julgar legislação paulista sobre amianto. São as ADIs 2656 e 3937-MC.

A primeira teve por objeto a Lei Estadual nº 10.813/01, que proibia, a partir de 2005, no território daquele Estado-membro, a importação, a extração, o beneficiamento, a comercialização, a fabricação e a instalação de produtos ou materiais contendo qualquer tipo de **amianto**, sob qualquer forma, tendo em vista considerá-lo produto prejudicial à saúde, merecendo, pois, repreensão por parte do Poder Público.

O Governador de Goiás, Estado-membro que possui as maiores reservas desse produto mineral, ajuizou a referida ADI 2.656 visando à declaração de inconstitucio-

---

61. ALMEIDA. Op. cit., p. 138.

CAPÍTULO 6 • COMPETÊNCIAS CONCORRENTES DA UNIÃO, DOS ESTADOS E DF **301**

nalidade dessa norma, sob a alegação de invasão de competência da União. O Supremo Tribunal Federal deferiu, por unanimidade, o pedido:

> AÇÃO DIRETA DE INCONSTITUCIONALIDADE. LEI PAULISTA. PROIBIÇÃO DE IMPORTAÇÃO, EXTRAÇÃO, BE-NEFICIAMENTO, COMERCIALIZAÇÃO, FABRICAÇÃO E INSTALAÇÃO DE PRODUTOS CONTENDO QUALQUER TIPO DE AMIANTO. GOVERNADOR DO ESTADO DE GOIÁS. LEGITIMIDADE ATIVA. INVASÃO DE COMPETÊN-CIA DA UNIÃO. 1. Lei editada pelo Governo do Estado de São Paulo. Ação direta de inconstitucionalidade proposta pelo Governador do Estado de Goiás. Amianto crisotila. Restrições à sua comercialização imposta pela legislação paulista, com evidentes reflexos na economia de Goiás, Estado onde está localizada a maior reserva natural do minério. Legitimidade ativa do Governador de Goiás para iniciar o processo de controle concentrado de constitucionalidade e pertinência temática. 2. Comercialização e extração de amianto. Vedação prevista na legislação do Estado de São Paulo. Comércio exterior, minas e recursos minerais. Le-gislação. Matéria de competência da União (CF, artigo 22, VIII e XIII). **Invasão de competência legislativa pelo Estado-membro. Inconstitucionalidade**. 3. Produção e consumo de produtos que utilizam amianto crisotila. Competência concorrente dos entes federados. **Existência de norma federal em vigor a regu-lamentar o tema (Lei 9.055/95)**. Consequência. Vício formal da lei paulista, por ser apenas de natureza supletiva (CF, artigo 24, §§ 1º e 4º) a competência estadual para editar normas gerais sobre a matéria. 4. Proteção e defesa da saúde pública e meio ambiente. Questão de interesse nacional. Legitimidade da regulamentação geral fixada no âmbito federal. **Ausência de justificativa para tratamento particular e diferenciado pelo Estado de São Paulo**. [...][62].

Perceba-se que o Tribunal destacou inexistir motivo particular para que São Paulo rompesse com o tratamento homogêneo de nível nacional dado pela Lei nacional nº 9.055/95, que permitia a atividade com amianto. A questão, portanto, foi analisada unicamente sob seu aspecto **formal**: poderia um Estado-membro, no exercício da com-petência concorrente suplementar, dispor diferentemente sobre aspecto disciplinado em norma geral nacional de modo a dar um disciplinamento que melhor proteja direitos fundamentais como a saúde? A resposta foi pela negativa e sem qualquer juízo sobre o conteúdo da legislação, se ela estaria ou não em consonância com outros preceitos constitucionais no aspecto material, como a proteção à saúde. Sendo assunto geral e que repercute em outras unidades da Federação, sobretudo quando já editada lei nacional, tem-se por vedada qualquer espécie de legislação estadual proibindo a comercialização que fora permitida pela União. Bem ou mal, proteja adequadamente ou não um direito fundamental, editada a lei nacional, não pode o Estado-membro invadir o assunto.

A questão retornou em 2008 ao plenário do Supremo e recebeu, no entanto, outra abordagem. Foi ajuizada a ADI 3.937-MC contra nova lei paulista (Lei nº 12.684/07) que proíbe o uso, no Estado de São Paulo, de produtos, materiais ou artefatos que con-tenham quaisquer tipos de amianto ou asbestos. No julgamento plenário da Medida Cautelar, o Ministro Marco Aurélio, relator, concedia a medida invocando precisamente o precedente da ADI 2.656. Entretanto, não foi acompanhado pela maioria de seus pares que se negaram a recorrer novamente a critérios formais, passando a analisar a questão sob o aspecto **material**, observando a proteção que a lei estadual confere à saúde de sua população, independentemente de haver normatização nacional permitindo a

---

62. ADI 2656, Relator(a): Min. MAURÍCIO CORRÊA, Tribunal Pleno, julgado em 08/05/2003, DJ 01-08-2003 PP-00117 EMENT VOL-02117-35 PP-07412.

comercialização em questão. Espirituosa colocação do Ministro Cezar Peluso abriu a discussão de modo a bem resumir a nova maneira de encarar a questão:

> Estamos simplesmente dizendo que o sistema não é tão simples como parece. Basta imaginar coisa que seja reconhecida, extraordinária e incontroversamente, como nociva, e que houvesse legislação federal permissiva da sua produção. Aí se vai dizer o quê? Como a União permite, então seria permitido matar todo mundo, porque nenhum Estado pode impedi-lo![63].

No mesmo sentido foi o voto do Ministro Carlos Ayres Brito:

> Acontece que esse caso me parece peculiar, e muito peculiar – se o superlativo for admitido eu diria peculiaríssimo –, porque a lei federal faz remissão à Convenção da OIT 162, art. 3º, que, por versar tema que no Brasil é tido como de direito fundamental (saúde), tem o *status* de norma supralegal. Estaria, portanto, acima da própria lei federal que dispõe sobre a comercialização, produção, transporte etc., do amianto. [...] De maneira que, retomando o discurso do Ministro Joaquim Barbosa, a norma estadual, no caso, cumpre muito mais a Constituição Federal nesse plano da proteção à saúde ou de evitar riscos à saúde humana, à saúde da população em geral, dos trabalhadores em particular e do meio ambiente. A legislação estadual está muito mais próxima dos desígnios constitucionais, e, portanto, realiza melhor esse sumo princípio da eficacidade máxima da Constituição em matéria de direitos fundamentais, e muito mais próxima da OIT, também, do que a legislação federal. **Então, parece-me um caso muito interessante de contraposição de norma suplementar com a norma geral, levando-nos a reconhecer a superioridade da norma suplementar sobre a norma geral.** E, como estamos em sede de cautelar, há dois princípios que desaconselham o *referendum* a cautelar: o princípio da precaução, que busca evitar riscos ou danos à saúde e ao meio ambiente para gerações presentes; e o princípio da prevenção, que tem a mesma finalidade para gerações futuras. Nesse caso, portanto, o *periculum in mora* é invertido e a plausibilidade do direito também contraindica o *referendum* a cautelar. Senhor Presidente, portanto, pedindo todas as vênias, acompanho a dissidência e também não referendo a cautelar[64].

O prestígio à atuação periférica em razão de seu conteúdo foi tão expressivo que, mesmo se admitindo que o assunto afeta indiretamente o comércio interestadual (competência privativa da União), fez-se prevalecer a lei estadual que confere mais adequada proteção aos valores constitucionais que devem ser preservados pelos Estados-membros em sua ação concorrente.

No segundo julgamento, abandonou-se, portanto, uma análise estritamente formal em prol de uma matéria. Havendo motivo constitucionalmente relevante, a atuação suplementar dos entes periféricos pode, segundo esse entendimento mais recente, dispor de maneira distinta da norma geral nacional. A contraposição entre a norma geral e a suplementar passou, com esse julgado, a se submeter também a um juízo material.

Essa decisão teve desdobramentos, porque autoridades começaram a proibir o transporte pelas rodovias paulistas de carregamentos dos produtos, ainda que destinados para os Estados do Sul do País, cujo acesso só poderia se dar passando pelo Estado de São Paulo. Essa questão foi levada ao Supremo Tribunal Federal por meio da ADPF

---

63. ADI 3937 MC, Relator(a): Min. MARCO AURÉLIO, Tribunal Pleno, julgado em 04/06/2008, DJe-192 DIVULG 09-10-2008 PUBLIC 10-10-2008 EMENT VOL-02336-01 PP-00059.
64. ADI 3937 MC, Relator(a): Min. MARCO AURÉLIO, Tribunal Pleno, julgado em 04/06/2008, DJe-192 DIVULG 09-10-2008 PUBLIC 10-10-2008 EMENT VOL-02336-01 PP-00059.

234, cuja liminar foi deferida pelo Plenário. O relator, Ministro Marco Aurélio, bem destacou em seu voto:

> A questão versada neste processo não se confunde com o precedente firmado na Ação Direta de Inconstitucionalidade nº 3.937, tampouco com o de outras decisões, envolvendo o amianto, anteriormente proferidas pelo Supremo. Diferentemente, cuida-se de inviabilização de acesso, considerados certos usuários, a serviços públicos constitucionalmente atribuídos à União – rodovias interestaduais e portos, consoante dispõe a alínea "f" do inciso XII do artigo 21 da Lei Maior – bem como a usurpação da competência privativa da União para legislar sobre trânsito, transporte, o comércio interestadual e o internacional – incisos VIII e XI do artigo 22 da Carta Federal. Sob esse ângulo, passo a analisar a controvérsia.

A questão foi enfrentada sob o prisma da liberdade de locomoção dos transportadores do produto, o que não tocava o ponto central do precedente firmado, consistente na proteção da saúde os habitantes do Estado de São Paulo, pois, na hipótese em questão, o amianto apenas passa pelo Estado como carga de transporte. Diante disso, a liminar foi deferida, operando-se um *distinguish,* não informando, assim, o entendimento firmado no precedente.

É possível perceber, então, que a existência de norma da União não é aferida apenas formalmente, é preciso, adicionalmente, verificar se ela não está a fornecer uma proteção insuficiente aos direitos envolvidos, o que faria emergir a competência supletiva dos Estado e do Distrito Federal. Tal entendimento restou incorporado na compreensão do jogo de competência do art. 24 da Constituição Federal, levando o Supremo Tribunal Federal assentar posteriormente em bases gerais.

Com efeito, restou assentado que nesse âmbito aos Estado-membros e ao Distrito Federal "[...] compete, além da supressão de eventuais lacunas, a previsão de normas destinadas a complementar a norma geral e a atender suas peculiaridades locais, respeitados os critérios (i) da preponderância do interesse local, (ii) do exaurimento dos efeitos dentro dos respectivos limites territoriais – até mesmo para se prevenir conflitos entre legislações estaduais potencialmente díspares – e (iii) da **vedação da proteção insuficiente**"[65].

---

65. ADI 5224, Relator(a): ROSA WEBER, Tribunal Pleno, julgado em 09/03/2022, PROCESSO ELETRÔNICO DJe-051 DIVULG 16-03-2022 PUBLIC 17-03-2022.

Capítulo 7
COMPETÊNCIA LEGISLATIVA RESIDUAL DOS ESTADOS-MEMBROS

Sumário: 7.1 Noções gerais – 7.2 O princípio da subsidiariedade.

7.1 NOÇÕES GERAIS

A competência residual dos Estados-membros – que também pode ser denominada de remanescente, conforme exposto no capítulo 2 – remonta à preocupação norte-americana de não criar um ente central forte ao ponto de suprimir a preponderância das partes que estavam a abrir mão de sua soberania em prol da federação. Disso adveio o entendimento de que, enquanto à União somente caberia aquilo que fosse taxativo e enumerado, aos Estados-membros remanesceria todo o mais que não lhes fosse proibido, tanto nos assuntos materiais quanto legislativo.

Na evolução do federalismo, porém, a técnica de competência residual não impediu a centralização de poder demandada pelo Estado social. Certamente, representou um difícil obstáculo que exigiu intenso labor hermenêutico para sua superação, como bem revelam, na experiência estadunidense, os esforços interpretativos sobre o conceito de comércio interestadual, competência expressa da União. Muito se alargou sua abrangência para fazer incluir assuntos que o ente central pretendeu disciplinar e uniformizar – como, por exemplo, relação de emprego.

No Brasil, a existência de disposição similar decorreu muito mais do apego à mera repetição acrítica da fórmula estrangeira do que de qualquer peculiaridade ou aspiração nacional própria, embora houvesse na Primeira República a intenção de atenuar, mas não extinguir, a grande centralização política do Império. Nunca se buscou efetivar mais eficazmente a debilidade central ante a periferia federativa.

Mesmo a atual Constituição, imbuída de firmes propósitos descentralizadores, não foi capaz de erigir prescrição apta a fazer que essa competência residual colocasse os Estados-membros em posição de preponderância institucional. O art. 25, §1º, já analisado por ocasião das competências materiais, que nele também colhem fundamento, dispõe da seguinte forma:

"art. 25 [...]

§ 1º – São reservadas aos Estados as competências que não lhes sejam vedadas por esta Constituição".

É sempre bom rememorar que no trato legislativo e material geral a competência residual é dos Estados-membros, mas na repartição das competências tributária, acontece o inverso, o resíduo, aquilo que resta após a expressa distribuição do poder de tributar, compete à União e não aos Estados-membros. Assim disciplina a Constituição Federal para a criação de impostos (154, I) e contribuições para custeio da seguridade social (195, §4º).

Por competências vedadas aos Estados-membros, a excluir sua competência residual, devem ser entendidas aquelas conferidas aos outros entes federativos. A óbvia razão para assim entender consiste na constatação de que, em sendo outorgado à União ou aos Municípios um assunto, não pode ele remanescer, restar para os Estados-membros como resíduo do jogo de distribuição dos afazeres federativos. Daí ser comum a enunciação de que as competências da União e dos Municípios são enumeradas, enquanto as dos Estados-membros são residuais. A definição de competência residual se dá de maneira negativa, por exclusão daquilo que é conferido às outras unidades.

Também devem ser compreendidas como vedações aos Estados-membros aquelas proibições indistintamente estabelecidas para o Poder Púbico, qualquer que seja o nível federativo.

Com esteio no Texto Constitucional, há quem queira inferir extensivamente a regra de que aos Estados-membros caberia irrestritamente o que não lhes é negado, e à União e aos Municípios somente aquilo que lhe é expressamente atribuído. Não é bem assim, contudo. Tanto uma perspectiva tradicional, quanto uma mais recente e própria da experiência brasileira apontam que há menos poderes aos Estados-membros do que uma abordagem literal pode revelar.

Já é clássica, como dito, a afirmação de que é vedado aos Estados-membros não somente aquilo que é conferido expressamente à União e aos Municípios, mas também o que lhes cabe implicitamente. Vimos pela **Teoria dos Poderes Implícitos** que a atribuição dos fins inclui também os meios necessários para sua realização. É por isso que, ao se prescrever uma atividade material, seja ela administrativa, seja ela política, também inclui o poder de editar a respectiva norma de regência. Em razão disso, os Estados-membros não poderão legislar sobre o tema.

Acrescente-se à limitação imposta pela Teoria dos Poderes Implícitos a perspectiva desenvolvida pelo Supremo Tribunal Federal no julgamento do Estatuto do Desarmamento. Foi considerado que a CF/88 utilizou como critério maior para divisão das competências o **âmbito de interesse**, cabendo à União o nacional, aos Estados-membros o regional e aos Municípios e ao Distrito Federal o local, independentemente de previsão expressa de um tema. Esse seria o critério por excelência para determinar o que cabe a cada ente do pacto federativo. Os assuntos que toquem indistintamente toda a Federação, mesmo não enumerada pelo Texto Constitucional como de âmbito federal, caberá à União, o mesmo se dando com o interesse eminentemente local. Ambos restam excluídos da competência residual estadual.

CAPÍTULO 7 • COMPETÊNCIA LEGISLATIVA RESIDUAL DOS ESTADOS-MEMBROS

Por causa disso, quando a Constituição Federal dispõe que cabe aos Estados-membros aquilo que não lhe é vedado, não significa que basta inexistir atribuição expressa; é preciso que adicionalmente o tema seja caracterizado pelo **interesse regional e não nacional nem local**.

Assim foi entendida, no concernente à segurança pública, questão que extravase as fronteiras estaduais, compondo emaranhado de causas e concausas que demandam tratamento nacional uniforme. Por esse motivo, foi tido por constitucional o estatuto do desarmamento na parte em que toca esse assunto. A ementa possui a seguinte redação:

> AÇÃO DIRETA DE INCONSTITUCIONALIDADE. LEI 10.826/2003. ESTATUTO DO DESARMAMENTO. INCONSTITUCIONALIDADE FORMAL AFASTADA. INVASÃO DA COMPETÊNCIA RESIDUAL DOS ESTADOS. INOCORRÊNCIA. […] II – Invasão de competência residual dos Estados para legislar sobre segurança pública inocorrente, pois cabe à União legislar sobre matérias de predominante interesse geral. […][1].

Conforme exposto na análise da questão sob o aspecto da competência material, o relator, Ministro Ricardo Lewandowski, ressaltou a mobilização nacional e internacional para bem disciplinar a segurança pública, para, então, concluir que "a União não está invadindo o âmbito da normatividade de índole local [leia-se regional], pois a matéria está além do interesse circunscrito de apenas uma unidade federada". Destacou, ainda, o papel do princípio da predominância de interesse, "[…] segundo o qual, na repartição de competências, 'à União caberão aquelas matérias e questões de predominante interesse geral, nacional, ao passo que aos Estados tocarão as matérias e assunto de predominante interesse regional, e aos Municípios conhecerem os assuntos de interesse local'". Por força desse princípio, "[…] a competência atribuída aos Estados em matéria de segurança pública não pode sobrepor-se ao interesse mais amplo da União no tocante à formulação de uma política criminal de âmbito nacional, cujo pilar central constitui exatamente o estabelecimento de regras uniformes, em todo o País, para a fabricação, comercialização, circulação e utilização de armas de fogo, competência que, ademais, lhe é assegurada no art. 21, XXI, da Constituição Federal".

Por essa perspectiva, portanto, não é o simples fato de o Texto Constitucional não atribuir uma matéria à União ou aos Municípios que ela será incluída na competência dos Estados-membros. Caso ela demande um tratamento uniforme em nível nacional ou o disciplinamento apenas no patamar local, será, a despeito da falta de enumeração expressa, matéria federal ou municipal, e não estadual.

Ao se conjugar a Teoria dos Poderes Implícitos, o princípio da preponderância de interesse e o extenso rol de competências conferidas expressamente à União, tem-se como resultado, sobretudo, uma concentração de poderes no ente central União, a despeito da intenção do constituinte originário de 1988 em promover uma descentralização de poder.

---

1. ADI 3112, Relator(a): Min. RICARDO LEWANDOWSKI, Tribunal Pleno, julgado em 02/05/2007, DJe-131 DIVULG 25-10-2007 PUBLIC 26-10-2007 DJ 26-10-2007 PP-00028 EMENT VOL-02295-03 PP-00386 RTJ VOL-00206-02 PP-00538.

Verifica-se na prática que aos Estados-membros resta pouca coisa como matéria legislativa propriamente residual. Tanto é assim que muitas das normas editadas pelas assembleias legislativas são frutos da competência comum ou concorrente, sendo raro algo que realmente decorra da falta de previsão constitucional. O exercício de competência legislativa residual, geralmente, ocorre atrelado ao de alguma atividade material residual.

7.2 O PRINCÍPIO DA SUBSIDIARIEDADE

Como contraposição à Teoria dos Poderes Implícitos e ao princípio da preponderância de interesse, parte da doutrina tem levantado o **princípio da subsidiariedade**, segundo o qual a atuação estatal deve se restringir àquilo que a própria pessoa não possa satisfazer por si ou por suas organizações e instituições. Sob o enfoque do federalismo, implica uma descentralização política sob a compreensão de que os entes periféricos (regionais e locais), por estarem mais próximos da população e melhor conhecerem o contexto social em volta, são mais aptos a atenderem as necessidades coletivas, cabendo, então, a eles prioritariamente as competências federativas, restando à União somente aquilo que não conseguirem alcançar por seus meios.

Em outros termos, somente quando o ente regional ou local não for capaz de disciplinar eficazmente o assunto é que emergirá a permissão de atuação do ente central. Haveria, portanto, uma ordem de preferência da periferia sobre o centro federativo.

Para defender a importância desse princípio, Augusto Zimmermann recorre às lições de George Washington, quando da fundação do Estado norte-americano e à doutrina da Igreja Católica que, por mais de uma encíclica papal, consagrou a noção de que "[…] uma sociedade de ordem superior não deve interferir na vida interna de uma sociedade de ordem inferior, privando-a das suas competências, mas deve antes apoiá-la em caso de necessidade e ajudá-la a coordenar a sua ação com as das outras componentes sociais, tendo em vista o bem comum". Invoca também experiência do Direito Internacional, como a vivenciada pela União Europeia, cujo Tratado de Maastrich determina que, "[…] nos campos que não sejam de sua competência exclusiva, a Comunidade intervirá, segundo o princípio da subsidiariedade, somente na medida em que os objetivos da ação pretendida não possam ser alcançados da maneira suficiente pelos Estados-membros, e, em consequência, possam obter-se melhor, dados a dimensão ou os efeitos da ação comtemplada, a nível comunitário".

Daí conclui o autor que "o intervencionismo e o excesso de planejamento do poder central, consubstanciam-se num fato de seríssimos problemas ao sistema federativo pátrio, no correto ajustamento das respectivas competências e na distribuição dos recursos dentre os níveis centralizados e descentralizados de poder".

No Supremo Tribunal Federal, o princípio foi utilizado como fundamentação de voto pelo Ministro Edson Fachin no já citado julgamento do RE 194.704. Houve longa exposição de seus contornos na doutrina nacional e estrangeira, bem como a vigência em outras ordens jurídicas, para então afirmar:

> Uma sociedade plural se caracteriza pela diversidade; diversidade esta facilmente extraível da realidade continental do território brasileiro. São florestas tropicais, quilômetros de cerrado, de caatinga, e de diferentes formações vegetais. Diversidade extraível ainda da pluralidade da formação do povo brasileiro, a partir de diferentes culturas de povos, tanto os originários quanto aqueles que para cá imigraram e se integraram e se miscigenaram. Há diversas crenças religiosas, filosóficas e políticas em constante dialeticidade neste Estado soberano. Multiplicam-se interesses a serem conjugados a partir da ótica oferecida pela Constituição de 1988 e, nesta perspectiva, é preciso alargar a leitura ou realizar uma nova leitura do federalismo brasileiro a partir da Constituição Cidadã. Se o Estado é plural, não é possível a centralização de competências em um único ente em detrimento de interesses locais e regionais que se destaquem do âmbito de abrangência das normas gerais[2].

Embora tenha havido expressa menção ao princípio na ementa do julgamento, isso se deu porque foi o próprio Ministro Fachin o relator do acórdão. Ao se verificar os votos dos demais julgadores, observa-se que eles chegaram à mesma conclusão, mas utilizando o já consagrado **princípio da preponderância de interesse**. Não se pode, pois, afirmar que o Tribunal tenha efetivamente adotado o princípio da subsidiariedade.

Em verdade, embora o princípio da subsidiariedade tenha o louvável efeito de ocasionar uma desconcentração de poder, enaltecendo os círculos mais próximos da população, deve ele ser tomado com adaptações no Brasil, em razão justamente das grandes desigualdades regionais e das grandiosas diferenças de um Estado-membro para outro e de um Município para outro, conforme ressaltado pelo próprio Ministro Fachin, mas para concluir diversamente dele.

A valia do princípio nos Estados Unidos e na União Europeia não pode ser tomada como prova cabal e definitiva apta a autorizar sua transferência pura e simples para a realidade constitucional e social brasileira. Não se pode negar que, a despeito de distinções ingentes, os Estados-membros americanos tendem a uma homogeneidade maior em termos econômicos e sociais. Por sua vez, conquanto na União Europeia haja maior desnível das partes pactuantes, há estados nacionais consolidados há séculos, e que, há muito, se conduzem soberanamente nos seus afazeres. Ou seja, nesses dois exemplos, tem-se atendida a premissa indispensável para efetiva possibilidade de realização do princípio da subsidiariedade, a real capacidade de a parte efetivar e desempenhar as atribuições constitucionais.

No Brasil, a despeito do igualitário tratamento nas distribuições de competências, não se pode negar as reais desigualdades regionais, reconhecidas pela própria Constituição Federal ao estabelecer zonas de desenvolvimentos sustentados no Norte, no Nordeste e no Centro-Oeste.

---

2. RE 194704, Relator(a): Min. CARLOS VELLOSO, Relator(a) p/ Acórdão: Min. EDSON FACHIN, Tribunal Pleno, julgado em 29/06/2017, ACÓRDÃO ELETRÔNICO DJe-261 DIVULG 16-11-2017 PUBLIC 17-11-2017.

Defender irrestritamente uma preponderância da periferia sobre o centro, independentemente da preponderância do interesse envolvido, pode, em verdade, frustrar a realização dos desígnios constitucionais que prescreve para o Brasil um modelo de Estado social, cuja coordenação nacional em muitos aspectos é relevante. A exaltação do princípio da subsidiariedade em países centrais do ocidente é diretamente proporcional ao abandono que eles vêm realizando ao *Welfare State*, que foi etapa indispensável na evolução daqueles povos e a qual ainda não foi percorrida pelo Brasil.

É por essa razão que Paulo Bonavides lança cáustica crítica a quem defende acriticamente um enfraquecimento da União em prol de formas clássicas do federalismo liberal dos séculos XVII e XIX, como é exemplo a defendida por George Washington no albor dos Estados Unidos. Alerta o jurista sobre a ameaça que isso representa à garantia do bem-estar social:

> Temos visto em congressos de Direito, juristas impacientes tomarem a palavra para denunciar os abusos da União por haver destroçado o sistema federal e reduzido a nada a autonomia dos Estados.
>
> É de causar porém desassossego a indigência de conceitos dos que sustentam a esta altura o federalismo clássico da idade liberal.
>
> Deslembrados ficam, por inteiro, de que um mundo novo de problemas diferentes demanda soluções diferentes. Quando lhes ouvimos os protestos, fica-nos a impressão de que nada ajuntam ao esclarecimento de um tema, como o federalismo, que preconceitos obscurantes tornam aparentemente insolúvel[3].

É bom destacar que não se deve entender válida a simples centralização do poder na União. De modo algum. É válido o alerta lançado pela Ministra Carmen Lúcia de que "[...] não se há de esquecer, entretanto, que, mesmo no modelo de descentralização constitucionalmente adotado, o Estado brasileiro formou-se por entidades voltadas para o centro. Nesse contexto, perigosa é a interpretação constitucional – e mais ainda a prática constitucional – que conduz à restrição das autonomias das unidades federadas, por desvirtuar a própria ideia de federação"[4].

Devem ser combatidos, porém, os extremos em ambos os seus polos, por entender que a solução se encontra no meio: o prestígio da fórmula da preponderância de interesse, única habilitada a viabilizar uma correta e eficaz ação de cada nível federativo no exercício das competências. Bem compreendida, permite que os entes periféricos, justamente por estarem mais próximos e ligados à realidade social possam tutelar assuntos, mas desde esteja dentro de suas possibilidades. Muitas questões de repercussão mais sentida no âmbito local só podem ser eficazmente tratadas por uma atuação ampla e nacional, sendo perfeitamente válido que à União caiba a competência para tanto, o que não elide a ação dos Estados-membros e Municípios, os quais poderão corroborar esforços exercitando o federalismo cooperativo.

---

3. BONAVIDES, Paulo. **Teoria do Estado**. 4ª Edição. São Paulo: Malheiros, 2003, p. 130-131.
4. ADI 3549, Relator(a): Min. CÁRMEN LÚCIA, Tribunal Pleno, julgado em 17/09/2007, DJe-134 DIVULG 30-10-2007 PUBLIC 31-10-2007 DJ 31-10-2007 PP-00077 EMENT VOL-02296-01 PP-00058 RTJ VOL-00202-03 PP-01084.

Capítulo 8
COMPETÊNCIA LEGISLATIVA DOS MUNICÍPIOS

Sumário: 8.1 Os Municípios no quadro federativo – 8.2 Competência legislativa para edição de Lei Orgânica – 8.2.1 A natureza constituinte da Lei Orgânica e sua relação com a Constituição Estadual – 8.2.2 Os limites constitucionais expressos e implícitos da Lei Orgânica – 8.3 Competências exclusiva e suplementar simples.

8.1 OS MUNICÍPIOS NO QUADRO FEDERATIVO

A Constituição Federal de 1988 encerra por seu texto histórica discussão em torno da posição dos Municípios na Federação brasileira. Em vários artigos, destaca expressamente que eles **são entes integrantes do pacto federativo**. Já no art. 1º traz que a República Federativa do Brasil é "formada pela união indissolúvel dos Estados e **Municípios** e do Distrito Federal". O art. 18 dispõe que "a organização político-administrativa da República Federativa do Brasil compreende a União, os Estados, o Distrito Federal e os Municípios, todos autônomos, nos termos desta Constituição". O art. 34 estatui a sanção extrema da intervenção federal no Estado-membro caso este atente contra a autonomia municipal (art., 34, VII, "c"), inclusive no que diz respeito à divisão das rendas que constitucionalmente têm direito (art. 34, V, "b").

Vários outros dispositivos elevam os assuntos municipais ao altiplano constitucional, **subtraindo-os da sujeição ao Estado-membro** observada em constituições brasileiras anteriores. É assegurada a **auto-organização** mediante a edição, por seu Legislativo, de Lei Orgânica que requer quórum qualificado de aprovação (art. 29). O **autogoverno** – garantido no art. 29, I, CF/88, mediante eleição direta de prefeitos, vice-prefeitos e vereadores – tem regime básico estabelecido na própria Constituição Federal sem qualquer espécie de ressalva que autorize a nomeação por autoridades de outros níveis federativos, como outrora se verificava. É, inclusive, garantido que os pleitos locais ocorrerão, em todo território nacional, na mesma data (art. 29, II).

As **competências municipais** também são constitucionalmente definidas no art. 30, sendo comum julgamentos do Supremo Tribunal Federal invalidarem normas estaduais e mesmo federais que as desrespeitem. No mesmo sentido, o art. 182 prescreve que "a **política de desenvolvimento urbano**, executada pelo Poder Público municipal, conforme diretrizes gerais fixadas em lei, tem por objetivo ordenar o pleno desenvolvimento das funções sociais da cidade e garantir o bem-estar de seus habitantes".

Esse regime constitucional põe a Federação brasileira em uma posição singular no mundo. Nenhuma outra experiência federativa conhecida avançou tanto no disciplinamento do poder local. Por esse motivo, constitucionalistas mais atuais, como André Ramos Tavares, não hesitam em afirmar que, "[...] no Brasil, não se pode falar em uma estrutura binária, com a União e os Estados federados convivendo sobre o mesmo território geográfico. Há, agora, **três esferas de governo diversas**, compartilhando o mesmo território e povo: a federal, a estadual e a municipal". Seu entendimento é justificado porque, no plano municipal, "[...] também há a tríplice capacidade, que caracteriza a autonomia: capacidade de **auto-organização** – incluindo-se a autolegislação – de **autogoverno** e de **autoadministração**"[1]. Tem-se, portanto, uma **federação de duplo grau**, pois o nível subnacional é compartilhado pelas instâncias estaduais e municipais.

Esse posicionamento da atual Constituição Federal consagra característica social e política própria do Brasil, que desde sua primeira Constituição republicana traz referência expressa aos Municípios, ainda que em regime muito mais simplório do que o atual. O art. 68 da Constituição de 1891 limitava o poder que os Estados-membros tinham sobre os Municípios ao determinar que "os Estados organizar-se-ão de forma que fique assegurada a autonomia dos Municípios em tudo o quanto respeite a seu peculiar interesse".

Tal prestígio ao Município tem raiz histórica, porque, até meados do século XVII, era a municipalidade que desfrutava de maior relevância no quadro institucional do Brasil. O incremento dos poderes centrais e regionais se deram às custas dos poderes locais, como ensina Victor Nunes Leal:

> **A concentração de poder em nosso país**, tanto na ordem nacional como na provincial ou estadual, processou-se através do **enfraquecimento dos municípios**. Não existe a menor contradição nesse processo. É sabido que o poder central, na Monarquia, não mantendo relações com o município senão para tutelar, assentava sua força política no manto incontrastável exercido pelos presidentes das províncias, delegados de sua imediata confiança. Consequentemente, o próprio poder central se consolidou através de um sistema de concentração de poder provincial, isto é, pelo amesquinhamento dos municípios. Não seria, pois, de estranhar que as províncias, e mais tarde os estados, quando procuraram reunir forças para enfrentar o centro, continuassem a utilizar o mesmo processo[2].

Como é ressaltado por Sérgio Buarque de Holanda, as cidades brasileiras, sobretudo no período colonial, eram extensões das grandes propriedades rurais. "Nas cidades apenas residiam alguns funcionários da administração, oficiais mecânicos e mercado-

---

1. TAVARES, André Ramos. **Curso de Direito Constitucional**. 6ª edição, São Paulo: Saraiva, 2008, p. 1018/1019.
2. LEAL, Victor Nunes. Coronelismo, Enxada e voto. *apud* LIMA, Martonio Mont'Alverne Barreto. Extensão e significado da autonomia constitucional do Município: a cultura sobre o poder local. In SOUZA NETO, Cláudio Pereira de; SARMENTO, Daniel; BINENBOJM, Gustavo. (coord.). **Vinte anos da Constituição Federal de 1988.** Rio de Janeiro: Lumen Juris, 2009.

CAPÍTULO 8 • COMPETÊNCIA LEGISLATIVA DOS MUNICÍPIOS **313**

res em geral"[3] que satelizavam em torno do trabalho e da produção das fazendas. Os proprietários de terras tinham, pois, natural ascendência sobre os munícipes e foi em torno dessa autoridade local que se iniciou a institucionalização do poder político no Brasil. Essa urbanização inicial, contudo, foi marcada por uma grande carga de confusão entre o público e o privado, tomando o senhor de terras as coisas públicas como suas (patrimonialismo), levando a disputa do poder local a um nível de contenda pessoal. Tal fato reverberava (e, em muitos casos, ainda reverbera) no maior recrudescimento das disputas políticas locais, se comparadas, posteriormente, com a estadual e com a federal.

O Império brasileiro desconfiava dos Municípios em função dessa política fortemente marcada por um personalismo em torno do senhor de terras mais próximo, o qual representava uma competição indesejada com o poder do Imperador. A Monarquia brasileira do século XIX buscou, então, arrefecer esse poder local, não só com a supressão da autonomia municipal, como também com um rígido controle dos cargos a que teriam acesso os integrantes dessas elites locais, fazendo-os seguir carreira em províncias distantes de sua origem, dependendo a ascensão aos postos mais altos (em Ministérios, tribunais e no Senado) de uma longa peregrinação por várias locais do vasto território nacional, segundo decisão pessoal do Imperador, única autoridade que tinham por referência e dever de lealdade[4].

O dispositivo da primeira constituição republicana, portanto, tinha por reminiscência resgatar, ainda que fugazmente, a institucionalização política há muito estabelecida no plano local e romper com o modelo imperial de concentração de poder, mas de tal modo que favorecesse os Estados-membros diante da União, seguindo o modelo estadunidense. Disciplinaram-se constitucionalmente os Municípios para submetê-los aos estados federados e, em razão disso, tornar estes mais fortes no jogo federativo. Garantiu-se em plano superior a autonomia municipal, mas a prática política da época a pôs sob tutela estadual.

A literalidade constitucional não impediu que, na Primeira República, houvesse o que Rui Barbosa denominou de confisco geral da municipalidade pelo Estado-membro, reproduzindo a supressão da autonomia municipal típica do período monárquico.

O advento da República, porém, coincidiu com um incremento da urbanização da população brasileira, o que exigiu um tratamento diferenciado do plano municipal. No século XX, o fenômeno intensificou-se e importantes intelectuais passaram a dedicar atenção à questão urbana e ao resgate do prestígio da institucionalização política dos Municípios, que gradativamente se afastaram de ligações pessoais com os senhores de terra por emergir uma dinâmica social e política propriamente urbana.

---

3. HOLANDA, Sérgio Buarque de. **Raízes do Brasil**. 26ª edição. 32ª reimpressão, São Paulo: Companhia das Letras, 2009, p. 90.
4. Sobre essa formação das elites do Estado Monárquico cfr. PANG, Sul-Soo. "The Mandarins of Imperial Brazil". *In* **Comparative Studies in society and history.** Volume 14, Number 2, March 1972; BARMAN, Roderick; BARMAN, Jean. "The role so the Law Graduate in te Political elite of Imperial Brazil" in **Journal of Interamericans Studies and World Affairs**. Vol. 18, nº 4, november 1976.

Para Martonio Mont'Alverne, "[...] a existência de pensamento político munici-palista no Brasil, vinculada à **forte tradição do poder local na experiência política,** contribuiu para a presença determinante do Município na Constituição da República". Como autores expressivos que deram efetiva contribuição para uma abordagem dife-renciada do Município, o jurista cita Victor Nunes Leal, Raymundo Faoro, Maria Isaura Pereira de Queiroz, Aroldo Azevedo, Nestor Goulart Reis Filho e Fany Davidovitch.

A conjugação desses fatores históricos, políticos, sociológicos e acadêmicos refle-tiram, naturalmente, no Direito Constitucional. À disposição do art. 68 da Constituição de 1891, que já apresentava um ineditismo, somou-se a reforma constitucional de 1926, que incluiu a **autonomia municipal** entre os **princípios constitucionais da federação,** mediante acréscimo do art. 6º, II, "f", naquele texto. Representou marco da caminhada dos Municípios para inserção no pacto federativo.

Desde então, o papel dos Municípios na federação foi paulatinamente aumentando, Constituição após Constituição, emenda após emenda, com a única exceção do período do Estado Novo, no qual mesmo a totalidade da Federação foi posta em xeque.

O quadro seguinte, formado em torno das lições de Raul Machado Horta[5], demonstra esse constante e firme incremento do papel municipal no pacto federativo. Os Municípios deixaram de ter seu disciplinamento entregue inteiramente à vontade estadual e passaram a ter cada vez mais matérias fixadas diretamente nas constituições federais, causando a perda do poder regional nesse aspecto com aumento da autonomia municipal:

INSTRUMENTO	AVANÇO
Constituição de 1934	- Vedações constitucionais contemplando Municípios da mesma forma que os demais entes. - Inclusão dos Municípios no capítulo sobre decisões fundamentais da República brasileira. - Demarcação expressa da autonomia municipal (art. 13, I, II, III). - Previsão de intervenção federal no Estado-membro para garantir a autonomia municipal (art. 12, V). - Dever expresso de o Estado-membro respeitar em sua Constituição e legislação a autonomia municipal (art. 7º, I, d).
Constituição de 1946	- Fixação autônoma de competência tributária municipal (art. 29, I-V). - Direito a fundo de participação formado por produto da receita de outras unidades (EC 18/65), com o estabelecimento de sanções se não feito o repasse. - Previsão expressa e exaustiva das ressalvas ao princípio da eletividade dos prefeitos. - Surgimento dos primeiros precedentes do STF, em representações ajuizadas pelo Procurador Geral da República, garantindo a dignidade constitucional da autonomia municipal ante os Estados-membros. Na ocasião, invalidaram-se normas do Ceará e do Rio de Janeiro que auto-rizavam autoridades estaduais a suspenderem leis, posturas e atos administrativos municipais.
Constituição de 1967/69	- Estabelecimento das competências municipais no próprio Texto Constitucional. - Previsão na Constituição Federal (art. 14) dos critérios de criação de Municípios, alijando as constituições estaduais que até então exerciam tal regramento. O mesmo se deu com a remu-neração dos vereadores das capitais e grandes municípios (art. 16, §2º); e com o limite máximo de vereadores (art. 16, §5º) - Desde 1969: auxílio federal aos Municípios (art. 13, §5º); e designação expressa dos órgãos de controle interno e externos dos Municípios (art. 16, §1º). - Destinação aos Municípios das vedações constitucionais expressas (art. 20/21 da CF 1967 e arts. 19 e 20, III, da EC 01/69)

---

5. HORTA. Raul Machado. **Direito Constitucional**. 2ª Edição. Belo Horizonte: Del Rey, 1999.

Esse constante incremento da autonomia municipal e a constitucionalização de seu regime jurídico serviram de fundamento para juristas como Hely Lopes Meirelles, Lordelo de Melo e José Horácio Meirelles Teixeira, já sob ordem constitucional anterior, nos anos 1970, indicassem o Município como ente federativo de igual porte jurídico da União e dos Estados-membros.

A Constituição Federal de 1988, portanto, ao enunciar literalmente que os Municípios integram a Federação brasileira, não cometeu um simples capricho ou revelou uma idiossincrasia de ocasião. **Consagrou**, em verdade, **uma evolução institucional** com firmes bases **históricas**, **sociológicas**, **políticas** e **constitucionais**. Fernanda Dias Menezes de Almeida corrobora essa perspectiva ao escrever que "[…] nossa Federação, desde o berço, desenvolveu-se em três planos, nela identificando não a tradicional divisão entre ordem central e ordens estaduais, mas uma tríplice estrutura que compreende a ordem central, a ordem estadual e a ordem municipal"[6].

A despeito de tudo isso, e da própria literalidade do Texto Constitucional, ainda há quem negue a condição de entes federativos aos Municípios. O representante mais citado dessa corrente é José Nilo de Castro[7]. Os motivos apontados por ele são:

a) não possuir representação própria no Senado;

b) não deter em seus quadros institucionais um Tribunal de Contas;

c) inexistir no plano municipal Poder Judiciário;

d) não terem as autoridades locais legitimidade para provocar o controle concentrado de constitucionalidade por ADI.

O autor adicionava, ainda, a inexistência de controle concentrado de constitucionalidade de normas municipais perante o Supremo Tribunal Federal, o que foi solucionado com o advento da Lei nº 9.882/99, que disciplinou a Ação de Descumprimento de Preceito Fundamental.

Tais carências indicam, é certo, que os Municípios não desfrutam rigorosamente do mesmo regime constitucional dos Estados-membros, pois não possuem as mesmas instituições. O único efeito, porém, é revelar uma **federação assimétrica**, sem retirar o *status* federativo dos Municípios. Martonio Mont'Alverne bem rebate o posicionamento de José Nilo de Castro:

> Ora, as distinções entre Estados e Municípios foram estatuídas pela mesma Constituição Federal. O que se deu é que a vontade constituinte decidiu incluir o Município em grau federativo idêntico àquele da União, Estados-membros e Distrito Federal, **guardando**, entretanto, a **peculiaridade municipal**. Está-se diante, então, de exceção autorizada pelo mesmo nível hierárquico normativo, qual seja, a mesma Constituição. Como não se dispõe de um conceito válido universalmente de federalismo, cada sociedade pode organizar seu federalismo da melhor maneira a lhe indicarem suas características culturais, econômicas histórico-

---

6. ALMEIDA. op. cit., p. 96.
7. CASTRO, José Nilo. **Direito Municipal Positivo**. 4ª edição, Belo Horizonte: Del Rey, 1999.

-geográficas, sociais e políticas. Parece completamente sem razão, assim, a tese defendida por José Nilo de Castro, representando sua posição entendimento que a poucos tem seduzido[8].

Não há qualquer motivo para se ter apego ao arquétipo binário clássico (de federação como união apenas de estados federados). Cada Constituição pode, de fato, erigir modelo próprio, desde que os preceitos mínimos para caracterizar a união constitucional de entes autônomos realmente sejam verificados. A falta das instituições apontadas por José Nilo de Castro não repercute mais profundamente na autonomia local. No caso brasileiro, a autonomia municipal é bem-posta e assegurada no nível constitucional, o que subtrai os Municípios de uma subordinação caprichosa dos Estados-membros. Se há uma constante no constitucionalismo brasileiro, é a perda do poder estadual diante dos Municípios e a elevação destes no quadro federativo. Isso atende a exigências próprias e específicas da realidade brasileira, de sua história política, pelo que não passa de um apego teórico desmedido, acrítico e ilusório sustentar como única opção válida o estrito padrão clássico de federação como união de Estados.

Vale lembrar que, como já exposto nesta obra, os norte-americanos desenvolveram o modelo federativo para enfrentar os desafios concretos que se punham diante dos delegados reunidos na Filadélfia no século XVIII. Foi alternativa criada para compor os concretos e peculiares interesses políticos existentes na específica ocasião naquele país. Da mesma forma, quando o constitucionalismo brasileiro inseriu o Município no quadro federativo, valeu-se do mesmo gênio criativo que inspirou a formação da primeira federação, por criar fórmula de descentralização de poder eficaz e adequada para compor e acertar as exigências políticas e sociais efetivamente enfrentadas na realidade brasileira. Diante disso, não há razão, se não um grau excessivo de reverência intelectual, para se defender um transplante simples de estrutura criada para enfrentar desafios de outras terras, tomando-o como um arquétipo puro e imutável.

Acrescente-se que a fórmula brasileira tem a vantagem de prestigiar a esfera de poder mais próxima da população e que imediatamente interfere em seu dia a dia, em sua vida cotidiana, sendo, pois, mais sentida sua atuação para realizar os desígnios constitucionais. Dotar a esfera local de instrumentos diretamente constitucionais para tal fim não só garante uma desconcentração de poder, mas, principalmente, o faz em prestígio de ente inserido mais proximamente na realidade social a ser regrada.

A jurisprudência do Supremo Tribunal Federal não deixa dúvidas quanto à posição do Município no Brasil. A Ministra Carmen Lúcia, em voto condutor da ADI 3.549, consigna que "o modelo de federação brasileiro foi profundamente alterado pela Constituição da República de 1988, tendo-se nela definida nova relação a ser esta-

---

8. LIMA, Martonio Mont'Alverne Barreto. Extensão e significado da autonomia constitucional do Município: a cultura sobre o poder local. In NETO, Cláudio Pereira de Souza; SARMENTO, Daniel; BINENBOJM, Gustavo. (coord.). **Vinte anos da Constituição Federal de 1988.** Rio de Janeiro: Lumen Juris, 2009.

CAPÍTULO 8 • COMPETÊNCIA LEGISLATIVA DOS MUNICÍPIOS **317**

belecida entre os entes federados, passando-se a considerar o Município componente da estrutura federativa e, nessa condição, dotando-o de competências exclusivas que traçam o âmbito de sua autonomia política"[9].

Os precedentes do Tribunal são pacíficos quanto à compreensão de que o Município é ente federativo. No julgamento da medida cautelar da ADI 2.381, ementou:

> [...] **Ente da Federação** (CF, art. 18), que recebe diretamente da Constituição Federal numerosas competências comuns (art. 23) ou exclusivas (art. 30) – entre elas a de instituir e arrecadar tributos de sua área demarcada na Lei Fundamental (art. 156) – além de direito próprio de participação no produto de impostos federais e estaduais (art. 157-162) – **o Município**, seu regime jurídico e as normas regentes de sua criação interessam não apenas ao Estado-membro, mas à estrutura do Estado Federal total.[...][10].

No julgamento do RE 572.762, o Ministro Celso de Melo foi enfático:

> Parece-me relevante observar que a controvérsia em exame há de considerar, como corretamente advertiu o eminente Relator desta causa, o princípio da autonomia municipal, que representa, no contexto de nossa organização político-jurídica, **uma das pedras angulares sobre a qual se estrutura o edifício institucional da federação brasileira**.

> A nova Constituição da República, promulgada em 1988, prestigiou os Municípios, reconhecendo-lhes irrecusável capacidade política como **pessoas integrantes da própria estrutura do Estado Federal brasileiro**, atribuindo-lhe esferas mais abrangentes reservadas ao exercício de sua liberdade decisórias, notadamente no que concerne à disciplinação de temas associados ao exercício do seu poder de auto--organização, de autoadministração e de autogoverno.

> [...]

> Cabe assinalar, nesse ponto, que a autonomia municipal erige-se à condição de princípio estruturante da organização institucional do Estado brasileiro, qualificando-se como prerrogativa política que, outorgada ao Município pela própria Constituição da República, somente por esta pode ser validamente limitada, consoante observa Hely Lopes Meirelles, em obra clássica de nossa literatura jurídica[11].

O Ministro Carlos Ayres Brito, no julgamento da ADI 3.756, revela um posicionamento singular, ainda que reconhecendo o *status* federativo do Município. Ele entende que o Município compõe juridicamente a Federação, mas não a União territorialmente:

> [...] os Municípios, embora detenham o *status* de pessoas federadas, agrupam-se em blocos territoriais endógenos para formar os diversos entes estaduais. Dizendo melhor: se a **Federação** é constituída pela União, mais o Distrito Federal, os Estados e os Municípios (soma das quatro parcelas federada, portanto),

---

9. ADI 3549, Relator(a): Min. CÁRMEN LÚCIA, Tribunal Pleno, julgado em 17/09/2007, DJe-134 DIVULG 30-10-2007 PUBLIC 31-10-2007 DJ 31-10-2007 PP-00077 EMENT VOL-02296-01 PP-00058 RTJ VOL-00202-03 PP-01084.
10. ADI 2381 MC, Relator(a): Min. SEPÚLVEDA PERTENCE, Tribunal Pleno, julgado em 20/06/2001, DJ 14-12-2001 PP-00023 EMENT VOL-02053-03 PP-00579 RTJ VOL-00180-02 PP-00535.
11. RE 572762, Relator(a): Min. RICARDO LEWANDOWSKI, Tribunal Pleno, julgado em 18/06/2008, REPERCUSSÃO GERAL – MÉRITO DJe-167 DIVULG 04-09-2008 PUBLIC 05-09-2008 EMENT VOL-02331-04 PP-00737.

a **União** mesma é constituída apenas por estas duas categorias de pessoas políticas de base territorial: os Estado e o Distrito Federal[12].

A despeito desse entendimento quanto à posição territorial do Município, que será analisado mais adiante, não é negado seu nível federativo e, com base nessa premissa, o Supremo erigiu forte corrente jurisprudencial no sentido de salvaguardar as competências municipais. Comparativamente, existem mais precedentes assegurando a autonomia municipal por força da competência não enumerada definida pelo interesse local do que contribuindo para o incremento da competência residual dos Estados-membros.

A jurisprudência do Tribunal pouco contribuiu para que os Estados-membros explorassem novos horizontes normativos mediante o exercício de sua competência residual, constrangendo sua atividade legislativa às competências comuns e concorrentes. Em sentido contrário, a linha jurisprudencial que vem sendo seguida em relação aos Municípios descortina uma série de possibilidades inexpressas no Texto Constitucional, mas asseguradas em função do regramento do interesse local.

Portanto, não há como negar a posição atualmente ocupada pelos Municípios na federação brasileira.

8.2 COMPETÊNCIA LEGISLATIVA PARA EDIÇÃO DE LEI ORGÂNICA

8.2.1 A natureza constituinte da Lei Orgânica e sua relação com a Constituição Estadual

A expressão normativa máxima no plano municipal se dá pela edição da Lei Orgânica que encontra disciplinamento na Constituição Federal em seu art. 29 com a seguinte redação:

> Art. 29. O Município reger-se-á por lei orgânica, votada em dois turnos, com o interstício mínimo de dez dias, e aprovada por dois terços dos membros da Câmara Municipal, que a promulgará, atendidos os princípios estabelecidos nesta Constituição, na Constituição do respectivo Estado e os seguintes preceitos [...].

Esse dispositivo rompeu com o modelo. Agora é a Lei Orgânica editada pelo Legislativo local que inaugura, estrutura, ordena e organiza institucionalmente o Município. É demonstração inequívoca de sua autonomia, pela qual concretiza principalmente seu poder de auto-organização. Tal qual a Constituição Estadual no Estado-membro, a Lei Orgânica no Município se ocupa das instituições políticas e administrativas locais, regrando o relacionamento e os modos de acesso; trata da existência de distritos e os preceitos tidos por fundamentais a orientar a normatização ordinária.

---

12. ADI 3756, Relator(a): Min. CARLOS BRITTO, Tribunal Pleno, julgado em 21/06/2007, DJe-126 DIVULG 18-10-2007 PUBLIC 19-10-2007 DJ 19-10-2007 PP-00027 EMENT VOL-02294-01 PP-00146.

CAPÍTULO 8 • COMPETÊNCIA LEGISLATIVA DOS MUNICÍPIOS

Dado esse papel diante dos poderes locais, é tida como manifestação de um **poder constituinte derivado decorrente**. O Ministro Celso de Melo já revelou tal posicionamento no julgamento do já citado RE 572.762 ao afirmar que "[...] o artigo 29 da Constituição representa, na realidade, o **substrato consubstanciador**, **o núcleo expressivo** de outorga dessa **autonomia institucional** às entidades municipais. A Constituição da República, em seu artigo 29, dispõe que o Município reger-se-á por Lei Orgânica própria, que se qualifica como verdadeiro **estatuto constitucional das pessoas municipais**"[13].

O parágrafo único do art. 11 do Ato das Disposições Constitucionais Transitórias estabeleceu o prazo de seis meses, contados da promulgação da Carta Estadual, para que os Municípios editassem suas respectivas leis orgânicas. Tem-se disposição similar à do *caput* desse artigo (que fixou o prazo de um ano para edição das constituições estaduais, contado da promulgação da CF/88) e que autorizou o Supremo Tribunal Federal a fazer uma distinção entre um poder **inaugural** (editado nesse prazo do ADCT) e outro de **revisão,** exercido mediante a aprovação de emendas. Conquanto não haja relação hierárquica entre ambos, o tribunal, em vários precedentes, decidiu que alguns assuntos só poderiam ter sido tratados pela Constituição Estadual nesse período inaugural, sendo vedada sua posterior inserção mediante emenda. Embora não haja precedentes específicos sobre as leis orgânicas municipais, é lícito se concluir que o entendimento pode ser transposto para o âmbito municipal.

Diante disso, matérias cuja iniciativa do processo legislativo **é privativa do Chefe do Executivo** ou **tipicamente de natureza legal** (a ser tratada em rito legislativo ordinário em que há sanção ou veto do Prefeito) não podem ser tratadas por emenda à Lei Orgânica, pois seu rito não inclui fase de deliberação do Executivo por sanção ou veto, o que é encarado como burla a essa prerrogativa. Se, contudo, a matéria foi inserida na Lei Orgânica quando de sua edição inaugural, no prazo do parágrafo único do art. 11 da ADCT, entende-se inexistir qualquer espécie de vício, por não representar ofensa à faculdade do Chefe do Executivo participar do devido processo legislativo, pois no primeiro instante se estava a inaugurar as instituições locais. Então, é possível repetir, aqui, o organograma traçado antes sobre o poder constituinte estadual:

---

13. RE 572762, Relator(a): Min. RICARDO LEWANDOWSKI, Tribunal Pleno, julgado em 18/06/2008, REPERCUSSÃO GERAL – MÉRITO DJe-167 DIVULG 04-09-2008 PUBLIC 05-09-2008 EMENT VOL-02331-04 PP-00737.

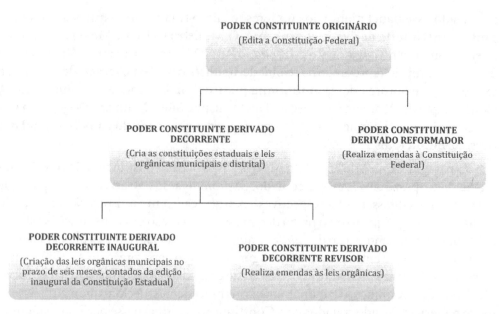

Há, entretanto, quem resista a esse tipo de equiparação da Lei Orgânica à Constituição Estadual, pois põe em questão a natureza constituinte daquela. As dúvidas que se lançam sobre o *status* constituinte do poder estadual para edição de sua Constituição são acometidas, com maior ênfase, aos Municípios quando da edição de suas leis orgânicas. Se há quem diga não ter nível normativo superior porque o Legislativo estadual tem que se subordinar às disposições federais, mais argumentos tem no plano municipal, porque a observância, aqui, deve ser dupla, já que o art. 29 determina considerar não só a Constituição Federal, como também a Estadual. Por essa razão, "[...] o mais alto documento normativo municipal não adviria diretamente do Poder Constituinte originário"[14], o que elidiria sua qualificação de poder constituinte dele decorrente.

Dessa crítica, contudo, é possível fazer a mesma defesa realizada em prol do poder constituinte decorrente estadual: não é por ser limitado e regrado que deixará de ser constituinte. Acrescente-se, ainda, o argumento de que os aspectos da Lei Orgânica municipal colhem fundamento de validade diretamente na Constituição Federal, representando essa mesma Lei Orgânica uma limitação à Constituição Estadual, pelo que não há de se falar em uma simples subordinação daquela a esta.

São inúmeros os precedentes do Supremo Tribunal Federal que invalidam disposições constitucionais estaduais que invadem a zona de atribuição própria da Lei Orgânica Municipal. É exemplo disso o julgamento pela inconstitucionalidade de artigo da Constituição do Estado do Ceará que impunha aos Municípios "[...] o encargo de transportar da zona rural para a sede do Município, ou Distrito mais próximo, alunos

---

14. CHIMENTI, Ricardo Cunha. SANTOS, Marisa Ferreira dos. ROSA, Márcio Fernando Elias. CAPEZ, Fernando. **Curso de Direito Constitucional**. 5ª edição. São Paulo: Saraiva, 2008, p. 21-22.

CAPÍTULO 8 • COMPETÊNCIA LEGISLATIVA DOS MUNICÍPIOS

321

carentes matriculados a partir da 5ª série do ensino fundamental". Entendeu-se existir "[...] indevida ingerência na prestação de serviço público municipal"[15], por ferir a autonomia municipal a ser exercida pela respectiva Lei Orgânica.

No mesmo sentido, foi negado à Constituição Estadual o poder de interferir na relação entre os poderes municipais, determinando hipóteses compulsórias de comparecimento do Prefeito perante a Câmara Municipal. Na ADI 687, foi acordado entre os ministros:

> A Constituição estadual não pode impor ao Prefeito Municipal o dever de comparecimento perante a Câmara de Vereadores, pois semelhante prescrição normativa – além de provocar estado de submissão institucional do Chefe do Executivo ao Poder Legislativo municipal (sem qualquer correspondência com o modelo positivado na Constituição da República), transgredindo, desse modo, o postulado da separação de poderes – também ofende a autonomia municipal, que se qualifica como pedra angular da organização político jurídica da Federação brasileira[16].

No julgamento da Medida Cautelar da ADI 2.112[17], foi analisada mais detidamente essa relação entre a Constituição Estadual e a Lei Orgânica Municipal. Examinava-se, na ocasião, enunciado da Constituição do Estado do Rio de Janeiro que estabelecia para os Municípios de seu território um teto remuneratório para vereadores inferior àquele estabelecido na Constituição Federal. A questão, portanto, consistia em saber se o poder constituinte estadual poderia ir além do federal para limitar a autonomia municipal.

A favor dessa prerrogativa estadual, alegava-se justamente que o próprio art. 29 da Constituição Federal prescreve o dever de observância também aos princípios da Constituição Estadual, pelo que esta seria capaz de estabelecer os limites que se entendessem cabíveis. O relator, Ministro Sepúlveda Pertence, bem resume esses fundamentos:

> A favor da tese mais extensiva dos poderes de intromissão da Constituição do Estado na esfera de auto--organização dos Municípios, seria possível invocar a postura do autorizado Manoel Ferreira Filho (Comentários à Constituição Brasileira de 1988, Saraiva, 1990, I/212) ao acentuar: '[...] a Constituição sujeita a lei orgânica à observância de princípios que ela própria define, bem como à obediência de princípios fixados na Constituição do respectivo Estado. Entretanto, cabe lembrar que, tal qual sucede em relação à limitação da autonomia estadual, o termo 'princípio' está mal-empregado no texto. Ele abrange não apenas linhas mestras ou diretrizes, mas igualmente normas concretas e precisas, completas e plena e imediatamente eficazes.

Eis as bases teóricas para se sustentar que a Lei Orgânica teria efetivamente uma dupla subordinação. O Relator rejeita, contudo, referido entendimento e defende a autonomia municipal a ser expressa pela edição da Lei Orgânica. Reconhece o dever de observância dos preceitos federais e estaduais, ao que acrescenta:

---

15. ADI 307, Relator(a): Min. EROS GRAU, Tribunal Pleno, julgado em 13/02/2008, DJe-112 DIVULG 19-06-2008 PUBLIC 20-06-2008 REPUBLICAÇÃO: DJe-094 DIVULG 21-05-2009 PUBLIC 22-05-2009 REPUBLICAÇÃO: DJe-121 DIVULG 30-06-2009 PUBLIC 01-07-2009 EMENT VOL-02367-01 PP-00001.
16. ADI 687, Relator(a): Min. CELSO DE MELLO, Tribunal Pleno, julgado em 02/02/1995, DJ 10-02-2006 PP-00005 EMENT VOL-02220-01 PP-00001 LEXSTF v. 28, n. 326, 2006, p. 24-72.
17. ADI 2112 MC, Relator(a): Min. SEPÚLVEDA PERTENCE, Tribunal Pleno, julgado em 11/05/2000, DJ 18-05-2001 PP-00432 EMENT VOL-02031-04 PP-00660 RTJ VOL-00178-02 PP-00686.

Mas, é preciso enfatizar, se essa sujeição aos princípios estabelecidos na Constituição do Estado equivale à observância compulsória de quanto a respeito ao constituinte estadual aprouver dispor, então de nada valeu o que, passo a passo, a República construiu no particular e o Município continuaria ser nada mais que uma divisão administrativa do Estado-membro, de autonomia por ele demarcada.

Essas considerações são a rigor necessárias para que não se continue a repetir, sob a Constituição de 1988 – que tornou **inequívoca**, queira-se ou não, **a tridimensionalidade do federalismo brasileiro** – a visão do grande Castros Nunes (Do Estado Federado e sua Organização Municipal, 2ª ed. Câm. Deputados, 1982, passim), sob a primeira Constituição da República, que começou a ser superada pela reforma de 1926 e se vem tornando crescentemente anacrônica, desde o texto de 1934.

O Ministro invoca, ainda, a lição de Carlos Sundfeld:

Os Municípios têm, por outorga constitucional, uma esfera impenetrável e irredutível de competências, cujo exercício não pode, a nenhum título, ser condicionado ou restringido pela Constituição Estadual. Nessa esfera inclui-se a auto-organização (através de lei orgânica), a edição de leis sobre assuntos de interesse local (leis comuns) e sua aplicação (através de atos administrativos). Portanto, não teria cabimento a pretensão do Estado-membro absorver parcela de atribuições normativas municipais, exercendo-as por via de comandos inseridos na carta estadual.

O autor citado no julgamento refuta também qualquer consequência ao fato de os Municípios serem entidades infraestaduais:

Tal ideia não é nem nunca foi jurídica, mas apenas geográfica. O Município, analisado desse ângulo, é efetivamente parte do Estado-membro, assim como este em relação à União. Já sob o prisma jurídico, Município e Estados nada mais são do que conjunto independentes de normas jurídicas cujo nascedouro é o mesmo: a Constituição Nacional. A ordem jurídica municipal não deve sua existência à ordem jurídica estadual; logo, **uma não é subordinada a outra**. Ao contrário, ambas se submetem a uma mesma ordem jurídica (a Carta Constitucional da República) à qual devem igual obediência. Advém daí a consequência de as duas ordens jurídicas (estadual e municipal) relacionarem-se nos estritos limites constitucionais, só interferindo uma na outra pelos meios e para os fins previstos na Constituição.

Com amparo nessa lição doutrinária, o Ministro Sepúlveda Pertence encerra o raciocínio de seu voto:

De qualquer sorte, parece evidente que – onde, nos diversos incisos do art. 29, a Constituição da República fixou ela mesma os parâmetros limitadores do poder de auto-organização dos Municípios e excetuados apenas aqueles que contém remissão expressa ao direito estadual (art. 29, VI, IX e X) – **a Constituição do Estado não os poderá abrandar nem agravar**: é mais que o bastante para este juízo liminar.

O julgamento restou assim ementado na parte que aqui importa:

"[…] III. Município: sentido da submissão de sua Lei Orgânica a princípios estabelecidos na Constituição do Estado. 1. **Dar alcance irrestrito à alusão**, no art. 29, caput, CF, **à observância devida** pelas leis orgânicas municipais **aos princípios estabelecidos na Constituição do Estado, traduz condenável misoneísmo constitucional**, que faz abstração de dois dados novos e incontornáveis do trato do Município da Lei fundamental de 1988: explicitar o seu caráter de "entidade infra-estatal rígida" e, em consequência, outorgar-lhe o poder de auto-organização, substantivado, no art. 29, pelo de votar a própria lei orgânica. 2. É mais que bastante ao juízo liminar sobre o pedido cautelar a aparente evidência de que em tudo quanto, nos diversos incisos do art. 29, a Constituição da República fixou ela mesma os parâmetros limitadores do poder de auto-organização dos Municípios e excetuados apenas aqueles que contém remissão expressa ao direito estadual (art. 29, VI, IX e X) – **a Constituição do Estado não os poderá abrandar nem agravar**. […]".

CAPÍTULO 8 • COMPETÊNCIA LEGISLATIVA DOS MUNICÍPIOS

Diante dessa importante decisão, pode-se retirar as conclusões que estão na sequência:

a) Não há uma simples subordinação da Lei Orgânica à Constituição Estadual, já que ambas colhem fundamento de validade diretamente na Constituição Federal. Há, em verdade, um mútuo condicionamento.

b) Os limites e imposições que a Constituição Estadual pode impor à Lei Orgânica devem remeter a alguma hipótese constitucionalmente admitida, não havendo uma faculdade ampla para inovações ou ineditismos.

c) Estabelecida uma restrição pelo próprio texto da Constituição Federal, a Estadual não pode diminui-la nem aumentá-la.

A dupla observância mencionada no *caput* do art. 29 não se traduz, portanto, em uma irrestrita subordinação. Como a Lei Orgânica deriva diretamente da Constituição Federal, representando ela também um limite à Constituição Estadual, a previsão de que preceitos estaduais podem, nos termos federais, condicioná-las não representa maior obstáculo para considerar a existência de um poder constituinte nos Municípios.

A dúvida mais séria não vem desse dever de respeito às Constituições Federal e Estadual, mas da **inexistência de controle abstrato judicial** de normas ordinárias, tomando a Lei Orgânica como parâmetro expresso e hierarquicamente superior. Não existe previsão literal de controle de constitucionalidade em face da Lei Orgânica. A atual Constituição Federal não chegou a tanto. Seu art. 125, §2º, alude à representação de inconstitucionalidade, a cargos dos Estados-membros, apenas de normas estaduais e municipais em face da Constituição Estadual. Também não há menção expressa em qualquer Constituição Estadual, muito menos em alguma Lei Orgânica Municipal (nem poderia, porque falece competência aos Municípios para legislarem sobre processo ou procedimento). Há verdadeira lacuna normativa. Como será visto, apenas a do Distrito Federal traz tal hipótese, mas sua situação é bastante peculiar, por se equiparar nesse tocante aos Estados Federados, dada sua competência cumulativa.

A doutrina e a jurisprudência não tratam do tema mais detidamente, sobretudo considerando a mudança paradigmática realizada pela Constituição Federal de 1988 com relação aos Municípios. Alguns autores limitam-se a afirmar que o conflito normativo entre uma lei ordinária municipal e sua respectiva Lei Orgânica não é solucionado pela hierarquia desta, mas em virtude da repartição de assuntos que lhes cabem, representando uma invasão formal de competência a ser tratada no plano da legislação ordinária.

André Ramos Tavares, entretanto, analisando o assunto sob a nova perspectiva constitucional, aceita a possibilidade de haver controle de constitucionalidade tendo como paradigma a Lei Orgânica municipal, ao menos, de maneira concreta e difusa. Ele toma como premissa de sua natureza constituinte, que exige o expurgo de normas inferiores que lhe são contrárias, a fim de manter a higidez do sistema. Admite a dificuldade de ser criado, por normatização municipal, um procedimento de controle abstrato, já que o Município não tem Judiciário próprio a quem acometer a tarefa, nem possui competência para legislar sobre processo e procedimento. Entende, no entanto, possível e necessário o controle difuso:

> No silêncio legislativo a respeito do controle de incompatibilidade entre leis orgânicas municipais e normas inferiores, não pode subsistir outra conclusão senão a de que, devido à imperatividade de eliminar do ordenamento jurídico positivo antinomias e outros vícios que venham lhe tolher a coerência, é necessário que seja permitido aos órgãos do Judiciário conhecer tais normas incompatíveis e impedir que produzam efeitos sobre relações jurídicas legalmente constituídas. Não há no sistema jurídico pátrio, no entanto, forma de proceder a esse respeito senão por meio do controle difuso, caso a caso[18].

Concorda-se, aqui, com o autor. Mesmo não havendo previsão expressa, basta o reconhecimento da natureza constituinte da Lei Orgânica municipal para que seja permitido o controle difuso. Não é a falta de menção a um controle de constitucionalidade que elidirá a natureza constituinte do legislador orgânico; ao contrário, aquele é decorrência desta. Em sendo norma que inaugura as instituições municipais e que manifesta todos os aspectos da autonomia federativa, ela possui natureza constituinte e, por via de consequência, pode ser tomada como parâmetro de controle difuso de constitucionalidade, mesmo com a falta de previsão pontual de um controle abstrato.

A despeito da omissão normativa, e sem declarar expressamente se estar realizando um controle de constitucionalidade, há pródigo exercício de jurisdição constitucional salvaguardando as disposições orgânicas diante das demais normas ordinárias. A previsão na Constituição Federal de respeito à autonomia municipal tem sido utilizada, na prática, para garantir a prevalência das normas orgânicas locais. Considera-se que, se um assunto foi inserido na Lei Orgânica, suas disposições devem, obrigatoriamente, ser respeitadas no plano da legislação municipal ordinária.

Para reforçar a natureza constituinte da lei orgânica municipal, não se pode negar o papel relevante e inequívoco atribuído a ela para auto-organização municipal, com regramento de suas instituições políticas, tanto que já é assegurado que somente ela pode estabelecer a esteira sucessória diante de **dupla vacância na Chefia do Executivo**.

Fica entregue à discricionariedade municipal para realizar a escolha de quais autoridades locais poderão substituir e suceder o Prefeito e o Vice-prefeito. Tal autonomia foi definida em julgamento do Supremo Tribunal Federal da seguinte forma:

> AÇÃO DIRETA DE INCONSTITUCIONALIDADE – ART. 75, § 2º, DA CONSTITUIÇÃO DE GOIÁS – DUPLA VA-CÂNCIA DOS CARGOS DE PREFEITO E VICE-PREFEITO – COMPETÊNCIA LEGISLATIVA MUNICIPAL – DOMÍNIO NORMATIVO DA LEI ORGÂNICA – AFRONTA AOS ARTS. 1º E 29 DA CONSTITUIÇÃO DA REPÚBLICA. 1. O poder constituinte dos Estados-membros está limitado pelos princípios da Constituição da República, que lhes assegura autonomia com condicionantes, entre as quais se tem o respeito à organização autônoma dos Municípios, também assegurada constitucionalmente. 2. O art. 30, inc. I, da Constituição da República outorga aos Municípios a atribuição de legislar sobre assuntos de interesse local. A vocação sucessória dos cargos de prefeito e vice-prefeito põem-se no âmbito da autonomia política local, em caso de dupla vacância. 3. Ao disciplinar matéria, cuja competência é exclusiva dos Municípios, o art. 75, § 2º, da Cons-

---

18. TAVARES, op. cit., p. 436.

CAPÍTULO 8 • COMPETÊNCIA LEGISLATIVA DOS MUNICÍPIOS **325**

tituição de Goiás fere a autonomia desses entes, mitigando-lhes a capacidade de auto-organização e de autogoverno e limitando a sua autonomia política assegurada pela Constituição brasileira. 4. Ação Direta de Inconstitucionalidade julgada procedente[19].

É importante destacar esse julgamento, porque a norma constitucional estadual julgada colocava na linha sucessória o Presidente e o Vice-Presidente da Câmara Municipal, o que, por óbvio, guarda uma simetria com o modelo federal de indicar, após o Vice-Presidente, o Presidente da Câmara dos Deputados e, em seguida, o do Senado Federal. A despeito desse parâmetro federal, tal imposição foi refutada, por entender caber exclusivamente ao Município fazer a opção, dada a **preponderância do interesse local** sobre o assunto.

A relatora, Ministra Carmen Lúcia, foi expressa nesse tocante ao afirmar:

> A norma questionada **não se subsume ao princípio da simetria** constitucional, revelado por meio da obrigatoriedade de reprodução nas Constituições Estaduais e nas Leis Orgânicas municipais das características dominantes no modelo federal. No caso, por se cuidar de matéria que envolve preponderantemente interesse local, a Constituição faculta aos Municípios estabelecer a ordem de vocação sucessória nos casos de vacância dos cargos de Prefeito e Vice-prefeito.

Nessa ação, houve, ainda, inteligente argumento da Assembleia Legislativa goiana de que a disposição estadual deveria ser entendida como norma subsidiária, ou seja, só aplicável diante da omissão da Lei Orgânica. Com isso, foi convencido o Advogado Geral da União, mas não teve o mesmo efeito sobre a Relatora, que registrou "[...] a inadequação e inaceitabilidade de se dar interpretação conforme à Constituição, requerida pela Assembleia Legislativa de Goiás, para declarar constitucional a aplicação da norma estadual impugnada enquanto não sobrevierem as regras próprias nas respectivas Leis Orgânicas municipais. A competência outorgada constitucionalmente aos Municípios para legislar sobre assuntos de interesse local é **exclusiva,** afetando, na espécie, o autogoverno municipal, não comportando, portanto, a possibilidade de os Estados os substituírem enquanto eles não legislarem sobre a matéria". Portanto, sobre assuntos locais é vedada qualquer normatização estadual, ainda que de aplicação subsidiária.

De tal sorte, cada Município estabelece a linha sucessória que bem lhe aprouver, desde que respeitados os demais princípios da Constituição Federal. É decorrência de sua autonomia. A maioria indica, realmente, o Presidente da Câmara Municipal e segue indicando outras autoridades após este. Uns colocam na linha o vereador mais antigo no exercício da vereança, outros o mais velho, e outros indicam, ainda, o Procurador-Geral do Município, quando há Procuradoria-Geral estruturada, por ser a autoridade jurídica máxima no Município.

Entende-se, porém, não ser lícito se colocar um juiz estadual na linha sucessória municipal, pois é ele agente estadual que se submete à normatização desse nível de go-

---

19. ADI 3549, Relator(a): Min. CÁRMEN LÚCIA, Tribunal Pleno, julgado em 17/09/2007, DJe-134 DIVULG 30-10-2007 PUBLIC 31-10-2007 DJ 31-10-2007 PP-00077 EMENT VOL-02296-01 PP-00058 RTJ VOL-00202-03 PP-01084.

verno. Uma lei municipal não pode invadir a esfera estadual para estabelecer obrigação, dever ou poder de um agente político do Estado-membro. Preserva-se, assim, não a autonomia municipal, mas a **estadual**. Da mesma forma que não pode o Município regrar de maneira geral as atribuições do magistrado, não o pode fazer para colocá-lo na esteira de sucessão municipal.

Nem se alegue qualquer sorte de analogia com o Presidente do Supremo Tribunal Federal no âmbito federal. Primeiro porque, lá, se tem hipótese de autoridade no mesmo ente federativo (o que não se dá no caso de se indicar um juiz do Estado-membro para cargo do Município). Segundo, não há que se falar em aplicação do princípio da simetria para o assunto, conforme visto linhas atrás.

Nesse tocante, ocorreu curiosa situação no Município de Fortaleza. Em meados de 2008, ano de eleição municipal, a então Prefeita ausentou-se do país para missão oficial. O Vice-prefeito e o Presidente da Câmara, substitutos indicados pela Lei Orgânica, não se encontravam na Sede do Município, nem tinham interesse de assumir o cargo, pois queriam evitar inelegibilidades. Como a normatização local **não indicava** qualquer outra autoridade, teve-se verdadeiro vácuo normativo, o que levou a Prefeita a designar interinamente o Procurador-Geral do Município, em analogia com disposições de outras leis orgânicas.

A Associação Cearense de Magistrados ajuizou mandado de segurança contra esse ato por entender ser devida a nomeação do juiz mais antigo das varas da Fazenda Pública Estadual (foro em que responde o Município), afirmando a simetria com o Estado-membro e com a União. O processo tramitou justamente em uma das varas da Fazenda Pública, tendo sido deferida a liminar por juiz plantonista determinando que a Câmara Municipal empossasse o mais antigo magistrado desse foro.

O Município de Fortaleza ajuizou a Reclamação nº 6.083 perante o Supremo Tribunal Federal, alegando a competência originária do Tribunal ante interesse geral da magistratura do Estado do Ceará no caso, o que era denotado pela própria autoria da ação. No mérito, informou inexistir qualquer norma constitucional que embasasse o entendimento de que um magistrado estadual deveria, necessariamente, compor a linha sucessória municipal, bem como se argumentou a inaplicabilidade da simetria na espécie.

Foi deferida medida liminar nessa Reclamação pelo Relator, Ministro Eros Grau, que consignou:

> A decisão impugnada concedeu a liminar no mandado de segurança ao fundamento de que o Município estaria compelido à ordem de sucessão contida no artigo 80 da Constituição do Brasil. Contudo, a aplicação é **inconcebível** à medida que **não há Poder Judiciário Municipal**. Os Juízes atuantes nas comarcas do Estado do Ceará são membros do Poder Judiciário Estadual. Inviável pois a adoção da simetria para resolver o conflito da vacância do cargo de Chefe do Poder Executivo municipal.

> Ademais, o critério utilizado para a escolha do magistrado que eventualmente assumiria a Prefeitura de Fortaleza não é dotado de fundamento legal ou constitucional.

> Esta Corte manifestou-se anteriormente no sentido de que **cabe às Leis Orgânicas estabelecer a vocação sucessória dos cargos de Prefeito e Vice-Prefeito**, vez que consubstancia temas de interesse local, não

CAPÍTULO 8 • COMPETÊNCIA LEGISLATIVA DOS MUNICÍPIOS **327**

cabendo às Constituições estaduais tratar da matéria [ADI n. 3.549, Relatora a Ministra CÁRMEM LÚCIA, DJ de 17.9.07 e ADI n. 687, Relator o Ministro CELSO DE MELLO, DJ de 2.2.95].

Sendo omissa a lei orgânica do Município de Fortaleza, a decisão que determina que um Juiz de Direito ocupe provisoriamente a Prefeitura cearense configura afronta ao disposto nos artigos 1º e 2º da Constituição do Brasil[20].

Como se percebe, foi confirmado o entendimento de que substituição e a sucessão do Prefeito e Vice-prefeito são de exclusiva alçada do Município, não cabendo qualquer espécie de ingerência de outras instâncias federativas, ainda que haja omissão na Lei Orgânica. Como não foi indicado qualquer outro princípio constitucional violado ao se designar o Procurador-Geral, prevaleceu, ao final, a decisão tomada no âmbito da municipalidade.

8.2.2 Os limites constitucionais expressos e implícitos da Lei Orgânica

O art. 29 da Constituição Federal impõe às leis orgânicas municipais o dever de observar os princípios estabelecidos por ela própria, além de, em seus incisos, enumerar expressamente alguns preceitos obrigatórios.

A definição de princípios, nessa hipótese, observa o mesmo critério utilizado para as constituições estaduais, que também devem obedecê-los. Não se trata de normas de alta abstração, mandados de otimização ou normas cuja validade se dá por seu peso moral, mas sim de normas relevantes e fundamentais para o sistema federativo e que delineiam sua feição básica, o que levou os precedentes do Supremo Tribunal Federal a se referirem a um **condicionamento normativo geral** em lugar de uma definição única de princípio.

As conclusões obtidas na análise do poder constituinte decorrente estadual também são válidas aqui:

a) Por princípio, entenda-se uma norma jurídica, o que exclui o preâmbulo constitucional, cuja força normativa já foi negada pelo Supremo Tribunal Federal;

b) Não compreendem toda e qualquer norma, desobrigando uma mera repetição de preceitos desnecessários;

c) Dividem-se em princípios sensíveis, estabelecidos, extensíveis e de preordenação.

Como visto no capítulo 4, os **princípios sensíveis** são aqueles previstos no art. 35 da CF/88 e que autorizam a intervenção de um ente federativo em outro, no caso, a intervenção estadual no Município. Os **princípios estabelecidos** definem o conteúdo material da Constituição Federal. Os **princípios de preordenação** são os preceitos constitucionais que, diretamente por seu texto, disciplinam os Municípios, os quais se concentram, em grande parte, nos incisos do art. 29 e no art. 29-A. Já os **princípios**

---

20. Rcl 6083, Relator(a): Min. EROS GRAU, julgado em 26/05/2008, publicado em DJe-097 DIVULG 29/05/2008 PUBLIC 30/05/2008.

extensíveis são os que, embora literalmente versem sobre a União, devem ser obrigatoriamente seguidos pelos Municípios, por força do **princípio da simetria**.

Como princípios de preordenação estatuídos no art. 29, CF/88, existem disposições sobre eleição e posse de prefeitos, vice-prefeitos e vereadores, entre outras.

A escolha de Prefeito e Vice-prefeito, segundo o art. 29, I, deve se dar necessariamente por eleição para mandato de quatro anos, permitida a reeleição expressamente pelo art. 14, §5º, CF/88. Tal disposição é importante porque, em regimes anteriores, havia hipótese de nomeação de prefeitos das capitais e de municípios de instâncias hidrominerais. Atualmente, portanto, a eletividade é regra **sem qualquer espécie de exceção** que autorize nomeações por autoridades federais ou estaduais.

Ainda segundo o mesmo dispositivo, o pleito deverá ser direto e concomitante em todo o país, o que, na prática, ocasionou um intenso ciclo eleitoral a cada dois anos no Brasil, pois toda eleição municipal (em que se votam em candidatos para Prefeito, Vice-prefeito e vereadores) é intercalada por uma de nível nacional e estadual (em que se elegem Presidente, Vice-Presidente, deputados federais, senadores, governadores, vice-governadores e deputados estaduais).

O art. 25, V, preordena a remuneração do Prefeito, Vice-Prefeito e secretários, estabelecendo que seus subsídios serão "[...] fixados por lei de iniciativa da Câmara Municipal, observado o que dispõe os arts. 37, XI, 39, § 4º, 150, II, 153, III, e 153, § 2º, I". Essa redação foi determinada pela EC 19/98, que retirou a exigência expressa anterior de que o aumento seria fixado em uma legislatura para ter efeito na seguinte. Tal obrigação persiste apenas para o acréscimo conferido aos vereadores.

Especificamente no concernente à remuneração do Vice-Prefeito, o STF julgou a impossibilidade de cumulação:

> Recurso extraordinário. 2. Vice-Prefeito, que é titular de emprego remunerado em empresa pública. 3. Não pode o Vice-Prefeito acumular a remuneração decorrente de emprego em empresa pública estadual com a representação estabelecida para o exercício do mandato eletivo (Constituição Federal art. 29, V). 4. Constituição, art. 38, II. 5. O que a Constituição excepcionou, no art. 38, III, no âmbito municipal, foi apenas a situação do Vereador, ao possibilitar-lhe, se servidor público, no exercício do mandato, perceber as vantagens de seu cargo, emprego ou função, sem prejuízo da remuneração do cargo eletivo, quando houver compatibilidade de horários; se não se comprovar a compatibilidade de horários, será aplicada a norma relativa ao Prefeito (CF, art. 38, II). 6. Hipótese em que o acórdão não reconheceu ao Vice- Prefeito, que exercia emprego em empresa pública, o direito a perceber, cumulativamente, a retribuição estabelecida pela Câmara Municipal. 7. Recurso extraordinário não conhecido[21].

A **data da eleição municipal** também é definida constitucionalmente no art. 29, II, como sendo o "primeiro domingo de outubro do ano anterior ao término do mandato dos que devam suceder". Nos Municípios de mais de 200 mil habitantes, deverá haver dois turnos de votação, caso nenhum dos candidatos atinja a maioria absoluta

---

21. RE 140269, Relator(a): Min. NÉRI DA SILVEIRA, Segunda Turma, julgado em 01/10/1996, DJ 09-05-1997 PP-18139 EMENT VOL-01868-03 PP-00650.

CAPÍTULO 8 • COMPETÊNCIA LEGISLATIVA DOS MUNICÍPIOS

no primeiro escrutínio, sendo o segundo marcado para o último domingo de outubro. A posse do Prefeito e Vice-Prefeito eleitos deve ocorrer, conforme prescreve o art. 29, III, CF/88, "[...] no dia 1º de janeiro do ano subsequente ao da eleição".

Com relação aos vereadores, houve profunda mutação constitucional em virtude de decisão do Supremo Tribunal Federal e de Resolução do Tribunal Superior Eleitoral, as quais ocasionaram a emenda constitucional (EC 58/09) que alterou completamente o art. 29, IV, CF/88. A redação original do enunciado estabelecia três incisos indicando o número máximo e mínimo de vereadores em função do número de habitantes. O texto era o seguinte:

> Art. 29 [...]
>
> IV – número de Vereadores proporcional à população do Município, observados os seguintes limites:
>
> a) mínimo de nove e máximo de vinte e um nos Municípios de até um milhão de habitantes;
>
> b) mínimo de trinta e três e máximo de quarenta e um nos Municípios de mais de um milhao e menos de cinco milhões de habitantes;
>
> c) mínimo de quarenta e dois e máximo de cinquenta e cinco nos Municípios de mais de cinco milhões de habitantes.

O entendimento que se tinha originalmente desse dispositivo era de que o Município, por sua Lei Orgânica, possuía a discricionariedade de, dentro de sua respectiva faixa, fixar o número que vereadores que conviesse entre o máximo e o mínimo, independentemente de uma proporcionalidade intrínseca com o número de habitantes. Assim, um Município que tivesse um milhão e um habitantes teria a mesma faculdade de determinar o número de vereadores de outro que tivesse quatro milhões e quinhentos mil habitantes, já que ambos se subsumiam à mesma alínea do inciso IV do art. 29. A proporcionalidade mencionada no enunciado reduzir-se-ia, pois, ao enquadramento em uma das alíneas do inciso e não ao número final de vereadores em relação à população.

Na prática, essa interpretação ocasionou uma inflação do número de vereadores. Municípios que se enquadravam em uma faixa por poucos habitantes estabeleciam o mesmo número de parlamentares escolhido por aqueles que estavam perto do limite máximo de habitantes. Naturalmente, ambos escolhiam quantidade próxima do teto permitido pela respectiva alínea do art. 29, IV, CF/88.

Isso teve fim com o julgamento do RE 197.917 pelo Supremo Tribunal Federal, ao interpretar que a proporcionalidade exigida entre o número de vereadores e o número de habitantes devia observar uma regra aritmética rígida, e não apenas os limites máximo e mínimo. Foi decidido que "[...] deixar a critério do legislador municipal o estabelecimento da composição das Câmaras Municipais, com observância apenas dos limites máximos e mínimos do preceito (CF, art. 29) é tornar sem sentido a previsão constitucional expressa da proporcionalidade. Situação real e contemporânea em que Municípios menos populosos têm mais vereadores do que outros com um número de habitantes várias vezes maior. Casos em que a falta de um parâmetro matemático rígido que delimite a ação dos legislativos municipais implica evidente afronta ao postulado da isonomia". A ementa restou com a seguinte redação:

> RECURSO EXTRAORDINÁRIO. MUNICÍPIOS. CÂMARA DE VEREADORES. COMPOSIÇÃO. AUTONOMIA MUNICIPAL. LIMITES CONSTITUCIONAIS. NÚMERO DE VEREADORES PROPORCIONAL À POPULAÇÃO. CF, ARTIGO 29, IV. **APLICAÇÃO DE CRITÉRIO ARITMÉTICO RÍGIDO**. INVOCAÇÃO DOS PRINCÍPIOS DA ISONOMIA E DA RAZOABILIDADE. INCOMPATIBILIDADE ENTRE A POPULAÇÃO E O NÚMERO DE VEREADORES. INCONSTITUCIONALIDADE, INCIDENTER TANTUM, DA NORMA MUNICIPAL. EFEITOS PARA O FUTURO. SITUAÇÃO EXCEPCIONAL. 1. O artigo 29, inciso IV da Constituição Federal, exige que o número de Vereadores seja proporcional à população dos Municípios, observados os limites mínimos e máximos fixados pelas alíneas a, b e c. 2. Deixar a critério do legislador municipal o estabelecimento da composição das Câmaras Municipais, com observância apenas dos limites máximos e mínimos do preceito (CF, artigo 29) **é tornar sem sentido a previsão constitucional expressa da proporcionalidade**. 3. Situação real e contemporânea em que Municípios menos populosos têm mais Vereadores do que outros com um número de habitantes várias vezes maior. Casos em que a falta de um parâmetro matemático rígido que delimite a ação dos legislativos Municipais implica evidente afronta ao postulado da isonomia. 4. Princípio da razoabilidade. Restrição legislativa. A aprovação de norma municipal que estabelece a composição da Câmara de Vereadores sem observância da relação cogente de proporção com a respectiva população configura excesso do poder de legislar, não encontrando eco no sistema constitucional vigente. 5. Parâmetro aritmético que atende ao comando expresso na Constituição Federal, sem que a proporcionalidade reclamada traduza qualquer afronta aos demais princípios constitucionais e nem resulte formas estranhas e distantes da realidade dos Municípios brasileiros. Atendimento aos postulados da moralidade, impessoalidade e economicidade dos atos administrativos (CF, artigo 37). 6. **Fronteiras da autonomia municipal impostas pela própria Carta da República**, que admite a proporcionalidade da representação política em face do número de habitantes. Orientação que se confirma e se reitera segundo o modelo de composição da Câmara dos Deputados e das Assembleias Legislativas (CF, artigos 27 e 45, § 1º). 7. Inconstitucionalidade, *incidenter tantun*, da lei local que fixou em 11 (onze) o número de Vereadores, dado que sua população de pouco mais de 2600 habitantes somente comporta 09 representantes. 8. Efeitos. Princípio da segurança jurídica. Situação excepcional em que a declaração de nulidade, com seus normais efeitos *ex tunc*, resultaria grave ameaça a todo o sistema legislativo vigente. Prevalência do interesse público para assegurar, em caráter de exceção, efeitos pro futuro à declaração incidental de inconstitucionalidade. Recurso extraordinário conhecido e em parte provido[22].

Assim, uma vez definida a alínea a ser observada pelo Município, a determinação do número de vereadores entre o mínimo e máximo permitido deveria, adicionalmente, atender a um cálculo proporcional considerando a quantidade de habitantes. Com isso, o número máximo de parlamentares locais só restaria permitido àqueles Municípios que tivessem número de habitantes próximo do teto da respectiva alínea do art. 29, IV, CF/88. Esse entendimento por uma proporcionalidade aritmética rígida foi tomado, portanto, como limitação à autonomia municipal que é encarada como **norma de preordenação**.

O Tribunal Superior Eleitoral editou, então, a Resolução nº 21.702/04, estendendo de maneira cogente para todos os pleitos municipais essa interpretação realizada em sede de controle incidental.

---

22. RE 197917, Relator(a): Min. MAURÍCIO CORRÊA, Tribunal Pleno, julgado em 06/06/2002, DJ 07-05-2004 PP-00008 EMENT VOL-02150-03 PP-00368.

A inconstitucionalidade dessa Resolução foi arguida pela ADI 3.345, que foi julgada improcedente:

O Tribunal Superior Eleitoral, expondo-se à eficácia irradiante dos motivos determinantes que fundamentaram o julgamento plenário do RE 197.917, submeteu-se, na elaboração da Resolução nº 21.702/2004, ao princípio da força normativa da Constituição, que representa diretriz relevante no processo de interpretação concretizante do texto constitucional. O TSE, ao assim proceder, adotou solução, que, legitimada pelo postulado da força normativa da Constituição, destinava-se a prevenir e a neutralizar situações que poderiam comprometer a correta composição das Câmaras Municipais brasileiras, considerada a existência, na matéria, de grave controvérsia jurídica resultante do ajuizamento, pelo Ministério Público, de inúmeras ações civis públicas em que se questionava a interpretação da cláusula de proporcionalidade inscrita no inciso IV do art. 29 da Lei Fundamental da República[23].

Com esse julgamento, consagrou-se em definitivo e com efeito *erga omnes* a exigência de uma proporcionalidade aritmética rígida.

A reação (*backlash*) veio sob a forma de emenda constitucional (EC 58/09) que alterou o art. 29, IV, aumentando, e muito, as faixas de limites máximos e mínimos dentro das quais se deveria observar o padrão exigido pelo STF. As três alíneas ("a" a "c") transformaram-se em vinte e quatro ("a" a "x").

Essas novas faixas ocasionaram o abrandamento do cálculo aritmético estabelecido pelo Supremo Tribunal Federal, permitindo um aumento do número vereadores. Em todo o país, estima-se que tenha autorizado cerca de sete mil novos cargos.

Ainda como norma de preordenação, o art. 29 garantiu a "[...] inviolabilidade dos Vereadores por suas opiniões, palavras e votos no exercício do mandato e na circunscrição do Município". Como se percebe, a imunidade do parlamentar municipal é apenas material, não comportando qualquer outra de ordem formal, e há expressa menção quanto à limitação territorial (apenas "na circunscrição do Município"). Em sendo manifestação proferida no exercício do mandato ou em razão dele, haverá essa imunidade. Não se justifica entendimento no sentido de que, adicionalmente, seja exigido que a manifestação se dê dentro do recinto da Câmara, já que não há qualquer ressalva constitucional nesse sentido, tanto que o Supremo Tribunal Federal já decidiu que a "Corte já firmou o entendimento de que a imunidade concedida aos vereadores pelo artigo 29, VIII, da Constituição por suas opiniões, palavras e votos diz respeito a pronunciamentos que estejam diretamente relacionados com o exercício de seu mandato, ainda que ocorram, **dentro ou fora do recinto da Câmara dos Vereadores**, inclusive em entrevistas à imprensa, desde que na circunscrição do Município (HC 74201 e HC 81730)"[24].

---

23. ADI 3345, Relator(a): Min. CELSO DE MELLO, Tribunal Pleno, julgado em 25/08/2005, DJe-154 DIVULG 19-08-2010 PUBLIC 20-08-2010 EMENT VOL-02411-01 PP-00110.
24. RE 354987, Relator(a): Min. MOREIRA ALVES, Primeira Turma, julgado em 25/03/2003, DJ 02-05-2003 PP-00039 EMENT VOL-02108-05 PP-00910.

No mesmo sentido, o Supremo Tribunal Federal assegurou essa inviolabilidade para manifestações proferidas em redes sociais, mesmo a Constituição Federal fazendo alusão à circunscrição do Município[25].

Quanto ao Prefeito, há normas de preordenação no art. 29, X, garantindo-lhe prerrogativa de foro perante o **Tribunal de Justiça do respectivo Estado-membro**. O Supremo Tribunal Federal já sumulou (**súmula 702**) que "[...] a competência do Tribunal de Justiça para julgar prefeitos restringe-se aos crimes de **competência da justiça comum estadual**; nos demais casos, a competência originária caberá **ao respectivo tribunal de segundo grau**". Com efeito, caso pratique ato que o sujeite a jurisdição de outra esfera jurisdicional, será o respectivo tribunal que o julgará.

Outras normas de preordenação se encontram nos arts. 29 e 29-A e podem ser assim sumariadas:

---

25. "[...]2. A tese fixada no Tema 469 deve ser apreciada com grano salis quando as pretensas ofensas tenham sido proferidas pela internet, porém em razão do mandato, haja vista que essa peculiaridade não foi objeto de debate por ocasião do julgamento do processo paradigma. 3. É essencial na presente hipótese analisar a conciliação realizada pelo texto de nossa Constituição em relação a duas grandes teorias sobre inviolabilidades parlamentares: A blackstoniana e a de Stuart Mill. 4. A interpretação realizada pelo SUPREMO TRIBUNAL FEDERAL, ao longo destes quase 35 anos da Constituição de 88, compatibilizou as duas importantes teorias aplicadas na questão da inviolabilidade parlamentar, em defesa da importante questão da liberdade de expressão qualificada que tem os deputados e senadores para se expressar em palavras e opiniões dentro ou fora do Congresso Nacional. 5. Em alguns casos, bastará a presença da cláusula geográfica; em outros, exige-se o que essa SUPREMA CORTE denominou de nexo de implicação recíproca. E, nessa hipótese, incluo a necessidade não só desse nexo, mas nos termos expostos pela teoria de Stuart Mill, a presença de determinada finalidade das manifestações parlamentares, qual seja, levar ao eleitor sua prestação de contas, suas críticas a políticas governamentais, sua atuação de fiscalização, informações sobre sua atitude perante o Governo. 6. Então, exige-se, para caracterizar a necessária inviolabilidade, a presença desses dois requisitos: nexo de implicação recíproca e os parâmetros ligados a própria finalidade da liberdade de expressão qualificada do parlamentar. 7. Na presente hipótese, é fato incontroverso que as palavras foram proferidas no website pessoal do Vereador, bem como nos perfis que mantém em redes sociais (Facebook e Twitter). 8. As manifestações do recorrente, ao tecer considerações sobre as irregularidades apontadas pelo Tribunal de Contas do Estado acerca das inconsistências identificadas no edital de licitação lançado pela Prefeitura Municipal traduz nítido desdobramento da atividade parlamentar no exercício da função típica de fiscalização dos atos do Poder Executivo. 9. Não há dúvida da existência do nexo de implicação recíproca, pois patente a relação entre as opiniões e palavras proferidas com o exercício do mandato parlamentar, ou em razão desse exercício; não havendo possibilidade de se afastar a inviolabilidade, pois o contexto em que houve as manifestações não era estranho às atividades realizadas em razão do exercício do mandato. 10. Os excessos de linguagem porventura cometidos, na espécie, ainda que veiculadores de ofensas pessoais, embora dissonantes do espírito plural e democrático que deveria animar as discussões na arena política, encontram-se subtraídos à responsabilidade cível e criminal, podendo apenas, se for o caso, ser objeto de censura, sob o viés político, pela Casa Legislativa da qual o imputado faz parte. 11. Nos dias atuais, caracterizados por avanços tecnológicos em que a internet se tornou um dos principais meios de comunicação entre os mandatários e o eleitor, não é mais possível restringir o exercício parlamentar do mandato aos estritos limites do recinto da Câmara Municipal. 12. Agravo Interno a que se nega provimento". (ARE 1421633 AgR, Relator(a): ALEXANDRE DE MORAES, Primeira Turma, julgado em 03/05/2023, PROCESSO ELETRÔNICO DJe-s/n DIVULG 08-05-2023 PUBLIC 09-05-2023).

CAPÍTULO 8 • COMPETÊNCIA LEGISLATIVA DOS MUNICÍPIOS   **333**

ASSUNTO	ARTIGO
1. Valor Máximo dos Subsídios dos vereadores	Art. 29 (…) VI – "o subsídio dos Vereadores será fixado pelas respectivas Câmaras Municipais em cada legislatura para a subsequente, observado o que dispõe esta Constituição, observados os critérios estabelecidos na respectiva Lei Orgânica e os seguintes limites máximos: a) em Municípios de até dez mil habitantes, o subsídio máximo dos Vereadores corresponderá a vinte por cento do subsídio dos Deputados Estaduais; b) em Municípios de dez mil e um a cinquenta mil habitantes, o subsídio máximo dos Vereadores corresponderá a trinta por cento do subsídio dos Deputados Estaduais; c) em Municípios de cinquenta mil e um a cem mil habitantes, o subsídio máximo dos Vereadores corresponderá a quarenta por cento do subsídio dos Deputados Estaduais; d) em Municípios de cem mil e um a trezentos mil habitantes, o subsídio máximo dos Vereadores corresponderá a cinquenta por cento do subsídio dos Deputados Estaduais; e) em Municípios de trezentos mil e um a quinhentos mil habitantes, o subsídio máximo dos Vereadores corresponderá a sessenta por cento do subsídio dos Deputados Estaduais; f) em Municípios de mais de quinhentos mil habitantes, o subsídio máximo dos Vereadores corresponderá a setenta e cinco por cento do subsídio dos Deputados Estaduais";
2. Total máximo de despesas com vereadores	Art. 29 (…) VII – "o total da despesa com a remuneração dos Vereadores não poderá ultrapassar o montante de cinco por cento da receita do Município"
3. Proibições e incompatibilidades dos vereadores[26]	Art. 29 (…) IX – "proibições e incompatibilidades, no exercício da vereança, similares, no que couber, ao disposto nesta Constituição para os membros do Congresso Nacional e na Constituição do respectivo Estado para os membros da Assembleia Legislativa"
4. Cooperação no planejamento municipal	Art. 29 (…) XII – "cooperação das associações representativas no planejamento municipal"
5. Iniciativa popular	XIII – "iniciativa popular de projetos de lei de interesse específico do Município, da cidade ou de bairros, através de manifestação de, pelo menos, cinco por cento do eleitorado"
6. Limites de despesas do Legislativo Municipal	Art. 29-A. "O total da despesa do Poder Legislativo Municipal, incluídos os subsídios dos Vereadores e excluídos os gastos com inativos, não poderá ultrapassar os seguintes percentuais, relativos ao somatório da receita tributária e das transferências previstas no § 5º do art. 153 e nos arts. 158 e 159, efetivamente realizado no exercício anterior: I - 7% (sete por cento) para Municípios com população de até 100.000 (cem mil) habitantes; II - 6% (seis por cento) para Municípios com população entre 100.000 (cem mil) e 300.000 (trezentos mil) habitantes; III - 5% (cinco por cento) para Municípios com população entre 300.001 (trezentos mil e um) e 500.000 (quinhentos mil) habitantes; IV - 4,5% (quatro inteiros e cinco décimos por cento) para Municípios com população entre 500.001 (quinhentos mil e um) e 3.000.000 (três milhões) de habitantes; V - 4% (quatro por cento) para Municípios com população entre 3.000.001 (três milhões e um) e 8.000.000 (oito milhões) de habitantes; VI - 3,5% (três inteiros e cinco décimos por cento) para Municípios com população acima de 8.000.001 (oito milhões e um) habitantes"
7. Limites de Gastos do Legislativo Municipal com folha de pagamento	Art. 29-A (…) 1º "A Câmara Municipal não gastará mais de setenta por cento de sua receita com folha de pagamento, incluído o gasto com o subsídio de seus Vereadores".

---

26. RECURSOS EXTRAORDINÁRIOS. MATÉRIA CONSTITUCIONAL. VEREADOR. SECRETÁRIO MUNICIPAL. ACUMULAÇÃO DE CARGOS E VENCIMENTOS. IMPOSSIBILIDADE. CONHECIMENTO E PROVIMENTO DOS RECURSOS. I - Em virtude do disposto no art. 29, IX, da Constituição, a lei orgânica municipal deve guardar, no que couber, correspondência com o modelo federal acerca das proibições e incompatibilidades dos vereadores. II - Impossibilidade de acumulação dos cargos e da remuneração de vereador e de secretário municipal. III - Interpretação sistemática dos arts. 36, 54 e 56 da Constituição Federal. IV - Aplicação, ademais, do princípio da separação dos poderes. V - Recursos extraordinários conhecidos e providos. (RE 497554, Relator(a): Min. RICARDO LEWANDOWSKI, Primeira Turma, julgado em 27/04/2010, DJe-086 DIVULG 13-05-2010 PUBLIC 14-05-2010 EMENT VOL-02401-04 PP-00885 RT v. 99, n. 899, 2010, p. 111-116).

O art. 29, XI, prescreve que compete à Lei Orgânica a "[...] organização das funções legislativas e fiscalizadoras da Câmara Municipal". A despeito do que se possa imaginar com base em uma análise literal, esse dispositivo não deixa os temas do legislativo municipal à inteira discricionariedade local. Como é assunto que afeta diretamente a separação de poderes (especificamente a realização de uma de suas atividades típicas e o controle externo exercido como decorrência dos freios e contrapesos) deve ser observado o **princípio da simetria**, consistente, como visto, no dever de observância dos parâmetros estabelecidos pela Constituição Federal para os poderes da União, os quais são tomados como princípios extensíveis.

Com base nesse entendimento, o Supremo Tribunal Federal, no RE 317.574, julgou inconstitucional disposição da Lei Orgânica do Município de Betim, que exigia prévia licença da Câmara Municipal para o Prefeito ausentar-se do país, independentemente do prazo de duração. O art. 83 da Constituição Federal exige licença similar do Congresso Nacional ao Presidente e Vice-Presidente apenas para períodos superiores a 15 dias. Tal prazo foi tomado como padrão cogente no plano municipal, não podendo a Lei Orgânica desconsiderá-lo:

> SERVIDOR PÚBLICO. Prefeito municipal. Ausência do país. Necessidade de licença prévia da Câmara Municipal, qualquer que seja o período de afastamento, sob pena de perda do cargo. Inadmissibilidade. Ofensa aos arts. 49, III, e 83, cc. art. 29, caput, da CF. Normas de observância obrigatória pelos estados e municípios. Princípio da simetria. Ação julgada procedente para pronúncia de inconstitucionalidade de norma da lei orgânica. É inconstitucional o parágrafo único do art. 99 da lei orgânica do Município de Betim, que não autoriza o Prefeito a ausentar-se do país, por qualquer período, sem prévia licença da Câmara Municipal, sob pena de perda do cargo[27].

Em seu voto condutor, o Ministro Cezar Peluso utiliza como fundamento precedentes do Tribunal sobre normas de constituições estaduais, evidenciando que a linha jurisprudencial desenvolvida para a simetria obrigatória aos Estados-membros também é aplicável aos Municípios. Considerando isso, vários outros assuntos Municipais devem guardar parâmetro simétrico com a União, pois assim foi imposto aos Estados-membros, conforme está na sequência.

a) **Processo legislativo**. O regime constitucional básico estabelecido na Constituição Federal para o processo legislativo na esfera federal deve ser seguido no âmbito municipal, sobretudo as disposições sobre **iniciativa** e a **estruturação das fases,** respeitando, claro, ser o Legislativo Municipal unicameral. É pacífico no STF que "o conjunto normativo que a Constituição designa por Processo Legislativo, Seção VIII do capítulo dedicado ao Poder Legislativo, é principiológico e, portanto, aplicável a todas as unidades da federação"[28]. Em função desse entendimento, as **iniciativas privativas do Executivo** devem ser reproduzidas no âmbito municipal, assim como os meios de **iniciativa parla-**

---

27. RE 317574, Relator(a): Min. CEZAR PELUSO (Presidente), Tribunal Pleno, julgado em 01/12/2010, DJe-020 DIVULG 31-01-2011 PUBLIC 01-02-2011 EMENT VOL-02454-04 PP-00853.
28. Voto do Ministro Carlos Ayres Brito na ADI 3.225-9 do Rio de Janeiro.

mentar. Em igual sentido, as prerrogativas e sujeições do **poder de emenda** parlamentar em projeto de iniciativa externa; as **espécies normativas** e seus respectivos **quóruns**; as características básicas da **sanção** e veto. O mesmo ao versar sobre as iniciativas do Executivo Municipal, tanto que é vedado atribuir-lhe papel preponderante para o início do trâmite legislativo, relegando um papel meramente subsidiário para os membros da Câmara Municipal[29].

b) **Outras funções do legislativo**. O STF assentou ser necessário reproduzir o parâmetro federal quanto: b.1) aos poderes das **comissões parlamentares de inquérito estaduais** (como **o direito da minoria** consubstanciada na obrigatoriedade de constituição da CPI se assim deliberado por um terço da Câmara e o direito à **quebra de sigilo de dados**); b.2) sobre perda do mandato parlamentar; e **b.3)** as atribuições do Legislativo em fiscalizar o Executivo e julgar suas contas.

c) **Atribuições do Chefe do Executivo**. O STF estendeu de maneira compulsória aos entes periféricos a prerrogativa do Chefe do Executivo de **nomear** e **exonerar** livremente ocupantes de cargos em comissão (desde que respeitados, naturalmente, os princípios constitucionais da Administração Pública), sendo, pois, vedada a constrição a listas ou membros escolhidos pela carreira própria ou que o obrigue a alguma opção realizada por votação. Ainda considerando a jurisprudência em relação aos Estados-membros, é possível concluir poder haver **medida provisória no âmbito municipal**, desde que prevista na respectiva Lei Orgânica e estabelecidos os mesmos critérios da Constituição Federal.

8.3 COMPETÊNCIAS EXCLUSIVA E SUPLEMENTAR SIMPLES

A atuação legislativa municipal ordinária, tal como ocorre na competência material, é definida pelo interesse local, que, por sua vez, não é conceituado pelo texto da Constituição Federal nem foi estabelecida pelos precedentes do Supremo Tribunal Federal, que opta por indicar caso a caso quando há ou não esse peculiar interesse (na expressão que constava nas constituições anteriores). Não se verifica nos julgados uma preocupação de identificar dados essenciais que abstratamente delineiem o conceito. Quando tenta traçar um, o Tribunal utiliza o argumento circular de que interesse local é aquele próprio do Município. No entanto, seja para legislar sobre um assunto com exclusividade, seja para suplementar a legislação federal e estadual, deverá existir o interesse local.

---

29. "CONSTITUCIONAL. MUNICÍPIO. PROCESSO LEGISLATIVO. Constituição do Estado de Minas Gerais, § 3º do art. 177. I. – Inconstitucionalidade de norma da Constituição estadual que atribui ao Chefe do Executivo municipal, como regra, iniciar o processo legislativo e, apenas como exceção, essa atribuição é reservada à Câmara Municipal. Constituição do Estado de Minas Gerais, § 3º do art. 177. II. – Ação direta de inconstitucionalidade julgada procedente". (ADI 322, Relator(a): Min. CARLOS VELLOSO, Tribunal Pleno, julgado em 03/10/2002, DJ 31-10-2002 PP-00019 EMENT VOL-02089-01 PP-00010).

O fato de ser na cidade onde cada pessoa exercita suas atividades cotidianas e de ali sentir o reflexo mais próximo de todas as necessidades públicas, tanto nacionais, regionais quanto locais, corrobora a dificuldade de uma definição clara e precisa, mesmo porque o sentido inverso também é verdadeiro, ou seja, a soma dos interesses estritamente locais **contribui** para saber o que seja regional e nacional.

A despeito dessa dificuldade fática e da omissão normativa, é possível afirmar, a partir de uma análise sistemática da Constituição Federal, dos precedentes do Supremo Tribunal Federal e da doutrina, que o interesse local é determinado pela soma de duas características interrelacionadas, que guardam correlação com as duas vistas no capítulo 3 para definir atividade material de interesse local.

A primeira é o **caráter imediato**, no sentido de que a lei deve versar sobre comportamento humano que se exaure dentro dos limites territoriais locais, nele surtindo seus principais efeitos, ainda que materialmente sua execução se dê em conjugação de esforços com outros Municípios, com o Estado-membro ou mesmo com a União. Isso é necessário porque, só assim, será eficiente o disciplinamento normativo que também possui esse limite territorial de eficácia jurídica. A segunda característica é a da **preponderância,** entendida como uma mais próxima relação da conduta disciplinada com a vida local dos munícipes, os institutos e instituições do Município, não abarcando comportamentos que atinjam indistintamente pessoas e entidades em territórios variados.

Existentes essas duas características, o tema se inserirá na competência exclusiva municipal ou autorizará a suplementação da legislação federal e estadual no aspecto com que se relacionar. De fato, se o assunto por inteiro possuir as duas características, será ele **competência exclusiva** do Município, impedindo qualquer normatização dos demais entes. Se, porém, essas duas características tocarem apenas em parte autônoma e específica de uma matéria ampla que se insere em uma competência da União ou do Estado-membro, haverá competência municipal para **suplementar** as normas federais ou estaduais nesse tocante. Também haverá competência suplementar quando o Município tiver que exercer uma atividade material, mas com observância a normas federais ou estaduais.

Reitera-se, mais uma vez, a existência de **competência exclusiva** do Município, a despeito de ser comum a doutrina municipalista, influenciada por Hely Lopes Meirelles, defender o argumento de que haveria apenas uma preponderância municipal quanto aos assuntos de interesse local, jamais uma exclusividade que afastasse completamente a normatização pelos demais entes. Contudo, essa preponderância é mais bem compreendida como umas das causas da exclusividade e não impedimento. Em sendo o tema integral e preponderantemente ligado ao Município, sobre ele terá competência exclusiva, o que tornará inconstitucionais as normas federais e estaduais que não a respeitarem.

A Constituição Federal optou por não enumerar um rol de competências locais, o que, na prática, se mostrou uma decisão sábia, porque a vida cotidiana da cidade faz

CAPÍTULO 8 • COMPETÊNCIA LEGISLATIVA DOS MUNICÍPIOS **337**

surgir situações impossíveis de serem antevistas e enumeradas. Tradicionalmente, se afirma competir à municipalidade questões de urbanismo, trânsito[30], vigilância sanitária e edificações[31]. Existe, entretanto, uma enormidade de questões de interesse local que emergiram a partir da maior ocupação das cidades e da massificação das relações humanas que reverberam imediatamente no plano local, ambas intensificadas nas últimas décadas. Por isso é natural encontrar boa quantidade de julgamentos do Supremo Tribunal Federal declarando a constitucionalidade de normas municipais que versaram sobre assuntos diferentes daqueles tradicionalmente acometidos aos Municípios.

É exemplo disso a **súmula 645**, ao assentar que "[...] é competente o Município para fixar o **horário de funcionamento de estabelecimento comercial**". Posteriormente, o Supremo Tribunal Federal editou a **súmula vinculante 38** com esse mesmo teor. Ambas apresentam uma variação de redação se comparada à **súmula 419** anterior, editada nos idos de 1964, sob regime constitucional diverso, que dispunha que "[...] os municípios têm competência para regular o horário do comércio local, **desde que** não infrinjam leis estaduais ou federais válidas". Essa ressalva quanto à legislação estadual e federal indicava que, então, a matéria era tomada como de competência apenas **suplementar** do Município, o que difere da atual, que indica, ainda que não expressamente, como competência **exclusiva** para definir o horário de funcionamento dos estabelecimentos comerciais, pelo que não poderia haver norma federal ou estadual sobre o tema.

É certo que os julgados do Supremo citam as duas súmulas como se evidenciassem rigorosamente o mesmo entendimento. Um dos precedentes indicados como autorizadores da súmula 645, cuja redação foi repetida na súmula vinculante 38, tem como fundamento expresso a súmula 419. Discorda-se, contudo, que haja essa equiparação, dada a grande divergência do disciplinamento constitucional sobre o Município entre a

---

30. "CONSTITUCIONAL. MUNICÍPIO: COMPETÊNCIA: IMPOSIÇÃO DE MULTAS: VEÍCULOS ESTACIONADOS SOBRE CALÇADAS, MEIOS- FIOS, PASSEIOS, CANTEIROS E ÁREAS AJARDINADAS. Lei nº 10.328/87, do Município de São Paulo, SP. I. – Competência do Município para proibir o estacionamento de veículos sobre calçadas, meios-fios, passeios, canteiros e áreas ajardinadas, impondo multas aos infratores. Lei nº 10.328/87, do Município de São Paulo, SP. Exercício de competência própria " CF/67, art. 15, II, CF/88, art. 30, I " que reflete exercício do poder de polícia do Município. II. – Agravo não provido". (RE 191363 AgR, Relator(a)· Min. CARLOS VELLOSO, Segunda Turma, julgado em 03/11/1998, DJ 11-12-1998 PP-00006 EMENT VOL-01935-03 PP-00428).

31. "CONSTITUCIONAL. ADMINISTRATIVO. MUNICÍPIO. EDIFICAÇÕES DE PRÉDIOS: LICENCIAMENTO: COMPETÊNCIA MUNICIPAL. SEGURO OBRIGATÓRIO: Lei Complementar 35, de 1998, e seu regulamento, Decreto 16.712/98, do Município do Rio de Janeiro. D.L. 73, de 1966, art. 20, e. Medida Provisória 2.221, de 04.09.2001, artigo 4º. I. – Exigindo a Lei Complementar 35, de 1998, e seu regulamento, o Decreto 16.712/98, do Município do Rio de Janeiro, como requisito para o licenciamento de obras a apresentação, pelo construtor, da apólice do seguro garantia criado pelo D.L. 73/66, art. 20, e, comportou-se a legislação municipal nos limites da competência legislativa do Município (C.F., art. 30, I). II. – Acontece que a alínea e do art. 20 do D.L. 73, de 1966, foi revogada pela Medida Provisória 2.221/2001. Essa revogação tornou a citada legislação municipal sem eficácia e aplicabilidade. No momento em que a lei federal restabelecer a obrigatoriedade do seguro de que trata a mencionada legislação municipal, voltará esta a ter eficácia plena e aplicabilidade. Nesse sentido, empresta-se à Lei Complementar 35/98 e ao seu regulamento, o Decreto 16.712, de 1998, do Município do Rio de Janeiro, interpretação conforme à Constituição. III. – Recurso conhecido e provido, em parte" (RE 390458, Relator(a): Min. CARLOS VELLOSO, Tribunal Pleno, julgado em 17/06/2004, DJ 18-02-2005 PP-00007 EMENT VOL-02180-06 PP-01315 RTJ VOL-00192-03 PP-01066).

Constituição de 1946 (vigente quando editada a súmula 419) e a de 1988, sob a qual foi editada a súmula 645 e que assegurou no âmbito local uma zona própria do Município com exclusão dos demais entes federativos. Como visto, com a Constituição Federal de 1988, o Município alcançou um nível de autonomia jamais desfrutada em outros textos constitucionais. Assim, tem-se que o regramento do horário de funcionamento do comércio local é exclusivo do Município. Tal entendimento é corroborado pelo julgamento da Medida Cautelar da ADI 3.731[32] que justamente considerou inconstitucional norma estadual que tratava sobre essa matéria, tomada como de interesse local e, portanto, de alçada apenas do Município. Quando muito, se pode falar de respeito a disposições federais e estaduais que tratem sobre outro assunto de suas competências e que, indiretamente, afetem essa matéria local. É o que se dá com as normas trabalhistas e sobre feriados.

Seguindo, ainda, essa linha de descortinar novas possibilidades em função do interesse local, o Supremo Tribunal Federal julgou ser permitido aos Municípios disciplinarem **o tempo máximo de espera em fila para atendimento** em diversos tipos de estabelecimentos de prestação de serviço ou comercial, mesmo naqueles em que a atividade principal é regrada por normas federais ou estaduais, como acontece com bancos[33] e cartórios[34].

O labor amplo e principal dos bancos é submetido a normas federais e ao controle do Banco Central do Brasil. Sobre ela não pode o Município versar justamente porque essa atividade apresenta um emaranhado de causas e concausas que extravasam o território municipal e tocam não só as pessoas de um específico Município. Naquele aspecto autônomo, porém, que diz respeito aos munícipes de maneira preponderante e imediata, surtindo seus principais efeitos no âmbito local, pode haver normatização municipal. E não só o tempo de espera em fila se insere nessa categoria, também a disponibilização de equipamentos que garantam conforto, comodidade e segurança, conforme já decidiu o Tribunal:

---

32. ADI 3731 MC, Relator(a): Min. CEZAR PELUSO, Tribunal Pleno, julgado em 29/08/2007, DJe-121 DIVULG 10-10-2007 PUBLIC 11-10-2007 DJ 11-10-2007 PP-00038 EMENT VOL-02293-01 PP-00043 RTJ VOL-00202-03 PP-01090).

33. "CONSTITUCIONAL. COMPETÊNCIA. AGÊNCIAS BANCÁRIAS. TEMPO DE ATENDIMENTO AO PÚBLICO. LEI MUNICIPAL. INTERESSE LOCAL. PRECEDENTES. AGRAVO REGIMENTAL DESPROVIDO. O Município tem competência para legislar sobre o tempo de atendimento ao público nas agências bancárias". (AI 427373 AgR, Relator(a): Min. CÁRMEN LÚCIA, Primeira Turma, julgado em 13/12/2006, DJ 09-02-2007 PP-00023 EMENT VOL-02263-03 PP-00486).

34. "Distrito Federal: competência legislativa para fixação de tempo razoável de espera dos usuários dos serviços de cartórios. 1. A imposição legal de um limite ao tempo de espera em fila dos usuários dos serviços prestados pelos cartórios não constitui matéria relativa à disciplina dos registros públicos, mas **assunto de interesse local**, cuja competência legislativa a Constituição atribui aos Municípios, nos termos do seu art. 30, I. 2. A LD 2.529/2000, com a redação da LD 2.547/2000, não está em confronto com a Lei Federal 8.935/90 – que disciplina as atividades dos notários, dos oficiais de registro e de seus prepostos, nos termos do art. 236, § 1º, da Constituição – por tratarem de temas totalmente diversos. 3. RE conhecido e desprovido. (RE 397094, Relator(a): Min. SEPÚLVEDA PERTENCE, Primeira Turma, julgado em 29/08/2006, DJ 27-10-2006 PP-00050 EMENT VOL-02253-04 PP-00750 LEXSTF v. 29, n. 337, 2007, p. 255-261).

CAPÍTULO 8 • COMPETÊNCIA LEGISLATIVA DOS MUNICÍPIOS   **339**

ESTABELECIMENTOS BANCÁRIOS – COMPETÊNCIA DO MUNICÍPIO PARA, MEDIANTE LEI, OBRIGAR AS INSTI-TUIÇÕES FINANCEIRAS A INSTALAR, EM SUAS AGÊNCIAS, DISPOSITIVOS DE SEGURANÇA – INOCORRÊNCIA DE USURPAÇÃO DA COMPETÊNCIA LEGISLATIVA FEDERAL – ALEGAÇÃO TARDIA DE VIOLAÇÃO AO ART. 144, § 8º, DA CONSTITUIÇÃO – MATÉRIA QUE, POR SER ESTRANHA À PRESENTE CAUSA, NÃO FOI EXAMI-NADA NA DECISÃO OBJETO DO RECURSO EXTRAORDINÁRIO – INAPLICABILIDADE DO PRINCÍPIO "JURA NOVIT CURIA" – RECURSO IMPROVIDO. – O Município pode editar legislação própria, com fundamento na autonomia constitucional que lhe é inerente (CF, art. 30, I), com o objetivo de determinar, às instituições financeiras, que instalem, em suas agências, em favor dos usuários dos serviços bancários (clientes ou não), equipamentos destinados a proporcionar-lhes segurança (tais como portas eletrônicas e câmaras filmadoras) ou a propiciar-lhes conforto, mediante oferecimento de instalações sanitárias, ou fornecimento de cadeiras de espera, ou, ainda, colocação de bebedouros. Precedentes[35].

O mesmo ocorre com os cartórios, cuja atividade obedece a normas federais e estaduais, mas, no concernente ao atendimento, segurança, comodidade, conforto e tempo de espera, há interesse local.

Ainda nessa linha de decisão, merecem atenção as normas municipais determina-tivas de que a instalação de estabelecimentos comerciais guarde uma distância mínima entre si. O Supremo Tribunal Federal entendeu constitucional essa obrigação quando se tratar de postos de combustíveis, dos quais também é válido o afastamento de escolas, creches, igrejas, asilos, hospitais, casas e centros de saúde. Não se acatou a alegação de ofensa ao direito de livre iniciativa e livre concorrência, sob o argumento de haver a preponderância do interesse local em bem ordenar o solo urbano para prevenir aciden-tes, já que os postos trazem risco inerente que deve ser combatido. Esse entendimento foi estabelecido no RE 235.736[36] e orientou os julgamentos posteriores que reafirmam a compreensão de modo pacífico. No RE 204.187, a Ministra Ellen Gracie escreveu:

Estimo que o Município pode sim, tendo em vista que a comercialização de combustível é atividade geradora de riscos, evitar concentração de postos de abastecimento, com o objetivo de garantir a segurança em locais de afluência de pessoas não se cuida de estabelecer reservas de mercado como aponta a recorrente. Bem por isso, a lei questionada contém regra estabelecendo distância mínima de postos de gasolina de escolas quartéis, asilos, hospitais e casas de saúde (Lei 2390, art. 3º, letra c) e nessa última hipótese esta Corte, no julgamento do RE 235.736 relatado pelo Ministro Ilmar Galvão, afastou a alegação de ofensa ao princípio constitucional da livre concorrência. Não se trata, portanto, de limitação geográfica à instalação

---

35. AI 347717 AgR, Relator(a): Min. CELSO DE MELLO, Segunda Turma, julgado em 31/05/2005, DJ 05-08-2005 PP-00092 EMENT VOL-02199-06 PP-01098.
36. "ADMINISTRATIVO. MUNICÍPIO DE BELO HORIZONTE. PEDIDO DE LICENÇA DE INSTALAÇÃO DE POSTO DE REVENDA DE COMBUSTÍVEIS. SUPERVENIÊNCIA DE LEI (LEI Nº 6.978/95, ART. 4º, § 1º) EXIGINDO DISTÂNCIA MÍNIMA DE DUZENTOS METROS DE ESTABELECIMENTOS COMO ES-COLAS, IGREJAS E SUPERMERCADOS. ALEGADA OFENSA AOS ARTS. 1º, IV; 5º, XIII E XXXVI; 170, IV E V; 173, § 4º, E 182 DA CONSTITUIÇÃO FEDERAL. Incisos XXII e XXIII do artigo 5º não prequestionados. Requerimento de licença que gerou mera expectativa de direito, insuscetível -- segundo a orientação assentada na jurisprudência do STF --, de impedir a incidência das novas exigências instituídas por lei superveniente, inspiradas não no propósito de estabelecer reserva de mercado, como sustentado, mas na necessidade de ordenação física e social da ocupação do solo no perímetro urbano e de controle de seu uso em atividade ge-radora de risco, atribuição que se insere na legítima competência constitucional da Municipalidade. Recurso não conhecido". (RE 235736, Relator(a): Min. ILMAR GALVÃO, Primeira Turma, julgado em 21/03/2000, DJ 26-05-2000 PP-00034 EMENT VOL-01992-03 PP-00549 RTJ VOL-00180-03 PP-01144).

de postos de gasolina, de sorte a cercear o exercício da livre concorrência, mas de prudente distanciamento, na mesma área geográfica, de atividades de alto risco para população[37].

Inexistindo, entretanto, essa diferenciada razão ditada pela periculosidade da atividade do estabelecimento, prevalece a tese pela proibição de se exigir distância mínima entre pontos empresariais, dada a ofensa à livre iniciativa e concorrência. Essa linha jurisprudencial formou-se a partir de julgamentos em que se invalidavam leis municipais que obrigavam a existência de distância mínima entre farmácias. O entendimento consolidou-se pela edição da **súmula 646**: "Ofende o princípio da livre concorrência lei municipal que impede a instalação de estabelecimentos comerciais do mesmo ramo em determinada área". Posteriormente, o Supremo Tribunal Federal editou a **súmula vinculante 49** com esse mesmo teor.

Ainda no âmbito de normatização do uso e ocupação do solo urbano, o Supremo Tribunal Federal, no RE 632.006 AgR, entendeu ser de interesse local, a ser tratado por norma de competência exclusiva do Município, os locais onde poderiam ser instaladas antenas de reprodução do sinal de aparelho celular, corroborando a linha de entendimento nesse sentido[38].

---

37. RE 204187, Relator(a): Min. ELLEN GRACIE, Segunda Turma, julgado em 16/12/2003, DJ 02-04-2004 PP-00027 EMENT VOL-02146-04 PP-00818 RTJ VOL-00191-02 PP-00707.
38. "AGRAVO REGIMENTAL NO RECURSO EXTRAORDINÁRIO COM AGRAVO. CONSTITUCIONAL. INSTALAÇÃO DE TORRES DE TELEFONIA CELULAR. COMPETÊNCIA LEGISLATIVA MUNICIPAL PARA DISCIPLINAR O USO E A OCUPAÇÃO DO SOLO URBANO. AGRAVO REGIMENTAL AO QUAL SE NEGA PROVIMENTO". (RE 632006 AgR, Relator(a): Min. CÁRMEN LÚCIA, Segunda Turma, julgado em 18/11/2014, PROCESSO ELETRÔNICO DJe-235 DIVULG 28-11-2014 PUBLIC 01-12-2014).

Capítulo 9
COMPETÊNCIAS LEGISLATIVAS DO DISTRITO FEDERAL

Sumário: 9.1 O Distrito Federal no quadro federativo – 9.2 Competência para edição de Lei Orgânica – 9.3 Os limites da Lei Orgânica – 9.4 Competências reservadas.

9.1 O DISTRITO FEDERAL NO QUADRO FEDERATIVO

A Constituição Federal de 1988, ao disciplinar o Distrito Federal, também fugiu do arquétipo clássico de um federalismo binário (que divide a Federação entre União e Estados-membros), pois o indica expressamente como integrante do pacto federativo no art. 1º, bem como declara sua autonomia no art. 18 ao lado da União, dos Estados-membros e dos Municípios.

Dessa maneira, rompe definitivamente com regime jurídico do passado que submetia o Distrito Federal inteiramente à União, na condição de autarquia territorial que desfrutava de mera autonomia administrativa e não político-constitucional, como agora. É certo que possui, ainda, fortes laços com a União, pois, conforme determina o art. 21, XIII e XIV, CF/88, algumas atividades e instituições fundamentais – como o Judiciário, o Ministério Público, a Polícia Civil, Polícia Penal e Militar e o Corpo de Bombeiros – são organizadas e mantidas pelo ente central, que edita **norma federal** para regê-las, inclusive no concernente à relação com as autoridades distritais e a utilização pelo Governo distrital. Essa **competência legislativa da União** limita bastante a distrital. Por essa razão, afirma-se que o Distrito Federal possui uma **autonomia tutelada**.

Embora estranha, essa tutela de um ente federativo por outro não elide a autonomia federativa, pois seus dados característicos básicos estão presentes. Há a autolegislação garantida por Legislativo próprio (Câmara Legislativa), cujos membros desfrutam do mesmo regime jurídico assegurado pelo art. 27, CF/88, aos deputados estaduais. Também possui o autogoverno que se traduz na eleição direta para Governador, Vice-governador (ambos com observância das regras do art. 77, CF/88) e deputados distritais. Possui os três poderes, ainda que o Judiciário seja federal. Desfruta de auto-administração, por lhe competir o exercício da série de atividades de interesse local a serem desempenhadas mediante corpo administrativo próprio. Embora três importantes corporações administrativas sejam federais (polícias civil e militar e corpo de bombeiros), a Constituição (art. 32, §3º) exige que lei federal discipline suas utilizações pelo Governo distrital, que as administrará materialmente.

Essa existência atípica do Distrito Federal, que demanda regime diferenciado, guarda raízes históricas com o Município Neutro do período imperial, que era a capital do Império e onde se instalava o Governo unitário. Não integrava território de qualquer município e fugia mesmo de regramento provincial, pois se pretendia torná-lo imune a interferências de outras instâncias. Com a Constituição republicana de 1891, passou-se a fazer menção ao Distrito Federal em substituição ao Município Neutro como sede do Governo federal e Capital federal, mas muito longe de se lhe garantir qualquer nível mais profundo de autonomia, quanto menos *status* federativo. Era, como dito, uma autarquia territorial, uma entidade administrativa integrada à personalidade jurídica da União.

Nesses pontos, a atual Constituição Federal apresenta dupla inovação. A **primeira** se dá ao inseri-lo no pacto federativo, criando um ente voltado às questões locais próprias de qualquer aglomeração humana que não se confundem com as nacionais de preocupação da União, ainda que compartilhando o mesmo espaço. A **segunda** ocorre ao eleger **Brasília** e não o Distrito Federal como capital federal; mas é preciso ter em mente a compreensão de que Brasília, conquanto denominada de cidade inclusive pela Lei Orgânica do Distrito Federal, não é Município, não possui personalidade jurídica como tal, e sim uma delimitação geográfica e administrativa definida sem autonomia diferenciada. Igualmente ocorre com as chamadas cidades-satélites. Sequer podem pretender vir a ser Municípios, dada a vedação de divisão do Distrito Federal em Municípios contida no *caput* do art. 32.

A respeito dessa proibição de subdivisão do Distrito Federal, o Supremo Tribunal Federal possui interpretação rígida, pois já julgou estar incluída nela não só o fracionamento mediante a criação de um Município propriamente dito, com as características federativas respectivas, mas também uma subdivisão meramente administrativa que implique uma autonomia maior tendente a se equiparar a uma atuação municipal. Isso se deu no julgamento da ADI 1.706[1] em que se decidiu, tanto no mérito quanto na

---

1. "AÇÃO DIRETA DE INCONSTITUCIONALIDADE. LEI DISTRITAL N. 1.713, DE 3 DE SETEMBRO DE 1.997. QUADRAS RESIDENCIAIS DO PLANO PILOTO DA ASA NORTE E DA ASA SUL. ADMINISTRAÇÃO POR PREFEITURAS OU ASSOCIAÇÕES DE MORADORES. TAXA DE MANUTENÇÃO E CONSERVAÇÃO. SUBDIVISÃO DO DISTRITO FEDERAL. FIXAÇÃO DE OBSTÁCULOS QUE DIFICULTEM O TRÂNSITO DE VEÍCULOS E PESSOAS. BEM DE USO COMUM. TOMBAMENTO. COMPETÊNCIA DO PODER EXECUTIVO PARA ESTABELECER AS RESTRIÇÕES DO DIREITO DE PROPRIEDADE. VIOLAÇÃO DO DISPOSTO NOS ARTIGOS 2º, 32 E 37, INCISO XXI, DA CONSTITUIÇÃO DO BRASIL. 1. A Lei n. 1.713 autoriza a divisão do Distrito Federal em unidades relativamente autônomas, em afronta ao texto da Constituição do Brasil --- artigo 32 --- que proíbe a subdivisão do Distrito Federal em Municípios. 2. Afronta a Constituição do Brasil o preceito que permite que os serviços públicos sejam prestados por particulares, independentemente de licitação [artigo 37, inciso XXI, da CB/88]. 3. Ninguém é obrigado a associar-se em "condomínios" não regularmente instituídos. 4. O artigo 4º da lei possibilita a fixação de obstáculos a fim de dificultar a entrada e saída de veículos nos limites externos das quadras ou conjuntos. Violação do direito à circulação, que é a manifestação mais característica do direito de locomoção. A Administração não poderá impedir o trânsito de pessoas no que toca aos bens de uso comum. 5. O tombamento é constituído mediante

CAPÍTULO 9 • COMPETÊNCIAS LEGISLATIVAS DO DISTRITO FEDERAL **343**

medida cautelar, inconstitucional a Lei Distrital nº 1.713/97, que autorizava a quadras do Plano Piloto serem administradas "[…] por prefeituras comunitárias ou associação de moradores legalmente constituída".

Dada essa série de singularidades, não se pode equiparar inteiramente o Distrito Federal a um Estado-membro ou a um Município. O Ministro Carlos Ayres Brito, na ADI 3.756, bem destacou que, "[…]se é verdade que o Distrito Federal não se traduz em um Estado-membro, não menos certo é que Município ele também não é (algumas poucas semelhanças à parte)". É um ente distinto que surge da amálgama das competências estaduais e municipais pertinentes ao interesse local, pois o art. 32, § 1º, CF/88, dispõe que lhes cabem "[…] as competências legislativas reservadas aos Estados e Municípios". É precisamente esse acúmulo de atribuições que torna o Distrito Federal uma entidade *sui generis*; mas persiste para ele o critério geral da **preponderância de interesse**: terá essas competências para satisfazer o **interesse local** delimitando por seu território. Prefere-se mencionar interesse local, em vez de regional, porque as dimensões territoriais do Distrito Federal não abarcam propriamente uma região, mas apenas uma localidade.

As características básicas do Distrito Federal foram expostas pelo Ministro Ayres Brito na ADI 3.756. Sua ementa bem revela as particularidades distritais:

> […] O Distrito Federal **é uma unidade federativa** de compostura singular, dado que: **a)** desfruta de competências que são próprias dos Estados e dos Municípios, cumulativamente (art. 32, § 1º, CF); **b)** algumas de suas instituições elementares são organizadas e mantidas pela União (art. 21, XIII e XIV, CF); **c)** os serviços públicos a cuja prestação está jungido são financiados, em parte, pela mesma pessoa federada central, que é a União (art. 21, XIV, parte final, CF). 3. Conquanto submetido a regime constitucional diferenciado, o Distrito Federal **está bem mais próximo da estruturação dos Estados-membros do que da arquitetura constitucional dos Municípios**. Isto porque: **a)** ao tratar da competência concorrente, a Lei Maior colocou o Distrito Federal em pé de igualdade com os Estados e a União (art. 24); **b)** ao versar o tema da intervenção, a Constituição dispôs que a "União não intervirá nos Estados nem no Distrito Federal" (art. 34), reservando para os Municípios um artigo em apartado (art. 35); **c)** o Distrito Federal tem, em plenitude, os três orgânicos Poderes estatais, ao passo que os Municípios somente dois (inciso I do art. 29); **d)** a Constituição tratou de maneira uniforme os Estados-membros e o Distrito Federal quanto ao número de deputados distritais, à duração dos respectivos mandatos, aos subsídios dos parlamentares, etc. (§ 3º do art. 32); **e)** no tocante à legitimação para propositura de ação direta de inconstitucionalidade perante o STF, a Magna Carta dispensou à Mesa da Câmara Legislativa do Distrito Federal o mesmo tratamento dado às Assembléias Legislativas estaduais (inciso IV do art. 103); **f)** no modelo constitucional brasileiro, o Distrito Federal se coloca ao lado dos Estados-membros para compor a pessoa jurídica da União; **g)** tanto os Estados-membros como o Distrito Federal participam da formação da vontade legislativa da União (arts. 45 e 46). […][2]

---

ato do Poder Executivo que estabelece o alcance da limitação ao direito de propriedade. Incompetência do Poder Legislativo no que toca a essas restrições, pena de violação ao disposto no artigo 2º da Constituição do Brasil. 6. É incabível a delegação da execução de determinados serviços públicos às "Prefeituras" das quadras, bem como a instituição de taxas remuneratórias, na medida em que essas "Prefeituras" não detêm capacidade tributária. 7. Ação direta julgada procedente para declarar a inconstitucionalidade da Lei n. 1.713/97 do Distrito Federal". (ADI 1706, Relator(a): Min. EROS GRAU, Tribunal Pleno, julgado em 09/04/2008, DJe-172 DIVULG 11-09-2008 PUBLIC 12-09-2008 EMENT VOL-02332-01 PP-00007).

2. ADI 3756, Relator(a): Min. CARLOS BRITTO, Tribunal Pleno, julgado em 21/06/2007, DJe-126 DIVULG 18-10-2007 PUBLIC 19-10-2007 DJ 19-10-2007 PP-00027 EMENT VOL-02294-01 PP-00146.

Nessa ação, o Tribunal julgou a constitucionalidade da prescrição da Lei de Responsabilidade Fiscal (Lei Complementar nº 101/00) que submete o Distrito Federal às limitações financeiras dos Estados-membros. O Governador, autor da ação, entendia que estaria mais próximo dos Municípios, pelo que seriam os limites (mais brandos) destes a serem observados. Daí a importância da conclusão a que chegou o Tribunal de que, a despeito das características próprias, o Distrito Federal mais se assemelha a um Estado-membro e menos a um Município, justificando os limites mais rígidos, sobretudo porque a cumulação de competência legislativa inclui a tributária, autorizando a cobrança de tributos estaduais e municipais. A receita mais ampla implica maior responsabilidade.

Portanto, tem-se entidade realmente diferenciada, mas inquestionavelmente integrante da Federação e detentora de autonomia constitucional, ainda que tutelada.

9.2 COMPETÊNCIA PARA EDIÇÃO DE LEI ORGÂNICA

Apesar da maior proximidade com o regime jurídico dos Estados-membros, o Distrito Federal não possui Constituição, mas sim Lei Orgânica. Em se considerando a natureza constituinte desta, não há grande relevância nessa distinção, que passa a ser praticamente terminológica. A mais firme crítica ao nível hierárquico feita a sua congênere municipal – consistente, como visto e analisado no capítulo anterior, no dever de observar a Constituição Estadual juntamente com a Federal – não se verifica no Distrito Federal, que não está jungido a qualquer Estado-membro. A Lei Orgânica Distrital colhe seu fundamento de validade direta e unicamente na Constituição Federal, pelo que não há qualquer motivo para desconsiderar ser expressão de um poder constituinte derivado decorrente do originário.

A disputa entre matérias estaduais (a ser objeto unicamente da Constituição Estadual) e municipais (própria da respectiva Lei Orgânica do Município) não ocorre no caso; ao contrário, elas se somam, o que elide maiores empecilhos e choques. Para a Lei Orgânica Distrital estruturar politicamente o Distrito Federal, deve observar apenas os princípios da Constituição Federal.

O outro obstáculo, consistente na falta de previsão constitucional expressa no Texto Federal de um **controle de constitucionalidade** de leis ordinárias em face da Lei Orgânica (ainda carente de solução pacificada nos Municípios), encontra-se superado no âmbito do Distrito Federal. A Lei federal nº 11.697/08, que dispõe sobre a organização judiciária do Distrito Federal, é explícita no art. 8º, § 5º, ao prescrever que "[...] aplicam-se, no que couber, ao processo e julgamento da ação direta de inconstitucionalidade de lei ou ato normativo do Distrito Federal, **em face da sua Lei Orgânica**, as normas sobre o processo e o julgamento da ação direta de inconstitucionalidade perante o Supremo Tribunal Federal".

Há, como se vê, expresso reconhecimento da superioridade hierárquica da Lei Orgânica distrital em face de sua normatização legal. O Ministro Ricardo Lewandowski,

CAPÍTULO 9 • COMPETÊNCIAS LEGISLATIVAS DO DISTRITO FEDERAL **345**

no RE 577.025, corrobora esse entendimento, pois, para ele, "[...] muito embora não tenha o constituinte incluído Distrito Federal no art. 125, § 2º, que atribui competência aos Tribunais de Justiça do Estados para instituir a representação de inconstitucionalidade em face das constituições estaduais, a Lei Orgânica do Distrito Federal apresenta, no dizer da doutrina, a **natureza de verdadeira constituição local**, ante a autonomia política, administrativa e financeira que a Carta Magna confere a tal ente federado"[3].

Interessante é notar que a previsão de uma ação no Judiciário distrital com a finalidade de exercer o controle de normas não se dá na Lei Orgânica ou outra norma distrital, mas sim em lei federal. Apresenta, nesse tocante, assimetria com os Estados-membros, em que norma própria rege a representação de inconstitucionalidade (conforme estabelecido pelo art. 125, § 2º, CF/88). Isso decorre, por óbvio, à limitação tácita à Lei Orgânica, decorrente do fato de o Judiciário local ser submetido à União e não ao Distrito Federal. Consequentemente, apenas legislação federal pode, validamente, disciplinar sua atuação. Eis um reflexo prático importante da **autonomia tutelada**. Caso não houvesse norma federal assim dispondo, o Distrito Federal estaria em situação similar à dos Municípios, desprovido de meios próprios para assegurar instrumento específico de controle abstrato.

Uma vez reconhecida a possibilidade de controle abstrato, também se admite o controle incidental, já que ambos remontam à mesma causa: a superioridade hierárquica da Lei Orgânica Distrital.

Diante de tudo isso, não há dúvida quanto à natureza constituinte da Lei Orgânica do Distrito Federal. Ela é, de fato, a expressão máxima da autonomia federativa dessa unidade, pois, tal qual seus similares estaduais e municipais, estrutura e inaugura as instituições locais, regulando as relações básicas de poder.

9.3 OS LIMITES DA LEI ORGÂNICA

Ao tratar sobre a competência do Distrito Federal para editar sua Lei Orgânica, a Constituição Federal, em seu art. 32, trouxe a mesma exigência feita às constituições estaduais e às leis orgânicas municipais de respeito genérico aos seus princípios. São eles os já conhecidos princípios **sensíveis, estabelecidos, extensíveis** e de **preordenação**[4]. Os poucos parágrafos do artigo revelam que a identificação deles demanda uma análise sistemática do Texto Constitucional, inclusive para os princípios de preordenação, os quais são facilmente encontrados no caso dos Estados-membros e dos Municípios. Essa interpretação sistemática deve se orientar, ainda, pela cumulação de competências estaduais e municipais, as quais incluem não só os poderes, mas também os deveres e limites.

---

3. RE 577025, Relator(a): Min. RICARDO LEWANDOWSKI, Tribunal Pleno, julgado em 11/12/2008, REPER-CUSSÃO GERAL – MÉRITO DJe-043 DIVULG 05-03-2009 PUBLIC 06-03-2009 EMENT VOL-02351-08 PP-01507 RTJ VOL-00209-01 PP-00430.

4. Tais princípios já foram detidamente analisados nos capítulos 4 e 8, aos quais se remete o leitor.

Seguindo essa linha de ideias, se identifica como **princípio de preordenação** a competência da União sobre o Judiciário, o Ministério Público, o Corpo de Bombeiros e as polícias civil e militar do Distrito Federal, que, por isso, exige legislação federal, e, como regra, limita a normatização distrital, ainda que por sua Lei Orgânica.

Especialmente com relação às polícias civil e militar e ao corpo de bombeiros, a matéria é complexa, por envolver várias disposições constitucionais. A perfeita compreensão do regime jurídico aplicável a eles não se restringe apenas à consideração do art. **21, XIV,** CF/88.

A complexidade se inicia ante o **art. 24, XVI**, da CF/88, que dispõe como competência concorrente da União, dos Estados-membros e do Distrito Federal a "[...] organização, garantias, direitos e deveres **das polícias civis**". Foi visto que o Distrito Federal exerce essa competência concorrente em pé de igualdade com os Estados-membros que, no entanto, não têm a peculiaridade de ter a corporação regida e mantida por outra unidade federativa. Entra no jogo hermenêutico também o **art. 144, § 6º**, ao estabelecer que "[...] as **polícias militares** e **corpos de bombeiros militares**, forças auxiliares e reserva do Exército, subordinam-se, juntamente com as **polícias civis**, aos Governadores dos Estados, do Distrito Federal e dos Territórios". Tem-se, ainda, que se considerar o **art. 144, § 7º**, ao dispor que "a lei disciplinará a organização e o funcionamento dos **órgãos responsáveis pela segurança pública**, de maneira a garantir a eficiência de suas atividades".

Como fica, então, a capacidade legislativa do Distrito Federal sobre essas corporações? Como se vê, não há um dispositivo específico sobre o assunto, mas um conjunto de disposições em tópicos distintos da Constituição Federal. E isso para constatar apenas a capacidade legislativa genérica do Distrito Federal, pois, caso se queira considerar o que pode ser tratado na Lei Orgânica, deve ser adicionado o princípio da simetria, o qual, para preservar a separação dos poderes, veda que a norma constituinte da entidade federativa (Constituição ou Lei Orgânica) seja utilizada como meio de infringir a iniciativa privativa do Chefe do Executivo. Conforme visto nos capítulos anteriores, no processo de elaboração da Constituição Estadual e da Lei Orgânica, não há a participação do Executivo, pelo que não podem ser nelas tratadas matérias de iniciativa privativa do Chefe do Executivo, evitando, assim, a burla à separação de poderes.

Tudo isso foi considerado no julgamento da ADI 1.045 ajuizada contra vários dispositivos da Lei Orgânica do Distrito Federal sobre as polícias civis e militares e o corpo de bombeiros. O Ministro Marco Aurélio, seguindo parecer do Ministério Público Federal, entendeu que a situação da polícia civil do DF, justamente por causa do que dispõe o art. 24, XVI, da CF/88, é distinta daquela em que se encontram a polícia militar e o corpo de bombeiros militar.

Quanto à polícia civil, assentou que:

À **União** compete editar as **normas gerais** sobre sua **organização** e **mantê-la**, além do que **lei federal** deve dispor sobre sua **utilização pelo Governo do Distrito Federal**; mas ao **Distrito Federal** compete

CAPÍTULO 9 • COMPETÊNCIAS LEGISLATIVAS DO DISTRITO FEDERAL **347**

legislar – concorrentemente com a União –, **em caráter suplementar** às normas federais existentes, sobre suas **organização, garantias, direitos e deveres**, além do que fica subordinada ao Governador do Distrito Federal e, ainda, **lei local** pode dispor sobre sua **organização e funcionamento**, de maneira a garantir a **eficiência de suas atividades**; e, no caso de **inexistência de lei federal** sobre normas gerais acerca de sua **organização, garantias, direitos e deveres**, é dada ao Distrito Federal a **competência legislativa plena**, para atender a suas peculiaridades, sendo suspensa a eficácia das leis assim editadas pelo Distrito Federal, acerca de normas gerais, na hipótese de sobrevir lei federal regulando a matéria.

Com relação à polícia militar e ao corpo de bombeiros militar, que não são tratados no art. 24, CF/88, o regime, naturalmente, é distinto. Escreve o Ministro:

[...]não só à **União** compete editar as **normas gerais** sobre sua **organização** e **mantê-los**, além do que **lei federal** deve dispor sobre sua **utilização pelo Governo do Distrito Federal**, como, também, à **União**, ainda, cabe, **privativamente**, legislar sobre **normas gerais** de sua **organização, efetivos, material bélico, garantias, convocação e mobilização**; e ao **Distrito Federal não compete** legislar, concorrentemente com a União, em caráter suplementar às normas federais existentes, sobre sua organização, garantias, direitos e deveres, mas **ficam subordinados ao Governo do Distrito Federal** e, ainda, lei local, pode dispor sobre sua organização e funcionamento, de maneira a garantir a eficiência de suas atividades.

Perceba-se que esses são os marcos legislativos gerais, o que não autoriza seu indistinto trato na Lei Orgânica, dadas as objeções impostas pelo princípio da simetria, como visto. Considerando tudo isso, foram declaradas inconstitucionais várias normas da Lei Orgânica do Distrito Federal que disciplinavam por normas gerais a organização das polícias civil e militar e do corpo de bombeiros, bem como várias de suas garantias e critérios de acesso aos respectivos cargos. A ementa do julgado é de uma pobreza franciscana, não refletindo, nem de longe, a complexidade da análise realizada:

COMPETÊNCIA NORMATIVA – POLÍCIA MILITAR E CORPO DE BOMBEIROS MILITAR DO DISTRITO FEDERAL. Cumpre à União organizar e manter a Polícia Militar e o Corpo de Bombeiros Militar do Distrito Federal, surgindo a inconstitucionalidade de diploma local versando a matéria[5].

A literalidade da ementa dá a entender ser vedada qualquer normatização distrital sobre o tema, o que não é verdade. As premissas lançadas no julgamento, acima transcritas, revelam o contrário.

Por sua vez, o **princípio da simetria**, como limite à Lei Orgânica para versar sobre matéria de iniciativa privativa do Executivo, foi fundamento utilizado na ADI 1.165 para julgar inconstitucional dispositivo da Lei Orgânica distrital que proibia o estabelecimento de **limite máximo de idade** para ingresso nos quadros da Administração Pública local. Destacou o Ministro Nelson Jobim, relator, que o Distrito Federal deve exercer seu poder constituinte na estrita observância aos princípios e limitações determinados pela Constituição Federal. O Tribunal erigiu entendimento para as constituições estaduais, mas aplicável à hipótese, de que o respeito à separação dos poderes se traduz na proibição de ser tratada na Lei Orgânica matéria de iniciativa privativa do Executivo, já que, no processo legislativo desta, não há, necessariamente, participação

---

5. ADI 1045, Relator(a): Min. MARCO AURÉLIO, Tribunal Pleno, julgado em 15/04/2009, DJe-108 DIVULG 10-06-2009 PUBLIC 12-06-2009 EMENT VOL-02364-01 PP-00001.

do Governador, podendo, assim, ser instrumento de burla do Legislativo ao Executivo. Como o art. 61, § 1º, II, "c", dispõe como de iniciativa privativa do Executivo projetos sobre servidores públicos, seu regime jurídico e provimento de cargos, não pode a Lei Orgânica, sem sua participação tratar. Eis a ementa do julgado:

> CONSTITUCIONAL. LEI ORGÂNICA DO DF QUE VEDA LIMITE DE IDADE PARA INGRESSO NA ADMINISTRAÇÃO PÚBLICA. CARACTERIZADA OFENSA AOS ARTS. 37, I E 61 § 1º II, "C" DA CF, INICIATIVA DO CHEFE DO PODER EXECUTIVO EM RAZÃO DA MATÉRIA – REGIME JURÍDICO E PROVIMENTO DE CARGOS DE SERVIDORES PÚBLICOS. EXERCÍCIO DO PODER DERIVADO DO MUNICÍPIO, ESTADO OU DF. CARACTERIZADO O CONFLITO ENTRE A LEI E A CF, OCORRÊNCIA DE VÍCIO FORMAL. PRECEDENTES. AÇÃO JULGADA PROCEDENTE[6].

Esse entendimento foi corroborado no julgamento da ADI 1.182, em que se reiterou que "[...] os Estados-membros e o Distrito Federal devem obediência às regras de iniciativa legislativa reservada, fixadas constitucionalmente, sob pena de violação do modelo de harmônica tripartição de poderes, consagrado pelo constituinte originário"[7].

Outras prerrogativas do Executivo distrital foram asseguradas em precedentes do Supremo Tribunal Federal, como a que diz respeito à capacidade de **celebrar convênios**[8] e **realizar desapropriações**[9], sem necessitar, para tanto, da participação ou autorização de outro poder. As disposições orgânicas que estabeleciam essas indevidas exigências foram julgadas inconstitucionais.

Seguindo o mesmo raciocínio, foi tido por constitucional o dispositivo da Lei Orgânica do DF que exigia **autorização legislativa** ao Governador e Vice-Governador apenas em **ausências** superiores a quinze dias, por guardar simetria com o modelo federal[10].

---

6. ADI 1165, Relator(a): Min. NELSON JOBIM, Tribunal Pleno, julgado em 03/10/2001, DJ 14-06-2002 PP-00126 EMENT VOL-02073-01 PP-00108.
7. ADI 1182, Relator(a): Min. EROS GRAU, Tribunal Pleno, julgado em 24/11/2005, DJ 10-03-2006 PP-00005 EMENT VOL-02224-01 PP-00059 LEXSTF v. 28, n. 327, 2006, p. 9-14.
8. "AÇÃO DIRETA DE INCONSTITUCIONALIDADE. ART. 60, XXVI, DA LEI ORGÂNICA DO DISTRITO FEDERAL. ALEGADA INCOMPATIBILIDADE COM OS ARTS. 18, E 25 A 28, TODOS DA CARTA DA REPÚBLICA. Dispositivo que, ao submeter à Câmara Legislativa distrital a autorização ou aprovação de convênios, acordos ou contratos de que resultem encargos não previstos na lei orçamentária, contraria a separação de poderes, inscrita no art. 2.º da Constituição Federal. Precedentes. Ação julgada procedente". (ADI 1166, Relator(a): Min. ILMAR GALVÃO, Tribunal Pleno, julgado em 05/09/2002, DJ 25-10-2002 PP-00024 EMENT VOL-02088-01 PP-00111).
9. AÇÃO DIRETA DE INCONSTITUCIONALIDADE. PARÁGRAFO ÚNICO DO ART. 313 DA LEI ORGÂNCIA DO DISTRITO FEDERAL. DESAPROPRIAÇÃO. COMPETÊNCIA LEGISLATIVA DA UNIÃO. SEPARAÇÃO DE PODERES. PROCEDÊNCIA. É inconstitucional, por invadir a competência legislativa da União e violar o princípio da separação dos poderes, norma distrital que submeta as desapropriações, no âmbito do Distrito Federal, à aprovação prévia da Câmara Legislativa do Distrito Federal. Ação direta de inconstitucionalidade julgada procedente. (ADI 969, Relator(a): Min. JOAQUIM BARBOSA, Tribunal Pleno, julgado em 27/09/2006, DJ 20-10-2006 PP-00048 EMENT VOL-02252-01 PP-00031 RTJ VOL-00200-01 PP-00007 LEXSTF v. 28, n. 336, 2006, p. 16-20 RT v. 96, n. 857, 2007, p. 162-164).
10. "AÇÃO DIRETA DE INCONSTITUCIONALIDADE. ART. 96, CAPUT DA LEI ORGÂNICA DO DISTRITO FEDERAL. ART. 49, III, DA CF. LICENÇA DA CÂMARA LEGISLATIVA PARA QUE O GOVERNADOR OU O VICE SE AUSENTEM DO TERRITÓRIO DISTRITAL POR MAIS DE QUINZE DIAS. SIMETRIA FEDERAL. CONSTITUCIONALIDADE DO PRECEITO IMPUGNADO. Este Supremo Tribunal já julgou procedentes ações diretas que contestaram a ausência de previsão, nas Constituições Estaduais, de um prazo razoável no qual o Governador pudesse se ausentar do território nacional sem a necessidade de autorização do

CAPÍTULO 9 • COMPETÊNCIAS LEGISLATIVAS DO DISTRITO FEDERAL   **349**

Além desses julgamentos aqui transcritos, toda jurisprudência erigida em face das constituições estaduais e das leis orgânicas municipais pode ser transplantada para o caso da Lei Orgânica do Distrito Federal. Resta claro, neste instante, que o Supremo Tribunal Federal tratou de maneira similar o regime constitucional a ser observado pelas normas constituintes dos níveis federativos periféricos.

Por essa razão, tem-se por inconstitucional o art. 93 da Lei Orgânica do Distrito Federal na parte que situa o Presidente do Tribunal de Justiça do DF na linha de sucessão e substituição do Governador e Vice-governador. O Judiciário distrital é submetido à União, que o mantém e o rege por norma federal (Lei nº 11.697/08). Por força dessa competência legislativa federal, excludente da distrital, não poderia a Lei Orgânica estabelecer esse dever, por tratar-se o Presidente do TJDF de autoridade cujo estatuto é exclusivamente federal.

A única divergência encontrada entre os precedentes formados em relação à Lei Orgânica do DF e aqueles referentes às constituições estaduais diz respeito à prerrogativa do Chefe do Executivo de livremente prover os cargos em comissão. Foram julgadas inconstitucionais normas estaduais que exigiam observância de processo eleitoral para escolha de diretores de escolas públicas e delegados. Em sentido oposto, foi tido por constitucional o art. 10, § 1º, da LODF, e sua lei regulamentadora. A disposição orgânica possui a seguinte redação:

> Art. 10. O Distrito Federal organiza-se em Regiões Administrativas, com vistas à descentralização administrativa, à utilização racional de recursos para o desenvolvimento socioeconômico e à melhoria da qualidade de vida.
>
> § 1º A lei disporá sobre a participação popular no processo de escolha do Administrador Regional.

A ADI 2558 que julgou esse artigo restou assim ementada:

> INCONSTITUCIONALIDADE. Ação direta. Art. 10, § 1º, da Lei Orgânica, e inteiro teor da Lei nº 1.799/97, ambas do Distrito Federal. Poder executivo. Administrador regional. Processo de escolha. Previsão de participação popular mediante edição de lei específica. Prejuízo declarado em relação à Lei nº 1.799/97, ab-roqada. Inexistência de ofensa ao art. 32 da CF, quanto ao primeiro dispositivo. Pedido residual julgado improcedente. Não é inconstitucional a norma que prevê, para o processo de escolha de administrador regional, participação popular nos termos em que venha a dispor a lei[11].

Poder Legislativo local". (ADIMC nº 678, Rel. Min. Marco Aurélio, ADIMC nº 738, Rel. Min. Paulo Brossard, vencido, ADIMC nº 2.453, Rel. Min. Maurício Corrêa e, em julgamento definitivo, as ADIns nº 703 e nº 743, ambas de minha relatoria). No presente caso, observa-se que ao contrário do alegado, o disposto no caput do art. 96 da Lei Orgânica do Distrito Federal harmoniza-se perfeitamente com o modelo federal, concedendo ao Governador um prazo para as ausências ocasionais dos limites do DF, sem que careça da prévia autorização da Câmara Legislativa. Existência de conformação entre o princípio da liberdade de locomoção do cidadão com a prerrogativa institucional do Poder Legislativo em fiscalizar os atos e os comportamentos dos governantes. Precedente: ADIMC nº 678, Rel. Min. Marco Aurélio. Ação direta de inconstitucionalidade julgada improcedente. (ADI 1172, Relator(a): Min. ELLEN GRACIE, Tribunal Pleno, julgado em 19/03/2003, DJ 25-04-2003 PP-00031 EMENT VOL-02107-01 PP-00085).

11. ADI 2558, Relator(a): Min. CEZAR PELUSO (Presidente), Tribunal Pleno, julgado em 26/05/2010, DJe-179 DIVULG 23-09-2010 PUBLIC 24-09-2010 EMENT VOL-02416-01 PP-00134.

Por prestigiar o princípio democrático, difundindo a participação popular na rígida estrutura administrativa hierárquica e piramidal, crê-se que essa forma de pensar está mais consentânea com os princípios constitucionais, pelo que resta ao Supremo Tribunal Federal estendê-la para todos os níveis federativos, superando os precedentes em sentido contrário.

9.4 COMPETÊNCIAS RESERVADAS

O art. 32 da Constituição Federal reserva ao Distrito Federal as mesmas competências dos Estados-membros e dos Municípios. Como adiantado linhas atrás, a cumulação de competências legislativas é voltada a satisfazer o interesse local – esse é o critério que delimita seu âmbito de interesse.

O Distrito Federal terá, então, **competência concorrente** em suas duas formas, **concorrente suplementar** (consistente no poder de adequar as normas gerais nacionais às peculiaridades locais) e **concorrente supletiva** (que se traduz na capacidade de amplamente tratar sobre a matéria arrolada no art. 24, caso a União não edite norma geral).

A competência concorrente não elide a **suplementar simples**. O Distrito Federal, nas matérias privativas da União, poderá suplementar a normatização nacional, sem, contudo, desfrutar de qualquer poder supletivo.

O Distrito Federal, tal qual os Estados-membros, poderá receber a **competência delegada** da União para versar sobre os tópicos elencados pelo art. 22 da Constituição Federal.

Por fim, caberá de **maneira exclusiva** o trato legislativo dos demais assuntos de interesse local, ainda que não expressa na Constituição Federal. Isso decorre não só de uma correlação à competência exclusiva dos Municípios ditada pelo interesse local, como também da **competência residual** dos Estados-membros.

Os precedentes do Supremo Tribunal Federal envolvendo o Distrito Federal no exercício dessas competências estaduais e municipais foram abordados nos respectivos capítulos por se entender que assim a matéria seria explorada mais sistematicamente.

REFERÊNCIAS

ALEXY, Robert. **Teoria dos direitos fundamentais**. Traduzido por Virgílio Afonso da Silva. São Paulo: Malheiros, 2008.

ALMEIDA, Fernanda Dias Menezes de. **Competências da Constituição de 1988**. 5. ed. São Paulo: Atlas, 2010.

ARAÚJO, Marcelo Labanca Corrêa de. **Jurisdição Constitucional e Federação:** o princípio da simetria na jurisprudência do STF. Rio de Janeiro: Elsevier, 2009.

ATALIBA, Geraldo. Competência do congresso para editar normas gerais. **Revista de informação legislativa**, v 18, nº 72, p. 45-48, out./dez. de 1981.

BANKS, Christopher P.; BLAKEMAN, John C. **The US Supreme Court and the New Federalism** – from the Renquist to Roberts Court. New York: Rowman & Littlefield Publishers. 2012.

BARCELLOS, Ana Paula. Controle Social, Informação e Estado Federa – a interpretação das competências constitucionais Político-Administrativas comuns. In SOUZA NETO, Cláudio Pereira de; SARMENTO, Daniel; BINENBOJM, Gustavo. (coord.). **Vinte anos da Constituição Federal de 1988.** Rio de Janeiro: Lumen Juris, 2009.

BARMAN, Roderick; BARMAN, Jean. "The role os the Law Graduate in te Political elite of Imperial Brazil" in **Journal of Interamericans Studies and World Affairs**. Vol. 18, n. 4, november 1976.

BASTOS, Celso Ribeiro. **Curso de Direito Constitucional**. 21 ed. São Paulo: Saraiva, 2000.

BONAVIDES, Paulo. **Ciência Política**. 10 ed. São Paulo: Malheiros, 1995.

_____. **Curso de Direito Constitucional**. 9 ed. São Paulo: Malheiros, 2000.

_____. **Teoria do Estado**. 4 ed. São Paulo: Malheiros, 2003.

BORGES NETTO. André Luiz. **Competências Legislativas dos Estados-Membros**. São Paulo: Revista dos Tribunais, 1999.

BUZAID, Alfredo. **O Estado Federal Brasileiro**. Brasília: Ministério da Justiça. 1971.

CAMARGO, Nilo Marcelo de Almeida. **A forma federativa de Estado e o Supremo Tribunal Federal pós-constituição de 1988**. Porto Alegre: Nubia Fabris Editora, 2010.

CARRAZA, Roque Antonio. **Curso de Direito Constitucional Tributário**. 25 ed. São Paulo: Malheiros, 2009.

CASTRO, José Nilo. **Direito Municipal Positivo**. 4 ed. Belo Horizonte: Del Rey, 1999.

CHIMENTI, Ricardo Cunha. SANTOS, Marisa Ferreira dos. ROSA, Márcio Fernando Elias. CAPEZ, Fernando. **Curso de Direito Constitucional**. 5 ed. São Paulo: Saraiva, 2008.

CLÈVE, Clèmerson Merlin. **A fiscalização Abstrata da Constitucionalidade no Direito Brasileiro**. 2 ed. São Paulo: Malheiros, 2000.

COÊLHO, Sacha Calmon Navarro. **Curso de Direito Tributário brasileiro.** 3 ed. Rio de Janeiro: Forense, 1999.

COUTO, Cláudio Gonçalves; ABSHER-BELLON, Gabriel Luan. Imitação ou coerção? constituições estaduais e centralização federativa no brasil. **Revista de Administração Pública** 52 (2), Mar.-Apr. 2018. https://doi.org/10.1590/0034-761220170061.

DWORKIN, Ronald. **Levando os direitos a sério.** Traduzido por Nelson Boeira. São Paulo: Martins Fontes, 2002.

FERNANDES, Bernardo Gonçalves. **Curso de Direito Constitucional**. 10. Ed. Salvador: JusPodivm, 2018.

FIORILLO, Celso Antônio Pacheco. FERREIRA, Renata Marques. **Curso de Direito da Energia**: tutela jurídica da água, do petróleo e do biocombustível. São Paulo: Saraiva, 2009.

HOBSBAWM, Eric. **A era dos Extremos** – o breve século XX: 1914-1991. Trad. Marcos Santarrita. São Paulo: Companhia das Letras, 2003.

HOLANDA, Sérgio Buarque de. **Raízes do Brasil**. 26 ed. 32 reimp. São Paulo: Companhia das Letras, 2009.

HORTA. Raul Machado. **Direito Constitucional**. 2 ed. Belo Horizonte: Del Rey, 1999.

HUNT e SHERMAN. **História do Pensamento Econômico**. 20 ed. Petrópolis: Editora Vozes, 2001.

IVO, Gabriel. **Constituição Estadual – Competência para elaboração da Constituição do Estado-membro.** São Paulo: MaxLimonad, 1997.

JUSTEN FILHO, Marçal. **Comentários à Lei de Licitações e contratos administrativos**. 8 ed. São Paulo: Malheiros, 2001.

LIMA, Martonio Mont'Alverne Barreto. Extensão e significado da autonomia constitucional do Município: a cultura sobre o poder local. In NETO, Cláudio Pereira de Souza; SARMENTO, Daniel; BINENBOJM, Gustavo. (coord.). **Vinte anos da Constituição Federal de 1988.** Rio de Janeiro: Lumen Juris, 2009.

LOPES FILHO, Juraci Mourão. **Os precedentes judiciais no constitucionalismo brasileiro contemporâneo.** 3. Ed. Salvador: JusPodivm, 2020.

MACHADO SEGUNDO, Hugo de Brito. **Contribuições e federalismo.** São Paulo: Dialética, 2005.

MEDAUAR, Odete. **Consórcios Públicos**: comentários à Lei 11.107/2005. São Paulo: Revista dos Tribunais, 2006.

MEIRELLES, Hely Lopes. **Direito Municipal Brasileiro**. 15 ed. São Paulo: Malheiros, 2007.

MENDES, Gilmar Ferreira. COELHO, Inocêncio Mártires. BRANCO, Paulo Gustavo Gonet. **Curso de Direito Constitucional**. São Paulo: Saraiva, 2008.

MORAES, Alexandre de. **Direito Constitucional**. 24 ed. São Paulo: Atlas, 2009.

MOREIRA NETO, Diogo Figueiredo. Competência concorrente limitada: o problema da conceituação das normas gerais. **Revista de informação legislativa**, v. 25, nº 100, p. 127-162, out./dez. de 1988.

PANG, Eul-Soo. "The Mandarins of Imperial Brazil". *In* **Comparative Studies in society and history.** Volume 14, Number 2, March 1972.

PAULSEN, Leandro. **Direito Tributário:** Constituição e Código Tributário à luz da doutrina e da jurisprudência. 4 ed. Porto Alegre: Livraria do Advogado, 2005

PEREIRA, Jane Reis. **Interpretação Constitucional e Direitos Fundamentais.** Rio de Janeiro: Renovar, 2006

SCOTT, Kyle. **Federalism**: a normative theory and its practical relevance. New York: The Continuum International Publishing Group. 2011.

SILVA, José Afonso da. **Curso de Direito Constitucional Positivo**. 12 ed. São Paulo: Malheiros, 1996.

_____. **Direito Ambiental Constitucional.** 4 ed. São Paulo: Malheiros, 2003.

STRECK, Lenio Luiz. **Jurisdição Constitucional e Hermenêutica – uma nova crítica do Direito**. 2 ed. Rio de Janeiro: Forense, 2004, p. 162/163.

_____. Súmulas vinculantes em *terrae brasilis*: necessitamos de uma "teoria para a elaboração de precedentes"? **Revista Brasileira de Ciência Criminais** 2009, – RBCRIM n. 78.

_____. **O que é isto**: decido conforme minha consciência? Porto Alegre: Livraria do Advogado, 2010, p. 73.

STRECK, Lenio Luiz; OLIVEIRA, Marcelo Andrade Cattoni de; LIMA, Martonio Mont'Alverne Barreto. A nova perspectiva do Supremo Tribunal Federal sobre o controle difuso: mutação constitucional e limites da legitimidade da jurisdição constitucional. **Revista da Procuradoria Geral do Município de Fortaleza, n. 15.**

TAVARES, André Ramos. **Curso de Direito Constitucional**. 6. ed. São Paulo: Saraiva, 2008.

WOLKMER, Antônio Carlos. **Pluralismo Jurídico**. São Paulo: Alfa-ômega, 1994.

ZAGREBELSKY, Gustavo. **Il diritto mite**. Torino: Giulio Einaudi Editore, 1992.

ZIMMERMANN, Augusto. **Teoria do Federalismo Democrático**. 2 ed. Rio de Janeiro: Lumen Juris, 2005.